阳光书屋诗集

The Poetry Collection of Sunshine Cottage

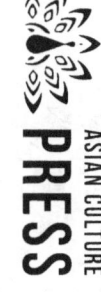

ASIAN CULTURE

PRESS

汪洪生 著

书名：阳光书屋诗集
Title: The Poetry Collection of Sunshine Cottage

作者：汪洪生
Author: Hongsheng Wang

本书在美国科罗拉多州博尔德市印刷和发行
Printed and distributed in the United States of America

本书由美国 Asian Culture Press LLC 出版
地址： 1942 Broadway, Suite 314C,
　　　 Boulder, CO 80302, United States
邮箱： info@asianculture.press

字数：458,576 千字
版次：2023 年 8 月第 1 版
书号：978-1-957144-86-3
排版及封面设计：亚洲文化出版有限责任公司

序　言

　　夫诗之为物，是人生歌呼之鼓荡，而情志情感思想寓焉。著书之道，务秉开篇有益之旨，于社会及人生有建设性之作用；若夫无病生吟，徒然吟风弄月，故作风雅，有何必要存于世及传于世哉？！余致力于诗歌之艺之道逾四十年，写诗逾二万首，所读之古今诗篇数量在百万首之上，而人生履历之坎坷艰深，于百折千回几近绝望之际遇中，情感思想之积淀不能不发，故一泻而不能止，若飞瀑之倾，如江海之流，何其浩荡汪洋，此其生命力及存在价值之所在。故诗歌一道，务秉真实性情，而以骚雅为宗为旨，禅能去除凡俗，登堂入室，接近大雅。而文化及一切文明体系生命力之所在所系，唯在创新一途，是以故步自封，必致衰败，不断进取，乃辟新境，才创新生。余于博览之余，致力践履，于大量之写作创作实践中，倾心力于新境界之开辟，渐次摸索并创造出一种新的诗歌体式，兼具诗、词、曲之所长，韵味浓厚，朗朗上口，均可哦唱，已趋近于成熟，是以诗歌之道，必以能歌为上选，悠扬婉转，美感于斯具矣，张力于斯显矣，是以能感人至深于肺腑甚至直入骨节骨髓心志灵魂。

　　东西文明及文化各具特质各有所长，于二十一世纪之现代，如何切实地加强全面性地会合融通乃至创造升级版的人类文明及文化新形态，是我们全人类当下不可回避之共同现实课题。唯秉持良知正见，奉献最真实之自我，切实加强交流沟通，禅可减少歧见，增加共同一致之见解，携起手来，共创辉煌灿烂的新的人类文明及文化新形态。东西文明及文化终将殊途同归，汇合成一股新时代的浩荡雄浑不可抑止的时代洪流，顺时者昌，逆时者衰，当是不可更替之历史发展规律。人类之心灵相通，均有道德与良知及对美好未来之希冀与追求，以仁义道德时中和谐慈悲圆融为特质标志的儒释道三位一体的中国文化，与以博爱为标志的基督教天主教西方文化，以及以民主自由人权及科学技术与乐观进取精神立国的美国文化，加上后起的灿烂辉煌的伊斯兰文化，均是人类文明及文化宝库中闪闪发光的珍贵宝藏。如何充分发扬这些全人类文明及文化的优秀成果，发挥一致性的合力作用，乃是一切有识之士及社会组织不可推辞之社会责任。坐而论道，何如起而行之，让我们一起共同努力，通过每一个微小细致不起眼的行动，形成链条与网络，正如生态链与生态网络一样，终将把我们的无比珍贵的唯一且精致美好的地球村建成一个仅亚于天堂的人类文明及文化的憩身地及新文明新文化的发源地。宇宙何其辽旷浩大灵妙无穷，人类的未来存有无限发展的美好空间及成长潜能，让我们肩负起历史及时代的宏大责任，共建大同美好的人类文明及文化的新世界。

我秉持着最美好的意愿，向美国及全世界的读者与朋友们奉献此册也许不算是成熟的书籍《阳光书屋诗集》，其中必多不当及错谬之处，诚挚地恳请朋友们的原谅，并请切实地提出宝贵批评意见，当局者迷，旁观者清，余秉谦正之心，一定虚心地接受大家的斧正意见。衷心地感谢美国亚洲文化出版社同意并帮助出版此书，希望能借此次机会让大家进一步地了解中国文化及新时代中国文学的特质与魅力，愿此书似一缕阳光，向美国人民及全世界人民传递中国人民的友好情谊，愿世界各国各民族文化一如花园里的群卉，各自纵情绽放出灿烂美妙绝伦的花朵，为我们这个世界增添尽可能多而繁盛的美。多言似恐不必，即此打住为宜。搁笔下放，意犹未尽。时值季暑，正当三更，四野清静，不眠之夜作此短序，而言下之意基本已显，多言何必哉！多言何必哉！多言何必哉！

阳光书屋主人汪洪生公元二零二三年八月六日序于中国江苏省盐城市之滨海县

目录
Contents

第一卷《曙光集》

青春意气何须讲

2020-2-23

青春意气何须讲，人生奋发慨而慷。
热血由诗而显彰，旷志眼目俱发扬。
春来情志真无恙，喜悦东风吹浩荡。
野间喜鹊欢鸣唱，一使余心放飞翔。

奋志履历此红尘

2020-2-23

奋志履历此红尘，旷怀已生成。
窗外春风呼啸生，心志且平稳。

清喜阳光洒和正，温暖此乾坤。
红尘浊浪徒滚滚，我心秉清纯。

笑意微微且清生，人生宜沉稳。
叩道问学乐秋春，何计老生成。

最喜阖家平安呈，雅淡度日辰。
父母康健且精神，天伦乐和温。

洒脱心襟吾淡定

2020-2-23

洒脱心襟吾淡定，人生春来展风情。
斜晖洒照真朗俊，天下和平且康宁。
岁月如飞旷进行，斑苍何妨一笑盈。
正义盈襟何所云，只说此生不虚行。

夕照正当

2020-2-23

夕照正当，散步意兴悠扬。
碧水波荡，老柳行将舒芳。

红尘安祥，路上车熙人攘。
吾意平康，哦诗舒缓平旷。

写意尘间，清新东风吹畅。
有鸟啼唱，有云惬意飘翔。

诗意心间，热情应许张扬。
人生向往，是向天涯闯荡。

淡荡心窍

2020-2-23

淡荡心窍，持正吾雅骚。
春天来了，我欲开怀笑。

舒展怀抱，旷志付谁瞧？
朗哦诗稿，一曲倩且巧。

红尘扰扰，心态最重要。
名利弃抛，清心豁而妙。

灯下思飘，闲适具情调。
吐出情操，质朴无机巧。

岁月旷进行

2020-2-23

岁月旷进行，人生雅有意境。
红尘是多辛，更须奋志凌云。

英武持心襟，努力奋发雄英。
男儿展刚劲，不屈磨难艰辛。

笑意展清新，心地原是空清。
叩道入圆明，通达共缘履行。

生辰怀多情，老来心不刚硬。
柔和是此心，持正祛邪力行。

雅思既是良长

2020-2-23

雅思既是良长，心襟原也悠扬。
人生纵情歌唱，春来和蔼宇间。

岁月清展奔放，不老身心清旷。
斑苍不减清狂，诗书笑傲讴唱。

世界人生容想，正义心襟昂扬。
叩道深入险艰，慧烛始终擎掌。

夜深灯下思放，一曲短歌扬长。
舒出情思玄畅，和婉心地安祥。

红尘吾清骋

2020-2-24

红尘吾清骋，笑意清生。
天气任阴沉，鹊噪声声。

孟春冷寒呈，火热心身。
奋志展刚正，尽力长征。

不屈桑沧阵，淡眼乾坤。
悟彻此红尘，坦荡秋春。

心志向谁论？孤旅驰骋。
怅意远抛扔，振奋精神。

心志雅正

2020-2-24

心志雅正，旷意发深沉。
鸟语声声，天气惜阴沉。

时值孟春，笑我斑苍生。
老来何论？诗意憩乾坤。

不为名争，不为利所困。
清贫之身，诗书哦晨昏。

雅度秋春，世事不必论。
桑沧成阵，天意运精准。

淡定心肠

2020-2-24

淡定心肠，春来情志开张扬。
天阴无妨，读诗品茗意兴昂。

笑意浮上，天地生机正酝酿。
草野初芳，老柳行将笼鹅黄。

岁月飞翔，旷我意气真无限。
一任斑苍，率兴新诗不停唱。

雅听鸟唱，宛转动听惬人肠。
感兴奔放，天下大事费平章。

散思闲旷

2020-2-24

散思闲旷，清怀共春同成长。
有鸟鸣唱，天阴却有爽风扬。

中心安祥，抛开诗书享悠闲。
情志弹唱，小哦新诗正无妨。

字里行间，一腔热诚恒跳荡。
赤子心房，质朴原无机与奸。

红尘狂荡，太多诱惑与迷茫。
心光须亮，烛照前路行方刚。

悠思闲旷

2020-2-24

悠思闲旷，人生正直持襟肠。
展转桑沧，斑苍不减少年狂。

春来气昂，惬听鸟鸣心志芳。
天阴扬长，读书写诗品茗香。

岁月淡荡，不执名利情何畅。
老去无妨，已倾心血入诗章。

不计苍凉，叩道吾生多奔放。
中心向往，是向灵程奋志航。

闲雅吾舒旷

2020-2-24

闲雅吾舒旷，从容哦诗章。
天阴人淡荡，春来风自扬。
履尽是桑沧，淡淡一笑间。
磨炼人生场，慧意蕴襟房。

闲雅吾舒旷，淡泊享安祥。
诗书生命粮，正直不狷狂。
情操向阳放，问学晨昏唱。
秋春如飞殇，老来情悠扬。

春雨膏芳草

2020-2-25

春雨膏芳草，新芽应长高。
清风吹微妙，情思转逍遥。
红尘胡不好，请听鸟啼叫。
短章赋风骚，适我情怀抱。

情绪吾悠扬

2020-2-25

情绪吾悠扬，能不赋诗章？
雨后风吹畅，空气展清芳。
逸意真堪讲，心境入诗唱。
孟春喜洋洋，万物待生长。

闲情春来旷

2020-2-25

闲情春来旷，长嗅空气芳。
田野鸟鸣唱，向阳持襟肠。

人生怀志向，春来情先涨。
应能同鼓荡，正气舒昂扬。

人生易老天难老

2020-2-25

人生易老天难老，春来情思转俏。
斑苍不减心志傲，奋然新诗哦了。

夜来新雨膏芳草，晨起清风吹袅。
意兴旷然真洒潇，激情盈满心窍。

坦荡人生原雅好，桑沧不过了了。
奋志依然在远道，风雨艰苍一笑。

诗书容我深潜造，哦诗舒出气豪。
瞻望前路风云渺，努力步步行好。

清意旷生成

2020-2-25

清意旷生成，人生已辞青春。
且听鸟啼纯，且品绿茗清芬。

岁月奋进深，我已斑苍何论。
一笑展温存，雅度冬夏秋春。

名利合当扔，省下我之心神。
诗书哦深沉，舒出吾之精诚。

天阴风成阵，淡荡是此红尘。
努力奋驰骋，人生前路行稳。

闲静无妨

2020-2-25

闲静无妨，淡眼天地桑沧。
春已来访，百草排芽正当。

清风舒旷，喜鹊欢快鸣唱。
惬意心房，雅将新诗哦唱。

红尘之间，人生奋志昂扬。
不畏险艰，努力清展贞刚。

笑意微放，悟道心襟潇爽。
清贫无妨，要在正义强刚。

岁月逝狂

2020-2-25

岁月逝狂，新春又正当。
柳舒鹅黄，迎春正怒放。

心怀向往，人生瞻遐方。
天地宽广，天涯唤我闯。

曾履心伤，跌倒尘埃间。
神恩广长，赐我重奔放。

奋发昂扬，未可耽悠闲。
努力向上，径飞入溟沧。

天色初明亮

2020-2-27

天色初明亮，东天曙光。
小鸟恣鸣唱，清风悠扬。

喜悦盈心房，何不歌唱。
一篇吐心肠，无机扬长。

孟春时正当，嫩寒犹彰。
希望恒在望，情志昂扬。

努力奋前闯，不计艰障。
山水任万方，矢志奔放。

红日高烧天气俏

2020-2-27

红日高烧天气俏，春禽欢鸣叫。
晨起心境正大好，新诗哦不了。

岁月逝飘人苍老，爽然余一笑。
红尘桑沧吾经饱，不过是了了。

淡荡心志堪可表，叩道乐逍遥。
诗书笑傲胡不好，清贫免不了。

奋志前路风云渺，关山风光好。
努力奋进力辟道，风雨兼程跑。

云淡天青

2020-2-27

云淡天青，心志起殷殷。
风吹清劲，爽洁持心境。

人生苦辛，已履关山峻。
一笑爽清，依然鼓干劲。

岁月清新，风雨曾浸淫。
而今朗晴，而今春天临。

小鸟娇鸣，惬意真无垠。
哦诗尽兴，快慰此际情。

情思淡荡

2020-2-28

情思淡荡，天阴总赖爽风扬。
小哦诗章，只是舒出我襟房。

雨后草长，孟春心境真悠扬。
清坐安祥，人生无执享安康。

几声鸟唱，一解余之心与肠。
聊读词章，前人心怀费平章。

岁月流畅，人易老苍不必讲。
且共缘翔，乐天知命豁无恙。

淡定人生吾扬长

2020-2-28

淡定人生吾扬长，春来情志共风漾。
无执于心享潋荡，清怀向阳正直彰。
不屈名利与强梁，始终叩道致遐方。
清坐内叩心与肠，一腔热血倾诗章。

淡定人生吾扬长，老来情怀弥刚强。
五十五载化飞殇，爽然一笑也安祥。
饱经世事之桑沧，人生原属于苍凉。
大化匆匆舒奔放，玄机谁解其机簧？

淡定人生吾扬长，中心才思旷发扬
哦出千章向谁讲？孤旅萧寂独自尝。
人生是缘不必讲，奋志依然万里疆。
好借东风慰情肠，愿化飞鸟傲天翔。

淡定人生吾扬长，天阴清坐展思想。
孟春依然有寒凉，爽风清来适意向。
诗书抛去独自想，情怀理来难细详。
一曲中心悠悠唱，淡定人生吾扬长。

淡泊人生吾康平

2020-2-29

淡泊人生吾康平，时起情殷殷。
春来小鸟惬啼鸣，品茗余怀兴。

中心涌起彼激情，哦诗诉心灵。
一曲中正倩雅听，掏出肺腑心。

男儿正气旷凌云，努力展意境。
高山流水自然清，不图利与名。

诗书人生奋刚劲，晨昏纵哦吟。
东风徐拂适心境，情思袅空灵。

心志宜沉静

2020-2-29

心志宜沉静，勿为外缘所侵。
散淡吾静宁，读书写诗用劲。

春来开心情，耳际小鸟娇鸣。
爽风吹清新，细雨濛濛经行。

暝色展意境，华灯点缀街景。
此际用心灵，小哦新诗舒情。

岁月如飙行，远辞少年情景。
悟道也空清，雅然一笑淡定。

闲情吾舒旷

2020-3-1

闲情吾舒旷，雅洁心间，
雅洁心间，春阴畅听鸟鸣唱。

写意红尘旷，优游无恙，
优游无恙，人生历尽试炼场。

诗书持身旷，向阳襟房，
向阳襟房，正直人生骋奔放。

淡定吾悠旷，履尽沧浪，
履尽沧浪，五湖归来也安祥。

人生风采吾飞扬

2020-3-1

人生风采吾飞扬，旷意心间，
舒展扬长，不屈苦旅之艰苍。

红尘容我骋奔放，逸意襟房，
诗书讲唱，不计老将来相访。

春来情志放万丈，红尘无恙，
天阴无妨，淡泊清享彼平康。

高情合趋向山间，有云徜徉，
有松生长，更有流泉潺缓放。

优雅人生吾顽强

2020-3-1

优雅人生吾顽强，奋志强刚，
奋志强刚，冲风破浪也悠扬。

平生心性不孟浪，坚贞扬长，
坚贞扬长，平稳履度彼桑沧。

时有苦痛袭心房，自我疗伤，
自我疗伤，豁达盈满我胸膛。

世界本是神所创，灿烂辉煌，
灿烂辉煌，人生总是有指望。

奋发矢志向前闯，不计艰苍，
不计艰苍，坚信前路有阳光。

灵程不是容易上，魔敌阻挡，
魔敌阻挡，务必努力发心光。

选民作盐又作光，圣洁安康，
圣洁安康，天父赐福总无限。

春来心志畅开放，东风舒旷，
东风舒旷，鸟语惬意吾奔放。

残照向晚

2020-3-3

残照向晚，心志吾舒展。
春风妙曼，迎春喜怒绽。

岁月扬帆，人老惜苍颜。
奋志霄汉，仍须踏实干。

红尘奋战，名利矢不沾。
清贫必然，诗书哦浪漫。

人生前站，灵程挥浩瀚。
胜过魔缠，天国把家还。

潇潇心襟

2020-3-3

潇潇心襟，春来吾多情。
览尽浮云，一笑吾镇定。

红尘艰辛，苦痛常相侵。
豁达才行，心志如水清。

淡定生平，不图利与名。
高蹈白云，清风适性灵。

旷怀雅净，诗书嗜生平。
晨昏哦吟，涤我身心灵。

展转艰辛，老来何所云。
共缘而行，惜福勤修心。

奋志凌云，脚踏实地行。
高歌猛进，莫负好光阴。

人生情怀知多少

2020-3-4

人生情怀知多少，春来滋如芳草。
旷喜天晴云烟渺，喜鹊高声鸣叫。

嫩寒朝日闪光耀，清风吹来正好。
读书哦诗情怀袅，舒出情兴洒潇。

岁月飞行真堪表，老我斑苍一笑。
逍遥叩道悟玄妙，质朴清持情操。

世事桑沧入情抱，坚持真理正道。
不屈名利奋刚傲，淡泊度世康好。

日色渐晚

2020-3-5

日色渐晚，西天红霞泛。
苍烟纵展，写诗舒肝胆。

心志安安，人生奋前站。
未可空喊，关键在实干。

春意开展，清风吹浪漫。
碧野绿泛，惬我意非凡。

努力奋战，胜过魔敌缠。
奋志浩瀚，矢脱尘与凡。

心志应许安祥

2020-3-5

心志应许安祥，人生修心向上。
克尽千重艰，迎难吾奔放。

春来情志开张，共彼清风袅扬。
应抛开愁怅，享受此春光。

今日惊蛰正当，雅听小鸟鸣唱。
天气喜晴朗，遍野绽绿芳。

红尘不是故乡，名利徒是欺诳。
内叩心与肠，慧光有清亮。

天气阴晴颇不定

2020-3-6

天气阴晴颇不定，心事诉与谁听？
仲春仍有冷寒侵，旷风吹袭勤殷。

雅听小鸟之清鸣，一使余意奋兴。
读书写诗兼品茗，人生快慰情景。

平生履尽是艰辛，淡荡清持心襟。
不图尘世利与名，努力修养身心。

红尘万丈多险境，总赖神恩丰盈。
天国家园美无垠，思此感发于心。

春雨潇潇

2020-3-9

春雨潇潇，心潮逐浪高。
力行前道，历尽是迢迢。

人生情抛，滋长如芳草。
春风洒潇，裁剪碧柳条。

不取高傲，谦和是情操。
向学志高，镇日潜深造。

斑苍一笑，世事已尽瞧。
豁达才好，共缘履逍遥。

春雨洒降

2020-3-9

春雨洒降，余心持安祥。
履尽沧浪，豁达清安享。

志取安康，共缘去旅航。
人生扬长，无执于心间。

清贫何妨，正义吾强刚。
不屈强梁，正直人生场。

潇潇心向，诗书纵哦唱。
身心慨慷，振节讴嘹亮。

烟雨濛濛

2020-3-9

烟雨濛濛，洒脱持心身。
淡定红尘，不为名利而纷争。

感谢神恩，导引我灵程。
奋不顾身，努力追求真理纯。

雅洁心身，诗书哦纷纷。
清听雨声，激情岁月度平正。

努力前程，叩道尽平生。
空空世尘，唯有德操最清芬。

雨打起清响

2020-3-9

雨打起清响，心潮不必狂起浪。
性天吾安祥，微笑履历人生场。

春来碧草芳，雅意心中在增长。
小哦新诗章，吐出情志也雅芳。

岁月舒奔放，老我斑苍何必讲。
淡荡盈襟房，不计名利矢前闯。

风雨是艰苍，兼程向前为哪桩？
天涯风光靓，矢寻真理吾强刚。

人生天地间，须持正见立昂扬。
物欲是孽障，务展慧光胜魔挡。

百年不久长，思此不必有感伤。
宇宙广无限，灵魂努力回天堂。

人生适无恙

2020-3-9

人生适无恙，共缘扬长。
窗外春雨降，清风徐扬。

心事舒广长，人生慨慷。
苦痛应抛光，神恩奔放。

流光真舒狂，仲春正当。
我已惜斑苍，不减疏狂。

努力展心光，正义昂扬。
人生是缘放，悟道圆方。

时有苦痛袭心房

2020-3-9

时有苦痛袭心房，彼是魔障，
彼是魔障，向神切祷获安康。

人生只是试炼场，努力向上，
努力向上，心灵心志振慨慷。

标的唯是彼天堂，正直无恙，
正直无恙，终能回到我故邦。

第一卷《曙光集》

天父赐福真无限，思此颂唱，
思此颂唱，人生在世领安祥。

窗外春雨绵绵放

2020-3-9

窗外春雨绵绵放，无有鸟唱，
但有风扬，读书写诗品茗芳。

人生快意真无恙，不为钱狂，
不为名妨，性天务必持清亮。

世间万态是虚象，天路良长，
努力向上，不畏险来不畏艰。

克己贪欲发慧光，力斩魔障，
胜利回乡，天国家邦共父享。

清思此际正扬长

2020-3-9

清思此际正扬长，人生奋发展力量。
不畏风雨之艰苍，相信终有红太阳。
五十五载非虚诳，积淀思想存雅量。
展眼天际迷烟漾，一笑心胸是坦荡。
正直人生不迷向，问道一生吾安祥。
履尽风雨何所讲，坚信正道舒奔放。

第二卷《闲云集》

舒展心襟

2020-3-9

舒展心襟，人生履历吾不惊。
风雨雷霆，正好洗涤我性灵。

岁月进行，又值春雨洒殷勤。
灯下思平，裁意新诗哦不停。

奋志凌云，不肯苟世脱常寻。
力战艰辛，旷意优游云外行。

放浪心情，合当高哦舒激情。
向往闲云，自由舒卷何雅清。

世事空清

2020-3-9

世事空清，名利不过似烟凝。
往古至今，唯有德操后人景。

春又来临，窗外清雨洒均平。
清坐思萦，淡泊情志也安宁。

不图利名，高蹈身心似白云。
胸襟风景，高山流水何雅清。

叩道艰辛，风雨恶浪是常寻。
努力前进，克尽千关履坦平。

春寒犹峭

2020-3-10

春寒犹峭，九九将近了。
雅听鸟叫，天气喜晴了。

人生刚傲，名利全抛掉。
清贫就好，叩道吾逍遥。

绝不讨巧，拙正持心窍。
人生晴好，神恩是笼罩。

岁月逝飘，淡定撰诗稿。
任从苍老，一笑还清妙。

人生情怀知多少

2020-3-10

人生情怀知多少，春来雅有情调。
清听喜鹊旷鸣叫，云天苍霭清绕。

最喜柳烟鹅黄罩，毵毵碧柳条条。
诗人意兴有雅骚，新诗朗哦不了。

红尘春来胡不好，万物生机丰饶。
碧波清漾涨春潮，引我诗兴发了。

岁月飞展如逝飙，斑苍赢得一笑。
豁达人生若云飘，飞向山中遥道。

009

心怀雅正

2020-3-10

心怀雅正，人生奋志以前骋。
春风阵阵，蓝天白云展清纯。

岁月进深，斑苍讴颂神之恩。
风雨成阵，努力兼程万里奔。

嗟此红尘，大化弄人何须论。
坚持纯真，不屈名利淫威盛。

叩道秉诚，正直人生神慰问。
天使导程，步步上升走灵程。

情思荡漾

2020-3-10

情思荡漾，人生奋发吾向上。
克尽千艰，终有坦平可清享。

春意昂扬，河畔老柳已舒芳。
野禽鼓唱，蓝天白云走清畅。

散坐安祥，任从思想如流淌。
小哦诗章，裁出情意也悠扬。

何处歌唱？袅我意兴起无限。
心志平康，正直步履人生场。

人生心志何必讲

2020-3-10

人生心志何必讲，悟道吾安康。
又见暮烟沉沉上，心事展慨慷。

春来情志当张扬，努力奋向上。
不屈磨难吾强刚，男儿骋豪放。

心襟悠悠吾歌唱，人生志遐方。
誓胜名利之孽障，天国是家邦。

叩道履历这艰苍，烟雨多迷茫。
唯赖神恩赐奔放，圣洁心地间。

淡荡情肠婉转唱，岁月展悠扬。
老我斑苍一笑扬，人生该这样。

前旅任起困与障，慧眼须擦亮。
天涯风光展清靓，矢志去闯荡。

心怀须宽广

2020-3-10

心怀须宽广，人生履安祥。
不为物欲障，性光自清亮。
坦荡心地间，无机才扬长。
共缘去旅航，悲喜一任放。

心怀须宽广，向上奋力量。
艰深原不妨，慧烛须燃亮。
挥洒是慨慷，振节履康庄。
纵有风雨狂，天定会晴朗。

心怀须宽广，神恩是无量。
天使伴汝航，标的恒向上。
天国是故邦，永生何悠扬。
定志奋前闯，明光耀襟房。

畅意浮生吾安祥

2020-3-11

畅意浮生吾安祥，履尽恶浪，
履尽恶浪，微微一笑清无恙。

蓝天白云正清旷，喜鹊鸣唱，
喜鹊鸣唱，清喜仲春裁碧芳。

人生努力奋志向，不为名狂，
不为利妨，正直淡度人生场。

红尘由来多豺狼，提刀奋上，
斩杀尽光，还我清平之家邦。

旷怀清展

2020-3-11

旷怀清展，人生奋志入霄汉。
不畏艰难，困苦磨炼我心胆。

春风浪漫，田间野禽鼓绵蛮。
白云飘散，老柳堤畔碧条展。

岁月翻澜，些许名利已看淡。
诗书潜玩，新诗哦出我浩瀚。

人生扬帆，不觉老来一笑绽。
不回头看，前路风光壮丽展。

碧野新芳

2020-3-11

碧野新芳，春来情思展淡荡。
向阳襟房，正直人生吾扬长。

名利弃放，剩有清贫吾自享。
水云之间，放浪性灵如鸥翔。

有鸟鸣唱，有风清新自在航。
清坐思想，人生随缘舒奔放。

不取狂猖，谦和心性还自强。
叩道贞刚，傲立如松苍且壮。

春风舒旷

2020-3-11

春风舒旷，莳花弄草也悠闲。
蓝天云翔，更有小鸟恣鸣唱。

我自慨慷，春来意气发昂扬。
纵情哦唱，写出新诗倍刚强。

人生向往，是向天涯矢闯荡。
风雨无妨，兼程驱闯我豪放。

展眼天壤，天际云烟正袅扬。
世界广长，心胸未可被遮障。

名利混帐，清心不容污与脏。
叩道扬长，慧意心间也明靓。

向阳无恙，正直一生体方刚。
力战豺狼，血染征袍亦何妨。

神恩丰穰，思此感发万千章。
作盐作光，正邪搏击任艰苍。

天国安祥，永生福乐可安享。
荣归故邦，努力灵程奋发上。

云天清朗

2020-3-11

云天清朗，东风恣意向。
心志清昂，雅然哦诗章。

舒出心向，舒出我慨慷。
舒出奔放，舒出我向往。

人生向上，不畏惧艰苍。
一笑朗爽，矢克千重艰。

岁月淡荡，老我何所妨。
悠悠扬扬，清度我平康。

又值黄昏

2020-3-11

又值黄昏，心志吾雅芬。
览尽世尘，微微一笑生。

时值仲春，万物尽苏生。
碧柳飘芬，蓝天白云呈。

岁月飞奔，人老近黄昏。
豁达心身，共缘履缤纷。

淡定心神，不妄去竞争。
滚滚红尘，只是幻化身。

暮烟清涨

2020-3-11

暮烟清涨，心志吾温让。
悟道平康，微笑眉眼间。

体道清昂，人生奋志向。
不折矢闯，跌倒可再上。

奋发顽强，搏击风雨艰。
雨霁晴朗，彩虹闪七光。

展眼天壤，春霭渐迷漾。
有鸟歌唱，有风吹清爽。

人生冀奋进

2020-3-11

人生冀奋进，烟雨也常寻。
春来展风景，清坐对烟暝。
旷然是心境，哦诗也雅清。
短歌舒情兴，一曲沧浪行。

人生冀奋进，坦荡持心襟。
正见盈胸心，叩道悟圆明。
微笑我矢行，中庸无颓情。
大千蕴意境，神恩领无垠。

舒畅情怀聊歌唱

2020-3-11

舒畅情怀聊歌唱，体道吾强刚。
九九今日已收场，碧柳已绽芳。

仲春情志吾轩昂，奋发振慨慷。
男儿胸襟持豪放，天涯是故乡。

不向名利作投降，叩道奋向上。
平生爱好是诗章，晨昏纵哦唱。

暮色此际正增长，暝烟渐渐苍。
灯下清坐思扬长，勿负好时光。

灯下清思旷生成

2020-3-11

灯下清思旷生成，人生秉持纯真。
感沛天父之鸿恩，导引灵性旅程。

岁月此际又逢春，心志共春苏生。
努力前路长驱骋，天涯风光清纯。

平生心志秉雅正，修心叩道奋争。
不为名利倾心身，淡眼滚滚红尘。

笑我斑苍已清生，老来心事何论？
人生只是一旅程，探索心志灵魂。

喜鹊奏鸣

2020-3-12

喜鹊奏鸣，心地吾雅清。
春风多情，无妨是天阴。

人生奋进，不惧千关并。
努力旷行，关山叠风景。

岁月进行，何必嗟斑鬓。
一笑爽清，平生吾淡定。

不计利名，难免是清贫。
诗书怡情，秋春雅哦吟。

人生风云激荡

2020-3-12

人生风云激荡，淡眼尘世桑沧。
一笑还舒昂，奋发吾扬长。

春来心境舒畅，惬听鸟雀鸣唱。
东风吹奔放，碧野裁新芳。

只是雾霾狂猖，污染祸害未央。
人欲太肮脏，物欲杀人狂。

务持清心向上，灵明未可遮障。
性天务清亮，慧烛务擎掌。

岁月有其馨芬

2020-3-12

岁月有其馨芬，人生奋志驰骋。
履尽山高水又深，心思依持雅正。

红尘浊浪滚滚，众生太多沉沦。
名利从来是杀人，弃之合当不论。

此际正值春生，蓝天白云飘纷。
老柳新舒碧芽芬，鸟语娇娇清纯。

我自旷怀清正，读书写诗晨昏。
年轮渐老何必论，行行去向云深。

柔和持襟房

2020-3-12

柔和持襟房，矢志向上。
修心务必讲，黑暗抛光。

人生存雅量，克己有光。
私欲祛除间，人性升扬。

春来气昂藏，旷喜晴朗。
蓝天云飘翔，淡泊安康。

红尘真攘攘，利争名妨。
务持清心肠，舒发慧光。

岁月有其馨芳
2020-3-12

岁月有其馨芳，人生恒怀向往。
虽然时常履艰苍，神恩足够你享。

淡定清持心肠，不为名利摇晃。
清贫正义吾强刚，矢志不屈强梁。

红尘时起狂浪，苦风苦雨寻常。
心中切祷向上苍，神必赐下安祥。

灵程不是好上，努力舒发心光。
战胜黑暗之魔障，天国乃是故邦。

悠度人生吾雅清
2020-3-13

悠度人生吾雅清，奋志凌云，
奋志凌云，不图利名叩道勤。

春来天气任使阴，有鸟娇鸣，
有风清新，有柳新条舒芳青。

淡泊人生吾康平，神恩心领，
灵程奋进，力斩心魔旷驱行。

履尽风雨并阴晴，一笑爽清，
一笑爽清，览尽风景壮无垠。

旷展心襟
2020-3-13

旷展心襟，览尽层云吾爽清。
天气惜阴，雅听小鸟之清鸣。

岁月进行，仲春田野多好景。
碧柳芳青，迎春怒放未凋零。

雅哦心灵，舒出刚正之豪情。
叩道矢进，不畏风雨之苍劲。

老来心清，抛弃名利悟道境。
才思均平，也哦风雨也哦晴。

岁月芳浓
2020-3-13

岁月芳浓，又值春仲。
鸟鸣轻松，风清吹送。
心志和慵，写诗情动。
一曲谁送？孤旅咽风。

岁月芳浓，笑我成翁。
流年逝风，桑沧幻涌。
悟彻清空，叩道奋勇。
百年如梦，雅洁心胸。

心志不取消沉
2020-3-13

心志不取消沉，奋发人生刚正。
履尽烟雨缤纷，心意坦平安稳。
一生唯赖神恩，导引正道驰骋。
不惧山高水深，终抵康庄清芬。

心志不取消沉，春来情志清生。
天阴朔风吹呈，品茗淡泊心身。
耳际鸟鸣温存，河畔碧柳飘芬。
向上是我心身，天国乐园永恒。

心志不取消沉，一生领受神恩。
思想旷展雅芬，不入世俗泥尘。
名利矢志抛扔，清贫无妨心身。
坦腹哦诗安稳，无机心地清纯。

心志不取消沉，努力前路驱骋。
于无人处自省，于世俗中奋争。
自强不息奋身，道义一生敬遵。
任起困障丛生，坚贞冬夏秋春。

雅听喜鹊之清鸣
2020-3-13

雅听喜鹊之清鸣，天气正阴，
小有心情，容我且品此清茗。

人生正道努力行，不惧艰辛，
奋志凌云，知错即改天朗晴。

平生履尽彼阴晴，一笑清宁，
世事纷纭，淡定吾身独守静。

不随世俗之妄境，修心无垠，
道德遵行，向往大道之坦平。

岁月清芬何必云，共缘去行，
风雨虚境，花开花落合当吟。

名利终究幻化情，应当抛清，
内叩身心，正思慧意发清明。

苍烟清骋

2020-3-13

苍烟清骋，天气惜阴沉。
时值仲春，清听鸟啼纯。

人生奋争，履尽风雨程。
名利矢扔，清心走灵程。

叩道吾生，旷怀持清正。
不妄纷争，清静是心身。

写诗真诚，舒出我心身。
努力前骋，风光览纯正。

流年光阴逝纷纷

2020-3-13

流年光阴逝纷纷，又值仲春，
又近春分，斑苍中心何所论？

只是舒出我真诚，感谢神恩，
哦吐心身，情动于心倾清芬。

一腔热血何须论，阅历秋春，
雅度晨昏，诗书人生叩道贞。

五十五载化飞尘，留有心声，
坐拥书城，不负华年不负春。

人生何必多牢骚

2020-3-13

人生何必多牢骚，心志应逍，
豁达云霄，宇宙广大乐洒潇。

奋志应可展刚傲，名利全抛，
清心观照，化外气象有玄妙。

身居市井心山樵，诗书潜造，
哦诗逍遥，舒出心身开怀笑。

生尘乐善恶不造，修心迢迢，
雅叩大道，心得自在入诗稿。

南山情调自风标，清贫亦好，
共缘而潇，洒脱身心如云飘。

好自为之奋力跑，山水迢遥，
风光奇妙，不惧风雨力访造。

又值暮阴

2020-3-13

又值暮阴，心志吾均平。
春来奋兴，情怀清无垠。

柳飘碧青，市井漾和平。
清风吹行，适我意无垠。

快慰于心，新诗雅哦吟。
舒出心灵，原来空且清。

神恩心领，颂赞出心灵。
大化进行，福慧增均平。

清意生成

2020-3-13

清意生成，灯下裁心哦诗诚。
雅慰心身，爽意晚风吹清纯。

奋志人生，难免风雨袭心身。
天父导程，灵程向上吾奋争。

不负此生，叩道旷展余刚正。
圆明觉证，心得悟彻世缤纷。

坦平心身，正直良心无愧损。
努力前程，雨后阳光彩虹呈。

人生淡泊吾安好

2020-3-13

人生淡泊吾安好，春来情思如滋草。
芳华岁月逝去了，老来斑苍余笑傲。
大千红尘胡不好，正好磨炼我心窍。
正气凌云冲天高，脚踏实地更重要。
努力前路长驱跑，关山风景越苍峭。
五湖归来何所道，只云不负生辰造。
性光朗澈如月皎，淡定清守唯正道。
叩道吾心乐逍遥，云外气象付谁瞧。

履世安祥

2020-3-14

履世安祥，为因心中有主掌。
阅尽风浪，快慰于心讴昂藏。

春来志旷，嫩寒难挡情怀畅。
朝旭东方，晨起欣听鸟鸣唱。

心意奔放，下笔千章立就间。
舒出慨慷，舒出人生正气昂。

矢志向上，奋斗不畏千重艰。
征途路上，坦荡情怀嘹歌唱。

迷烟四野漾

2020-3-14

迷烟四野漾，鸟却高声唱。
清风来舒扬，嫩寒袭未央。

仲春风光靓，万物俱生长。
碧柳裁新芳，河水波光漾。

岁月添情长，惜我已老苍。
心志聊狷狂，雅哦新诗章。

舒出意之向，修心无止疆。
风光任险艰，清心吾扬长。

雅洁心胸聊哦唱

2020-3-14

雅洁心胸聊哦唱，奋志不屈强梁。
相信天终会晴朗，神恩无比奔放。

此际仲春天旷朗，云烟袅袅悠扬。
清听喜鹊鼓鸣唱，爽风其来清畅。

淡定心襟享悠闲，新诗纵情哦唱。
一杯绿茗也清香，添我意兴豪放。

岁月侵鬓何必讲，中心正气昂扬。
叩道奋身山野间，览尽奇胜风光。

清意心间

2020-3-14

清意心间，奋发人生吾昂扬。
抬眼旷望，春霭迷蒙天际漾。

风吹清畅，爽我心襟真无恙。
裁心诗章，舒出胸襟之平旷。

人生奋闯，不为名利俯首向。
正义襟房，向阳叩道展贞刚。

世界之上，正邪搏击恒艰苍。
努力向上，灵程正道奋旅航。

情怀清畅

2020-3-14

情怀清畅，悠悠吾安祥。
爽风其扬，传来喜鹊之鸣唱。

岁月清芳，又值春仲放。
喜气心间，人生振节讴奔放。

神恩清享，我欲歌昂扬。
正义心间，灵程道路斗魔奸。

修心无恙，克尽千重艰。
宇宙无限，尽是天父所造创。

矢志向上，天国是家邦。
永生何康，共父福寿万年强。

前路康庄，任起恶风浪。
把舵稳航，切莫偏离正方向。

岁月品尝，韶光勿费浪。
质朴心乡，积淀智慧应无量。

人生扬长，名利全弃放。
清贫淡享，诗书清哦秋春间。

红尘攘攘，务抛尽机奸。
无机情肠，才能映现真天良。

笑意浮上，悟道吾平康。
神恩广长，赐我心灵以力量。

第三卷《秋爽集》

平淡度昏晓

2020-3-14

平淡度昏晓，抛弃名利格自高。
向阳持情操，一任风雨洒与抛。

红尘真热闹，太多猴儿争着跳。
应持智慧瞧，人生不过是缘造。

努力奋前道，不惧山高险又峭。
扬长我心窍，风雨兼程力访造。

观心最重要，持拙本是人生宝。
性光应显耀，湛湛天良应可表。

风吹清狂

2020-3-14

风吹清狂，鸟语扬长，
逸意心间，雅将新诗来哦唱。

云飞淡荡，柳丝垂长，
仲春无恙，悠品杯中绿茗芳。

心志贞刚，人生奔放，
不折矢闯，一生叩道尽意向。

风光清靓，迷烟任狂，
慧目清张，不入险境不受障。

向阳心肠，正直强刚，

傲立尘壤，不受名利之欺诳。

清贫何妨，诗书研唱，
心境温让，君子人格力培养。

畅意情怀体昂扬

2020-3-14

畅意情怀体昂扬，孤旅舒奔放。
心事万千对谁讲？惟哦入诗章。

春来胸心都轩旷，情思共风扬。
耳际鸟语娇娇响，逸意何扬长。

淡眼云天多激荡，白云悠悠翔。
中心理想恒慨慷，想去天涯闯。

斑苍难减少年狂，雅怀仍清靓。
努力正气发清昂，傲立如山壮。

云天舒朗

2020-3-14

云天舒朗，雅思奔放，
春情荡漾，惬听野禽欢鼓唱。

心志清昂，人生欢畅，
淡处安祥，为因名利尽弃放。

诗书之间，觅点宝藏，
性光清朗，闲撰新诗适情肠。

大千平旷，万物生长，
新芽叠长，最喜柳蘸碧水旁。

人生旷志吾飞扬

2020-3-14

人生旷志吾飞扬，历尽坎坷艰苍。
而今回味不萧怆，一笑清展扬长。

春来心志都开张，我欲向天飞旷。
历尽五湖四海间，长驱直入溟沧。

红尘太多机与奸，诱人诡计千桩。
务持慧意观照间，不入害人罗网。

三教并举济世艰，劝人行善向上。
努力灵程奋慨慷，天国永生安祥。

清展心灵力量

2020-3-14

清展心灵力量，人生正气昂扬。
不惧险来不惧艰，奋志凌云直上。

平生好自慨慷，叩道奋发扬长。
婉转情思入诗唱，舒出云天畅想。

宇宙无限广长，奥秘不尽探访。
人生渺小是无疆，切莫自高张扬。

谦和是余立场，向上尽我力量。
百年生命是不长，努力展放光芒。

人生体道平康

2020-3-14

人生体道平康，矢将正义弘扬。
春来惬听啼鸟唱，享受清平景况。

奋发人生扬长，努力奔向前方。
山高水长均不妨，要在贞志坚刚。

云儿自由飘翔，柳枝自在飘荡。
世界皆由神主掌，真神万民敬仰。

信心未可稍减，灵程努力向上。
胜过魔敌试探艰，终抵乐园故邦。

浮生畅意向

2020-3-14

浮生畅意向，履尽烟雨茫茫。
而今我回想，一路神恩饱享。

向上尽力量，修心清澈无恙。
不妄起贪想，名利应能弃光。

人生试炼场，魔敌诱人丧亡。
天使来导航，回归乐园故邦。

众教和同间，济世度人无量。
正教必旺昌，魔鬼归于败亡。

奋志平康

2020-3-14

奋志平康，履尽烟雨并沧浪。
一笑爽朗，人生正道是桑沧。

春仲又放，田野碧色动心肠。
鸟清歌唱，风吹云荡斜阳旷。

散坐思想，人生究竟该怎样。
叩道之间，不觉已过千山嶂。

前路瞭望，烟锁山道深深障。
矢志闯荡，不畏艰难与豺狼。

胸襟平旷

2020-3-14

胸襟平旷，不为物欲所掩障。
情思悠扬，春来新诗哦哦唱。

天青云翔，爽风吹击正未央。
写意宇间，万物生机毕显彰。

淡定情肠，应将忧恨俱抛光。
豁达心间，无机正直体扬长。

人生不长，惜时如金务必讲。
努力向上，人间只是试炼场。

旷怀雅正

2020-3-14

旷怀雅正，人生不息以奋争。
名利抛扔，清贫正义持心身。

岁月清芬，老我斑苍一笑纯。
春来意纷，又哦新诗舒真诚。

红尘滚滚，众生奋发以竞争。
谁持清纯？叩道雅净圆明证。

悟道秉诚，正心诚意度晨昏。
共缘而奔，缘起缘灭幻秋春。

苍烟生成

2020-3-18

苍烟生成，雾霾笼此乾坤。
感谢神恩，清度人生纯正。

春柳碧芬，惬我意兴缤纷。
新诗哦成，只是舒出心身。

人生奋争，不为名利倾身。
叩道诚贞，向往天国永恒。

灵程雨纷，魔敌阻挡纵横。
努力驰奔，凯歌终彻云层。

心境清好

2020-3-18

心境清好，春日和暖风洒潇。
朗日清照，只是雾霾又笼罩。

清坐逍遥，读书写诗适情抱。
阖家康好，感谢神恩赐丰饶。

奋行前道，人生合当展刚傲。
努力奔跑，不计山高水又遥。

难言难道，大好宇寰风光妙。
碧柳清飘，更有野禽欢鼓叫。

节届春分

2020-3-20

节届春分，桃花裂嘴笑纷纷。
东风清纯，田野菜花美不胜。

岁月清芬，老我斑苍不必论。
奋志红尘，修炼身心诚雅芬。

蓝天青纯，喜鹊高声鸣成阵。
大好宇城，万物生机都勃盛。

幻化此生，切勿辜负灵明正。
努力前程，旷展羽翼矢升腾。

何必清坐镇日间

2020-3-20

何必清坐镇日间，应去田野踏菲芳。
春分今正当，花开鸟歌唱。

写意东风真轩畅，旷我意兴是无恙。
闲写新诗章，舒出情奔放。

斜阳清照朗朗，蓝天无有云翔。
生活奏平康，万民乐清享。

岁月何其昂扬，笑我斑苍清狂。
意兴似云涨，清怀如水淌。

夜黑华灯又放

2020-3-20

夜黑华灯又放，清坐展我思想。
人生奋昂扬，况值仲春间。

晚风清来悠扬，爽我意兴无限。
胸襟持坦荡，红尘试炼场。

心灵未可狂猖，谦和是余心向。
正直无机奸，修心恒向上。

不惧苦旅艰苍，荷负道义平康。
圆融心地间，戒定慧必讲。

大道普覆广长，前驱尽我力量。
风雨不必讲，铁志已成钢。

天涯风光清靓，我心时刻向往。
努力长驱闯，一笑也清畅。

矢将正气弘扬

2020-3-20

矢将正气弘扬，人生旷具力量。
天地何宽广，心胸清无恙。

春来心志开张，我心透彻清靓。
努力去生长，创化无止疆。

修心每日必讲，克己正有荣光。
不许魔敌挡，长驱万里疆。

世界是神所创，灵妙未可尽详。
颂赞理应当，天国是家邦。

灵程路上飞翔，斩杀纷纷魔障。
凯歌彻云乡，圣徒列队行。

岁月何其清芳，春来万物生长。
浩气充宇间，新诗连踵唱。

春来情涨

2020-3-21

春来情涨，闲思舒奔放。
漫天晴朗，野禽鼓欢唱。

风来清旷，天际霭烟漾。
菜花金黄，桃红碧柳荡。

心志开敞，新诗从容唱。
人生扬长，神恩勿相忘。

前路力闯，叩道万里疆。
心路漫长，努力旷飞扬。

云淡风清

2020-3-21

云淡风清，爽洁持本心。
朗日天晴，喜鹊旷欢鸣。

我自高兴，仲春多丽景。
田野碧青，老柳展芳情。

海棠开俊，桃花娇无垠。
菜花清新，引来蜂飞行。

岁月奋行，人生享安平。
神恩心领，修心不忘勤。

喜鹊飞鸣

2020-3-21

喜鹊飞鸣，蓝天白云正清新。
仲春雅境，桃红柳绿碧水清。

旷然高兴，雅将新诗脱口吟。
人生前进，阅历山水也多情。

合当高鸣，人生快意盈心襟。
斑苍之境，处世安平共缘行。

展转艰辛，悟彻神恩是无垠。
灵程奋进，叩道悟彻是心灵。

夜幕又降

2020-3-21

夜幕又降，华灯灿点上。
晚风清凉，爽我意无限。

灯下思想，人生应怎样。
名利弃放，修心真无恙。

时遇风浪，中心狂起浪。
切祷心间，神必赐安祥。

善必增长，恶必消灭光。
世界神创，进化无止疆。

踏春无恙

2020-3-24

踏春无恙，漫喜桃红碧柳放。
玉兰最靓，海棠满树茸茸芳。

东风欣畅，蓝天青碧无云漾。
生活平康，心境爽朗将诗唱。

合展昂扬，逢春心境自清爽。
努力放旷，惜时如金未可忘。

诗书之间，矢觅慧智与灵粮。
人生向上，不惧险恶与艰苍。

心怀漫浪，情思如柳之清漾。
展眼天壤，想学飞鸟遨天翔。

自由无上，天人合一应须讲。
叩道奔放，圆明心地觉性长。

清怀宜雅淡

2020-3-24

清怀宜雅淡，心志须安安。
世事带笑看，坷坎任其展。
桑沧中心谙，悟道豁肝胆。
春来风光曼，哦诗舒浪漫。

清怀宜雅淡，人生奋志干。
名利未许缠，叩道力迎难。
艰苍何须谈，中心持果敢。
前路风雨展，兼程履险坎。

清怀宜雅淡，正直持心胆。
人生谁不谙，细说却还难。
灯下理心禅，思想不起澜。
吐辞何所谈，力作好儿男。

天气正阴

2020-3-26

天气正阴，心志吾均平。
小风经行，喜鹊旷高鸣。

读书尽兴，新诗雅哦吟。
快慰于心，况处此春景。

桃花开俊，柳摆其清新。
海棠多情，菜花入画境。

闲品芳茗，人生鼓干劲。
珍惜寸阴，努力勤修心。

吟怀清好

2020-3-26

吟怀清好，孤旅不必伤怀抱。
人生晴好，一任春雨洒潇潇。

不取高傲，修心谦和行远道。
风光微妙，悟道原也有雅骚。

岁月逝飘，百年生死应须了。
达悟心窍，人生原是一缘造。

努力行好，时有虎狼立当道。
正气旷高，提刀斩豺与世瞧。

清雅人生

2020-3-26

清雅人生，为因名利尽弃扔。
奋志刚正，努力叩道履行程。

心志清芬，耳际鸟语啼清纯。
春意竞呈，漫野菜花妙不胜。

度此红尘，须知悟道是征程。
克尽险胜，沿途风光领雄浑。

细雨清生，好风吹袭精神振。
短诗竞成，呼出心襟快慰生。

情怀无限

2020-3-26

情怀无限，履尽艰苍是寻常。
淡定之间，已越千山与万浪。

人生昂扬，痛悔过往奋向上。
努力成长，悟道修心原无疆。

春来情畅，窗外清雨细洒降。
爽风来翔，惬我情思万千放。

哦出轩昂，展眼天际霭烟漾。
旷怀奔放，灵思灵命恒增长。

旷怀雅正

2020-3-27

旷怀雅正，履得烟雨纷纷。
而今何论，老来心志清芬。

感谢神恩，灵程导引纯正。
讴颂真诚，护佑一生平稳。

第三卷 《秋爽集》

努力前程，岂惧山高水深。
试探任生，心志坚贞清纯。

克敌制胜，欢呼响彻云层。
大道平正，凯旋回归天城。

春寒正嫩

2020-3-29

春寒正嫩，海棠开正芬。
清坐安稳，哦诗舒真诚。

岁月清芬，回思有痛沉。
努力前程，叩道吾奋身。

蓝天云纷，鸟语复娇纯。
品茗意芬，雅思旷生成。

不负人生，修心吾秉诚。
韶华飞奔，悟证在晨昏。

休闲无恙

2020-3-29

休闲无恙，抛开书本暂相忘。
且品茗芳，且听野禽之啼唱。

仲春正当，天气惜阴东风畅。
园圃清芳，最喜海棠畅开放。

红尘之间，人生只是修炼场。
矢志向上，一任试探之险艰。

我心明亮，不为物欲蔽而障。
眼目透光，定志大道矢叩访。

夜静吾安祥

2020-3-29

夜静吾安祥，神思中心畅。
人生持向往，况值仲春间。
斑苍复何妨，性天持清靓。
努力叩道藏，山水矢寻访。

夜静吾安祥，思想颇起浪。
振节复讴唱，情思体悠扬。
岁月真流畅，惜时铭心间。

贞怀何所讲，秉诚奋向上。

早起值五更

2020-3-30

早起值五更，窗外啼鸟已声声。
振奋我精神，上网冲浪惬意芬。

时正值仲春，大好韶华金十分。
叩道秉意诚，莫忘观心调意神。

岁月真清芬，回忆过往一笑生。
神恩总丰盛，导引灵程妙不胜。

人生是旅程，沿途风光总雄浑。
标的在天城，乐园四季恒如春。

云淡天青

2020-3-30

云淡天青，爽朗东风惬意行。
鸟语娇鸣，最喜喜鹊奏殷勤。

散坐思平，雅将新诗来哦吟。
舒发感情，一腔正义盈心襟。

人生情境，缘起缘灭真无垠。
正见持心，不为妄欲动性灵。

心怀贞定，叩道心志冰雪清。
向往飞行，山水清境适胸心。

积德修心无恙

2020-3-30

积德修心无恙，前路正长，
前路正长，步履山水吾奔放。

人生勿计短长，共缘而翔，
共缘而翔，神恩足够你我享。

灵思务必增长，慧目清张，
慧目清张，世界宇宙存真相。

四大并非幻象，意义显彰，
意义显彰，度人审心费思量。

和合用心衡量，不计险艰，
不计险艰，文明进步永无疆。

大同是余向往，熙熙其象，
熙熙其象，天下万民乐未央。

云烟淡荡

2020-3-30

云烟淡荡，如我心境之相仿。
天喜晴朗，惬意小鸟竞鸣唱。

写意尘间，旷朗春风惬吹翔。
菜花金黄，田园美丽胜画廊。

心境舒朗，况复品茗意扬长。
旷意无限，哦诗也有淡淡芳。

人生向上，克尽千关仍须闯。
名利弃放，高蹈雄心叩道藏。

云天多情

2020-3-30

云天多情，烂漫是余身心。
小鸟清鸣，写意东风清劲。

旷意心襟，讴颂神恩无垠。
正路奋进，山水岂是常寻。

岁月飞行，斑苍不减心境。
谦和胸心，叩道履历阴晴。

展眼天晴，大好春景秀俊。
园圃芳情，海棠朵朵清新。

气场相摩荡

2020-3-30

气场相摩荡，造化岂是寻常。
因缘必须讲，报应由来不爽。

红尘是攘攘，众生务明方向。
矢志奋向上，克尽千重艰苍。

试探一任放，我已意志成钢。
努力叩道藏，努力修心无疆。

百年一瞬间，尘世只是道场。
韶华勿费浪，时光如水逝淌。

暮色向晚

2020-3-30

暮色向晚，夕烟清展，
心志浩瀚，小哦新诗适情澜。

春风旷展，心境雅安，
适然心胆，清度岁月也平淡。

人生扬帆，不畏艰难，
搏击群澜，履尽艰辛与坷坎。

一笑淡然，胸襟非凡，
正气傲岸，叩道吾生正妥善。

心志悠扬

2020-3-31

心志悠扬，人生娴雅旷。
淡品茗芳，长吸清风畅。

天阴无妨，读书惬意向。
园圃花芳，清赏也安祥。

岁月清畅，春已过半殇。
菜花金黄，田园是画廊。

鞭炮震响，红尘是喧嚷。
持心平康，不为物欲障。

小鸟清鸣唱

2020-3-31

小鸟清鸣唱，动余意向。
清风复来航，惬意心间。

淡泊享安康，正意昂扬。
人生往前闯，叩道奔放。

抛开彼心伤，调意安祥。
人生如履浪，把舵稳航。

不必回头向，前路广长。
山水历万方，心恬意康。

闲情聊舒旷

2020-3-31

闲情聊舒旷，体道平康。
耳际鸟语唱，清风悠扬。

岁月是流畅，老我瞬间。
一笑还清昂，叩道奔放。

春来气昂藏，柔和心间。
诗书惬研讲，哦诗激昂。

人生持向往，大道通畅。
不计风雨艰，迈步广长。

第四卷《含煦集》

恬淡心地间

2020-3-31

恬淡心地间，振意讴扬长。
况复品茗香，悠然入仙乡。
春风来清旷，逸意无法讲。
聊以赋短章，一舒闲情况。

恬淡心地间，人生奋向上。
克己谦和向，叩道吾贞刚。
矢怀我梦想，天涯去闯荡。
不畏坎与艰，一笑还清昂。

人生须有担当

2020-3-31

人生须有担当，奋发志向顽强。
不屈风雨艰苍，矢志叩道向上。
坚持崇高理想，努力旷飞启航。
心中怀有太阳，阳刚眉眼之间。

持心拙正

2020-3-31

持心拙正，悟道体会吾其深。
感谢神恩，导引正道走灵程。

红尘滚滚，矢志向前吾驰骋。
山高水深，追寻真理余奋身。

不负此生，务使灵明持清正。
光明清生，阳和刚正立乾坤。

努力前程，步履彩虹七彩盛。
儒雅人生，擎举慧烛往前奔。

人生奋志干

2020-4-1

人生奋志干，不畏惧困难。
春来开心胆，豪情冲天汉。
努力去闯关，一山又一山。
绝不回头看，天涯风光灿。

淡定人生场

2020-4-1

淡定人生场，奋志吾昂扬。
春来情开敞，惬听鸟鸣唱。
气吞山河壮，婉转持柔肠。
有为无为间，用心细衡量。

迷烟四野漾

2020-4-1

迷烟四野漾，喜鹊欢声唱。
清风来旅航，菜花绽金黄。
仲春风光靓，心地持慨慷。
人生奋向上，努力长驱闯。

休憩身心

2020-4-1

休憩身心，抛开书本且品茗。
长嗅风清，雅昕小鸟之清鸣。

春天意境，最喜漫野菜花金。
红尘多辛，应可休憩我身心。

叩道进行，履历山水多清新。
览尽浮云，识得名利是虚境。

奋志追寻，天国美景乐无垠。
体道均平，向往大同之妙境。

夕照苍茫

2020-4-1

夕照苍茫，心志舒奔放。
春色人间，花好鸟歌唱。

我自昂扬，春来旷意向。
一点感想，讴入诗之间。

红尘狂猖，众生陷迷茫。
大道广长，导引正路向。

奋展慨慷，万里驱而闯。
前方无疆，叩道任艰苍。

暮色浓重

2020-4-1

暮色浓重，心志展清空。
新诗哦讽，舒出我情钟。

人生旅中，多遇伤与痛。
神恩恢弘，恩典赐深重。

缕缕春风，惬我意重浓。
感发于中，难言复难颂。

叩道刚雄，不畏惧雨风。
英武心胸，奋发去行动。

放旷闲情

2020-4-2

放旷闲情，仰看天上云飞行。
一杯芳茗，惬意清风添意境。

喜鹊清鸣，田野菜花赛如金。
海棠开俊，最喜老柳碧芳青。

岁月进行，不觉时已近清明。
灿烂心襟，晨昏诗书朗哦吟。

世宇清平，万物生机都勃兴。
神恩无垠，导引灵程正路径。

散淡平康

2020-4-3

散淡平康，晨起惬听喜鹊唱。
春风悠扬，嫩寒微峭原无妨。

心志强刚，不畏困难奋发上。
叩道之间，履尽山水真无恙。

红尘攘攘，太多名利诱人陷。
务发慧光，识破机簧与计奸。

胸襟坦荡，正直为人不张狂。
舒发昂藏，努力长驱万里疆。

心志和平

2020-4-3

心志和平，清坐思纷纭。
淡泊心襟，原也颇雅清。

浩志凌云，履尽烟与云。
一笑爽清，人生是缘定。

努力前行，山水越无垠。
饱览风景，爽快我心灵。

桑沧幻境，豁达度生平。
叩道进行，雅思入诗吟。

阅历秋春

2020-4-3

阅历秋春，五十五载逝如轮。
回忆青春，而今老大斑苍呈。

人生难论，缘起缘灭似潮奔。
未许沉沦，努力灵程奋前争。

岁月嵘峥，力战魔敌血泪纷。
神恩丰盛，凯歌响彻云霄层。

时值仲春，田园丽景美不胜。
讴哦真诚，阳和寰宇生机骋。

惬意生成

2020-4-3

惬意生成，春来清风恣意骋。
喜鹊声声，菜花金黄美不胜。

闲品茗芬，提振精神哦诗诚。
呼出心身，原也淡淡有雅芬。

鼓志人生，力克艰难奋前骋。
山高水深，览尽风光之雄浑。

远辞青春，老来心境持沉稳。
叩道吾生，坦平心境乐秋春。

云天茫茫

2020-4-3

云天茫茫，心境未可愁怅。
有鸟歌唱，有风吹来清芳。

春意正昂，田野菜花金黄。
老柳飘荡，河中碧水清淌。

意兴正扬，雅将新诗哦唱。
舒出心香，雅洁清新扬长。

岁月奔放，明日清明来访。
仲春将殇，惊叹人生瞬间。

夕照在望

2020-4-3

夕照在望，苍茫天地间。
东风悠扬，世界正清凉。

寒食正当，春意复昂扬。
我自慷慨，哦诗舒奔放。

人生向往，山水阅清苍。
心志雄壮，努力奋向上。

克尽艰苍，济世乐未央。
岁月扬长，婉转余歌唱。

晨光清好

2020-4-4

晨光清好，听得鸟鸣叫。
春风骚骚，今日清明到。

早起哦俏，朗吟适怀抱。
新诗撰了，短章具风骚。

人生晴好，一任斑苍老。
情怀犹俏，向阳心态好。

努力前道，山水力访造。
风光微妙，开我情怀抱。

心境吾安祥

2020-4-4

心境吾安祥，惬听喜鹊唱。
清明今正当，漫野菜花黄。
天气喜晴朗，东风复清畅。
悠然持向往，旷天遨游翔。

心境吾安祥，读书意奔放。
岁月真澹荡，不复计斑苍。
清贫享安康，叩道余扬长。
流光吾清享，振节讴昂藏。

情怀聊舒旷

2020-4-4

情怀聊舒旷，我自悠扬。
有絮飘飞荡，清明正当。

东风吹浩荡，喜鹊鸣唱。
小撰新诗章，一泻狂猖。

岁月真奔放，仲春已殇。
落红也堪伤，菜花金黄。

生活吾清享，正义昂扬。
清贫何所妨，安度平康。

春色怡人

2020-4-4

春色怡人，老柳摆清芬。
东风正盛，花香鸟语闻。

第四卷 《含煦集》

我意雅芬，新诗哦真诚。
人生驰骋，惊叹彼年轮。

岁月缤纷，幻化真无伦。
名利欺人，吾心秉纯正。

诗书晨昏，不入名利阵。
清心志澄，叩道万里程。

不觉又是晚春

2020-4-5

不觉又是晚春，心志清芬，
心志清芬，鼓志人生奋前骋。

蓝天白云飘纷，清风吹呈，
清风吹呈，田野菜花开正盛。

品茗心意雅芬，哦诗真诚，
哦诗真诚，舒出心地之青春。

老来斑苍何论，未许沉沦，
未许沉沦，叩道奋发吾刚正。

悠悠心襟

2020-4-5

悠悠心襟，吞吐山河吾不惊。
岁月清平，老我斑苍一笑盈。

此生多情，履尽苦雨并艰辛。
奋志凌云，胸怀天下意雅清。

嗟此生平，太多狼烟吾经行。
不屈困境，努力穿风冒雨进。

叩道进行，心得化作诗哦吟。
舒发感情，晚春朗日风清新。

人生勿轻狂

2020-4-5

人生勿轻狂，谦和心间。
春来意昂藏，清哦诗章。

东风正舒扬，田野清芳。
我且品茗香，意态悠扬。

耳际小鸟唱，宛转扬长。
不觉晚春间，未许愁怅。

海棠开娇靓，月季芬芳。
最喜菜花黄，如金相仿。

云淡天青

2020-4-5

云淡天青，岁月令人奋兴。
春来多情，欣赏田园清新。

人生经行，履尽苦雨常寻。
依然镇定，一笑淡泊康宁。

红尘险境，名利杀人无垠。
务持清心，勿为世俗牵引。

殷殷此心，叩道努力进行。
新诗哦吟，兰心蕙思空灵。

履历桑沧

2020-4-5

履历桑沧，心襟不萧凉。
奋志昂扬，千关尽力闯。

红尘狂荡，利锁与名缰。
逸意清畅，不为物欲障。

性天清凉，叩道是志向。
山高水长，风光览无恙。

笑意清放，况值韶春芳。
努力向上，振节讴扬长。

心境和平

2020-4-5

心境和平，仰看天青青。
旷志凌云，努力越群岭。

红尘多辛，磨炼心与灵。
回首何云？共缘去旅行。

春来清境，碧柳摇芳情。
花好鸟鸣，惬我意无垠。

淡定心襟，不计利与名。
诗书倾心，洒脱若白云。

心志空清

2020-4-5

心志空清，淡泊吾康宁。
岁月进行，何许计斑鬓。

一笑清新，洒脱持心灵。
悟彻世情，缘字运分明。

天青云行，煦日洒和平。
寰宇多情，春意用心领。

小鸟娇鸣，田园似画境。
悠品芳茗，诗书盈胸心。

闲情舒旷

2020-4-5

闲情舒旷，领略天青苍。
菜花金黄，风递其清香。

假日悠扬，读诗复哦唱。
心境开朗，畅意欲飞翔。

红尘无恙，神恩领奔放。
努力向上，天国是故邦。

百年莽苍，不负人生场。
正直昂扬，远抛彼机奸。

坦腹余哦唱

2020-4-5

坦腹余哦唱，春日情长。
东风正舒旷，鸟语花香。

煦日展晴朗，人民安祥。
休憩余清享，品读词章。

旷怀展昂扬，人生慨慷。
大好之韶光，如金相仿。

温和持心肠，儒雅之间。
修心人生场，矢志向上。

云天淡荡

2020-4-5

云天淡荡，心境闲雅旷。
春意昂扬，新诗连踵唱。

吾自扬长，不执名利障。
红尘攘攘，客旅之相仿。

心志张扬，叩道展奔放。
山高水长，探索无止疆。

世界广长，神恩正无恙。
人生疆场，正直勿相忘。

旷怀清正

2020-4-5

旷怀清正，人生奋力驰骋。
春来何论，心志和缓清芬。

东风阵阵，蓝天白云飘纷。
清坐安稳，一杯绿茗芳醇。

豪气清生，努力奋发刚正。
不屈世尘，不为名利俯身。

清度秋春，读书写诗馨温。
斑苍惜生，一笑呵呵温存。

青碧天壤

2020-4-5

青碧天壤，斜阳闪射金光。
和蔼宇间，季春清和无恙。

心志广长，哦诗激越慨慷。
情怀温让，君子人格显彰。

我自昂扬，迎难敢于奋上。
克尽险艰，叩道一路扬长。

斑苍之间，悟彻世宇玄黄。
正义奔放，矢将真理宣讲。

早起五更

2020-4-6

早起五更，啼鸟鸣声声。
读诗清芬，精神都提振。

春来情生，旷志万里程。
嗟此红尘，名利恒杀人。

吾持清正，叩道奋驰骋。
傲立乾坤，名利弃而扔。

爽风来呈，我意展温存。
村鸡不闻，晨曦东方生。

喜鹊旷鸣唱

2020-4-6

喜鹊旷鸣唱，嫩寒晨间。
路上车声嚷，噪噪尘间。

春来心志旷，裁意诗章。
舒出我昂扬，一腔奔放。

不屈尘世网，奋发向上。
克尽彼艰苍，心怀阳光。

百年似瞬间，吾已斑苍。
一笑是爽朗，豁达无恙。

早起五更间

2020-4-7

早起五更间，玉蟾西方。
漫天星明亮，百禽鼓唱。

哦诗吾悠扬，逸意心间。
春来情思旷，向谁言讲？

人生骋奔放，山高水长。
五十五年间，履尽沧浪。

努力奋向上，克尽艰苍。
一笑也微漾，淡定襟肠。

写意红尘

2020-4-7

写意红尘，未许心生疼。
春意正芬，菜花开正盛。

清坐安稳，内叩心与身。
共缘而奔，何许多折腾。

叩道奋身，正见持心身。
名利弃扔，诗书哦清芬。

朗日云纷，东风吹阵阵。
鸟语娇闻，惬我意缤纷。

流风送畅

2020-4-7

流风送畅，心志吾苍茫。
红尘无恙，春意正奔放。

晚春正当，落红何许伤。
正气昂扬，人生奋志向。

天气晴朗，野禽欢鸣唱。
风递花香，惬意品茗芳。

努力向上，诗书潜扬长。
叩道之间，阅历岂寻常。

闲适无恙

2020-4-28

闲适无恙，惬听喜鹊唱。
东风悠扬，晚春余欢畅。

逸意心间，能不把诗唱。
红日东上，蓝天青无量。

岁月奔放，何许嗟老苍。
心志贞刚，努力奋向上。

大千广长，我心应更广。
济世尽量，荷担彼乾纲。

蓝天云翔

2020-4-29

蓝天云翔，心志吾温让。
东风悠扬，田野鸟鸣唱。

晚春正当，木香开盛旺。
月季芬芳，田园似画廊。

心事广长，难言道细详。
努力向上，克尽千重艰。

人生舒旷，男儿骋强刚。
温柔心间，哦诗适情肠。

东风浩荡

2020-4-29

东风浩荡，写意红尘正无恙。
斜照清朗，蓝天青碧鸟飞翔。

我意慨慷，振节人生舒奔放。
新诗叠唱，一种闲情且安祥。

岁月清享，感谢神恩赐无量。
努力前方，山水历尽入平康。

壮怀激昂，奋发贞志矢向上。
不畏重艰，鼓舞情志万里疆。

人生旷意向

2020-4-29

人生旷意向，山水越无疆。
心志展强刚，努力奋发上。
不为名利障，悠扬吾清享。
红尘非故乡，天国是家邦。

人生旷意向，身心吾扬长。
淡定秋春间，读书晨昏享。
叩道入深艰，圆明心地间。
展眼长瞭望，天际鸟飞翔。

云天晴朗

2020-4-30

云天晴朗，雀鸟欢鸣唱。
浮烟迷漾，东风尽情畅。

我自悠扬，雅将新诗唱。
字里行间，一颗心跳荡。

汽车噪嚷，生活奏平康。
神恩广长，思此发感想。

努力驱闯，灵程奋发上。
力斩魔障，凯歌彻云响。

阳光普照

2020-4-30

阳光普照，凯风吹正妙。
残春将了，岁月正娟好。

开怀欲笑，哦诗适情窍。
人生晴好，风雨已经饱。

红尘笑傲，名利早弃了。
清贫就好，正义吾风标。

诗书爱好，晨昏潜深造。
惬听鸟叫，素怀出尘表。

岁月进行

2020-5-3

岁月进行，残春惜殷殷。
花芳鸟鸣，东风吹清新。

我自高兴，况复品清茗。
新诗哦吟，快慰真无垠。

云天多情，神恩感心襟。
欢呼尽兴，人生鼓干劲。

前旅奋行，风雨任苍劲。
阳光中心，眼目俱清俊。

芳春无恙

2020-5-3

芳春无恙，孟夏行即将。
何许嗟伤，时光逝扬长。

雀鸟鸣唱，写意东风畅。
阳光朗朗，微微燥热间。

第四卷 《含煦集》

心境悠扬，惬意入诗行。
红尘之间，安度秋春旷。

不计斑苍，奋发矢向上。
叩道圆方，慧意蕴襟房。

闲情聊舒旷

2020-5-3

闲情聊舒旷，清听鸟唱。
远际歌声扬，暮春正当。

月季最妍芳，小桃成长。
田园似画廊，云飞澹荡。

悠悠和风漾，品茗意畅。
写诗适情肠，婉转心间。

人生合扬长，万事俱放。
名利不必讲，处心安祥。

第五卷《怀远集》

展眼长旷望

2020-5-3

展眼长旷望，天际云苍。
暮色正渐降，和风清翔。

心志展贞刚，人生怀想。
万里之远方，系念心间。

努力奋闯荡，克尽艰苍。
男儿果敢放，不畏险障。

百年真瞬间，不必怅惘。
天国真能上，永生安康。

人生旷望

2020-5-4

人生旷望，山高水长。
春逝无恙，夏来即将。
情思清昂，婉转歌唱。
裁意诗章，倾泻汪洋。

人生旷望，心志安祥。
天阴鸟唱，风递花香。
生活平康，神恩广长。
思此怀想，化为讴唱。

清意生成

2020-5-4

清意生成，时节正暮春。

心志清芬，窗外鸟啼纯。

风儿清奔，凉爽正宜人。
天阴时分，清坐也怡神。

岁月进深，斑苍不必论。
努力前程，风光阅清正。

大化弄人，叠变桑沧阵。
一笑馨温，神恩总丰盛。

暮阴无恙

2020-5-5

暮阴无恙，远际歌声正清畅。
爽风悠扬，清喜立夏今日访。

心志清昂，人生奋发我贞刚。
诗书之间，寻觅生命之灵粮。

有鸟鸣唱，写意红尘真舒旷。
淡淡荡荡，君子无执于心间。

岁月流畅，五十五载云烟漾。
一笑坦荡，吾愿共缘而徜徉。

孟夏真无恙

2020-5-6

孟夏真无恙，请听鸟鸣唱。
天阴岂有妨，清风正舒扬。

凉爽宜人旷，清坐理思想。
人生怀向往，短歌复昂藏。

孟夏真无恙，小桃茁壮长。
月季绽幽芳，田野似画廊。
岁月泻流畅，人老发斑苍。
一笑还疏狂，哦诗讴扬长。

风声啸狂

2020-5-7

风声啸狂，心志吾未央。
淡定之间，履尽恶风浪。

年届斑苍，绝无颓与唐。
孟夏正当，努力奋向上。

岁月坎苍，不必诉酸凉。
红尘之间，原有神主掌。

诗书无恙，勤字未可忘。
学海广长，旷意扬帆航。

清意流风正送畅

2020-5-10

清意流风正送畅，喜鹊高鸣唱。
散坐心事费平章，一杯绿茗芳。

读书意兴真无恙，小撰新诗行。
舒出情志也慨慷，人生正气昂。

不屈磨难万千放，男儿豪情壮。
一任斑苍渐增长，努力万里疆。

不图名利自豪强，叩道展贞刚。
笑看天下之攘攘，性天自清凉。

红尘由来走马场，名利肆狂狷。
多少英雄屈身向，心陷污泥间。

余意率兴哦扬长，不入名利场。
身贫清度也安祥，白云胸中漾。

斜晖清朗

2020-5-10

斜晖清朗，白云曼流荡。
清风徐翔，田野鸟歌唱。

休闲无恙，情志都扬长。
聊写短章，舒出心与肠。

红尘奔放，故事演无疆。
名利虚诳，切勿上其当。

虚心应当，振节讴昂扬。
诗书研讲，开凿彼慧光。

歌声嘹亮 （之一）

2020-5-11

歌声嘹亮，引我心襟荡漾。
天气晴朗，蓝天青碧无恙。

我自慨慷，晨起哦诗激昂。
正气满腔，济世力量未央。

红尘攘攘，太多名利欺诳。
众生沉陷，务持慧剑斩障。

叩道之间，时光如水飞殇。
一笑澹荡，人生就该这样。

雀鸟欢唱

2020-5-11

雀鸟欢唱，孟夏情景堪欣赏。
田园画廊，况复天晴风吹翔。

岁月奔放，吾已斑苍复何讲。
一笑淡荡，共缘而行何潇旷。

胸襟坦荡，不执名利持慨慷。
清贫之间，晨昏诗书纵哦唱。

情志轩昂，正眼世界多辽旷。
宇宙广长，神恩丰盛乐未央。

旷意人间

2020-5-11

旷意人间，花好鸟鸣人欢畅。
孟夏扬长，诗人裁意哦诗章。

天喜晴朗，淡荡心情真无恙。
清风来翔，爽我情志适无疆。

笑意浮上，神恩丰穰感心间。
努力向上，叩道不畏千重艰。

坎坷回放，风雨艰苍成过往。
迎来朝阳，迎来坦平之情状。

云天淡荡鸟飞翔

2020-5-11

云天淡荡鸟飞翔，写意红尘真无恙。
心地情志娟娟放，提笔写诗舒扬长。
一点丹心向谁讲，两袖清风云荡漾。
正意心间叩道藏，人生奋发以向上。

絮儿轻飘鸟鸣娇

2020-5-11

絮儿轻飘鸟鸣娇，写意暑风正清潇。
洒脱心境入诗描，会意人生名利抛。
一点雄心仍峻高，十分磨难铸我傲。
尘世坎坷何必道，桑沧之间吾微笑。

旷意人生吾驰骋

2020-5-11

旷意人生吾驰骋，心志发刚正。
清听鸟儿啼清纯，风吹絮儿奔。

蓝天白云自在纷，清坐思深沉。
人生理想胸中存，努力万里程。

娇艳月季开正芬，园囿美不胜。
诗书之中雅意生，沉醉深又深。

平生饱经桑沧阵，一笑还馨温。
正直不惧风雨盛，雨后虹会生。

笑意清呈

2020-5-11

笑意清呈，品茗吾雅芬。
心志温存，谁人来慰问。

奋发刚正，傲立在乾坤。
观此红尘，浊浪滚滚生。

淡定心身，不为名利奔。
正义一生，慧烛擎前奔。

万里征程，风雨任纷纷。
坦平心身，神恩赐丰盛。

天气初燥

2020-5-11

天气初燥，总赖风儿潇。
鸟儿鸣叫，絮儿诗意飘。

云儿飞渺，世界入画稿。
品茗意俏，短诗从心造。

人生洒潇，不许名利扰。
清贫就好，正义吾刚傲。

心志迢迢，万里待访造。
风雨任嚣，兼程吾微笑。

心志贞定

2020-5-11

心志贞定，世界任纷纭。
名利虚境，过眼之烟云。

心意空清，叩道领意境。
蓝天白云，适我胸与心。

且品芳茗，且听鸟清鸣。
享受风清，享受阳光俊。

人生多情，何许伤了心。
奋志凌云，不执俗世情。

第五卷 《怀远集》

夕照闪射光芒

2020-5-11

夕照闪射光芒，心事奔放，
情怀张扬，一似漫天絮飞狂。

红尘攘攘无疆，汽车噪响，
生活平章，沧海桑田幻变间。

小鸟娇娇啼唱，小风吹扬，
心兴苍茫，哦诗舒出情与肠。

一曲从心哦唱，情思何向，
人生慨慷，振节傲立我昂扬。

云天美妙非常

2020-5-11

云天美妙非常，心事淡荡。
小鸟惬意歌唱，风吹絮扬。

黄昏夕照正当，淡泊安康。
清坐小撰诗章，一曲清畅。

孟夏风光堪赏，桃青苗壮。
月季斗艳争芳，七彩张扬。

生活坦平安祥，神恩奔放。
悠听歌声苍凉，嗟叹心间。

夕照闪射金光

2020-5-11

夕照闪射金光，云天澹荡。
余心深怀向往，雅哦诗行。

人生情志奔放，一泻狂猖。
振节悠悠哦唱，舒情何畅。

生活弹奏乐章，和谐交响。
野禽欢声鼓唱，清风徐翔。

岁月舒其激昂，老我斑苍。
一笑坦腹安祥，神恩饱享。

喜鹊喳鸣

2020-5-12

喜鹊喳鸣，暑风吹清劲。
早起旷兴，哦诗舒雅情。

人生多情，易损心与襟。
神恩无垠，导引我前行。

天日朗晴，蓝天飘白云。
百鸟和鸣，天籁堪清听。

心中高兴，振节欲大鸣。
努力前行，叩道领意境。

雅思清畅

2020-5-12

雅思清畅，人生适意扬长。
初暑风凉，旷喜漫天晴朗。

喜鹊鸣唱，惬我意兴非常。
风递花香，喜悦我之情肠。

散坐安康，品茗读书清享。
岁月流畅，何计鬓发染霜。

未许匆忙，人生定定当当。
共缘而放，因果岂是寻常。

人生不彷徨

2020-5-12

人生不彷徨，奋志慨慷。
谦和心地间，不事张扬。

惬听鸟鸣唱，孟夏时光。
清风来悠扬，爽洁心肠。

蓝天云徜徉，鸟高飞翔。
心事广无疆，向谁言讲。

努力奋贞刚，不屈艰苍。
男儿是好钢，百倍顽强。

鸟啭情长

2020-5-12

鸟啭情长，余心欣然旷。
写意尘间，一似彼画廊。

岁月飞翔，笑我霜华苍。
一笑安祥，人生该这样。

远方瞭望，天际青霭漾。
心系广长，理想未能忘。

朗哦诗章，舒出闲情况。
贞志原刚，奋发万里疆。

云烟淡荡

2020-5-13

云烟淡荡，晨起鸟清唱。
心事苍茫，感慨入诗章。

岁月奔放，笑我华发苍。
人生向上，力战恶豺狼。

奋志之间，越过千关障。
神恩清享，颂赞出心膛。

流风清畅，深吸有清芳。
孟夏扬长，韶光珍惜间。

歌声嘹亮（之二）

2020-5-13

歌声嘹亮，悠悠余心旷。
天喜晴朗，喜鹊欢鸣唱。

大千无恙，田园正清芳。
流光飞翔，孟夏时正当。

心系广长，感慨不嗟伤。
奋志无疆，男儿是好钢。

淡定向上，力克艰与苍。
诗书之间，真理矢寻访。

身心未许躁

2020-5-13

身心未许躁，静定为要。
神恩享受饶，颂赞声高。

灵程力奋跑，克尽险要。
力斩魔敌嚣，凯歌云霄。

斜晖正清照，鸟鸣声俏。
写意东风好，适我情抱。

一杯绿茗迢，撰写诗稿。
性天清无二，爽度尘嚣。

夜来蛙鼓响亮

2020-5-14

夜来蛙鼓响亮，激动我之情肠。
晨起清风悠扬，小鸟写意鸣唱。

心志清怀扬长，人生奋发慨慷。
不为名利奔忙，读书定定当当。

清贫究有何妨，我有诗书千方。
叩道不计远长，心力广达无疆。

神恩无比广长，赐我心灵力量。
努力灵程奋闯，不惧艰难阻挡。

晨风清绕

2020-5-14

晨风清绕，鸟语鸣噪噪。
远处歌嘹，激动我心窍。

岁月逍遥，心无名利扰。
诗书潜造，修身出尘表。

微微一笑，豁达何须表。
人生风标，正直恒铸造。

淡荡雅潇，清度秋春好。
无忧无恼，叩道万里遥。

第五卷《怀远集》

约束身心

2020-5-14

约束身心，放逸可不行。
心志殷殷，诗书读尽兴。

人生倾情，太多伤了心。
奋志凌云，英武之心襟。

窗外鸟鸣，时雨洒清新。
小风空灵，诗意盈中心。

快慰心襟，新诗脱口吟。
聊品芳茗，舒适我胸心。

怡情人生

2020-5-14

怡情人生，历尽风雨心生疼。
神赐慰问，而今心安而宁神。

岁月驰奔，窗外暑雨洒纷纷。
清坐安稳，聊读词章情生成。

风来清芬，爽洁寰宇神创成。
努力前程，灵程叩道吾奋身。

冲决魔阵，斩杀豺狼呼声震。
大地馨温，人民欢呼乐不胜。

洒脱心襟如云

2020-5-14

洒脱心襟如云，人生原也多情。
耳际鸟娇鸣，写意风雨清。

岁月匆匆奋进，我已斑斑苍鬓。
一笑还爽清，高歌向前行。

览尽关山风景，五湖归来镇定。
叩道奋进行，诗书朗哦吟。

感谢神恩丰盈，赐下平安心领。
颂赞应不停，前程灿如锦。

世道险艰

2020-5-14

世道险艰，人心叵测难量。
百炼成钢，男儿傲骨刚强。

神恩广长，导引冲决风浪。
坦平心间，无机正直扬长。

窗外雨响，凉风习习未央。
爽快情肠，哦诗激情流淌。

人生世间，原是试炼之场。
天国无恙，永生是在彼方。

时雨狂猖

2020-5-14

时雨狂猖，落红堪伤，
空气清芳，雨后鸟歌唱。

初暑风光，美妙画廊，
心境清爽，哦诗复扬长。

人生奔放，自由崇尚，
流云相仿，名利未许障。

真理力访，叩道贞刚，
不惧险艰，男儿勇毅彰。

人生率意向

2020-5-15

人生率意向，履尽风雨莽苍。
一笑微微放，淡眼天地桑沧。

岁月真激昂，不觉老以斑苍。
惬听啼鸟唱，且品杯中茗芳。

努力舒昂藏，不许名利肆狂。
正直人生场，正如清风徐旷。

淡泊享安康，诗书晨昏哦唱。
纵有恶风浪，神恩赐下安祥。

云天闲望

2020-5-15

云天闲望，初暑百禽竞鸣唱。
爽风来航，细嗅原来有花香。

心志清昂，人生振奋我情肠。
不屈艰苍，努力恣展我顽强。

华发初霜，呵呵一笑也安祥。
神恩无恙，导引正路奋启航。

向前向上，不计名利吾平康。
红尘虚妄，太多迷雾与烟障。

淡定之间，不觉已度千关嶂。
微笑雅娴，诗书容我深研访。

叩道奔放，心得心志入诗唱。
道义广长，正必胜邪闪金光。

清风畅好

2020-5-15

清风畅好，适我情抱，
天喜晴了，田野众禽欢鸣叫。

散坐逍遥，诵读诗稿，
品茗意潇，一篇新诗脱口造。

红尘喧嚣，清度洒潇，
名利弃抛，剩有清贫免不了。

正气崇高，力克险要，
奋斩魔妖，还我太平万民笑。

苍烟清绕

2020-5-15

苍烟清绕，鸟儿竞欢叫。
清风洒潇，宁静持心窍。

红尘扰扰，心未可浮躁。
淡定逍遥，名利不许嚣。

诗书潜造，心志出尘表。
志比天高，济世奋刚傲。

人生怀抱，向谁道分晓。
努力前道，关山风光妙。

散淡舒我闲情

2020-5-15

散淡舒我闲情，窗外鞭炮任鸣。
红尘由来多辛，奋志应可凌云。
不为名利操心，共缘履步康平。
任起恶浪风云，胜似信步闲庭。

芳情共风袅袅

2020-5-15

芳情共风袅袅，惬听鸟叫。
写意红尘风骚，田园美妙。

我欲写诗不了，舒发情操。
人生正气刚傲，力战魔妖。

大千正气丰饶，神恩显照。
努力向前奋跑，克尽险要。

红尘淡度逍遥，名利弃抛。
容我洒脱一笑，胸襟云飘。

情怀雅淡

2020-5-15

情怀雅淡，人生志气冲霄汉。
履尽坎坷，赢得一笑是当然。

鸟清鸣喊，爽风清来我舒展。
奋志浩瀚，不畏风雨与艰难。

与魔力战，曾经跌倒血流溅。
神恩丰赡，起死回生焕肝胆。

灵程飞还，标的天国终点站。
羽翼双展，快意从心出眉眼。

不热不凉

2020-5-15

不热不凉，初暑好风光。
云天澹荡，惬听鸟啼唱。

品茗悠扬，况复读诗章。

039

激情生扬，朗哦这情况。

岁月飞翔，笑我渐斑苍。
情志爽朗，正直人生场。

不惧艰苍，力战拦路狼。
正义强刚，提刀努力上。

神恩无恙，赐我以刚强。
大道广长，正义必通畅。

体味休闲，岁月吾清享。
欢呼无上，讴颂神恩旷。

纯正心地间

2020-5-15

纯正心地间，领受神恩广长。
欢呼应尽量，魔敌败退消亡。

窗外鸟啼唱，清风其来悠扬。
心志正平康，淡度秋春无恙。

人生奋志向，是沿灵程向上。
克敌制胜间，凯歌震天唱响。

圣徒喜洋洋，因荷神恩丰穰。
试探一任放，终必凯旋回乡。

淡泊吾平康

2020-5-15

淡泊吾平康，无执心地间。
共缘去旅航，叩道是志向。
神恩赐广长，思此热泪淌。
正道必平旷，秋春可安享。

淡泊吾平康，人生矢向上。
宇宙何宽广，皆是神所创。
大道运悠扬，幻化是桑沧。
努力奋前闯，热血天涯间。

第六卷《芳翰集》

流风送畅

2020-5-15

流风送畅，安祥时光吾清享。
众鸟鸣唱，写意红尘正无恙。

心志清昂，人生努力奋斗间。
利锁名缰，合当弃之尽光光。

神恩奔放，时刻铭记我心间。
叩道深艰，履尽险恶之风浪。

力斩魔帮，正义必将天下畅。
百年苍茫，秋春浑然作诗章。

心志深广

2020-5-15

心志深广，履历人生正气昂。
率意诗章，舒出中心烟霞旷。

初暑正当，惬听野鸟欢鸣唱。
清风来航，大千云天何澹祥。

散思平康，人生时刻怀向往。
大同之邦，一生景仰长瞻向。

正义昂藏，力战恶邪不计艰。
奋发顽强，神恩宽广且无量。

岁月清享，不计老苍骋清刚。

笑意舒放，正必胜邪民安康。

灵程奋闯，克尽千关与魔挡。
顺利归航，天国乐园何安祥。

悠悠岁月吾清享

2020-5-15

悠悠岁月吾清享，人生奋志慨慷。
平生不喜太张扬，谦和心地之间。

大千舒展其奔放，万物和谐同光。
神创世界妙无疆，阴阳和合无恙。

五十五载成过往，心地平静安祥。
永生冀望天国上，神恩无比广长。

叩道奋发我贞刚，东西文明相襄。
努力奋辟新篇章，文明创化无疆。

旷怀无恙

2020-5-15

旷怀无恙，履尽闲情况。
风雨风浪，于我是等闲。

岁月舒狂，转眼觉老苍。
且听鸟唱，且品绿茗芳。

正义力彰，奋战邪恶帮。
血虽流淌，真理终通畅。

神恩广长，护佑我成长。
天国故邦，努力誓归向。

人生奋志吾清骋

2020-5-15

人生奋志吾清骋，风风雨雨是历程。
履尽坷坎一笑芬，淡泊名利安祥生。
旷眼世界风云阵，幻化桑沧似一瞬。
吾已老矣自慰问，聊哦新诗适心身。

世事不堪问

2020-5-15

世事不堪问，旷怀持雅正。
众生多沉沦，名利肆杀人。
物欲将人损，心灵蒙垢尘。
务使心光盛，烛照前路程。

世事不堪问，诗书怡晨昏。
哦诗激越生，情怀谁慰问。
孤旅奋前骋，山水越雄浑。
苍茫心志呈，独立思深深。

华灯又放

2020-5-15

华灯又放，宿鸟鸣唱，
霓虹闪靓，汽车喇叭竞交响。

心志安祥，淡定情肠，
情怀遐方，人生希冀旷飞翔。

岁月流畅，何计老苍，
一笑爽朗，平生积淀是思想。

正义昂扬，不屈艰苍，
奋发顽强，万仞高山未可挡。

小风舒爽

2020-5-15

小风舒爽，暝色又苍苍。
华灯竞放，心志觉苍茫。

人生感想，袭上我襟房。
展转桑沧，积淀岂寻常。

奋发贞刚，力战恶虎狼。
正义显彰，神恩何奔放。

克尽艰苍，终有坦平况。
心中阳光，眉眼都清靓。

心志和平

2020-5-15

心志和平，淡泊吾康宁。
人生怀情，向往万里行。

心怀静定，不妄去追寻。
名利虚境，宜弃宜抛屏。

剩有闲情，诗书吾浸淫。
舒展雅兴，晨昏旷哦吟。

初暑情景，夜黑华灯明。
清坐思凝，正义盈心襟。

收敛身心

2020-5-16

收敛身心，勿为外缘所侵。
正视坦平，清度日月安心。

小鸟娇鸣，初暑风光清俊。
有絮飞行，云天烂漫多情。

心中高兴，新诗脱口哦吟。
人生奋行，履度桑沧幻境。

世事难云，一个缘字怎明。
嗟叹无垠，圆明觉性用劲。

情思广长

2020-5-17

情思广长，人生旷然奋志向。
历尽艰苍，心地依然怀晴朗。

神恩无上，思此讴颂当尽量。
灵程奋闯，斩尽魔敌凯歌唱。

岁月奔放，人易老苍勿颓唐。

心地悠扬，清度秋春也安祥。

叩道贞刚，男儿骋勇奋力向。
山高水长，风光清雅雄浑间。

清风舒旷
2020-5-17

清风舒旷，悠悠心地吾弹唱。
鸟语绵长，写意红尘若画廊。

展转桑沧，赢得心襟不萧凉。
放眼长望，天际青烟有鸟翔。

心地雅闲，不计名利吾淡荡。
诗书奋向，矢寻不尽之灵粮。

岁月有芳，过去世事费平章。
未来瞻望，实干当展男儿强。

品味人生
2020-5-17

品味人生，酸甜苦辣何须问。
惟赖神恩，导引灵程美不胜。

观此红尘，太多物欲诱惑人。
务持雅正，抛弃名利才轻身。

擎举心灯，烛照前路之行程。
奋不顾身，叩道鼓勇吾矢骋。

山高水深，力战豺狼血洒纷。
蓝天清纯，神造世界掌全能。

天气初燥
2020-5-17

天气初燥，总赖爽风吹逍遥。
斜日晴好，惬听小鸟之鸣叫。

岁月逝抛，不觉人生已苍老。
雅然一笑，清度红尘是缘闹。

奋发刚傲，不为名利驱着跑。
静心为要，内敛身心悟玄妙。

神恩丰饶，思此感发正微妙。
撰写诗稿，舒出情志也洒潇。

履尽险艰
2020-5-17

履尽险艰，总赖心地有平康。
任起卓浪，神恩赐我稳泛航。

人生向上，不为名利而奔忙。
清贫安享，诗书是我性命粮。

岁月飞扬，一似风吹落花香。
记忆留芳，五十五载非虚诳。

长途驱闯，关山风情领无恙。
微笑淡荡，无机心地正安祥。

激情岁月泻流淌
2020-5-19

激情岁月泻流淌，心地觉情长。
初暑风展正清凉，蓝天青无恙。

淡定情怀共风旷，人生喜洋洋。
不计名利奋前闯，关山任莽苍。

清度红尘吾悠扬，性天总清凉。
诗书是我生命粮，晨昏纵哦唱。

笑意清浮神恩旷，思此颂赞放。
人生正道灵程闯，叩道奋贞刚。

感谢神恩广长
2020-5-19

感谢神恩广长，赐以平安吉祥。
风吹带来清凉，爽洁是此尘壤。
欢呼应许尽量，圣洁安康清享。
惬听小鸟鸣唱，我心喜气洋洋。

感谢神恩广长，导引灵程康庄。
胜过鬼魔阻挡，腾飞对准天堂。
灵歌纵情高唱，眼目清亮闪光。
天国是余故邦，永生欢乐无恙。

流风舒爽

2020-5-19

流风舒爽，清坐吾安祥。
收敛心向，情思转悠扬。

岁月飞翔，小满行即将。
人生扬长，哦歌应奔放。

坦荡心间，无机正意向。
修身无疆，韶光似水殇。

抓紧时间，吾已渐斑苍。
奋发向上，力克千重艰。

怡情花草

2020-5-19

怡情花草，闲时惬听鸟鸣叫。
心志骚骚，淡泊情怀共风袅。

人生晴好，风风雨雨何足道。
关山险要，愿展羽翼摩云霄。

初暑天燥，清喜爽风来逍遥。
清坐安好，自在安乐吾洒潇。

红尘扰扰，不必计较宜内瞧。
不须焦躁，共缘履历吾风标。

小满正当

2020-5-20

小满正当，晨起喜鹊喳鸣唱。
心志潇爽，雅哦新诗适情肠。

人生奔放，不为名利折腰向。
奋发顽强，叩道履历风雨艰。

一笑爽朗，男儿顶天立地间。
诗书之间，修身养性也扬长。

天喜晴朗，云烟浮漾风清旷。
人民安祥，乐度生涯恣意向。

牵牛妍开放

2020-5-20

牵牛妍开放，小满正当。
小鸟惬鸣唱，清风舒扬。

心志沉吟间，时光逝殇。
人生怀向往，百转情长。

云天既澹荡，纵鸟飞翔。
世界是广长，天涯无疆。

正直人生场，风雨任艰。
一笑还清畅，道义肩扛。

喜鹊喳喳以鸣放

2020-5-20

喜鹊喳喳以鸣放，小满正当，
天气爽朗，况有清风写意航。

清坐思想费平章，人生昂扬，
奋发向上，挥洒情志慨而慷。

岁月清度吾悠扬，不许名妨，
不准利狂，清贫度日以平康。

诗书是我性命粮，纵声哦唱，
激越奔放，人生正意入诗章。

心志向谁弹并唱？孤旅扬长，
不计苍凉，五十五载入云间。

回首人生不怅惘，奋志所向，
天涯矢闯，叩道踏遍彼莽苍。

悠悠哦唱不凄凉，性天凉爽，
悟彻玄黄，秉持身心是淡荡。

前旅奋发展贞刚，一笑雅芳，
圆明心间，世界广大容舒放。

闲情袅袅

2020-5-20

闲情袅袅，天涯遍芳草。
独立孤傲，心事付谁晓？

有鸟飞高，惬我意不了。
蓝天云渺，初暑风光好。

歌声轻飘，红尘原扰扰。
心不动摇，内敛吾风标。

叩道逍遥，情怀似萋草。
微微一笑，淡泊在尘表。

优雅情怀堪讴唱

2020-5-20

优雅情怀堪讴唱，人生履尽苍凉。
此际暮烟正清涨，风递鸟语花香。

正节容我放歌唱，天地幻变桑沧。
人生于世不孤凉，神恩赐下奔放。

岁月递进岂寻常，一似流水飞殇。
老我斑苍不必讲，意气冲入云间。

壮怀激烈越莽苍，男儿果敢非常。
叩道一生微笑间，悟彻天地玄黄。

蛙鼓悠扬

2020-5-20

蛙鼓悠扬，不眠人儿旷思想。
夜风清凉，路上车行偶猖狂。

嗟此人间，太多名利肆嚣猖。
务持清向，遁向田园与书间。

平生慨慷，振节哦诗声昂扬。
心怀畅想，济世度人乐未央。

半生闯荡，血泪清洒志犹刚。
来日方长，神恩赐我恒苗壮。

人生闲情呈舒旷

2020-5-22

人生闲情呈舒旷，天气不热不凉。
惬听小鸟之鸣唱，风中粉蝶飞翔。

岁月于我是苍凉，平生履尽坎苍。
唯赖神恩舒奔放，赐下福分安祥。

展眼长天欲高翔，乘风快意何畅。
人生踏实迎难上，叩道矢展贞刚。

平和心地不张扬，诗书人生慨慷。
振节容我讴扬长，天人亲和无恙。

凯风既兴

2020-5-22

凯风既兴，心事吾清吟。
人生多情，容易损心灵。

神恩无垠，赐下康与平。
努力奋进，山水岂常寻。

小鸟娇鸣，我心旷奋兴。
新诗哦吟，一泻胸中情。

雅持心灵，矢志向上行。
叩道艰辛，慧意蕴胸襟。

闲情聊舒旷

2020-5-22

闲情聊舒旷，人生怀感想。
悲伤应抛光，努力奋志航。

山水叠万方，风光奇无恙。
神恩导慈航，万里不迷向。

人生试炼场，艰辛倍品尝。
贞志立方刚，男儿果敢放。

不为名利障，性天旷无疆。
红尘任攘攘，心怀水云间。

芳华人生

2020-5-22

芳华人生，履尽烟雨纷纷。
奋志刚正，共缘履历秋春。

感谢神恩，导引人生旅程。
风雨驰骋，不惧山高水深。

观此红尘，太多名利损人。
务持雅正，遁入田园清芬。

展眼云层，浩天何其广正。
振羽飞腾，摩云直入霄层。

风光清好

2020-5-22

风光清好，田园萋萋茂芳草。
月季开了，河畔楝花开盛茂。

心情畅好，耳际惬听鸟鸣叫。
晴和尘表，万物和谐气象饶。

颂赞不了，世界乃是神所造。
奋行直道，天国家园是终标。

岁月遥遥，因怀芳情正意高。
名利辞了，乐享清贫也雅骚。

闲情舒袅

2020-5-22

闲情舒袅，风儿清吹其来好。
鸟清鸣叫，写意红尘正风骚。

岁月逝飘，老我斑苍何足表。
微微一笑，共缘履历吾洒潇。

大千云渺，淡荡人生若云飘。
百年草草，心迹雅哦入诗稿。

南山风标，不图名利情娟好。
风雨嚣嚣，磨得意志如钢造。

大器晚成

2020-5-22

大器晚成，风雨之中磨刚正。
一笑清生，秉持良知雅诚贞。

岁月清芬，旷志出得云霄层。
绝不沉沦，努力叩道立乾坤。

神恩广深，思此灵心讴真正。
灵程奋身，力战魔敌凯歌呈。

窗外风生，花香宜人余意振。
新诗哦成，一曲心声也温存。

激情岁月留写照

2020-5-22

激情岁月留写照，从容撰诗稿。
淡眼天际鸟飞高，心潮逐浪高。

人生容我自在道，共缘乐逍遥。
顺逆清度也洒潇，名利务辞早。

清贫诗书纵哦了，旷怀正气饶。
淡泊康寿也雅好，神恩赐丰饶。

初暑南风吹正潇，花红鸟鸣叫。
清坐思绪共风飘，情系天涯渺。

清和尘表

2020-5-22

清和尘表，歌声正洒飘。
欢快小鸟，惬意旷鸣叫。

心志潇骚，新诗朗哦了。
舒出情窍，正义展刚饶。

清风正潇，适我情怀抱。
品茗意道，欲乘云飞渺。

人生写照，穷愁务必抛。
展眼远瞧，天际苍烟绕。

西山旷展夕照

2020-5-22

西山旷展夕照，心境洒脱逍遥。
风中传来鸟叫，写意红尘风骚。

我要高声长啸，声震九州云渺。
心志高出尘表，原也不在尘嚣。

向阳心态娟好，征途履历迢迢。
不惧风雨冰雹，努力奋辟前道。

展转桑沧一笑，哦诗适我情抱。
人生阴晴均好，叩道深入险要。

晚霞正红

2020-5-22

晚霞正红，心地吾轻松。
快意沐风，浴后焕神容。

人生情钟，骋志矢前冲。
关山雨风，洗涤我心胸。

壮志如虹，七彩闪襟中。
踏实行动，勤奋晨昏中。

履尽苦痛，心地入平愫。
一笑从容，悟彻道圆通。

暝色向晚

2020-5-22

暝色向晚，汽车嘶鸣喊。
鸟语溅溅，歌声清飘散。

市井噪杂，心志吾妥善。
清词把玩，灯下细观看。

岁月翻澜，人生多坷坎。
何许回看，奋志搏前站。

努力奋战，力斩魔敌缠。
天国终站，骋志奋归还。

歌声苍凉且激昂

2020-5-22

歌声苍凉且激昂，引我心事动地苍。
岁月由来舒奔放，坎坷桑沧难细讲。
百度秋春入诗章，晨昏情志放讴唱。
书生振节长舒旷，一篇短诗诉中肠。

蛙鼓清爽

2020-5-22

蛙鼓清爽，晚风爽凉，
霓虹闪靓，心地怡悦正无恙。

人生扬长，快意心间，
力舒奔放，正心诚意作诗章。

岁月飞翔，流年逝殇，

我已斑苍，率然一笑豁无疆。

坎坷艰苍，不必回放，
神恩广长，前路洒满明媚光。

楝花清芳

2020-5-23

楝花清芳，河水汤汤，
东风轻狂，初暑田园好风光。

散步悠闲，性天敞亮，
心怀阳光，奋志人生在尘壤。

岁月舒扬，人生老苍，
一笑雅靓，叩道此生不孟浪。

向前向上，克尽艰苍，
率意诗章，舒出情志也奔放。

闲情袅袅

2020-5-23

闲情袅袅，心志向谁表？
人生草草，五十五载辞而抛。

东风吹渺，鸟语啼娇巧。
心地堪表，雅哦新诗适情抱。

共缘逍遥，奋发叩大道。
意出尘表，此心名利早辞了。

清贫就好，正义吾丰饶。
柔和心窍，展眼天际苍烟绕。

晨间闻得子规唱

2020-5-23

晨间闻得子规唱，惊动我心肠。
人生时刻怀向往，旷飞无止疆。

小满过后天初亢，总赖爽风扬。
读书写诗真悠扬，正义盈襟房。

平生履尽是艰苍，不必多言讲。
要在前路奋慨慷，长驱天涯间。

此际暮色浓重降，灯下哦华章。
一曲中心舒扬长，婉转复清昂。

暮阴时分

2020-5-23

暮阴时分，听得宿鸟鸣声声。
远处歌声，入耳听得是童真。

岁月进深，我已斑苍一笑生。
嗟此红尘，些许名利肆杀人。

务持清正，遁向田园享清芬。
不惹浊尘，仰慕烟霞烟云纷。

叩道诚贞，悟得玄机入艰深。
素朴心身，无机正直奋驰骋。

第七卷《清昶集》

流风鼓爽
2020-5-24

流风鼓爽，杜宇鸣唱，
晨起欢畅，惬意新诗从心放。

岁月品尝，百感心间，
忧愁抛光，享受当下之平康。

前路奋闯，关山叠障，
骋志奔放，览尽险恶之景况。

中心阳光，不惧艰苍，
神恩广长，万里江山入指掌。

蓝天云飘
2020-5-24

蓝天云飘，写意红尘多风标。
子规啼叫，大好田园堪画描。

月季开俏，七彩舒芳艳丽饶。
茁壮青桃，生长枝上正娇好。

人生情抛，闲写新诗乐逍遥。
岁月风标，赐我斑苍也雅骚。

歌声轻飘，涤我心魂真无二。
清坐洒潇，旷意清风舒心窍。

风来清旷
2020-5-24

风来清旷，洒脱心襟真无恙。
写意尘间，野外杜宇清唤唱。

岁月悠扬，星星华发迎风向。
一笑淡荡，人生无执也清狂。

坦坦荡荡，无机心地歌嘹亮。
修行世间，正直一生不张扬。

宇宙神创，灵妙神奇无法讲。
奋行向上，天国家邦永安祥。

适意尘间
2020-5-24

适意尘间，粉蝶恣飞翔。
风来爽朗，快意我无限。

惬听鸟唱，一杯绿茗芳。
逸意扬长，我欲乘云上。

人生世间，忧患饱经尝。
神恩奔放，导引我慈航。

奋志向上，矢脱此尘壤。
天国遐方，寄托我期望。

049

浮云荡漾

2020-5-24

浮云荡漾，流风舒爽，
野禽欢唱，初暑田园绽风光。

鞭炮鸣响，市井嚣猖，
心志安祥，清心雅度人生场。

流年更张，星星斑苍，
笑意浮上，人生不过一缘放。

骋志昂扬，不随波浪，
奋发顽强，叩道一生展贞刚。

鸟语情长

2020-5-24

鸟语情长，天地寥廓，
心事广长，难言其细详。

红尘奔放，利锁名缰，
率意平康，不妄动心肠。

孟夏正当，子规啼唱，
月季花芳，人间似天堂。

清坐安祥，思达无疆，
情怀娟放，新诗哦扬长。

适意浮生

2020-5-24

适意浮生，履尽烟雨之艰深。
一笑馨温，此生所赖唯神恩。

红尘驰骋，不为名利而奋身。
天国圣城，永生安乐何丰盛。

灵程奋争，鬼魔拦阻诡计盛。
慧目圆睁，力斩妖邪奋刚正。

欢呼声声，圣徒前进凯歌震。
回归天城，灵程美景嗟不胜。

又值黄昏

2020-5-24

又值黄昏，鸟语啭清芬。
叫卖声声，市井正喧腾。

清风吹逞，安慰我心身。
人生持正，历尽风雨程。

努力前骋，奋志在红尘。
名利弃扔，清贫仍刚正。

诗书潜沉，叩道吾奋身。
风雨晨昏，放我读书声。

凉风清来适意向

2020-5-25

凉风清来适意向，燥热顿减，
心事扬长，不由新诗脱口唱。

窗外小鸟正鸣唱，风递花香，
初暑风光，人生情志喧然畅。

红尘不是我故乡，名利宜放，
水云胸漾，叩道舒展我奔放。

灵程奋发努力上，克尽险艰，
力斩魔障，神恩足够你我享。

苍烟清绕

2020-5-26

苍烟清绕，晴和此尘表。
喜鹊鸣叫，百鸟和唱高。

写意尘嚣，初暑风光妙。
东风舒潇，花香嗅来好。

人生不老，旷怀讴情抱。
关山迢迢，努力去奔跑。

越尽险要，赢得朗然笑。
志取高傲，不入名利道。

气宇雄浑

2020-5-26

气宇雄浑，叩道吾奋身。
不妄纷争，淡定履平生。

鸟语清纯，惬我心与身。
风来清芬，花香袭阵阵。

观此红尘，名利是祸根。
持心雅正，水云涵深深。

奋志人生，努力前旅程。
关山苍盛，矢志攀与登。

休憩身心

2020-5-26

休憩身心，不必整日耽哦吟。
享受风清，享受心地之宁静。

小鸟娇鸣，写意风光何雅清。
月季娇俊，更有牵牛展芳情。

心怀高兴，一杯清茗添意兴。
吐志爽清，小撰新诗以适情。

人生多情，五十五载伤了心。
奋志凌云，矢向天涯觅风景。

爽意红尘

2020-5-26

爽意红尘，云淡天青风光盛。
东风阵阵，惬我意兴真无伦。

憩此红尘，百度秋春不沉沦。
名利弃扔，高蹈烟霞吾清纯。

持心雅正，诗书沉潜在晨昏。
叩道刚贞，力辞无明智慧生。

笑意清生，豁达无执是人生。
无机清芬，笑彼世上奸恶人。

喜鹊喧鸣

2020-5-26

喜鹊喧鸣，粉蝶翩行，
爽风雅清，适我胸心真无垠。

岁月进行，孟夏光景，
清爽宇庭，花好鸟鸣真仙境。

心事何云，人生多情，
奋发心襟，济世度人持正行。

散思空清，正气干云，
展眼烟凝，默然无语深沉盈。

流云飞翔

2020-5-26

流云飞翔，爽风清畅，
蝶舞花间，初暑风光堪清赏。

清坐安祥，淡理心簧，
哦诗舒扬，一曲清新复昂藏。

车声喧嚷，生活交响，
人生奔放，叩道清持正意向。

不为物障，洒脱襟房，
履世安常，缘起缘落吾淡荡。

淡定淡定

2020-5-26

淡定淡定，应能更加淡定。
人生多情，不为物欲动心。

野鸟娇鸣，浩荡东风爽清。
斜晖清凝，世界风光清新。

写我心襟，雅将新诗哦吟。
书出心灵，正气原也凌云。

半世艰辛，赢得华发星星。
一笑雅净，共缘而去旅行。

051

爽风清来开意境

2020-5-26

爽风清来开意境，有鸟飞鸣，
天际云行，引我哦诗发清吟。

诗书平生深用劲，晨昏哦吟，
努力进行，积淀诗稿血泪凝。

振奋精神奋前行，关山苍峻，
风光无垠，不惧风雨任阴晴。

展转桑沧余镇定，一笑爽清，
洒脱心灵，浮生正似云飞行。

爽意盈襟

2020-5-26

爽意盈襟，为因东风正浩行。
宿鸟清鸣，园圃落红堪震惊。

初夏风情，萋萋芳草点意境。
田园画境，美丽多娇引叹惊。

岁月旷进，斑苍之龄何所云。
赤子丹心，依然骋志奋前行。

红尘险境，太多名利诱人竞。
掉进陷阱，身心苦恼痛无垠。

热极生风

2020-5-26

热极生风，时雨下凶猛。
心地轻松，畅吸彼清风。

灯下讽咏，人生我情钟。
骋志奋勇，万里矢前冲。

年已斑慵，淡定盈心胸。
抛去沉痛，共缘履圆通。

红尘如梦，思此有泪涌。
天国恢弘，永生乐无穷。

人生何许计老苍

2020-5-27

人生何许计老苍，奋发顽强，
不屈向上，一似老松之生长。

晨起惬听啼鸟唱，清风悠扬，
写意尘间，天阴无妨我扬长。

一腔正气冲天壤，人生慨慷，
振奋昂扬，不畏千困与万障。

笑口常开吾雅娴，信步之间，
万水千嶂，览尽五湖之风光。

诗意憩息在尘嚣

2020-5-27

诗意憩息在尘嚣，世界闹吵，
心须静悄，无机情怀也雅骚。

清风其来适怀抱，新诗哦了，
雅闻鸟叫，旷怀激越慨慷造。

远处鞭炮又嚣嚣，市井喧闹，
诗书为要，不为名利折身腰。

高怀不必世人晓，水云胸飘，
淡荡情窍，正意原有天知道。

奋发胸襟万里道，江山多娇，
奋发刚傲，济世叩道吾逍遥。

历尽艰困还一笑，神恩丰饶，
平安昏晓，振奋精神灵程造。

五湖归来何所道，风光清晓，
斑苍任老，舒写心迹入诗稿。

南山情调原风标，名利抛了，
身心洒潇，无机雅讴田园妙。

思达广长

2020-5-27

思达广长，仰眼天青苍。
有鸟高翔，惬余意无限。

风来清旷，残红不必伤。
清素心肠，叩道奋昂扬。

人生疆场，思此发感想。
心志苍茫，展转是桑沧。

心应定当，勿为物欲晃。
凝神无恙，内叩发慧光。

园圃盛芳情

2020-5-27

园圃盛芳情，天气均平。
爽风其来清，鸟语娇鸣。

散坐思纷纭，浩志凌云。
沦茗倍添兴，新诗哦吟。

人生雅含情，伤尽脑筋。
浑厚是要领，辞去闲情。

害人是利名，损了心襟。
豁达学白云，流变清新。

苍烟四野凝

2020-5-27

苍烟四野凝，爽风鼓劲。
紫燕旷飞行，蓝天云行。

清坐怀高兴，适意无垠。
况复品清茗，袅起意兴。

人生奋前进，穿山越岭。
不可贪利名，徒损性灵。

洒脱任清贫，诗书用劲。
镇日雅哦吟，舒展心襟。

心情大好

2020-5-27

心情大好，展眼浮烟袅袅。
品茗意道，读书旷怀高蹈。

人生风标，展转桑沧不傲。
谦和洒潇，淡泊憩此尘嚣。

红尘扰扰，太多名利干扰。
雅洁情调，原应遁向山道。

小鸟鸣叫，惬余心襟逍遥。
爽风清抛，深吸花香为妙。

花香宜人

2020-5-27

花香宜人，落红成阵，
奋志乾坤，人生努力舒刚正。

鸟语娇闻，爽风清逞，
蓝天云纷，孟夏情景爽煞人。

心境馨温，感谢神恩，
人生驰骋，越过山高与水深。

前路平正，天使伴程，
天国永恒，灵程叩道吾奋身。

人生怀向往

2020-5-27

人生怀向往，志取刚强。
迷烟一任放，慧眼擦亮。

岁月舒奔放，人易老苍。
不必回首望，前路广长。

览尽山水苍，一笑爽朗。
正直人生场，无机昂扬。

初暑好风光，鸟语花芳。
清坐理心簧，发为诗章。

清怀雅好

2020-5-27

清怀雅好，适然情抱，
思达广遥，悟彻世界之玄妙。

鸟清啼叫，风清吹道，
旷展怀抱，脱口新诗舒雅骚。

人生晴好，风雨任饶，
关山险峭，奋志男儿矢志跑。

第七卷《清昶集》

天涯访造，真理寻找，
爽然一笑，傲立乾坤也洒潇。

人生切勿草草

2020-5-27

人生切勿草草，灵魂最为紧要。
务必守护良好，奋向天国奔跑。

岁月赐人丰饶，笑我斑苍渐老。
红尘扰扰嚣嚣，性天清凉为妙。

惬听小鸟鸣叫，东风吹来洒潇。
清坐闲写诗稿，激情岁月写照。

心志不可衰老，青春还我年少。
世界存在逍遥，必须用心寻找。

心志广深

2020-5-27

心志广深，奋发在乾坤。
滚滚红尘，洗涤我心身。

奋不顾身，叩道吾刚贞。
努力前骋，山水越雄浑。

人生难论，百年似一瞬。
德操永恒，修身秉真诚。

岁月进深，初暑风光盛。
惬听鸟声，清嗅花之芬。

惬意生成

2020-5-27

惬意生成，浴后精神都提振。
子规声声，清我心脾真无伦。

爽风成阵，暗香袭来心志芬。
新诗哦成，吐出情志也真诚。

流年进深，星星华发谁慰问？
孤旅驰骋，坎坷桑沧叠成阵。

笑意清生，人生自有神慰问。
天国永生，值得追寻奋心身。

人生奋闯

2020-5-27

人生奋闯，阅历岂寻常。
山水远长，血泪曾溍淌。

而今鬓苍，一笑还爽朗。
坚贞意向，如松之生长。

矢志顽强，人生奋力量。
力战虎狼，正邪搏击艰。

努力向上，不惧千重艰。
淡眼桑沧，秋春度安祥。

人生清骋是志向

2020-5-27

人生清骋是志向，奋搏桑沧，
穿越艰苍，山高水长天涯向。

履度秋春安平况，心志贞刚，
胸襟宽广，宇宙大千俱包藏。

济世尽我之力量，激发张扬，
奋展慨慷，终信前路有辉光。

神恩从来赐无疆，思此怀想，
颂赞献上，灵程叩道吾悠扬。

人生容我放歌吟

2020-5-27

人生容我放歌吟，心地清新，
抛弃俗情，诗书晨昏深用劲。

心襟淡荡怀意境，万里奋进，
苍凉环境，半世谙尽是孤清。

神恩恢弘道不尽，焕我身心，
灵程旷进，天使伴我风雨行。

大千旷朗余怀情，小鸟娇鸣，
花芳怡心，更哦新诗雅无垠。

爽洁心襟

2020-5-27

爽洁心襟，履度艰险吾不惊。
心怀镇定，为荷神恩正丰盈。

岁月旷进，人生风景领无垠。
百年生命，如露如电瞬间行。

努力奋行，领略天地真意境。
叩道圆明，宇宙灵妙用心领。

斜晖正俊，啼鸟声声唤多情。
风来怡情，雅致新诗旷哦吟。

旷怀雅正

2020-5-27

旷怀雅正，不妄去纷争。
浊世红尘，只是暂憩身。

嗟我平生，烟雨履纷纷。
叠叠伤痕，痛彻肺与身。

人生难论，梦境幻成真。
共缘而骋，苦乐暂时证。

悟彻世尘，叩道秉诚真。
天国旅程，神恩领丰盛。

旷志清展

2020-5-27

旷志清展，人生意气冲霄汉。
观此宇寰，神恩处处显丰赡。

人生坷坎，磨炼我之心与胆。
正直傲岸，不为名利折腰板。

展眼天蓝，群鸟高飞鸣溅溅。
清风舒淡，花香宜人骋浪漫。

奋发浩瀚，叩道不畏彼艰难。
履尽险坎，雨后彩虹会显绽。

人生正意向

2020-5-27

人生正意向，不畏坎坷与艰苍。
心中有太阳，正直无机履扬长。

奋迎恶风浪，把舵稳航余清畅。
避过暗礁障，万里长驱乐未央。

岁月何清旷，笑我斑苍童心张。
远抛彼愁怅，天国永生何安康。

向前复向上，叩道绝不回头望。
终履坦平况，真理正道必通畅。

舒展心襟

2020-5-27

舒展心襟，适意安处余镇定。
世事风云，舒卷自如是缘行。

人生多情，不为名利伤脑筋。
享受清贫，正义从来充身心。

诗书哦吟，浪漫人生存雅境。
向往光明，不屈奸恶黑暗境。

旷怀雅清，一似流云自在行。
胸襟无垠，尘缘俗事俱捐屏。

旷风其来清

2020-5-27

旷风其来清，爽洁我心灵。
况有小鸟鸣，沦茗添意境。

时值孟夏景，田园似画境。
月季七彩俊，落红何许惊。

人生感慨并，新诗雅哦吟。
正意盈心襟，豪气干层云。

云天正爽净，鸟飞自在行。
寥廓此美景，嗟叹无止境。

055

人生与缘共

2020-5-27

人生与缘共，天命岂有终。
淡泊持心胸，豁达履穷通。

大道怡然动，运化真无穷。
世事幻变中，桑沧观从容。

壮怀激烈动，不争尘世功。
诗书我情钟，晨昏朗哦诵。

清思与谁同？孤旅不怅痛。
神恩赐恢弘，步履彩虹中。

心志宁静

2020-5-27

心志宁静，惬听鸟清鸣。
风来爽俊，胸襟旷无垠。

正意盈襟，远辞彼俗情。
无机之境，君子才能领。

悟彻空清，尘世是幻境。
百年生命，如烟之飞行。

努力前进，业绩创无垠。
大化之境，慧意运空灵。

岁月进行，人入斑苍境。
笑意且盈，神恩领不尽。

欢呼尽兴，灵程我奋行。
叩道之境，层峦掩复映。

第八卷《迪志集》

岁月旷进行

2020-5-27

岁月旷进行，领略意境。
穿山复越岭，欢快无垠。

苦雨一任凌，兼程奋行。
终有阳光俊，洒脱心襟。

人生有神领，灵程奋进。
克去魔敌群，胜利前行。

不惧试探境，秉心诚静。
凯歌终彻云，圣徒欢庆。

不向俗世投降

2020-5-27

不向俗世投降，坚持正义立场。
人生奋刚强，万里长驱闯。

此生绝不孟浪，半世履尽艰苍。
豁达心地间，正直颇扬长。

红尘攘攘之乡，太多名争利陷。
务持清心肠，圆明入无疆。

斜晖清洒光芒，蓝天云轻徜徉。
风光正无恙，体道吾慨慷。

流年光阴如电影

2020-5-27

流年光阴如电影，洒脱心襟，
豪气如云，共缘旷意去旅行。

耳际听得喜鹊鸣，风来何清，
花香何馨，惬意人生乐无垠。

淡定平生履风云，历尽艰辛，
苦痛饱经，而今安享康与平。

心灵心态最要紧，务求圆明，
智慧力寻，物欲只是害人精。

展眼云烟浮且萦，生活和平，
初夏正临，万千景物适心灵。

红尘暂憩务须明，向上力行，
天国美景，永生希冀在天庭。

闲情放旷聊歌唱

2020-5-27

闲情放旷聊歌唱，夕阳正苍茫。
树上小鸟欢鸣唱，市井人熙攘。

清思正意合无恙，人生骋慨慷。
不为名利而奔忙，心定神自闲。

岁月清新泻流畅，初夏好风光。

057

万物茂盛花清芳，世界美无疆。

思想放达天涯间，心事向谁讲？
微笑浮上眉眼间，神恩赐广长。

粉蝶翩翔

2020-5-27

粉蝶翩翔，蓝天云旷，
夕烟初苍，心事不尽入诗章。

情怀畅朗，散步悠闲，
生活安康，车水马龙熙复攘。

人生平章，云行相仿，
是缘在放，潮起潮落何必讲。

小鸟啼唱，暑风清爽，
远际歌唱，激动我之心与肠。

岁月更张，流年狂猖，
年老瞬间，斑苍中庸心志康。

奋向前闯，骋志强刚，
风雨艰苍，磨砺我之贞与刚。

红尘无恙，雅思良长，
新诗哦唱，舒展情怀正扬长。

胸襟奔放，寰宇包藏，
踏实去闯，坚信前路有阳光。

旷意清新展夕照

2020-5-27

旷意清新展夕照，人生吾逍遥。
爽快清风舒洒潇，远际歌声飘。

岁月于我渐丰饶，斑苍余一笑。
淡泊清心度尘嚣，从容撰诗稿。

云天爽净有云飘，变幻其巧妙。
人生乐意共缘逍，自在适情抱。

惬意秋春持谦抱，道德深深造。
正直人生也风标，名利矢辞掉。

田野之中有鸟叫

2020-5-27

田野之中有鸟叫，娇啭真奇妙。
苍烟清起淡霭渺，余晖闪夕照。

心中高兴撰诗稿，情怀舒不了。
扬长人生之正道，风雨兼程跑。

关山峻岭任叠造，攀登吾逍遥。
热血人生骋刚傲，豪情冲云表。

岁月蚀人渐苍老，开怀吾大笑。
百年生死付逍遥，传世南山稿。

人生志向吾清骋

2020-5-27

人生志向吾清骋，不惧艰深，
奋发刚正，履历艰苍风雨程。

而今老来何所论，一笑馨温，
豁达心身，点滴名利弃而扔。

向学问道在晨昏，不计秋春，
岁月递更，积淀心得厚而深。

发为诗歌讴真诚，鼓劲人生，
远辞青春，华发迎风意清芬。

人生旷意生成

2020-5-27

人生旷意生成，风来阵阵，
鸟啼声声，暮烟清起苍茫生。

霓虹七彩闪呈，路上车声，
街上人声，市井热闹嘈杂生。

灯下清坐安稳，秉持心身，
雅哦清芬，正直旷志度生辰。

前旅尽力驰骋，山水成阵，
风光雄浑，心灵心志大提振。

远际嘹歌唱

2020-5-27

远际嘹歌唱，噪噪无疆。
车声复喧嚷，嘈杂交响。

心志须定当，勿为所障。
内叩心与向，蕴有慧光。

人生合扬长，遁向山庄。
城市太闹嚷，难以安祥。

诗书尽情唱，纵我情肠。
襟房须宽广，大千包藏。

歌声粗旷且苍凉

2020-5-27

歌声粗旷且苍凉，动我情肠，
心地感伤，人生世上凄而怆。

唯赖神恩舒奔放，灵程导航，
带领向上，天国家园乐无恙。

半生履尽风雨艰，骋志强刚，
不屈顽强，老来心境入平康。

夜幕清降华灯放，展我思想，
发我悠扬，雅哦新诗舒扬长。

蛙鼓清敲

2020-5-27

蛙鼓清敲，细听觉其妙。
夜深静悄，小风吹正骚。

人生情好，坦荡度尘嚣。
名利弃抛，清心吾高蹈。

诗书涤抱，情怀真洒潇。
不持高傲，谦正乐逍遥。

尘世扰扰，物欲害人饶。
性灵堪表，内光须映照。

爽风清畅

2020-5-28

爽风清畅，蛙鼓如此之响。
清夜安祥，四更不眠长想。

人生安常，悟彻圆明心向。
长驱奋闯，清展贞志慨慷。

车声偶响，暑夜如此凉爽。
心志张扬，新诗不由哦唱。

舒出心向，原也淡泊清芳。
人生世上，学取流云模样。

星光明亮

2020-5-28

星光明亮，不眠惬听蛙鼓唱。
夜风清凉，爽我心境真无限。

灯下思想，人生应该怎么样。
校对诗章，细致秉诚吾安祥。

红尘无恙，世界总由神主掌。
履尽风浪，中心坦平复安康。

向前向上，灵程奋发贞志刚。
天国家邦，永恒生命乐何畅。

蛙鼓均平

2020-5-28

蛙鼓均平，爽夜何雅清。
诗人不眠，新诗哦不停。

人生奋兴，振志欲大鸣。
百年情景，流变彼幻境。

红尘履辛，苦了身心灵。
磨炼刚劲，奋发向天庭。

名利辞屏，高蹈余身心。
叩道进行，深入悟圆明。

第八卷《迪志集》

创意人生适无恙

2020-5-28

创意人生适无恙，窗外浓雾正涨。
清风徐来余悠扬，耳畔野禽啼唱。

岁月舒展其奔放，笑我斑苍之间。
憩此红尘勿孟浪，正心诚意温良。

展转桑沧怀漫浪，心灵受尽创伤。
唯赖神恩赐广长，救死扶伤何壮。

人生清展是贞刚，男儿奋发向上。
历尽尘世之险艰，依然笑意清放。

履历红尘吾多辛

2020-5-28

履历红尘吾多辛，笑容旷展清俊。
五十五载奋心灵，矢志向上奋进。

坎坷艰苍不必云，过去化为烟影。
展眼前路多风云，风景灿烂雄峻。

窗外小鸟娇娇鸣，写意风儿何清。
朝阳正破浓雾境，辉光洒下何俊。

心志贞刚骋意境，人生奋志而行。
不惧万里险艰并，男儿果敢前进。

丁香芬芳

2020-5-28

丁香芬芳，引我流连向。
清风徐旷，朝日闪金光。

市场闲逛，但见人熙攘。
和平景象，欢乐真无恙。

心志慨慷，人生奋向上。
勿为物伤，勿为名利妨。

合展扬长，淡荡生辰间。
悠悠哦唱，舒出心地芳。

淡荡人生吾昂扬

2020-5-28

淡荡人生吾昂扬，此生履尽险艰。
此际清风适意向，清喜蓝天云翔。

平生意气放万丈，豪情冲天之壮。
不屈奸邪与魔障，正气浩然慨慷。

五十五载非虚诳，心迹谱入诗章。
奋发刚正矢前闯，老骥心志莽苍。

雅听小鸟鼓鸣唱，窗外暗递花香。
生活平常复安康，总赖神恩奔放。

清意人间

2020-5-28

清意人间，蓝天云飘荡。
况有风翔，况有阳光靓。

粉蝶花间，翩翩何漫浪。
岁月流畅，不觉老已访。

浩志成钢，持正奋昂扬。
不屈艰苍，矢志迎难上。

生活平章，神恩赐丰广。
讴呼无疆，人生荷希望。

流风舒爽

2020-5-28

流风舒爽，云飞淡荡，
红尘无恙，初暑风光妙无上。

心事广长，哦入诗章，
舒出雅娴，振节人生奋向上。

鸟语情长，花散淡香，
清坐安祥，啜茗读书惬扬长。

展眼天壤，有鸟飞翔，
天地何广，尽我搏击狂风浪。

心境清凉

心境清凉，不受名利炙妨。
悠悠哦唱，心地原也平康。

人生向往，骋志天涯之间。
半世消亡，赢得血泪清淌。

志取高尚，岂向世俗投降。
不折奋闯，叩道贞刚气象。

世界神创，灵妙自非寻常。
慧意心间，眼目发为清亮。

正气盈襟

正气盈襟，不为名利分心。
豪气干云，旷怀节节分明。

心志殷殷，诗书人生用劲。
叩道艰辛，风雨不过常寻。

力战邪兵，血泪清洒潸零。
神恩无垠，起死回生光映。

大力进行，矢向天国辟进。
挥洒刚劲，誓沿正道而行。

流年光阴催人老

流年光阴催人老，不取高傲，
谦和怀抱，振节人生奋前道。

此际和风正清绕，阳光洒照，
雀鸟鸣叫，更有花香适襟抱。

品茗三杯意兴逍，气冲云表，
哦出雅骚，别致新诗脱口造。

百度秋春莫草草，正直为要，
向学问道，清守气运吾洒潇。

展眼天上白云飘，爽洁尘嚣，
不惧苍老，学取苍鹰向天遨。

前路任起风雨饶，不入歧道，
攀越险要，关山风情吾知晓。

豁达呵呵展一笑，怡我情抱，
共缘逍遥，人格俱向诗中描。

人生虽如草上飘，转眼逝消，
踪迹飘渺，传世不朽是诗稿。

风怀清好

风怀清好，人生坚决不骄傲。
谦和尘表，叩道问学吾洒潇。

初暑云飘，写意清风适怀抱。
小满过了，偶有子规旷鸣叫。

岁月逍遥，只是人生易苍老。
展颜一笑，逝水年华勿计较。

共缘而跑，悲喜情怀骋孤傲。
朋友绝少，君子人格力培造。

心志雅正

心志雅正，旷怀谁慰问？
鸟语声声，孤坐思深沉。

人生奋争，叩道入艰深。
滚滚浊尘，物欲伤损人。

清心意芬，问学吾秉诚。
内叩心身，养德无止程。

淡泊平生，展眼云烟纷。
清坐安稳，心曲入诗申。

壮志冲霄汉

壮志冲霄汉，人生踏实干。
诗书壮我胆，叩道领平安。
窗外鸟鸣溅，写意清风展。
天上云飘曼，园圃花香淡。

壮志冲霄汉，男儿骋果敢。
不妄空叫喊，风雨兼程赶。
展眼天青蓝，有鸟双翼展。
我愿搏青瀚，一舒情与胆。

七彩人生

2020-5-28

七彩人生，努力奋刚正。
不畏险程，长驱奋心身。

嗟此红尘，名利徒纷纷。
务抛务扔，性灵勿受损。

清心生成，水云可憩身。
身处世尘，心身须端正。

叩道秉诚，丰富是神恩。
努力驰骋，览尽山水芬。

云天爽朗

2020-5-28

云天爽朗，风儿清旷，
鸟儿飞翔，楼上澹志吾闲望。

天际烟苍，夕照在望，
生活交响，车熙人攘市井间。

呼出莽苍，呼出奔放，
呼出情肠，呼出心中之理想。

正义强刚，叠遭风浪，
努力驱闯，山水见证我昂扬。

心怀向谁敞

2020-5-28

心怀向谁敞？孤旅凄凉。
激情哦诗章，豪情张扬。

灯下清思想，人生慨慷。
奋志之所向，万水千嶂。

文明向何方？济世何方？
鼓志用力量，讴歌昂扬。

共缘去旅航，待时而放。
微笑浮脸庞，豁达无疆。

月华明亮

2020-5-28

月华明亮，夜风吹清旷。
霓虹闪靓，汽车行猖狂。

楼上闲望，心志都凉爽。
生活安康，奋志在诗章。

心怀向往，济世尽力量。
振节昂扬，讴歌何奔放。

人生难讲，履尽是悲怆。
神恩广长，赐我以平康。

展转桑沧，心志领苍凉。
悠悠心向，难灭是慨慷。

男儿贞刚，叩道天涯间。
正直豪放，傲立人生场。

力斩豺狼，还我太平况。
大同之邦，才是我向往。

宇宙无限，奥秘宜探访。
神亲导航，文明永向上。

激情岁月留写照

2020-5-29

激情岁月留写照，雅撰诗稿，
长舒心窍，赤子之心后侪晓。

窗外风清鸟鸣叫，月季开了，
木香开了，还有牵牛更妍俏。

平生风雨履历饱，朗然一笑，
清度逍遥，名利从来是胡闹。

世上猴儿争跃跳，舞弄风骚，
挥棍舞刀，叫人看了长发笑。

遁向水云胸襟渺，友渔朋樵，

烟霞堪表，洒脱身心共云飘。

落红不必伤

2020-5-31

落红不必伤，雨后鸟歌唱。
风递花清香，惬意我无恙。

品茗情志旷，人生吾扬长。
五十五载间，烟云幻奔放。

坎坷何必讲，前路奋慨慷。
正直人生场，远辞机与奸。

清贫吾雅享，诗书哦昂扬。
展眼青霭漾，流云飞徜徉。

流年舒旷

2020-5-31

流年舒旷，风雨洗涤我襟房。
不灭理想，时刻支撑我前闯。

天霁云朗，惬意小鸟欢鸣唱。
小风悠扬，清坐写诗也流畅。

岁月舒狂，转眼发觉星星霜。
一笑朗爽，人生无执共缘航。

笑彼痴狂，耽于名利陷泥间。
吾持扬长，恣意诗书何奔放。

畅意浮生鼓意向

2020-5-31

畅意浮生鼓意向，人生骋志昂扬。
不畏风雨不畏艰，呵呵一笑雅娴。

岁月于我舒奔放，斑苍之间悠扬。
不图名利不张狂，恣意诗书扬长。

写意红尘运流畅，幻变不过桑沧。
真神创世功无限，运化灵妙无限。

人生奋力灵程闯，永生是在天堂。
叩道一生履险艰，悟彻天地玄黄。

闲适无恙

2020-5-31

闲适无恙，初暑风光惬意肠。
鸟语花芳，写意人间清风旷。

我自悠扬，品茗心志更舒畅。
朗哦词章，激情岁月聊舒狂。

我已斑苍，少年情景记忆间。
前路瞻望，关山风云依旧壮。

努力奋上，叩道不畏千重艰。
名利弃放，轻身上阵何慨慷。

燥热尘间

2020-6-3

燥热尘间，总赖清风旷。
逸意心间，品茗何舒畅。

我自悠扬，名利全弃放。
清心扬长，一似云飞荡。

老渐来访，呵呵一笑放。
人生世间，共缘去旅航。

红尘无恙，神恩总广长。
思此感放，讴颂出心肠。

人生存意向

2020-6-3

人生存意向，心系广长。
向上奋力量，努力奔放。

不惧艰与苍，一笑爽朗。
散发我心光，济世扬长。

初暑时正当，炎热宇间。
火风旷来翔，清坐安祥。

思想放万丈，冲出尘间。
有鸟恣飞翔，我心向往。

063

第八卷 《迪志集》

心襟不必嗟广长

2020-6-3

心襟不必嗟广长，人生奋力向上。
红尘是有万千障，神恩总赐奔放。

回首平生多苦怆，而今领略安祥。
老来心境颇平康，悟彻大道无恙。

人生正气舒强刚，力战恶虎毒狼。
正必胜邪凯歌唱，大道运化无疆。

五十五载非虚诳，不必记忆创伤。
前路仍有万里疆，努力兼程奋闯。

旷怀贞志刚

2020-6-3

旷怀贞志刚，人生放马闯。
风雨任艰苍，意志比铁钢。

岁月舒奔放，何许计斑苍。
一生奋向上，叩道吾扬长。

振节讴清畅，正气盈寰壤。
书生具气象，原也颇雅娴。

悠悠放歌唱，窗外鸟鸣放。
风来何舒爽，我意领安祥。

第九卷《野吟集》

岁月清好
2020-6-3

岁月清好，人生奋力以开道。
心志逍遥，为因名利全弃掉。

坎坷艰饶，不过磨炼我心窍。
奋发刚傲，正直人生吾洒潇。

红尘扰扰，清心澄意最重要。
水云胸飘，田园情趣雅且妙。

诗书哦了，挥洒情志撰诗稿。
一笑风飘，无机情怀后侪晓。

人生知难而进
2020-6-4

人生知难而进，奋斗鼓我身心。
心志总殷殷，胸襟怀朗晴。

蓝天流变白云，小鸟欢快啼鸣。
爽风来何清，惬我意与兴。

闲雅聊品芳茗，哦诗心中高兴。
岁月旷进行，领略是意境。

人生独立大鸣，不为世俗分心。
叩道恒进行，心志持分明。

未可老了身心
2020-6-4

未可老了身心，人生奋志前行。
天气任阴晴，洒脱持心灵。

红尘由来多辛，苦难磨历常寻。
意志当分明，努力向前进。

不为物欲分心，时常内叩心灵。
宇宙广无垠，灵妙岂常寻。

万物秉持心灵，进化无有止境。
天人合一境，妙运难言云。

此际清坐思萦，爽快是余心灵。
神恩总无垠，灵程旷飞行。

叩道深入圆明，妙悟裁之于心。
正气旷凌云，济世存于心。

努力奋发刚劲，前冲万里险境。
攀山我摩云，览尽奇风景。

一笑还自清新，谦和人生奋进。
斑苍不要紧，贵在怀童心。

烈日如蒸
2020-6-4

烈日如蒸，心志吾平稳。
爽风阵阵，惬我意与神。

岁月清芬，不老是心身。
奋志刚正，傲立在乾坤。

观此世尘，滚滚浊浪生。
利夺名争，杀了太多人。

务持雅正，不妄逐世尘。
田园憩身，水云怡精神。

履历红尘
2020-6-4

履历红尘，难免多痛疼。
奋发心身，努力持刚正。

感谢神恩，导引我灵程。
向上奋身，标的是天城。

嗟此世尘，众生多沉沦。
难以永生，生命似一瞬。

乐园恒春，颂父讴声声。
天国永恒，欢乐何缤纷。

履历人生吾多情
2020-6-4

履历人生吾多情，奋志何妨纵凌云。
由来心地比水清，饱经世事一笑盈。
淡定不苟是身心，旷怀天下系黎民。
恣意诗书晨昏吟，叩道一生矢奋进。

窗外斜阳洒清俊
2020-6-4

窗外斜阳洒清俊，小风其来亦清新。
有鸟娇鸣唤殷勤，市井喧嚷吾淡定。
不哦诗书享暇情，放旷身心若白云。
展眼天际青霭凝，想学飞鸟纵高鸣。

心系广宇吾何云
2020-6-4

心系广宇吾何云，脚踏实地余淡定。
风雨历程饱经行，磨得意志比钢硬。
红尘由来是多辛，太多苦难忧患境。
努力奋向天国行，矢脱尘网入天青。

人生情怀知多少
2020-6-4

人生情怀知多少，学取白云吾高蹈。
红尘由来多喧嚣，几人清心慧意饶？
努力叩道奋志跑，山水莽苍怡情窍。
五湖归来余一笑，淡泊心襟云烟渺。

人生奋发贞志刚
2020-6-4

人生奋发贞志刚，力辟痛苦努力闯。
山高水长艰阻壮，男儿铁胆挥洒放。
半世坎坷叠险障，老来情怀舒奔放。
正气由来冲天壤，力斩奸邪并魔帮。

清夜无眠
2020-6-5

清夜无眠，蛙鼓正殷勤。
小风不行，心地倍多情。

岁月进行，芒种今日临。
不嗟斑鬓，奋志旷凌云。

红尘险境，磨炼身与心。
心志康平，济世乐无垠。

神亲导行，灵程吾奋进。
叩道艰辛，通达悟圆明。

人生鼓劲
2020-6-5

人生鼓劲，奋志岂常寻。
穿山越岭，风光览清俊。

叠遭险境，神恩总无垠。
引入康平，享受这清宁。

夜深更静，远野唤蛙鸣。
灯下思萦，哦诗适心灵。

人生前行，焕发是身心。
万里奋进，快哉我胸襟。

人生应能存雅量
2020-6-5

人生应能存雅量，心胸应能更广。
天地明媚鸟飞翔，天涯远在遐方。

志存高远不孟浪，人生奋发强刚。
正气凌云吾豪旷，诗意中心激昂。

坎坷艰苍不必讲，悠悠雅发哦唱。
宇宙乃是神所创，进化神亲主掌。

魔敌虽狷必败亡，正义必然通畅。
前路任起风雨艰，天气终会晴朗。

清风舒旷

2020-6-5

清风舒旷，压减此炎猖。
小鸟歌唱，园圃花开芳。

心境悠扬，无执于襟房。
正义强刚，不屈淫威狂。

人生扬长，叩道是志向。
绵绵路长，努力长驱闯。

山水万方，风光览无恙。
一声嗨唱，天地惊相向。

人生太多苦痛

2020-6-5

人生太多苦痛，履尽雨风，
一笑从容，而今淡荡盈心胸。

窗外吹来火风，时当芒种，
心境轻松，耳际长伴鸟鸣颂。

哦诗舒出清空，不为名动，
不为利从，正义从来展刚雄。

力战魔敌奸凶，杀伐声洪，
凯歌声动，正必胜邪道义通。

心志不取空空

2020-6-5

心志不取空空，人生奋力行动。
踏遍山水吾刚雄，爽然一笑从容。

红尘不缺情种，古今太多英难。
叩道问学秋春中，晨昏尽情哦讽。

岁月雨雨风风，笑我年老斑慵。

中心远抛悲与痛，豁达原也清空。

悟彻天地穷通，否极泰来何猛。
阴晴任运动，大化玄无穷。

人生雅发歌唱

2020-6-6

人生雅发歌唱，舒展心襟力量。
正义吾强刚，力战恶虎狼。

抛开心地痛怅，万里长途驱闯。
山水越万方，眼目都清亮。

窗外小鸟鸣唱，写意红尘无恙。
神恩赐广长，思此心怀旷。

灵程不是好上，魔敌拚命阻挡。
心光舒奔放，战胜黑暗帮。

人生时遇风浪

2020-6-6

人生时遇风浪，心中痛苦悲伤。
向天我长仰望，心中切祷上苍。

真神必赐力量，世界本是神创。
鬼魔无法阻挡，圣徒旷志向上。

百年苦旅艰苍，人生试炼之场。
务须慧目擦亮，定志天国遐方。

向上尽我力量，天使伴我远航。
任起狂风巨浪，必然稳渡平康。

烈日如烘

2020-6-6

烈日如烘，心志吾轻松。
雀鸟鸣颂，蓝天云飞动。

电扇播风，浴后爽襟胸。
绿茗香浓，诗意从心涌。

岁月情浓，惜已斑苍重。
情怀清空，无执共缘动。

人生匆匆，勿为名利动。
志取高雄，济世奋刚勇。

第九卷 《野吟集》

灿烂是我心襟

2020-6-7

灿烂是我心襟，不为物欲动心。
惬听鸟之鸣，享受风之清。

蓝天流变白云，烈日行在天顶。
散坐思纷纭，闲品彼绿茗。

奋志依然凌云，不屈苦难艰辛。
力战虎狼群，济世乐无垠。

努力挥洒刚劲，男儿提刀横行。
神恩总丰盈，赐我心康平。

我观此滚滚红尘

2020-6-7

我观此滚滚红尘，嗟众生沉沦何深。
名利肆杀人，诡诈遍世尘。

心中挥洒出刚正，尽全力长途驱骋。
山高水又深，风光历雄浑。

壮丽清持着心身，我不屈这浊世尘。
淡泊度秋春，诗书哦晨昏。

叩道深入了险阵，悟得了真理几分。
一笑还清芬，正道必昌盛。

苍苍是我心襟

2020-6-7

苍苍是我心襟，人生奋发刚劲。
览尽风雨阴晴，依然一笑镇定。

窗外烈日烘晴，林间小鸟吱鸣。
散坐一杯芳茗，惬意油然在心。

红尘不必多云，不过桑沧幻勤。
人生百年光景，真如闪电之行。

努力奋发雄英，诗书纵情讴吟。
挥洒人生干劲，边走边唱尽兴。

朗日风清

2020-6-8

朗日风清，写意红尘惬意境。
喜鹊喳鸣，牵牛花开真娇俊。

闲品芳茗，诗意旷来正从心。
何所哦吟，一腔正气奋凌云。

岁月飞行，仲夏不觉已来临。
嗟我斑鬓，壮志依然存于心。

桑沧幻境，苦痛年轮转殷勤。
一笑淡定，百年生死共缘行。

爽风清畅

2020-6-8

爽风清畅，写意红尘正无恙。
小鸟鸣唱，月季灿烂斗艳芳。

心志悠扬，一曲新诗纵哦唱。
人生扬长，览尽沧桑吾淡荡。

云天旷朗，想学飞鸟恣意翔。
天涯无疆，纵我情志入滇沧。

岁月舒昂，人间故事不断放。
悲喜之间，惊叹流光泻狂猖。

岁月有其清芬

2020-6-8

岁月有其清芬，人生奋发刚正。
不屈困障奋旅程，岂惧山高水深。

憩此浊世红尘，身心不可受损。
叩道领略神之恩，奋进凯归天城。

窗外风吹阵阵，鸟语传来清纯。
散坐思想展深深，悠旷是余心身。

名利何不弃扔，清心更利行程。
胜过试探与艰深，前路通达平稳。

天气燥燥

2020-6-8

天气燥燥，心志不可躁躁。
红尘丰饶，灵程努力奔跑。

攀越险要，风光我已看饱。
风雨嚣嚣，磨炼意志钢造。

清展微笑，世事桑沧幻巧。

淡定心窍，不为名利动摇。

朗日高照，有风吹来骚骚。
喜鹊鸣叫，惬我意兴逍遥。

欢畅人间

2020-6-10

欢畅人间，惬听喜鹊鸣唱。
雨后花芳，清风吹来何旷。

吾意悠扬，诗书镇日哦唱。
心志莽苍，不屈困障向上。

人生扬长，清心涤意奔放。
红尘肮脏，心系水云之乡。

性光敞亮，灵心妙悟诗章。
哲思研访，正道通行寰壤。

固守贞正之道

2020-6-11

固守贞正之道，我心洒脱逍遥。
世界变微妙，桑沧幻化巧。

窗外小鸟鸣叫，蓝天白云轻飘。
烈日当头照，散坐思洒潇。

红尘徒自扰扰，名利坚决抛掉。
清贫不紧要，心灵最为宝。

正邪搏击奇巧，大化运行玄妙。
世界是神造，正气体丰饶。

时雨清降

2020-6-12

今日入梅，时雨应时而至，爽风清畅，怡我心怀，林野传来草木的香气，品茗读书，意何畅也，聊赋短章，以寄兴慨。

时雨清降，心志舒广长。
一杯茗芳，情思真无羔。

哦诗情畅，心事广无疆。
孤旅奋闯，远抛彼愁怅。

人生贞刚，不屈困与障。

叩道之间，履尽桑与沧。

一笑淡荡，无机持心肠。
名利弃放，心怀正义刚。

心志贞定

2020-6-12

心志贞定，风雨任进行。
洒脱心襟，世事付浮云。

清坐安静，写诗适心灵。
人生奋进，前路入烟云。

高山峻岭，于我属常寻。
一笑淡定，中心怀朗晴。

坎坷生平，化为烟与云。
此心多情，愿化云飞行。

岁月清芬（之一）

2020-6-13

余之胞弟洪庚，行将有乔迁之喜，诗以贺之。

岁月清芬，领略不尽是神恩。
欢呼声声，人生奋志以驰骋。

雅度秋春，阖家欢乐享天伦。
喜讯频闻，乔迁新居乐不胜。

努力奋争，叩道心灵怀刚正。
不负人生，修心养德无止程。

夜静更深，远野唯闻蛙鸣声。
不眠思深，一篇短诗诉真诚。

人生飘逸吾多情

2020-6-13

人生飘逸吾多情，一似彼闲云。
不执尘世利与名，心志怀空清。

正义从来奋刚劲，力战魔敌群。
任使血泪淌殷殷，一笑还鲜明。

神恩丰赡用心领，努力奋前行。
风光览尽雄浑并，宽阔我胸襟。

窗外细雨洒殷勤，雅听小鸟鸣。
闲品芳茗吾淡定，哦诗适心灵。

心襟未许萧凉

2020-6-19

心襟未许萧凉，晴天正爽，
云烟淡荡，雨霁鸟鸣花开放。

散坐思想平康，人生昂扬，
不屈艰障，努力前驱奋慨慷。

红尘名利狂猖，务弃务放，
清心扬长，诗书容我清徜徉。

纵情哦诗奔放，激越张扬，
情怀涤荡，悠悠万年烟雨苍。

悟达空清

2020-6-19

悟达空清，尘世名利是浮云。
奋志而行，叩道旅途是艰辛。

一笑爽净，因缘和合顺随情。
中心淡定，风风雨雨是常寻。

天气转晴，欣赏流云翩翩行。
有鸟娇鸣，爽我意兴并心灵。

红尘是境，百年生死漫多情。
且去哦吟，展转桑沧余心清。

岁月清芬（之二）

2020-6-21

岁月清芬，天上流云走纷纷。
东风清纯，不觉夏至又访问。

心志温存，展转桑沧余振奋。
不屈险程，努力奋发吾刚正。

憩此红尘，悲喜之间神慰问。
长驱灵程，经历试探秉贞诚。

奋不顾身，叩道风雨任嚣骋。
展眼乾坤，正必胜邪阳光盛。

流云飞翔

2020-6-25

流云飞翔，喜鹊鸣唱，
端午正当，惬意诗书吾安祥。

岁月飞狂，笑我斑苍，
人生奋闯，辞去名利叩道藏。

展眼天苍，浩志张扬，
小哦诗章，一曲正气体方刚。

向前向上，不屈艰苍，
矢志攀闯，风雨兼程万里疆。

紫燕飞翔

2020-6-28

紫燕飞翔，蓝天白云正无恙。
风来清旷，远野鸣蝉正嘶唱。

岁月舒扬，人渐老苍何所讲。
正义强刚，不屈磨难矢前闯。

淡品茗芳，精神提振哦诗章。
激越张扬，一腔正气弥宇间。

悠悠心香，心灵心志向谁讲？
孤旅激昂，边走边唱何慨慷。

世事如网

2020-6-29

世事如网，吾不为所障。
奋志昂扬，努力矢向上。

克尽艰障，一笑还舒放。
意取雅闲，淡定持心肠。

风吹狂猖，流云飞行畅。
世宇清凉，哦诗复奔放。

人生扬长，容我纵马狂。
逸意之向，是在天涯间。

人生履艰

2020-6-29

人生履艰，烟雨是寻常。
奋志之向，万里无止疆。

红尘攘攘，太多机与诳。
务持清向，质朴吾安祥。

岁月清享，流年任狂猖。
一笑爽朗，神恩领无恙。

努力舒放，一似花开放。
百年瞬间，秉心恒向上。

蓝天云翔

2020-6-30

蓝天云翔，清听鸟歌唱。
小风来爽，浴后写诗舒流畅。

淡淡荡荡，中心无所藏。
无机之间，履尽千山与万障。

岁月品尝，百感蕴心间。
人生扬长，为因名利全弃放。

恣意诗章，纵情吾哦唱。
正气盈腔，勃发情志入云间。

蝉噪狂猖

2020-7-1

蝉噪狂猖，白云曼飘翔。
心地清朗，品茗意舒扬。

意取慨慷，逸致余扬长。
万里之疆，平生恒向往。

不取孟浪，奋发以强刚。
力战群狼，显我英武况。

岁月飞旷，笑我渐华霜。
心志安祥，信步风雨间。

午时安静

2020-7-1

午时安静，雅听蝉清鸣。
蓝天白云，幻化其清新。

岁月多情，何许计斑鬓。
人生尽兴，品茗哦激情。

舒出心襟，舒出我闲情。

舒出凌云，舒出志空清。

烟雨曾凌，兼程我奋行。
而今安平，享受这朗晴。

畅意是此红尘

2020-7-1

畅意是此红尘，未许心头痛疼。
共缘而驰骋，风光览清纯。

尘世浊浪滚滚，秉持心灵纯正。
叩道吾奋身，名利何许论。

此际蓝天云纷，林野蝉噪成阵。
清坐雅思深，哦咏吐刚正。

努力向前奋争，力战魔敌妖氛。
神恩厚且深，导引我灵程。

人生修行无恙

2020-7-1

人生修行无恙，不惧坎坷艰苍。
悟道吾安康，一笑爽且畅。

暑天有风清凉，蝉鸣点缀林间。
散步吾悠扬，有汗微沁淌。

岁月清度悠闲，神恩领略广长。
努力奋前闯，风光越莽苍。

阖家清喜康祥，清贫不计心间。
春秋容扬长，新诗哦奔放。

第十卷《烟峦集》

莳花弄草真尽兴

2020-7-1

莳花弄草真尽兴，有汗微微沁。
蓝天飘泊彼白云，斜照展清俊。

人生奋志是殷殷，诗书恒用劲。
哦出身心如风清，原也颇雅俊。

岁月于我是多情，览尽关山云。
斑苍之境何所云，一笑也爽清。

园圃群花灿无垠，引我开怀襟。
欣然赋诗诉心灵，淡荡处生平。

清意人生吾多情

2020-7-1

清意人生吾多情，洒脱持心灵。
奋志从来是刚劲，不屈利与名。

身心骄健万里行，攀山入白云。
风雨艰苍矢志进，兼程奋穿行。

五十五载忧患境，磨炼我心襟。
回首烟雨锁云岭，一笑也爽清。

展眼云天澹荡境，身心奋凌云。
不入红尘之险境，修持吾性灵。

心灵雅爽

2020-7-1

心灵雅爽，展眼天苍苍。
白云飘翔，写意东风畅。

我自悠扬，暑意一任彰。
鸣蝉嘶唱，点缀也安祥。

心事张扬，提笔撰诗章。
一曲流畅，舒出情奔放。

身心淡荡，无执于心间。
共缘而放，一似波落涨。

清风流畅吾安祥

2020-7-1

清风流畅吾安祥，享受这悠闲。
岁月旷展清平况，华发任染霜。

红尘自古是攘攘，利争又名抢。
应持慧心观照间，升华我心肠。

人生奋志万里疆，难免风雨艰。
五湖归来何所讲，一笑也澹荡。

夕照此际正金黄，流云淡飞翔。
暑意不凌吾平康，清坐理心簧。

心志平静

2020-7-1

心志平静，悠听蛙鼓之清吟。
爽风来清，适我情兴真无垠。

暑夜情景，朗月在天有意境。
车声大鸣，市井噪噪烦心襟。

霓虹闪俊，乱人心志并心灵。
合向水云，休憩我之真性情。

岁月飞行，我已斑苍何所云。
今夜有兴，小哦新诗舒胸心。

清夜静宁

2020-7-1

清夜静宁，远野蛙鼓正淡吟。
爽我情兴，更有小风适心灵。

此际不眠，裁意新诗吐空清。
冰雪胸襟，没有纤埃染肺心。

人生多情，壮志半生存于心。
叠遭险境，患难于我属常寻。

努力前行，关山风光览无垠。
一笑淡定，世界原由神掌定。

夜风清畅

2020-7-2

夜风清畅，蛙鼓震天响。
五更之间，早起精神旺。

汽车嚣响，市井是闹嚷。
心怀清向，尘嚣未许障。

性天清凉，不许名利妨。
叩道之间，已越千关嶂。

一笑雅娴，淡荡吾扬长。
人生向往，是在水云间。

闲适心地雅哦唱

2020-7-2

闲适心地雅哦唱，风中清递蛙鸣放。
五更早起清欢畅，一篇新诗出指掌。
岁月由来展奔放，不计老苍心苗壮。
奋发情志吾宣讲，正义心襟舒昂扬。

闲适心地雅哦唱，吐出胸心如兰香。
一生不屈尘世网，矢志冲决名利障。
正直平生不骄狂，虚伪欺诳切齿间。
叩道万里兼程闯，沐尽风雨并凄凉。

闲适心地雅哦唱，老来心境入康庄。
神恩所赐岂平常，慧意入心化诗章。
万首舒出义端方，婉转情思共风扬。
一笑温和雅无量，儒雅君子风度娴。

闲适心地雅哦唱，窗外天还没有亮。
吐出胸心明媚漾，手中仗剑天下闯。
斩尽妖魔并鬼魖，还我世界太平康。
百年生死度等闲，不负华年逝飞殇。

喜鹊大鸣放

2020-7-2

喜鹊大鸣放，引我心襟向。
天阴何所妨，牵牛妍开放。
心共风同爽，情与花共旷。
晨起哦诗畅，短章奏清响。

短章奏清响，舒出我志向。
人生怀情长，难免遭挫伤。
奋志风雨间，万里哦慨慷。
五湖归来爽，一笑还舒狂。

爽风清畅

2020-7-2

爽风清畅，雅听喜鹊之鸣唱。
天阴无妨，哦读诗书声激昂。

鸟啭情长，适我意兴真无恙。
花开清芳，宜人景色入诗章。

岁月悠扬，无执心间情何畅。
恣意书间，晨昏诵读也扬长。

第十卷《烟峦集》

淡品茗芳，诗人兴味向谁讲？
孤旅奔放，修心养德原无疆。

惬听小鸟鸣唱

2020-7-2

惬听小鸟鸣唱，我心喜悦难讲。
从心哦诗行，一曲也舒扬。

风来何其悠扬，爽我情志无疆。
品味这悠闲，心志弥宇间。

人生淡泊安康，勿为名利痴狂。
清贫无大妨，贵在志强刚。

叩道奋展志向，履尽烟雨艰苍。
一笑爽无恙，豁达我安常。

奋展心襟

2020-7-2

奋展心襟，气吞山河吾多情。
履历艰辛，赢得潇潇是胸心。

岁月经行，老我斑苍一笑盈。
清展雄英，力战阴邪阳刚劲。

超越常寻，万里踏遍莽苍峻。
真理力寻，叩道旅途斩狼群。

豁达心灵，悟道心志入康平。
任起阴晴，不过因缘涨落勤。

淡泊吾安康

2020-7-2

淡泊吾安康，享受清风明月况。
诗书沉潜间，不计苍老渐来访。

奋志展强刚，岂许名利肆狂猖。
清贫吾雅享，正义心襟持坦荡。

秋春任飞翔，共缘履历真无恙。
因缘和合间，四大皆空演桑沧。

努力奋向上，叩道征途千关闯。
微微一笑放，天人之间妙无疆。

风来呼狂

2020-7-2

风来呼狂，有蝉嘶鸣唱。
享受悠闲，体味这清凉。

天阴正放，草木俱荣昌。
鸟鸣吱响，点缀这尘间。

岁月飞旷，流年付逝浪。
不必回想，履缘吾安祥。

心起狂浪，理想未可忘。
奋发强刚，努力迎难上。

清风悠来爽意境

2020-7-2

清风悠来爽意境，更有小鸟恣啼鸣。
抛开诗书享暇静，一杯碧茗添温馨。
岁月进行桑沧并，百度秋春堪惊心。
静默不语何所云，只共缘去悟圆明。

人生奋发贞志刚

2020-7-2

人生奋发贞志刚，力斩强梁，
力斩强梁，还我清平之寰壤。

岁月清平有波浪，履尽险艰，
履尽险艰，心志康平泰无恙。

地球蛋丸之相仿，宇宙无限，
宇宙无限，心襟应许存辽广。

叩道深入几微间，持正昂扬，
持正昂扬，正必胜邪天理彰。

写意清风来舒旷

2020-7-2

写意清风来舒旷，淡定清坐意平康。
岁月进行未许讲，人生泰定取安祥。
些许名利幻风浪，性天应许持清凉。
呵呵一笑吾扬长，窗外鸟语正鸣放。

又值暮阴

2020-7-2

又值暮阴，心志吾均平。
感慨从心，哦诗适心灵。

人生多情，履尽烟与云。
旷然惊醒，尘世似浮云。

展眼市井，车熙人攘行。
噪无止境，何处寻水云？

心须淡定，勿求利与名。
悟彻空清，悟彻世之情。

有蝉嘶唱

2020-7-4

有蝉嘶唱，小风舒爽，
牵牛妍放，晨起哦诗我激昂。

心境悠爽，雅然讴唱，
天人无恙，人生领略神恩壮。

奋志向上，万里无疆，
叩道扬长，风雨磨炼我贞刚。

一笑淡荡，人生平康，
旷怀无恙，百度秋春化诗章。

洒脱是余心襟

2020-7-4

洒脱是余心襟，流年不必震惊。
爽风来清新，蓝天走白云。

散坐哦诗清俊，舒出余之身心。
人生快慰情，欢乐何无垠。

暑意此际不凌，园圃花正开俊。
牵牛最多情，喇叭向天鸣。

情思向谁而鸣？孤旅独享凄清。
有鸟啼爽净，一使余开心。

清坐安祥

2020-7-4

清坐安祥，思想不起浪。
休暇之间，性天持清凉。

白云流漾，清风来扬长。
不热不凉，有蝉嘶嘶唱。

岁月奔放，人却易老苍。
一笑坦荡，无执于心间。

红尘多浪，名利常欺诳。
心怀爽朗，逸意天涯间。

淡淡定定

2020-7-4

淡淡定定，清览人生风景。
窗外鸟鸣，更有写意风清。

岁月清行，人易苍老斑鬓。
一笑爽净，雅度秋春安平。

生而有命，只须共缘而行。
奋志雄英，只争朝夕才行。

努力前进，叩道深入险境。
济世才情，挥洒不尽干劲。

清怀雅好

2020-7-4

清怀雅好，窗外东风袅。
适我情抱，新诗哦不了。

天气晴好，天上白云跑。
林蝉鸣叫，清坐思飘渺。

岁月丰标，何许嗟苍老。
奋志刚傲，关山越迢迢。

展眼远瞧，苍烟四野绕。
意兴高蹈，田园胡不好。

第十卷《烟恋集》

休憩身心

2020-7-4

休憩身心，抛开书本不经营。
惬意哦吟，舒出胸襟也清新。

天上云行，鸟啭明媚且多情。
花开温馨，远野鸣蝉响刚劲。

我自高兴，历尽沧桑依含情。
心襟苍俊，不为名利而分心。

人生奋劲，修炼身心有芳馨。
叩道进行，心得丰赡岂常寻。

云天空旷

2020-7-4

云天空旷，紫燕曼飞翔。
东风清爽，紫薇妍开放。

园圃徜徉，呼吸清风畅。
逸意扬长，万事俱捐忘。

心志贞刚，叩道吾奔放。
不屈艰苍，奋发吾顽强。

正义心间，力战阴邪帮。
散发心光，逼退黑暗藏。

东风舒畅

2020-7-5

东风舒畅，喜鹊清鸣放。
逸意心间，雅将新诗哦唱。

心性清凉，名利弃光光。
诗书昂藏，胸中应贮万方。

正义昂扬，傲立似梅桩。
斗寒之间，犹开满枝芳香。

岁月泻狂，人生百年间。
应许定当，叩道深入圆方。

适然心襟

2020-7-6

今日小暑，暑意不凌，爽风清新，野鸟娇鸣，适然心境，哦诗以凭。

适然心襟，小暑今日临。
雅听鸟鸣，欢然是意境。

爽风清新，远野有蝉鸣。
牵牛多情，架上开频频。

岁月旷进，老我以斑鬓。
一笑爽清，豁达度生平。

大千幻境，人生共缘行。
心须淡定，名利当辞屏。

雀鸟鸣唱

2020-7-7

雀鸟鸣唱，卵色天空正晴朗。
逸意心间，激情朗哦是诗章。

小风来闲，睹见架上牵牛放。
喇叭开张，艳红彩色岂寻常。

岁月飞翔，小暑已过天炎猖。
淡定情肠，品茗读书意洋洋。

品味休闲，时间未可稍费浪。
修心扬长，正义人生舒奔放。

爽风舒畅

2020-7-7

爽风舒畅，清凉心地间。
和蔼尘壤，阳光洒清靓。

心事淡荡，无执于襟房。
共缘徜徉，人生慷而慷。

万事下放，名利弃光光。
诗书万方，是我生命粮。

野蝉嘶唱，点缀此安祥。
神恩奔放，导引我慈航。

风吹林响

2020-7-7

风吹林响，清籁甚欣赏。
阳光清靓，小鸟欢鸣唱。

逸意心间，读书正无恙。
小品茗芳，袅起诗意漾。

纵情哦唱，舒出我奔放。
人生情长，高山任万幢。

志取贞刚，天涯矢志闯。
大好风光，铭入我心肠。

飒飒清风开意境

2020-7-7

飒飒清风开意境，心志吾均平。
炎暑阳光正清俊，蓝天走白云。

清听蝉语余静定，且品杯中茗。
一篇新诗脱口吟，舒出我闲情。

人生快慰盈中心，神恩总无垠。
叩道灵程奋前行，风雨是常寻。

展转桑沧何所云，不惧老来临。
爽然一笑是淡定，豁达持心灵。

玉蟾辉耀

2020-7-8

玉蟾辉耀，野蛙欢鸣叫。
夜风清绕，三更不眠撰诗稿。

人生晴好，努力叩大道。
正意丰饶，不屈艰苍矢奋跑。

攀越险要，风光览尽了。
心情大好，不负年华之青茂。

微微一笑，世事已谙晓。
桑沧幻造，人生正道由心造。

野塘蛙闹

2020-7-8

野塘蛙闹，天气正晴好。
晨风清绕，彩云漫天飘。

雀鸟鸣叫，众花开妍巧。
岁月逝飘，年轮运如飙。

我自微笑，豁达撰诗稿。
南山风标，共缘去奔跑。

心志遥逍，不为名利扰。
清凉心窍，素朴如芳草。

清夜无眠

2020-7-17

清夜无眠，雅听蛙之鸣。
东风爽净，怡我心与情。

读书尽兴，五更将来临。
新诗哦吟，舒出是闲情。

人生多情，履尽烟与云。
回首烟凝，往事中心铭。

瞻望前景，壮丽饱风情。
努力前行，叩道无止境。

东风劲爽

2020-7-17

东风劲爽，心地吾欢畅。
朝日灿亮，蓝天云飞翔。

蝉声交响，田野青无恙。
有花开放，牵牛最妍靓。

心襟弹唱，雅哦新诗章。
斑苍何妨，逸意正扬长。

人生向往，时刻未相忘。
正义襟肠，叩道风雨间。

第十卷《烟峦集》

流风舒爽

2020-7-17

流风舒爽，心志吾悠扬。
读诗铿锵，激情泻欲狂。

人生奔放，不为名利忙。
叩道之间，风光已清享。

云天旷畅，惬我意无限。
中心怀想，万里天涯间。

红尘无恙，流变岂寻常。
远野蝉唱，点缀此安祥。

莳花种草

2020-7-17

莳花种草，心志吾逍遥。
东风袅袅，蝉鸣鸟欢叫。

岁月逝飘，人生易苍老。
开怀一笑，豁达在尘表。

阖家康好，神恩赐丰饶。
清心洒潇，诗书朗哦了。

品茗意俏，激情正如飙。
展眼远瞧，天际行飞鸟。

暮阴时分

2020-7-17

暮阴时分，浩荡东风吹清纯。
读书声声，激越慨慷舒心身。

人生驰骋，五十五载万里程。
回首烟生，感慨嗟叹真不胜。

焕发精神，前旅风雨当兼程。
奋不顾身，叩道展我精气神。

努力前程，困苦艰深一笑振。
壮志何盛，济世挥洒才情芬。

远际歌声靓

2020-7-18

远际歌声靓，引我心志飞扬。
市井霓虹亮，七彩闪射魅光。

读书正激昂，心襟何妨张扬。
聊写新诗章，舒出胸心奔放。

人生奋发闯，不觉华发初苍。
一笑也安祥，圆明悟彻心间。

灯下放思想，万千袭上心肠。
努力矢向上，岂惧万千艰苍。

夜风清凉

2020-7-18

夜风清凉，鸣蛙正鼓唱。
心志澹闲，裁心哦诗章。

舒出心向，舒出我奔放。
舒出激昂，舒出吾慨慷。

人生向上，克尽千关障。
岁月淡荡，赐我以平康。

神恩广长，思此颂赞放。
灵程艰苍，努力奋贞刚。

烟雨苍茫

2020-7-19

烟雨苍茫，窗外一片哗啦响。
落红堪伤，逝水年华真如浪。

笼鸟啼唱，惬余意兴真无恙。
清坐安祥，品茗读书何平康。

淡淡荡荡，无机人生振昂扬。
正直扬长，矢志救世奋未央。

坎坷艰苍，往事何必多回放。
展眼长望，我欲振翮入广长。

窗外雨渐减

2020-7-19

窗外雨渐减，云飞流畅。
好风吹清旷，微觉寒凉。

岁月真无恙，初伏正当。
有鸟啼悠扬，喜悦心间。

书本暂抛放，享受休闲。
心志聊狂狷，撰写诗章。

体道吾昂扬，不屈艰苍。
一笑也淡荡，履缘安祥。

丝雨洒飘

2020-7-19

丝雨洒飘，清风吹好，
有鸟啼叫，园圃落红堪嗟悼。

心志逍遥，洒脱情潇，
新诗哦了，舒出旷雅之情调。

岁月如飙，不必嗟老，
奋志刚傲，前路万里须行好。

正义风标，力战魔妖，
山河清好，世界乃是神所造。

微微一笑，心胸洒潇，
名利弃掉，叩道一生水云飘。

淡荡才好，无机心窍，
努力前道，山水风光堪饱瞧。

红尘险道，不惧艰饶，
神恩笼罩，灵程振翅旷飞高。

天国美好，人间幻造，
共缘涨销，坦然胸襟乐无二。

第十一卷《爽朗集》

风吹清畅心襟爽

2020-7-19

风吹清畅心襟爽，暑夜灯下哦诗章。
激情岁月如川淌，感悟良知振节唱。
悠扬情志共谁享？孤旅人生不嗟怅。
努力叩道奋贞刚，探寻天人之宝藏。

心志悠扬

2020-7-19

心志悠扬，耳际传来越剧唱。
夜风凉爽，清静暑夜也安祥。

享受休闲，雅将新诗来哦唱。
情怀泻淌，舒出中心之狂猖。

人生扬长，为因无执于心间。
名利欺诳，清心憩向水云乡。

红尘攘攘，众生太多陷迷茫。
济世必讲，振节人生舒奔放。

气爽神清

2020-7-20

气爽神清，仰看天青青。
晨风清行，喜鹊旷奏鸣。

此际多情，新诗朗哦吟。
生活和平，书生也尽兴。

快慰于心，神恩感无垠。
努力前行，灵程通天庭。

远野蛙鸣，点缀此升平。
牵牛开俊，妍红惊人心。

休憩身心

2020-7-21

休憩身心，抛开书本且品茗。
爽风清新，袅起诗人之雅兴。

此际天阴，恐有时雨将倾临。
天上鸟行，耳际啾啾响吱鸣。

心须持静，修身不忘省内心。
人生淡定，宜弃尘世之利名。

高蹈身心，中心时刻存水云。
向往光明，远抛黑暗与无明。

蛙鼓悠扬

2020-7-21

蛙鼓悠扬，心襟悠然向。
小风清爽，旷余之思想。

人生扬长，享受此清闲。
暑夜凉爽，大暑明日访。

裁心无恙，小哦我诗章。

字里行间，无非心跳荡。

不取狂猖，正直立身间。
谦和情肠，缕缕散清芳。

清意旷生成

2020-7-26

清意旷生成，蝉鸣声声。
天阴心馨芬，牵牛开盛。

红尘浊浪滚，名利损身。
务持清心纯，水云清芬。

人生奋驰骋，山水成阵。
男儿秉刚诚，努力奋争。

一笑还温存，儒雅清生。
傲立持刚正，风雨兼程。

奋发雄英

2020-7-27

奋发雄英，不嗟坎坷之生平。
喜鹊清鸣，振兴余之心与灵。

天气正阴，爽风清来余多情。
牵牛开俊，喇叭向天笑吟吟。

生活和平，须防突然起阴晴。
世事幻境，总凭慧心观分明。

桑沧无垠，只是人生百年景。
努力前行，积累道德无止境。

烈日狂猖

2020-7-29

烈日狂猖，总赖流风舒爽。
清哦诗章，享受电扇风凉。

品茗意畅，容我舒展慷慨。
人生向上，不折奋发张扬。

红尘之间，太多名争利陷。
吾持清肠，憩向松阴之岗。

岁月清享，明月清风无恙。
正义昂扬，叩道永无止疆。

又值黄昏

2020-7-29

又值黄昏，心境吾雅芬。
哦诗声声，激情狂若进。

憩此红尘，安稳持心身。
名利杀人，务弃务必扔。

岁月清芬，斑苍任添增。
一笑馨温，男儿持清纯。

淡荡秋春，胸襟云烟纷。
不惹俗尘，诗书诵晨昏。

暴雨倾降

2020-7-30

暴雨倾降，惊雷震天响。
散坐安祥，从容哦诗章。

心志清昂，人生吾安享。
风雨波浪，不过是等闲。

不取猖狂，正直立身间。
儒雅清芳，修身无止疆。

清风来翔，我意转舒畅。
一曲扬长，应有淡淡香。

流风舒爽（之一）

2020-7-30

流风舒爽，雨霁天晴朗。
雀鸟欢唱，余亦自得间。

品茗意旷，思想放无疆。
人生激昂，万里纵马狂。

奋发张扬，济世乐无恙。
风雨迷茫，难阻我前闯。

悠悠心向，淡眼云烟荡。
一笑之间，世事幻桑沧。

爽风来旷

2020-7-31

爽风来旷，心地吾悠扬。
牵牛花放，喜气正洋洋。

散思无恙，人生奋志向。
不折奋闯，关山任青苍。

红尘之间，不是我故乡。
天国家邦，铭记我心上。

努力向上，千关未可障。
展翅飞翔，直入彼溟沧。

适然心肠

2020-7-31

适然心肠，悠悠哦诗章。
鸟语情长，品茗意都旷。

小风来翔，我心享平康。
人生回想，原也多艰苍。

奋志而闯，关山越千幢。
男儿强刚，岂惧彼虎狼。

一笑安祥，神恩领无恙。
努力向上，天国是家邦。

爽风旷来开意境

2020-7-31

爽风旷来开意境，雅持身心，
悠然安静，一任风吹彼闲云。

休言世事是太平，恐起风云，
时雨将临，淡眼宿鸟奋飞行。

人生展转任阴晴，莫负心灵，
胸怀清明，远抛名利享康宁。

叩道深入悟圆明，淡泊胸襟，
心怀水云，微微一笑也多情。

心志空旷

2020-8-1

心志空旷，晨起清听鸟鸣唱。
爽风悠扬，雨后空气正鲜芳。

意取扬长，人生万事都下放。
淡泊贞刚，努力奋发叩道藏。

山高水长，五十五载烟雨茫。
何必心伤，共缘履历也安祥。

向前向上，不为名利折腰向。
男儿豪放，铁胆矢斩彼强梁。

天气晴朗

2020-8-1

天气晴朗，晨霭正弥漾。
小鸟鸣唱，牵牛开盛旺。

情志慷慷，从容哦诗章。
人生向往，大道天下畅。

红尘攘攘，名利徒欺诳。
务持清向，无机心地间。

岁月舒扬，老我以斑苍。
一笑爽朗，正直无机奸。

朝暾初上

2020-8-1

朝暾初上，蓝天青无恙。
野霭茫茫，雀鸟欢歌唱。

体味休闲，无事于心间。
雅哦诗章，舒出情奔放。

中伏正当，暑气展炎猖。
清心无恙，淡泊吾安康。

神恩广长，颂赞理应当。
灵程向上，叩道无止疆。

天热如烘

2020-8-1

天热如烘，鸣蝉嘶风，
心地从容，旷沐电扇之清风。

鸟语娇送，花开妍红，
岁月逝风，老我斑苍一笑中。

心志堪讽，人生情重，
奋发刚洪，力战魔敌之狂凶。

持道中庸，悟彻穷通，
淡泊如风，傲立雄峻却如峰。

斜阳朗照

2020-8-1

斜阳朗照，蓝天白云浪漫飘。
撰写诗稿，舒出情怀之雅俏。

人生晴好，风雨艰苍已过了。
壮怀犹傲，济世情怀乐逍遥。

红尘娟好，桑沧徒然幻化巧。
神恩丰饶，赐我康平无忧恼。

努力前道，人生正路须行好。
不惧艰饶，力斩拦路之虎豹。

闲情聊放旷

2020-8-2

闲情聊放旷，淡眼云烟苍苍。
品茗意悠扬，一任汗水沁淌。

小鸟清歌唱，我意转为奔放。
人生奋昂扬，不屈艰苍向上。

红尘原无恙，神恩总是广长。
灵程矢志闯，叩道清展志向。

半世已销亡，赢得华发斑苍。
一笑也扬长，人生合当慨慷。

天暑无风

2020-8-2

天暑无风，浩热浸淫中。
电扇摇风，清坐吾从容。

人生情钟，履尽雨与风。
一笑轻松，已越关千重。

蝉鸣声洪，岁月桑沧浓。
人生匆匆，思此泪双涌。

努力前冲，业绩造创中。
华年逝送，白发雅飘风。

流风舒爽（之二）

2020-8-2

流风舒爽，心志吾奔放。
暑天正当，野蝉高鸣唱。

读诗铿锵，意兴真无恙。
品茗扬长，诗意油然涨。

岁月清芳，曾经风雨狂。
百年匆忙，思此有感伤。

努力向上，不惧千重艰。
男儿强刚，岂惧恶虎狼。

心志不取狂猖

2020-8-2

心志不取狂猖，人生奋发向上。
叩道岂有疆，心得自深广。

红尘闹闹嚷嚷，何处水云之乡？
性天须清亮，质朴无机奸。

男儿志取强刚，力斩害人虎狼。
正气弥宇间，一笑清无恙。

岁月清展奔放，何许计我斑苍。
老来弥刚强，松柏虬且苍。

风花不动

2020-8-2

风花不动，闷热加增中。
电扇摇风，惬我意无穷。

岁月凝重，斑苍持从容。
世事穷通，付与云与风。

努力行动，叩道奋刚勇。
秉持中庸，不为名利动。

小鸟鸣颂，野蝉噪凶凶。
清坐之中，时光逝匆匆。

天热如蒸

2020-8-2

天热如蒸，蝉噪声又声。
清坐安稳，写诗舒心身。

岁月清芬，感佩神之恩。
努力前程，名利弃纷纷。

清贫轻身，诗书哦真诚。
坐拥书城，叩道吾奋争。

百年秋春，真的似一瞬。
韶华惜珍，清雅度人生。

闷雷连串响

2020-8-2

闷雷连串响，时雨恐降。
浴后吾清爽，小哦诗章。

岁月正清旷，惜已斑苍。
仍须努力闯，心志清昂。

展眼云烟荡，田园画廊。
中伏时正当，暑意炎猖。

顺理原成章，共缘履航。
一笑也安祥，无机襟房。

时雨洒降

2020-8-2

时雨洒降，心志吾平康。
爽风清畅，惬我之意向。

清坐思旷，人生当扬长。
名利弃放，剩有心安祥。

正义昂藏，努力万里疆。
红尘奔放，力战彼虎狼。

百年苍茫，思此怀感想。
展眼长望，烟雨锁苍黄。

蓝天云翔

2020-8-3

蓝天云翔，蝉正高声唱。
燥热尘壤，万物受炙炕。

清坐安祥，闲品茗清芳。
裁心诗章，舒出情奔放。

岁月飞狂，人生易老苍。
何必多讲，努力旷飞扬。

正直之间，已履关千幢。
一声嗨唱，悠悠动穿苍。

暮色初浓重

2020-8-3

暮色初浓重，鸣蝉声正洪。
电扇播清风，哦诗趣味浓。
岁月任逝送，斑苍未衰慵。
正直立身崇，心志与谁同？

流风鼓畅

2020-8-12

流风鼓畅，天气喜晴朗。
白云飘翔，悠听蝉鸣唱。

心境舒畅，品茗诗意涨。
率兴哦唱，一曲应有芳。

孟秋正当，天气惜燥亢。

牵牛盛旺，喜悦我心肠。

岁月舒昂，何许计衰苍。
一笑安祥，人生奋志向。

夕照金黄

2020-8-13

夕照金黄，云天展淡荡。
闷热宇间，总赖爽风畅。

我自悠扬，心兴旷无恙。
憩身尘壤，情怀水云乡。

品味休闲，身心都平康。
一曲讴唱，舒出我昂扬。

人生冀望，是在至远乡。
天涯风光，召唤我闯荡。

日落西山

2020-8-13

日落西山，金光灿灿。
好风吹展，闷热宇寰。

清坐雅安，情志开展。
远际歌曼，动我心坎。

岁月翻澜，旷自扬帆。
不惧坷坎，力克艰难。

一笑淡淡，心志和安。
共缘妥善，努力前站。

红尘好看，桑沧变幻。
百年梦般，华发飘散。

浩志何谈，踏实去干。
要夺丰产，先须流汗。

夜半时分

2020-8-14

夜半时分，心境正缤纷。
读书朗声，电扇转均衡。

奋志人生，不畏痛与疼。
努力前骋，山水越雄浑。

风雨历程，磨炼我心身。
一笑馨温，君子人格正。

叩道奋身，持正万里奔。
风光清纯，惬我意十分。

秋虫呢咙

2020-8-14

秋虫呢咙，振奋我心胸。
夜风清送，灯下我哦讽。

人生情钟，叩道骋奋勇。
关山叠重，我要努力冲。

奋志刚洪，不畏苦与痛。
力战魔凶，凯歌云霄送。

内叩心胸，正气清气浓。
一笑从容，披雨又沐风。

人生旷展强刚

2020-8-14

人生旷展强刚，正义是我襟肠。
向上尽力量，不畏千重艰。

室外滚滚热浪，南风吹来舒畅。
云天都清旷，雀鸟欢鸣唱。

清坐吾持安祥，一杯绿茗清芳。
电扇播风凉，赤膊亦何妨。

努力叩道奔放，自我检点心房。
净化无止疆，心灵务坦荡。

天气燥亢

2020-8-14

天气燥亢，花木受炙烫。
清坐安祥，电扇播风凉。

岁月悠扬，笑我星星霜。
人生昂扬，千关已径闯。

展眼前方，万里风云壮。
努力向上，叩道骁勇刚。

名利弃放，颐养心性芳。
诗书之间，潜修真无恙。

坦荡心胸

2020-8-14

坦荡心胸，人生持凝重。
听鸟鸣颂，旷意而哦讽。

人生刚雄，奋志若长虹。
努力前冲，穿越雨与风。

回首何功？桑沧一笑中。
百年非梦，大化运从容。

笑我成翁，悟彻穷与通。
淡定之中，质朴且清空。

蛙声犹殷

2020-8-15

蛙声犹殷，虫鸣亦动听。
夜风清俊，爽洁我身心。

孟秋情景，闷热犹当行。
五更清境，早起吾爽心。

吐诗空灵，一舒我意境。
人生奋兴，叩道矢进行。

胸襟淡定，名利勿分心。
高蹈清贫，诗书深用劲。

心志勿狂猖

2020-8-15

心志勿狂猖，请听蛙唱，
请听蚤唱，天气秋来犹燥亢。

五更放思想，哦诗奔放，
激情张扬，灯下情怀真无恙。

岁月展转间，人不萧苍，
心未萧凉，奋志依然在远疆。

红尘正狂荡，利锁名缰，
杀人嚣猖，化外水云容憩享。

天启微明

2020-8-15

天启微明，曙色东方凝。
雀鸟初鸣，东风正尽兴。

合当讴吟，舒出我心情。
人生怀情，放旷真无垠。

岁月进行，心志体均平。
努力前进，山水越苍峻。

一笑爽清，豁达持心灵。
穷通之境，幻化原不停。

彩霞东方

2020-8-15

彩霞东方，瑰丽真无恙。
雀鸟飞翔，自在何扬长。

好风吹翔，心地顿时畅。
诗兴涌上，激情舒汪洋。

大好寰壤，皆是神造创。
人生世间，蒙福享安祥。

努力向上，灵程奋发闯。
克尽魔障，闪射是心光。

祥云飘空

2020-8-15

祥云飘空，远处歌声动。
晨鸟鸣颂，心地持轻松。

电扇播风，哦诗吐清空。
孟秋之中，爽洁盈心胸。

红尘汹涌，名利害人凶。
水云之中，一憩我襟胸。

努力驱冲，叩道奋刚猛。
男儿豪难，卓立不苟同。

歌声苍凉

2020-8-15

歌声苍凉，打动我心房。
讴咏诗章，一舒闲情况。

天气燥亢，赤膊吾悠扬。
清听歌唱，感兴真万方。

人生劲刚，不畏惧风浪。
矢志闯荡，不为名利狂。

笑意浮上，悟道吾安康。
人生向上，力克千重艰。

奋志人生吾贞刚

2020-8-15

奋志人生吾贞刚，不畏困难苦障。
此际清听啼鸟唱，爽洁心境无恙。

天气一任起燥亢，秋已来到人间。
清喜玉簪将开放，中心喜乐平康。

阖家平安神恩壮，思此颂赞献上。
天人之间乐和祥，领受幸福安康。

叩道路上风云壮，试探一任其艰。
会当凯歌彻云乡，圣徒悠悠歌唱。

第十二卷《风标集》

蓝天幻化白云

2020-8-15

蓝天幻化白云，我的心中多情。
且品杯中茗，旷听鸟讴吟。

人生奋力前行，定志穿山越岭。
风光历险峻，风雨是常寻。

红尘幻化之境，名利未许损心。
叩道无止境，水云漾胸襟。

展眼天际霭凝，初秋田园芳景。
壮志恒凌云，踏实去追寻。

鞭炮震响

2020-8-15

鞭炮震响，红尘是嚣张。
清坐安祥，享受风来旷。

我自悠扬，品茗情志畅。
小鸟鸣唱，惬我意与向。

孟秋正当，天气不凉爽。
心须定当，叩道吾奔放。

笑意微漾，世事本寻常。
风雨艰苍，正似云卷翔。

勿为物障，性光须清亮。

百年飞殇，如露如电仿。

诗书哦唱，体道吾强刚。
展眼云翔，幻变任桑沧。

不嗟过往，人生共缘放。
努力前方，正义恒茁壮。

阖家安康，神恩领无上。
欢呼尽量，步履彼康庄。

悠悠情怀吾何畅

2020-8-15

悠悠情怀吾何畅，奋志昂扬，
矢展清刚，一种雅致真无上。

人生矢志以向上，克尽艰苍，
心怀太阳，正必胜邪真理畅。

百年生死嗟茫苍，心不忧伤，
情怀雅靓，共缘履历也奔放。

孟秋云天正爽畅，鸟儿歌唱，
风儿扬长，清坐哦诗舒激昂。

散思平旷

2020-8-15

散思平旷，人生悠悠唱。
心怀理想，情志恒茁壮。

岁月艰苍，困难并苦障。
泪水曾淌，跌倒尘埃间。

神恩广长，起死并疗伤。
身心复壮，努力旷飞扬。

人生情长，孤旅振志昂。
窗外鸟唱，余心起感想。

人生奋志以昂扬

2020-8-15

人生奋志以昂扬，此生履尽险艰。
呵呵一笑也安祥，豁达清持襟肠。

天上云飞正澹荡，初秋天气燥亢。
清坐室内品茗间，意气舒发扬长。

几声鸟啭啼奔放，我心转为舒畅。
聊哦新诗适情肠，原也淡淡有芳。

淡泊人生享安康，名利早已弃放。
清贫正义也清昂，叩道晨昏不让。

人生艰苍吾清享

2020-8-15

人生艰苍吾清享，迎难绝不退让。
转过礁石避过障，扬帆万里远航。

五十五载成过往，心境坦然平旷。
不计名利诗书间，叩道奋展贞刚。

雅将新诗来哦唱，一舒情志轩昂。
正直人生舒奔放，胸襟水云清漾。

宇宙广长真无限，文明进步无疆。
人生眼界务宽广，勿为物欲所障。

心志存清旷

2020-8-15

心志存清旷，人生向上奋力量。
山水越远长，饱览风光之雄壮。

心地怀漫浪，哦诗舒出我情长。
不为物欲障，性天叩道逗清亮。

红尘真攘攘，太多诱惑鬼魅狂。
务持清心向，正义心怀何贞刚。

展眼云天旷，想学飞鸟入云间。
踏实去闯荡，不畏风雨不畏艰。

红尘之中吾清骋

2020-8-15

红尘之中吾清骋，心志雅芬，
心志雅芬，一生铭感神之恩。

烛照前程秉心灯，努力驰骋，
努力驰骋，不畏山水之艰深。

笑意从心而发生，豁达秋春，
豁达秋春，坚持正义持心身。

清贫于我不必论，淡泊晨昏，
淡泊晨昏，诗书沉潜何刚贞。

人生一笑是清纯

2020-8-15

人生一笑是清纯，秉持真诚，
秉持真诚，不许奸滑损心身。

奋志由来骋刚正，傲立乾坤，
傲立乾坤，男儿叩道万里程。

岁月清展其馨芬，风雨任生，
风雨任生，挥洒干劲吾兼程。

老来斑苍何必论，英武心身，
英武心身，济世叩道奋一生。

心志不取狂猖

2020-8-15

心志不取狂猖，人生奋发贞刚。
男儿是有力量，奋志天涯之间。

矢志我要闯荡，不惧山高水长。
努力冲决迷茫，心灯闪射光芒。

不屈虎豹豺狼，提刀敢于冲上。
任使鲜血洒放，矢将罪恶灭光。

神恩无比广长，思此颂赞献上。
灵程铺满霞光，叩道凯歌高唱。

奋志是在疆场

2020-8-15

奋志是在疆场，男儿有勇闯荡。
矢斩吃人虎狼，还我清平寰壤。

笑意清新温让，君子人格显彰。
一生向学不让，心得哦入诗间。

情志清持轩昂，曲折艰邪抛光。
叩道是我志向，深入圆明圆方。

几微之间叩访，裁心一生扬长。
向上尽我力量，旷飞对准天堂。

心思悟达广长

2020-8-15

心思悟达广长，却是难以言讲。
人生困障叠放，努力迎难而上。

此心充满力量，上帝赐与恩光。
烛照黑暗退藏，文明进步无疆。

此际夕阳在望，野蝉嘶嘶鸣唱。
天气一任燥亢，清坐思放万章。

哦出身心慨慷，哦出我的激昂。
哦出豪情万丈，哦出岁月清芳。

天热如烘

2020-8-15

天热如烘，心志吾清空。
雀鸟鸣颂，云朵浪漫涌。

心潮汹涌，哦诗舒情浓。
奋志刚雄，男儿是情种。

嗟叹无功，贵在奋前冲。
关山万重，风光历浑雄。

百年匆匆，韶华珍惜中。
努力行动，一展我英勇。

黄昏无恙

2020-8-15

黄昏无恙，云彩曼飞翔。
燥热之间，有鸟清啼唱。

清坐安祥，哦诗复扬长。
人生理想，岂可稍相忘。

正义心间，力战彼恶奸。
大好寰壤，真理必通畅。

修心无疆，叩道奋向上。
心志清芳，质朴且坦荡。

彩云飘空

2020-8-15

彩云飘空，落霞灿无穷。
秋蝉鸣颂，野蚤吟从容。

灯下思涌，人生情怀浓。
向往长空，旷飞向无穷。

年已斑慵，志犹若长虹。
辞去平庸，叩道奋勇猛。

诗书用功，新诗脱口颂。
快慰于胸，我欲唱大风。

浮生旷展意向

2020-8-15

浮生旷展意向，志取清昂，
志取清昂，矢志奋力向上。

夜幕此际又降，华灯点上，
华灯点上，哦诗舒我激昂。

心志应许扬长，名利辞放，
名利辞放，高蹈水云之乡。

红尘徒是攘攘，利锁名缰，
利锁名缰，害人何其狂狷。

向学吾志强刚，晨昏哦唱，
晨昏哦唱，舒出我之心芳。

叩道矢展顽强，不屈强梁，
不屈强梁，真理必当通畅。

神恩无比广长，导引向上，
导引向上，天国才是家邦。

百年总存漫浪，心怀理想，
心怀理想，正义必胜恶奸。

微笑此际浮上，有风来翔，
有风来翔，心潮起伏无恙。

路上车行熙攘，霓虹闪靓，
霓虹闪靓，生活演奏乐章。

天初初亮

2020-8-16

天初初亮，星月犹在望。
蛙鸣偶唱，蛩吟亦交响。

小风不爽，闷热此尘壤。
心地清凉，电扇播风畅。

志取昂扬，人生奋发闯。
时光飞殇，珍惜于心间。

初秋无恙，感兴真无上。
努力奔放，努力振慨慷。

曙色东天红霞靓

2020-8-16

曙色东天红霞靓，雀鸟奏平康。
远野传来蛙唤唱，秋蛩唧唧作响。

灯下清坐哦诗章，激情都发扬。
人生怀有彼理想，万里长途驱闯。

休言世事太平间，豺狼正猖狂。
努力提刀景阳岗，矢斩吃人虎狼。

岁月清递有余芳，思此有感想。
人生渐老复何讲，淡荡盈于襟房。

清思此际生成

2020-8-16

清思此际生成，东风旷意清骋。
灿烂是朝暾，雀鸟竞欢腾。

清坐心思安稳，电扇播风爽神。
岁月渐进深，孟秋美不胜。

天气如此热闷，牵牛不肯开盛。
蝉却嘶噪声，野蛩吟声声。

哦诗应许雅芬，清展气宇精神。
人生奋驰骋，叩道吾奋身。

人生秉持清纯

2020-8-16

人生秉持清纯，遭遇风雨成阵。
磨炼我心身，旷志奋兼程。

老来心境馨芬，淡泊清持温存。
叩道吾奋身，心得入诗申。

初秋燥热任生，清坐心志安稳。
天上白云纷，蝉噪鸟欢声。

红尘热浪滚滚，万物受其炎蒸。
希冀有雨生，浇洒此乾坤。

休憩身心

2020-8-16

休憩身心，体味此均平。
天热燥境，养颐颇要紧。

岁月进行，初秋有意境。
小鸟清鸣，田园展芳情。

风来爽清，畅饮杯中茗。
鼓起诗兴，开怀我哦吟。

人生多辛，勿忘是灵明。
追求上进，悟达彼空清。

第十二卷《风标集》

人生怀情

2020-8-16

人生怀情，易损心与襟。
世事艰辛，磨炼我刚劲。

仍怀雄心，向往万里行。
努力前进，履历艰苍境。

一笑雅清，志取彼凌云。
叩道进行，心得体分明。

哦诗尽兴，舒出我心灵。
任起斑鬓，任叠阴与晴。

奋志吾清骋

2020-8-16

奋志吾清骋，荷负天父鸿恩。
履尽风雨程，爽洁清持心身。

淡眼此乾坤，孟秋炽热正盛。
清坐吾安稳，享受杯中茗芬。

人生不折腾，名利矢志抛扔。
清贫怡心身，正义心襟刚正。

傲立在乾坤，力战恶魔缤纷。
素朴吾纯真，叩道奋力一生。

人生奋身心

2020-8-16

人生奋身心，穿风冒雨而行。
虎狼拦路并，努力斩杀干净。

天下不太平，为因人心争竞。
污秽务抛清，矢志追求上进。

净化我心灵，清澈并且清明。
神恩广无垠，导引灵程康平。

魔敌凶恶并，必须力战才行。
凯歌终彻云，圣徒大队并进。

心志广长

2020-8-16

心志广长，人生不嗟怅。
奋志之向，万里无止疆。

笑意展放，悟道吾安康。
一杯茗芳，真惬我意肠。

开口哦唱，应惊世人肠。
英武心间，原也颇坦荡。

岁月清芳，一似老酒香。
老将来访，共缘去履航。

燥热宇间

2020-8-16

燥热宇间，听不见蝉唱。
风儿热烫，世界火炉仿。

散坐乘凉，电扇派用场。
浴后清爽，写诗适情肠。

人生向往，时刻铭襟房。
不忘理想，努力长驱闯。

山高水长，风光展无恙。
振翮飞翔，万里无止疆。

闲适无恙

2020-8-16

闲适无恙，诵读清词吾何畅。
电扇风凉，爽洁我之心与肠。

没有蝉唱，天气燥热真如炕。
清坐安祥，何妨哦诗诉中肠。

人生扬长，不执名利吾贞刚。
心怀太阳，沐浴神恩之广长。

岁月有芳，细细品味感襟房。
讴颂献上，天使伴我奋归航。

散思平旷

2020-8-16

散思平旷，人生吾悠扬。
定定当当，不为名利狂。

清真所向，诗书沉潜间。
叩道昂扬，奋发我贞刚。

小鸟鸣唱，自在且安祥。
岁月淡荡，不计老将访。

红尘无恙，故事演无疆。
百年苍茫，思此感兴放。

霾烟又放

2020-8-16

霾烟又放，牵牛不开放。
天气炎亢，散坐汗沁淌。

何所言唱？只是诉中肠。
人生贞刚，奋志向遐方。

山高水长，历尽是险艰。
一笑爽朗，人生该这样。

前路广长，仍须奋发闯。
老来强刚，豁达真无恙。

人生奋持理想

2020-8-16

人生奋持理想，不怕困难苦障。
努力去闯荡，山水越远长。

笑意清新展放，悟道吾享安康。
天地正气昂，神恩赐广长。

斑苍无妨扬长，淡定清持志向。
济世乐无恙，大同践履间。

天气任其炎亢，吾只淡守平常。
诗书须研访，识见日增长。

流风鼓爽

2020-8-16

流风鼓爽，天气如此燥亢。
不思不想，享受电扇风凉。

末伏正当，初秋如此炎猖。
清坐安祥，闲品杯中茗芳。

逸意升上，人生旷起感想。
人生世间，切莫忘记理想。

努力向上，克己修身无恙。
正直情肠，才合神之期望。

火风吹翔

2020-8-16

火风吹翔，世界火炉之上。
天气燥亢，万物俱受炙烫。

清坐思想，人生感兴茫茫。
半世逝殇，华发迎风飘扬。

不屈贞刚，岂惧风雨艰苍。
力战恶狼，正义必当通畅。

神恩无疆，导引我之慈航。
努力向上，天国才是家邦。

畅意是此浮生

2020-8-16

畅意是此浮生，人生奋发刚正。
努力向前骋，叩道无止程。

修身养性晨昏，向学冬夏秋春。
微微一笑生，豁达真无伦。

感谢天父鸿恩，导引灵性旅程。
试探一任深，天使护心身。

展眼天际霭生，世界沐浴神恩。
人民享安生，和乐盈乾坤。

第十二卷 《风标集》

爽风旷畅

2020-8-16

爽风旷畅，迷烟四野漾。
红尘燥亢，鸟躲树荫间。

散思扬长，却有何用场。
人生梦间，类若蒸黄粱。

名利欺诳，诱人入阱陷。
水云之乡，才存有思想。

奋志向上，叩道入深艰。
天国家邦，乐园在彼方。

淡定心襟

2020-8-16

淡定心襟，风正来清新。
蓝天碧青，初秋展意境。

我意均平，无虑于身心。
闲适康宁，享受此平静。

人生经行，太多阴与晴。
老来心宁，无执是利名。

共缘去行，并非如浮萍。
有所坚定，正义盈胸心。

洒脱心襟

2020-8-16

洒脱心襟，不妄求利名。
纵使清贫，正义吾坚挺。

人生风云，于我不再惊。
心事淡定，胸襟存水云。

向往光明，叩道领意境。
心志爽清，眼目俱清俊。

老来康平，悠悠放歌吟。
诗书之境，郁我芳与馨。

秋虫清鸣

2020-8-16

秋虫清鸣，点缀此升平。
斜阳清俊，清坐余静定。

书本辞屏，休闲惬心灵。
人生怀情，何许嗟斑鬓。

浩气凌云，不妄去追寻。
叩道贞定，悟彻是本心。

世界运行，神恩领无垠。
人民欢庆，乐享此安宁。

悠悠是余心襟

2020-8-16

悠悠是余心襟，放旷人生闲情。
烈日在天顶，小风畅意境。

耳际没有蝉鸣，远野微闻虫吟。
岁月正进行，笑我渐衰鬓。

依然奋志凌云，壮丽是我心襟。
踏实去追寻，风雨不要紧。

世界不止和平，还有豺狼经行。
提刀努力行，匡世奋刚劲。

履尽世事烟云

2020-8-16

履尽世事烟云，慧意凝于心襟。
眼目展清劲，天涯瞻远景。

岁月纷纷纭纭，心怀总持康平。
名利不动心，叩道鼓干劲。

电扇播着风清，斜阳洒着热情。
初秋有意境，田野展芳景。

阖家欢乐安平，神恩领略于心。
灵程奋力行，前路步彩云。

我心怀着热情

2020-8-16

我心怀着热情，胸襟向往光明。
　　叩道奋前进，圆明悟本心。

世界嗓嗓竞竞，几人存有清醒？
　　智慧何处寻？合当叩本心。

不为外缘所侵，性光应当显明。
　　前路须看清，迷雾未许凝。

神恩浩大无垠，导引正道康平。
　　努力灵程进，艰苍不要紧。

心志总持爽清

2020-8-16

心志总持爽清，不许名利扰侵。
　　淡定我心灵，水云存意境。

享受生活和平，清贫并不要紧。
　　叩道穿云岭，心得化诗吟。

胸襟如花之俊，七彩是余心灵。
　　质朴且刚劲，叩道风雨行。

人生百年之境，一似电影运行。
　　桑沧任叠并，过去入烟景。

第十三卷《潇洒集》

体味休闲

2020-8-16

体味休闲，心志吾平康。
人生向往，时刻铭襟房。

酷热宇间，心事须定当。
内省心膛，修身不相忘。

岁月奔放，老我以斑苍。
情怀爽朗，不为物欲障。

展眼天壤，斜阳正在望。
世界无恙，神恩总广长。

奋然心襟

2020-8-16

奋然心襟，处变吾不惊。
心志康宁，雅存有水云。

红尘险境，名利是陷阱。
务持清心，追求雅与净。

岁月进行，人易老苍鬓。
一笑淡定，无执持身心。

旷怀空灵，叩道矢前进。
层层云岭，风光历苍峻。

夕照苍茫

2020-8-16

夕照苍茫，群鸟旷飞翔。
自由天壤，才是我向往。

红尘燥亢，天热正未央。
清坐安祥，哦诗适情肠。

心志奔放，理想恒茁壮。
神恩广长，导引我前闯。

向前向上，矢克彼艰障。
万里无疆，多么快意向。

清思生成

2020-8-17

清思生成，人生奋刚正。
四更时分，校诗也精神。

嗟此乾坤，闷热骋威盛。
清坐安稳，一篇诗生成。

奋志红尘，名利勿足论。
振我精神，看我旷飞腾。

人生难论，苦旅之行程。
叩道一生，悟彻神之恩。

心志广深

2020-8-17

心志广深，唯向诗中申。
人生奋骋，山水越雄浑。

斑苍清生，嗟痛苦不胜。
唯赖神恩，导引前路程。

感发心身，呼出我痛疼。
灵程奋身，叩道入艰深。

观此宇尘，浊浪正滚滚。
众生沉沦，救世务担承。

清坐思飘

2020-8-17

清坐思飘，听见虫吟叫。
五更起早，天气正热燥。

心志良好，清撰是诗稿。
人生风标，叩道履迢迢。

山好水好，风光览历饱。
开怀一笑，应许归田早。

名利弃了，剩有闲情抱。
诗书潜造，陶冶性灵妙。

风花不动

2020-8-17

风花不动，霾烟弥长空。
雀鸟鸣颂，啼唤颇从容。

心志沉雄，清坐思无穷。
人生情钟，不畏惧苦痛。

淡定襟胸，岂为名利动。
水云清空，最为余所重。

红尘汹涌，大化恒运动。
叩道于胸，淡眼觑穷通。

品茗悠闲

2020-8-17

品茗悠闲，天热肆狂猖。
清坐安祥，小哦新诗章。

裁心无恙，人生走马场。
时光飞殇，心志须定当。

不为名狂，不为利所妨。
清贫无妨，要在正义刚。

人生扬长，悟道享平康。
雾霾任放，风终会扫荡。

雾霾弥空

2020-8-17

雾霾弥空，心境不轻松。
污染严重，叹息于襟胸。

闷热宇穹，旷来彼东风。
散坐从容，电扇奋摇风。

人生刚洪，一生奋斗中。
名利弃空，叩道吾奋勇。

淡泊清空，微笑吾哦讽。
远野蝉颂，嘶嘶响不穷。

天气虽然晴朗

2020-8-17

天气虽然晴朗，雾霾却很狂猖。
清听蝉鸣唱，热汗任沁淌。

岁月舒展奔放，初秋仍很燥亢。
切求甘霖降，万物渴慕间。

人生奋志昂扬，已履山水青苍。
困障任叠放，微笑风雨间。

捧出是我心房，炽热并且淡荡。
悠悠余讴唱，心思展平旷。

第十三卷《潇洒集》

雅将心灵弹唱

2020-8-17

雅将心灵弹唱，人生不必张扬。
奋志之所向，山水越远长。

人生意义寻访，真理尽力弘扬。
正气弥宇间，矢斩虎与狼。

岁月舒其馨芳，惜我渐已斑苍。
爽朗一笑间，淡眼桑与沧。

度过劫波茫茫，心怀光明太阳。
神恩总广长，思此感襟房。

岁月旷展清芬

2020-8-17

岁月旷展清芬，嗟此滚滚年轮。
斑苍日渐深，一笑也清纯。

人生奋力驰骋，履尽山高水深。
君子人格正，两袖清风生。

室外热浪滚滚，初秋燥亢尤甚。
清坐吾安稳，哦诗吐真诚。

品茗逸意旷生，中心淡荡温存。
诗书秋春奋，叩道入艰深。

清夜无眠

2020-8-18

清夜无眠，三更吾清醒。
燥热之境，汗水一任沁。

东风多情，爽我身与心。
秋虫清鸣，点缀也安平。

哦诗尽兴，舒出我闲情。
人生经行，三省是吾心。

奋志凌云，不图利与名。
高蹈水云，豁然吾雅清。

蛙鼓悠扬

2020-8-18

蛙鼓悠扬，野间蟋蟀唱。
五更时间，爽风正清畅。

孟秋正当，惜时吾当讲。
人生昂扬，奋志万里疆。

红尘无恙，故事日日唱。
悲喜之间，幻变彼桑沧。

正道通畅，鬼魅矢灭光。
清平世间，原不许机奸。

天启微亮

2020-8-18

天启微亮，清风来何爽。
适我情肠，一篇诗奉唱。

人生奔放，不可为物障。
性灵须讲，性天须显亮。

红尘狂荡，试炼之疆场。
多有虎狼，多有诱与陷。

务持清肠，正直体扬长。
百年苍茫，学取流云翔。

蝉嘶鸟唱

2020-8-18

蝉嘶鸟唱，爽风惬意向。
天喜晴朗，只是雾霾又猖狂。

假眠片晌，精神都提扬。
品茗意畅，从容裁心哦诗章。

初秋燥亢，万物受炙炕。
散坐休闲，电扇悠扬播风凉。

阖家安康，神恩正茁壮。
思此感放，努力灵程叩道畅。

悟道广长

2020-8-18

悟道广长，豁达身心正无恙。
淡泊之间，履度秋春也安祥。

正直情肠，不许名利肆狂猖。
力战邪奸，男儿提刀横扫荡。

天地玄黄，其间道义神造创。
努力向上，叩道克尽千重艰。

奋志之向，天涯风光展莽苍。
百年飞殇，斑苍不减志平康。

清风舒旷

2020-8-18

清风舒旷，我意转扬长。
霾烟狂猖，弥漾田野间。

岁月清昂，笑我华发苍。
一笑朗爽，人生奋志向。

大千奔放，流变彼桑沧。
人生茫苍，展转履艰苍。

努力向上，不畏惧困障。
有鸟啼唱，余意振慨慷。

激情岁月余写照

2020-8-18

激情岁月余写照，华发斑苍了。
赢得开怀朗一笑，红尘胡不好。

名利未许肆狂嚣，性天清凉好。
水云中心存飘渺，叩道吾逍遥。

淡荡情怀哦诗稿，诗书沉潜造。
心志质朴如芳草，茁壮在尘表。

清风旷来适襟抱，小鸟且鸣叫。
清坐舒理心与窍，吐出情娟妙。

心志何必取高傲

2020-8-18

心志何必取高傲，谦卑深深造。
人生奋行阳关道，叩道乐逍遥。

风雨艰苍免不了，磨炼我心窍。
俊骨如铁如钢造，傲立在尘表。

展眼天际远远瞧，霾烟当空罩。
空气污染太糟糕，治理须及早。

岁月逝飞如云跑，青春远辞了。
壮岁怀抱犹堪表，振节旷飞潇。

天热燥

2020-8-18

天热燥，心志未可躁。
清风潇，远野蝉鸣叫。

清坐好，电扇把风摇。
适情抱，新诗朗哦了。

岁月飘，斑苍人渐老。
开怀笑，悟道入逍遥。

展眼瞧，天空雾霾罩。
嗟不了，人欲祸害高。

心事须持平静

2020-8-18

心事须持平静，过多躁动不行。
初秋天燥境，务须持淡定。

此生不计利名，难免风雨经行。
清贫不要紧，诗书奋用劲。

野蝉嘶嘶噪鸣，热风其来尽兴。
且品杯中茗，淡荡持心灵。

世事桑沧无垠，都是幻化之境。
百年度生命，身心须看紧。

第十三卷 《潇洒集》

心志均平

2020-8-18

心志均平，燥热任其展意境。
野蝉嘶鸣，长风径来适我心。

散坐安宁，一杯绿茗添意境。
心怀光明，人生奋志岂常寻。

诗书用劲，叩道圆明领意境。
一笑爽清，斑苍悟达彼空灵。

何必多云，沉默不语是意境。
一点心情，向谁而语舒心灵。

心性温良

2020-8-18

心性温良，履尽恶风浪。
磨炼贞刚，男儿恒茁壮。

不畏恶狼，提刀努力上。
天下攘攘，正义当通畅。

岁月舒扬，流年飞花仿。
何必嗟怅，何必计斑苍。

一笑淡荡，共缘去履航。
山高水长，标的天涯间。

悠扬心地间

2020-8-18

悠扬心地间，应许定当。
窗外滚热浪，火风来翔。

岁月真无恙，坦度安康。
神恩领广长，欢呼尽量。

人生多艰苍，风雨迷茫。
心灵奋力量，稳度安航。

而今我回想，感悟良长。
提笔舒短章，一曲扬长。

云飞澹荡

2020-8-18

云飞澹荡，空气火相仿。
散坐安祥，冀求清风旷。

天热炎猖，初秋不清凉。
万物炙炕，草木多焦伤。

感从心上，切祷向上苍。
甘霖冀降，洒下彼凉爽。

人生世上，神恩何广长。
心怀希望，努力向前闯。

心志扬长

2020-8-18

心志扬长，好风长来旷。
烈日如炕，云飞自在翔。

散坐安祥，休憩我心肠。
书本抛放，不思复不想。

岁月奔放，初秋燥且亢。
没有雨降，野蝉哀声唱。

人生世间，桑沧是寻常。
神恩广长，普覆这宇间。

清度岁月吾从容

2020-8-18

清度岁月吾从容，人生旷意哦讽。
诗书平生晨昏诵，叩道一生奋勇。

老来心曲向谁送，孤旅咽尽雨风。
豁达怀抱清无穷，向往长天飙风。

一笑清雅且和慵，正直是吾襟胸。
清贫一生志恢弘，不许名利骋凶。

此际初秋燥热中，幸有长风吹送。
清坐写诗适心胸，吐出气势如虹。

心志领略平康

2020-8-18

心志领略平康，人生奋发向上。
　克尽千重艰，终有坦平况。

此际斜阳在望，世界火炉之间。
　心事正广长，讴颂泻无疆。

蝉儿噪噪狂猖，风儿舒展扬长。
　霾烟天地间，空气正污脏。

明日总有希望，神恩铭于襟房。
　奋展男儿刚，努力驱遏方。

心情中正之间

2020-8-18

心情中正之间，人生温和无恙。
　天气任燥亢，水云存观想。

夕阳正展茫苍，市井闹闹嚷嚷。
　清坐颇安祥，电扇播风凉。

哦诗激越慨慷，旷舒男儿气象。
　一种是阳刚，一种是柔肠。

初秋来到人间，天气终将凉爽。
　不惧老来访，奋发我顽强。

悠悠旷展心襟

2020-8-18

悠悠旷展心襟，人生分外含情。
　苦旅吾饱经，而今享康平。

神恩铭感于心，欢呼原也动情。
　灵程美无垠，圣徒腾彩云。

潇潇是余心襟，活泼并且多情。
　力战魔敌群，旷飞入天青。

凯歌响彻霄云，叩道奋展雄英。
　风雨任嚣行，天终会转晴。

清夜无眠

2020-8-19

清夜无眠，读书以尽兴。
　四更清静，雅闻虫清吟。

灯下哦吟，舒出我激情。
　人生经营，未许损心灵。

奋发前进，山水越无垠。
　神亲导引，步步灵程进。

叩道艰辛，试炼重叠并。
　英武心襟，磨炼我刚劲。

小风多情

2020-8-19

小风多情，适我心与灵。
　炎燥之境，夜深闻蚤吟。

灯下心清，闲适且无垠。
　哦诗舒情，吐出是空清。

心怀雅兴，心志凝刚劲。
　努力前行，披荆斩棘进。

力胜魔兵，还我寰宇宁。
　大道运行，正义敷均平。

蛙鼓均匀

2020-8-19

蛙鼓均匀，夜风其来清。
　一片虫吟，点缀此升平。

秋夜燥境，四更睡不宁。
　何妨哦吟，一泻我空灵。

坦荡心襟，济世挥才情。
　高蹈雄心，腹蕴彼水云。

人生多情，徒然损了心。
　神恩无垠，赐我以康平。

第十三卷《潇洒集》

心志何许嗟广长

2020-8-19

心志何许嗟广长，实干为上，
实干为上，努力践履我思想。

初秋炎热太狂狷，汗水沁淌，
汗水沁淌，中心须存水云漾。

红尘名利肆嚣张，害人无限，
害人无限，务须收心叩道藏。

前路风雨任凄狂，铁志贞刚，
铁志贞刚，不畏艰难不迷茫。

人生逸意扬长

2020-8-19

人生逸意扬长，假眠片刻何妨。
旷喜清风畅，天地转凉爽。

中心怀有漫浪，欣赏岁月清芳。
初秋风光靓，悠扬吾安祥。

珍惜流年时光，人生转眼老苍。
奋志当昂扬，千关未许障。

不为名利奔忙，叩道定定当当。
情系水云间，胸襟宇包藏。

洒脱襟胸旷哦唱

2020-8-19

洒脱襟胸旷哦唱，人生舒出强刚。
不畏豺虎不畏狼，提刀努力冲上。

岁月清展是淡荡，神恩总是广长。
百年秋春有漫浪，灵程奋发慨慷。

男儿有种当豪放，岂可屈于强梁。
胸襟白云漫飘荡，无意名利之间。

剩有清贫贞志刚，秋春享受安祥。
性天应许逞清亮，努力进步无疆。

人生旷舒怀抱

2020-8-19

人生旷舒怀抱，履历山水迢迢。
风光历险要，豪情冲天高。

淡眼云烟飞渺，心情洒然写照。
哦出我情窍，舒情也丰饶。

岁月如飞之跑，笑我斑苍渐老。
爽然是情抱，振节我风标。

叩道奋志刚傲，谦和清持胸抱。
君子人格造，名利矢辞掉。

奋志人生矢向上

2020-8-19

奋志人生矢向上，履尽烟雨艰苍。
心中始终怀太阳，不屈黑暗邪帮。

相信前路有明光，罪恶黑暗退藏。
神恩总是赐广长，导引灵程方向。

笑意清展我慨慷，人虽斑苍何妨。
努力前路奋发闯，山水迈越清苍。

五湖归来心澹荡，名利非我意向。
叩道一生不畏艰，心得哦入诗章。

修身养性颇要紧

2020-8-19

修身养性颇要紧，人生动魄惊心。
长驱履尽阴与晴，关山饱经险峻。

而今淡荡盈心襟，一笑也还雅清。
奋志依然凌青云，敢作敢为镇定。

诗书晨昏深用劲，淡度秋春清平。
苦风凄雨是过境，桑沧幻化均平。

展眼天际苍霭凝，天空飘着白云。
初秋景致颇清新，清坐哦诗尽兴。

抛弃书本不经营

2020-8-19

抛弃书本不经营，清品杯中绿茗。
窗外阳光洒清俊，初秋风光妙境。

休闲体味此清平，妙持我之身心。
不图尘世利与名，胸襟高蹈水云。

世界由来不太平，太多狼烟经行。
须防突变起雷霆，预防预谋要紧。

叩道努力矢奋进，风光履历于心。
总赖神恩赐丰盈，胜过试探叠并。

履度尘世之险艰

2020-8-19

履度尘世之险艰，心志浩感茫茫。
奋发人生吾贞刚，迎难敢上。

而今斑苍竟何讲，心境仍怀漫浪。
相信真理并阳光，神恩显彰。

叩道力展是奔放，不畏险风恶浪。
努力避礁扬帆航，万里无疆。

笑意清新而温让，君子人格培养。
一身正气何清刚，傲立雄壮。

清风吹拂云淡翔

2020-8-19

清风吹拂云淡翔，我的心中温让。
诗意袅起于襟间，何妨纵情哦唱。

孟秋天气干燥间，万物忍受炙炕。
清坐室内思无限，品茗意发汪洋。

几声啼鸟响林间，我心旷起悠扬。
人生奋志而闯荡，履尽千山万嶂。

五十五载非虚诳，赢得华发轻苍。
一笑清新且坦荡，共缘履度安祥。

第十四卷《冲浪集》

处心安祥
2020-8-19

处心安祥，不妄追逐吾扬长。
诗书之间，矢寻真理之慧藏。

修心无恙，君子人格一生养。
正直舒昂，力战邪恶之险奸。

旷怀奔放，济世用心以衡量。
实干为上，努力奋斗风雨间。

百年不长，辉煌业绩矢造创。
文明向上，万年进步无止疆。

淡泊是我心襟
2020-8-19

淡泊是我心襟，人生怀着奋兴。
叩道矢进行，挥洒我干劲。

风雨艰苍不停，雨后彩虹显明。
神恩是无垠，导引我前进。

人生斑苍已临，笑容满面清新。
心志正分明，济世奋勉行。

初秋天气朗晴，天上白云飘行。
散坐思纷纭，讴咏旷哦吟。

旷展心灵力量
2020-8-19

旷展心灵力量，人生奋发顽强。
骋志吾清昂，哦诗舒奔放。

窗外东风来翔，天上云烟淡荡。
喜悦我心间，初秋情潇爽。

向阳清持襟房，叩道风雨兼闯。
人生本不长，惜时务须讲。

履尽坎坷艰苍，坚信正义必畅。
世界本神创，灵妙无法讲。

苍茫展夕照
2020-8-19

苍茫展夕照，白云流飘。
心境特别好，放旷逍遥。

初秋天气燥，心未可躁。
静定实为要，养颐清好。

洒脱持襟抱，名利弃了。
清贫胡不好，正义风标。

努力奋前道，关山迢迢。
不惧艰险饶，万里直造。

天际鸟飞高

2020-8-19

天际鸟飞高，苍茫展夕照。
身心洒然潇，哦诗亦良好。

市井恒嚣噪，汽车竞着跑。
静定实为要，勿为外缘扰。

水云须寻找，清心叩大道。
名利已弃了，正义吾风标。

天气正燥燥，散坐吾逍遥。
吐出情娟妙，知音何处找。

暮蝉嘶鸣

2020-8-19

暮蝉嘶鸣，爽风尽兴。
余怀多情，讴咏歌吟。

暮色清凝，华灯亮明。
初秋情景，久旱燥境。

心志清平，不执妄情。
共缘去行，履度康宁。

风雨饱经，而今淡定。
一笑爽清，无机心灵。

流风舒爽

2020-8-19

流风舒爽，炎热销减。
夜黑灯亮，散思平旷。

人生扬长，名利弃放。
清贫何妨，志取强刚。

不折奋闯，山高水长。
风景万方，尽我清赏。

红尘万丈，幻化桑沧。
百年康强，叩道昂扬。

商飙清起天地间

2020-8-19

商飙清起天地间，没有雨降，
没有雨降，天地亢旱何时减。

灯下清坐展思想，一曲张扬，
一曲张扬，应许舒出我慨慷。

男儿从来持奔放，努力顽强，
努力顽强，矢志天涯万里疆。

荷负志向往前闯，山高水长，
山高水长，不惧风雨不惧艰。

窗外时雨清洒降

2020-8-19

窗外时雨清洒降，喜悦余之襟房。
清坐讴诗舒昂扬，颂赞天父恩广。

人生持志奋发闯，山水履历广长。
百年生死存漫浪，但须用心体量。

而今我已斑苍放，率性旷展扬长。
不计名利诗书间，晨昏吟哦悠扬。

有时振节放高唱，声震林野遐方。
人生天地之中间，原须奋发张扬。

东方微吐一线红

2020-8-20

东方微吐一线红，时正五更中。
旷听田野蚤鸣颂，写意走金风。

早起心境持轻松，哦诗吐清空。
只是诉出我襟胸，诉出我情浓。

岁月进展正从容，惜我年斑慵。
窗外传来鸟之颂，怡悦我心胸。

路灯犹亮辉光送，静坐思潮涌。
振志人生不平庸，努力奋前冲。

粉霞东方

2020-8-20

粉霞东方，惊叹余心间。
金风舒旷，天气初凉爽。

雀鸟鸣唱，野蛩亦吟放。
心志平康，哦诗亦激昂。

人生向往，时刻未相忘。
坚贞理想，支撑我前闯。

世事狂猖，众生陷迷茫。
济世必讲，振节天地间。

金风清起天涯间（之一）

2020-8-20

金风清起天涯间，林叶飒飒作响。
更有小鸟欢鸣唱，成群旷意飞翔。

清喜天气转凉爽，喜悦余之襟肠。
新诗一篇脱口唱，舒出情志轩昂。

人生始终存向往，是在公理通畅。
一生叩道奋昂扬，不屈风雨艰苍。

老来心怀仍漫浪，情系水云之乡。
展眼天气喜晴朗，漫天彩云飘荡。

生活和平

2020-8-20

生活和平，蓝天清幻彼白云。
秋风清新，听见喜鹊喳喳鸣。

浴后爽清，品茗更加添意兴。
新诗哦吟，旷舒中心之激情。

岁月温馨，风雨艰苍成过境。
散淡清平，诗书持身也宁静。

展眼天晴，想学飞鸟掠天青。
追求光明，修身养性正无垠。

爽风清新

2020-8-20

爽风清新，天上飘浮彼白云。
有蝉嘶鸣，点缀生活也安平。

散思空灵，振节人生奋志行。
独立大鸣，英武心襟也雅清。

红尘险境，名利诱惑原不停。
务须警醒，豺狼当道虎成群。

奋展刚劲，豪勇心生长驱进。
山水空清，览尽风光一笑凝。

蝉鸣噪

2020-8-20

蝉鸣噪，天气正晴好。
白云飘，天际青霭渺。

品茗逍，生活具情调。
乐逍遥，清志出尘表。

人洒潇，名利未许扰。
志高傲，奋驱万里遥。

持谦抱，叩道艰深造。
斑苍老，爽然余一笑。

秋气高爽

2020-8-20

秋气高爽，炎热稍稍减。
蝉鸣鸟唱，白云曼飘翔。

风来清旷，我意享平康。
诵读词章，兴致正无恙。

岁月品尝，一似老酒香。
年已斑苍，不为名利狂。

逸致升上，我欲乘风航。
去向山间，寻觅泉之淌。

履尽世事苍茫

2020-8-20

履尽世事苍茫，心襟坦然平旷。
积淀是思想，人生不张狂。

窗外风来悠扬，心中起伏非常。
人生怀理想，履尽恶风浪。

正义清持心间，不屈虎豹豺狼。
提刀努力上，斩杀尽豺狼。

世界是神造创，真理必当通畅。
思此心温让，情怀转安康。

飒飒金风开意境

2020-8-21

飒飒金风开意境，余怀多情，
余怀多情，欣喜牵牛开正俊。

远处鞭炮又嚣鸣，市井噪境，
市井噪境，心中切记是水云。

名利淡忘不要紧，秉持空清，
秉持空清，叩道一生奋进行。

斑苍不减是心灵，振志而鸣，
振志而鸣，努力长驱万里云。

处暑正当

2020-8-22

处暑正当，天热正未央。
野蝉鸣唱，牵牛万千芳。

我自悠扬，心花朵朵放。
心自定当，不为物欲障。

性天清凉，叩道入深艰。
水云襟肠，娟秀入诗章。

胸襟苗壮，长驱万里疆。
人生茫苍，心志吾强刚。

秋意清新

2020-8-22

秋意清新，心志吾均平。
朵朵白云，幻化彼多情。

散坐思萦，人生当奋进。
不畏艰辛，不图利与名。

高蹈心襟，雅洁似白云。
水云之境，清心才能领。

神恩无垠，思此讴不停。
大爱丰盈，赐我康与平。

心志坦平

2020-8-22

心志坦平，人生吾清俊。
惬听鸟鸣，享受风之清。

秋意空清，烂漫白云行。
散坐康宁，且品杯中茗。

红尘艰辛，未许苦心灵。
叩道奋进，领略彼风景。

不嗟斑鬓，不计较利名。
奋展心襟，爽洁若流云。

悠悠心志吾平康

2020-8-22

悠悠心志吾平康，人生恒怀向往。
品茗读书意何畅，窗外小鸟鸣唱。

展眼斜阳正在望，天上白云流翔。
红尘一任其攘攘，心怀水云之乡。

老来心迹仍漫浪，矢志追求理想。
不屈邪恶与诡奸，正直清持襟房。

世事桑沧吾饱享，赢得华发初苍。
依然一笑逞爽朗，天地正道恒昌。

暮色重浓

2020-8-22

暮色重浓，雀鸟清鸣颂。
电扇摇风，读诗兴昧浓。

心境清空，万缘都抛送。
无机心胸，水云飘渺中。

人生情钟，叩道吾奋勇。
秉持中庸，不妄去行动。

回忆何功，贵在实干冲。
前景恢弘，任起雨与风。

蛙鼓响亮

2020-8-24

蛙鼓响亮，虫吟亦悠扬。
三更时间，秋夜显澹祥。

心志平康，人生持向往。
努力闯荡，济世乐未央。

展转桑沧，心襟怀激荡。
人生理想，原也一箩筐。

何必多想，贵在实干间。
一曲讴放，溶入蚤蛙唱。

秋雨萧萧

2020-8-25

秋雨萧萧，心潮逐浪高。
窗外雨敲，心志向谁抛？

人生孤傲，履尽艰险道。
回首细瞧，烟云障故道。

努力前道，风雨任艰饶。
男儿风标，振节叩大道。

神恩广饶，思此颂赞高。
灵程奋跑，风光历迢迢。

烟雨茫茫

2020-8-25

烟雨茫茫，心志舒展广长。
闷热销减，身心都觉潇旷。

岁月舒昂，孟秋不觉正当。
老将来访，呵呵一笑扬长。

情思汪洋，应能婉转歌唱。
舒出情肠，原也质朴清芳。

正邪之间，恒是搏击艰苍。
努力向上，矢志克尽邪奸。

悠悠心襟

2020-8-25

悠悠心襟，付与谁聆听？
初秋情景，烟雨苍茫境。

心志空清，七夕嗟孤零。
奋发雄心，依然鼓勇进。

人生经行，苦了身心灵。
神恩无垠，赐我康复平。

坦荡心襟，不屈艰苍凌。
鼓舞干劲，矢志万里行。

暮色重浓

2020-8-25

暮色重浓，时雨潇潇送。
清心哦讽，舒出我情浓。

又响秋蚤，蛙鼓亦播送。
市井霓虹，七彩闪射中。

心怀谁懂，不必怅深痛。
人生雨风，不过寻常中。

年近成翁，心境不轻松。
悟透穷通，叩道吾奋勇。

灯下清哦讽

2020-8-25

灯下清哦讽，窗外雨送。
清喜旷来风，余意从容。

人生奋前冲，沐尽雨风。
人生回味浓，感发心胸。

奋志若长虹，七彩闪动。
踏实去行动，步履成功。

名利是孽种，害人无穷。
宁愿清贫中，固守中庸。

时雨打清响

2020-8-25

时雨打清响，芳菲伤未伤？
七夕怀感想，中心余愁怅。

人生奋志航，千关径直闯。
半世任逝殇，一笑爽无恙。

岁月展淡荡，生活奏交响。
故事有千章，叠叠幻桑沧。

灯下撰诗章，清泻我思想。
正直人生场，力斩豺虎狼。

五更蛙鼓敲响亮

2020-8-26

五更蛙鼓敲响亮，鸟语啭悠扬。
天气犹然闷热间，蟋蟀欢鸣唱。

岁月是值孟秋间，岁华感苍苍。
努力奋发贞志刚，男儿恒苗壮。

不屈困障往前闯，山水越远长。
五十五载烟雨艰，一笑也爽朗。

天色未明旷思想，文明进无疆。
人生秉正立昂扬，力战恶邪奸。

清晨无风

2020-8-26

清晨无风，鸟语啼从容。
鞭炮嚣动，余心静定中。

人生奋冲，履尽雨与风。
不必沉痛，神恩赐恢弘。

红尘汹汹，名利害人虫。
雅持清空，遁向田园中。

百年匆匆，思此有泪涌。
灵程奋勇，天路铺彩虹。

云天烂漫多情

2020-8-26

云天烂漫多情，小鸟欢意奏鸣。
雨后空气正鲜新，爽风其来怡情。

欣喜玉簪开俊，洁白惬我心灵。
万千牵牛笑吟吟，妍红娇丽爽清。

我自旷然高兴，新诗脱口而吟。
人生快慰真无垠，神恩领于心襟。

百年飞逝急行，笑我华发星星。
依然浪漫持身心，不屈凄风苦境。

秋气初显爽清

2020-8-26

秋气初显爽清，牵牛开俊，
玉簪开俊，还有小风曼吹行。

岁月依具多情，不必伤心，
奋志凌云，男儿奋斗鼓身心。

红尘履历多辛，一笑雅清，
快慰于心，原因神恩旷无垠。

努力向前奋进，履尽烟云，
关山险峻，风光历历铭于襟。

习习凉风骋意境

2020-8-26

习习凉风骋意境，天气又阴，
天气又阴，野外小鸟正娇鸣。

清坐思绪正无垠，人生奋进，
人生奋进，越尽关山览尽云。

心志由来持空清，远辞利名，
远辞利名，高蹈胸襟入白云。

岁月桑沧何必云，不会暂停，
不会暂停，生活正似水流行。

旷起诗意并豪情，振节哦吟，
振节哦吟，一吐胸襟世震惊。

男儿刚武展心境，奋志凌云，
奋志凌云，努力风雨兼程行。

傲立世界吾清俊，虎狼成群，
虎狼成群，鼓勇提刀奋辟进。

五湖归来何所云，一笑爽清，
一笑爽清，人生是共缘去行。

清度岁月吾不惊

2020-8-26

清度岁月吾不惊，任起雷霆，
任起雷霆，中心始终存光明。

神恩总是大无垠，颂赞自心，
颂赞自心，圣洁灵程努力行。

历尽坎坷并艰辛，依然坚挺，
依然坚挺，傲立正如梅桩俊。

展眼蓝天浮白云，秋气爽清，
秋气爽清，人生快慰于心灵。

适然心襟

2020-8-26

适然心襟，新诗应能哦不停。
小风经行，爽洁余之心与灵。

秋意空清，洁白玉簪开清俊。
野鸟啼鸣，天上白云悠悠行。

散坐思萦，人生奋志务前行。
努力辟进，耽于安乐可不行。

振奋心灵，力战魔敌与魔兵。
凯歌彻云，圣徒颂神讴太平。

金风飒飒奏秋声

2020-8-26

金风飒飒奏秋声，小鸟欢鸣旷飞腾。
野蝉噪噪无止声，清坐心安也怡神。
履尽险难心不疼，护佑及时是神恩。
圣徒灵程努力奔，对准天国奋飞升。

金风舒爽

2020-8-26

金风舒爽，云天多淡荡。
散坐安祥，从容哦诗章。

有鸟鸣唱，有蝉奏奔放。
有花开放，有叶逝飞荡。

红尘无恙，神恩总苗壮。
心怀感想，激情泻汪洋。

正直之间，力战恶与奸。
世界战场，邪魔归丧亡。

金风清起天涯间 （之二）

2020-8-28

金风清起天涯间，心襟顿时凉爽。
淡眼天地正苍茫，胸中水云清淌。

人生世上持慨慷，男儿合当豪放。
不屈名利之孽障，清贫无妨扬长。

一生诗书沉潜向，心得岂是寻常。
叩道奋身入深艰，履尽烟雨沧浪。

而今一笑爽无恙，神恩总是广长。
前路万里风云壮，努力振羽飞翔。

秋气高爽

2020-8-29

秋气高爽，蓝天白云翔。
旷风舒畅，惬怀真无恙。

人生贞刚，不为名利狂。
奋志之向，山水至远方。

笑意温让，神恩领心间。
努力向上，叩道吾奔放。

不计过往，展眼瞻遐方。
天地苍茫，尽够我飞翔。

心志广辽

2020-8-29

心志广辽，淡眼天际走飞鸟。
白云飘渺，清喜金风吹来了。

散坐遥道，放飞心瀚若飞鸟。
人生草草，五十五载逝去了。

吾且高蹈，水云清幽憩心窍。
乐共田樵，谈点闲话道声好。

岁月清飘，过去年轮何处找？
呵呵一笑，人生原是缘之跑。

金风爽清

2020-8-29

金风爽清，蟋蟀又清鸣。
我且哦吟，舒出我闲情。

心怀雅静，不执利与名。
诗书用劲，叩道履艰辛。

红尘苦境，磨炼身心灵。
神恩无垠，导引我前进。

山水空灵，怡我心与情。
欢呼尽兴，风雨兼程行。

第十五卷《松篁集》

月华明亮

2020-8-29

月华明亮，小风正舒爽。
秋虫鸣唱，点缀此安祥。

心事广长，难言说细详。
人生奔放，名利未可障。

修心无恙，正直人生场。
苦旅艰苍，付之一笑间。

霜华清涨，豁达享安康。
天路艰长，叩道努力闯。

清夜无眠

2020-8-30

清夜无眠，雅听蚤之吟。
秋风清新，爽我意与情。

心志殷殷，人生奋勉行。
风雨之境，无妨我前进。

笑我苍鬓，心志仍浩俊。
正义坚挺，奋斗无止境。

岁月进行，何许嗟艰辛。
大力辟进，业绩创无垠。

小风悠扬

2020-8-30

小风悠扬，细雨清洒降。
闷热销减，秋意显淡荡。

品味休闲，身心都开敞。
牵牛花放，玉簪洁无恙。

岁月清芳，回忆垂久长。
不计老苍，奋发意志壮。

矢志闯荡，未可耽安祥。
人生贞刚，男儿当豪放。

志取茁壮

2020-8-30

志取茁壮，人生奋发顽强。
重岗叠嶂，展我英勇奔放。

人生艰苍，苦痛泪水曾淌。
而今平康，神恩领受广长。

向前向上，克己荣神尽量。
灵程奋闯，叩道不计险艰。

魔敌阻挡，杀伐务用刀枪。
凯旋回乡，天国永生安祥。

拙正持于心间

2020-8-30

拙正持于心间，投机取巧抛光。
　叩道吾扬长，风雨任嚣狂。

一笑也还清昂，男儿兼程敢闯。
　履历这艰苍，心志不颓唐。

向上尽我力量，天国铭于襟房。
　神恩赐广长，足够我安享。

物欲害人无限，清心守我安祥。
　诗书合哦唱，振节讴嘹亮。

心志不愁怅

2020-8-30

心志不愁怅，逸意扬长。
　笑对秋风旷，耳际鸟唱。

情怀正悠扬，享受平康。
　休闲之情况，一似云翔。

人生展贞刚，奋志顽强。
　男儿豪勇间，天涯驰闯。

履尽风雨艰，胸心犹壮。
　华发任染霜，寰宇包藏。

天气阴晴之间

2020-8-30

天气阴晴之间，心境却很晴朗。
　有鸟清啼唱，有风吹清畅。

秋花烂漫开放，引余中心欣赏。
　洁白玉簪芳，妍红牵牛旷。

人生志取强刚，不为名利奔忙。
　叩心真无恙，发见真宝藏。

叩道奋发昂扬，心得缕缕清芳。
　哦诗当激昂，舒展慨与慷。

岁月匆匆

2020-8-30

岁月匆匆，一使余感动。
　金风清送，惬我意无穷。

大化运动，妙理谁能懂？
　共缘而从，觉性悟圆通。

人生奋勇，傲立当若松。
　不妄行动，思想凝聚中。

学取云动，妙曼自在中。
　舒卷从容，正如水流涌。

有蝉鸣噪

2020-8-30

有蝉鸣噪，嘶嘶质朴无机巧。
　感余心窍，人生原应不讨巧。

正直刚傲，谦和心地必须保。
　奋发情操，山高水深踏遍了。

叩道迢迢，太多试炼艰深饶。
　誓攀险要，山巅风光太美妙。

人生不老，心志青春吾大笑。
　秋云飘渺，爽风其来怡情窍。

浪漫红尘

2020-8-30

浪漫红尘，太多迷烟阵。
　慧目圆睁，前途须辨准。

人生旅程，难免痛与疼。
　努力驰骋，山水越雄浑。

老来沉稳，雅洁中心生。
　哦诗真诚，质朴且和醇。

岁月进深，感悟日加增。
　叩道奋身，不惧艰与深。

流云淡荡

2020-8-30

流云淡荡，清喜喜鹊欢鸣唱。
夕阳在望，晚婆娘花盛开放。

秋意澹祥，散坐思想颇平康。
清风来爽，惬我意兴真无限。

远际歌唱，动我心魂悠悠向。
人生情肠，裹起万千难言讲。

努力向上，奋斗克尽千重艰。
悠悠哦唱，舒出心地之清芳。

暮色初浓

2020-8-30

暮色初浓，闷热增加中。
彩云飘空，飞鸟恣行动。

心志平庸，展眼霭烟浓。
舒情哦讽，一曲应清空。

孟秋之中，金气敛从容。
淡荡心胸，情怀与谁同？

孤旅雨风，苦痛独自懂。
愿展襟胸，旷飞入云中。

暮色重浓

2020-8-30

暮色重浓，西天一抹晚霞红。
宿鸟鸣颂，自得其乐欢无穷。

市井噪动，车熙人攘闹哄哄。
心怀清空，不忘水云与清风。

人生匆匆，老将渐来吾从容。
一笑轻松，悟透世事与穷通。

红尘汹涌，大化弄人谁真懂？
共缘而从，淡泊清持我襟胸。

玉蟾清朗

2020-9-2

玉蟾清朗，蟋蟀欢鸣唱。
小风舒爽，秋夜正清凉。

五更时间，早起哦诗章。
心地欢畅，吐出情为上。

人生奋闯，不惧千关障。
矢志向上，旷飞入溟沧。

百年履艰，一笑正爽朗。
红尘之邦，原非我故乡。

漫天晴朗

2020-9-2

漫天晴朗，秋气正显澹荡。
小风清爽，红日东方升上。

心境悠扬，裁心哦出诗章。
人生扬长，名利无执心间。

和平景象，市井车熙人攘。
余意安祥，乐享岁月平康。

矢志驱闯，浩志冲出云间。
万里之疆，容我策马驱狂。

细雨洒降

2020-9-2

细雨洒降，清风畅来旷。
悠扬心间，快乐且欢畅。

中元正当，天气觉凉爽。
散淡平康，讴颂神恩壮。

心志清芳，小哦新诗章。
人生扬长，奋斗未可忘。

积德为上，修心无止疆。
努力飞扬，正直人生场。

朝暾出于东方

2020-9-3

朝暾出于东方，蓝天青碧无恙。
金风走清畅，身心都潇爽。

神恩无比广长，思此颂赞献上。
灵程努力闯，正义盈襟房。

不惧山高水长，叩道深入险艰。
济世尽力量，文明进无疆。

百年真不久长，惜时如金必讲。
诗书沉潜向，养育我心肠。

心怀雅净

2020-9-3

心怀雅净，淡看天青青。
欢快心情，享受此康平。

人生多情，不老是身心。
神恩丰盈，思此感于心。

努力前行，穿山又越岭。
风光险峻，大快我身心。

百年艰辛，幻化桑沧境。
不必泪零，天国有美景。

夕照正红

2020-9-3

夕照正红，彩云漫天空。
群鸟飞动，惬意我心胸。

秋气清空，微微走金风。
洒脱襟胸，快意真无穷。

神恩恢弘，我要衷情颂。
灵程雨风，洗涤我心胸。

岁月飞送，斑苍日渐浓。
一笑轻松，努力向前冲。

彩云飘空

2020-9-3

彩云飘空，暮色积聚中。
宿鸟飞动，秋意显清空。

我心感动，发诗旷讴颂。
神恩恢弘，创化此宇穹。

蒙福何重，灵程奋前冲。
克尽魔凶，前路步彩虹。

人生情钟，心志灿如虹。
踏实行动，正直盈心胸。

月华正明

2020-9-4

月华正明，五更早起闻鸟鸣。
小风清新，田野秋虫唤殷勤。

我意沉静，人生正道奋前行。
穿山越岭，大好风光览清俊。

此生多辛，坚持理想志凌云。
不图利名，一心叩道怀水云。

路上车行，点缀生活也安平。
神恩无垠，思此心地觉温馨。

云天晴朗

2020-9-4

云天晴朗，白云曼飘翔。
心境开朗，秋意正淡荡。

岁月舒芳，一似老酒香。
心志昂藏，奋发矢向上。

千关竞闯，惊险岂寻常。
回首旷望，神恩是广长。

前旅任艰，风雨兼程闯。
会有阳光，会有天晴朗。

阳光书屋诗集

休憩心襟

2020-9-4

休憩心襟，享受和风清新。
朗日正晴，漫天云彩飘行。

心怀高兴，颂赞神恩丰盈。
欢呼尽兴，灵程风光秀俊。

岁月进行，不嗟我已斑鬓。
大力推进，正道敷布宇庭。

笑意盈盈，生活康乐和平。
心志安宁，切记惜时如金。

雀鸟欢鸣唱

2020-9-5

雀鸟欢鸣唱，蛩吟亦悠扬。
天色初明亮，金风爽心肠。
岁月泻流淌，人生感慨间。
婉转余歌唱，振节讴扬长。

振节讴扬长，一曲天地苍。
大道普覆间，天地明媚漾。
心胸宜宽广，前路迈无疆。
努力长驱闯，欢笑眉眼间。

鸟掠长空

2020-9-5

鸟掠长空，秋意正澹荡。
远际歌唱，引我心襟旷。

岁月悠扬，心志舒广长。
人生向上，奋发无止疆。

坦平心间，秉持真天良。
履度桑沧，依然傲立壮。

心曲谁向？孤旅不嗟怅。
神恩广长，足够我清享。

红旭起于东方

2020-9-5

红旭起于东方，明媚我之襟房。
秋意清空淡荡，鸟语风中歌唱。

岁月多么奔放，思此旷发感想。
人生天地之间，总有神恩护将。

漫天晴朗

2020-9-5

漫天晴朗，金风清淡荡。
我自悠扬，小撰新诗行。

喜鹊鸣唱，自在且安祥。
寰宇之间，和气盈无恙。

振节讴唱，一曲天人旷。
人生安享，风光览清靓。

笑意浮上，展眼青霭漾。
有鸟飞翔，自由何快畅。

金风适宜爽

2020-9-5

金风适宜爽，我自欢然畅。
云天多淡荡，生活和平漾。
岁月怡心房，苦痛成过往。
未来正广长，努力书新章。

努力书新章，奋发矢向上。
神恩总广长，赐与我力量。
灵程奋发闯，叩道骋奔放。
秋春展扬长，修身原无疆。

情怀雅畅

2020-9-5

情怀雅畅，心志吾阳光。
漫天晴朗，雀鸟欢歌唱。

周末暇闲，品茗兴味扬。
聊赋短章，诉出中心况。

人生昂扬，矢志万里疆。
名利捐放，正义吾强刚。

笑意展放，悟道吾安康。
神恩无恙，导引我前航。

秋阳犹骄

2020-9-5

秋阳犹骄，心志出尘表。
散坐遥逍，意态享清高。

名利弃抛，清心吾洒潇。
诗书清好，适我情怀抱。

红尘扰扰，随缘就颇好。
正义心窍，奋发矢扬飙。

努力前道，关山越迢迢。
风光奇妙，开心我大笑。

夕照辉煌

2020-9-5

夕照辉煌，燥热此尘壤。
身心清爽，裁意撰诗行。

和平景象，车熙人复攘。
散坐安祥，享受清平况。

岁月悠扬，笑我华发苍。
依然爽朗，依然奋贞刚。

红尘无恙，磨炼人心肠。
正义舒放，罪恶必败亡。

早起情轩昂

2020-9-6

早起情轩昂，淡眼流云荡。
红日东方上，田野蟋蟀唱。
人生鼓勇闯，奋志在遐方。
持正立昂扬，微笑豁无恙。

早起情轩昂，淡泊心地间。
修身无止疆，向上尽力量。
明日白露访，时光惊讶间。
雀鸟欢鸣唱，喜悦余襟房。

蓝天流变白云

2020-9-6

蓝天流变白云，爽洁我之心灵。
心志裁均平，校诗也雅清。

秋意和平空清，牵牛开得娇俊。
奋志当凌云，努力向前行。

人生当展豪英，叩道永不止停。
正义盈心襟，情操洁若云。

鼓勇矢当驱进，关山履历风云。
壮我之身心，境界辟无垠。

心境开朗

2020-9-6

心境开朗，淡眼云天苍茫。
秋风清爽，花开鸟语娟芳。

我自悠扬，校诗激情正涨。
人生贞刚，履尽千关万嶂。

笑意浮上，红尘存有漫浪。
清心向上，叩道一生奔放。

无有止疆，心灵空间无限。
神恩广长，导引我之慈航。

旷放人生闲情

2020-9-6

旷放人生闲情，享受朗日天晴。
金风吹来清，生活漾和平。

不妨悠品绿茗，写点新诗舒情。
共缘去旅行，山水越无垠。

红尘曾履惊警，狼烟几多经行。
血泪洒潸零，呼号出心灵。

神恩旷大无垠，赐我康复康平。
而今我欢庆，讴颂此升平。

灿烂心襟

2020-9-6

灿烂心襟，讴颂神恩不停。
灵程奋进，心得岂是常寻。

悟道空清，几微之间辨明。
奋发前行，穿山越岭无垠。

世事均平，大道普覆运行。
叩道之境，渐趋玄妙雅清。

一笑淡定，人生是缘之行。
不负灵明，不负神恩丰盈。

秋风清旷

2020-9-6

秋风清旷，我意是舒扬。
哦读词章，心地乐平康。

窗外阳光，云天展澹荡。
大好秋光，珍惜勿相忘。

努力启航，万里无止疆。
叩道扬长，览尽奇风光。

一笑清爽，不复计老苍。
人生奔放，神恩已饱享。

人生雅意横纵

2020-9-6

人生雅意横纵，奋发展我刚雄。
努力奋前冲，关山越万重。

此生履尽雨风，赢得心襟如虹。
质朴且清空，坦荡复和慵。

人生不妄行动，思想凝聚无穷。
智慧蕴心胸，展眼苍云动。

独立我自哦讽，舒出心中情浓。
岁月逝匆匆，微笑吾持中。

秋气爽清

2020-9-6

秋气爽清，淡泊吾康宁。
斜阳正俊，蓝天展碧青。

岁月经行，豁然持心襟。
正气凌云，修身无止境。

试探任凌，努力长驱进。
风雨兼行，磨炼我刚劲。

神恩无垠，导引入康平。
享受安宁，享受这雅清。

秋意高爽

2020-9-6

秋意高爽，享受清平况。
奋发昂扬，人生尽力闯。

山高水长，惬我意与向。
岁月芬芳，神恩感广长。

正义人间，公理必通畅。
黑暗退藏，光明此寰壤。

人民欢畅，乐享岁平康。
熙熙景象，大道运圆方。

秋阳洒照

2020-9-6

秋阳洒照，心情十分好。
人生洒潇，诗书容笑傲。

不屈不挠，力战彼魔妖。
奋发扬飙，污浊矢清扫。

神恩广饶，颂赞声应高。
圣徒奋跑，灵程乐逍遥。

天国终标，永生何美好。
大道玄妙，努力叩并找。

心志康平

2020-9-6

心志康平，人生吾镇定。
红尘多辛，切勿损性灵。

奋志凌云，踏实去追寻。
身心要紧，正义高举擎。

暮色正凝，灯下思营营。
哦诗吐情，展我之真心。

岁月多情，神恩总无垠。
导我前行，万里无止境。

心志雅芬

2020-9-7

今日白露，仲秋生矣，时光飞迅，嗟叹深深，裁以短诗，以舒心志。

心志雅芬，晨起惬听鸟鸣声。
情意振奋，人生努力奋驰骋。

山高水深，磨炼我心刚且正。
名利弃扔，济世度人乐何芬。

岁月进深，不觉仲秋已生成。
感慨饶生，颂赞神恩之丰盛。

人生和温，叩道奋志尽一生。
立心以诚，向学朗哦在晨昏。

秋风爽清

2020-9-7

秋风爽清，蓝天正碧青。
雀鸟和鸣，一使余开心。

秉持灵明，持正奋前行。
叩道艰辛，风雨兼程进。

旷展雄英，万里恣飞行。
天涯风景，契我心与灵。

踏实去行，迈步持坚定。
天正朗晴，神恩正丰盈。

第十六卷《同济集》

喜鹊喳喳唱
2020-9-7

喜鹊喳喳唱，心境吾开朗。
云天正晴朗，秋风惬意向。
持心平正间，向学不敢忘。
振节讴嘹亮，情志裁悠扬。

情志裁悠扬，共缘去旅航。
神恩感无上，灵程努力闯。
力克魔与障，顺利启归航。
天国是家邦，永生何辉煌。

烈日正烘
2020-9-7

烈日正烘，旷喜来清风。
散坐从容，心志持清空。

意态轻松，人生奋前冲。
山水无穷，风光展丽雄。

岁月如风，化为斑苍浓。
一笑和慵，诗书晨昏诵。

红尘之中，大道运圆通。
正义刚洪，傲立复挺胸。

窗外歌声靓
2020-9-7

窗外歌声靓，引我心志起激昂。

人生奋向上，矢志克尽千重艰。

晚风正吹翔，灯下校诗也悠扬。
身心舒奔放，不为物欲所蔽障。

慧目务须张，灵心叩道几微间。
文明恒向上，努力开辟新路向。

天国是家邦，神创宇宙妙无限。
欢呼应尽量，人生总是有指望。

天气和平
2020-9-8

天气和平，鸟语清俊，
蟋蟀长鸣，早起空气正鲜新。

金气正行，大好寰景，
田园画境，最喜牵牛开娇俊。

我自多情，放怀讴吟，
正气凌云，胸襟淡雅清无垠。

红尘多辛，会有坦平，
神恩无垠，导引众生入光明。

秋意和爽
2020-9-8

秋意和爽，余意安祥。
裁心诗章，讴神奔放。

正教必昌，度死救亡。
神恩广长，选民平康。

努力向上，克尽艰创。
灵程昂扬，试探任艰。

岁月悠扬，人生平康。
感慨饶放，激情汪洋。

燥热尘间

2020-9-8

燥热尘间，有汗微沁淌。
心志广长，慨然哦诗行。

人生向上，努力奋前闯。
标的天堂，叩道风雨间。

回思过往，曲折且深长。
未来瞻望，风光定雄壮。

志取昂扬，力战恶邪奸。
胜利在望，凯歌彻云间。

心志吾平静

2020-9-8

心志吾平静，人生矢奋行。
努力开新境，风光阅无垠。
百年生命景，淡荡且空清。
共缘去旅行，潇洒持心襟。

心志吾平静，窗外走白云。
秋风正清新，散思复纷纭。
人生吾多情，不必计斑鬓。
奋志仍凌云，努力天涯行。

淡泊持恬静

2020-9-8

淡泊持恬静，人生吾多情。
红尘是多辛，磨炼我心灵。
正气务盈襟，修身不止停。
向上步步进，观云青松岭。

淡泊持恬静，内省悟圆明。
努力矢前进，不畏试探凌。

苦雨凄风境，于我是常寻。
彩虹终会临，七彩闪多情。

雀鸟欢鸣

2020-9-8

雀鸟欢鸣，一使余开心。
叩道贞定，正气旷凌云。

岁月清新，天地朗然明。
真理通行，神恩广无垠。

持正而行，谦和持身心。
浩气宇庭，正直奋前行。

秋春均平，文明进无垠。
否极之境，必有泰来临。

精进不让

2020-9-8

精进不让，矢志向上。
克尽艰苍，坦然心肠。
悟道昂扬，身心潇爽。
正意扬长，前驱奔放。

虚心至为重要

2020-9-8

虚心至为重要，骄傲坚决抛掉。
努力攀登险要，真理之路迢迢。
尽我力量奔跑，履越关山险要。
奋力扬长乘飙，乾坤朗日高照。

质朴心地间

2020-9-8

质朴心地间，无机扬长。
惬听宿鸟唱，情怀潇爽。

人生奋志向，证道向上。
不惧千重艰，奋发昂扬。

博爱怀心间，自胜者强。
谦和一生讲，诗书研访。

淡定人生场，不为物障。
济世乐未央，正直情肠。

云天澹祥

2020-9-10

云天澹祥，质朴心地间。
鸟群飞翔，自由掠天苍。

岁月清芳，神恩赐广长。
努力向上，力克心中脏。

人生昂扬，千关径驱闯。
豪情万丈，叩道奋贞刚。

晨起天未亮

2020-9-11

晨起天未亮，欣听鸟啼唱。
心地感悠扬，清净盈襟房。
秋气和平间，正意盈寰壤。
感谢神恩广，中心发讴唱。

清夜无眠叩本心

2020-9-16

清夜无眠叩本心，正大自持悟灵明。
和同三界奋前进，克始成终路坦平。
微微一笑吾淡定，正直人生余含情。
会当红日升天顶，祥光普覆万民庆。

雀鸟欢鸣唱

2020-9-16

雀鸟欢鸣唱，余意喜洋洋。
红日东方上，万民乐平康。
正气遍人间，大道运广长。
神恩敷无疆，永生有希望。

早起五更

2020-9-17

早起五更，悠听虫声。
小风和温，爽我精神。
心志清纯，哦诗舒真。
何言何论？唯是心身。

惬听啼鸟叫

2020-9-17

惬听啼鸟叫，喜悦襟抱，
喜悦襟抱，秋仲天气正美好。

人生奋扬飙，不惧苍老，
不惧苍老，叩道还我之年少。

中心正气饶，力克魔妖，
力克魔妖，山河大地锦绣造。

神恩正笼罩，鞭炮啸啸，
鞭炮啸啸，世界人民沐恩膏。

恬淡中心

2020-9-17

恬淡中心，浩气凌云。
人生经行，风雨常寻。
岁月飞迅，老我苍鬓。
一笑淡定，旷然心襟。

漫天晴朗

2020-9-19

漫天晴朗，余心喜洋洋。
清风和畅，黎民得安康。

正义显彰，敷布这寰间。
欣然欢唱，一曲正气昂。

红尘之间，大道运奔放。
矢志向上，克尽千重艰。

神恩广长，思此颂赞放。
观此尘壤，亿兆乐和祥。

奋发人生恒向上

2020-9-19

奋发人生恒向上，中心灿烂有明光。
照亮大地是太阳，正义盈襟男儿刚。
时近中秋心温让，向阳情操恒茁壮。
迈步万里一笑间，双展羽翼入青苍。

休憩身心未为难

2020-9-19

休憩身心未为难，展眼窗外天正蓝。
品茗写诗何浪漫，闲度日月也平安。
前路万里任艰难，男儿热血持果敢。
豪情冲天入霄汉，宇宙深广矢志探。

斜晖朗朗

2020-9-19

斜晖朗朗，心志平和间。
生活安祥，无执于襟房。

展眼旷望，田园如画廊。
高兴心间，讴诗诉情长。

人生向上，不惧困与障。
渐入平康，享受坦与畅。

欢呼无限，讴颂出心房。
神恩奔放，正如此阳光。

夕照正当

2020-9-19

夕照正当，灿烂洒光芒。
温暖心间，感兴舒广长。

人生世上，勿为名利忙。
应许向上，叩道无止疆。

笑意浮上，秋色满人间。
和平尘壤，人民喜洋洋。

有鸟吟唱，惬我意与肠。
聊抒短章，舒出我心房。

清夜静宁

2020-9-20

清夜静宁，雅听虫之吟。
心志和平，哦诗舒中情。

路上车行，噪噪颇震心。
远野犬鸣，点缀此环境。

正义盈襟，奋发矢前行。
不惧险情，不惧困难境。

人生经营，不可为利名。
济世才情，挥洒吾干劲。

日出胭脂红

2020-9-20

日出胭脂红，心地喜冲冲。
惬听鸟啼颂，写诗舒情浓。

正气弥宇中，大化谁能懂。
努力奋志洪，大同缔造中。

朗日天晴

2020-9-20

朗日天晴，岁月旷进行。
喜鹊清鸣，响亮又动听。

众生欢庆，正气盈宇庭。
人生奋进，万里无止境。

微笑清新，展眼碧天青。
生活和平，前途灿如锦。

坦荡心襟，无机且空灵。
叩道矢进，心志正分明。

奋志人生

2020-9-20

奋志人生，矢志万里征。
不屈困城，展翅摩云层。

红尘滚滚，浊浪未许生。
振我心身，力战魔敌狠。

鸟语声声，正气满乾坤。
神恩丰盛，导引我灵程。

奋不顾身，克敌任晨昏。
展眼云层，朗日耀乾坤。

晴和尘表

2020-9-20

晴和尘表，云烟飞飘渺。
阳光普照，万物生意饶。

开怀大笑，红尘胡不好。
神恩笼罩，正义赐丰饶。

展我情操，哦诗舒良好。
心灵须保，天真福才饶。

岁月飞飘，不必嗟苍老。
还我年少，志在万里遥。

拙正心地之间

2020-9-20

拙正心地之间，人生奋志向上。
惬听小鸟鸣唱，享受煦日阳光。
和暖是此尘间，欢快是余心肠。
讴神尽情尽量，光明普照人间。

岁月清芬

2020-9-20

岁月清芬，流年一似老酒醇。
而今何论，坦然心襟一笑温。

感谢神恩，导引灵程美不胜。
胜了又胜，圣徒凯歌彻云层。

叩道秋春，曾历苦痛何足论。
明媚心身，见证神恩之丰盛。

奋行征程，前旅风光定灿盛。
讴咏青春，壮怀激烈诉真诚。

云天旷朗

2020-9-20

云天旷朗，和蔼此尘壤。
风清花芳，惬意在人间。

安适无恙，正气恒苗壮。
努力向上，奋飞入无限。

笑意淡放，人生持慨慷。
力展顽强，济世乐未央。

神恩广长，思此心安祥。
灵程奔放，道义敷宇间。

清夜静悄

2020-9-21

清夜静悄，雅闻蟋蟀叫。

撰写诗稿，旷舒吾心窍。

人生风骚，振节吾飞高。
万里之遥，饱览风光妙。

雄才具了，济世吾洒潇。
不惧衰老，心志青春少。

秋分近了，惜时铭襟抱。
努力前道，关山越迢迢。

蟋蟀欢鸣唱

2020-9-21

蟋蟀欢鸣唱，四更正当。
不眠吾上网，恣意冲浪。

岁月舒芬芳，秋仲正当。
夜风来潇爽，吾意平康。

人生奋向上，迈越千艰。
男儿展强刚，鼓勇矢闯。

大同缔造间，忧患勿忘。
努力振志向，挥洒奔放。

早起五更

2020-9-21

早起五更，窗外蟋蟀鸣声声。
岁月进深，明日不觉已秋分。

心事清芬，向阳情操正苗盛。
努力前奔，山水履历彼清正。

旷怀清诚，叩道一生不惧疼。
感谢神恩，赐我平安之旅程。

阖家馨温，感沛丰富之神恩。
欢呼声声，圣洁心灵奋灵程。

人生务发奋

2020-9-21

人生务发奋，未可损了精神。
努力展刚正，向上旷意飞腾。

124

红尘任滚滚，秉持纯洁心身。
从容度秋春，不为俗务磨损。

名利矢志扔，高蹈白云清芬。
气节如松生，顽强矢志上升。

一笑还馨温，感谢丰富神恩。
导引我灵程，迈越重重围困。

晨起惬听鸟唤唱

2020-9-21

晨起惬听鸟唤唱，心志吾扬长。
秋仲天色初明亮，小风恣意航。

写诗一曲吐心肠，正义当昂扬。
人生奋发慨而慷，万里纵马狂。

笑意浮上我脸庞，神恩赐无限。
思此颂赞当献上，努力灵程闯。

克尽魔敌之诡奸，顺利启归航。
天国才是永恒乡，福乐何广长。

红旭东方

2020-9-21

红旭东方，正气敷人间。
远际歌唱，激动我心房。

岁月清芳，思此怀感想。
过去桑沧，不必重回放。

向前向上，男儿是好钢。
矢展顽强，胜过魔敌挡。

力启归航，天国是家邦。
永生无疆，共神何欢畅。

天阴何妨

2020-9-21

天阴何妨，心怀红太阳。
人生向上，困难无法障。

秋意显彰，有叶逝飞降。
不必悲伤，和气盈宇间。

小鸟鸣唱，牵牛开盛旺。
朵朵清芳，喇叭热情张。

我心温让，振节放讴唱。
神恩广长，普覆这人间。

人生矢志向上

2020-9-21

人生矢志向上，胜利笑谈之间。
不畏苦旅艰苍，笑容灿烂明靓。
岁月飞逝飞翔，何许嗟我老苍。
依旧年少清狂，挥洒激情奔放。

心气和平

2020-9-21

心气和平，中正持心。
天地光明，阳光灿俊。
小鸟娇鸣，花开温馨。
短章抒情，和谐宇庭。

云飞淡荡

2020-9-21

云飞淡荡，细雨清洒降。
心志平康，讴诗也扬长。

赞此宇间，神恩赐广长。
万民安享，欢乐盈寰壤。

和气为上，大同美无限。
文明向上，蒸蒸无止疆。

岁月奔放，秋分明日访。
不必嗟怅，共时享和祥。

适然身心

2020-9-21

适然身心，放眼田畴盛且青。
天气惜阴，热闹市井车行殷。

淡泊心襟，不思不想闲品茗。
放旷意境，悠然情调入诗吟。

有鸟娇鸣，有风吹来颇清新。
岁月多情，明日秋分将来临。

长舒真情，神恩广长赐无垠。
导引前进，万民乐享康与平。

情怀朴茂如芳草

2020-9-21

情怀朴茂如芳草，南山情调中心饶。
人生未许稍骄傲，奋志依然万里遥。
关山飞越雁鸣叫，风光秀俊入心瞧。
会悟风云微微笑，豁达心地乐洒潇。

此际清思生成

2020-9-21

此际清思生成，人生奋力驰骋。
山水履历清正，五湖归来心芬。

天阴却很和温，明日又值秋分。
淡泊是余心身，奋发依然刚正。

不屈困障纷纷，力胜魔敌妖氛。
凯旋回归天城，天父倚门正等。

人生是一旅程，难免痛苦纷争。
持正我心纯真，永生福乐缤纷。

秋色宜人

2020-9-21

秋色宜人，天阴时分。
我心馨芬，奋发刚正。

生活和温，神恩广盛。
万民欢腾，讴颂真诚。

吐心何论，持意纯真。
奋行险程，终抵平正。

力克魔阵，凯歌声声。
邪不敌正，大化乾坤。

今日秋分

2020-9-22

今日秋分，东风吹正盛。
和蔼心身，写诗舒真诚。

分秒必争，人生如马奔。

淡定心身，物欲吾弃扔。

奋不顾身，叩道任艰深。
观此宇城，大化运精准。

感谢神恩，导引我灵程。
努力飞升，天国有永生。

心志犹青春

2020-9-22

心志犹青春，华年任飞奔。
斑苍不惧增，一笑还清纯。
东风吹来盛，花香也宜人。
今日是秋分，感佩神之恩。

心志平康

2020-9-22

心志平康，人生奋发向上。
克尽险艰，男儿迎难敢上。

秋分正当，清喜东风爽畅。
花开馨芳，万民乐享安祥。

欢呼尽量，神恩无比广长。
灿烂前方，召唤我长驱闯。

心怀明靓，正如少年相仿。
展眼旷望，田园生机盛旺。

情怀雅淡

2020-9-22

情怀雅淡，何必高声鸣喊。
沉默实干，汗水浇出丰产。

人生扬帆，畅快我之心胆。
万里艰难，总赖神恩丰赡。

东风正展，清我精神心肝。
哦诗浪漫，少年心襟可看。

小鸟鸣喊，惬余胸心恬然。
愿学鸥泛，搏击江风沙滩。

人生不惧老

2020-9-22

人生不惧老，身心犹年少。
平生不骄傲，努力奋前道。
关山风云饶，惬我情怀抱。
爽然吾大笑，快哉红尘妙。

秋分今日正当

2020-9-22

秋分今日正当，心襟振奋向上。
平生履尽险艰，迎来坦平安祥。
总因神恩奔放，赐我丰盛灵粮。
向上无有止疆，对准天国直航。

秋分今日正当，信心百倍高涨。
济世吾有良方，大同缔造无恙。
正气天地之间，人心改换向上。
前途无比光芒，笑容清展温让。

第十七卷《青阳集》

展眼平望

2020-9-22

展眼平望，天上斜阳。
岁月苍苍，秋分无恙。
心志清昂，裁意诗章。
少年心肠，振节讴唱。

展眼平望，田野画廊。
万物生长，茂盛青昌。
欢喜心间，情志安祥。
愿旷飞翔，万里无疆。

小鸟尽情歌唱

2020-9-22

小鸟尽情歌唱，斜晖清新温让。
爽风吹来和畅，惬意盈在心房。
向神敞开胸膛，圣灵驻我心间。
灵性日日增长，颂神出自心肠。

蟋蟀清鸣唱

2020-9-23

蟋蟀清鸣唱，诗意弥宇间。
四更吾上网，心志旷扬长。
车声偶啸响，噪噪似狂狙。
小风来悠扬，秋意正凉爽。

振节吾奔放

2020-9-23

振节吾奔放，人生奋昂扬。

向上尽力量，济世乐未央。
三教和同讲，慈善未可忘。
前路散明光，直达彼天堂。

直达彼天堂，道义力提倡。
修心当尽量，正直第一桩。
无机之心房，素朴而安祥。
神必赐玄藏，彩虹七色光。

蓝天白云

2020-9-23

蓝天白云，幻化多情。
品茗尽兴，讴咏心灵。
人生奋进，万里无垠。
红尘多辛，我正年青。

我正年青，勃然心境。
正直身挺，如松之俊。
世事浮云，桑沧幻境。
一笑清新，心怀多情。

人生矢向上

2020-9-23

人生矢向上，岂惧苦艰，
岂惧苦艰，爽然大笑清无恙。

蓝天云徜徉，秋意淡荡，
秋意淡荡，清坐品茗理思想。

岁月奋飞扬，不计斑苍，
不计斑苍，心性犹如少年仿。

展眼田园旷，万类荣昌，
万类荣昌，欣欣生意美无上。

云天爽净

2020-9-23

云天爽净，阳光灿明，
心事雅清，哦诗吐空灵。

岁月多情，心志年青，
向往光明，正气盈心襟。

人生奋行，穿山越岭，
风光秀峻，一笑也豪情。

旷展刚劲，男儿雄英，
力战魔兵，胜利凯归营。

云淡天青

2020-9-23

云淡天青，小鸟娇娇鸣。
爽风尽兴，牵牛展风情。

悠然有兴，闲适持心境。
阳必胜阴，天地敷光明。

岁月进行，秋仲好光景。
斜阳清映，人民乐无垠。

读书怡情，况复品佳茗。
写诗舒心，正气充宇庭。

中秋已近

2020-9-23

中秋已近，时光飞如迅。
吾心淡定，闲看彼行云。

风吹清新，生活漾和平。
有鸟娇鸣，一使余开心。

高高兴兴，心志旷如云。
少年心性，志取万里行。

阖家康宁，神恩讴不停。
欢乐情景，颂赞出心灵。

秋风多情

2020-9-23

秋风多情，爽我心意并心灵。
中心高兴，挥洒情思讴不停。

斜阳朗俊，世界沐浴着和平。
熙熙情景，城市生活乐无垠。

心志殷殷，奋发刚劲矢前行。
少年心灵，正直无机颇清新。

阳刚当行，茁壮身心恒上进。
前途光明，神恩所赐何丰盈。

斜晖朗照

2020-9-23

斜晖朗照，心情十分好。
还我年少，我欲旷飞高。

人生草草，华年容易销。
寸阴惜了，正直持心窍。

红尘颇好，神恩恒笼罩。
奋发扬飙，真理矢寻找。

叩道迢迢，艰深不必表。
豁然开窍，微微余一笑。

夕照闪射光芒

2020-9-23

夕照闪射光芒，心境更加温让。
秋仲此际正当，向阳情操晴朗。
向神我要歌唱，颂赞神恩广长。
欢呼尽我力量，灵程奋发向上。

灵程奋发向上，战胜邪恶奸党。
光明普覆人间，万民讴颂无疆。
岁月清展苍茫，我心青春盛旺。
前旅任起艰苍，矢志克服困障。

暮色苍茫

2020-9-23

暮色苍茫，华灯初点上。
宿鸟鸣唱，自在得所向。

我自欢畅，人生怀向往。
高天广长，寄托我理想。

人虽斑苍，心襟却苗壮。
少年相仿，傲骨撑天苍。

清坐安祥，写诗复流畅。
一篇交响，正似彼乐章。

晨曦东方

2020-9-24

晨曦东方，雀鸟初鸣唱。
晨星闪亮，导引我方向。

正气心间，青春热血昂。
矢志向上，不为物欲障。

力启归航，天国是家邦。
永生无疆，福乐何欢畅。

灯下思想，激情泻汪洋。
男儿强刚，不屈千关嶂。

朝日灿明光

2020-9-24

朝日灿明光，人间乐无限。
风清鸟鸣唱，城市漾平康。
心志舒昂藏，叩道振节上。
万里无止疆，雄心正苗壮。

晴和尘表

2020-9-24

晴和尘表，白云曼飞飘。
惬意鸣叫，鸟语多么娇。

心志高傲，展眼万里遥。
矢志奔跑，还我年青少。

人生迢迢，千关已克了。
容我高蹈，南山有风标。

展颜一笑，开朗且微妙。
世界大好，神恩正笼罩。

秋意显彰

2020-9-24

秋意显彰，林野初斑黄。
宿鸟鸣唱，讴颂此秋光。

我自悠扬，写诗适情肠。
忙里偷闲，一颗心激荡。

正气昂扬，生机恒苗壮。
不老情肠，向阳舒奔放。

神是阳光，护佑我成长。
矢志向上，直达彼天堂。

人生多情

2020-9-24

人生多情，易损心与襟。
振奋身心，努力向前进。

红尘多辛，磨炼身与心。
展我刚劲，胜敌凯归营。

笑意清新，写诗舒空灵。
少年情景，记忆犹如新。

大道运营，桑沧幻无垠。
持正而行，淡荡我心灵。

时雨及时降

2020-9-25

时雨及时降，大地正干亢。
和风来微漾，心地乐平康。
正气恒增长，胸襟广无限。
世事趋平旷，道义敷人间。

林野初染黄

2020-9-25

林野初染黄，斑斓是色象。
时雨正渐减，清风拂面畅。
心志起广长，人生怀向往。
高天定可上，旷飞无极限。

秋风渐将落叶扫

2020-9-25

秋风渐将落叶扫，心志吾逍遥。

叩道深入彼险要，原也无机巧。

红尘任其幻扰扰，清心最为要。
正直人生吾风标，铁骨撑天高。

路上摩托又鸣叫，噪噪令人恼。
中心水云有清飘，淡荡持心窍。

岁月奋进如飞飙，不必惧苍老。
开怀容我展颜笑，心志正年少。

清风宜人

2020-9-25

清风宜人，爽洁我心身。
鸟语声声，振奋我精神。

秋渐加深，落叶逝飘纷。
诗意乾坤，容我哦真诚。

不老心身，展眼这宇城。
努力奋争，叩道任艰深。

诗书秋春，温和乐晨昏。
岁月加深，心志犹青春。

时值四更

2020-9-26

时值四更，心志正清芬。
清风爽神，秋虫呢咙声又声。

人生奋争，正如朝日升。
万里启程，清展正气与刚正。

岁月驰奔，不老是心身。
观此宇城，丰沛不尽是神恩。

欢呼声声，力克彼魔阵。
圣洁心身，永恒蓬勃是青春。

时既五更

2020-9-26

时既五更，窗外响车声。
清坐安稳，哦诗舒心身。

人生奋争，叩道万里程。

名利弃扔，我心白云生。

奋不顾身，力克魔之阵。
光辉旅程，对准天国奔。

世事如尘，何必去细论。
岁月清芬，惬我意与神。

晨鸟清鸣唱

2020-9-26

晨鸟清鸣唱，天还没有亮。
秋风微觉凉，精神都健爽。
慨然哦诗行，舒出我奔放。
人生怀向往，长驱万里疆。

长驱万里疆，风光何清靓。
坦荡持襟房，眼目都明亮。
信心日增长，青春永不亡。
一笑还爽朗，响彻天涯间。

心志恒增长

2020-9-26

心志恒增长，雄心正茁壮。
撑起天青苍，男儿骨气刚。
展颜微笑放，正气冲天壤。
秋云正淡荡，和气满人间。

云天漫浪

2020-9-26

云天漫浪，豁然吾开朗。
秋光澹荡，和气盈宇间。

正意奔放，人生吾贞刚。
矢志向上，千关不能障。

林野斑苍，惬意吾观赏。
阳光灿靓，洒在这尘壤。

笑意淡放，神恩感广长。
欢呼尽量，生活蒸蒸上。

约身自重

2020-9-26

约身自重，奋志吾刚洪。
人生情钟，叩道吾奋勇。

红尘之中，大化运从容。
神恩广洪，赐下如此隆。

我要歌颂，颂神至久永。
永生之中，见证神恩鸿。

笑容清送，淡荡持心中。
秋意初浓，和平弥宇穹。

阳光普照

2020-9-26

阳光普照，白云飞飘渺。
欢乐情调，惬听鸟鸣叫。

牵牛开俏，引余意兴饶。
岁月逝飘，秋仲正微妙。

红尘大好，神恩赐丰饶。
努力叩道，正气冲天高。

心胸广辽，宇宙包藏了。
展眼远瞧，天际云烟绕。

云天如画展

2020-9-26

云天如画展，鸟鸣喳喳喊。
东风恣意翻，旷我心与胆。
人生奋扬帆，万里不畏难。
微笑吾展颜，欢乐中心绽。

金色阳光

2020-9-26

金色阳光，洒照这尘壤。
万类欢畅，怡然乐安祥。

品茗意放，下笔舒千章。
字里行间，唯是心跳荡。

人生无恙，奋志吾向上。
不畏千艰，青春意志扬。

岁月流畅，一笑也淡荡。
任起斑苍，身心恒苗壮。

品味休闲

2020-9-26

品味休闲，身心都舒畅。
远处犬唱，点缀此安祥。

勿将忧忘，正义吾强刚。
力斩魔狂，浩气盈宇间。

人生向上，履尽千关障。
微笑淡放，桑沧任消涨。

岁月舒扬，一似花开放。
流年有香，故事回味长。

云天烂漫且多情

2020-9-26

云天烂漫且多情，秋风吹清新。
清坐舒旷且品茗，写诗适中心。

人生快慰何必云，微笑也雅净。
岁月添我霜华新，心志却年青。

阖家康好喜于心，神恩总丰盈。
思此讴颂出心灵，盛赞这宇庭。

小鸟娇娇惬意鸣，花开又温馨。
斜晖朗照余心宁，展眼看白云。

云天舒朗

2020-9-26

云天舒朗，清风吹正旷。
撰写诗章，闲适心地间。

心志扬长，人生怀志向。
万里驱闯，展我男儿刚。

秋仲正当，和平弥宇间。
正义显彰，大道敷广长。

欢乐无恙，神恩感深长。
努力向上，天国是家邦。

晴和尘表

2020-9-26

晴和尘表，白云写意飘。

我心雅骚，哦诗亦良好。

明媚心窍，乾坤正气绕。
人民欢笑，乐享此丰饶。

岁月如飙，飞逝若电跑。
珍惜分秒，努力叩大道。

修身路遥，艰险已历饱。
朗然一笑，山巅展眼瞧。

闲适无上

2020-9-26

闲适无上，欣赏此秋光。
灿烂斜阳，闪耀其光芒。

白云流荡，变幻万千样。
好风潇爽，和蔼此尘壤。

欣欣意向，写诗舒情肠。
奋发向上，未可耽安享。

人虽斑苍，心如孩童仿。
苗壮成长，神采大发扬。

坦腹吾哦唱

2020-9-26

坦腹吾哦唱，悠悠心向。
正气在增长，赞此宇间。

斜晖真朗朗，白云流漾。
和风吹来畅，喜悦心间。

人生奋昂扬，长途驱闯。
不必回头望，前旅茫苍。

一笑也清靓，意气发扬。
青春心志旷，傲立强刚。

云天爽净

2020-9-26

云天爽净，流云翩翩行。
灿烂秋景，田园似画境。

心中高兴，新诗讴不停。

爽风来清，快畅我心灵。

奋发雄英，努力去追寻。
大道圆明，悟彻在本心。

小鸟娇鸣，打动我心灵。
城市温馨，万民乐升平。

朵朵白云

2020-9-26

朵朵白云，幻化其清新。
斑斓秋林，色彩正鲜明。

斜阳清俊，我心自高兴。
朗哦心灵，裁诗原空清。

岁月进行，不必计斑鬓。
奋志而行，心志正年青。

红尘幻境，未可溺利名。
务持清心，遁入水云境。

祥云飘空

2020-9-27

祥云飘空，晨鸟欢鸣颂。
时值秋仲，凉爽惬心胸。

成竹在胸，前路奋勇猛。
纵有雨风，兼程往前冲。

面带笑容，我是多情种。
沐浴清风，快慰我襟胸。

气吐长虹，七彩闪心胸。
世界和同，文明进无穷。

月华明亮

2020-9-27

月华明亮，远际嘹歌唱。
晚风清凉，激动我心房。

人生昂扬，奋志万里疆。
岂惧困障，男儿是好钢。

岁月苍凉，思此有感想。

灯火盛旺，萤火何处访？

秋仲正当，不热也不凉。
神恩奔放，赐我畅思想。

蓝天碧青

2020-9-28

蓝天碧青，小鸟欢快鸣。
中心高兴，哦诗舒中情。

秋气和平，万众乐升平。
岁月进行，落叶诗意零。

正气盈襟，努力去追寻。
大同之境，契于众生心。

文明上进，恒昌无止尽。
神恩丰盈，赐福与康平。

天地正气昂

2020-9-28

天地正气昂，阳光正舒畅。
和美此宇间，万众乐平康。
岁月舒奔放，青春不销亡。
努力干一场，世界换新样。

灿烂阳光

2020-9-28

灿烂阳光，洒照真快畅。
心志安祥，振节余哦唱。

草野清芳，花木旺盛长。
欣喜心间，诗意从心上。

人生慨慷，万里未为疆。
奋发向上，岂惧千重障。

展我昂扬，展我贞与刚。
展我顽强，展我雄心壮。

心志不必嗟广长

2020-9-28

心志不必嗟广长，奋发男儿强刚。
大道运化真无羔，不过顺理成章。

秋夜清爽余思想，正气弥满心间。
努力向上尽力量，和同众教升扬。

文明进步永无疆，眼目须凝远方。
正义必然胜魔障，健步如飞相仿。

中心鼓舞情志放，壮怀激烈贞刚。
迎难而上纵马狂，稳步迈越重艰。

窗外秋虫正吟唱

2020-9-28

窗外秋虫正吟唱，小风来爽，
小风来爽，路上车行却狂狷。

几声犬吠展凶狂，不必忧伤，
不必忧伤，神恩赐下总丰穰。

灯下清思也扬长，人生贞刚，
人生贞刚，不畏风雨不畏艰。

豪情冲天放万丈，名利弃放，
名利弃放，努力叩道奋发闯。

山高水长风光靓，一路欢唱，
一路欢唱，脚下铁鞋备十双。

百年生死呈漫浪，一曲悠扬，
一曲悠扬，展转桑沧吾定当。

清夜无眠

2020-9-29

清夜无眠，精神颇振兴。
窗外车行，打破此宁静。

红尘经行，未许损心襟。
浩志凌云，不屈苦难境。

笑意浮萦，神思领无垠。
导我前行，沐浴彼光明。

中心淡定，无意于利名。
白云胸襟，流变是清新。

第十八卷《高尚集》

蟋蟀清鸣

2020-9-29

蟋蟀清鸣，打动余之心与灵。
汽车噪行，嚣嚣噪声恼人心。

夜风清新，爽我情怀真无垠。
五更已进，路上华灯犹自明。

清坐何云，只是舒出我本心。
悟彻圆明，大道从来用心领。

神恩无尽，赐我心灵得安宁。
奋志去行，天国灵程欢声盈。

阳光灿俊

2020-9-29

阳光灿俊，白云悠悠行。
爽风清新，惬我之心灵。

中秋将近，时光惊分明。
有叶飘零，诗书盈满心。

浩气凌云，不屈利与名。
展我身心，青春仍旺行。

淡泊康宁，心襟持清静。
叩道进行，书山攀而进。

云天爽净（之一）

2020-9-29

云天爽净，烂漫我身心。
秋风多情，和平盈宇庭。

快然心襟，新诗脱口吟。
人生奋兴，悟彻天人境。

不计利名，安守吾清贫。
正义心襟，诗书深用劲。

红尘多辛，艰险叠频频。
努力驱进，力斩魔之群。

夕照闪金光

2020-9-29

夕照闪金光，生活喜洋洋。
秋风吹清旷，落叶逝飘扬。
慨然哦华章，情志都轩昂。
胸中天下装，诗书潜研讲。
阖家都平康，神恩感无上。
小鸟欢鸣唱，明媚天地间。
欢呼应尽量，得志不狂狷。
努力长驱闯，万里无止疆。

鸟掠青苍恣意翔

2020-9-29

鸟掠青苍恣意翔，金风吹来正舒爽。
城市热闹熙攘攘，清心安坐悠然闲。

振节不忘我理想，奋斗敢战魔敌狂。
胜利归来吾何讲，唯颂神恩赐无量。

夕烟清涨

2020-9-29

夕烟清涨，田园似画廊。
喜鹊鸣唱，金风畅意向。

有叶飘殇，诗意弥宇间。
生活平康，安乐真无恙。

感兴升上，神恩赐广长。
灵程奔放，胜过试探艰。

叩道贞刚，矢探彼密藏。
正义心肠，济世尽力量。

早起五更

2020-9-30

早起五更，欢快心身。
秋风吹骋，爽我精神。
人生奋争，韶光逝奔。
努力前程，奋不顾身。

奋不顾身，迈步沉稳。
山高水深，展翅飞腾。
万里征程，风光妙胜。
克敌制胜，凯歌旋闻。

心志清芬

2020-9-30

心志清芬，窗外响车声。
噪噪震人，吾厌之至甚。

鸟语声声，秋风展清纯。
五更时分，路上灿华灯。

内视心身，觉性秉纯正。
克己修身，每日是三省。

岁月进深，心志须青春。
努力前奔，标的万里程。

雀鸟喧鸣唱

2020-9-30

雀鸟喧鸣唱，心志吾舒昂。

况复金风畅，诗意弥人间。
牵牛万朵放，月季绽芳香。
天色初初亮，路上车行狂。
生活又开场，努力书华章。

努力书华章，人生奋昂扬。
正气弥宇间，胸襟旷无疆。
脚踏实地闯，汗水不白淌。
花终能开放，果实终盈仓。
神恩赐广长，我心有力量。

长风吹旷

2020-9-30

长风吹旷，金秋舒爽。
雀鸟鸣唱，惬意心间。
心怀舒畅，遐思汪洋。
一曲唱响，地久天长。

地久天长，神恩无量。
我心向往，光明天堂。
努力向上，克尽险艰。
终抵平康，永生无疆。

云飞扬长

2020-9-30

云飞扬长，余心淡荡，
清度红尘真无恙，随心适意而往。

人生刚强，类若城壮，
不畏风吹雨啸苍，履尽世态炎凉。

岁月奔放，心志贞刚，
心田散发彼明光，烛照前路远长。

情怀向往，永生无疆，
神恩赐下如许壮，导引进入康庄。

喜鹊欢唱

2020-9-30

喜鹊欢唱，天地之间喜气扬。
秋阳灿亮，世界人民同欢畅。

我意奔放，提笔奋书激越旷。
字里行间，赤子丹心有红芳。

蒸蒸日上，大同事业缔造间。
和合为上，宇宙正气何广长。

心襟坦荡，读书品茗意兴放。
胸怀太阳，努力前路迈平康。

浩荡东风吹清旷

2020-10-1

浩荡东风吹清旷，喜气洋洋，
喜气洋洋，万民乐享此平康。

欣喜中秋今日访，蓝天无恙，
蓝天无恙，欢乐小鸟尽情唱。

中心激情舒奔放，正气昂扬，
正气昂扬，力斩魔敌凯歌唱。

人间天堂缔造间，大同之邦，
大同之邦，八十亿人讴扬长。

秋蝉欢鸣唱

2020-10-1

秋蝉欢鸣唱，嘶嘶奏响。
无机之心肠，堪可嘉奖。

小鸟复欢唱，宛转欢畅。
朗日之阳光，和蔼宇间。

岁月舒奔放，中秋正当。
人民乐安祥，喜悦心间。

我心持定当，展眼旷望。
天涯之远方，是我心向。

夕烟初涨

2020-10-1

夕烟初涨，心事吾苍茫。
鸟群飞翔，自由何快畅。

云天澹荡，秋风走清爽。
田园画廓，美丽不胜赏。

纵情歌唱，神恩何盛广。
努力向上，大同缔造间。

力斩魔帮，还我清平壤。
熙熙之间，文明进无疆。

蟋蟀清鸣唱

2020-10-2

蟋蟀清鸣唱，天籁奏绝响。
四更之时间，有犬吠汪汪。
路上汽车响，打破此安祥。
聊以舒短章，记录余思想。

思想真无恙，一似风起浪。
人生怀向往，理想岂可忘。
众教和同间，缔造大同邦。
文明恒向上，升级乐未央。

闲情放旷之间

2020-10-2

闲情放旷之间，惬听蟋蟀鸣唱。
夜风其来何爽，秋夜如此安祥。
汽车噪噪震响，打破宁静梦乡。
不眠人儿上网，写诗舒发情肠。

写诗舒发情肠，只是向谁倾淌。
半生孤旅之间，赢得华发初苍。
一笑依然清爽，纯真持在心肠。
努力向前向上，克己荣神有光。

克己荣神有光，选民蒙福何康。
胜过私欲肮脏，圣洁发出明光。
天国永好之邦，永生欢乐无恙。
努力净化无疆，终得天父奖赏。

闲适无上

2020-10-2

闲适无上，品茗心境正温让。
天阴无妨，淡眼看取叶飘荡。

诗意人间，振节容我放歌唱。
神恩无疆，思此中心怀感想。

人生昂扬，力战魔敌之诡奸。
正义强刚，还我太平之寰壤。

红尘无恙，万物俱是神造创。
大同之邦，公理公义得通畅。

悠听鸟鸣

2020-10-3

悠听鸟鸣，心怀多情。
天气惜阴，秋风经行。

中心高兴，神恩丰盈。
灵程奋进，还我年青。

奋志凌云，不惧险境。
高歌猛进，万里无垠。

牵牛娇俊，月季温馨。
田园芳景，赞叹不尽。

清意生成

2020-10-3

清意生成，慎戒持心身。
人生驰骋，步履迈坚正。

奋不顾身，叩道秉坚贞。
烟云纷纷，阳光终显呈。

质朴心身，花样俱都扔。
憩此红尘，名利是害人。

努力前程，山水有清芬。
风雨兼程，一笑还朗声。

东风浩荡

2020-10-3

东风浩荡，喜悦满人间。
正气昂扬，云天都舒旷。

阳光灿亮，雀鸟欢鸣唱。
人民安康，生活蒸蒸上。

神恩广长，甘美泉水仿。
甜蜜芳香，圣徒齐欢唱。

前路广长，彩虹与霞光。
胜利在望，欢乐是家邦。

鞭炮响亮

2020-10-3

鞭炮响亮，万民乐平康。

假日欢畅，和气盈宇间。

人民欢唱，颂赞神恩广。
幸福安康，生活美无恙。

鸟语花芳，自由天地间。
正气生长，茁壮无止疆。

心志舒昂，哦诗复淡荡。
瞻望遐方，苍天尽我翔。

岁月清芳

2020-10-3

岁月清芳，人生恒向上。
克尽千艰，胜利抵遐方。

人生欢畅，得志不狂猖。
谦和心间，振节讴扬长。

天气和漾，万民乐安康。
自由天壤，群鸟旷飞翔。

欢呼为上，正义达万邦。
大同之乡，公理天涯间。

创化无穷

2020-10-3

创化无穷，顶天立地吾英勇。
傲立挺胸，人类文明瑰如虹。

展眼云浓，不惧雨来不惧风。
搏击苍穹，摩云手段何清空。

神恩无穷，导引正路往前冲。
步履彩虹，克敌制胜凯歌送。

圣洁心胸，力斩奸邪鬼魅丛。
光明之中，大同世界妙无穷。

时雨洒降

2020-10-3

时雨洒降，心志吾平康。
正义昂扬，力斩彼邪奸。

胜利在望，号角已吹响。

魔敌败亡，圣徒凯歌唱。

向前向上，神亲导方向。
灵程奋闯，叩道吾奔放。

光明心间，眼目俱清亮。
圣洁情肠，作盐又作光。

早起五更

2020-10-4

早起五更，心怀旷正。
路上车声，街上华灯。
清持心身，哦诗吐诚。
人生秉正，傲立乾坤。

傲立乾坤，济世刚正。
克魔纷纷，凯歌旋生。
道义清芬，普覆宇城。
人民欢腾，欢度秋春。

鸟掠天苍

2020-10-4

鸟掠天苍，自由飞翔。
我心快畅，讴咏诗章。
人生扬长，裁心奔放。
一曲张扬，情泻汪洋。

心情平静之间

2020-10-4

心情平静之间，一任时光流淌。
窗外风呼狂，清坐吾安祥。

正气盈满心膛，人生矢志向上。
不惧千关障，奋展男儿刚。

红尘不是故乡，天国是我家邦。
永生是在上，欢乐永无疆。

憩身地球之上，情感复杂难讲。
愿发心之光，烛照至久长。

淡定人生复扬长

2020-10-4

淡定人生复扬长，纸上道尽心血香。
一腔正气冲天壤，两袖清风乘云上。

旷怀不览世尘脏，向阳心地恒敞亮。
秋仲天阴未有妨，闲情哦诗正激昂。

清夜无眠

2020-10-5

清夜无眠，内叩我本心。
正气凌云，不惧秋寒境。

岁月飞行，人生履险峻。
一笑多情，少年之倩影。

向往光明，向往世太平。
公义通行，大道运空清。

心怀淡定，万有入胸襟。
未来底定，大同是要领。

星月在望

2020-10-5

星月在望，夜风微凉。
五更时间，感兴方壮。
人生扬长，万水千嶂。
归来何讲？一笑舒昂。

一笑舒昂，得志不狂。
正意心间，秉诚贞刚。
人生向往，大同之邦。
星际旅航，去往天堂。

五更静悄

2020-10-5

五更静悄，诗兴丰饶。
汽车啸叫，蛩不鸣骚。
淡定心窍，身心娟好。
朗然怀抱，正义刚傲。

正义刚傲，谦和力保。
君子情操，修身叩道。
奋行险道，风光览饱。
微微一笑，雅悟其窍。

晨曦东方

2020-10-5

晨曦东方，天启一抹亮。
早起健旺，提笔讴诗行。

人生扬长，万事都下放。
中心理想，时刻铭襟房。

鞭炮震响，喜气盈寰壤。
万民欢畅，天人亲无恙。

尽情讴唱，颂赞神恩广。
幸福无疆，海内乐平康。

晴朗之晨

2020-10-5

晴朗之晨，旭日犹未升。
雀鸟欢腾，鸣唱声又声。

写诗舒诚，灯下思深深。
人生驰奔，履尽山水城。

红尘滚滚，太多是烟尘。
名利害人，故事演不胜。

务持清正，物欲矢抛扔。
高蹈精神，白云心中生。

旭日天晴

2020-10-5

旭日天晴，人民乐无垠。
岁月清平，秋仲有美景。

牵牛开俊，绽放其热情。
柏树苍青，劲直且俊挺。

心中高兴，新诗脱口吟。
阖家康平，安享此乐境。

努力前进，文明进无垠。
宇宙远景，召唤我追寻。

秋风吹清劲

2020-10-5

秋风吹清劲，爽洁我身心。
人生勿多辛，淡泊体康平。
朝阳洒清俊，花木茂而青。
最喜牵牛俊，开口笑吟吟。

开口笑吟吟，人生吾高兴。

奋志去追寻，远辞是利名。
不屈艰苍境，力斩虎狼群。
世宇还清平，人民乐无垠。

云天爽净（之二）

2020-10-5

云天爽净，人生吾多情。
漫天祥云，飘逸浪漫行。

心怀清俊，人生吾刚劲。
红尘多辛，淡泊吾康宁。

向往光明，向往世太平。
向往飞行，向往天涯景。

努力前进，克尽艰险情。
阳光灿俊，遍洒其光明。

阳光洒照

2020-10-5

阳光洒照，温暖我怀抱。
神恩笼罩，斩杀魔当道。

清展怀抱，正义吾刚傲。
不屈不挠，克尽魔敌妖。

努力前道，天地正气饶。
阳光朗照，黑暗无处逃。

天国终标，永生何美妙。
人间安好，万众乐洒潇。

畅意就是浮生

2020-10-5

畅意就是浮生，人生尽力驰奔。
不惧山高水深，浪漫清度一生。

红尘浊浪滚滚，心襟灿烂清纯。
秉持天良天真，神恩赐下丰盛。

我要努力前程，颂赞神的鸿恩。
导我灵性旅程，斩尽魔敌纷纷。

笑意清新而生，阖家安稳平顺。
欢乐安度秋春，颂赞丰富神恩。

心情快畅

2020-10-5

心情快畅，雅将新诗哦唱。
小鸟鸣放，自得乐其所向。

秋阳灿放，蓝天白云徜徉。
我心向往，乘云万里旅航。

心境温让，君子人格培养。
正直端方，努力保有天良。

岁月飞旷，青春心态张扬。
心志奔放，渴望振翼飞翔。

心志不取狂猖

2020-10-5

心志不取狂猖，奋发人生力量。
往事不回放，努力向前方。

山水履尽远长，心襟无比辽广。
心怀红太阳，光芒照四方。

红尘不是故乡，我心怀念天堂。
济世尽力量，慧烛矢擎掌。

大同缔造无恙，万邦共济同襄。
文明进无疆，我心欢无上。

喜鹊清鸣唱

2020-10-5

喜鹊清鸣唱，余心喜洋洋。
不为物欲障，性天吾清靓。
清贫何所妨，正义吾强刚。
书生有气象，傲立天地间。

傲立天地间，谦和持心肠。
道德力提倡，魔敌矢斩光。
天地有明光，神恩广无疆。
思此欢乐放，颂神出心房。

休闲无恙

2020-10-5

休闲无恙，心志吾广长。
天阴无妨，秋气正清爽。

阖家安康，父母健在堂。
喜气洋洋，欢乐真快畅。

撰写诗章，旷舒我心向。
正气盈腔，呼出乃为上。

和平宇间，生活享安祥。
神恩无疆，思此颂赞放。

悠扬心地间

2020-10-5

悠扬心地间，清听歌唱。
岁月舒奔放，我志慨慷。

人生奋向上，克尽艰苍。
困难未可障，展翅飞翔。

云天正激荡，好风吹畅。
秋意展滟荡，田园画廊。

清思真无限，思想狂浪。
振节欲讴唱，声震穹苍。

天气阴晴不定

2020-10-5

天气阴晴不定，我心坚贞镇定。
名利都辞屏，心志怀光明。

小鸟娇娇啼鸣，人生太多艰辛。
豁达持心襟，叩道吾奋进。

岁月绵绵递进，秋仲是此情景。
散坐思纷纭，浴后吾爽清。

中心蓄满高兴，悟道达至雅清。
正义吾刚劲，努力万里行。

141

第十九卷《东风集》

阳光书屋诗集

心定自乘凉

2020-10-5

心定自乘凉，不为物欲障。
秋风任吹翔，我心自定当。
不惧风浪涨，信步迈远长。
红尘是幻象，心定自乘凉。

早起值五更

2020-10-6

早起值五更，清寒微呈。
小风吹清纯，蟋蟀声声。

提振我精神，灯下思深。
人生是旅程，山高水深。

旷怀持清正，奋搏晨昏。
傲立于乾坤，正气弥盛。

路上响车声，震震扰人。
无机之心身，才有雅芬。

蓝天云淡

2020-10-6

蓝天云淡，自由风吹展。
鸟语绵蛮，欢乐且鸣喊。

心志浩瀚，展眼天际看。
愿学鸟泛，搏击天青蓝。

红尘好玩，太多名利案。
杀人若干，血流淌潺潺。

灵程奋战，力克魔敌缠。
顺利归还，天国终点站。

激情此际奔腾

2020-10-6

激情此际奔腾，坎坷何须细论。
我心秉持清纯，青春热血旺盛。
向神敞开心身，救恩美丽丰盛。
努力奋发前程，不惧山高水深。

叩道是我旅程，心得缕缕清芬。
向上尽力飞升，文明进程缤纷。
斑苍不必细论，挥洒热血青春。
花香鸟语温存，一生沐浴神恩。

质朴心地间

2020-10-6

质朴心地间，无机持襟肠。
世界多花样，迷人入陷亡。
正意舒阳刚，端言秋春间。
晨昏纵哦唱，神恩广无疆。

淡泊吾心康宁

2020-10-6

淡泊吾心康宁，心地存有光明。
眼目注定远景，战胜黑暗无明。

蓝天飘泊白云，小鸟旷意唤鸣。
我的心中高兴，新诗脱口而吟。

新诗脱口而吟，舒出我的激情。
岁月流变清新，风雨只是常寻。
矢将真理追寻，半生履历艰辛。
而今一笑淡定，胸中怀有水云。

拙正心地间

2020-10-7

拙正心地间，决不讨巧取奸。
早起天未亮，风中鸟儿鸣唱。

秋晨觉微凉，精神倍加增长。
灯下哦诗章，舒出心胸气象。

岁月飞若狂，明日寒露又访。
努力叩道藏，修心积德无疆。

人生勿迷茫，名利俱属欺诳。
天国永安祥，永生福乐康强。

心事平静

2020-10-7

心事平静，人生不妄追寻。
情怀淡定，任从天起浮云。

有鸟娇鸣，一使余意开心。
风来清新，花儿开得鲜俊。

中心高兴，向往云天飞行。
天涯情景，惬我心意心灵。

浮生经营，不为名利动心。
英武心襟，合向苍天诉情。

正义盈襟

2020-10-7

正义盈襟，奋发男儿之刚劲。
涤腐启新，文明进步无止境。

窗外鸟鸣，写意秋风吹清劲。
天气惜阴，旷喜花红柏苍俊。

岁月进行，努力前路万里行。
道义凝心，济世救人乐无垠。

世界有病，阴邪太多陷沉沦。
傲立乾坤，广布阳和复阳春。

放飞心灵

2020-10-7

放飞心灵，自由天空多爽清。
展翅飞行，搏击风雨任艰辛。

心中高兴，真神伴我旷飞行。
天国仰景，冲破阻挡回天庭。

人生奋兴，找到真理眼目明。
努力前行，不惧困苦与酸辛。

阳光终行，阴云必将退干净。
胜利心领，圣徒欢乐讴升平。

悠悠心事对斜阳

2020-10-7

悠悠心事对斜阳，秋风吹来凉爽。
欣看落叶逝飘降，诗意中心增长。

憩此红尘非故乡，天国是我家邦。
神恩赐下大无疆，导引灵程向上。

努力克尽险与艰，顺利启动归航。
力斩魔敌吾刚强，笑容清新温让。

人生悟道不猖狂，安祥是我心房。
父母健康且健壮，安慰我心我肠。

阳光此际洒照

2020-10-7

阳光此际洒照，心情潇爽大好。
写诗舒发怀抱，一腔热血刚傲。
努力奋行前道，克尽鬼魅魔妖。
大同缔造玄妙，万国同享荣耀。

夕照此际苍苍

2020-10-7

夕照此际苍苍，心境淡泊安祥。

秋风吹来清凉，田野正似画廊。
风吹落叶逝降，心中激情增长。
聊哦短诗舒肠，一曲平和安康。

远际歌声响亮

2020-10-7

远际歌声响亮，略嫌有些吵嚷。
灯下心志平康，享受秋夜清凉。
人生雅怀志向，迈越万水千嶂。
五湖归来安祥，胸怀正气何壮。

胸怀正气何壮，和同众教必讲。
大同是余理想，永生是余冀望。
努力灵程向上，叩道挥洒强刚。
微笑也还雅靓，眉眼清新有光。

曙光东方

2020-10-8

曙光东方，雀鸟蟋蟀欢鸣唱。
喜气心间，欣赏秋风吹和祥。

生活一场，人生奋志当强刚。
努力闯荡，男儿振节舒奔放。

寒露今当，却喜天气不寒凉。
和蔼心间，淡泊康宁吾安祥。

旷怀无疆，宇宙奥秘矢探量。
神恩广长，导引灵程叩道藏。

清风舒旷

2020-10-8

清风舒旷，雀鸟鸣唱。
蓝天广长，我欲飞翔。

寒露今当，天气和祥。
中心快畅，咏哦诗章。

岁月流畅，心怀感想。
奋志闯荡，不嗟艰苍。

人心丧亡，太多歧羊。
救世必讲，导引航向。

阳光心地之间

2020-10-8

阳光心地之间，圣洁清持心膛。
人生矢志向上，奋发男儿强刚。
力斩吃人虎狼，还我清平寰壤。
万民必当歌唱，神恩无比广长。

阳光心地之间，欣听鸟儿鸣唱。
生活和平安祥，不准暗流流淌。
正义清持心间，黑暗败坏灭亡。
大同世界无恙，圣洁人们讴唱。

人生荡气回肠

2020-10-8

人生荡气回肠，履尽烟雨艰苍。
而今迎来阳光，秋意和平淡荡。
努力实现梦想，旷意振翼飞翔。
高天无比广长，奋飞直入溟沧。

岁月有其清芬

2020-10-8

岁月有其清芬，风雨不过暂存。
阳光此际和温，蓝天青碧清纯。
心志依然青春，向阳心志无伦。
努力振翅飞升，万里无有止程。

云天烂漫多情

2020-10-8

云天烂漫多情，白云流变清新。
阳光洒照温馨，我的心中和平。
秋色格外分明，林野斑斓宁静。
岁月鼓余奋兴，依然心怀激情。

大千显得空灵，奋志岂是常寻。
小鸟娇娇啼鸣，风儿吹来芳清。
散坐思绪纷纭，品茗更添意兴。
红尘徒然多辛，无妨浩志凌云。

阳光敞亮

2020-10-8

阳光敞亮，余心欣而畅。
和风来翔，天上白云旷。

喜气洋洋，人生乐无恙。

红尘之间，秋色美无疆。

心境舒旷，新诗余讴唱。
何所言讲，身心体刚强。

心怀明光，少年正相仿。
热血满腔，黑暗矢扫荡。

悠悠心襟

悠悠心襟，向谁敞并明？
白云飘行，秋色美无垠。

心中高兴，振节哦凌云。
不嗟艰辛，努力鼓勇进。

少年情景，依然铭在心。
壮怀犹殷，热血犹流行。

展眼天晴，鸟语并花馨。
清坐安宁，思绪展不停。

暮色初苍

2020-10-8

暮色初苍，心地吾平康。
云天淡荡，秋叶漫地苍。

激情满腔，济世尽力量。
宽宏大量，心胸宇包藏。

正气昂扬，力斩彼恶狼。
世界神创，不许魔狂猖。

一笑爽朗，困难暂时间。
有鸟鸣唱，有风吹扬长。

淡泊吾康宁

2020-10-8

淡泊吾康宁，无为持在心。
岁月展多情，风雨任啸零。
老来持空清，仍怀少年情。
一曲中心吟，愿骑白鹤行。

淡泊吾康宁，灯下心思清。

人心如水井，清浊自己明。
努力奋前行，关山越苍峻。
一笑还爽清，志取彼凌云。

散淡清闲

2020-10-9

散淡清闲，悠悠余哦唱。
灿烂阳光，洒在心田上。

我心欢畅，鸟语花馨芳。
流云飞翔，胜过彼画廊。

岁月流漾，何许计斑苍。
一笑爽朗，浩志已成钢。

奋发顽强，青春之模样。
矢志生长，矢志万里疆。

憩身红尘

2020-10-9

憩身红尘，不可失陷沉沦。
努力奋争，名利害人太甚。

奋不顾身，叩道骋我刚正。
阳光清纯，灿烂我之心身。

秋意清芬，流云飞逝如奔。
落叶飘纷，诗意心头叠增。

清心安神，养足我之精神。
瞻望前程，风光壮丽无伦。

阳光灿俊

2020-10-9

阳光灿俊，天日喜朗晴。
生活和平，阖家享温馨。

白云飘行，流变万千景。
城市热情，车熙人攘行。

我意空清，享受此清平。
正义心襟，原不计清贫。

努力前行，风光览苍劲。

红尘多辛，一笑也清新。

浮生畅意向

2020-10-10

浮生畅意向，快慰我中肠。
朝旭灿明光，蓝天鸟飞翔。
婉转余歌唱，讴诗发扬长。
一曲中情放，原也颇清扬。

浮生畅意向，人生履险艰。
而今入平康，野外喜鹊唱。
散淡吾悠旷，名利辞而抗。
正义发强刚，荷志天涯间。

舒适是我心襟

2020-10-10

舒适是我心襟，人生怀着奋兴。
红尘履历艰辛，而今悟达康平。
秋阳洒着清俊，白云悠悠飘行。
世界漾着和平，万民欢乐无垠。

舒适是我心襟，正气充满宇庭。
不必计较斑鬓，青春依旧热情。
挥洒我之干劲，前路万里奋行。
大同是我仰景，众教和同共进。

宿鸟欢声鸣叫

2020-10-10

宿鸟欢声鸣叫，暮色苍烟纵绕。
华灯灿然点照，我的心情大好。
向阳是余襟抱，坚贞矢叩大道。
正气充盈心窍，努力开辟前道。

心襟旷然写照

2020-10-10

心襟旷然写照，红尘颇是美好。
神恩丰盛丰饶，选民欢声何高。
灵程努力奋跑，克尽魔敌仇妖。
胜利抵达终标，天国永生玄妙。

清夜无眠

2020-10-11

清夜无眠，四围俱安静。
灯下思清，哦诗以舒情。

快慰于心，人生饱风情。
正义盈襟，力胜彼魔兵。

大道心领，圆明悟本心。
努力前进，山水越无垠。

我自高兴，不执俗世情。
岁月飞行，心怀少年情。

宿鸟歌唱

2020-10-12

宿鸟歌唱，心地吾平康。
天阴无妨，正气正轩昂。

清平世间，神恩吾饱享。
欢乐安祥，生活乐无上。

知足为上，物欲不可长。
诗书之间，寻觅智慧粮。

红尘无恙，世界是神创。
欢呼无疆，前途散明光。

灯下清思生成

2020-10-12

灯下清思生成，人生奋力驰奔。
窗外霓虹闪盛，树上宿鸟啼纯。
此际心境馨温，感谢天父鸿恩。
向上我要奋身，努力叩道真诚。

灯下清思生成，未许老我心身。
感慨从心而生，五十五度秋春。
耕心不畏艰深，心得哦入诗文。
清坐思想深沉，济世奋我青春。

灯下清思生成，阖家欢乐安稳。
秋风吹来阵阵，爽洁我之心身。
红尘浊浪滚滚，我心依然清纯。
灵程旷意飞升，天国才有永生。

灯下清思生成，写诗适我心身。
人生振奋精神，万里迎难而征。
名利辞去纷纷，清贫养我纯正。
嗟此幻化世尘，桑沧变化何芬。

146

奋志人生吾贞刚

2020-10-13

奋志人生吾贞刚，矢将魔敌杀尽光。
还我世界清平况，岂容仇敌在人间。
怒展刀枪向前闯，害人蛇蝎誓灭光。
神创天国永安祥，不许败坏重遭殃。

人生不惧苍老

2020-10-13

人生不惧苍老，心态青春年少。
平生绝不骄傲，谦和心性力保。
向阳是余情操，叩道奋力奔跑。
不惧山高水遥，定会抵达终标。

秋意渐渐浓重

2020-10-13

秋意渐渐浓重，心地沐浴清风。
神恩无比恢弘，赐我平安稳重。
感佩从心而涌，颂神直至久永。
天地和美从容，哦诗感发于中。

秋意渐渐浓重，林野斑黄色浓。
小鸟欢快鸣颂，人民安乐和慵。
向神我要歌颂，创此宇宙无穷。
赐我生命盛丰，直至永生之中。

岁月舒其清芬

2020-10-13

岁月舒其清芬，雅洁是余心身。
清度美妙红尘，我心领受神恩。
欢呼发出真正，灵程奋不顾身。
叩道履历秋春，斑苍依旧精神。

岁月舒其清芬，秋花开得温存。
东篱菊犹未盛，林野斑苍先闻。
人生感慨万分，丰沛是神鸿恩。
导引进入永生，见证奇迹发生。

小鸟娇娇啼鸣

2020-10-13

小鸟娇娇啼鸣，欢乐是余身心。
天气不阴不晴，温和展此秋景。
生活安宁和平，阖家舒适温馨。
神恩感佩不尽，努力灵程奋行。

心志空清

2020-10-13

心志空清，无执于胸襟。
壮志凌云，努力去追寻。

人生经行，苦难叠艰凌。
而今悟醒，神恩是无垠。

心中高兴，得道吾何云。
淡泊心襟，慨然放歌吟。

有鸟娇鸣，惬我之心灵。
秋意爽净，好风吹清新。

心事坦荡

2020-10-13

心事坦荡，光明心地间。
努力闯荡，山水越艰长。

苦旅曾艰，血泪有潜淌。
神恩无限，导引出迷航。

心中有光，烛照前路长。
天国家邦，永生何安康。

胜利归乡，胜过魔敌挡。
灵性清靓，眼目俱有光。

世事总是纷纭

2020-10-13

世事总是纷纭，我心总持静定。
不为俗事分心，叩道灵程奋行。
不老是我身心，心地充满光明。
领受神恩无垠，福乐何其丰盈。

悠闲心地间

2020-10-13

悠闲心地间，淡泊吾安康。
夜幕已经降，华灯灿点上。
心志何所讲，人生不言艰。
奋发男儿刚，鼓勇径直闯。

悠闲心地间，无机持襟房。
晚风吹清爽，秋深不言怅。

岁月曾凄凉，孤旅风雨间。
唯赖神恩广，导引我慈航。

悠闲心地间，坦腹吾哦唱。
新诗脱口间，良心捧出肠。
天真未敢忘，心性少年仿。
正义发昂扬，力胜魔敌狂。

悠闲心地间，感慨从心涨。
斑苍日加长，心怀仍漫浪。
欲展双翅翔，高远至无疆。
豪情冲万丈，不屈世艰苍。

康宁心地间

2020-10-13

康宁心地间，人生吾扬长。
万事应都忘，内叩己心肠。
正直履艰苍，敢于迎卓浪。
红尘有漫浪，用心去寻访。

康宁心地间，神恩赐无限。
坎坷俱淡忘，心怀吾悠扬。
前旅不畏艰，男儿纵豪刚。
一生奋力量，誓向天国航。

休憩身心

2020-10-13

休憩身心，抛开书本不经营。
人生艰辛，应能休养我心灵。

华灯点明，城市霓虹闪魅影。
清坐安宁，写诗聊以舒中情。

快慰吾心，一生总蒙神引领。
叩道进行，矢创新章启文明。

开辟路径，层层山路入云岭。
赞叹风景，我心怡悦且多情。

人生清享

2020-10-13

人生清享，淡眼桑沧与艰苍。
一笑爽朗，壮怀激烈犹奔放。

秋深天凉，窗外城市灯火旺。
清坐安祥，不思不想体平康。

往事回放，少年倩影记忆间。
不觉斑苍，率性依然景阳岗。

世有虎狼，吃人野心太猖狂。
奋提刀枪，不许恶人骋凶奸。

歌声悠扬

2020-10-13

歌声悠扬，心曲对谁而弹唱？
孤旅之间，咽尽困难与艰苍。

未可退让，吃人豺狼正凶狂。
任使血淌，矢把魔敌杀尽光。

半百之间，心志仍比少年强。
寻觅道藏，真理一生尽力访。

傲立强刚，不为困苦而泪淌。
微笑扬长，豪情已入云霄间。

尘世刀光剑影

2020-10-13

尘世刀光剑影，争斗何其艰辛。
吾志在水云，名利矢弃屏。

高蹈雄心入云，不入阴邪之阱。
一笑爽然清，神恩已心领。

灵程奋志而行，力胜试探苦辛。
浩志不必云，济世慨然行。

蒙神前路引领，温馨是我身心。
天国美无垠，永生福何殷。

灯下哦诗真诚

2020-10-13

灯下哦诗真诚，舒出我的心身。
窗外响歌声，噪噪震惊人。

岁月日渐进深，秋深感悟何芬。
人生蒙神恩，正路奋前骋。

名利欺人太甚，我已全部弃扔。
清贫奋刚正，诗书潜深沉。

哦诗雅洁清芬，真情应可感人。
斑苍任加增，心比少年纯。

阖家安康

2020-10-13

阖家安康，心志吾清昂。
父母健壮，神恩颂心间。

衷情讴唱，生活乐平康。
纵有险艰，神恩赐丰壮。

胜利在望，克敌万里疆。
天国故邦，有福才能享。

不回头望，对准天国航。
名利欺诳，弃扔务抛光。

第二十卷《春葩集》

四更无眠

2020-10-14

四更无眠，心地起殷殷。
灯下思萦，袭起哦诗情。

河山险峻，未许豺横行。
奋我豪情，虎狼矢杀清。

神恩无垠，导引入康平。
快慰心襟，河山壮如屏。

热血犹殷，男儿展刚劲。
神州日新，天下至太平。

心地平静

2020-10-14

心地平静，不为名利而分心。
雅思空灵，裁出诗句亦清新。

夜黑灯明，清坐上网也怡情。
五更已进，渐起人声并车鸣。

情怀淡定，履尽烟雨并风云。
高蹈雄心，大好山河宜归隐。

正直持心，力战虎狼任成群。
还我太平，家国情怀旷无垠。

淡定人生场

2020-10-14

淡定人生场，吾志持悠扬。
不为名利忙，奋发展慷慷。
红尘试炼场，身心须健康。
神恩广无量，思此放讴唱。

阳光此际和畅

2020-10-14

阳光此际和畅，我的心中雅靓。
鸟语宛转歌唱，大好是此秋光。
烂漫清持心间，颂神吾当尽量。
欢呼不尽欣畅，安祥享此辰光。

喜鹊清鸣唱

2020-10-14

喜鹊清鸣唱，秋风吹奔放。
天阴没有妨，性光吾敞亮。
落叶逝飘扬，诗意心中涨。
聊以舒短章，一曲中心畅。

暮色之中

2020-10-14

暮色之中，雀鸟鸣颂。
天际秋风，冷寒不重。
灯下讴咏，情怀于中。
感慨谁送？独立从容。

暮色之中，林野斑浓。
岁月飞猛，我意清空。
正意心中，坎坷任重。
鼓志如风，天涯径冲。

秋深无恙

2020-10-14

秋深无恙，心境吾平康。
天黑灯亮，欢乐盈心间。

人生奋闯，不惧山海苍。
我志成钢，男儿有力量。

岁月奔放，笑我已斑苍。
心怀张扬，少年之相仿。

淡淡荡荡，中心无所藏。
撰写诗章，只是舒扬长。

清夜无眠（之一）

2020-10-15

清夜无眠，正直持本心。
四围安静，内叩我心灵。

人生奋行，山水越轻盈。
心中高兴，讴此世太平。

神恩无垠，赐我康与平。
感恩于心，颂赞应不停。

岁月进行，深秋怀心情。
灯下哦吟，捧出心与灵。

人生创化无穷

2020-10-15

人生创化无穷，天人大道玄通。
叩道吾心奋勇，不惧风雨苍浓。
回头徒然何功，往事付与秋风。
振节悠悠歌颂，神恩赐下丰洪。

天阴无妨心情

2020-10-15

天阴无妨心情，我有豪气如云。
恬淡清持心灵，不为名利分心。

努力奋发刚劲，济世风雨兼行。
生活和平温馨，感谢神恩丰盈。

心志不嗟广长

2020-10-15

心志不嗟广长，人生矢志向上。
克尽千重艰，心地有阳光。

秋暮灯下思想，人生怀着情长。
苦旅成过往，未来铺明光。

风中小鸟鸣唱，写意秋意漫浪。
欣欣是意向，努力向前闯。

岁月不尽奔放，鼓志万里之疆。
豪情冲万丈，不入名利网。

心襟此际洒潇

2020-10-15

心襟此际洒潇，红尘胡不娟好。
窗外宿鸟鸣叫，天阴无妨情俏。
秋深人不苍老，青春心态美妙。
清度人生逍遥，奋志万里之遥。

清静心地间

2020-10-15

清静心地间，悠听鸟唱。
暝色正苍苍，华灯点亮。

旷展余思想，人生昂扬。
不畏惧困障，奋发前闯。

秋深怀畅想，往事回放。
五十五年间，履尽茫苍。

而今仍慨慷，仍怀向往。
正气冲天壮，心性强刚。

淡定人生场

2020-10-15

淡定人生场，心性张扬。
努力叩道间，履尽沧桑。

一笑还爽朗，不惧千艰。

窗外华灯放，霓虹闪靓。

秋深微寒凉，清坐思想。
人生不悲凉，神恩丰壮。

孤旅不言怅，奋发顽强。
清度秋春间，浩志强刚。

吉祥心地间

2020-10-16

吉祥心地间，喜悦从心涨。
人生入平康，五更讴诗行。
岁月不愁怅，秋深无萧凉。
一曲中心唱，原也体悠扬。

吉祥心地间，幸福从天降。
神恩赐广长，欢呼应尽量。
人生如马放，千里未可疆。
要学雁飞翔，万里掠天长。

心志不复老苍

2020-10-16

心志不复老苍，少年心性张扬。
奋发我顽强，努力迎难上。

窗外秋雨绵降，空气清新鲜芳。
天还没有亮，灯下哦慨慷。

心情怀着漫浪，男儿纵展豪强。
尘世虽攘攘，心怀水云乡。

人生不必匆忙，应许定定当当。
叩道是志向，千山未许障。

心境雅闲

2020-10-16

心境雅闲，清坐放思想。
秋深叶黄，感时何所唱？

人生奋闯，不觉已斑苍。
依然向往，万里旷飞翔。

老来何妨，青春志坚强。
力战恶帮，还我太平壤。

正邪之间，岂容稍退让。
力挥刀枪，邪恶尽斩光。

心境不必苍苍

2020-10-16

心境不必苍苍，淡眼看他桑沧。
秋深林叶逝殇，心情何必感伤。
万事顺理成章，自然而然安祥。
神恩感在心膛，欢歌应许奔放。

心境不必苍苍，男儿怀有理想。
红尘不是故乡，肉体暂时存享。
天国才是家邦，永生在彼天堂。
努力向前向上，对准天国直航。

心志总持安祥

2020-10-16

心志总持安祥，人生不怕风浪。
风雨任艰苍，努力往前闯。

此生已克千障，关山攀越险艰。
笑容依然放，青春心志扬。

秋阴无有稍妨，落叶任其逝降。
时节近重阳，菊花行将芳。

心地阳光明亮，霞彩闪在襟房。
浩志已成钢，矢志克虎狼。

喜鹊欢鸣唱

2020-10-16

喜鹊欢鸣唱，我心向往。
天阴未有妨，心怀太阳。

世事有桑沧，只是幻象。
正邪搏击忙，才是真相。

秋深心不怅，木叶飘荡。
月季犹娇靓，落英飞殇。

世界是这样，因缘流淌。
正义吾强刚，创化无限。

天气阴晴不定

2020-10-16

天气阴晴不定，我的心中雅清。
天上飘着流云，秋风吹来清新。
淡泊是余心境，康宁阖家温馨。
诗书持身清劲，不入俗世阴阱。

蓝天幻化白云

2020-10-17

蓝天幻化白云，阳光洒得清俊。
小鸟娇娇而鸣，空气鲜美芳新。
淡泊清持心襟，哦诗吐出热情。
向阳是我心境，正直人生奋行。

云天多情

2020-10-17

云天多情，烂漫是我身心。
小鸟娇鸣，惬我意兴无垠。

心中高兴，雅将新诗哦吟。
吐出心襟，何必世人震惊。

秋意清新，落叶诗意飘零。
打动我心，感慨浮上心灵。

努力才行，不负百年生命。
向往飞行，摩云万里奋兴。

阳光此际和灿

2020-10-17

阳光此际和灿，天上流云浪漫。
我的心情雅安，哦诗舒出浩瀚。

人生敢想敢干，力胜魔敌之缠。
克尽千艰万难，必将抵达终站。

小鸟尽情鸣喊，花儿开得艳灿。
休闲心境妥善，乐享岁月平凡。

展眼蓝天空泛，思想激起波澜。
合当展翅霄汉，万里不畏艰难。

雅思旷展良长

2020-10-17

雅思旷展良长，心中怀着梦想。
不老是我情肠，矢将爱情寻访。
天涯我已闯荡，孤旅不嗟艰苍。
奋发男儿贞刚，傲立天地之间。

雅思旷展良长，心志感慨情长。
红尘不是故乡，秋春飞度苍茫。
浩志依然成钢，矢将真理寻访。
谦和是余心向，浪漫依然不减。

斜阳此际清好

2020-10-17

斜阳此际清好，心境洒然写照。
休闲吾意逍遥，写诗适我襟抱。
人生奋力奔跑，不惧山高水绕。
红尘潇度安好，神恩丰赡丰饶。

斜阳此际清好，人生不可狂傲。
向学叩道志高，努力秋春昏晓。
展眼云烟飞飘，世界实在美好。
欢呼应该声高，灵程旷驰正道。

夕照此际向晚

2020-10-17

夕照此际向晚，心情更加妙曼。
人生履尽坷坎，依然一笑爽然。
神恩丰富丰赡，我心感恩颂赞。
前路努力奋战，胜过魔敌之缠。

暮色苍茫

2020-10-17

暮色苍茫，心际怀着感想。
不必愁怅，秋叶任其逝殇。

人生扬长，百折任其艰长。
清听鸟唱，惬我心胸意向。

大爱无疆，神恩感在心膛。
努力奋闯，灵程飞往天堂。

世事混茫，众生颠倒妄想。
务秉天良，烛照前路远长。

153

旷展我的思想

2020-10-17

旷展我的思想，秋色无比苍茫。
小鸟自由飞翔，搏击云天何畅。

我心充满感想，向往自由飞翔。
去向高天远长，坚决不回头望。

罪恶必须灭光，神恩普照世间。
魔鬼无处躲藏，现出丑恶形象。

天父就是阳光，照亮我的心房。
灵程努力向上，回归天国故邦。

晚风此际清凉

2020-10-17

晚风此际清凉，我的心中潇爽。
华灯灿然点上，城市热闹熙攘。

心中怀着感想，要把真神颂唱。
创造世界无疆，万有尽都包藏。

我要学取阳光，逼退黑暗尽量。
天国唯一家邦，永生就在其间。

尘世只是暂享，肉体岂能久长。
努力叩道向上，求取永生无恙。

人生风采长扬

2020-10-17

人生风采长扬，青春心态旷放。
不畏老之将访，我有浩志成钢。
道德积聚深广，矢斩吃人虎狼。
还我天地平旷，万民欢乐无疆。

人生风采长扬，读书写诗何畅。
天黑华灯灿放，城市霓虹闪靓。
思想此际奔放，亘古容我畅想。
创造历史辉煌，不负华年韶光。

四更早起将

2020-10-18

四更早起将，偶闻晨鸡唱。
心地不眠间，秋深夜萧凉。

感兴油然涨，人生奋遐方。
关山任叠嶂，豪情不稍减。

阳光和畅

2020-10-18

阳光和畅，我心安祥。
白云流荡，鸟语花芳。
纵情哦唱，慨然成章。
正意昂扬，天地之间。

阳光和畅，心志平康。
岁月奔放，我意阳刚。
不屈艰苍，奋发顽强。
努力闯荡，济度世艰。

阳和心地间

2020-10-18

阳和心地间，远抛机奸。
无机之心肠，正直贞刚。

阳光洒尘壤，云天漂亮。
秋色任苍苍，林叶飞殇。

散坐放思想，人生顽强。
济世用力量，悟彻玄黄。

裁心哦诗章，一曲奔放。
窗外鸟语唱，宛转悠扬。

心志清刚

2020-10-18

心志清刚，人生怀向往。
岁月漫浪，不老是情肠。

有所言讲，只是诉中肠。
天涯之间，矢将爱寻访。

大千广长，知音在何方。
孤旅艰苍，血泪曾潸淌。

襟怀无恙，正直在人间。
愿讴嘹亮，爱情美无上。

岁月舒其清芬
2020-10-18

岁月舒其清芬，人生怀着真诚。
秋天阳光清纯，蓝天白云飘纷。
气候犹然暖温，林野斑斓成层。
落叶逝飘阵阵，我的心中温存。

我的心中温存，思念远方佳人。
正如秋风吹骋，渴望与日俱增。
虽然远辞青春，心态依然诚正。
不负华年飞奔，矢将爱情访问。

矢将爱情访问，我的心中真诚。
愿牵侬手一生，共征万里旅程。
山水有其清芬，风光可览奇胜。
秋气日渐加增，行将菊花开盛。

行将菊花开盛，心意向君献呈。
人生奋行驰奔，相伴何其暖温。
感谢天父鸿恩，相遇真是缘份。
祷祝天地作证，我心充满纯真。

旷风吹来清泠
2020-10-18

旷风吹来清泠，心地却很和温。
秋日阳光温存，更有白云飘纷。
落叶飘逝成阵，未知谁去慰问。
散坐心事缤纷，聊赋短诗拙正。

心志雅洁清芬
2020-10-18

心志雅洁清芬，红尘浊浪滚滚。
斜阳灿烂和温，世界秋意深深。
岁月尽情驰奔，未许老我心身。
抖擞余之精神，努力奋发刚正。

心情不必烦闷
2020-10-18

心情不必烦闷，人生守我天真。
秋天快慰精神，灿烂阳光清纯。
天上白云纷纷，淡荡是此气氛。
清听小鸟啼纯，我意康乐雅芬。

夕照此际在望
2020-10-18

夕照此际在望，心事未许萧凉。
秋来天地苍茫，落叶飘零逝殇。
我心感动难讲，人生世界艰苍。
未许悲观失望，神恩足够我享。

华灯灿放
2020-10-18

华灯灿放，心境乐未央。
秋晚清凉，灯下清思想。

人生昂扬，心灵有力量。
正义心间，济世奋贞刚。

岁月飞扬，未可耽愁怅。
努力向上，克尽千重艰。

远际歌唱，打动我心房。
情绪奔放，提笔讴诗章。

清夜无眠（之二）
2020-10-18

清夜无眠，雅叩我本心。
正义凌云，旷怀真无垠。

济世之情，依旧启殷殷。
识得人心，识得真伪情。

岁月进行，晚秋意爽清。
深夜宁静，灯下思空灵。

努力前行，不负是灵明。
追寻爱情，失败亦常寻。

清夜无眠（之三）
2020-10-18

清夜无眠，向谁道苦情。
抛开疑云，爱情何处寻。

人生经营，不可图利名。
孤旅艰辛，曾伤透脑筋。

淡淡定定，学取彼行云。

第二十卷 《春葩集》

空空清清，不过共缘行。

红尘多辛，人生短无垠。
思此伤心，思此动了情。

清夜无眠（之四）

2020-10-18

清夜无眠，爽然余怀情。
少年烟影，何许计斑鬓。

壮志如云，不入俗世情。
高蹈雄心，奋发万里行。

一笑雅清，人心多伪情。
我心贞定，爱情矢追寻。

失败亦行，对得起良心。
终属泡影，亦是赤子情。

清夜无眠（之五）

2020-10-18

清夜无眠，醒转神爽清。
三更情景，众生入睡眠。

世事浑井，人心须识清。
务秉灵明，务秉我真情。

爱情难寻，曾经伤透心。
依然追寻，一似扑火萤。

秋深意境，心志不萧清。
浩然才情，挥洒吾干劲。

清夜无眠（之六）

2020-10-18

清夜无眠，此际有激情。
终成笑柄，不负我良心。

难得真情，真爱实难寻。
努力前行，关山起无垠。

笑意爽清，世事悟圆明。
不是梦境，不是幻化景。

向往爱情，向往有家庭。
向往光明，向往比翼行。

清夜无眠（之七）

2020-10-18

清夜无眠，四围俱安静。
叩我本心，叩我之灵明。

不必嗟惊，缘字之难明。
捧出本心，捧出我心灵。

众生多辛，与谁携手行。
慧目须凝，德操力推行。

坤德仰景，感心而后应。
须持耐心，急了可不行。

清夜无眠（之八）

2020-10-18

清夜无眠，思想如波行。
人生经营，错了可不行。

妒心须屏，人心务识清。
正义盈襟，人心多浑井。

吾持雅清，修身一世行。
豁达心灵，原也比水清。

远处灯明，城市霓虹映。
三更不眠，心志怀平静。

清夜无眠（之九）

2020-10-18

清夜无眠，人生理难清。
冲破雾境，慧目须清明。

终成笑柄，不负我良心。
正义盈襟，远辞虚伪情。

真爱难寻，苟合可不行。
捧出良心，捧出我性灵。

身心洁清，高雅如荷俊。
不容污境，损我身心灵。

清夜无眠（之十）

2020-10-18

清夜无眠，新诗连踵吟。
吐出真情，快慰我心灵。

神恩无垠，导引我前行。
不负灵明，不负我真心。

世事浑井，人心多污境。
圣洁难寻，正如深山云。

努力去寻，不计彼艰辛。
失败亦行，泪洒不要紧。

清夜无眠（之十一）

2020-10-18

清夜无眠，路上汽车鸣。
三更情景，灯下思孤清。

人生经营，未许多伤心。
壮怀堪凭，济世乐无垠。

苦乐均行，过后是幻境。
百年电影，切勿负灵明。

天国仰景，正义盈心灵。
向往爱情，尽力去追寻。

第二十一卷《灯台集》

晨起鸟鸣唱

2020-10-19

晨起鸟鸣唱，时正五更间。
天还没有亮，路上华灯放。
开窗风悠扬，爽洁我心肠。
倾心哦诗章，一曲也扬长。

晨起鸟鸣唱，中心喜悦间。
秋深天渐凉，寒潮未临降。
情怀正张扬，人生持向往。
东篱菊未黄，引余探颈望。

旷怀雅正

2020-10-19

旷怀雅正，何许思虑深深。
阳光清纯，秋色美丽丰盛。

感谢神恩，导引灵性旅程。
光明心身，黑暗无处存身。

赞此乾坤，皆是神所创成。
运化玄深，妙用何其精准。

奋不顾身，努力前面路程。
真理敬遵，向往天国永生。

人生并非如梦

2020-10-19

人生并非如梦，矢将真理扬弘。

与谁生死相共？情怀孤寂之中。
秋阳灿烂光送，和平赞此宇穹。
永生天国之中，俗子岂能真懂。

人生并非如梦，死是罪业发动。
大爱持在心中，叩道一生奋勇。
展转桑沧何功？世界玄妙无穷。
搏击风雨艰浓，终有万里晴空。

人生并非如梦，理想坚持心中。
平生不羡彩虹，贵在实干成功。
天父生命无穷，创化宇宙无终。
我心颂赞奋勇，热情自始至终。

心志不取苍苍

2020-10-19

心志不取苍苍，矢志奋发向上。
此生履尽艰苍，依然一笑爽朗。
罪恶害人无限，败坏陷人死亡。
名利应能捐忘，心共白云飞翔。

心共白云飞翔，人生恒怀向往。
清洁是我心肠，正义旷展强刚。
力战吃人虎狼，还我天下平康。
希冀永生无疆，灵体晶莹发光。

人生不计艰辛

2020-10-19

人生不计艰辛，奋发我之雄英。

野外小鸟鸣，风吹正爽清。

天气阴晴不定，我心却是朗晴。
中心怀多情，矢志万里行。

笑我苍苍斑鬓，依然怀有激情。
少年之心性，纯真持心灵。

岁月催人何劲，秋风吹来惊警。
务当奋志行，时光如水迅。

岁月清芬

2020-10-19

岁月清芬，夕照此际近黄昏。
秋风吹逞，云天苍茫慨意生。

感佩神恩，导引人生之旅程。
奋不顾身，叩道践履在晨昏。

雅度秋春，五十五载逝纷纷。
依然清纯，依然保有我天真。

红尘滚滚，太多磨炼易伤人。
一笑和温，前路明媚总有春。

心志均平

2020-10-19

心志均平，不为俗务分心。
诗书用劲，叩道深深用心。

秋风爽清，我心烂漫多情。
小鸟娇鸣，惬我意兴分明。

红尘多辛，不可苦了心灵。
神恩无垠，导引灵程康平。

奋向前进，不惧山高水凌。
勇武心襟，化作飞鸟遨行。

心怀平静

2020-10-20

心怀平静，淡眼望浮云。
人生清醒，证道吾矢行。

向往光明，向往道通行。
努力进行，修心真无垠。

红尘险境，太多磨炼凌。
正念持心，名利务辞屏。

一笑雅清，因缘神所定。
创化从心，旷思入诗吟。

阳光此际洒照

2020-10-21

阳光此际洒照，心境吾持大好。
秋云淡泊飘渺，田园如画之妙。
散坐心思何表，博爱之心丰饶。
年华任其逝飘，坚决不走险道。

斜照在望

2020-10-21

斜照在望，心志体康强。
秋深无恙，木叶任逝殇。

不必悲伤，金风任扫荡。
意取扬长，黄花将绽芳。

时近霜降，重阳又将访。
心事广长，却对谁人讲。

笑意微放，豁达吾平康。
叩道向上，灵程振慨慷。

金风清起天涯间

2020-10-21

金风清起天涯间，我的心中潇爽。
夕照闪射其光芒，写意红尘道旷。

散步意兴悠扬，但见人来人往。
生活和平漾，河水惜污脏。

岁月清展苍茫，转眼秋深烟苍。
小鸟欢鸣唱，自得乐无恙。

展眼秋云淡荡，田野风光苍凉。
后日临霜降，惜时务须讲。

夕照苍茫

2020-10-21

夕照苍茫，淡泊吾心间。
清听鸟唱，享受金风旷。

人生梦乡，名利俱虚妄。
正义强刚，穿越风与浪。

苦旅曾艰，心志曾彷徨。
血泪潸淌，向天呼茫苍。

神恩广长，赐我以平康。
而今昂扬，胸襟灿明光。

秋意高爽

2020-10-22

秋意高爽，白云悠悠翔。
小鸟鸣唱，自在且安祥。

秋风扫荡，木叶有逝殇。
林野斑黄，明日是霜降。

心意难讲，沉吟对谁放。
人生艰苍，磨炼意志刚。

展眼旷望，天际烟霭漾。
心事广长，难言复难讲。

暮色此际苍苍

2020-10-22

暮色此际苍苍，心际却很悠扬。
人生共缘而往，坚贞是我志向。

不屈世之尘网，要在旷飞向上。
高天无比广长，尽我双展翅膀。

笑意清新浮上，秋风任其扫荡。
落叶诗意下降，林野斑斓无恙。

中心充满理想，努力要去闯荡。
百年不惧艰苍，迈越烟雨卓浪。

晨鸡清啼唱

2020-10-23

晨鸡清啼唱，曙色正增长。
田野鸟鸣放，秋风吹清凉。
今日值霜降，时节迅如狂。
思此怀感想，能不讴诗章。

晨鸡清啼唱，我意乐平康。
天初绽明亮，鸟语奏奔放。
清坐展思想，人生快慰间。
所赖神恩广，赐福大无疆。

晴天正好

2020-10-23

晴天正好，欢乐吾逍遥。
秋风清绕，阳光洒丰饶。

岁月逝飘，今日霜降到。
开怀大笑，吾心正年少。

红尘笑傲，不为名利倒。
正义刚傲，清贫亦颇好。

和蔼尘表，人民俱欢笑。
林野苍了，菊花将开俏。

心怀雅淡

2020-10-23

心怀雅淡，惬听鸟语鸣溅溅。
晴朗天汉，淡泊云烟好浪漫。

清坐安然，享受风清和气展。
赞此宇寰，神恩浩大堪惊叹。

人生扬帆，万里征程奋迎难。
不惧坷坎，中心明光闪灿烂。

努力前站，风光大好真妙曼。
哦诗情展，一曲正气弥宇寰。

云天如画廊

2020-10-23

云天如画廊，白云流淌。
霜降今正当，天喜晴朗。

散坐哦诗行，一曲奔放。
人生怀遐方，志取远长。

世事有艰苍，率兴而往。
共缘去旅航，万里无疆。

觉性日增长，智慧心间。
神恩赐无量，足够我享。

心志不嗟广长

2020-10-23

心志不嗟广长，奋发人生力量。
浴后吾清爽，阳光正和畅。

闲品绿茗清芳，展眼流云徜徉。
憩身红尘间，心灵最为上。

不为物欲丧亡，灵魂清澈发光。
天国是故邦，努力回故乡。

内叩自己心向，慧意日日增长。
灵程努力闯，胜过试探艰。

赞此灿烂阳光

2020-10-23

赞此灿烂阳光，洒在心田之上。
心境乐无羔，纵情哦诗行。

人生得意莫狂，谦和一生是向。
正义吾强刚，济世奋力量。

博爱持在心间，实干显我豪强。
宇宙广无限，心胸应宽广。

岁月莽苍奔放，人易衰老斑苍。
努力奋顽强，分秒珍惜间。

阳光灿靓

2020-10-23

阳光灿靓，岁月平康，
白云流荡，霜降时节天不凉。

好风吹翔，林野斑黄，
心志慷慷，哦诗激越舒奔放。

人生扬长，名利弃放，
高蹈无羔，诗书人生吾昂扬。

清品茗芳，意气发扬，
挥洒襟房，一曲正气天地间。

清喜阳光洒照

2020-10-23

清喜阳光洒照，心境此际大好。
人生乐逍遥，因我已悟道。

正义奋发刚傲，不屈魔鬼仇妖。
努力旷扬飙，正义展丰饶。

世界其实微妙，阴阳平衡必要。
文明步大道，升级不可少。

污秽必须清扫，光明世界美好。
神恩赐玄妙，颂赞出心窍。

斜晖朗照

2020-10-23

斜晖朗照，心情十分好。
散坐逍遥，从容撰诗稿。

和风清绕，天上白云飘。
黄叶逝了，诗意从心绕。

阖家康好，神恩赐丰饶。
欢呼声高，灵程步正道。

和蔼尘表，天际走飞鸟。
洒脱心窍，欲向天游遨。

青春心态不会老

2020-10-23

青春心态不会老，容我乐逍遥。
展眼云天多玄妙，白云悠悠飘。

秋日斜阳正朗照，温暖这尘表。
时逢霜降吾笑傲，重阳快到了。

五十五载烟云渺，而今斑苍老。
依然雄心比天高，济世奋刚傲。

清坐思想展微妙，风雨兼程跑。
人生不嗟不怅悼，神恩赐丰饶。

宿鸟鸣唱

2020-10-23

宿鸟鸣唱，华灯灿然放。
晚风清凉，爽洁我心肠。

暮色苍茫，西天微霞光。
汽车嚣响，城市噪声嚷。

心怀无恙，振节讴扬长。
人生向往，时刻未相忘。

济世必讲，尽我力与量。
红尘艰苍，奋发我慨慷。

心怀宜宽广

2020-10-23

心怀宜宽广，人生恒向上。
克尽千重艰，振节讴昂扬。
夜色清无恙，华灯灿然放。
霓虹七彩光，清坐思奔放。

心怀宜宽广，名利务捐放。
人生怀梦想，努力去闯荡。
少年烟影间，斑苍一笑扬。
心志仍强刚，矢志斗虎狼。

心事广长

2020-10-25

心事广长，今日又重阳。
和蔼尘壤，人民乐平康。

秋风吹畅，喜悦我心肠。
况有鸟唱，喜鹊欢鸣放。

爽洁心间，讴诗复流畅。
得意莫狂，谦和于襟房。

叩道贞刚，恒怀彼向往。
大同之邦，万类乐安祥。

霜降之后天初凉

2020-10-26

霜降之后天初凉，霾烟又放，
霾烟又放，书生叹息无用场。

几声鞭炮震响亮，城市闹嚷，
城市闹嚷，水云中心存向往。

鸟语娇娇写意唱，惬我意向，
惬我意向，提笔讴诗也悠扬。

红尘自古称狂猖，利锁名缰，
利锁名缰，务辞务放吾安祥。

云淡天青

2020-10-26

云淡天青，舒适我身心。
散坐思平，清品杯中茗。

斜晖清映，落叶逝飘零。
热闹之境，胸襟怀水云。

人生情景，难言复难云。
热血犹殷，只是苍了鬓。

努力前行，叩道不止停。
远方风景，召唤我追寻。

残秋无恙

2020-10-27

残秋无恙，天气任阴心清爽。
奋发昂扬，人生未许悲秋怅。

笑意浮上，悟道人生吾平康。
万里径闯，些许风雨并艰苍。

淡淡荡荡，无机心中无所藏。
正义情肠，不许魔敌肆猖狂。

红尘之间，太多争斗并坑陷。
慧目务张，振翼旷飞入云乡。

秋阴怀闷

2020-10-27

秋阴怀闷，东篱菊尚未芬。
东风吹遑，惬我意向三分。

鸟语声声，林野落叶成阵。
清思生成，人生奋发刚正。

努力前骋，不惧山高水深。
英武心身，不为名利倾身。

半百人生，履尽烟雨晨昏。
旷怀雅正，领受丰沛神恩。

心情无恙

2020-10-27

心情无恙，坎坷任其放。
宿鸟鸣唱，暮色正苍苍。

晚秋不凉，木叶飘逝殇。
菊蕊绽芳，犹未舒金黄。

心志张扬，新诗脱口唱。
人生艰苍，此时都弃忘。

努力向上，不惧千重艰。
笑意浮上，悟道吾安康。

秋风清将落叶扫

2020-10-28

秋风清将落叶扫，林野显萧条。
旷喜喜鹊欢鸣叫，一使余意骚。

天阴无妨我情傲，诗意正不了。
舒出情兴比天高，奋飞入逍遥。

红尘艰深吾洒潇，名利都弃了。
一生清贫胡不好，诗书容笑傲。

远处鞭炮又嚣叫，天际苍烟绕。
清坐思绪正袅袅，欲共风同跑。

天气转晴

2020-10-29

天气转晴，心志吾殷殷。
清风徐行，怡我之性灵。

木叶飘零，未许多伤情。
人生之境，共缘去旅行。

神恩无垠，导引我前行。
山穷水尽，又辟新路径。

奋发心灵，力克魔敌群。
欢呼尽兴，灵程凯归营。

岁月经行

2020-10-29

岁月经行，又值晚秋临。
未许伤情，奋志当凌云。

且品芳茗，诗书怡心灵。
讴诗尽兴，呼出我闲情。

人生之境，转折是阴晴。
叩道圆明，慧意用心领。

此际正晴，朝日洒光明。
有鸟娇鸣，惬我意无垠。

闲情聊放旷

2020-10-29

闲情聊放旷，我且讴诗章。
东篱菊未黄，晚秋未下霜。
天气正不凉，和风来清爽。
清坐吾安祥，惬听啼鸟唱。

闲情聊放旷，清嗅风爽朗。
诗书怡中肠，放怀展讴唱。
世界沐阳光，和蔼此尘壤。
中心持淡荡，无欲吾何刚。

闲情聊放旷，内叩已心肠。
正直勿相忘，谦和秋春间。
叩道吾强刚，奋发展昂扬。
纵有千困障，神恩总奔放。

闲情聊放旷，阖家喜平康。
清贫无有妨，正义盈襟肠。
岁月展悠扬，人生纵马狂。
力战邪与奸，无机吾扬长。

闲情聊放旷，意志比铁钢。
不为困难障，展翅旷飞翔。
摩云何快畅，万里无止疆。
去向天涯间，矢将真理访。

闲情聊放旷，此际心悠扬。
情怀向谁放，孤旅独讴唱。
耳际鸟鸣唱，风来正清爽。
一曲舒奔放，愿化飙飞扬。

人生或危或安

2020-10-29

人生或危或安，总赖神恩丰赡。
奋志作好汉，不畏艰与坎。

此际心境安安，品茗舒展心胆。
讴诗有浪漫，人生持果敢。

努力前路奋战，力克魔敌之缠。
凯归天国站，圣徒欢何赡。

岁月吾已熟谙，不过阴晴之展。
人生奋扬帆，灵程不畏难。

木叶飘逝随秋风

2020-10-29

木叶飘逝随秋风，心志吾清空。
天阴品茗意轻松，爽洁持襟胸。

一篇新诗脱口颂，诉出我情浓。
人生正气如长虹，七彩在闪动。

平生风雨任艰浓，淡泊一笑送。
五十五载逝随风，华发斑苍浓。

重阳过后晚秋中，心志向谁送？
独立展眼霭烟浓，田野鸟鸣颂。

秋意浓重

2020-10-29

秋意浓重，柿子黄又红。
清风徐动，木叶飘逝中。

岁月情浓，笑我斑苍重。
年华逝送，青春无影踪。

努力前冲，任从风雨浓。
百年非梦，业绩可垂永。

修身无穷，德操积淀中。
几声鸟颂，惬我意与胸。

人生不必诉艰苍

2020-10-29

人生不必诉艰苍，烟雨茫茫，
烟雨茫茫，只是磨炼我襟肠。

此际明蟾正在望，秋夜清凉，
秋夜清凉，激情哦诗我昂扬。

岁月从来舒奔放，年华逝殇，
年华逝殇，依然笑意展扬长。

持正击邪不退让，力战魔强，
力战魔强，还我乾坤之朗朗。

华灯正放

2020-10-29

华灯正放，霓虹齐闪靓。
汽车嚣响，城市闹嚷嚷。

清坐安祥，从容撰诗行。
一曲奏响，原也如水淌。

人生扬长，名利俱捐放。
正念心间，修心无止疆。

红尘攘攘，太多伪与奸。
力战恶帮，还我清平壤。

心志悠扬

2020-10-29

心志悠扬，远处歌声靓。
晚风清爽，明月正在望。

秋夜安祥，灯下展思想。
一曲舒肠，正意在其间。

人生奋闯，不为名利忙。
救世必讲，傲立吾强刚。

苦旅曾艰，唯赖神恩壮。
此际思想，颂赞出心房。

清意心地间

2020-10-29

清意心地间，哦诗昂扬。
远际歌声唱，激动情肠。

偶有鞭炮响，城市闹嚷。
晚风吹清凉，适意襟房。

秋意正增长，未许悲怅。
努力奋贞刚，力战魔狂。

正义天助襄，必胜邪奸。
还我太平壤，光明人间。

第二十二卷《崇光集》

心志张扬

2020-10-29

心志张扬，小哦我诗行。
激越之间，时光任逝淌。

秋深无恙，夜晚华灯放。
霓虹闪亮，城市热闹间。

清坐安祥，思想起千浪。
人生畅想，无愧于心间。

奋发向上，男儿展豪刚。
英武心间，原不惧强梁。

畅意心襟

2020-10-30

畅意心襟，不为名利分心。
高蹈清贫，洒脱如风之行。

鸟群飞行，掠过蓝天青青。
斑斓野境，残秋清显意境。

悠品芳茗，惬意从口至心。
哦诗雅清，一曲付谁倾听？

红尘险境，太多机关陷阱。
务须警醒，前驱步步小心。

悠悠人生

2020-10-30

悠悠人生，奋志在乾坤。
远辞青春，一笑还馨温。

何处笛声？袅起意纷纷。
哦诗真诚，一舒我心身。

阳光清纯，蓝天云纷纷。
惬品茗芬，惬听鸟啼纯。

秋意正深，落叶逝纷纷。
谁来慰问？东篱菊将芬。

心怀宜宽广

2020-10-30

心怀宜宽广，人生清度一笑间。
履尽艰与苍，斑苍无妨意扬长。

晚秋天气爽，和风清来适意向。
鸟儿清啼唱，惬意心肠真无恙。

人生冀天堂，灵程奋发我慨慷。
叩道奋贞刚，悟得玄机向谁讲。

淡泊持襟肠，和蔼笑意展清长。
名利无意向，闲时爱好读词章。

清怀雅淡哦诗章

2020-10-30

清怀雅淡哦诗章，人生奋昂扬。
不屈苦难与重障，坚决往前闯。

关山履历万千幢，风光览无限。
五湖归来一笑扬，清澈是襟肠。

窗外小鸟清啼唱，秋风正扫荡。
落叶飘逝诗意彰，容我撰诗行。

人渐苍老却何讲，心志展悠扬。
努力发热又发光，不负韶年芳。

心志阳光

2020-10-30

心志阳光，人生不为物欲障。
胸怀宽广，正义襟肠讴扬长。

展眼天苍，秋林斑斓鸟鸣唱。
清坐思想，应许笔下放千章。

岁月淡荡，老我斑苍何须讲。
热血不凉，努力舒展我奔放。

红尘之间，名争利夺为哪桩。
应许清肠，遁向田园并山庄。

红尘笑傲

2020-10-30

红尘笑傲，不为名利而动摇。
绝不讨巧，正义心襟吾洒潇。

清贫就好，诗书人生乐逍遥。
适我怀抱，东篱黄菊行将俏。

云天丰饶，流云飘荡自在道。
落叶逝飘，诗意人间哦不了。

清坐思遥，人生斑苍矢叩道。
心得富饶，哦出新诗也安好。

心志不取苍苍

2020-10-30

心志不取苍苍，人生奋发贞刚。
红尘是虚妄，百年一梦间。

名利应都弃放，清心叩道扬长。
心得缕缕芳，雅入诗中唱。

此际斜阳在望，浮云自由飘荡。
木叶逝而降，鸟飞却快畅。

岁月清展淡荡，未许老我襟房。
向学晨昏唱，朗哦新诗章。

喜鹊清鸣唱

2020-10-30

喜鹊清鸣唱，斜晖正朗朗。
秋风吹扬长，云朵曼飞翔。
心志吾慨慷，人生迈远长。
残秋不愁怅，奋志吾贞刚。

奋志吾贞刚，男儿是铁钢。
红尘徒攘攘，清心水云间。
神恩赐广长，思此颂赞放。
努力万里疆，风光览雄壮。

秋暮向晚

2020-10-30

秋暮向晚，夕照正清展。
风吹妙曼，心志正轻安。

人生妥善，神恩赐丰赡。
努力前站，灵程吾奋战。

力克魔缠，正直吾傲岸。
凯歌声喊，回归天国站。

岁月翻澜，人生不惧难。
微笑清展，东篱菊将绽。

暮色浓重晚霞红

2020-10-30

暮色浓重晚霞红，汽车行匆匆。
晚秋独立闲望中，感慨从心动。

岁月赐我斑苍重，心事不轻松。
切祷神恩赐丰隆，平安体心中。

人生沧桑有何功，百年浑属梦。
少年烟影无寻踪，情怀与谁通？

孤旅不必怅深痛，叩道吾奋勇。
灵程力战魔敌凶，永生希冀中。

岁月舒其清芬

2020-10-31

岁月舒其清芬，人生旷志生成。
蓝天白云纷，秋日正爽神。

感谢天父鸿恩，导引灵性旅程。
风雨任艰盛，鼓志奋前骋。

人生浑难定论，名利杀人纷纷。
心灵须净纯，雅洁持心身。

小鸟娇娇啼纯，落叶飘逝纷纷。
清坐吾安神，哦诗适心身。

心志青春

2020-10-31

心志青春，不容鬼魅肆纷争。
朗日乾坤，圣徒蒙福何康顺。

秋风清纯，蓝天白云走纷纷。
鸟语啼纯，惬意人间一笑温。

哦诗真诚，旷舒正义并人生。
努力灵程，力战魔敌凯歌骋。

岁月清芬，斑苍依然有精神。
奋不顾身，叩道尽力奋一生。

鼓勇人生

2020-10-31

鼓勇人生，履尽烟雨纷纷。
心志沉稳，一生感沛神恩。

秋阳清逞，和暖是此乾坤。
清坐思深，哦诗热情显呈。

红尘滚滚，太多名利损人。
务持清正，叩道灵程奋争。

力克魔阵，杀伐任起声声。
圣灵作证，必当凯归天城。

漫天晴朗

2020-11-3

漫天晴朗，心境吾悠扬。
北风作狂，清喜东篱菊绽芳。

岁月奔放，斑苍吾扬长。
清听鸟唱，读书写诗意何康。

心兴舒旷，展眼向天望。
青碧天壤，愿学飞鸟自由翔。

红尘艰苍，太多烟云漾。
慧目须张，不为名利屈身向。

心志舒广长

2020-11-3

心志舒广长，漫天晴朗。
午时阳光靓，清思平康。

人生奋志闯，难免艰苍。
烟雨是寻常，一笑安祥。

城市和平漾，晚秋正当。
万木都染黄，菊花清芳。

散思向谁讲？哦入诗章。
中正持心间，不为物障。

云淡天青

2020-11-3

云淡天青，洒脱持心灵。
秋深意境，木叶逝飘零。

阳光清俊，和暖此尘境。
菊花清新，惬我意无垠。

散坐思萦，红尘是险境。
名利损心，害人以无尽。

诗书怡情，朗哦我多情。
叩道进行，悟达彼圆明。

世界苍茫

2020-11-7

世界苍茫，霾烟又复放。
立冬今访，东篱菊绽芳。

我意悠扬，激情诵诗章。
品茗清香，逸意都扬长。

岁月舒昂，人生易老苍。
不为物障，不为名所妨。

人生昂扬，男儿展贞刚。
努力向上，叩道是志向。

岁月飞殇

2020-11-7

岁月飞殇，不觉立冬今访。
林野斑黄，点缀世界苍茫。

清坐安祥，一任思想流淌。
人生奔放，不为名利系障。

坎坷回放，履尽烟雨艰苍。
一笑爽朗，天道运转无恙。

神恩广长，思此颂赞献上。
努力舒扬，正如黄菊绽芳。

履尽人世坎苍

2020-11-7

履尽人世坎苍，依然一笑爽朗。
神恩是广长，思此有力量。

斜阳灿烂正放，立冬今日正访。
林野舒斑黄，野菊初绽芳。

心情清展悠扬，人生怀情无恙。
正义舒强刚，力战虎与狼。

世界是神所创，道义天下通畅。
正邪杀伐间，凯歌彻云响。

闲情聊放旷

2020-11-7

闲情聊放旷，撰写诗章。
一曲舒汪洋，激情奔放。

天气晴和间，木叶逝殇。
城市和平漾，车熙人攘。

思想怀千章，笔下水淌。
人生怀畅想，万里无疆。

正义舒昂扬，力战邪奸。
叩道奋贞刚，努力向上。

黄昏展夕照

2020-11-7

黄昏展夕照，心境洒潇。
立冬今日到，晴和尘表。

人生奋刚傲，不屈不挠。
努力行前道，关山迢迢。

红尘胡不好，神恩笼罩。
岁月递逍遥，正义丰饶。

诗书朗哦了，激情堪表。
远野喜鹊叫，怡我心窍。

畅意生成

2020-11-7

畅意生成，夕照正值黄昏。
清坐安稳，惬听喜鹊啼纯。

岁月进深，林野斑苍尽逞。
初冬时分，清喜和暖乾坤。

人生纵论，勿为名利奋身。
清志生成，心怀水云清芬。

黄花开盛，怡我心襟十分。
自我慰问，努力奋发刚正。

落日黄昏

2020-11-7

落日黄昏，心志展清芬。
有菊开盛，有喜鹊啼纯。

市井噪生，车水马龙阵。
清坐思深，化作诗生成。

人生奋争，叩道吾骋正。
名利损人，务弃务抛扔。

大千红尘，总有神之恩。
奋行灵程，力胜魔纷纷。

人心宜清静

2020-11-7

人心宜清静，不可物欲熏心。
淡泊持身心，叩道秉持雅静。

立冬今日临，当可收敛身心。
灯下清思省，人生意义奋寻。

履尽艰深境，依然心志纯净。
一笑爽然清，名利弃去干净。

高蹈身与心，人生不计清贫。
诗书怡心灵，朗哦适性舒情。

清雅身心

2020-11-8

清雅身心，远辞是利名。
剩有清贫，诗书怡心灵。

初冬喜晴，心志启殷殷。
奋发进行，哦诗应不停。

人生经行，履尽艰与辛。
叩道之境，渐悟入圆明。

鸟语娇俊，惬我心无垠。
黄菊清新，绽放其激情。

心地朗晴

2020-11-8

心地朗晴，正直是身心。
不为利名，折腰以相迎。

傲然劲挺，似松之苍俊。
风雨经行，磨炼我心襟。

斑苍渐临，一笑也温馨。
悟达空清，世事如浮云。

百年生命，叩道矢进行。
水云之境，一生恒仰景。

阳光清靓

2020-11-8

阳光清靓，漫天舒晴朗。
和暖尘间，身心都欢畅。

东篱菊芳，绽放其金黄。
有鸟鸣唱，有风清吹荡。

逸意心间，从容哦诗章。
一杯茗香，惬我意与肠。

世界平康，神恩正茁壮。
人民安享，灵程奋志闯。

心志舒广长

2020-11-8

心志舒广长，赞此尘间。
阳光正灿靓，和暖无恙。

初冬木叶殇，黄花正芳。
清喜天晴朗，云淡飞翔。

清坐思绪放，淡泊安康。
中心无机奸，正义昂扬。

心曲缓弹唱，浩意发扬。
正直人生场，清贫何妨。

阳光灿烂

2020-11-8

阳光灿烂，心地持浪漫。
林野好看，斑斓色泽灿。

岁月翻澜，斑苍日渐展。
一笑雅淡，诗书从容观。

生活平淡，不为名利缠。
利欲看淡，奋志吾果敢。

叩道艰难，力克魔敌缠。
胜利归还，天国是终站。

斜阳在望

2020-11-8

斜阳在望，天气喜晴朗。
叫卖声唱，城市和平漾。

初冬正当，雀鸟欢鸣唱。
逸意扬长，品茗吾安祥。

往事回放，烟云正掩漾。
青春逝殇，斑苍日渐涨。

一笑淡荡，无机之襟肠。
红尘攘攘，原非我故乡。

心志坦荡

2020-11-8

心志坦荡，无执于心间。
和暖尘壤，初冬乐无恙。

木叶逝殇，何必惹悲伤。
东篱菊芳，品格贵无疆。

岁月悠长，人生趋老苍。
一笑爽朗，豁达持襟房。

正义心间，不容机与奸。
展眼旷望，愿学鸟飞翔。

心志不取沉痛

2020-11-8

心志不取沉痛，人生奋力冲锋。
斜晖正朗送，和蔼是初冬。

小鸟娇娇鸣颂，黄花东篱丛丛。
清思展无穷，新诗脱口诵。

岁月内涵富丰，笑我斑苍渐浓。
爽然持心胸，淡荡以从容。

红尘幻变之中，桑沧表现无穷。
百年真匆匆，思此怀感动。

清新展夕照

2020-11-8

清新展夕照，黄昏正好。
初冬吾洒潇，淡眼叶飘。

岁月赐丰饶，斑苍渐老。
爽然余一笑，共缘而跑。

关山越迢迢，风光大好。
人生不惧老，因缘构造。

桑沧已看饱，不过了了。
情怀清无二，质朴雅俏。

夕照向晚

2020-11-8

夕照向晚，心境舒浩瀚。
金光闪闪，夕晖正灿烂。

清坐思展，人生不嗟叹。
努力奋战，汗水夺丰产。

人生坷坎，心志持坦然。
名利不沾，清贫吾安然。

诗书展玩，哦诗舒心胆。
一笑雅安，神恩正丰赡。

阳光书屋诗集

人生履尽坷坎

人生履尽坷坎，心志仍怀浪漫。
初冬天气正清淡，落叶飘逝翻翻。

红尘颇是好玩，名争利夺巧善。
失蹄多少英雄汉，后悔长嗟泪潸。

我自心襟浩瀚，不向名利展眼。
胸襟水云清新绽，雅洁乃是当然。

夕照此际正展，市井生活平凡。
信口哦诗激情展，一曲向谁歌喊。

清夜正好

清夜正好，心志吾孤傲。
霓虹闪俏，城市好热闹。

心情聊表，名利付草草。
不必寻找，随缘就颇好。

雄心犹高，志取彼险要。
万里迢迢，容我长奔跑。

旷怀写照，心迹入诗稿。
人生逝飘，斑苍爽然笑。

坚持正义立场

坚持正义立场，不向邪恶投降。
浩然气宇刚，男儿是铁钢。

红尘混乱无疆，鬼魅妖敌狂猖。
正义奋昂扬，力斩魔敌奸。

岁月涓涓流淌，人生不计老苍。
一笑还扬长，世界神造创。

展眼天正晴朗，喜鹊高声鸣唱。
心怀百倍壮，荷负神恩长。

畅意浮生

畅意浮生，不为名利而折身。
清贫刚正，诗书道义体精诚。

阳光清生，朗日喜鹊啼清纯。
和风惬生，浴后爽洁添精神。

岁月进深，初冬木叶逝纷纷。
大好乾坤，一生沐浴是神恩。

努力前骋，山高水深何足论。
志取刚贞，力战魔敌凯歌盛。

漫天晴朗

漫天晴朗，心志吾清芳。
黄花绽芳，林野都斑黄。

岁月艰苍，引我一笑狂。
正直扬长，弃去名利脏。

红尘无恙，神恩赐广长。
魔敌败亡，无处躲与藏。

圣徒歌唱，歌声彻云乡。
叩道之间，秋春流奔放。

旷展心襟

旷展心襟，历尽风云余泰定。
宠辱不惊，世事不过是烟云。

斜晖清映，世界温暖且和平。
初冬情景，林野斑斓成灿景。

岁月进行，老我斑苍一笑俊。
不惑之心，名利欺人抛其清。

高蹈清贫，诗书怡人秋春境。
叩道矢行，不畏艰难困苦并。

清坐安宁

2020-11-10

清坐安宁，聊品清茗添诗兴。
哦诗进行，舒出中心之激情。

旷野秀俊，初冬景象讴不尽。
心志旷清，淡眼东篱菊清新。

回思生平，狼烟惊警血泪凝。
神恩丰劲，赐我平安福康平。

努力前行，叩道之旅任险峻。
惊叹风景，奇险之中壮无垠。

人生情景

2020-11-10

人生情景，不过浮云之掩映。
桑沧幻境，名利从来是欺凌。

高蹈身心，清贫一生余劲挺。
学取流云，淡泊心襟雅然清。

诗书用劲，著书等身何清俊。
一生虚心，叩道之境入烟云。

坎坷生涯余坚挺

2020-11-10

坎坷生涯余坚挺，岁月任其逝飘零。
初冬日暮心志凝，向学勤奋努力行。
修心无止矢上进，一似松柏之苍俊。
展眼田野斑斓景，坦然心襟吁无垠。

第二十三卷《入云集》

芳怀清好

2020-11-10

芳怀清好，人生苍烟绕。
红尘笑傲，名利已弃掉。

正直心窍，无机乐逍遥。
清贫就好，诗书怡情抱。

人生迢迢，艰苍免不了。
积淀诗稿，心迹从中表。

初冬来了，夜晚华灯照。
心情堪表，激情撰诗稿。

岁月总有清芬

2020-11-10

岁月总有清芬，窗外霓虹正逞。
初冬天气温，灯下哦真诚。

人生况味纷纷，舒出心中精诚。
正义吾刚正，不共世沉沦。

名利何足细论，吾只中庸是问。
共缘行旅程，山水乐缤纷。

道义一生敬遵，无机心地雅芬。
修心务秉诚，人格力培成。

正直人生场

2020-11-12

正直人生场，不容机奸。
无机我扬长，名利弃光。

诗书养昂藏，豪情何刚。
晨昏纵哦唱，悠悠情长。

阳光灿然放，和蔼尘壤。
初冬木叶殇，菊正绽芳。

清坐思绪旷，雅撰诗章。
舒出我情长，一曲沧浪。

斜晖朗照

2020-11-12

斜晖朗照，林野斑斓俏。
心兴大好，哦诗舒情骚。

人生渐老，开怀余一笑。
红尘度了，名利弃而抛。

品茗兴高，展眼苍烟绕。
岁月逝飘，心态还年少。

淡定心窍，不为名利扰。
清贫就好，诗书吾笑傲。

苍茫展夕照

2020-11-12

苍茫展夕照，心兴清好。
人生不骄傲，谦和力保。

岁月飞洒潇，清度安好。
任起风雨嚣，兼程飞跑。

风光览尽了，秀丽奇峭。
五湖归来早，朗然一笑。

诗书纵笑傲，哦诗适窍。
田园丽且妙，怡我情抱。

流光飞迅

2020-11-12

流光飞迅，初冬正届临。
暮色苍劲，暝烟初掩映。

灯下哦吟，舒出我激情。
红尘多辛，桑沧觑淡定。

心志犹殷，奋志万里径。
履历风云，叠变吾何惊。

奋发雷霆，涤腐务启新。
世界均平，神恩赐丰盈。

散思旷生成

2020-11-13

散思旷生成，雅听喜鹊啼声声。
天晴朗日逞，惬意小风吹清纯。

岁月旷进深，老我斑苍何足论。
一笑还馨温，君子人格力培成。

红尘浊浪滚，狼烟袭来淡定生。
名利不必争，笑傲尘世吾雅芬。

展眼这乾坤，大化弄人难算准。
沐浴神之恩，导引灵性之旅程。

坦荡心襟

2020-11-14

坦荡心襟，叠遭变故吾不惊。
喜鹊旷鸣，初冬景象怡人心。

岁月芬馨，一似老酒之醇清。
一笑温情，神恩丰富导我行。

天气喜晴，朝日光芒和暖境。
木叶飘零，诗书人生不胜吟。

红尘多辛，人生艰危不堪云。
努力前行，叩道征途越万岭。

展眼这尘壤

2020-11-14

展眼这尘壤，烟云苍茫。
初冬景萧凉，木叶逝殇。

清喜天晴朗，阳光明靓。
喜鹊欢鸣唱，动我情肠。

雅将新诗唱，舒出激昂。
正气中心彰，力战邪奸。

红尘真攘攘，利锁名缰。
吾持清心肠，遁向田间。

逸意飞扬

2020-11-14

逸意飞扬，漫哦诗章，
激情狂泻向谁讲？孤旅不嗟怅。

红尘攘攘，水云何方？
胸怀正气谁能挡？独立讴扬长。

诗书研讲，胸襟汪洋，
济世情怀乐无恙，正义恒宣扬。

世界苍茫，名利欺诳，
清心正意吾安祥，不惧岁苍凉。

第二十三卷 《入云集》

心志勿彷徨

2020-11-14

心志勿彷徨，人生奋闯。
夕照正金黄，闪射余光。

情怀向谁放？孤旅艰苍。
回首烟云漾，幻变桑沧。

一笑爽然畅，人生昂扬。
神恩赐丰穰，导我前航。

正直心地间，荷担风狂。
风雨兼程闯，不屈顽强。

淡荡心襟

2020-11-15

淡荡心襟，览尽尘世之烟云。
一笑温馨，人生只是共缘行。

斜阳灿俊，天晴旷喜鸟欢鸣。
聊品清茗，中心情怀入诗吟。

黄花开俊，漫地落叶添诗兴。
开怀哦吟，舒出人生之激情。

往事回映，只是艰苍不必云。
奋向前行，高山峻岭越无垠。

云天爽净

2020-11-15

云天爽净，东风吹劲，
斜晖清映，洒脱持心襟。

心志分明，人生奋进，
辞去利名，安心处清贫。

正义盈襟，力克险境，
叩道进行，心得入诗吟。

红尘惊警，狼烟经行，
悟达空清，圆明领于心。

暮烟初浓

2020-11-15

暮烟初浓，激情于心中。
旷意风动，哦诗舒情浓。

红尘汹涌，名利骋其功。
造化作弄，人生多雨风。

努力前冲，关山越万重。
真的英雄，不在意苦痛。

宿鸟啼颂，晚霞灿无穷。
清意哦讽，一曲向谁送？

蓝天白云

2020-11-16

蓝天白云，舒展其多情。
爽洁持心，新诗雅哦吟。

人生经行，无畏风雨凌。
一笑清新，悟道是空清。

有鸟娇鸣，林野斑斓境。
朝日光明，宇宙洁且清。

岁月飞行，斑苍仍多情。
不计利名，诗书哦清劲。

人生旷意而多情

2020-11-16

人生旷意而多情，易损心灵，
易损心灵，风雨艰苍不堪云。

蓝天飘泊彼白云，小鸟娇鸣，
小鸟娇鸣，更有爽风适意境。

高歌一曲纵入云，快慰于心，
快慰于心，悟道深入彼圆明。

初冬木叶纷飘零，诗意弥襟，
诗意弥襟，从容慨慷哦不停。

洒脱持心

洒脱持心，天际走浮云。
天色卵青，清风惬意境。

人生多辛，苦难是常寻。
奋志追寻，叩道矢进行。

散思空灵，化为诗句吟。
人生情景，一似云飘行。

而今何云？吐出心志清。
愿共风行，去向天涯境。

心怀淡定，不惹利与名。
高蹈清贫，诗书纵哦吟。

坦腹清俊，悠听鸟清鸣。
生活和平，神恩领不尽。

云飞淡荡 （之一）

云飞淡荡，天喜晴朗，
鸟欢鸣唱，天气暖洋洋。

我自昂扬，旷哦诗章，
激情奔放，况复品茗香。

人生扬长，名利弃放，
素志贞刚，叩道展意向。

风雨兼闯，不惧强梁，
傲立强刚，如松之茂昌。

漫地落叶倩谁扫

漫地落叶倩谁扫？心志入诗表。
林野喜鹊欢鸣叫，东风写意潇。

初冬风光展微妙，黄菊开犹俏。
萧瑟野景不堪描，心兴容高蹈。

平生意气舒笑傲，清贫免不了。
正气依然展刚傲，名利已辞掉。

诗书人生吾叩道，关山越迢迢。
胸心由来无机巧，素朴似芳草。

云飞淡荡 （之二）

云飞淡荡，风吹浩荡。
天气喜晴朗，和暖此尘间。

心志张扬，慨哦诗章。
人生不迷茫，心灵展力量。

清贫何妨，正气昂扬。
不屈名利场，傲骨撑天苍。

诗书之间，觅寻灵粮。
穿过风雨艰，天终有晴朗。

斜照苍茫

斜照苍茫，小雪节气今正当。
风吹林响，漫地落叶诗意扬。

心不愁怅，雅将新诗来哦唱。
志取铿锵，男儿热血恒流淌。

老我即将，未许孤愤或悲怅。
努力向上，克己修身有荣光。

诗书昂扬，体道人生真奔放。
不屈矢闯，高山流水风光靓。

奋志刚正

奋志刚正，不屈沧桑与年轮。
努力前骋，履尽风光美不胜。

岁月进深，而今斑苍依清纯。
展眼云层，天气惜阴兼且冷。

初冬时分，木叶稀疏飘成阵。
独立乾坤，男儿鼓志恒壮盛。

一笑雅温，风雨过后心不冷。
淡度红尘，好个缘字幻层层。

心志不取苍凉

2020-11-24

心志不取苍凉，人生奋力向上。
克尽千重艰，心怀红太阳。

此生风雨艰苍，履尽心酸心伤。
所赖神恩壮，赐我以安康。

初冬天气寒凉，夜幕笼罩尘间。
灯下清思想，提笔吐诗行。

窗外霓虹正亮，路上车声交响。
振志舒扬长，努力迎难上。

淡定情肠

2020-11-25

淡定情肠，悠悠人生吾何讲。
心怀阳光，不畏风雨不畏艰。

微笑之间，不觉已履关山壮。
回首瞬间，何许泪下洒双行。

热血犹刚，正直一生不投降。
力战邪奸，男儿豪勇冲天壤。

阴云宇间，总赖爽风吹清旷。
散思奔放，欣赏林野俱斑苍。

一曲高唱，不必震惊世人肠。
桑沧无恙，流年长泻真如狂。

不计老苍，谈笑之间流光漾。
悟达平康，共缘而行也安祥。

人生吾驰骋

2020-11-25

人生吾驰骋，履尽山高水深。
爽然一笑温，一生感沛神恩。

红尘浊浪滚，太多名利纷争。
吾心持净纯，遁向田园山村。

诗书吾倾身，朗哦冬夏秋春。
舒出我刚正，记录心志缤纷。

天阴风阵阵，初冬清显寒冷。
清坐品茗芬，一篇新诗清呈。

清意旷栽成

2020-11-25

清意旷栽成，人生从容而论。
天气任阴沉，心志依然清芬。

啼鸟鸣清纯，惬我意兴十分。
况复品茗温，逸意中心升腾。

初冬天寒冷，木叶飘逝纷纷。
诗书我奋身，纵哦激情缤纷。

岁月是飞奔，老我斑苍日深。
雅然度红尘，名利辞去安稳。

心志温让

2020-11-25

心志温让，旷对岁月艰。
一笑朗爽，神恩领无恙。

天阴风畅，木叶逝飘扬。
初冬安祥，清思也扬长。

人生奔放，一似水流殇。
老我即将，悠悠哦诗行。

名利虚诳，害人以无限。
清贫何妨，正义吾贞刚。

心境不取苍苍

2020-11-25

心境不取苍苍，奋发人生昂扬。
天阴风吹翔，行路健且康。

路上车声轰响，市井熙熙攘攘。
余意展平康，悠扬持心肠。

人生名利弃放，剩有清贫安享。
诗书体扬长，叩道任艰苍。

一笑也自温让，百年是一缘放。
天地旷无疆，胸心持雅量。

夜黑华灯放

2020-11-25

夜黑华灯放，心情舒畅。
人生纵马狂，万里无疆。

笑意清新漾，神恩茁壮。
努力奋向上，不惧艰苍。

岁月展温让，风雨任狂。
心志持淡荡，名利弃放。

叩道吾贞刚，雄心奔放。
悟彻圆明间，慧烛燃亮。

窗外冬雨洒降

2020-11-25

窗外冬雨洒降，霓虹闪烁魅光。
清坐思绪畅，提笔撰诗行。

人生情志张扬，千关已经径闯。
一笑还温让，君子人格彰。

向阳是我襟房，力战邪恶诡奸。
世界神造创，光明敷人间。

笑我华发渐苍，依然心怀晴朗。
向上颇昂扬，正直且端方。

岁月流畅

2020-11-25

岁月流畅，清喜冬雨滴沥降。
灯下思想，人生奋志振慨慷。

一生昂扬，履尽艰险并关障。
正直之间，修心养德也无疆。

红尘攘攘，迷烟四绕遮眼障。
慧烛务掌，透过雾霾现阳光。

百年苦艰，赢得开怀一笑朗。
神恩广长，思此心地起温让。

岁月雅芬

2020-11-25

岁月雅芬，人生奋志在乾坤。
冲决困城，不为名利而竞争。

孤独此生，咽尽凄雨并风声。
朗哦声声，舒出心地之精诚。

感谢神恩，灵程丰盛美不胜。
安度晨昏，享受诗书也怡神。

此际思深，一倾心血哦诗成。
呼出心身，原也质朴且清纯。

夜雨清降吾何讲

2020-11-25

夜雨清降吾何讲，灯下清展思想。
人生履历也艰苍，而今一笑爽朗。

五十五载成既往，笑傲尘世桑沧。
清贫正义舒强刚，诗书体道安祥。

四围静悄唯雨响，声声打在心房。
半生往事细回想，何许泪水潸淌。

奋志依然往前闯，风光雄美阔壮。
男儿英武持襟肠，正直傲岸伟刚。

雅洁情思堪讴唱

2020-11-25

雅洁情思堪讴唱，窗外冬雨起清响。
闪烁百变霓虹靓，镇定清持是心肠。
履尽尘世风与浪，五湖归来一笑昂。
正义襟怀合哦唱，清风明月适意向。

清风明月适意向，功名利碌不必讲。
诗书叩道吾安祥，持正击邪奋贞刚。
任从血泪潸潸淌，一生正直无伪奸。
老来斑苍意舒扬，淡眼世事任桑沧。

激情澎湃哦诗章

2020-11-25

激情澎湃哦诗章，舒出人生之慨慷。
冬雨任从打清响，室内和暖如春仿。

岁月侵鬓吾何讲，豁达随缘一笑扬。
好是红尘幻无恙，一曲正义讴扬长。

一曲正义讴扬长，净怀不容一丝奸。
叩道履历艰与苍，心志奋处昂并扬。
诗书人生容涤荡，道义深处体昂藏。
萧萧白发任增长，不屈尘世之桑沧。

人生秉诚

2020-11-26

人生秉诚，履尽风雨与艰深。
一笑和温，屹立不倒靠神恩。

岁月清芬，初冬清风爽吹逞。
细雨纷纷，木叶逝飘好缤纷。

心思旷深，中心情志谁慰问？
努力奋争，正直傲岸度秋春。

名利弃扔，高蹈诗书叩道诚。
修心怡神，淡泊康乐也馨芬。

履历红尘

2020-11-26

履历红尘，豁达人生心不疼。
一笑清生，淡泊康宁持清正。

岁月进深，斑苍无妨我精诚。
叩道奋身，心得体会入诗申。

红尘滚滚，机奸巧诈真不胜。
无机心芬，遁向田园并山村。

辞去纷争，清贫度世原安稳。
正直一生，积德自是雅十分。

细雨濛濛

2020-11-26

细雨濛濛，初冬木叶凋谢中。
清风徐送，惬意人生慨讴颂。

红尘谁懂？大化弄人真无穷。
斑苍之中，豁达一生也轻松。

固守贫穷，镇日新诗雅讴咏。
心志中庸，不妄纷争不邀功。

人生情浓，向往展翅万里冲。
快意雨风，磨炼心志也刚雄。

远处鞭炮又嚣响

2020-11-26

远处鞭炮又嚣响，红尘攘攘，
红尘攘攘，清心原不受影响。

清品一杯雀舌芳，意气长扬，
意气长扬，别致新诗脱口唱。

岁月进深原无妨，任起斑苍，
任起斑苍，也无牢骚也无狂。

清平度日正安康，情志温让，
情志温让，儒雅人生迈远长。

闲情舒旷之间

2020-11-26

闲情舒旷之间，履尽岁月苍苍。
不屈名利场，奋志吾贞刚。

窗外细雨清降，远野濛濛雾障。
清风来吹翔，我意大平康。

路上车行熙攘，心志婉转扬长。
新诗从容唱，讴出襟怀芳。

神恩无比广长，思此心起力量。
灵程奋勇上，叩道不惧艰。

心志聊舒广长

2020-11-26

心志聊舒广长，人生奋发力量。
红尘原无恙，神恩敷隆昌。

努力自励自强，挥洒热情无疆。
汗水不白淌，业绩创辉煌。

履尽风雨艰苍，终有坦平晴朗。
心志吾阳光，男儿傲骨刚。

岁月清展莽苍，细雨任其洒降。
清风缕缕航，逸意心地间。

鼓勇人生

2020-11-26

鼓勇人生，心志吾缤纷。
窗外雨声，打动我心身。

初冬时分，天气不算冷。
清风阵阵，聊以作慰问。

清坐安稳，时光逝纷纷。
斑苍日深，而今吾何论？

努力前骋，时光勿虚扔。
万里征程，风光正雄浑。

心志青春

2020-11-26

心志青春，名利矢不争。
奋发刚正，傲立在乾坤。

嗟此红尘，幻化真无伦。
桑沧成阵，人生梦中奔。

叩求神恩，导我出迷城。
灵程奋争，天国有永生。

叩道此生，履尽风雨深。
思想生成，著书应等身。

第二十四卷《心光集》

激情岁月堪写照

2020-11-26

激情岁月堪写照，流年风烟入诗稿。
窗外冬云冷雨萧，清坐室内意逍遥。
品茗清兴旷无二，朗哦新诗舒才调。
一曲正气入云高，人生茁壮也洒潇。

鸟啭情长

2020-11-26

鸟啭情长，心志吾奔放。
天阴无妨，清风正吹翔。

初冬无恙，体道吾安祥。
灯下思想，人生正气昂。

小哦诗章，吐出情与向。
字里行间，热血在流淌。

青春逝殇，斑苍日增长。
一笑温良，叩道永无疆。

心志不取沉痛（之一）

2020-11-26

心志不取沉痛，人生奋发刚猛。
时正值初冬，灯下清哦讽。

人生已近成翁，淡然一笑从容。
爽洁持襟胸，不妄去盲从。

叩道成竹在胸，逸意如云如风。
世界谁真懂？造化多作弄。

岁月真觉匆匆，年华逝去无踪。
我心怀感动，思想启无穷。

温和心地间

2020-11-26

温和心地间，思想起广长。
灯下哦诗章，初冬微寒凉。
岁月流无恙，斑苍不萧怆。
怡情何所讲？一曲正义彰。

温和心地间，清坐吾安祥。
华年逝奔放，故事演无疆。
淡眼观桑沧，心兴起悠扬。
人生不孟浪，修心叩道藏。

温和心地间，感想入诗唱。
废话不宜讲，努力奋贞刚。
已履山万幛，风光铭襟房。
风雨任艰苍，一笑也澹荡。

温和心地间，诗书润心肠。
镇日纵哦唱，情志舒扬长。
感慨化诗行，知音何处访？
世事任茫苍，不必泪双行。

华灯灿放

2020-11-26

华灯灿放，天气任寒凉。
哦诗激昂，声韵展铿锵。

人生奔放，因我无机奸。
名利弃放，清贫吾安享。

诗书无恙，是我生命粮。
镇日哦唱，写诗适心房。

红尘攘攘，水云勿相忘。
松径山岗，一生恒向往。

人生奋志昂扬

2020-11-26

人生奋志昂扬，不取萧凉，
不取萧凉，万里迎难纵马狂。

窗外霓虹闪亮，清坐安祥，
清坐安祥，写诗舒发我中肠。

流年似水之殇，引我遐想，
引我遐想，人生意义在何方？

正直一生履艰，果敢顽强，
果敢顽强，不屈奸邪不怕狼。

人生无恙

2020-11-26

人生无恙，纵情以歌唱。
声震穹苍，遏住云之翔。

岁月苍凉，灯下展思想。
霓虹闪亮，未可受迷茫。

体道昂扬，正直人生场。
力战恶奸，血泪任淯淌。

老来斑苍，爽然一笑朗。
韶华飞殇，业绩创辉煌。

人生易老

2020-11-26

人生易老，何必揽镜照。
奋志刚傲，努力行远道。

关山迢迢，风光已览饱。
朗然一笑，心怀持微妙。

向学志高，晨昏哦诗稿。
书山攀了，赢得苍苍老。

回首观照，千山竞度了。
积淀诗稿，南山风骨标。

天气阴晴之间（之一）

2020-11-27

天气阴晴之间，冷风吹击狂狷。
喜鹊欢鸣唱，自得其所向。

我自心境悠扬，闲撰新诗激昂。
一杯绿茗香，诗意正增长。

人生履尽苦艰，不必痛心失望。
神恩广无疆，赐我以平康。

努力奋发向上，不为物欲所障。
性天舒晴朗，长嗅爽风旷。

心境平旷

2020-11-27

心境平旷，远处歌声正嘹亮。
悠悠情肠，向谁倾吐向谁讲？

霓虹闪亮，初冬夜晚天寒凉。
灯下思想，人生奋志慨而慷。

矢展顽强，正直一生端而方。
风雨任艰，努力兼程万里航。

江山秀壮，惬我情怀真无恙。
老来斑苍，豁达一笑也扬长。

晴和宇中

晴和宇中，雾霾笼罩郁长空。
信步从容，心志情志也高耸。

岁月匆匆，人渐苍老一笑从。
时光弹送，五十五载逝无踪。

华年断送，心迹哦入诗稿中。
积淀厚丰，回首少年烟霭中。

努力前冲，英武心迹原刚雄。
名利何功？容我淡泊烟霞中。

苍烟四野骋

苍烟四野骋，雾霾横乾坤。
朔风成阵，木叶逝缤纷。

红尘浊浪滚，几人持清纯？
傲立乾坤，男儿吾挺身。

艰辛不必论，人生务驰骋。
斑苍日深，一笑还馨温。

浪漫持心身，谦和拥书城。
哦咏真诚，舒出我精神。

朔风萧萧

朔风萧萧，天阴木叶曼逝飘。
清坐兴高，从容哦诗适情窍。

人生奋跑，赢得霜华并衰老。
容我洒潇，诗书晨昏朗哦了。

岁月飞飘，世事桑沧觑破了。
淡然一笑，缘起缘落正如潮。

红尘谙饱，名利争夺不必瞧。
在意田樵，松间小径意何逍。

行走江湖上

行走江湖上，险恶风浪。
依然一笑昂，情怀舒爽。

夜黑华灯放，朔风吹狂。
室内暖洋洋，饭后悠闲。

岁月飞流畅，不计斑苍。
奋发男儿旷，鼓志顽强。

阖家享平康，神恩广长。
努力灵程上，克尽艰苍。

心情大好

心情大好，淡看云烟绕。
品茗意逍，新诗脱口造。

岁月逝飘，斑苍不嗟老。
仲冬晴好，风吹正洒潇。

有鸟鸣叫，适我情怀抱。
开怀大笑，人生胡不好。

努力前道，关山任迢迢。
攀越险要，一览风光妙。

祥云布空

祥云布空，心地喜冲冲。
信口而讽，振节吾哦颂。

人生情钟，履尽烟雨浓。
斑苍之中，回首泪应涌。

岁月苍浓，幻化桑沧重。
如烟如梦，世事真空空。

心志清空，诗书怡情浓。
吐出襟胸，原也不苟同。

洒脱襟胸

2020-12-8

洒脱襟胸，人生患难与共。
　努力前冲，关山履历从容。

红尘汹涌，名利杀人凶凶。
　清我心胸，遁向田园村中。

诗书清讽，吐出情志如风。
　真的英雄，应许心怀清空。

随缘行动，笑意从心而动。
　有风来送，爽我心意无穷。

天气又复转阴

2020-12-10

天气又复转阴，我心倾出多情。
　浴后正爽清，气宇纵凌云。

红尘履历艰辛，身心伤痛殷殷。
　神恩旷无垠，导引入康平。

岁月使余奋兴，其中多有美景。
　不必持伤心，前旅有光明。

宇宙广阔无垠，叩道深入进行。
　心志正分明，努力奋前行。

心襟应许多情

2020-12-10

心襟应许多情，人生奋志而行。
　关山多险峻，秀美真无垠。

此生忧患饱经，履尽痛苦伤心。
　老来怀镇定，淡眼看流云。

世事不过浮云，名利害人惊心。
　豁达持心灵，洒脱慨慷行。

清贫并不要紧，贵在持有心灵。
　正直吾刚劲，不屈威并淫。

世事履历艰苍

2020-12-10

世事履历艰苍，身心未可萧凉。
　展转这桑沧，一笑还爽朗。

此际冬云正酿，阴霾笼罩穹苍。
　清坐展思想，人生奋昂扬。

不屈困难苦艰，男儿是有豪刚。
　正义天地间，大道必通畅。

神恩无比广长，思此心涌热浪。
　人生客旅间，天国是家邦。

心志不取沉痛（之二）

2020-12-11

心志不取沉痛，人生奋志前冲。
　山水历无穷，快哉我心胸。

尘间雾霾正笼，叹息究有何功。
　污染惜深重，人欲祸无穷。

人生奋发刚雄，诗书一生情钟。
　旷意而哦讽，舒出情味浓。

百年真不久永，我已斑苍浓重。
　悟彻这清空，共缘而行动。

天气阴晴之间（之二）

2020-12-11

天气阴晴之间，雾霾十分狂猖。
　清坐理心簧，哦出新诗行。

一杯绿茗清芳，袅起意兴长扬。
　冬日天寒凉，心情求舒畅。

岁月无比奔放，赐我华发斑苍。
　人生客旅间，时光真飞殇。

努力舒展阳刚，男儿是有雅量。
　正直人生场，不惧艰与苍。

悠悠旷展心襟

2020-12-11

悠悠旷展心襟，天气惜又沉阴。
品茗吾奋兴，新诗脱口吟。

人生履尽艰辛，依然心怀激情。
展眼苍烟境，努力奋前行。

身心秉持清灵，不为物欲分心。
淡泊享清贫，诗书纵哦吟。

岁月赐人苍鬓，不可消沉伤心。
天际有美景，光明持心灵。

朔风吹劲

2020-12-11

朔风吹劲，雾霾尚未扫清。
清坐思凝，人生奋志而行。

关山峻岭，磨炼苍苍心襟。
回首思盈，半生坎坷艰辛。

男儿坚挺，不屈苦难困境。
诗书哦吟，舒出英武心灵。

世事难云，好个缘字经营。
神恩无垠，导引灵程康平。

奋志旷展凌云

2020-12-11

奋志旷展凌云，心地不取酸辛。
世事吾饱经，一笑仍分明。

岁月添人意兴，回首烟云褰行。
苍了颜与鬓，仍怀少年情。

大千雾霾笼行，天阴清寒之境。
洒脱持心襟，诗句哦空灵。

人生一如梦境，百年生死经营。
叩道力前行，心志体刚劲。

远际歌声又嘹亮

2020-12-11

远际歌声又嘹亮，心地起清怅。
激情岁月似水淌，华年逝无恙。

读书兴味岂寻常，高声诵诗章。
舒出正气并慨慷，人生纵飞扬。

一生不计名利间，享受清贫况。
腹有诗书意昂扬，力战邪与奸。

时值仲冬冷寒彰，夜黑华灯放。
心曲吐出原情长，知音在何方？

孤旅人生不嗟怅

2020-12-11

孤旅人生不嗟怅，随口哦出诗章。
展转桑沧意犹刚，力战恶虎凶狼。

时事何必费平章，只是一枕黄粱。
而今斑苍吾何讲，一笑原也安祥。

平生正直且刚强，不屈险风恶浪。
半生履尽烟雨艰，依然心志高昂。

神恩赐福真无疆，导引灵程向上。
天国才是永恒乡，福乐何其丰穰。

天气阴晴颇不定

2020-12-12

天气阴晴颇不定，振奋身心，
慨慷哦吟，一任雾霾笼尘境。

岁月侵上余双鬓，一笑分明，
悟达空清，人生只是共缘行。

展转桑沧不必云，诗书经营，
新诗旷吟，著书等身也多情。

神恩丰富用心领，灵程奋进，
叩道进行，心襟潇潇如风清。

漫地落叶倩谁扫

2020-12-14

漫地落叶倩谁扫，诗意弥满襟抱。
天气晴和心情好，散步吾也洒潇。

只是朔风吹刚傲，冷寒袭击尘表。
岁月飞逝惊心窍，冬至行将来到。

人生努力舒怀抱，应将悲怆全抛。
神恩广大且笼罩，赐我平安康好。

华年旷飞何必表，斑苍年岁渐老。
淡眼豁达展一笑，共缘旅行颇好。

苍苍是我心襟

2020-12-14

苍苍是我心襟，人生奋发干劲。
不惧斑苍之临，不惧冷寒正峻。

心地晴朗光明，向往美好远景。
履尽坎坷艰辛，坦然一笑清平。

岁月添人奋兴，苦痛类若浮云。
老来情怀刚劲，一似老松苍青。

诗书容我经营，哦吟镇日也行。
舒出情思空清，共风飞往野境。

漫天晴朗

2020-12-14

漫天晴朗，雾霾已褪光。
心地欢畅，新诗脱口唱。

人生扬长，不为名利狂。
清贫安享，诗书纵讴唱。

红尘无恙，故事演无疆。
回思畅想，一笑豁达间。

展眼旷望，云天多苍茫。
欲展翅膀，飞向天涯间。

朔风呼号

2020-12-14

朔风呼号，天气喜晴好。
白云飘飘，我心开怀笑。

岁月逝销，落叶漫地飘。
心怀高傲，奋志叩大道。

人生迢迢，不惧艰深饶。
正直为要，清贫吾安好。

诗书涤抱，雅吐情怀妙。
斑苍任老，爽然余一笑。

蓝天流变白云

2020-12-19

蓝天流变白云，煦阳洒着清新。
冬日虽寒境，心志且和平。

人生分外多情，笑我华发苍鬓。
努力奋前进，叩道任艰辛。

红尘多有险境，磨难苦痛常寻。
神恩广无垠，赐福何丰盈。

品茗心意芬馨，诗书容我经营。
旷怀持空灵，哦诗有激情。

斜晖清洒照

2020-12-19

斜晖清洒照，心境吾大好。
白云悠悠飘，淡霭远野罩。
木叶逝而凋，诗书怡襟抱。
哦诗舒清潇，洒然向谁道?

苍茫展夕照

2020-12-19

苍茫展夕照，心志吾洒潇。
情怀向谁表，孤旅奋刚傲。
人生浮萍草，共缘长奔跑。
心态应良好，名利须抛掉。

第二十四卷 《心光集》

灿然是此华灯

2020-12-19

灿然是此华灯，新月初上温存。
清坐思绪纷，哦诗吐真诚。

人生向前驰奔，履尽山高水深。
回首烟阵阵，往事何必论。

努力奋发刚正，男儿傲立乾坤。
力战虎狼阵，血泪任潸纷。

百年一似风生，转眼华发丛生。
朗然一笑芬，悟彻这世尘。

心境此际和温

2020-12-19

心境此际和温，灯下思绪翻腾。
人生奋力驰骋，履历山水雄浑。

男儿当展刚正，不屈虎狼成阵。
大道必当通顺，神恩赐与丰盛。

前路山高水深，风光应许缤纷。
不计斑苍丛生，一笑旷朗清纯。

诗意清度人生，清贫任其生成。
叩道烟雨兼程，豪情冲天旷生。

感谢神恩

2020-12-19

感谢神恩，导引我人生。
阖家馨芬，享受此温存。

天气任冷，哦诗适心身。
回思人生，感慨万千生。

努力灵程，力战魔敌纷。
天国永恒，不老是永生。

展转秋春，岁月任进深。
一笑和温，心志不会冷。

心志不取广深

2020-12-20

心志不取广深，笑容依然纯真。
奋志在乾坤，正直度人生。

天气一任其冷，室内和暖安稳。
聊哦诗真诚，一吐我心芬。

岁月不断进深，斑苍任其加增。
滚滚是世尘，故事演不胜。

努力向前驰骋，风光览尽雄浑。
艰险不必论，风雨任生成。

积雪岂肯销融

2020-12-30

积雪岂肯销融，天气冷寒正重。
劲吹是朔风，天晴阳光送。

不计年近成翁，奋发男儿刚雄。
惬意诗书中，容我旷哦讽。

人生是有情钟，华发任其飘风。
一笑还和慵，激情中心涌。

展望来年情动，未来任起雨风。
洒脱持襟胸，共缘也从容。

积雪初销融

2020-12-31

积雪初销融，天寒地冻。
清喜阳光送，喜悦心中。

清坐旷哦讽，一曲清空。
旧年逝无踪，洒脱襟胸。

红尘是汹涌，幻化无穷。
人生百年匆，一似做梦。

努力往前冲，叩道奋勇。
心中有彩虹，七彩闪动。

夕照散余光

2020-12-31

夕照散余光，心志奔放。
一年回首间，风云苗壮。

新年长瞻望，烟雨苍茫。
奋发我顽强，长途驱闯。

男儿是好钢，百倍强刚。
不屈困与障，旷飞天疆。

岁月多茫苍，一笑淡荡。
绝不迷方向，正直心肠。

清坐展思想

2020-12-31

清坐展思想，心意苍茫。
展眼长旷望，云天淡荡。

残雪田野间，洁白无限。
激情心地间，小起波浪。

人生吾畅想，荷负艰苍。
一笑仍爽朗，万里无疆。

红尘是攘攘，因缘幻相。
努力奋志航，风光奔放。

清平心地间

2020-12-31

清平心地间，流年更张。
岁末回首望，故事烟障。

我已渐老苍，心犹强壮。
奋志之所向，是在远方。

百年履艰苍，一笑旷放。
豁达也无恙，共缘飞翔。

未来存希望，当展奔放。
努力风雨间，磨炼顽强。

第二十五卷《旷思集》

新年开笔运气高

2021-1-1

新年开笔运气高，海内紫气腾九霄。
人生奋志万里遥，山水征途风光好。
不惧斑苍叩大道，正意弥襟满怀抱。
红尘逍逍胡不好，清心度日也洒潇。

朝旭初升

2021-1-1

朝旭初升，海内喜气盈乾坤。
新年启程，瞻望未来锦绣春。

心怀感恩，颂赞天父恩典深。
灵程奋争，一心叩道山水程。

岁月馨芬，老我斑苍不必论。
努力前骋，览尽风光美不胜。

笑意清生，阖家康乐享天伦。
清贫勿论，诗书秋春也精神。

蓝天青碧堪欣赏

2021-1-1

蓝天青碧堪欣赏，欣逢元旦喜襟房。
田野积雪未销减，寒气袭人方正壮。
心怀淡荡何所想，未来瞻望亦安祥。
正义人生奋力闯，山水高远正清苍。

岁月舒其清芬

2021-1-1

岁月舒其清芬，新年又启征程。
窗外鞭炮正声声，喜气盈乾坤。

品茗心意扬升，哦诗热情生成。
努力前路风光纯，秀出我精诚。

困难苦恼勿论，人生长足精神。
一生沐浴是神恩，努力走灵程。

笑我华发清生，心性依持拙正。
叩道不计艰与深，圆明觉性纯。

清怀雅淡宜歌唱

2021-1-1

清怀雅淡宜歌唱，新年正有新气象。
天晴风和心境爽，阖家康平乐未央。
正义心襟发扬长，慨慷意气展贞刚。
英武胸襟抬眼望，世界清新沐明光。

阳光灿靓（之一）

2021-1-1

阳光灿靓，心地乐平康。
元旦正当，心志吾清昂。

向前向上，未可稍颓唐。
叩道奔放，一生努力闯。

岁月悠扬，惜我已斑苍。
一笑安祥，豁达真无恙。

奋志贞刚，男儿有豪放。
雪压梅芳，春来不会长。

休闲正无恙

2021-1-1

休闲正无恙，抛开诗书不必讲。
品茗意悠扬，展眼窗外阳光靓。

残雪销融间，元旦假日心欢畅。
阖家喜洋洋，天伦之乐享安祥。

神恩正茁壮，导引灵程正方向。
叩道履艰苍，依然一笑颇爽朗。

世事何必讲，不过幻化彼桑沧。
努力奋志向，不负华年活一场。

蓝天正晴朗

2021-1-1

蓝天正晴朗，有鸟纵飞翔。
残雪不必讲，春来岂久长。

岁月真莽苍，华年逝无恙。
元旦方正当，心志乐平康。

叩道是志向，践履何慨慷。
诗书一生访，哦咏何快畅。

名利何必讲，弃之在路旁。
万里征程壮，关山舒青苍。

笑意淡淡浮上

2021-1-1

笑意淡淡浮上，新年心志更张。
努力要去干一场，不能耽悠闲。

诗意人生平章，不过悲喜苍凉。
悟彻大道心悠扬，豁达真无疆。

诗书一生研讲，哦诗热情奔放。
捧出赤子之心房，舒出正气昂。

天气旷喜晴朗，残雪销融正忙。
清坐对着彼阳光，思想展扬长。

气爽神清

2021-1-1

气爽神清，纵情我哦吟。
遏住行云不必惊，诗人大有心情。

斜阳清俊，蓝天青碧映。
田野余雪待销尽，冷风扑面清新。

岁月殷殷，元旦今日临。
欢喜心境并心灵，新诗脱口哦吟。

努力前行，不计艰与辛。
男儿志取彼凌云，名利抛弃空清。

拙正心地间

2021-1-2

拙正心地间，抬眼旷望。
冬阳正苍苍，残雪野间。

岁月舒奔放，新春正当。
努力展清昂，矢志向上。

克尽千重艰，一笑朗爽。
男儿是铁钢，坚韧顽强。

不为名利诳，叩道贞刚。
何惧老来访，身心安祥。

斜晖清朗吾何讲

2021-1-2

斜晖清朗吾何讲，淡泊心地间。
假日心情颇欢畅，读书意洋洋。

开口我要放歌唱，神恩正广长。
人生奋力向前方，冲决关与嶂。

一点雄心比铁刚，男儿具豪放。
不屈艰苍与困障，万里迎难上。

天气冷寒何必讲，新年新气象。
努力开辟新路向，矢志创辉煌。

暮色初凝

2021-1-2

暮色初凝，红霞西天映。
冷寒觉峻，门窗俱关紧。

岁月进行，心志恒殷殷。
努力前进，天涯风光俊。

红尘多辛，笑我星星鬓。
快意心灵，叩道悟圆明。

安于清贫，诗书奋用劲。
镇日哦吟，舒出我心境。

华灯又灿放

2021-1-2

华灯又灿放，暮色渐苍。
心志启舒昂，小哦诗章。

人生渐斑苍，依持顽强。
努力奋贞刚，劈波斩浪。

往事付回想，烟雨艰苍。
世事何必讲，雅具桑沧。

新年吾展望，未来向往。
不负华年殇，发热发光。

苍苍心志吾何讲

2021-1-2

苍苍心志吾何讲，只是奋贞刚。
流年似水亦荒凉，赢得华发苍。

暝色高楼灯火旺，城市霓虹靓。
冬日一任彼寒凉，心地持平康。

历尽沧桑并苍凉，风雨付等闲。
五湖归来一笑扬，憩意青松岗。

不计名利吾清狂，诗书耽而享。
叩道人生奋激昂，心得入诗唱。

心志旷展从容

2021-1-3

心志旷展从容，人生赋与灵动。
不为名利所怂恿，叩道一生勇猛。

仲冬冷寒正重，残雪尚待销融。
清坐室内思潮涌，哦诗吐出情衷。

向阳是我心胸，力战恶狼成丛。
唯赖神恩赐丰隆，导引灵程直冲。

朝日光辉闪动，激情盈满襟胸。
新年筹划预谋中，努力践履成功。

夕照向晚天地苍

2021-1-5

夕照向晚天地苍，时节正届小寒当。
哦诗激越意气扬，挥洒情志品茗香。
阖家康平乐无恙，清度岁华喜洋洋。
新春瞻望吾有讲，会当努力旷志向。

时节正然在隆冬

2021-1-6

时节正然在隆冬，峭寒十分重。
早起读诗激越中，朝暾启从容。

野间小鸟欢鸣颂，畅我情怀浓。
新年努力奋前冲，业绩创恢弘。

岁月递变真匆匆，揽镜觉斑浓。
爽然一笑淡荡中，豁达原无穷。

惬意诗书旷哦讽，叩道吾英勇。
困苦艰难付烟浓，人生笑谈中。

激情岁月聊平章

2021-1-7

激情岁月聊平章，人生奋发吾刚强。
冬日冷寒虽然彰，心内火热哦诗章。
一点雄心不必讲，十分努力秋春间。
名利由来是虚妄，尽力叩道吾奔放。

休憩身心心情好

2021-1-7

休憩身心心情好，冬日冷寒一任峭。
天晴朗日闪光耀，清坐哦诗适情窍。
岁月飞逝堪惊悼，雄心激越磨不销。
努力奋发吾刚傲，正如梅花绽风标。

苍苍是我心境

2021-1-7

苍苍是我心境，人生奋发前行。
困苦艰难不必云，旷志天涯远景。

冬来冷寒正峻，心地发出光明。
人生未可迷茫行，叩道志取鲜明。

名利捐弃可行，清贫并无要紧。
诗书容我纵哦吟，舒出中心激情。

蓝天青碧无垠，阳光闪射温馨。
朔风呼号声声紧，清思旷发空灵。

三九正当

2021-1-10

三九正当，天气冷寒激烈放。
幸有阳光，清喜蓝天碧无恙。

清坐思想，流年岁月容回放。
努力前闯，万水千山只等闲。

汽车嗨唱，市井生活闹嚷嚷。
心地安祥，读书写诗意洋洋。

阖家平康，神恩赐下总奔放。
灵程向上，叩道履历风光靓。

时光逝淌

2021-1-10

时光逝淌，默默享受此清闲。
心志安祥，不为名利而疯狂。

岁月舒昂，人生正是易老苍。
年轮无恙，过去韶华费平章。

向前瞻望，依然关山风云壮。

努力顽强，万里长驱何慨慷。

人生奔放，正义心襟多苗壮。
男儿何刚，力战魔敌凯歌扬。

休憩身心

2021-1-17

休憩身心，午后冬阳正温馨。
爽然心襟，悠悠且品此芳茗。

人生多情，风雨艰苍伤了心。
奋志凌云，不屈磨难与酸辛。

男儿刚劲，泰山压顶心不惊。
努力驱行，风光雄浑堪赏评。

岁月进行，不计斑苍一笑凝。
诗书涤心，舒出正气吾哦吟。

流年光阴如飞迅

2021-1-17

流年光阴如飞迅，心志不必震惊。
雅洁情怀入诗吟，讴出胸襟清新。

惬意人生吾刚劲，一生奋展雄心。
履尽辛酸困难境，赢得豁达心襟。

斜晖清洒吾品茗，袅起诗意奋兴。
小哦新诗适心灵，鼓舞情志旷行。

不为名利折身心，君子独立坚挺。
效取梅开苍寒境，点缀山野幽清。

夕阳清展晚照

2021-1-17

夕阳清展晚照，心境洒然奇妙。
浴后爽清气宇饶，哦诗热情娟好。

四九严寒不峭，岁月清度逍遥。
红尘履历任艰饶，淡然微微一笑。

阖家康平美好，神恩颂赞心窍。
人生百年似梦飘，天国永生美好。

努力开辟前道，不为物欲颠倒。
清贫铁骨堪笑傲，名缰利锁全抛。

夜幕下降

夜幕下降，城市灯火兴旺。
意取清昂，新诗脱口哦唱。

人生奔放，万里纵马须狂。
正义轩昂，叩道努力之间。

华发渐霜，呵呵一笑安祥。
诗书研讲，觅寻智慧灵粮。

岁月有芳，流年回忆清香。
风雨任狂，步履坚定平康。

振奋情肠

振奋情肠，雅将新诗哦唱。
一曲清昂，精神风采毕彰。

霓虹闪靓，路上车灯明亮。
清坐思想，文明去向何方？

历史回想，未许烟雨凄凉。
未来瞻望，矢秉慧烛前闯。

关山万幢，考验心襟胆量。
风光无限，绝顶观云何畅。

心定自能闲

心定自能闲，人生何必张扬。
奋志当昂扬，努力长途驱闯。

已履关山壮，身心豁达平康。
神恩何浩荡，思此颂赞献上。

叩道用心量，正直一生豪放。
不怕苦旅艰，风雨凄凉无妨。

诗书育心芳，哦出情怀万丈。
傲立体伟刚，岂有卑媚模样。

体道平康

体道平康，振节人生奋昂扬。
孤旅艰苍，赢得一笑颇爽朗。

华年逝殇，五十六载付苍茫。
老来何讲，人生正道慨而慷。

努力向上，济世情怀未消减。
诗书之间，晨昏秋春纵哦唱。

四九正当，清喜天气寒不彰。
灯下思想，未来计划预筹量。

坦然心襟

坦然心襟，履尽艰苍吾何惊。
世事风云，桑沧变幻是常寻。

岁月进行，市井故事演不停。
悲喜任运，胸心总持是淡定。

神恩丰盈，思此我心讴颂并。
灵程奋行，胜过试探凯归营。

天国远景，永生福乐何充盈。
奋志凌云，努力上进克魔兵。

冬夜清静

冬夜清静，室内和暖思绪并。
遐想先行，容我哦诗舒激情。

人生艰境，苦旅艰苍不必云。
心灵警醒，识破名利是虚境。

叩道进行，心志雅清入诗吟。
合当奋进，高歌岁月舒多情。

标的须明，尘世只是客旅境。
天国光明，共父同在万年青。

圆明觉性

2021-1-17

圆明觉性，妙悟人生当用情。
名利辞屏，诗人高蹈心与襟。

一生清贫，奋发秋春矢刚劲。
纵志哦吟，舒出心地之芳清。

大力辟进，叩道用道吾清俊。
诗书浸淫，智慧大海扬帆行。

不计老境，心中时刻怀朗晴。
冬夜寒清，灯下清思雅且明。

妙悟灵明

2021-1-17

妙悟灵明，心地时时怀雅情。
向往光明，向往大道得通行。

回思生平，履尽艰险困苦境。
一笑多情，磨难不损慨慷俊。

前路奋行，任起山高水险境。
铁志贞明，努力奋发英武心。

老将来临，惜时如金中心明。
高歌猛进，矢沿正道英勇行。

华灯灿放

2021-1-17

华灯灿放，和平景象多兴旺。
冬夜之间，诗人清兴正未央。

容我哦唱，舒出中心之情长。
有点馨芳，有点淡淡之苍凉。

人生激荡，苦旅岁月铭梦乡。
未来向往，正道人间恒通畅。

世事平章，四大和合幻无恙。
心地平康，共缘安处即故乡。

心志平旷

2021-1-17

心志平旷，人生何必多言讲。
沉默为上，实干始将业绩创。

岁月舒昂，老我斑苍一笑漾。
志取贞刚，不屈年轮之苍凉。

宇宙无限，太多奥秘应寻访。
蛋丸相仿，小小寰球转无恙。

大同理想，时刻激荡我心房。
和同万邦，人类正道驱平康。

坎坷人生不回放

2021-1-17

坎坷人生不回放，奋志在远长。
五十六载化飞殇，一笑也清昂。

人生情志怀贞刚，岂为名利妨。
清贫无妨正气昂，体道秋春间。

清风明月适意向，惬意在山乡。
身居市井却何妨，笑傲尘世脏。

雅爱新诗吾哦唱，激情弥宇间。
泛舟五湖迷烟狂，悠悠放歌唱。

道德人生力提倡

2021-1-17

道德人生力提倡，履历世苍凉。
弹指半生付烟殇，一笑也安祥。

岁月惊心何必讲，人生似梦乡。
哦得新诗万千章，知音在何方？

展眼窗外夜正放，清寒天地间。
灯下思想正无疆，正气冲天昂。

孤旅憩志诗书间，不计老将访。
努力创造新辉煌，万里奋去闯。

第二十五卷 《旷思集》

清思此际生成

2021-1-17

清思此际生成，人生奋力驰骋。
历尽山水雄浑，万里何足评论。

丰沛唯是神恩，导引灵性旅程。
我心欢呼不胜，胜过魔敌缠捆。

叩道心路历程，峰回路转攀登。
而今回思深审，神恩足以明证。

努力前面路程，风光览之丰盛。
任起风雨艰深，彩虹必当显呈。

岁月不断进深

2021-1-17

岁月不断进深，心志依然青春。
虽经风雨历程，心地光明清芬。

感谢丰沛神恩，赐我平安康顺。
努力奋行灵程，冲决魔雾妖氛。

天国是有永生，福乐丰富丰盛。
努力圣洁灵魂，克己荣归天城。

在世岂可久蹲，百年真似一瞬。
抓紧每个晨昏，努力净化灵魂。

早起无恙

2021-1-18

早起无恙，天还没有亮。
心性清昂，哦诗亦舒畅。

四九正当，冷寒犹然彰。
人生理想，时刻未相忘。

努力向上，克己有荣光。
未来广长，我要尽力量。

红尘狂荡，利锁与名缰。
务弃务放，慧光心地间。

阳光灿靓（之二）

2021-1-18

阳光灿靓，心地吾雅闲。
四九之间，清喜此晴朗。

岁月飞扬，笑我太痴狂。
诗书研讲，究有何用场。

人生奔放，不为名利忙。
清贫何妨，正气吾轩昂。

道义通畅，大道敷玄黄。
努力向上，叩道发清响。

悠悠扬扬

2021-1-18

悠悠扬扬，心地吾潇爽。
阳光灿放，和风自在翔。

身心舒畅，哦诗适情肠。
人生向上，千关已径闯。

红尘长望，烟水正渺茫。
努力驱闯，风雨兼程间。

豁达无恙，人生荷指望。
大道叩访，心灵有力量。

斜阳正好

2021-1-18

斜阳正好，情怀吾轻飘。
人生扬飙，快意吾风骚。

红尘娟好，田野风光妙。
心未许躁，静定叩大道。

履尽险要，赢得朗然笑。
心境潇潇，名利早弃抛。

诗书笑傲，君子人格造。
晨昏哦了，激情出尘表。

196

岁月逝飘

2021-1-18

岁月逝飘，腊月四九寒不峭。
夕照清好，洒然快意撰诗稿。

爽然心窍，人生情怀未许傲。
谦和风标，端方品性一生造。

雅怀倩巧，哦出新诗质朴饶。
类若芳草，又似云飞向山道。

不惧苍老，开颜我且欢心笑。
共缘洒潇，百年生死乐逍遥。

旷思默运

2021-1-18

旷思默运，人生情思恒殷殷。
吐出心灵，正义原来奋刚劲。

展转阴晴，悟彻生死若浮云。
叩道艰辛，心得体会入诗吟。

此际心静，豁达身心悟灵明。
哦出真情，正直一生也雅清。

人格要紧，不可大意入陷阱。
步步慎行，阳关大道风光俊。

第二十六卷《风怀集》

落日辉光映

2021-1-18

落日辉光映，苍霭四野凝。
心志展空清，哦诗适雅兴。
人生吾多情，华年减青鬓。
一笑还清新，悠悠岁晚情。

悠悠岁晚情，体道志分明。
努力奋勇进，长驱万里行。
观云青松岭，赏心烟霞境。
不必计老贫，勤奋吾耕心。

灿烂心襟

2021-1-19

灿烂心襟，清度岁月余奋兴。
人生难云，风雨艰苍损心灵。

年轮转运，幻化故事真无垠。
抛弃利名，高蹈身心享清贫。

诗书用劲，哦歌正直之胸心。
不屈艰辛，男儿刚贞挺胸襟。

斜晖苍俊，清坐聊以品绿茗。
一点温馨，一点闲思与散情。

奋志人生吾刚劲

2021-1-19

奋志人生吾刚劲，不屈暴雨雷鸣。

老来心境持坦平，胸怀清新白云。

红尘不过是幻境，应抛些许利名。
清贫一生不要紧，叩道晨昏用劲。

清思旷发如风行，哦诗洒脱热情。
几声啼鸟唤幽清，诗人大有心情。

远野土歌不堪听，悠品杯中芳茗。
清喜斜阳洒清俊，和蔼我之身心。

情怀雅淡

2021-1-19

情怀雅淡，人生任坷坎。
心襟浪漫，不畏惧困难。

五湖烟泛，鼓勇奋前站。
人生扬帆，征服彼险关。

斜晖清展，冬日正冷寒。
北风号喊，清坐思浩瀚。

苦旅艰难，铁骨撑傲岸。
英武心胆，男儿豪情展。

四九天气寒不峭

2021-1-20

四九天气寒不峭，爽然撰诗稿。
激情岁月逝如飙，大寒今日到。

天喜晴朗开怀笑，红尘胡不好。
一生神恩恒笼罩，颂赞声应高。

岁月清度吾逍遥，名利早已抛。
诗书人生吾洒潇，清风涤襟抱。

阖家康好怡心窍，身心都爽潇。
努力叩求彼大道，万里征程遥。

斜阳清好

2021-1-20

斜阳清好，蓝天云飘渺。
东风荡浩，四九寒不峭。

心意芳好，哦诗舒中窍。
人生奋跑，关山越迢迢。

华年逝抛，激情犹未销。
努力前道，风光秀雅俏。

风雨经饱，沉稳叩玄道。
沉默为要，实干展风标。

心志平旷

2021-1-20

心志平旷，展眼夕照苍茫。
胸襟澹荡，惬意小哦诗章。

人生向往，履践大同理想。
正义昂扬，力战妖魔鬼魅。

红尘攘攘，原非心灵故乡。
天国家邦，一生恒怀景仰。

奋发向上，圣洁灵魂清芳。
叩道之间，何许计较斑苍。

清风舒浩

2021-1-20

清风舒浩，心志俏又俏。
霓虹闪照，生活颇热闹。

意出尘表，不为名利扰。
矢叩大道，正义吾刚傲。

红尘扰扰，太多机与巧。
质朴雅骚，君子人格造。

岁月逝飘，华发初衰老。
旷然一笑，豁达真无二。

苍霭四野凝

2021-1-22

苍霭四野凝，冬雨经行。
哦诗声韵清，雅洁胸心。

品茗添意兴，中心圆明。
斑苍不要紧，志取鲜明。

人生奋上进，关山无垠。
披荆斩棘行，风雨嚣境。

心地光且明，叩道雅清。
瞻望未来景，恢弘灿境。

心意广长

2021-1-22

心意广长，人生奋激昂。
烟雨莽苍，磨炼意志刚。

一笑爽朗，身心清无恙。
名利虚妄，弃之于路旁。

心志慷慨，振奋我情肠。
力战恶奸，叩道吾奔放。

冬日正当，有雨正洒降。
清风来访，性天吾悠扬。

人生平康

2021-1-22

人生平康，因有神护将。
尘世苍凉，烟雨展凄狂。

心志清凉，不为名利狂。
诗书之间，寻觅生命粮。

霜华任涨，一笑也澹荡。
无机心肠，烟霞容放浪。

展转桑沧，识见俱增长。
不必言讲，沉默更为上。

心志不取苍凉

2021-1-22

心志不取苍凉，人生鼓勇向上。
克尽千关艰，心中怀阳光。

此际冬寒正彰，阴雨绵绵之间。
清坐展思想，激情正未央。

人世苦旅艰苍，太多磨难困障。
唯赖神恩壮，导引入平康。

物欲真是孽障，引人败坏伤亡。
性天务清凉，叩道舒贞刚。

人生情长

2021-1-22

人生情长，心志恒苗壮。
不惧苍凉，赤子怀热肠。

百年莽苍，履尽困难况。
依然昂扬，努力往前闯。

关山万幢，可览风光壮。
烟水沧浪，涤洗我襟房。

岁月奔放，流年真飞殇。
历史回放，不过是幻象。

潇潇洒洒是人生

2021-1-22

潇潇洒洒是人生，旷志清度红尘。
冬夜不计此清冷，哦诗热情显逞。

岁月不断以进深，斑苍任其加增。
呵呵一笑也馨温，悟道用道雅正。

嗟叹不已此红尘，桑沧变幻何纷。
百年生死不沉沦，道德一生力遵。

努力行好万里程，风雨任其艰深。
天国毕竟有永生，丰沛不尽神恩。

奋志人生岂寻常

2021-1-22

奋志人生岂寻常，艰苍任其叠放。
心志已成百炼钢，坚韧而且顽强。

此际清坐展思想，冬窗微显寒凉。
灯下旷怀真无恙，哦诗热情显彰。

红尘由来是狂荡，太多利锁名缰。
物欲从来惹伤亡，倾心田园山庄。

窗外霓虹正闪靓，城市热闹之间。
孤寂人生乐平康，灵程步履坚壮。

闲情舒旷

2021-1-23

闲情舒旷，阴云任涤荡。
清坐安祥，绿茗品评间。

岁月流畅，残冬正无恙。
冷寒任彰，情怀吾平康。

汽车嚣响，红尘是闹嚷。
水云心间，无机持情肠。

人生昂扬，不为物欲障。
叩道贞刚，千关浩然闯。

红尘不唯漫浪

2021-1-23

红尘不唯漫浪，多有险风恶浪。
性天吾清凉，奋志努力闯。

渐渐斑苍之间，嗨然一笑朗爽。
人生任缘放，吾只守定当。

冬寒峭冷何妨，梅花应时开放。
春来不会长，万物将舒芳。

人生百倍情长，困苦磨难寻常。
英武之襟房，原也存雅量。

清度红尘

2021-1-24

清度红尘，赢得心生疼。
尘世滚滚，利夺与名争。

奋不顾身，叩道吾精诚。
努力奋争，朝夕与秋春。

岁月缤纷，霜华渐渐生。
一笑和温，君子人格正。

冬寒正骋，朝日正东升。
休憩心身，迎接新旅程。

阴霾浮漾

2021-1-24

阴霾浮漾，心志平康，
哦咏诗章，习习爽风吹清旷。

四九之间，天不寒凉，
清度悠闲，岁末年尾话沧桑。

红尘无恙，奋舟远航，
山水万方，饱览一世好风光。

心性张扬，激情奔放，
慨赋华章，一腔正气舒昂藏。

铁骨旷展贞刚

2021-1-24

铁骨旷展贞刚，不屈邪恶强梁。
一生清贫有何妨，正义舒展奔放。

笑我书生痴狂，心中恒怀理想。
一生景仰大同邦，宗教和同必讲。

年已斑苍无恙，笑意清新展放。
正如老梅松竹仿，斗寒斗雪斗霜。

心襟由来顽强，万里风雨兼闯。
人生百倍是情长，匡时济世向上。

天阴无妨扬长

2021-1-24

天阴无妨扬长，品茗诗兴增长。
何妨开口吟唱，一曲地久天长。

人生处世安祥，因荷神恩茁壮。
心中恒怀理想，正义一生宣扬。

履尽苦旅艰苍，迎来华发斑苍。
微微一笑澹荡，圆明悟彻心间。

人生果敢顽强，坚持真理不让。
天国永恒家邦，永生福乐无限。

人生炎凉之境

2021-1-24

人生炎凉之境，冬来心不寒清。
且请品芳茗，哦诗吐清新。

窗外阴云正凝，四九冷寒不峻。
清坐体静宁，休闲适雅情。

老来平淡心襟，早已抛弃利名。
高蹈水云清，烟霞放浪行。

读书写诗慰情，寸心向谁表明？
孤旅不凄清，心怀大光明。

人生随缘任运

2021-1-24

人生随缘任运，豁达是此心襟。
洒脱烟霞境，求证彼灵明。

叩道时刻进行，心得缕缕分明。
哦诗吐空清，旷如风吹行。

逍遥秋春之境，雅思正似行云。
安祥享清贫，诗书奋用劲。

舒出气宇刚劲，灵动是我心灵。
百年浪漫行，不负此生平。

第二十六卷 《风怀集》

潇潇是我心襟

2021-1-24

潇潇是我心襟，人生体道刚劲。
不负是灵明，物欲务屏清。

胸怀高山峻岭，情系天涯远景。
努力奋前行，艰深不要紧。

五十六载烟凝，霜华迎风飘俊。
一笑还爽清，悟彻世之情。

快慰是我心灵，神恩无比丰盈。
叩道奋发行，水转山更青。

逸致闲情

2021-1-24

逸致闲情，人生旷志而哦吟。
舒出性灵，舒出正气纵凌云。

红尘惊警，太多迷烟雾笼行。
努力辟进，慧目圆睁辨细明。

冬寒正临，期待春天之来临。
天气又阴，清坐室内悠品茗。

阖家温馨，忙年气氛渐浓殷。
讴歌升平，清度岁月也均平。

红尘履历艰辛

2021-1-24

红尘履历艰辛，人生迎来晚晴。
蔼然一笑是温馨，心胸依然纯净。

人生情志分明，不为名利损心。
努力叩道奋前行，穿越野烟荒境。

五湖归来何云，坎坷只是常寻。
清风明月涤性灵，生辰正如梦境。

天国是有美景，没有杀伐酸辛。
奋沿灵程旷飞行，胜过试探魔境。

蔼然心襟

2021-1-24

蔼然心襟，处变吾不惊。
世事浮云，共缘爽旅行。

天凝阴云，冬日冷寒境。
气宇凌云，努力旷志行。

岁月飞行，不觉霜华境。
一笑怀情，人生吾淡定。

哦诗分明，舒出雅与清。
阖家温馨，天伦乐无垠。

清心淡泊是人生

2021-1-24

清心淡泊是人生，履历烟雨艰深。
内心深处细寻审，生命意义追问。

不为名利折心身，男儿志取刚贞。
叩道历程奋发骋，力战虎狼之阵。

老来心志烟霞生，松风涤我精神。
耽于诗书也精诚，哦出炽热情芬。

旷怀济世吾清纯，时光任逝缤纷。
珍惜韶华自慰问，更向流年奋争。

叩道履历艰辛

2021-1-24

叩道履历艰辛，人生旷展生平。
此际心境正和平，哦诗坦荡温馨。

岁月运转均平，市井故事不停。
老来心志怀镇定，淡眼世事风云。

笑意颇自清新，情思共风袅行。
惬意清风明月境，洗涤腑腹胸心。

开怀大笑可行，人生豁达进行。
悟道体尽彼灵明，耿耿不灭良心。

清志生成

2021-1-26

清志生成，人生浑难定论。
利夺名争，只是损了心身。

叩道真诚，心得缕缕清芬。
艰险生成，风雨努力兼程。

斑苍渐增，爽然一笑和温。
而今何论，只是共缘旅程。

痛彻心身，迷途曾战狼阵。
神恩丰盛，导引平安灵程。

人生况味知多少

2021-1-29

人生况味知多少，风雨雷电冰雹。
心中恒有阳光照，神恩赐下丰饶。

努力行好人生道，关山履历迢迢。
七彩心灵闪光耀，不为名利倾倒。

物欲从来启魔妖，清贫一生就好。
诗书人生吾风标，哦出情怀清妙。

叩道一生不骄傲，灵程努力扬飙。
展眼冬日阳光照，东风吹来荡浩。

坚持人格不倒

2021-1-29

坚持人格不倒，铁骨如松之傲。
人生奋力行好，名利矢志抛掉。
山水容我高蹈，诗书一生笑傲。
岁月任其逝飘，叩道秋春遥道。

旷展心襟

2021-1-29

旷展心襟，宠辱泰定吾不惊。
钓舟均平，淡泊情志吾空清。

岁月进行，斑苍渐增一笑盈。
豁达身心，不计利来不计名。

诗书用劲，叩道一生万里行。

虎豹成群，提刀斩杀鼓勇进。

人生多情，孤旅艰深不必云。
老来心静，清风明月涤性灵。

世事费平章

2021-1-30

世事费平章，不过利锁名缰。
性天吾清凉，遁向田园山庄。

化外有气象，秋春烟霞明靓。
诗书哦奔放，君子人格显彰。

力战彼邪奸，正直一生方刚。
谦和守襟房，叩道步履坚壮。

岁月展悠扬，老我斑苍何妨。
一笑还澹荡，人生只是梦乡。

喜鹊奏鸣

2021-1-31

喜鹊奏鸣，天气惜正阴。
雅怀心情，新诗从心吟。

人生奋兴，气宇纵凌云。
不惹利名，高蹈此清贫。

岁月多情，赐我霜华新。
风雨阴晴，磨炼我心灵。

孤旅奋进，知难而攀行。
关山绝顶，大有好风景。

世宇苍茫

2021-1-31

世宇苍茫，奋志人生吾何讲。
心志定当，不为名利而奔忙。

情思娟放，欣喜立春行将访。
风吹扬长，淡泊胸襟听鸟唱。

人生昂扬，叩道之间风雨狂。
不迷方向，天涯尽头有阳光。

努力向上，克己修身真无恙。
不惹邪脏，心性清澈发慧光。

清度秋春

2021-1-31

清度秋春，人生奋志展刚正。
寒暑清骋，与谁是为同路人？

岁月清芬，不觉斑苍一笑温。
努力前程，山高路远风雨遑。

冬寒不甚，欣慰立春将访问。
旷展心身，正直为人名利扔。

情思缤纷，展眼漫天烟霭深。
思想生成，愿化飞鸟万里程。

云飞淡荡

2021-1-31

云飞淡荡，天气转晴朗。
意气清昂，哦诗激越间。

季冬无恙，立春行即将。
风来舒放，天际霭烟漾。

红尘攘攘，机关万千样。
利夺名抢，一梦是黄粱。

吾持清肠，田园憩意向。
诗书之间，颐养襟与肠。

斜照苍茫

2021-1-31

斜照苍茫，心意吾澹荡。
云飞飘翔，和蔼此尘壤。

汽车奏响，生活是喧嚷。
心须定当，物欲务屏障。

性天清凉，发见真天良。
人生世上，道德第一桩。

实干为上，业绩矢造创。
践行理想，迎难奋发闯。

云天潇旷

2021-1-31

云天潇旷，冬日不寒凉。
斜照辉煌，心境颇晴朗。

品茗无恙，心襟都开敞。
意气发扬，新诗脱口唱。

人生志向，大同是理想。
努力向上，文明绽辉光。

修心无限，积德勿退让。
克己有芳，叩道吾扬长。

悠悠心襟

2021-1-31

悠悠心襟，履尽坎坷与艰辛。
一笑温馨，世事原是缘之行。

红尘苦境，百度生涯伤了心。
神恩丰盈，导引灵程入安平。

岁月空清，名利唯属梦之境。
最贵心灵，质朴清芳具光明。

瞻望前景，风光秀俊力前行。
风雨任凌，坦荡男儿鼓勇进。

心志清芳

2021-1-31

心志清芳，悠悠人生吾奔放。
名利虚诳，吾心吾意田园间。

清度悠闲，不为物欲所驱障。
淡定之间，叩道用道也扬长。

展转桑沧，坦荡身心不萧凉。
奋志贞刚，万里征程迎难上。

圆明心间，诗书怡情真逍爽。
哦诗襟房，无机心性绽辉光。

悠旷身心

2021-1-31

悠旷身心，历尽世事吾不惊。
一笑雅清，悟道渐趋入圆明。

心志分明，持正击邪奋刚劲。
虎狼成群，男儿果敢提刀行。

红尘险境，太多欺诳奸诈行。
细辨分明，慧意心间秉烛进。

年渐斑鬓，鼓舞情志万里境。
修心之情，积德无止不退行。

和雅持身心

2021-1-31

和雅持身心，体道沐浴彼光明。
此际怀奋兴，小哦新诗舒心灵。

冷寒不峭峻，和煦斜照辉光映。
阖家都温馨，父母康健乐安平。

清贫不要紧，高蹈诗书吾用劲。
耽于哦与吟，怡养情怀爽心灵。

岁月展多情，五十六载入烟影。
瞻望未来景，努力耕心奋殷勤。

第二十七卷《歌呼集》

洒脱人生奋志行

2021-1-31

洒脱人生奋志行，辉煌灿烂心襟。
浩志从来是凌云，不屈尘世艰辛。

此际休憩我身心，窗外斜阳清俊。
和风吹来颇清新，残冬冷寒不峻。

岁月飞逝真惊心，揽镜发觉苍鬓。
努力惜时如惜金，实干旷展豪情。

男儿绝无卑媚情，傲岸如松之挺。
风雨袭击炼心襟，万里长驱奋进。

苍茫夕照

2021-1-31

苍茫夕照，霭烟起袅袅。
心志清好，怡情撰诗稿。

情若芳草，立春将来了。
滋长应高，清展我风标。

志取洒潇，名利早辞了。
南山景俏，田园入画稿。

岁月飞飙，笑我鬓霜飘。
坦然心窍，叩道吾逍遥。

人生旷志吾飞扬

2021-1-31

人生旷志吾飞扬，流年飞烟任销涨。
过去已似水流殇，未来正如新芽长。
努力辟道致遐方，风雨兼程吾矢闯。
老来心志体康强，淡眼落日正辉煌。

清意旷生成

2021-2-1

清意旷生成，人生纵论。
夕照正黄昏，风吹温存。

岁月展清芬，飞泻如奔。
笑我霜华生，嗜意书城。

叩道吾奋争，朝夕秋春。
不畏风雨骋，如松挺生。

生活是馨温，神恩丰盛。
旷发欢呼声，力行灵程。

暮霭又苍

2021-2-1

暮霭又苍，心志清显茫茫。
五九正当，冷寒并不显彰。

立春即将，喜悦我之襟房。
向阳情肠，始终炽热奔放。

人生理想，支撑我往前闯。
山水万方，大千风光饱尝。

岁月舒昂，何许计我斑苍。
霜华任涨，依然铁骨顽强。

暮烟清起天涯间

2021-2-1

暮烟清起天涯间，华灯初初点上。
汽车行驶汇交响，市井生活喧嚷。

心志旷发哦诗章，应许清新昂扬。
人生奋发慨而慷，男儿勇武强刚。

磨难历尽微笑放，神恩总是丰穰。
叩道之间千关闯，不计身负创伤。

年轮运转真无恙，残冬腊月正当。
立春春节数日间，喜悦余之心肠。

晨起听见鸟喧鸣

2021-2-2

晨起听见鸟喧鸣，冷寒任峻，
冷寒任峻，明日立春将来临。

心志裁出是空清，奋发凌云，
奋发凌云，男儿有种万里行。

征程莽莽堪险峻，风光秀俊，
风光秀俊，攀山越岭纵豪情。

风雨洗涤我心灵，一笑爽清，
一笑爽清，豁达身心旷无垠。

云烟清好

2021-2-2

云烟清好，立春明日到。
成群喜鹊旷鸣叫，我心喜悦难表。

阳光朗照，东风吹荡浩。
激情哦诗震云表，品茗兴致袅袅。

生活安好，神恩颂赞高。
奋志一生风雨饱，不入名利险道。

红尘笑傲，君子人格造。
洒脱秋春撰诗稿，呼出情思娟妙。

闲情堪表

2021-2-2

闲情堪表，从容撰诗稿。
人生奋跑，关山朗越了。

斑苍渐老，开怀余一笑。
红尘谙晓，缘起复缘销。

岁月逝飘，桑沧免不了。
百年逍遥，诗书怡情窍。

冬去渺渺，立春明日到。
阳光朗照，众鸟和鸣高。

迎春绽芳

2021-2-2

迎春绽芳，余意喜洋洋。
立春明访，春意在滋长。

红尘无恙，清度吾安祥。
神恩广长，心灵有力量。

岁月奔放，笑我霜华苍。
依然顽强，依然挺苗壮。

矢志驱闯，叩道是志向。
不为名障，不为利所诳。

早起五更

2021-2-3

早起五更，喜迎此立春。
旷发迎春开正盛，中心欣慰顿生。

岁月驰奔，不计霜华生。
努力奋行灵旅程，一任山高水深。

回忆平生，烟雨是征程。
历尽艰辛与困顿，理想支撑心身。

旷志生成，豪情满心身。
冬去春来好时辰，蓄力大干十分。

鸟啭情长

2021-2-3

鸟啭情长，早起薄寒凉。
红旭东上，清风正舒旷。

读书意扬，激情泻若狂。
立春正当，情志都轩昂。

人生奔放，不为物欲障。
叩道贞刚，万水千山闯。

微笑浮上，人生吾安祥。
阖家安康，神恩感无上。

喜鹊欢鸣唱

2021-2-4

喜鹊欢鸣唱，激动心乡。
孟春正值间，嫩寒任放。

朝日东方上，光明宇间。
众鸟和鸣唱，欢乐安祥。

岁月是奔放，情志俱长。
努力致遐方，山水寻访。

人生旷昂扬，力战邪奸。
不屈名利场，叩道贞刚。

白鸽飞翔

2021-2-4

白鸽飞翔，春风浩然旷。
蓝天无恙，白云悠悠荡。

品茗兴上，慨然哦诗章。
一曲张扬，一曲激情放。

人生世上，不为名利忙。
诗书之间，讴咏何奔放。

叩道无疆，修心一生讲。
德操最上，克己有荣光。

春风经行

2021-2-6

春风经行，心志吾爽清。
小鸟娇鸣，生活是和平。

天气惜阴，苍霭四野凝。
中心怀情，讴颂此春景。

迎春多情，绽放堪赏评。
人生鼓劲，韶华贵如金。

读书尽兴，况复品清茗。
新诗哦吟，一曲沧浪情。

激情岁月留写照

2021-2-6

激情岁月留写照，容我撰诗稿。
芳春心情俏又俏，放飞我逍遥。

窗外小鸟正啼叫，苍烟四野绕。
临近春节欢乐高，诗书未可抛。

人生奋志展刚傲，迎难吾洒潇。
不为名利而扰扰，清心最为要。

一点情志入诗稿，南山之风标。
振节哦咏乐无二，清风涤怀抱。

春已来临

2021-2-6

春已来临，我心喜不禁。
听鸟娇鸣，悠品杯中茗。

清风多情，迎春正开俊。
爽然心境，哦诗吐雅情。

人生奋兴，诗书恒经营。
叩道进行，不计艰险境。

红尘多辛，赢得一笑盈。
豁达心襟，人格培无垠。

人生奋志吾凌云

2021-2-6

人生奋志吾凌云，脚踏实地行。
春来真开我心襟，野禽欢声鸣。

振节我要发高吟，一曲天地惊。
人生正气充宇庭，叩道努力行。

五十六载似烟云，斑苍一笑凝。
未来瞻望吾多情，万里苍莽境。

风雨艰辛不必云，兼程我奋进。
不为名利折胸心，傲立吾坚挺。

逸致闲情

2021-2-6

逸致闲情，休憩我身心。
悠听鸟鸣，享受风日清。

岁月进行，正值芳春临。
迎春开俊，激动人之心。

淡泊心襟，早弃利与名。
安处清贫，正义持心灵。

红尘客境，百年匆匆行。
哦诗尽兴，倾出我多情。

展眼这尘壤

2021-2-6

展眼这尘壤，春光悠扬。
南风欣然旷，鸟语花芳。

我心真快畅，哦咏诗章。
舒出我志向，舒出情长。

人生志遐方，山水任艰。
努力长驱闯，穿山越嶂。

红尘是攘攘，太多机奸。
慧目务擦亮，识破机簧。

云天舒朗吾多情

2021-2-6

云天舒朗吾多情，奋志岂常寻。
春来心境似开屏，欢快以讴吟。

娇娇鸟语啭空灵，怡我心与襟。
况复品茗添意境，激情欲飞鸣。

市井生活展温馨，春节即将临。
阖家欢欣乐无垠，安度此生平。

岁月进行如旅行，韶华珍于心。
叩道一生不辞贫，修德与修心。

风儿清旷

2021-2-6

风儿清旷，人儿享悠闲。
午时春阳，煦煦发光芒。

禽鸟啼唱，迎春倩开放。
惬意心间，能不哦诗行？

红尘无恙，安平持心间。
叩道志向，原也存雅量。

清心扬长，心志吾安祥。
屏弃孟浪，修心原无疆。

斜照苍茫

2021-2-6

斜照苍茫，心地感兴上。
春意温让，和蔼此尘壤。

人生向上，心共春同长。
努力奔放，努力奋贞刚。

体道强刚，困障任其放。
矢志驱闯，山水视等闲。

一声嗨唱，悠悠天地苍。
人生世间，正如客旅仿。

阳光书屋诗集

清展微笑容

清展微笑容，不惧成翁。
清听鸟鸣颂，我意轻松。

春已来从容，煦日当空。
蓝天云飞动，爽风来从。

岁月飞灵动，桑沧幻重。
名利属空空，弃之奋勇。

哦诗舒清空，气吐长虹。
人生奋发冲，烟雨任浓。

喜鹊欢鸣叫

喜鹊欢鸣叫，春意风标。
心志吾雅骚，旷裁诗稿。

煦阳适怀抱，东风清好。
开怀容吾笑，红尘美妙。

人生奋行好，关山险道。
振节出尘表，名利辞掉。

清贫胡不好，正义刚傲。
诗书力研讨，叩道逍遥。

世事履历艰苍

世事履历艰苍，身心依然潇爽。
春意正增长，东风吹清旷。

欢意盈于心膛，哦诗呼出热肠。
人生怀向往，理想恒苗壮。

笑意清新浮上，心情温和温让。
人格一生养，端正谦和间。

不惧风雨凄狂，不惧拦路恶狼。
男儿提刀枪，努力长驱闯。

扬长人生道

扬长人生道，风雨任嚣。
春来气象饶，心兴忒高。

此际阴霭绕，东风吹巧。
迎春开丽俏，多情风骚。

岁月赐丰饶，霜华渐老。
余得开怀笑，正义刚傲。

不屈困千条，力辟前道。
叩道乐逍遥，惬意欢笑。

人生情怀知多少

人生情怀知多少，春来意态丰饶。
窗外阴云任笼罩，清喜迎春开俏。

东风荡浩怡心窍，哦诗舒出情抱。
人生努力奋前道，山水清新雅造。

困厄度尽余一笑，欣然是我怀抱。
不计清贫奋刚傲，诗书一生深造。

春节临近情怀妙，闲适写诗不了。
新年计划须筹好，不负韶华清好。

人生未可颓唐

人生未可颓唐，清真守我志向。
春意舒扬长，朝日正闪光。

努力耕心无恙，不计老之将访。
悠悠放哦唱，振节我昂扬。

岁月递变飞翔，世事幻化桑沧。
名利徒虚诳，诗书润襟房。

叩道抛开迷茫，用道坚贞强壮。
圆明悟心间，正义弥宇广。

春已来了

2021-2-8

春已来了，煦日正高照。
东风袅袅，迎春开灿俏。

蓝天云飘，有鸟宛转叫。
品茗意逍，能不撰诗稿？

人生情饱，桑沧经历了。
而今渐老，淡定盈襟抱。

展眼远瞧，天际苍烟飘。
努力前道，风雨任飘摇。

朗日天晴

2021-2-8

朗日天晴，浴后吾爽清。
快慰心襟，仰看彼白云。

小品芳茗，添点意与兴。
新诗哦吟，吐出气如云。

岁月进行，笑我华发新。
芳春来临，又鼓彼干劲。

努力前行，风光壮且清。
览尽风景，览尽风烟云。

喜鹊奏鸣

2021-2-8

喜鹊奏鸣，振奋吾身心。
蓝天云行，斜日闪光明。

初春情景，迎春先开俊。
东风多情，吾意享温馨。

奋志前行，不计困凄境。
神恩无垠，我心持坦平。

叩道进行，展转彼阴晴。
世事浮云，共缘去旅行。

清怀雅淡

2021-2-8

清怀雅淡，人生履尽坷坎。
一笑和安，神恩总是丰赡。

春又扬帆，东风吹展浩瀚。
鸟鸣溅溅，喜悦余之心坎。

斜照灿烂，和煦是此尘寰。
清坐舒展，适意捧书来看。

浩志何谈，人生贵在实干。
汗水任溅，应能浇出丰产。

云淡天青

2021-2-8

云淡天青，适然是我心情。
夕照辉映，市井生活和平。

东风吹劲，爽洁鸟语清新。
散思空灵，哦诗当可尽兴。

人生多情，不为名利分心。
憩意书群，叩道晨昏进行。

不计老境，坦腹安安怡情。
霜华任侵，一笑颇自空清。

心志不取苍苍

2021-2-8

心志不取苍苍，人生奋发图强。
虽然已经斑苍，依然努力奔放。

履尽烟雨苍凉，身心百度痛伤。
依然意志强刚，面容微笑淡放。

悟道趋入康庄，觉性淡泊慈祥。
人生如同履浪，起伏高低寻常。

夕阳已经西降，云淡天青堪赏。
春光渐展悠扬，我心焕发昂藏。

红霞东方

2021-2-9

红霞东方，嫩寒天地间。
早起兴上，哦诗声激昂。

孟春无恙，心志都张扬。
努力奋闯，一生矢向上。

克尽艰创，心怀红太阳。
神恩广长，思此有力量。

岁月悠扬，笑我华发苍。
依然爽朗，依然情茁壮。

又听喜鹊欢鸣唱

2021-2-9

又听喜鹊欢鸣唱，激动我之心房。
东方红旭正生长，孟春寒气犹彰。

清听百鸟和鸣唱，春来情志悠扬。
临近春节心欢畅，新诗脱口吟放。

阖家康健神恩壮，雅将颂赞献上。
灵程路上奋勇闯，胜过试探艰苍。

人生百年非虚诳，实干方显豪强。
时光不可稍费浪，叩道奋展贞刚。

斜晖爽照

2021-2-9

斜晖爽照，心境十分好。
春意丰饶，东风吹荡浩。

心怀雅俏，哦诗应娟好。
人生扬飙，关山径度了。

不惧险道，努力万里造。
风景微妙，怡我心与窍。

岁月逝销，年轮运转巧。
春节将到，开怀余大笑。

人生情长

2021-2-9

人生情长，履尽风雨艰。
而今回想，心怀持悲壮。

神恩广长，心灵有力量。
奋发向上，力胜魔敌狂。

红尘攘攘，机巧骋凶猖。
务持定当，识破彼机簧。

一生贞刚，傲立如山壮。
学取松长，学取云之翔。

晚风吹旷

2021-2-9

晚风吹旷，霓虹都闪靓。
春意增长，喜悦于心间。

岁月奔放，心志弥刚强。
不屈艰苍，不屈困与障。

红尘无恙，磨炼我襟房。
英武心肠，儒雅君子芳。

加强修养，叩道是志向。
诗书万方，是我生命粮。

早起五更

2021-2-10

早起五更，心境吾缤纷。
倾吐心身，新诗哦清芬。

岁月进深，又已值初春。
薄寒正嫩，路上射华灯。

清坐安稳，心志吾温存。
瞻望前程，努力去驰骋。

红尘滚滚，太多浊浪生。
清我心身，名利矢志扔。

喜鹊又清鸣

2021-2-10

喜鹊又清鸣，惊动身心。
晨起春寒峻，日出光明。

百鸟都和鸣，喜悦余心。
岁月旷进行，春节将临。

哦诗声韵清，志取行云。
人生吾多情，努力驱行。

关山壮风景，涤我性灵。
力战彼狼群，鼓勇奋进。

人生晴好

2021-2-10

人生晴好，风烟历袅袅。
风雨经饱，行旅曾跌倒。

而今安好，神恩领丰饶。
爽然一笑，清听彼啼鸟。

春已来了，嫩寒犹然峭。
洒然情抱，哦诗亦洒潇。

红尘度了，关山越迢迢。
五湖归早，清赏田园妙。

苍烟正绕

2021-2-10

苍烟正绕，朝暾已出了。
心志清好，窗外闻啼鸟。

风吹洒潇，寒气犹然峭。
思绪飘飘，纵哦新诗好。

人生情抱，向谁付分晓?
孤旅艰饶，向天歌并笑。

喜悦心窍，春天已来了。
春节将到，心兴逐云高。

第二十八卷《红旭集》

心气和平

2021-2-10

心气和平，振节余歌吟。
华灯点明，街上霓虹映。

春已来临，喜悦余之心。
奋发刚劲，努力去追寻。

春节临近，寰宇都温馨。
灯下思萦，浩志旷入云。

诗书用劲，智慧一生寻。
世事浮云，修心不止停。

心志平旷

2021-2-10

心志平旷，从容撰诗章。
窗外灯光，闪烁且明亮。

春意温良，余心喜悦放。
振节哦唱，天地正气昂。

岁月飞翔，未可计老苍。
奋发顽强，努力去闯荡。

山水远长，尽我力与量。
天涯遐方，寄托我理想。

大雾漫天鸟清鸣

2021-2-11

大雾漫天鸟清鸣，除夕今日临。
喜悦余之心与境，新诗脱口吟。

奋志旷发是凌云，男儿纵横行。
岁月霜华任侵鬓，爽然一笑盈。

叩道渐入艰深境，悟彻彼圆明。
名利矢志抛其清，诗书体刚劲。

正义心襟长舒情，春来慰心灵。
努力大干惜寸阴，韶华飞逝行。

浮生畅意向

2021-2-11

浮生畅意向，激情奔放。
除夕今正当，喜悦心间。

漫天浓雾涨，听见鸟唱。
品茗意逍爽，裁意诗章。

一曲应张扬，心弦奏响。
红尘度无恙，任幻桑沧。

春来迎春芳，金黄色相。
人生努力闯，山水远长。

除夕正当

2021-2-11

除夕正当，听见鞭炮响。
心境欢畅，海内乐平康。

人生向上，克尽千关障。
奋志贞刚，男儿舒豪放。

岁月悠扬，细品方为上。
勿负韶光，勿负人生场。

哦诗奔放，热情都显彰。
春意人间，欣欣持心向。

海内欢声腾

2021-2-11

海内欢声腾，激动心身。
年岁正丰登，乐享天成。

除夕今日正，阖家欣奋。
鸟语啭娇纯，迎春开盛。

东风展温存，清新无伦。
春机正勃盛，新芽生成。

岁月如飞奔，浩志旷逵。
努力干十分，业绩创成。

雾锁乾坤

2021-2-11

雾锁乾坤，窗外鞭炮声又声。
东风清生，除夕正临喜心身。

岁月清芬，一似老酒之芳醇。
斑苍任生，依然奋志叩道诚。

笑意浮生，世事变幻吾清正。
雅持心身，正直为人养德成。

世事难论，不过桑沧之幻生。
百度生辰，人生意义矢追问。

清风经行

2021-2-11

清风经行，喜气寰宇盈。
万民高兴，除夕今日临。

天气朗晴，小鸟竞啼鸣。
哦诗舒情，爽洁持心灵。

人生奋进，山水越无垠。
风景秀俊，怡悦我心情。

不计斑鬓，依然志凌云。
努力前行，天涯风光俊。

情怀舒旷

2021-2-11

情怀舒旷，正气天地间。
春意奔放，百鸟均和唱。

喜悦心间，除夕今正当。
东风浩荡，裁剪迎春芳。

吾意平康，新诗连踵放。
舒出心肠，舒出气昂扬。

振节哦唱，声震入云乡。
悠悠天苍，理想未可忘。

扬长人生道

2021-2-11

扬长人生道，履尽风雨飘摇。
身心恒不老，爽然开怀一笑。

心境持逍遥，山水涤我怀抱。
诗书一生造，叩道用道洒潇。

此际清风绕，旷意哦入诗稿。
清展我风标，正直人生高傲。

努力奋前道，洒脱秋春夕朝。
淡眼放远瞧，天际苍烟飘渺。

春来情俏

2021-2-11

春来情俏，放飞我逍遥。
东风袅袅，心志适怀抱。

岁月逝飘，除夕今日到。
开怀大笑，红尘胡不好。

雀鸟鸣叫，写意且风骚。
清坐思飘，新诗从心造。

奋辟前道，万里风烟缈。
风雨任嚣，兼程我奔跑。

豪情心间

2021-2-11

豪情心间，人生不事张扬。
实干为上，沉默更为理想。

春意昂扬，写意东风浩旷。
天阴无妨，喜气盈满人间。

展眼长望，世界掩在沧桑。
不取萧凉，情怀激越慨慷。

尘世莽苍，演绎故事万桩。
历史回放，正如一梦相仿。

振节哦唱

2021-2-11

振节哦唱，舒出我的感想。
天际风翔，春意盈满肺腔。

除夕正当，海内升平安祥。
奋志未央，努力耕心无恙。

诗书平章，怡情体味休闲。
才智俱长，识见透视雾障。

人生贞刚，正直谦和之间。
儒雅清芳，学取松生云岗。

人生怀梦想

2021-2-11

人生怀梦想，春来情长。
欣听鸟鸣唱，夕阳西降。

远处鞭炮响，除夕无恙。
欣悦在心间，构筑诗行。

红尘是攘攘，名利狂猖。
务持清心向，不为物障。

叩道发清响，悠悠歌唱。
一曲回旋长，共云飘荡。

心境安祥

2021-2-11

心境安祥，喜悦共春同长。
风来奔放，除夕海内平康。

逸兴升上，小哦新诗数行。
生活乐享，阖家康健福旺。

神恩饱尝，心将颂赞献上。
灵程奋闯，胜过试探艰苍。

往事回放，似乎梦中相仿。
未来瞻望，心中畅怀理想。

不急不躁

2021-2-11

不急不躁，谦和守定心窍。
春来情好，欣喜东风荡浩。

迎春开了，喜悦余之怀抱。
岁月飞飙，不觉除夕临到。

夕烟清绕，市井生活热闹。
汽车奔跑，远处鞭炮鸣叫。

心兴忒高，新诗朗哦不了。
情若芳草，新芽待长滋茂。

华灯点上

2021-2-11

华灯点上，心志吾奔放。
鞭炮震响，除夕喜正当。

心情舒畅，情共风同荡。
惬意无限，新诗哦昂扬。

新年瞻望，情志盈满腔。
努力向上，勿负韶华芳。

岁月飞狂，笑我霜华苍。
依然爽朗，依然心茁壮。

海内喜气昂

2021-2-11

海内喜气昂，鞭炮震响。
生活乐平康，除夕安祥。

窗外华灯亮，霓虹闪光。
不夜城相仿，晚风爽朗。

喜悦盈襟房，新诗唱响。
舒出我志向，体出奔放。

人生奋贞刚，豪情宇间。
矢志去闯荡，不畏苍凉。

海内欢腾

2021-2-11

海内欢腾，鞭炮连声震。
漫眼华灯，除夕今日正。

旷意生成，舒出我心身。
春来慰问，我心欣十分。

岁月进深，霜华任其生。
一笑馨温，人生奋志骋。

山水清芬，不惧险恶逞。
风雨兼程，天涯风光盛。

海内升平

2021-2-11

海内升平，万民都欢庆。
除夕夜景，焰花映天明。

中心高兴，雅将新诗吟。
岁月进行，奋志当凌云。

流年飞迅，往事付烟凝。
未来情景，希望怀中心。

努力辟进，实干才可行。
理想践行，风雨任嚣凌。

畅意生成

2021-2-11

畅意生成，海内俱欢腾。
鞭炮声声，激越我心身。

除夕今正，城市灿华灯。
焰花升腾，妙丽真无伦。

欢快顿生，新诗亦哦成。
倾出心身，倾出我真诚。

人生奋争，韶华切须珍。
岁月进深，业绩定创成。

旷怀雅正

2021-2-11

旷怀雅正，浩志共春生成。
欣慰心身，神恩总是丰盛。

努力前程，辞去名利扰纷。
洁净心身，圣洁并且纯真。

叩道真诚，履尽烟雨缤纷。
老来心身，依然茁壮刚贞。

岁月进深，欢庆喜临初春。
动我心身，除夕鞭炮声声。

流年舒其缤纷

2021-2-11

流年舒其缤纷，又临新春，
又临新春，除夕之夜美不胜。

鞭炮响彻声声，海内欢腾，
海内欢腾，焰花腾空七彩盛。

清坐思绪升腾，努力前程，
努力前程，大好韶华切须珍。

霜华惜已生成，一笑馨温，
一笑馨温，人生矢志奋刚正。

春节来到

2021-2-12

春节来到，窗外鞭炮轰鸣叫。
五更起早，读诗激越情绪高。

喜盈心窍，阖家康健神恩饶。
努力前道，人生风光定大好。

岁月丰标，过去年轮运转巧。
爽然一笑，人生正气展刚傲。

韶华大好，春光千金难买到。
叩道逍遥，心得心志入诗稿。

海内喜气旷生成

2021-2-12

海内喜气旷生成，鞭炮声声，
鞭炮声声，春节喜临激动人。

阖家欢乐放高声，笑语喧腾，
笑语喧腾，生活幸福美不胜。

中心颂赞神之恩，如此丰盛，
如此丰盛，灵程步履奋坚贞。

山水迢迢不必问，叩道历程，
叩道历程，心灵心志彩虹生。

欣然情怀放高唱

2021-2-12

欣然情怀放高唱，海内乐平康。
春节来临欢声扬，能不哦诗章！

岁月飞递岂寻常，霜华渐渐苍。
安然一笑颇爽朗，心志持悠扬。

春来情志都开张，努力耕心忙。
不负华年岁月芳，业绩矢志创。

高山流水发清响，知音何处访？
孤旅振节哦扬长，胸有白云翔。

中心喜悦放歌唱

2021-2-12

中心喜悦放歌唱，新年新气象。
牛年来临心志昂，努力矢向上。

辞旧迎新海内畅，鞭炮响又响。
岁月丰登乐平康，能不讴颂扬？

切勿辜负韶华芳，春光飞逝忙。
努力耕心惜寸光，沉潜诗书间。

瞻望前景心慨慷，男儿气昂藏。
大干快干忙一场，秋后收盈仓。

阳光破雾障

2021-2-12

阳光破雾障，春节正当。
中心喜洋洋，阖家乐康。

鞭炮响又响，万民欢畅。
辞旧迎新忙，激动心乡。

神恩正茁壮，思此颂扬。
努力叩道藏，灵程奋闯。

祈福岁月康，国泰民祥。
努力诗书间，哦咏激昂。

朗朗红尘

2021-2-12

朗朗红尘，惬意乾坤。
今日春节正，海内喜气腾。

鞭炮声声，阳光清骋。
吾意馨且芬，哦诗吐心身。

努力奋争，名利弃扔。
坐拥书之城，叩道在朝昏。

履历秋春，旷怀清正。
不畏风雨生，兼程万里奔。

春日喜晴

2021-2-12

春日喜晴，蓝天青碧映。
春节今临，万民都欢庆。

适然心襟，雅将诗哦吟。
辞旧迎新，牛年大振兴。

奋志凌云，实干才可行。
春播须勤，秋收才满盈。

岁月进行，笑我苍了鬓。
努力前行，中心怀光明。

岁月清芬

2021-2-12

岁月清芬，感兴油然增。
东风吹逞，鞭炮响声声。

春节今正，喜悦我心身。
朗晴十分，煦阳洒乾坤。

心志刚贞，努力奋前程。
风雨历程，磨炼我精诚。

清度红尘，勿为物欲奔。
收敛心身，叩道悟诚真。

煦日旷展东风

2021-2-12

煦日旷展东风，海内欢声正浓。
春节乐融融，享受此和慵。

淡泊清持心中，理想一生情钟。
努力去行动，山水越无穷。

窗外小鸟鸣颂，喜悦余之心胸。
春来气象洪，万象更新中。

流年飞逝匆匆，笑意发自襟中。
豁达且从容，迈越关千重。

人生踏实干

2021-2-12

人生踏实干，春来气宇展。
煦阳正灿烂，东风吹宇寰。

心志持平淡，名利未许缠。
诗书用心看，朗哦纵情展。

岁月飞如帆，星星华发斑。
一笑还和安，叩道吾浪漫。

风雨任开展，达观吾傲岸。
努力奋前站，天涯风光灿。

天上飘着流云

2021-2-12

天上飘着流云，小鸟爽鸣何清。
惬意盈心襟，芳春价如金。

煦日洒在天顶，和风吹着清新。
洒脱持心境，欢乐真无垠。

春耕勿忘用勤，夏秋丰收会盈。
贵在实干行，努力奋辟进。

新诗旷志而吟，岁月舒其芳馨。
人生有美景，天涯风光俊。

新春来临
2021-2-12

新春来临，芳韶价如金。
阳光清俊，和风何其清。

流变白云，世界逞美景。
岁月和平，人民乐无垠。

万象更新，迎春开清新。
万物苏醒，焕发新意境。

愉快心襟，哦诗我抒情。
质朴空清，原也有雅情。

斜晖朗照
2021-2-12

斜晖朗照，蓝天白云飘。
春日晴好，写意东风袅。

心情大好，闲适是怀抱。
市井热闹，车水马龙貌。

奋辟前道，未可耽逍遥。
人生晴好，万里征程潇。

微展欢笑，桑沧吾经饱。
雅撰诗稿，南山之情调。

流风舒旷
2021-2-12

流风舒旷，心地颇安祥。
斜照朗朗，生活和平漾。

新年冀望，岁丰人欢畅。
努力奋闯，汗水不白淌。

往事回放，故事入烟障。
人生向往，不灭是理想。

情志茁壮，春来欣欣长。
迎春绽芳，东风正浩荡。

人生恒怀理想
2021-2-12

人生恒怀理想，不灭是我情肠。
欣喜蓝天青旷，白云浪漫飘翔。

春来开我襟房，喜悦盈于胸腔。
天地正气轩昂，能不慨哦诗章。

向阳是我襟房，正直一生不让。
克尽千重艰障，终有煦日阳光。

神恩丰盈丰穰，思此颂赞献上。
世界宇宙无限，俱是神之所创。

笑意轻轻浮上
2021-2-12

笑意轻轻浮上，人生得意不狂。
窗外鸟语啼唱，蓝天风吹云荡。

世界和谐安祥，清喜春节正当。
休闲情绪俱涨，热情哦咏襟房。

努力开辟路向，万里征程莽苍。
力战虎豹豺狼，清平世界造创。

大道普覆宇间，正义必当通畅。
人生恒持向往，大同是余理想。

心志潇爽
2021-2-12

心志潇爽，芳春真无恙。
风来清旷，鸟语亦清芳。

意取悠扬，品茗兴致涨。
新诗哦唱，挥洒我奔放。

慨当以慷，豪情冲天壮。
岁月舒昂，何许计星霜。

奋发向上，克尽千重艰。
纵有痛伤，神恩广无疆。

夕照清展辉煌

夕照清展辉煌，小鸟娇娇歌唱。
云天都舒朗，向阳持襟房。

春意蓬勃宇间，迎春径先开放。
万民乐无恙，春节喜正当。

逸意持在心间，新诗欢乐讴唱。
正直人生场，旅途克莽苍。

红尘不是故乡，人生客旅相仿。
灵程奋志闯，天国是故邦。

快慰是我襟房

快慰是我襟房，新诗能不哦唱？
夕照闪金光，光明心地间。

世界沐浴春光，生机勃勃待长。
云飞多淡荡，风来何清芳。

阖家幸福康强，神恩铭记心房。
叩道吾贞刚，心志如花放。

未来长自瞻望，希冀恒怀心间。
理想挺茁壮，情思共风扬。

积德绝不可忘

积德绝不可忘，宽恕他人为上。
修心是无疆，博爱怀心间。

世界莽莽苍苍，东西文明共襄。
理想持襟房，大同是方向。

此生履尽艰苍，心怀光明太阳。
不屈世尘网，名利徒肮脏。

清贫有何大妨，我有诗书万方。
镇日纵哦唱，心志舒昂扬。

第二十九卷《吟红集》

时节正届芳春

2021-2-12

时节正届芳春，心志无比升腾。
鸟语歌声声，东风吹清纯。

赞此写意红尘，皆是神所创成。
今日春节正，万民俱欢腾。

心志温和温存，窗外鞭炮听闻。
哦诗舒心身，吐出是雅芬。

岁月远辞青春，老我斑苍何论。
一笑还和温，清志旷生成。

心志未可浮躁

2021-2-12

心志未可浮躁，清心内省为要。
人生路迢迢，谦和须力保。

窗外霓虹闪耀，暮烟苍苍笼罩。
灯下思绪飘，遐想万里遥。

春来开我情抱，哦诗热情良好。
喜庆春节到，海内乐逍遥。

时光如飞迅跑，人易斑苍衰老。
努力奋前道，业绩矢创造。

晚风清吹悠旷

2021-2-12

晚风清吹悠旷，华美灯光闪亮。
惬意持心间，哦诗吐情肠。

人生恒怀向往，春来情志鼓畅。
万里之远疆，风光定奇靓。

一生努力奋闯，不计身负重创。
笑意微浮上，神恩是广长。

最喜阖家平康，团圆欢乐吉祥。
欢呼出襟房，颂赞晨昏间。

心志安祥

2021-2-12

心志安祥，时值初更间。
华灯灿放，春节喜气盎。

收敛心向，内省我襟房。
养德必讲，修心路漫长。

红尘无恙，百年飞逝忙。
客旅相仿，名利应弃放。

微笑漾上，悟道吾安康。
圆明心向，豁达真无上。

心襟清持灵动

2021-2-12

心襟清持灵动，展我温和笑容。
　人生付情钟，风雨兼程冲。

老来心襟持重，不为名利所动。
　诗书恒用功，上进奋刚勇。

天下和平茂丰，人民安乐从容。
　德操一生重，修心秋春中。

向往奋志长虹，七彩闪射当空。
　踏实去行动，汗水收全功。

春来怡我心襟

2021-2-13

春来怡我心襟，喜悦余之心灵。
　精神大振兴，志取彼行云。

哦诗舒出激情，雅思如水泻行。
　心中真高兴，东风也舒情。

人生正气凌云，履尽坎坷艰辛。
　迎来此晚晴，旷怀豁无垠。

叩道一生进行，诗书秋春用劲。
　晨昏雅哦吟，淡泊享康宁。

人生正气昂扬

2021-2-13

人生正气昂扬，春来情都开敞。
　晨风吹扬长，野禽鼓啼唱。

早起中心安祥，雅将新诗哦唱。
　希望在心间，情共春同长。

流年飞泻狂猖，人生晚晴正当。
　努力奋志向，勿负华年芳。

沉稳实干之间，莫忘辨明方向。
　叩道体志向，心志入莽苍。

红日东方

2021-2-13

红日东方，春阳煦煦上。
　众鸟和唱，喜悦余心膛。

春意增长，仍有薄寒凉。
　感兴升上，哦咏心之芳。

岁月流畅，正月初二间。
　人生慨慷，心志怀梦想。

欣欣向上，叩道奋贞刚。
　努力生长，努力舒奔放。

心志不取张扬

2021-2-13

心志不取张扬，人生奋发向上。
　清听啼鸟唱，春意满人间。

朝暾东方初上，漫天清喜晴朗。
　风递薄寒凉，爽我情与肠。

欣欣是余意向，情志放飞欲翔。
　振节吾歌唱，天地悠悠苍。

岁月淡有微芳，半生履尽莽苍。
　一笑微微放，淡泊持襟肠。

迎春花开烂漫

2021-2-13

迎春花开烂漫，激动余之心坎。
　喜鹊鸣溅溅，众鸟都和喊。

岁月清显和安，初春薄寒当然。
　天晴云飞淡，东风舒情澜。

中心情绪妥善，人生不计坎坷。
　奋志入霄汉，努力奋前站。

人生合当好汉，奋发志向迎难。
　天涯风光灿，风雨兼程赶。

223

休憩身心

休憩身心，何必镇日耽哦吟。
听听鸟鸣，品品杯中之绿茗。

岁月空清，芳春来临万象新。
煦阳清俊，蓝天飘荡彼白云。

阖家温馨，父母康健喜在心。
生活和平，年轮运转浪漫行。

人生情景，履尽风雨吾不惊。
迎来坦平，享受春日之和晴。

春来多情

春来多情，新诗不停哦吟。
喜鹊欢鸣，天气旷喜朗晴。

人生奋兴，气宇纵展凌云。
英武心襟，志取万里之境。

岁月进行，笑我华发星星。
心怀空清，不执尘世利名。

鞭炮经营，响声震动天顶。
雅怀意兴，心志共风飘行。

春日喜此和晴

春日喜此和晴，鸟语多么娇俊。
惬意持心襟，新诗哦空灵。

阖家多么温馨，岁月旷展清平。
未可耽安宁，春来志先行。

大千生机待兴，迎春绽放多情。
寰宇都宁静，人民乐无垠。

神恩此生饱领，叩道充满激情。
奋志当凌云，前路任艰辛。

闲适宁静安祥

闲适宁静安祥，小鸟宛转歌唱。
阳光展清靓，和平此尘壤。

心怀光明太阳，春来情志张扬。
勃勃生机旺，万物待生长。

新春多么欢畅，雅将新诗哦唱。
中心情志芳，展眼云烟漾。

正气充满寰壤，人民欢乐安康。
努力未可忘，春种须酝酿。

蓝天青碧无恙

蓝天青碧无恙，东风吹来浩荡。
欢乐此尘壤，春意展奔放。

清喜煦日温放，心情宁静安祥。
小鸟啭情长，天地正气昂。

笑意清新浮上，神恩领在心间。
岁月舒扬长，笑我华发苍。

鼓勇奋志而闯，千山万水等闲。
人生有力量，心灵放光芒。

人生漫自多情

人生漫自多情，春来鼓我奋兴。
天朗气清明，百鸟都和鸣。

心志怀着空清，人生正值晚晴。
奋志旷凌云，努力向前行。

不畏高山峻岭，展翅邀天而行。
岁月浪漫进，秋春展风情。

笑意和蔼温馨，康平是我心襟。
神恩广无垠，思此泪双零。

岁和年丰人安祥

2021-2-13

岁和年丰人安祥，春意勃发张扬。
容我开心讴歌唱，一曲地久天长。

岁月由来是莽苍，此生履尽桑沧。
老来一笑颇晴朗，世事看开无恙。

名利由来是虚诳，此心不受物障。
努力叩道吾强刚，心得缕缕清芳。

窗外春禽啭响亮，蓝天白云飘翔。
万类自由生机畅，行将碧野绽芳。

欢快是我心襟

2021-2-13

欢快是我心襟，春来心情开屏。
多采是心灵，七彩闪清俊。

窗外鞭炮犹鸣，小鸟啭着清新。
风来鼓干劲，万民荷奋兴。

岁月畅意进行，何许计我斑鬓。
努力向前进，关山越无垠。

心志旷展空清，叩道时刻进行。
一笑还分明，人生怀多情。

爽意心襟

2021-2-13

爽意心襟，清听鸟啼鸣。
天气转阴，东风吹多情。

雅然高兴，新诗脱口吟。
新春温馨，天地展和平。

正义盈心，努力鼓干劲。
韶华飙行，寸阴贵比金。

不妄分心，物欲应辞屏。
诗书用劲，修德修心灵。

蓝天幻化白云

2021-2-13

蓝天幻化白云，小鸟娇啭空清。
写意东风吹清劲，春意动人分明。

心志春来殷殷，鼓足我的干劲。
勿负韶华勿负心，理想导我前行。

此生履尽苦境，依然爽笑分明。
悟道体尽彼圆明，得失任缘去运。

贵在实干去行，汗水浇灌仓盈。
百年飞逝真堪惊，业绩矢当创寻。

云天澹荡

2021-2-13

云天澹荡，小鸟纵情歌唱。
和风清翔，心地春来奔放。

舒出心房，舒出我的张扬。
舒出气象，舒出我的向往。

人生世上，不能为物所障。
心灵向上，圣洁雅清芳香。

红尘无恙，只是试炼之场。
德操务讲，一生自励自强。

云天爽朗

2021-2-13

云天爽朗，我的心情舒畅。
小鸟歌唱，远际鞭炮震响。

岁月悠扬，初春无比娟芳。
心怀理想，时刻未能相忘。

努力向上，克己修身无恙。
人生莽苍，不计艰难苦障。

笑意微放，悟彻世宇玄黄。
英武心间，原也君子气象。

春来气象和平

2021-2-13

春来气象和平，东风吹来爽清。
野禽彼此和鸣，心中充满高兴。

清坐思绪遐行，回思少年情景。
已失当年英俊，斑苍华发星星。

依然奋志凌云，旅途不计艰辛。
新诗脱口而吟，旷舒我的心襟。

岁月使人奋兴，立德立言要紧。
实干最为可行，业绩矢当创寻。

漫天都晴朗

2021-2-13

漫天都晴朗，云淡飘翔。
风吹鸟清唱，逸意心间。

岁月舒流畅，芳春正当。
清展我思想，遐想万章。

振节发哦唱，悠悠天苍。
人生荷志向，奋勇前闯。

斜晖照朗朗，生活安祥。
听见汽车响，热闹尘间。

心弦发出交响

2021-2-13

心弦发出交响，化为新诗哦唱。
一曲地久天长，人生怀情无限。
春来鸟语花芳，更有东风扬长。
天气阴晴之间，我心却是晴朗。

心弦发出交响，人生步履安祥。
履尽狂风恶浪，而今淡泊安康。
神恩无比广长，思此心有力量。
灵程努力奋闯，天国永生之乡。

春来气象喧人间

2021-2-13

春来气象喧人间，清听小鸟欢鸣唱。
东风浩荡迎春芳，惬怀欢乐讴奔放。

人生行旅勿匆忙，应许定定又当当。
从容不迫未可忘，淡泊心胸存雅量。

晨起鸟喧鸣

2021-2-14

晨起鸟喧鸣，喜悦余身心。
清风袅袅行，天气正惜阴。
春意烂漫境，迎春绽芳情。
讴歌雅舒情，一曲正气吟。

晨起鸟喧鸣，初春展意境。
欣欣大千景，生机待勃兴。
惬意盈中心，哦诗亦尽情。
欢快人生境，努力奋耕心。

人生雅怀志向

2021-2-14

人生雅怀志向，踏遍千山莽苍。
五湖归来一笑扬，红尘原本无恙。

欣听喜鹊鸣唱，春风多情悠扬。
朝日出了喜洋洋，大地人民欢畅。

情起应如草长，未来放飞希望。
努力耕心不退让，诗书一生研访。

不为名利痴狂，守定中心意向。
叩道努力奋贞刚，风雨兼程而闯。

啾啾鸟语适意向

2021-2-14

啾啾鸟语适意向，春来情志扬长。
清风长来我悠闲，能不慨哦诗章！

舒出情志与意向，一曲应许张扬。
人生奋志慨而慷，男儿豪勇强壮。

天际浓霭正浮漾，芳韶如金相仿。
勿负时光努力闯，叩道一生奔放。

脚踏实地务须讲，诗书尽心研访。
修心修德不相忘，君子人格培养。

春来旷发读书声

2021-2-14

春来旷发读书声，哦咏真诚，
哦咏真诚，惬意小鸟正喧腾。

新年心情旷缤纷，努力前程，
努力前程，叩道用道也刚贞。

不计名利拥书城，淡泊秋春，
淡泊秋春，哦出身心并精诚。

人生在世梦中奔，名利弃扔，
名利弃扔，一心向上修心身。

志取长虹

2021-2-14

志取长虹，脚踏实地往前冲。
山水险雄，正可磨炼我襟胸。

鞭炮声洪，新年气氛犹殷浓。
鸟语欢动，惬意情怀真无穷。

东风清送，诗书激情骋奋勇。
哦出清空，哦出气宇之沉雄。

红尘之中，万千故事演浓重。
桑沧幻动，持心平正风雨中。

红尘不唯漫浪

2021-2-14

红尘不唯漫浪，多有险风恶浪。
奋志吾强刚，扬帆努力航。

春来气象张，心胸又复开旷。
清听啼鸟唱，享受东风奔放。

天阴有何妨，品茗意兴张扬。
新诗纵哦唱，舒出心胸志向。

人生试炼场，不受名利炙烫。
性天本清凉，叩道无比贞刚。

心志雅洁清芬

2021-2-14

心志雅洁清芬，淡眼观此世尘。
春来气象生，鸟语东风骋。

笑意从心而生，欣此明媚芳春。
中心喜不胜，欢呼欲飞腾。

努力读书勤奋，华年逝如水奔。
斑苍不必论，心中刚且贞。

履历滚滚红尘，何许计较心疼。
神恩正广盛，思此心馨温。

抛开思虑经营

2021-2-14

抛开思虑经营，何必镇日哦吟。
且听鸟清鸣，享受春风清。

不妨清品绿茗，不妨看看村景。
天伦乐无垠，神恩赐丰盈。

春来是有美景，迎春绽放正殷。
生活是和平，心中挺高兴。

闲暇清心细品，修心必须内省。
正意务必行，养德无止境。

清思生成

2021-2-14

清思生成，雅洁又清芬。
时值初春，万象更新正。

鸟语声声，我心欢慰生。
东风清纯，袅起意千层。

哦出心身，哦出我人生。
哦出刚贞，哦出情缤纷。

人生驰骋，山水叠层层。
英武心身，不计痛与疼。

修心无上

2021-2-14

修心无上，振节吾哦唱。
春来清芳，鸟语亦娟扬。

细雨甫降，清风嗅来香。
舒出激昂，我志骋奔放。

人生强刚，谦和一生讲。
矢志向上，不为物欲障。

品端方刚，养德无止疆。
人生世间，远抛机与奸。

心胸应能更广

2021-2-14

心胸应能更广，宇宙尽都包藏。
向上尽力量，修身晨昏间。

春雨清新洒降，芳草应能滋长。
爽风何清香，我意沉醉间。

阖家欢乐安享，天伦亲情无上。
神恩是广长，思此颂赞放。

正义清持襟房，人生挥洒力量。
天涯风光靓，矢志去寻访。

岁月舒其清苍

2021-2-14

岁月舒其清苍，芳春又临人间。
窗外细雨降，室内喜洋洋。

人生无比奔放，因我怀有理想。
正气舒昂藏，向上奋贞刚。

努力前路奋闯，越过高山险嶂。
风光览无限，心情大舒昂。

五湖归来何讲，豁达一笑扬长。
人生百年间，清心最为上。

春雨甫降

2021-2-14

春雨甫降，行将膏草芳。
春风扬长，细嗅精神涨。

心志奔放，春来我昂藏。
红尘万丈，只是客旅间。

德操务讲，修心吾尽量。
不折向上，天地多宽广。

岁月清香，往事入烟帐。
未来瞻望，春光大舒扬。

持心平正

2021-2-14

持心平正，履度风雨晨昏。
春来情生，哦诗倾吐真诚。

红尘滚滚，名利欺人太甚。
务弃务扔，清心雅致清芬。

东风清纯，袅起意兴纷纷。
人生奋争，叩道展我精诚。

岁月进深，渐渐斑苍何论。
一笑雅温，豁达清度平生。

省心为要

2021-2-14

省心为要，人生奋志刚傲。
谦和力保，一生坚守正道。

红尘扰扰，清心守我情操。
旷展风标，诗书从容笑傲。

五湖归早，淡泊爽然一笑。
霜华任扰，豁达真是无二。

展眼远瞧，天际霭烟清绕。
小鸟鸣叫，欣喜春已来到。

春意清昂

2021-2-14

春意清昂，东风写意吹荡。
膏雨止降，空气新鲜清芳。

向阳襟肠，春来蓬勃奔放。
人生向上，灿烂是我心房。

岁月流畅，大千美丽无疆。
请听鸟唱，请赏迎春金黄。

欢意心间，哦咏新诗连章。
志取昂扬，人生果敢豪放。

人格为上

2021-2-14

人格为上，道德一生提倡。
坚持理想，一生清贫无妨。

正义昂扬，履尽烟雨艰苍。
一笑朗爽，红尘清度无恙。

岁月奔放，演绎故事无限。
名利欺诳，应弃应抛应放。

清心之间，醉心诗书评唱。
哦咏之间，不知老将来访。

夕烟清涨

2021-2-14

夕烟清涨，天气阴沉无妨。
春光悠扬，东风递来鸟唱。

清坐安祥，新春思想奔放。
阖家平康，感谢天父恩奖。

向前向上，克己修身无疆。
努力驱闯，越过山水青苍。

悠悠哦唱，舒出心志清芳。
天苍地广，大道敷覆无恙。

第三十卷《倾情集》

仁厚本应当

2021-2-14

仁厚本应当，修身吾要尽量。
窗外春风漾，大地生机正旺。

岁月舒奔放，老我斑苍何妨。
人生是戏场，正直一生力倡。

笑意清浮上，未可得意狂狷。
清心内省间，发见真正天良。

红尘是攘攘，太多机巧肮脏。
务持慧心肠，辨明前路方向。

持正心间

2021-2-14

持正心间，人生吾向上。
克尽千艰，终有坦平况。

心怀太阳，正直无机奸。
人生扬长，悠悠我歌唱。

岁月悠扬，人生易老苍。
流年回放，唏嘘不尽间。

努力前闯，山水任莽苍。
奋志顽强，铁胆骋雄刚。

烟雨旷展濛濛

2021-2-14

烟雨旷展濛濛，暮烟渐渐罩笼。
心志骋清空，新诗畅哦颂。

世界春光正萌，和暖是此宇中。
我心快无穷，雅洁盈襟胸。

人生是有情钟，春来焕发刚雄。
努力往前冲，山水越从容。

此生履尽雨风，而今安乐和同。
神恩赐丰隆，一生铭感中。

心境此际平静

2021-2-14

心境此际平静，窗外烟雨经行。
春来开我心襟，喜悦鼓荡胸心。

华灯点缀街景，车水马龙闹境。
暮烟笼此宇庭，灯下撰诗倾心。

岁月使人奋兴，故事演绎惊心。
风雨于我常寻，叩道一生坚定。

诗书秋春经营，哦出肺腑胸襟。
抛开苍凉之情，赤子捧出丹心。

心襟雅洁平康

2021-2-14

心襟雅洁平康，人生淡泊安祥。
窗外霓虹闪亮，春夜和平安享。

岁月运转非常，桑沧幻化无疆。
人生百年艰苍，不灭是我理想。

正见清持心间，修心晨昏无恙。
叩道悟彻玄黄，诗书一生研讲。

悠悠放我情肠，纵情我要歌唱。
舒出心中志向，体尽人世苍凉。

人生不忘持重

2021-2-14

人生不忘持重，心襟此际轻松。
哦诗热情迸涌，舒出我的清空。

红尘幻化汹涌，桑沧叠变千重。
人生百年匆匆，思此有泪迸涌。

岁月曾经沉痛，苦雨苦风重重。
磨炼我之刚雄，神恩无比丰隆。

老来心境恢弘，清展灿烂笑容。
永生不在尘中，天国福乐恒永。

窗外华灯靓

2021-2-14

窗外华灯靓，春意昂扬。
中心颇激昂，诵读词章。

岁月泻流畅，故事千章。
而今我回想，感慨良长。

应向前瞻望，雄关叠嶂。
努力奋发闯，志取奔放。

人生百年艰，悠悠歌唱。
天地何宽广，正义恒昌。

春夜宁静

2021-2-14

春夜宁静，思绪放浪行。
哦诗舒情，流畅似行云。

心中欢庆，神恩广无垠。
正义心襟，清展刚与劲。

人生驱行，不畏艰险境。
磨难经营，炼得潇潇襟。

红尘嚣境，名利害人精。
务辞务屏，清心最要紧。

心地雅净

2021-2-14

心地雅净，上网冲浪行。
春夜温馨，阖家都康平。

窗外车行，窗外霓虹映。
窗外嚣境，窗外热闹盈。

清坐思凝，遐思放无垠。
撰诗舒情，一曲体清灵。

人生怀情，向谁道分明？
孤旅挺进，不畏艰险境。

悠怀雅爽

2021-2-14

悠怀雅爽，哦诗亦奔放。
春夜温良，感慨从心上。

世宇苍茫，人生百年间。
未可荒唐，雁过留声响。

修德无疆，矢志务向上。
克尽艰苍，心怀红太阳。

旅途艰长，烟雨展茫茫。
兼程奋闯，意志坚如钢。

第三十卷 《倾情集》

质朴心地间

2021-2-14

质朴心地间，无机昂扬。
体尽世艰苍，一笑爽朗。

苦难饱经尝，光明心间。
神恩赐无限，思此颂扬。

努力前路闯，风光奔放。
男儿是铁钢，意志顽强。

春来气昂藏，纵展奔放。
一曲短歌唱，旋律悠扬。

持正为心

2021-2-15

持正为心，人生奋辟进。
春来心情，烂漫似开屏。

诗书经营，叩道求上进。
不图利名，淡泊守清贫。

中心高兴，新诗雅哦吟。
岁月进行，笑我星星鬓。

百年生命，迅如闪电行。
惜时铭心，修德修心灵。

天气惜阴

2021-2-15

天气惜阴，朔风呼啸行。
春寒峭峻，早起讴心灵。

迎春开俊，春已经来临。
终会天晴，终会展温馨。

岁月多情，故事演不停。
人生前行，苍了颜和鬓。

快慰心襟，神恩领无垠。
灵程奋进，胜过试探凌。

舒展我的心情

2021-2-15

舒展我的心情，一似迎春开俊。
春来听鸟鸣，爽吸风清新。

岁月使人奋兴，希冀盈于中心。
理想鼓心灵，努力奋前进。

此生不图利名，叩道一生不停。
风雨任艰凌，兼程我驱行。

穿越高山峻岭，览尽大千风景。
一笑还开心，快慰我胸襟。

笑容从心浮漾

2021-2-15

笑容从心浮漾，耳际传来鸟唱。
朝日闪明亮，春风深吸芳。

岁月多么奔放，我心旷起感想。
五十六年间，履尽茫与苍。

华发星星何妨，心志沉雄贞刚。
铁骨傲天壮，君子人格彰。

谦和绝不可忘，向上尽我力量。
修心启无疆，养德淡淡芳。

红尘无恙

2021-2-15

红尘无恙，春风吹清旷。
哦咏诗章，心情真舒畅。

生活平章，人生似梦间。
勿为名狂，勿为利所障。

修心无疆，人生矢向上。
克尽艰苍，心灵大舒放。

神恩广长，赐福真无限。
天国家邦，永生福何康。

休闲无恙

2021-2-15

休闲无恙，心地吾情长。
春正舒放，东风吹浩荡。

逸意心间，欢乐享安祥。
春节假放，心情多欢畅。

天伦乐享，神恩当颂扬。
父母健康，喜悦我襟房。

春来气昂，鼓足干劲上。
天涯遐方，风光正灿靓。

畅意清度浮生

2021-2-15

畅意清度浮生，不为名利折腾。
努力修心身，诗书沉潜深。

哦出我的真诚，春来心志雅芬。
东风吹清纯，我心喜缤纷。

红尘浊浪滚滚，太多故事生成。
豁达共缘奔，清心怡精神。

小鸟娇啭声声，生活和平安稳。
讴颂出心身，神恩赐丰盛。

缘起缘灭寻常

2021-2-15

缘起缘灭寻常，人生淡泊安康。
春来意扬长，从容听鸟唱。

阳光洒在宇间，万物生机待放。
欣然哦诗章，一曲舒张扬。

笑我华发痴狂，镇日耽于诗章。
何不享悠闲？何不省心肠？

心怀奋兴难减，欣此春光无限。
人生在世间，神恩领无疆。

心襟辽广

2021-2-15

心襟辽广，天地正气昂扬。
春禽鼓唱，欣欣人间欢畅。

小品茗芳，小酌怡情何妨。
人生世上，应许欢乐安祥。

东风浩荡，袭起意兴无限。
中心哦唱，舒出心地情长。

和煦宇间，清喜天气晴朗。
生机勃放，万物欣欣生长。

振节放我歌唱

2021-2-15

振节放我歌唱，远野鞭炮嚣响。
天地喜晴朗，午时阳光靓。

欢欣持在心间，春来心志开放。
舒出气昂藏，舒出情万丈。

未来长自瞻望，山水无限远长。
尽我力与量，努力启远航。

此生履尽莽苍，迎来晚晴时光。
一笑颇欢畅，人生纵马狂。

谦和是我人生

2021-2-15

谦和是我人生，笑容展放真诚。
一生唯赖神恩，导我灵程平顺。

春来万象更生，小鸟娇啼温存。
东风吹来爽神，我的意兴振奋。

展眼大千红尘，生机勃发旺盛。
欢呼讴颂真诚，神恩何其丰盛。

努力前面旅程，山水任其艰深。
不惧风雨嚣骋，奋发前行兼程。

蓝天流荡白云

2021-2-15

蓝天流荡白云，空气鲜洁芳清。
煦日当天顶，东风吹多情。

春来心志殷殷，心情放飞无垠。
胸襟都振兴，新诗哦不停。

假日休憩心灵，书本应可经营。
不仅是怡情，而且是修心。

真理一生追寻，叩道时刻进行。
人生百年行，标的最要紧。

春来勃发心襟

2021-2-15

春来勃发心襟，一似孔雀开屏。
迎春绽如金，灿烂真无垠。

心情特别高兴，春天终于来临。
流变是白云，煦日蔼蔼行。

东风吹来爽心，小鸟娇啭动听。
阖家都温馨，神恩颂于心。

未来展翅飞行，不怕风雨经行。
万里摩云进，飞越高山顶。

放旷我的心灵

2021-2-15

放旷我的心灵，放旷我的诗情。
新诗哦空灵，吐出是雅清。

天气阴晴不定，东风吹来清新。
散思起无垠，心襟都奋兴。

春来开我胸襟，欣听小鸟欢鸣。
芳韶价千金，时光惜于心。

诗书哦咏不停，悠悠响彻行云。
展眼苍霭凝，有鸟纵飞鸣。

坦荡是我身心

2021-2-15

坦荡是我身心，春来放飞心灵。
向往着光明，向往着飞行。

脚踏实地要紧，步履坚贞是凭。
风雨任艰辛，努力向前进。

红尘故事不停，名利害人无垠。
胸襟持镇定，物欲务屏清。

心怀高蹈白云，爽净是我胸襟。
叩道奋前行，灵程胜魔境。

心志清骋

2021-2-15

心志清骋，感谢丰沛神恩。
春光温存，和风吹来爽神。

欢呼声声，万物生机兴盛。
鸟语娇纯，啭出明媚情芬。

哦咏真诚，旷展我的心身。
人生奋争，只争朝夕秋春。

岁月进深，斑苍渐老不论。
笑意清骋，鼓足干劲前奔。

欣快是我心襟

2021-2-15

欣快是我心襟，淡眼云层纷纭。
汽车喇叭鸣，市井嚣嚣境。

春意盈于宇庭，东风吹来多情。
小鸟啭娇鸣，万物都勃兴。

人生心怀光明，努力前路辟进。
山水越无垠，风光览清俊。

岁月使人奋兴，回味中心动情。
未来金光映，神恩赐丰盈。

234

云烟袅行

2021-2-15

云烟袅行，灿烂是我心境。
天气多云，春风快慰心襟。

畅意哦吟，舒出人生奋兴。
河水碧清，老柳行将舒青。

迎春开俊，金黄胜过黄金。
人民欢庆，新年气氛浓殷。

展望前景，鼓足我的干劲。
人生经营，一生不计利名。

此生忍辱精进

2021-2-15

此生忍辱精进，终于迎来晚晴。
欢呼这温馨，春天美无垠。

大千生机勃兴，鸟语花香多情。
思绪展不停，新诗纵哦吟。

此际快慰持心，热情挥洒不尽。
展眼幻层云，奋志欲飞行。

天地宽广明净，神恩总是丰盈。
灵程努力进，叩道不止停。

人生重晚晴

2021-2-15

人生重晚晴，春来开心境。
享受这风清，享受这鸟鸣。
中心怀镇定，难禁情奋兴。
努力奋前行，山水越无垠。

人生重晚晴，笑意体分明。
红尘艰险境，风雨曾嚣凌。
身心慨慷行，裁意哦均平。
黄昏又接近，生活乐无垠。

笑意清新雅正

2021-2-15

笑意清新雅正，人生奋力驰骋。
不惧山高水深，努力清展刚贞。

春色明媚清芬，风吹递来鸟声。
欢呼出自心身，大千生机尽逞。

鼓舞情志奋争，不为名利而骋。
笑傲浊世红尘，叩道英武挺身。

夕照光明缤纷，生活和平馨温。
憩身于此世尘，勿忘修心敬神。

鸽群自由飞翔

2021-2-15

鸽群自由飞翔，引我心生向往。
春光美无恙，心怀都开敞。

明媚是此尘壤，河水碧绿流淌。
老柳行将舒芳，迎春早已开放。

惬怀真是扬长，新诗容我哦唱。
人生天地之间，最重快畅襟房。

神恩无比广长，思此心有力量。
灵程努力奋闯，胜过试探险艰。

人生秉持纯真

2021-2-15

人生秉持纯真，履过烟雨缤纷。
而今春色美不胜，欢呼溢出心身。

夕照清新旷逞，喜鹊清鸣数声。
汽车喇叭不停骋，市井生活喧腾。

假日放散心身，哦诗热情显呈。
岁月不断以进深，渐渐斑苍何论。

依然鼓足精神，奋发男儿刚正。
努力前面之旅程，不负华年清芬。

夕照旷展苍茫

2021-2-15

夕照旷展苍茫，生活和平安祥。
心中欢畅入诗唱，新诗连踵而放。

街上叫卖声唱，市井热闹非常。
清心静意雅坐间，内叩自己心向。

岁月多么莽苍，清喜春来人间。
万民欢乐喜洋洋，众鸟均都和唱。

人生情怀张扬，浩志又起奔放。
努力万里之远疆，业绩矢当造创。

春来舒展心情

2021-2-15

春来舒展心情，欢乐真是无垠。
天苍地广任我行，誓搏风雨艰辛。

人生迎来晚晴，颂神发自内心。
东风浩荡体和平，人民尽都高兴。

岁月清展多情，华发笑我斑鬓。
依然怀有少年心，瞻望天涯远景。

百年飞逝猛迅，浮生合当经营。
努力秋春晨昏境，业绩矢当创寻。

娇娇鸟唱

2021-2-15

娇娇鸟唱，营造气氛无恙。
黄昏之间，心志体出清昂。

纵情哦唱，歌颂无限春光。
风来清芳，我的精神大涨。

奋发昂扬，未来之路广长。
风雨兼闯，岂惧山高水旷。

不屈艰苍，男儿果敢顽强。
坚持理想，正直儒雅奔放。

清思旷然生成

2021-2-15

清思旷然生成，人生从容驰奔。
春来心志清芬，遐思放飞远程。

小鸟娇啭啼纯，夕风吹来爽神。
市景繁荣甚，街上喧噪声。

清坐哦诗雅芬，舒出自我精诚。
知音会是何人？孤旅奋进驱骋。

岁月不断进深，斑苍依持纯真。
笑意从心而生，讴颂春光繁盛。

裁心无恙

2021-2-15

裁心无恙，舒出我的志向。
夕烟清涨，淡眼市景繁忙。

人生慨慷，春来情思奔放。
小哦诗章，旋律清新昂扬。

往事平章，不过烟雨艰苍。
未来展望，风光秀丽雄壮。

东风清畅，河水碧波荡漾。
岁月绵长，人生不计斑苍。

田园景芳

2021-2-15

田园景芳，远观正如画廊。
天上云翔，引我意兴飞扬。

春来无恙，欣喜东风浩荡。
野禽鼓唱，声音宛转嘹亮。

中心扬长，讴颂大好春光。
生机显彰，迎春最先绽放。

笑意浮上，人生得意不狂。
修身尽量，谦和一生必讲。

云烟淡荡

2021-2-15

云烟淡荡，远处鞭炮震响。
心志苍茫，慨哦新诗奔放。

振节之间，履过关山险嶂。
春临人间，喜悦余之心肠。

不负韶光，必须努力向上。
克己有光，不为物欲所障。

鸟清啼唱，引起我的遐想。
岁月绵长，故事从心造创。

人生自弹自唱

2021-2-15

人生自弹自唱，走过烟雨苍凉。
　而今我回想，神恩是无量。

春光清展无限，碧波率先荡漾。
　迎春喜绽芳，东风多情放。

笑我霜华渐苍，心却少年相仿。
　率真之所向，叩道奋贞刚。

红尘自是无恙，内含灵妙非常。
　人生客旅间，天国是标向。

祥和是此尘壤

2021-2-15

祥和是此尘壤，春来心情温让。
笑意从心浮上，新诗尽情哦唱。

路上车行狂猖，生活演奏乐章。
名利未许为障，我的性天清凉。

叩道晨昏不让，诗书一生讲唱。
正义心襟奔放，不屈尘世沧桑。

悠悠放我歌唱，人生在世瞬间。
正如雁过声响，业绩矢当造创。

第三十一卷《春帆集》

夜半时分
2021-2-15

夜半时分，整顿我心身。
犬吠远闻，路上汽车声。

灯下思深，春已来乾坤。
努力奋争，朝夕与秋春。

感谢神恩，导引我灵程。
奋不顾身，叩道秉精诚。

岁月进深，斑苍不必论。
振节前骋，山水之征程。

情怀淡荡
2021-2-16

情怀淡荡，听见鞭炮唱。
喜悦心间，正月初五喜正当。

岁月悠扬，春光在增长。
明媚情肠，诗书经营未可忘。

正义宇间，神恩广无量。
万民平康，岁和年丰乐无疆。

努力向上，不断以成长。
克己有芳，修身养德当尽量。

欢乐安祥
2021-2-16

欢乐安祥，喜气盈心间。
天气晴朗，红日出东方。

鞭炮震响，初五今正当。
天微寒凉，晨风吹清爽。

春意人间，万物待生长。
迎春绽芳，河水碧波荡。

岁月清芳，细品方为上。
人生慨慷，悠悠放歌唱。

春寒任峭
2021-2-16

春寒任峭，心情吾大好。
朝日出了，天下明光照。

鞭炮嚣叫，红尘喜气高。
人民欢笑，春节欢度了。

畅开怀抱，新诗哦吟巧。
舒出心窍，舒出正意饶。

人生刚傲，努力奋前跑。
关山迢迢，展我英雄貌。

漫天晴朗
2021-2-16

漫天晴朗，鞭炮轰鸣震天响。
人民欢畅，春来生机勃兴间。

红尘攘攘，未许名利肆狂猖。
正意心间，叩道用道也扬长。

岁月清芳，流年记忆淡淡香。
努力奋闯，关山风景览无恙。

人生世间，当创业绩灿辉煌。
切勿匆忙，万里行旅享平康。

小鸟啼春
2021-2-16

小鸟啼春，喜悦我心身。
风来清骋，鞭炮远近闻。

情思雅芬，旷吐我精诚。
春来情生，哦咏也馨芬。

岁月驰奔，幻化桑沧阵。
人生刚贞，安度此平生。

叩道诚真，一笑还和温。
秉心持正，努力前路程。

万物生机待长
2021-2-16

万物生机待长，春来意兴昂扬。
欢乐此尘壤，人民喜洋洋。

春风多情扬长，微寒微凉何妨。
天气喜晴朗，喜鹊高声唱。

阖家平安吉祥，和蔼盈于心膛。
振节吾高唱，声震彼穿苍。

前路重关叠嶂，容我放志强刚。
努力长驱闯，笑意从心畅。

岁月清新
2021-2-16

岁月清新，流年展风情。
春来多情，袅起诗意境。

鞭炮轰鸣，东风吹多情。
阳光清俊，蓝天泛碧青。

我意高兴，新诗旷志吟。
人生情景，欢快是无垠。

展眼远景，村野多芳馨。
生活和平，生机待勃兴。

心志不取苍苍
2021-2-16

心志不取苍苍，裁出心中意向。
春来气象正显彰，哦诗何妨万章。

岁月清展扬长，写意东风奔放。
小鸟清声欢鸣唱，天上白云飘翔。

人生振节歌唱，讴此大好春光。
神恩从来是广长，思此心怀力量。

不惧旅途险艰，奋发斗志昂扬。
纵有千关也须闯，展我男儿豪强。

心志旷展
2021-2-16

心志旷展，人生吾浩瀚。
踏实去干，汗水夺丰产。

春意芳绽，东风吹妙曼。
白云扬帆，煦日金光灿。

红尘好看，生活岂平淡。
故事千般，翻转名利案。

清心雅淡，叩道出霄汉。
正襟奋战，万里迎艰难。

心弦奏响

2021-2-16

心弦奏响，新诗悠悠哦唱。
东风浩荡，欢悦小鸟鸣放。

清坐安祥，舒展我的思想。
春意人间，勃勃生机无疆。

红尘无恙，此生神恩饱享。
灵程向上，不计艰难阻挡。

心灵奔放，不为物欲所障。
一笑和祥，春意漾满心间。

谦和是我心襟

2021-2-16

谦和是我心襟，人生奋志前进。
穿越高山与峻岭，览尽大千风景。

春来开我意兴，欣听小鸟啼鸣。
东风又来鼓干劲，能不纵情哦吟？

红尘充满温馨，蓝天青碧朗晴。
万物都奋兴，寰宇舒芳情。

心中难禁高兴，春意充满胸襟。
努力奋发展刚劲，挥洒壮志豪情。

神情俱增长

2021-2-16

神情俱增长，淡泊平安吉祥。
华灯灿然放，晚风清新悠扬。

岁月舒昂扬，星星华发何妨。
奋志展顽强，人生鼓勇矢闯。

正气天地间，春来万物生长。
勃勃生机放，行将柳绿花芳。

爽然持襟肠，清度红尘无恙。
得志不狂狷，永保谦和心房。

悠然心襟

2021-2-16

悠然心襟，呼吸晚风清新。
霓虹闪映，市井生活和平。

春展温情，和蔼是此尘境。
万物勃兴，天地正气充盈。

人生情景，履尽风雨烟云。
一笑多情，快慰盈于心襟。

神恩无垠，思此感动心灵。
努力上进，天国永生安宁。

三更无眠

2021-2-17

三更无眠，内叩身与心。
分寸把定，人生须清醒。

春来振兴，新诗雅哦吟。
努力前行，山水越苍峻。

踏实去行，汗水洒殷勤。
不忘修心，养德未可停。

保持镇定，浮躁不可行。
神恩无垠，赐福何丰盈。

淡泊人生吾安祥

2021-2-17

淡泊人生吾安祥，履尽世宇风浪。
此际春风吹扬长，早起旷哦诗章。

一曲中心放讴唱，颂此明媚春光。
大地人民俱欢畅，领受神恩无限。

岁月渐趋平与康，正气天地之间。
努力叩道吾奔放，勿负华年韶光。

未来长望我豪放，关山峻岭雄壮。
奋志铁鞋备十双，万里无有止疆。

天色渐明亮

2021-2-17

天色渐明亮，遐思放旷。
晨有薄寒凉，春风悠扬。

心怀应辽广，志取强刚。
不为物欲障，努力向上。

叩道是无疆，一生奋闯。
心得缕缕芳，哦入诗行。

岁月舒莽苍，老我斑苍。
淡泊心地间，步履康庄。

红霞东方

2021-2-17

红霞东方，灿我心房。
胸襟志刚，春来奔放。
努力向上，克己有芳。
叩道昂扬，长驱无疆。

红霞东方，朝暾初上。
天薄寒凉，传来鸟唱。
心志清昂，哦咏诗章。
生活平康，步履康庄。

红旭吐光

2021-2-17

红旭吐光，灿烂未央。
我心感放，化为诗章。
神恩广长，创此宇疆。
人生昂扬，颂神慨慷。

红旭吐光，万类蒙芳。
生机勃放，春意昂藏。
正气宇间，人民欢畅。
鸟语花芳，东风悠扬。

漫天云翔

2021-2-17

漫天云翔，雀鸟均啼唱。
喜气洋洋，春色来人间。

太阳放光，东风吹浩荡。

微薄寒凉，无妨我心肠。

放声歌唱，声震彼穹苍。
红尘无恙，生机勃勃放。

人民安祥，和乐享安康。
振节舒昂，努力奋前闯。

云淡天青

2021-2-17

云淡天青，爽洁我心灵。
春天来临，我心喜不禁。

喜鹊高鸣，打动我身心。
东风尽兴，怡人真无垠。

朝日光明，世界享温馨。
人民安宁，乐度此生平。

讴咏吐情，舒出我性灵。
岁月多情，华年珍于心。

喜悦心中

2021-2-17

喜悦心中，人生雅讴颂。
春来情动，淡荡是东风。

朗日晴空，快慰我心胸。
鸟语清空，安乐此尘中。

欢声雷动，和谐遍宇中。
振节讴颂，乐邦四海同。

努力前冲，风光览无穷。
人生匆匆，韶华珍于胸。

朗日天晴

2021-2-17

朗日天晴，寰宇漾和平。
中心高兴，新诗讴不停。

春意盈庭，阖家享温馨。
鸟语长鸣，东风爽且清。

岁月进行，何必嗟斑鬓。
人生怀情，生活从心吟。

心怀激情，畅欲旷飞鸣。
天涯风景，灿烂定无垠。

天地和畅

2021-2-17

天地和畅，喜气自东方。
春来人间，万民欢无恙。

心情奔放，哦诗亦激昂。
理想心间，时刻不相忘。

红尘之间，生机待勃放。
鸟语花芳，点缀这人间。

情思流畅，展眼向天望。
晴空正朗，煦日洒光芒。

和蔼是此宇城

2021-2-17

和蔼是此宇城，春来情志旷生。
感谢神之恩，世界春光盛。

欢呼从心而生，讴咏尽我真诚。
人生奋前骋，豪情冲天逞。

岁月不断进深，年轮运转滚滚。
时光务惜珍，业绩矢创成。

不为名利折身，中庸守我心身。
诚正是为本，修心无止程。

安贫心间

2021-2-17

安贫心间，人生正气昂。
大好寰壤，春风吹扬长。

清喜晴朗，百鸟均鸣唱。
蓝天云翔，悠悠何放旷。

修心必讲，养德无止疆。

人生疆场，持正击邪奸。

百年飞殇，不必多嗟伤。
努力向上，努力舒奔放。

坦荡持襟房

2021-2-17

坦荡持襟房，立身悠扬。
不执名利间，淡定情肠。

神恩赐广长，心怀力量。
灵程努力闯，山水远长。

春已来人间，欢乐吉祥。
雅将颂赞放，正气盈腔。

风吹何清芳，鸟语何旷。
微笑淡浮上，努力闯荡。

天道恒昌

2021-2-17

天道恒昌，正义持襟房。
人生扬长，因我怀理想。

志取雄刚，淡泊心地间。
立身坦荡，修身无止疆。

春意昂扬，煦日闪光芒。
东风和祥，鸟语娇娇唱。

人民安祥，生活奏平康。
惬意心间，能不放讴唱?!

整顿我的身心

2021-2-17

整顿我的身心，整顿我的心情。
人生奋志前行，穿越高山峻岭。

天气清喜朗晴，欢快是我心灵。
春色美丽无垠，鸟语花香是凭。

难抑心中高兴，放声我要高吟。
诉出一曲动听，应可打动人心。

岁月舒展芳情，神恩赐下丰盈。
人生百年之景，务必整顿身心。

春来开我心襟

2021-2-17

春来开我心襟，欣喜万象更新。
　煦阳在天顶，洒放大光明。

和风吹来清新，我的心情奋兴。
　新诗哦不停，舒出我雅情。

世界盈着和平，处处繁荣情景。
　讴呼出心灵，神恩广无垠。

岁月均平前进，人生百年之景。
　奋志当凌云，努力创功勋。

中心悟彻圆明

2021-2-17

中心悟彻圆明，雅度人生情景。
　爽洁盈心灵，名利合辞屏。

此际心中高兴，放歌请君聆听。
　一曲悠悠行，一曲正气凝。

和暖是此春景，小鸟娇娇啼鸣。
　芳韶值千金，诗书当经营。

白云悠悠飞行，煦日蔼蔼光明。
　天地正气盈，我心欢无垠。

岁月清新菲芳

2021-2-17

岁月清新菲芳，袅起我的感想。
人生履历艰苍，终于迎来平康。

春天明媚无恙，请看煦日正放。
和风吹来朗爽，小鸟尽情鸣唱。

向神颂赞献上，得意未可狂狷。
正直一生扬长，灵程奋勇矢闯。

向上是我襟肠，仁厚原本应当。
修身未有止疆，美好明天向往。

老柳舒芳

2021-2-17

老柳舒芳，喜悦余之心房。
碧波荡漾，闪射粼粼波光。

散步安祥，斜晖披在肩上。
空气清芳，草野有碧绽放。

鸟啭娇嗓，奏出宛转之腔。
车熙人攘，显出热闹景象。

心怀宽广，努力奋发向上。
叩道昂扬，秋春晨昏不让。

安祥是此尘壤

2021-2-17

安祥是此尘壤，没有半点慌张。
　黎民欢无恙，乐土在此邦。

春来气宇轩昂，纵情将诗哦唱。
　舒出我情芳，舒出意扬长。

东风裁柳初芳，斜晖洒着金黄。
　意兴悠无恙，清坐展思想。

人生不持孟浪，清贞是我志向。
　叩道奋发上，不惧风和浪。

红尘存在漫浪

2021-2-17

红尘存在漫浪，但须用心寻访。
　春来情思长，欣赏碧柳芳。

岁月舒出清芳，流年如酒醇香。
　任从霜华涨，一笑爽然畅。

清贫是无大妨，正义凝于襟房。
　努力向前闯，万里无止疆。

生活淡泊平康，斜晖和蔼温让。
　人生细品尝，神恩颂心间。

人生履步安祥

2021-2-17

人生履步安祥，信心百倍增长。
春来气昂藏，神恩沐心间。

岁月淡淡荡荡，名利未许成障。
修身当尽量，克己正心肠。

此际斜晖正朗，和蔼是此宇间。
风吹何淡荡，云行多悠扬。

阖家欢乐吉祥，清度日月平康。
感谢神恩壮，赐福大无疆。

夕照金黄

2021-2-17

夕照金黄，身心沐浴明光。
小鸟啼唱，远处鞭炮震响。

和蔼尘壤，赞叹不尽春光。
人民安祥，清度日月平康。

生机待长，希望寄于心间。
万物兴旺，老柳已经舒芳。

心怀漫浪，雅将新诗哦唱。
字里行间，一腔热血鼓荡。

暮色降临

2021-2-17

暮色降临，华灯又点明。
灿然心襟，原也惬无垠。

春风多情，袅起我意兴。
哦诗清新，舒出是空灵。

人生尽情，讴颂神恩盈。
灵程奋进，不惧风雨凌。

岁月进行，孟春有美景。
万物勃兴，欣欣此尘境。

处变吾不惊

2021-2-17

处变吾不惊，人生履尽风云。
春来我多情，新诗不停哦吟。

岁月展温情，亦有暴雨雷鸣。
磨炼我刚劲，正如老松虬峻。

红尘多艰辛，人生百年苦境。
神恩广无垠，导引进入康平。

欢呼出心灵，讴颂神恩丰盈。
努力奋前进，越过高山峻岭。

春来鼓舞身心

2021-2-17

春来鼓舞身心，讴此大千生境。
老柳绽芳青，鸟语啼娇俊。

天下人民高兴，领受神恩不尽。
东风吹清劲，裁剪碧草青。

岁月旷然进行，桑沧幻化不停。
人生百年景，迅如雷电行。

务须珍惜寸阴，努力修身上进。
不负神恩盈，灵程奋辟进。

鞭炮又复轰鸣

2021-2-17

鞭炮又复轰鸣，灿烂是此夜景。
华灯俱点明，霓虹辉光映。

心中怀着高兴，哦诗舒出心情。
春来我奋兴，昂藏是心灵。

笑意浮上清新，人生不必大鸣。
实干最可行，秋收必仓盈。

神恩真是丰盈，思此感动心襟。
努力求上进，光阴迅飞行。

嚣嚣尘境

2021-2-17

嚣嚣尘境，未许损我心襟。
壮志豪情，闪耀七彩心灵。

春来奋兴，新诗纵情哦吟。
舒出性灵，舒出我的空清。

此际夜静，窗外华灯亮明。
路上车行，噪噪未有止停。

人生前进，节制物欲才行。
标举灵明，注重自我内心。

修身力行，君子人格遵循。
坦荡持心，正如清风过境。

世事浮云，人生百年梦境。
务须看清，辨明方向才行。

阖家温馨

2021-2-17

阖家温馨，神恩感无垠。
春来振兴，情志起殷殷。

诗书经营，未可废哦吟。
春风清新，舒适我心灵。

旷怀高兴，颂赞神恩盈。
灵程奋进，胜过试探境。

不计艰辛，万里力辟进。
关山风景，赐我好心情。

第三十二卷《清风集》

早霞东方

2021-2-18

早霞东方，嫩寒天地间。
晨起慨慷，旷哦我诗章。

春意渐涨，老柳已舒芳。
岁月清芳，情与春同长。

人生昂扬，努力致遐方。
山高水长，显我男儿壮。

神恩奔放，思此颂赞上。
人生世间，勿为物欲障。

朝暾升上

2021-2-18

朝暾升上，人民喜洋洋。
春色人间，雀鸟欢鸣唱。

心志清芳，能不放歌唱。
努力向上，不负此春光。

流年有香，忆忆垂久长。
未来向往，天地正气昂。

淡淡荡荡，中心无所藏。
无机襟房，修身从容间。

嬉春无恙

2021-2-18

嬉春无恙，人民欢无上。
灿烂阳光，洒照心田上。

明媚人间，万类都生长。
鸟语情长，讴颂这宇疆。

心兴勃上，讴咏当尽量。
人生世上，最贵是舒畅。

努力奋闯，克尽关山障。
一笑爽朗，人生该这样。

正义盈襟

2021-2-18

正义盈襟，春来鼓奋兴。
世宇和平，生机都勃兴。

展眼天晴，白云悠悠行。
老柳芳青，河水荡且清。

旷然高兴，耳畔响鸟鸣。
蔼然情景，能不放歌吟？

小品芳茗，诗意弥无垠。
诗书经营，叩道奋刚劲。

人生吾安享

2021-2-18

人生吾安享，沐浴大好春光。
心志体安祥，诗书从容平章。

应向前展望，关山风云正壮。
一笑颇爽朗，人生迈步平康。

努力向前闯，风光清览无恙。
人生百年场，未许韶光费浪。

矢志天涯闯，眼光须放远长。
不为物欲障，才能轻装昂扬。

朝日出于东方

2021-2-19

朝日出于东方，喜鹊欢唱。
天气微有寒凉，却又何妨。

春来心襟开张，意气发扬。
中心欢乐哦唱，地久天长。

人生恒怀向往，理想茁壮。
一生不取孟浪，果敢顽强。

旷怀清展无恙，注目远疆。
从容踏实去闯，山高水长。

春光大好

2021-2-21

春光大好，听见喜鹊叫。
东风荡浩，阳光遍洒照。

心志逍遥，从容撰诗稿。
品茗意潇，畅发我怀抱。

人生晴好，一生叩大道。
努力行跑，韶华逝如飙。

德操力保，修身最为要。
人生迢迢，振节展风标。

春日和畅

2021-2-21

春日和畅，心志体安祥。
听听鸟唱，惬意自得间。

诵读诗章，意兴都发扬。
风来清狂，袅起我情肠。

人生向往，是在至远疆。
高山难挡，奋志向前闯。

不为名障，不为利所妨。
清心扬长，男儿志贞刚。

芳怀清好

2021-2-21

芳情清好，惬听彼啼鸟。
东风袅袅，蓝天无云飘。

岁月逝飘，孟春何其好。
开怀大笑，激越撰诗稿。

人生情抛，知音何处找？
孤旅迢迢，踏遍天涯笑。

努力前道，叩道乐逍遥。
哦唱声高，出得彼尘表。

斜照无限好

2021-2-21

斜照无限好，清心持怀抱。
平生乐逍遥，忧患吾经饱。
人生万里道，奋志去奔跑。
任从风雨嚣，坦然迎落照。

斜照无限好，思绪此际嚣。
春来畅情抱，和蔼此尘表。
多言或不妙，沉默实为高。
诗书朗哦了，不计初苍老。

喜鹊欢奏鸣

2021-2-22

喜鹊欢奏鸣，爽我心襟，
爽我心襟，晨起浴后更爽清。

耳际听鸟鸣，展眼天青，
展眼天青，和风吹来怡性灵。

芳春妙无垠，老柳舒青，
老柳舒青，芳草初长碧无垠。

岁月动人心，神恩无尽，
神恩无尽，思此颂赞盈于心。

赠玄栗师父

2021-2-22

山门清静，沉静以修心。
茂密青林，养怡清雅襟。

岁月进行，又值春来临。
蔼然心襟，快慰应无垠。

红尘幻境，和合以成名。
与缘共行，欢乐舒坦平。

人生奋进，不计利与名。
年轮惊心，豁达盈心灵。

闲适人生

2021-2-22

闲适人生，哦诗舒真诚。
旷展勤奋，坐拥此书城。

人生驰骋，山水越雄浑。
风雨晨昏，听我读书声。

奋不顾身，叩道吾精诚。
心志清芬，修德养心身。

时值初春，天晴且和温。
斜晖清骋，短章聊舒成。

雅洁人生

2021-2-22

雅洁人生，心志吾清芬。
叩道诚真，清度此秋春。

岁月进深，赢得一笑生。
华发清呈，淡泊在晨昏。

诗书奋身，哦出我精诚。
人生驰骋，风雨任艰深。

暮烟清生，窗外展华灯。
春来和温，晚风旷心身。

红旭吐光

2021-2-23

红旭吐光，喜鹊鸣唱。
春风微凉，心志清昂。
慨哦诗章，裁出意向。
一曲奔放，正气宇间。

红旭吐光，万民安祥。
远际歌唱，打动心间。
柳舒青芳，草芽新长。
生机兴旺，万物舒扬。

休憩身心

2021-2-23

休憩身心，抛开书本不经营。
春风多情，传来喜鹊之啼鸣。

悠品芳茗，享受此际之清静。
内叩中心，修身养德不止停。

人生驱行，关山万幢风光俊。
天涯风景，引我奋发向前进。

斑苍何云，依然奋志颇坚挺。
旷志飞行，搏击风雨与层云。

鸟啭情长风吹狂

2021-2-23

鸟啭情长风吹狂，闲适心性正无上。
春来清喜柳舒黄，遍野碧芽尽新长。
红尘不是我故乡，修心无疆赴天堂。
名利不许肆狂猖，清心雅度日月芳。

云淡天青（之一）

2021-2-23

云淡天青，狂风经行。
喜鹊欢鸣，吾持清心。
雅品芳茗，逸兴盈襟。

新诗哦吟，聊以舒情。

云淡天青，生活和平。
孟春情景，老柳舒青。
河水缓行，荡漾余心。
欣此宁静，化为歌吟。

放旷身心

2021-2-23

放旷身心，不必耽于哦吟。
听听鸟鸣，享受春风之清。

狂风大鸣，并不惊我心襟。
悠品芳茗，袅起我的意兴。

岁月空清，回忆模糊胸心。
向前奋进，关山壮秀无垠。

人生苦境，思此有泪潸零。
神恩丰盈，导引灵程前行。

云淡天青（之二）

2021-2-23

云淡天青，舒适我的心襟。
狂风经行，春风吹来清劲。

散坐思萦，人生此际多情。
聊作哦吟，舒出我的性灵。

阖家温馨，神恩感于胸心。
灵程奋进，叩道不惧艰辛。

红尘险境，太多狼烟雾境。
心志须清，不为名利动心。

洒脱是余心襟

2021-2-23

洒脱是余心襟，春来此际动情。
煦日洒天顶，浮云飘荡行。

骑车顶风而行，快慰是余胸心。
柳笼黄碧青，旷余意与兴。

岁月使人奋兴，流年多有美景。

未来催人进，努力奋前行。

红尘客旅之境，韶华飞逝而行。
笑我星星鬓，旷怀少年情。

修身上进

2021-2-24

修身上进，启迪灵明。
约己正襟，怀抱清新。
奋志凌云，踏实去行。
高山峻岭，适我胸襟。

修身上进，春来多情。
心志殷殷，放怀歌吟。
岁月流行，不惧老侵。
淡荡心襟，岂逐利名？

流风激荡

2021-2-24

流风激荡，云行向西方。
小鸟鸣唱，品茗余安祥。

兴致袅上，从容哦诗章。
春来人间，百草排芽芳。

柳笼鹅黄，惬余意与向。
天喜晴朗，和蔼此尘壤。

雅以歌唱，生活吾安享。
神恩无上，赐福何丰穰。

鸟语情长

2021-2-25

鸟语情长，时雨欣然降。
东风舒狂，春意天地间。

我意慨慷，从容哦诗章。
舒出心向，舒出我奔放。

人生昂扬，春来情志涨。
努力向上，修身启无疆。

岁月淡荡，细品有其芳。
人生世间，坦荡盈襟房。

阅历人生

2021-2-25

阅历人生，心志吾清芬。
风雨历程，磨炼我刚正。

叩道诚真，努力往前奔。
爽我心身，神恩太丰盛。

春雨清生，爽坐憩精神。
人生驰骋，万里是征程。

鸟啼馨芬，惬我意与神。
微吐心身，短诗以生成。

怡养心襟

2021-2-25

怡养心襟，遐思放旷行。
听听鸟鸣，享受风之清。

窗外雨临，春柳碧芳青。
清坐安宁，思绪袅袅行。

人生多情，风雨损心襟。
磨炼刚劲，一笑还爽清。

心怀坦平，不计利与名。
春来心境，欣欣放飞行。

随缘任运

2021-2-25

随缘任运，潇洒吾前行。
览尽风景，人生持多情。

洒脱心灵，春来吾奋兴。
春雨经行，风吹何刚劲。

有鸟娇鸣，惬我意无垠。
新诗哦吟，舒出情芳清。

星星斑鬓，仍怀少年情。
不老心襟，神恩领丰盈。

芳怀清好

2021-2-25

芳怀清好，人生吾奋跑。
身心洒潇，不为名利扰。

清贫就好，诗书吾笑傲。
晨昏哦了，舒出情怀抱。

春天来了，窗外细雨潇。
柳烟轻飘，袅起意兴饶。

人生晴好，风雨早经饱。
朗然一笑，神恩赐丰饶。

裁心无恙

2021-2-25

裁心无恙，新诗吾哦唱。
窗外雨降，春风吹清狂。

逸致升上，旷欲去飞翔。
耳际鸟唱，引余情悠扬。

人生疆场，持心平正间。
格物必讲，共缘畅飞翔。

不惧斑苍，率性一笑扬。
淡荡情肠，原也颇清爽。

体历人生

2021-2-27

体历人生，心志吾清芬。
滚滚红尘，烟云灭又生。

春来情生，鸟语啭声声。
东风清纯，蓝天白云奔。

爽然心身，新诗纵哦成。
振我心身，前路旷驰骋。

山高水深，风光美不胜。
欢呼声声，神恩赐丰盛。

闲情聊放旷

闲情聊放旷，哦咏诗章。
舒出我情长，似草萋芳。

窗外风吹狂，喜鹊鸣唱。
清坐吾安祥，裁意奔放。

人生是疆场，努力驱闯。
不计较炎凉，淡泊情肠。

向上我尽量，克己扬长。
叩道是志向，风光无限。

草野舒芳

草野舒芳，柳笼鹅黄。
春色在增长，明媚心地间。

鸟欢歌唱，风吹扬长。
哦歌我心肠，情怀颇奔放。

冬去无彰，和暖尘间。
喜悦我襟房，展眼向天望。

蓝天广长，云飞澹荡。
自由之天壤，容我纵飞翔。

持心平正

持心平正，履尽烟雨纷纷。
老来心身，豁达真是无伦。

嗟此红尘，名利纷扰害人。
务持清正，不为物欲纷争。

岁月驰骋，又值大好孟春。
东风清骋，碧柳飘荡雅芬。

岁月进深，人生未可沉沦。
天国永生，叩道一生奋争。

心志平康

心志平康，惬听啼鸟唱。
天阴何妨，东风吹舒畅。

逸致升上，雅哦新诗章。
春来昂藏，精神都增长。

阖家安康，神恩感无上。
灵程奋闯，天旅矢向上。

红尘无羡，只是客旅间。
慧智双长，灵修真无量。

逸意飞扬

逸意飞扬，慨然哦诗行。
大好春光，引我畅欣赏。

喜鹊鸣唱，东风舒悠扬。
河水清淌，老柳摇淡荡。

岁月清芳，我意展奔放。
人生昂藏，展眼天涯疆。

不计过往，回忆入烟帐。
未来瞻望，风云多苗壮。

闲情聊舒旷

闲情聊舒旷，逸意扬长。
清听啼鸟唱，品茗神旺。

东风何清香，深嗅为上。
春意天地间，明媚胸膛。

岁月舒奔放，笑我星霜。
淡淡微笑放，豁达心间。

时间逝如殇，珍惜勿忘。
振节人生场，奋力向上。

闲雅心地间

2021-2-28

闲雅心地间，悠听鸟唱。
心志何清芳，哦诗扬长。

坦荡持襟房，修身向上。
克己当尽量，中庸温良。

孟春时正当，春意人间。
碧草尽舒芳，柳烟鹅黄。

阖家俱安康，欢呼无限。
神恩感心间，颂出襟房。

旷然高唱

2021-2-28

旷然高唱，哦诗激越复慨慷。
品茗芳香，衮起意兴真无恙。

心志张扬，我欲向天旷飞翔。
春意人间，欣喜万物俱生长。

红尘无恙，清度人生不孟浪。
字里行间，一腔热血恣流淌。

叩道贞刚，履尽困苦与艰障。
一笑温良，君子人格正显彰。

闲情袅袅

2021-2-28

闲情袅袅，春来旷舒我怀抱。
东风荡浩，涤我身心真无二。

开怀大笑，天空喜鹊欢鸣叫。
人生晴好，欣喜春光太美妙。

努力前道，不为名利折身腰。
清贫就好，诗书人生容笑傲。

南山风标，振节容我哦吟好。
切莫草草，叩道一生乐逍遥。

春风畅好

2021-2-28

春风畅好，裁剪碧柳条。
清坐逍遥，哦诗复良好。

岁月飞飙，笑我初年老。
朗然一笑，人生正晴好。

春天来了，开怀我大笑。
鸟语娇娇，田野生意饶。

芳春美妙，引我诗兴嚣。
吐出情抱，原也颇洒潇。

鞭炮嚣叫

2021-2-28

鞭炮嚣叫，东风吹荡浩。
芳春清好，怡我情怀抱。

岁月逝飘，斑苍展笑傲。
人生迢迢，千关已克了。

瞻望前道，风云展飘渺。
努力行好，天涯风光妙。

品茗意俏，诗兴勃发了。
朗撰诗稿，舒出我情调。

舒适情抱

2021-2-28

舒适情抱，新诗朗哦了。
舒写不了，春来之情调。

人生晴好，容我展颜笑。
神恩笼罩，灵程奋行好。

履尽迢迢，风雨兼程跑。
曾经跌倒，仰天我呼号。

而今安好，行旅带微笑。
颂赞声高，努力叩大道。

人生畅意向

2021-2-28

人生畅意向，神恩感心间。
努力奋昂扬，迎着困难上。

春已来人间，生机都盛旺。
百草排芽长，老柳舒新芳。

喜鹊高鸣唱，百鸟均和放。
东风舒扬长，万民欢乐漾。

正气天地间，人生振奔放。
万里长驱闯，天涯风光靓。

柳展新芳

2021-2-28

柳展新芳，风吹浩荡，
万物生长，春来生机勃兴昂。

新诗哦唱，情怀畅扬，
人生慷慨，大好韶光勿费浪。

努力驱闯，奋发向上，
叩道贞刚，不畏风雨不畏艰。

浩志扬长，展眼遐方，
风光无限，男儿万里无止疆。

果敢之间，情怀飞旷，
力战邪奸，正气盈满天地间。

微笑浮上，得志不狂，
谦和心房，一生不忘力修养。

第三十三卷《优雅集》

情怀雅好

2021-2-28

情怀雅好，人生具情调。
正襟洒潇，努力奋前道。

风雨任嚣，兼程吾奋跑。
关山险要，览尽风光峭。

五湖归早，爽然持襟抱。
田园山道，怡我情与窍。

岁月丰饶，斑苍不言老。
诗书潜造，叩道悟玄妙。

天气正阴

2021-2-28

天气正阴，东风多情，
读书尽兴，心志春来都振兴。

人生经行，风雨饱经，
一笑爽清，神恩从来是丰盈。

叩道进行，悟彻圆明，
体出刚劲，几微之间用心领。

奋向前行，关山险峻，
风光秀凝，天涯远方灿无垠。

心志苍茫

2021-2-28

心志苍茫，春雨又新降。
东风舒狂，碧柳摇奔放。

我自慨慷，人生不张扬。
奋发而闯，天涯是方向。

红尘狂猖，太多磨与障。
铁志贞刚，不畏惧风浪。

神恩广长，思此有力量。
努力向上，叩道启无疆。

激越情肠

2021-2-28

激越情肠，春来舒奔放。
细雨甫降，天际烟茫茫。

小撰诗章，闲适是情况。
人生世上，勿为名利忙。

奋志之向，行旅吾昂扬。
关山万幢，显我男儿刚。

红尘无恙，共缘处安祥。
努力向上，修德修心量。

豁然心襟
2021-2-28

豁然心襟，淡眼尘世烟云。
心志雅清，不执尘世利名。

淡泊空清，哦诗舒出闲情。
人生情景，原也与缘同行。

奋发刚劲，男儿挥洒雄心。
叩道进行，修心悟彻灵明。

心怀干净，不入尘世陷阱。
松风何清，喜爱山野幽境。

心地沉静
2021-2-28

心地沉静，未许躁狂与争竞。
坦平心襟，旷怀怡养是灵明。

读书用劲，坎坷人生悟空清。
叩道进行，清心明志也雅净。

春来多情，窗外细雨洒均平。
绿柳摇青，写意红尘美无尽。

岁月飞行，笑我华发初星星。
觉性圆明，不计风雨与阴晴。

悠悠是我心襟
2021-2-28

悠悠是我心襟，人生奋志前行。
风雨任艰凌，旷展我豪情。

此生履尽苦境，而今迎来朗晴。
春来吾奋兴，畅吸风清新。

坦腹我要哦吟，舒出中心激情。
神恩广无垠，导引灵程进。

岁月是有温情，不止暴雨雷鸣。
天阴会朗晴，万物享安平。

畅意浮生
2021-2-28

畅意浮生，履尽太多艰深。
苦难年轮，转运冬夏秋春。

老来心芬，感谢丰沛神恩。
心地清纯，叩道奋力驰骋。

山高水深，览尽风光雄浑。
一笑清生，桑沧只是幻成。

奋不顾身，前驱展我精诚。
风雨历程，持正步履坚贞。

放散闲情
2021-3-1

放散闲情，四更醒来吾哦吟。
空气鲜新，窗外小雨细洒行。

芳春正临，不眠心志起殷殷。
旷志欲鸣，写诗长舒我身心。

岁月经行，正似老酒芳醇清。
斑苍之境，爽然一笑豁无垠。

名利空境，百年之后何所凭？
坦腹爽清，力修德操向上行。

朱霞东方
2021-3-2

朱霞东方，旭日跃然上。
冷寒犹彰，仍在孟春间。

岁月清芳，容我放歌唱。
万物生长，生机勃兴畅。

人生昂扬，时光勿费浪。
努力向上，韶华飞如殇。

喜鹊鸣唱，怡我之襟房。
青碧天壤，自由真奔放。

第三十三卷 《优雅集》

喜鹊清鸣唱

2021-3-2

喜鹊清鸣唱，惬我情肠。
天气喜晴朗，春意舒昂。

心地怀漫浪，哦咏诗章。
一曲应张扬，渴望飞翔。

蓝天青碧放，空气清芳。
阖家俱安康，喜悦心间。

神恩感广长，欢呼为上。
灵程努力闯，修身强刚。

天气喜晴朗

2021-3-2

天气喜晴朗，听见鸟唱。
呼吸风快畅，散步安祥。

流年喜更张，孟春无恙。
万物俱生长，柳摆青芳。

心地欢奔放，裁出诗章。
人民欢乐漾，朗度年光。

向前吾瞻望，烟云非常。
努力奋发闯，勿负韶光。

洒脱持心

2021-3-2

洒脱持心，春来怀奋兴。
听听鸟鸣，享受风之清。

小品芳茗，诗意弥心襟。
哦出空清，哦出我多情。

蓝天碧青，阳光洒天顶。
阖家康宁，安度岁月平。

奋志凌云，未可耽安宁。
长途驱行，博览关山云。

鸟啭空清

2021-3-2

鸟啭空清，温柔多情。
和风尽兴，爽我心灵。
人生前行，览尽风景。
一笑怀情，旷志鲜明。

旷志鲜明，思想空灵。
修身无垠，雅洁持心。
踏实驱行，风雨任凌。
终有朗晴，终抵坦平。

朗日天晴

2021-3-2

朗日天晴，爽风鼓清新。
微寒之境，孟春乐无垠。

蔼然心境，淡泊享和平。
人生奋兴，瞻望万里云。

生涯惊警，履尽风雷境。
而今康平，而今享安宁。

奋力前行，韶光正如金。
华发星星，笑我仍多情。

神恩无垠，思此泪双零。
叩道刚劲，柔和盈心襟。

夕照清好

2021-3-7

夕照清好，舒适是怀抱。
莳花弄草，仲春何美好。

岁月逝飘，不惧斑苍老。
洒脱情抱，叩道吾逍遥。

人生晴好，努力奋前道。
关山云绕，风光原美妙。

兼程而跑，男儿展刚傲。
心襟潇潇，淡泊持心窍。

雀鸟飞鸣

2021-3-8

雀鸟飞鸣，冷寒犹峻。
仲春情景，心地怀情。
人生奋兴，努力驱行。
关山峻岭，风光秀俊。

雀鸟飞鸣，动我心襟。
歌声空灵，婉转动听。
早起振兴，裁诗雅吟。
舒我才情，吐我心灵。

岁月舒其清芬

2021-3-8

岁月舒其清芬，又闻歌声，
又闻歌声，袅起意兴真无伦。

时候正值仲春，鹊噪声声，
鹊噪声声，东风吹来正清纯。

老柳摆其青春，荡漾心身，
荡漾心身，诗人清兴哦诗成。

人生努力奋争，名利弃扔，
名利弃扔，积德修心在晨昏。

雅闻雀噪

2021-3-19

雅闻雀噪，晨风吹荡浩。
海棠开了，桃花开口笑。

仲春大好，远际歌声飘。
心情美妙，新诗脱口造。

人生晴好，壮志盈怀抱。
力奋前道，关山风光渺。

淡荡心窍，不为名利恼。
叩道逍遥，旷达出尘嚣。

早起五更

2021-3-20

早起五更，窗外春雨滴声声。
时值春分，惊叹岁月似飞奔。

人生奋争，不为名利叩道诚。
烟雨缤纷，兼程而行旷志骋。

红尘滚滚，太多利夺与名争。
应持清纯，淡泊清度彼秋春。

心志清芬，飘逸一似彼云层。
矢志不争，诗书长哦在晨昏。

心志勿彷徨

2021-3-21

心志勿彷徨，人生奋向上。
克尽千重艰，旷展我力量。
神恩是广长，思此怀感想。
努力长驱闯，关山风光靓。

关山风光靓，行旅我定当。
风雨何所妨，兼程一笑扬。
老来心襟壮，迈越万重艰。
展眼向天望，天际正青苍。

天际正青苍，有鸟高飞翔。
仲春寒正彰，朔风吹狂猖。
百花渐吐芳，我心舒昂扬。
心志怀澹荡，读书写文章。

读书写文章，情感舒奔放。
品茗意扬长，情思婉转间。
共缘行安祥，不为名利障。
正直人生场，叩道无止疆。

清新展夕照

2021-3-21

清新展夕照，人生乐逍遥。
东风写意潇，百花盛开妙。
莳花并弄草，心情吾大好。
清听鸟鸣叫，哦诗适情抱。

哦诗适情抱，人生奋志潇。
沧桑已经饱，心地余一笑。
名利害人饶，务弃务必抛。
清贫就颇好，诗书畅笑傲。

诗书畅笑傲，叩道晨昏造。
意境领微妙，质朴心地骚。
无机之怀抱，正直持刚傲。
展颜吾微笑，天地正气饶。

天地正气饶，神恩领略饱。
灵程风雨逍，旷志吾奋跑。
春来气象好，万物生机饶。
韶光勿轻抛，修身养德操。

窗外华灯放

2021-3-21

窗外华灯放，晚风复清凉。
振节哦诗章，心志情悠扬。
人生怀向往，春来思奔放。
努力奋昂扬，不负华年芳。

不负华年芳，何惧老来访。
叩道是志向，向上矢飞扬。
人生是战场，勿为物欲障。
修心无止疆，百年匆匆放。

百年匆匆放，转眼觉斑苍。
岂惧华年殇，晚晴振志向。
岁月多桑沧，风雨属寻常。
一笑也坦荡，无机持心肠。

无机持心肠，绝不玩花样。
正直一身芳，诗书吾昂藏。
傲骨撑天纲，柔和也安祥。
晨昏纵哦唱，声震天地间。

朝日出东方

2021-3-22

朝日出东方，喜鹊欢鸣唱。
蓝天敷广长，心地吾悠扬。
春寒一任彰，群卉均开放。
东风带微凉，哦诗激情畅。

哦诗激情畅，人生怀向往。
大同是方向，众教和同间。
岁月荏苒放，华发初斑苍。
一笑爽然旷，共缘履扬长。

共缘履扬长，情志舒贞刚。
男儿是好钢，百炼也逍爽。
平生风雨艰，世事饱经尝。
淡泊心平康，裁意秋春间。

裁意秋春间，书山奋发闯。
攀越万重岗，风光阅清广。
世事吾平章，古今怀畅想。
百年匆匆放，南山惬意向。

旷风舒畅

2021-3-24

旷风舒畅，蓝天青碧放。
惬听鸟唱，春来意悠扬。

品茗兴上，新诗从容唱。
讴咏扬长，人生何安祥。

百花竞放，柳丝清飘荡。
人民欢畅，安度岁华芳。

忧未可忘，韶华飞逝殇。
振节昂扬，叩道任艰苍。

修心向上

2021-3-24

修心向上，人生吾奋闯。
忍辱之间，已克千关嶂。

春来奔放，情志共风扬。
人生慨慷，万里无止疆。

淡定之间，物欲未许障。
明慧心肠，克己有荣光。

暮烟苍茫，灯火万家亮。
清心扬长，闲哦新诗行。

质朴空清

2021-3-25

质朴空清，心志吾淡定。
人生多情，风雨已饱经。

一笑爽清，春来舒心情。

岁月进行，不老是心灵。

努力驱行，关山无止境。
勿忘修心，勿忘正胸襟。

红尘险境，太多名利凌。
持心爽净，胸怀风与云。

人生试炼场

2021-3-25

人生试炼场，须持顽强。
不屈旷飞翔，克尽千艰。

叩道舒志向，迎难而闯。
风雨是等闲，万水千嶂。

人生怀向往，大同之邦。
正直立身间，修德清芳。

窗外春禽唱，流风舒爽。
从容哦诗章，天晴日朗。

喜鹊旷鸣

2021-3-25

喜鹊旷鸣，打动我身心。
晨起奋兴，仰看天青青。

风来和清，春意正鲜明。
花开娇俊，袅起诗意境。

人生多情，履尽风雨境。
仍怀刚劲，不折奋前行。

关山峻岭，太多风光俊。
奋志凌云，正似松之青。

天道恒昌

2021-3-25

天道恒昌，运化正无恙。
蓝天广长，和风吹清畅。

喜气洋洋，菜花都开放。
春意昂扬，能不哦诗章！

清听鸟唱，心情启无疆。
品茗扬长，阖家享平康。

神恩无上，我欲放歌唱。
天长地广，长驱奋力量。

清风流旷

2021-3-25

清风流旷，田野喜鹊唱。
逸意扬长，春色美无恙。

煦阳灿放，白云清流荡。
人民安康，世界和平漾。

我自慨慷，春来气昂藏。
奋志之间，读书写文章。

时光逝殇，不觉初斑苍。
一笑爽朗，共缘舒奔放。

流风舒其清爽

2021-3-25

流风舒其清爽，心地平静安祥。
春来情志昂，耳畔闻鸟唱。

清喜煦日灿放，最爱桃花清芳。
遍野菜花黄，蜂蝶旷飞翔。

岁月清新无恙，笑我华发轻苍。
聊舒老来狂，纵情哦诗章。

一曲应许张扬，人生情怀奔放。
世界广无疆，大道敷人间。

人生履道平康

2021-3-25

人生履道平康，任起烟雨茫茫。
努力长驱闯，迈越关山障。

春来心襟开敞，哦诗热情奔放。
海棠开妍芳，桃花艳丽彰。

蓝天青碧无恙，东风其来何畅。
清坐吾安祥，阖家喜洋洋。

品茗兴致袭上，胸襟宇宙包藏。
振节哦扬长，志气舒慨慷。

流风舒爽

2021-3-26

流风舒爽，心地觉情长。
雀鸟鸣唱，喜鹊最奔放。

朝旭吐光，蓝天青碧放。
春寒微漾，百花竞吐芳。

红尘无恙，修心勿匆忙。
定定当当，省心也安祥。

岁月流殇，不计华发苍。
志取强刚，男儿迎难上。

闲情舒旷

2021-3-26

闲情舒旷，振节吾讴唱。
天气晴朗，春禽都鸣放。

逸意心间，从容哦诗章。
品茗兴上，长欲旷天翔。

春色人间，雅丽堪欣赏。
人生无恙，奋发斗志刚。

名利弃放，向上我飞扬。
天高地广，尽我畅思想。

实干为上，汗水不白淌。
秋收盈仓，业绩创化间。

百年苍茫，往事何必想。
向前瞻望，关山越莽苍。

风铃开放

2021-3-26

有花名风铃，蓝色其朵，状若风铃，十分
雅致，办公室中女同事将一枝风铃放在水瓶中清
供，开得花儿数朵，余甚为惬意，袭起诗兴，因题
诗矣。

风铃开放，引我长欣赏。
妙丽色相，原也不张狂。

春在人间，天气喜晴朗。
和风舒畅，惬意哦诗章。

人生平章，桑沧并风浪。
而今安祥，惜已鬓成霜。

努力向上，克己叩道藏。
大好韶光，切勿稍费浪。

流云飞翔

2021-3-26

流云飞翔，好风舒爽，
野禽鼓唱，欣赏不尽好春光。

我自昂扬，哦咏诗章，
情怀张扬，旷志原也向天放。

人生疆场，修心无恙，
克尽艰苍，叩道不计名利昌。

岁月悠扬，风雨曾苍，
神恩广长，而今安享此平康。

心地雅清

2021-3-26

心地雅清，浩气正凌云。
不惧险情，努力长驱行。

关山峻岭，清显我干劲。
风光清俊，引我旷哦吟。

春来多情，灯下思频频。
舒出豪情，舒出我胸襟。

正气充盈，人生展刚劲。
叩道进行，心志正分明。

夜来春雨降

2021-3-27

夜来春雨降，潇洒其响，
潇洒其响，袭起意境真无限。

260

枕上费思想，人生扬长，
人生扬长，荷负神恩何广长。

向前复向上，克尽艰苍，
克尽艰苍，修身养德原无疆。

正直人生场，不为名狂，
不为利妨，清心为人享安祥。

时值四更

2021-3-27

时值四更，窗外春雨打声声。
不眠心身，正心诚意哦真诚。

人生难论，风风雨雨涤心身。
唯赖神恩，导引灵程美不胜。

岁月清芬，时节正逢此仲春。
思想深沉，韶华如金务惜珍。

前旅清骋，山水风光历清正。
欢呼声声，大好心境舒雅芬。

第三十四卷《诚恳集》

有风吹畅

2021-3-27

有风吹畅，传来鸟雀唱。
雨后清爽，心地正坦荡。

品茗清香，逸致真无恙。
人生扬长，名利俱弃放。

清贫何妨，我有正气昂。
春来情长，悠悠放哦唱。

理想心间，时刻未敢忘。
实干为上，努力奋贞刚。

雅洁心胸

2021-3-27

雅洁心胸，诗书吾情钟。
气宇恢弘，叩道取从容。

大化运动，桑沧幻化浓。
人生持中，与世共和同。

努力前冲，关山任万重。
人生情浓，弹指年华匆。

笑意微动，豁达盈襟胸。
世事如风，往事付烟蒙。

繁花似锦

2021-3-27

有花名黄金雀，盆景也，黄色其花，状若飞雀，春季开放，万千齐展，灿烂如锦，近日父亲与我先后购得各一盆，欣赏之，余心以畅，因以诗题。

繁花似锦，灿烂真无垠。
一似黄金，一似雀飞俊。

春来多情，心志起殷殷。
快慰心襟，惬听鸟清鸣。

风来尽兴，品茗怀雅情。
振节哦吟，原也是空灵。

人生前行，不为利与名。
努力修心，努力振心灵。

樱花行将开放

2021-3-27

樱花行将开放，迎春却已凋伤。
桃花开正芳，海棠笑脸向。

昨夜雨打菲芳，落红漫地堪怅。
东风吹清狂，细嗅有芳香。

岁月仲春正当，心襟旷展悠扬。
人生怀向往，春来气昂藏。

听见喜鹊鸣唱，百鸟和鸣安祥。
世界沐春光，万物均舒畅。

闲情聊表

2021-3-27

闲情聊表，心志吾风骚。
未可骄傲，谦和须力保。

旷展情操，新诗哦雅巧。
春来清好，东风吹微妙。

花儿开了，引余开怀笑。
鸟儿唱俏，惬余意逍遥。

人生奋跑，名利必须抛。
轻装才好，征途正迢迢。

人生未可讨巧

2021-3-27

人生未可讨巧，心地拙正才好。
长途奋志跑，风雨任猛潇。

洒然余怀一笑，豁达是我心窍。
叩道乐逍遥，共缘也安好。

春来开怀大笑，世界其实美好。
神恩赐丰饶，坦然步前道。

岁月桑沧幻造，百度秋春飞飘。
仲春风洒潇，花开鸟鸣叫。

天阴无妨

2021-3-27

天阴无妨，心志吾安祥。
风递鸟唱，休闲乐无恙。

阖家平康，乐以谈家常。
世事桑沧，于我是平常。

履尽风浪，心襟逍然爽。
不惧艰苍，心怀红太阳。

叩道扬长，万里无止疆。
心得奔放，雅哦我诗章。

园圃闲望

2021-3-27

园圃闲望，心地怀漫浪。
众卉竞芳，姹紫嫣红样。

我自昂扬，风吹何清芳。
抬眼长望，田园胜画廊。

心地平旷，神恩感襟间。
矢志向上，不为物欲障。

人生安祥，奋志逐理想。
高远无疆，努力奋发闯。

旷志飞扬哦诗章

2021-3-27

旷志飞扬哦诗章，舒出人生之昂扬。
清风传来喜鹊唱，品茗意兴都增长。
岁月清芬何必讲，人生短暂若飞殇。
珍惜年华铭心间，情志哦咏入诗行。

情志哦咏入诗行，一点质朴淡淡芳。
半世已入烟雾间，未来长待奋发闯。
关山叠嶂风光靓，风雨嚣猖亦等闲。
男儿豪勇持襟间，万里长征踏莽苍。

万里长征踏莽苍，五湖归来何所讲。
世事桑沧入平章，人情冷暖用心量。
淡荡生尘名弃放，追求正义利抛光。
雅享清贫吾安祥，诗书之间奋研讲。

诗书之间奋研讲，老来华发初斑苍。
一笑依然体顽强，叩道从来是志向。
和同三教必然讲，大同世界力提倡。
百度秋春存漫浪，时代进步无止疆。

心志应许沉静

2021-3-27

心志应许沉静，躁狂可不行。
人生奋志而行，风雨任嚣凌。

红尘履度艰辛，血泪曾潸零。
唯赖神恩丰盈，导引入康平。

第三十四卷《诚恩集》

而今坦然心襟，叩道奋前进。
老来华发星星，一笑也爽清。

世事桑沧幻并，百年飞殷勤。
思此奋志刚劲，诗句怀多情。

华灯点上

2021-3-27

华灯点上，霓虹七彩放。
晚风悠扬，心志感激昂。

人生理想，未可稍遗忘。
践履之间，风雨任嚣狂。

处世安祥，情志共风畅。
圆明心间，履缘舒奔放。

奋志之向，关山任万幢。
华年易殇，切勿稍费浪。

时近三更

2021-3-27

时近三更，醒转时分，
窗外霓虹并华灯，路上响车声。

振奋精神，舒我真诚，
哦咏人生之秋春，努力奋刚贞。

岁月进深，斑苍勿论，
远辞青春，豁达一笑也雅芬。

浩志乾坤，秉心诚恳，
修心晨昏，振志放我读书声。

灯下思深

2021-3-27

灯下思深，人生纵论，
风雨秋春，胜败共缘奔。

尽力驰骋，山高水深，
风光清纯，一笑也雅芬。

振我心身，养德秉诚，
叩道晨昏，履历万里程。

夜已经深，时值仲春，
吐我精诚，短诗旷哦成。

笑意清生

2021-3-27

笑意清生，悟道奋心身。
展转秋春，自我来慰问。

沧桑生成，华发初初生。
百度人生，正似梦中奔。

时值仲春，天气舒和温。
夜色渐深，四围静悄生。

内叩心身，三省持以恒。
德操生成，境界入云层。

名利弃扔

2021-3-27

名利弃扔，雅享清贫身。
奋不顾身，叩道秉精诚。

嗟此红尘，桑沧纵生成。
人生驰骋，磨炼心与身。

大化精准，运动是永恒。
努力前程，灵性矢上升。

走我灵程，胜过魔敌纷。
天国永恒，共父万年春。

爽洁心胸

2021-3-28

爽洁心胸，沐浴此春风。
大雾正笼，听见鸟鸣颂。

意态从容，人生奋前冲。
关山重重，显我男儿勇。

淡泊之中，越过桑沧浓。
感慨盈胸，大化谁真懂？

神恩恢弘，思此吾感动。
世事如梦，未来旷瞻中。

莳花种草真快畅

2021-3-28

莳花种草真快畅，心地喜洋洋。
东风清来何雅芳，园圃胜画廊。

岁月悠走吾安祥，名利无意向。
读书写诗也清狂，振襟叩道藏。

修心一生恒向上，克尽千重艰。
风雨任起嚣与苍，奋志向前闯。

红尘故事演千章，不必费平章。
世事不过是桑沧，弹指华年殇。

春光清好

2021-3-28

春光清好，栽花并种草。
听听鸟叫，享受东风袅。

柳绵飞飘，雾退阳光照。
心情大好，况复品茗道。

意态清高，人生莫草草。
叩道逍遥，万里征程潇。

阖家康好，闲谈家常妙。
名利险道，务弃务必抛。

流年春光正大好

2021-3-28

流年春光正大好，容我开怀笑。
天气喜晴了，有鸟欢鸣叫。

岁月冉冉何必道，桑沧幻化巧。
读书志向高，哦诗言不了。

展眼白云正飘渺，欢快我心窍。
周日莳花并种草，名利未许扰。

雅具雄心乐高蹈，共缘去奔跑。
关山峻岭怡情抱，风光天然造。

春来开怀笑

2021-3-28

春来开怀笑，人生乐逍遥。
百花均开了，烂漫余心窍。

东风吹来好，喜鹊旷鸣叫。
生活步步高，心花开妙巧。

神恩赐丰饶，颂赞震云霄。
灵程叩道妙，质朴心地骚。

向阳情志好，坦荡盈襟抱。
无机之情操，原也具风标。

东风荡浩

2021-3-28

东风荡浩，柳绵写意飘。
晴朗天表，煦日正高照。

花红鸟叫，惬我情怀抱。
品茗意高，新诗脱口造。

岁月逝飘，何计斑苍老。
开怀一笑，共缘乐逍遥。

胸襟谁晓？旷怀谁知道？
叩道迢迢，览尽奇峰妙。

闲情堪表

2021-3-28

闲情堪表，人生写意道。
东风吹渺，云天鸟鸣叫。

岁月清好，仲春赏不了。
心境大好，写诗适情抱。

时光飞渺，笑我斑苍老。
展颜微笑，豁达盈心窍。

清贫就好，正气吾刚傲。
处世洒潇，名利矢抛掉。

激情岁月留写照

2021-3-28

激情岁月留写照，容我撰诗稿。
况复品茗意态逍，东风吹袅袅。

开怀惬听鸟鸣叫，喜鹊最风骚。
园圃群花开妍俏，动我情怀抱。

最喜阖家俱康好，神恩颂赞高。
人生路上吾洒潇，不为名利扰。

百倍雄心发高啸，声震云天渺。
愿学飞鸟入云霄，万里鹏程潇。

洒脱情抱

2021-3-28

洒脱情抱，春来乐逍遥。
正义心窍，不许名利扰。

乐叩大道，心得入诗稿。
风雨飘摇，磨炼我刚傲。

不屈不挠，矢志去奋跑。
关山迢迢，览尽风光妙。

天气晴好，东风吹渺渺。
有鸟鸣叫，有花开倩巧。

雅洁怀抱

2021-3-28

雅洁怀抱，人生不讨巧。
拙正心窍，风雨任艰饶。

意出尘表，叩道入逍遥。
斑苍初老，余心开怀笑。

红尘扰扰，名利骋其嚣。
全部抛掉，清贫就颇好。

诗书笑傲，晨昏撰诗稿。
学取云飘，学取苍松峭。

落红不必伤

2021-3-28

落红不必伤，逸意扬长。
东风吹浩荡，心志悠旷。

春天来人间，万紫千芳。
蜂正采花忙，喜鹊高唱。

周日享悠闲，情思雅放。
品茗意兴涨，慨哦诗章。

岁月多淡荡，故事千章。
往事何必想，应抛应放。

未来旷瞻望，山水远长。
努力奋志闯，迈越无疆。

男儿意昂扬，迎难敢上。
不惧千重艰，一身豪放。

煦阳正灿放，云天辽旷。
展眼长旷望，田园画廊。

人民享安祥，忧未可忘。
一生叩道藏，浩志莽苍。

持心也平康，豁达无恙。
神恩铭心间，颂入诗章。

人生怀梦想，不敢稍忘。
大同是方向，践履奔放。

旷怀悠扬

2021-3-28

旷怀悠扬，嘹亮以歌唱。
天气晴朗，春阳煦煦放。

菜花金黄，烂漫正未央。
桃花飘荡，引余漫嗟伤。

岁月飞畅，英武持心间。
人生昂扬，万关竞须闯。

笑我斑苍，童真持襟房。

266

率性之向，叩道作文章。

红尘无恙，幻化是桑沧。
人生瞬间，思此有余伤。

不必悲怅，天国永恒乡。
努力向上，净化灵魂芳。

欢乐尘间

2021-3-28

欢乐尘间，神恩敷广长。
天喜晴朗，万物俱欢畅。

春来人间，草野俱茂昌。
柳绿桃芳，无法来丈量。

惬意心间，能不哦诗章？
品茗意畅，挥洒万千行。

得意不狂，谦和盈心间。
雅听鸟唱，享受风清旷。

坦腹哦唱

2021-3-28

坦腹哦唱，惬怀真无恙。
雀鸟欢畅，写意东风扬。

桃花飞殇，引我长嗟怅。
蓝天广长，引我畅思想。

人生世间，自由最堪赏。
向往飞翔，云天辽无疆。

浮生流漾，华发初初苍。
惜时务讲，振襟作文章。

安祥心地间

2021-3-28

安祥心地间，略带豪放。
春色动心肠，能不哦旷？

青色天辽旷，煦日灿放。
和风畅吹翔，惬我意向。

花红柳绿间，雀鸟鸣唱。
小蜂来相访，采蜜正忙。

心志舒广长，奋展思想。
人生于世间，辉煌务创。

山水任远长，定志而闯。
心怀吾清靓，险恶何妨。

任起风雨狂，兼程昂扬。
一笑是爽朗，男儿志刚。

岁月清旷

2021-3-28

岁月清旷，曾履风雨狂。
折断翅膀，血泪潜潜淌。

神恩广长，救死以疗伤。
而今安祥，而今享平康。

奋志向上，万里越无疆。
天高地广，尽够我飞翔。

旷展思想，济世尽力量。
名利肮脏，务弃务下放。

快意哦诗章

2021-3-28

快意哦诗章，从心流淌。
曲曲都昂扬，春意人间。

岁月舒奔放，清明即将。
仲春妙无恙，引余讴唱。

最爱是桃芳，鹊噪林间。
菜花漫眼黄，欣赏心间。

人生百年长，不计过往。
未来奋志向，全力遨翔。

东风惬意向

2021-3-28

东风惬意向，快慰心房。
连续哦诗章，倾出情肠。

仲春美无恙，鹊噪奔放。
人民享安康，欢乐无疆。

万类都竞长，草野青芳。
碧柳婀娜旷，河水清淌。

心志展悠扬，化为歌唱。
世界妙无恙，神恩广长。

思想展力量，前旅任艰。
努力奋发闯，冲决莽苍。

一笑颇爽朗，无机襟房。
正直人生场，力克诡奸。

喜气心间
2021-3-28

喜气心间，能不讴奔放？
春色宇间，化为诗讴唱。

明媚春光，柳绿桃花芳。
人民欢畅，乐度此辰光。

中心扬长，深吸风清香。
逸意情肠，婉转化诗章。

有鸟歌唱，惜无蝶来翔。
阳光灿亮，和蔼盈寰壤。

淡定人生原无恨
2021-3-28

淡定人生原无恨，春色盈乾坤。
惜春已经过六分，桃花逝飘芬。

岁月不断以进深，华发星星生。
豁达清持是人生，共缘履安稳。

平生风雨饱经盛，血泪洒纷纷。
而今心情享平正，所赖唯神恩。

红尘笑傲旷怀骋，诗歌纵哦成。
一曲悠扬从心生，原也具雅芬。

风起清狂
2021-3-28

风起清狂，吹落桃花芳。
仲春无恙，风光堪清赏。

逸意扬长，情思舒悠旷。
周日休闲，倾心哦诗章。

字里行间，赤子之心房。
热血鼓荡，思想亘古间。

大千奔放，万类自由长。
写意宇间，画笔难描讲。

阖家安康
2021-3-28

阖家安康，天伦乐欢享。
神恩广长，思此颂赞放。

天气和畅，春风吹扬长。
煦日在上，清洒其光芒。

品茗意旷，神采俱飞扬。
哦出诗章，哦出我奔放。

中情激昂，心志宇包藏。
努力向上，修心原无疆。

雅持心量
2021-3-28

雅持心量，宇宙都包藏。
积淀思想，原也颇清旷。

人生世间，不为名利妨。
定志之向，叩道履深艰。

春满人间，东风吹浩荡。
心志慨慷，振节哦昂扬。

红尘狂荡，太多迷烟障。
慧目擦亮，细辨前路向。

心志安祥

2021-3-28

心志安祥，内省方为上。
叩道贞刚，原也不惧艰。

红尘幻相，和合以成象。
无为之间，共缘履奔放。

老将来访，一笑吾雅康。
正义心肠，清贫有何妨。

笑意浮上，得道吾不狂。
谦和襟房，向上尽力量。

展转桑沧

2021-3-28

展转桑沧，处世以安祥。
风雨艰苍，不过是瞬间。

坦平襟房，笑意舒广长。
神恩无上，思此颂赞放。

哦咏诗章，自弹并自唱。
孤旅何妨，心怀红太阳。

叩道贞刚，圆明悟心间。
最贵心量，宇宙都包藏。

第三十五卷《心悟集》

宇宙苍茫

2021-3-28

宇宙苍茫，存在着思想。
星系无限，造化妙难讲。

世界神创，灵动运无疆。
修身向上，探索无止限。

岁月奔放，人生奋襟肠。
豁然开朗，神恩广无量。

蛋丸相仿，地球微尘样。
天地玄黄，进化谁细详？

红尘原也无恙

2021-3-28

红尘原也无恙，因缘和合成象。
清心听鸟唱，享受风之扬。

仲春喜临人间，美好真是无限。
桃花正绽芳，菜花金相仿。

周日心情温良，享受清秀寰壤。
阳光和煦放，阖家乐平康。

未可耽于暇闲，理想心中茁壮。
叩道启志向，长驱万里疆。

休闲无恙

2021-3-28

休闲无恙，书本宜抛放。
晒晒太阳，享受和风畅。

风光宜赏，田园似画廊。
仲春正当，生机勃野壤。

逸致升上，又哦一诗章。
坦然心肠，无机之襟房。

向前向上，高远至无疆。
人生理想，导引我远航。

畅意浮生（之一）

2021-3-28

畅意浮生，曾履心之疼。
血泪溅迸，呼号曾声声。

神恩广盛，起死以回生。
欢呼真诚，颂赞出心身。

心志清纯，奋走我灵程。
叩道秉诚，风雨吾兼程。

笑意清生，旷雅盈心身。
悟彻世尘，豁达真无伦。

履尽世尘

2021-3-28

履尽世尘，心不再痛疼。
悟彻人生，真神导航程。

叩道平生，烟雨满路程。
探索真诚，冲决迷雾阵。

平安清生，坎坷不再呈。
正义心身，奋发骋刚贞。

笑意清生，斑苍何必论。
努力前奔，努力去驰骋。

老当益壮

2021-3-28

老当益壮，奋发展顽强。
哦诗千章，旷舒我志向。

春盈人间，欢然我昂扬。
风正鼓荡，花开鸟歌唱。

岁月奔放，笑我已斑苍。
豁然襟肠，原也旷无量。

诗书哦唱，优雅盈襟房。
加强修养，君子振意向。

斜照在望

2021-3-28

斜照在望，天气正温良。
和蔼宇间，流风吹清畅。

清坐安祥，从容撰诗章。
应许张扬，勿负此韶光。

仲春正当，明媚满人间。
百花竞芳，万类自由长。

人民欢畅，生活乐平章。
世事桑沧，弹指一挥间。

好风流畅

2021-3-28

好风流畅，吹落花芬芳。
不必嗟怅，心共缘飞翔。

人生安祥，雅怀志与向。
不折奋闯，履尽山水艰。

笑意清放，豁达持心间。
人生世上，无机骋昂扬。

物欲是障，应抛应弃放。
名利虚妄，处之以澹荡。

心志旷展贞刚

2021-3-28

心志旷展贞刚，人生矢志向上。
克尽千重艰，心怀舒奔放。

春色明媚襟房，哦诗热情昂扬。
展眼这宇间，花红柳绿芳。

心襟不可孟浪，清真守我温良。
天地多宽广，叩道任深艰。

向上张开翅膀，掠过云天飞翔。
天涯风光靓，矢志去寻访。

悠悠意向

2021-3-28

悠悠意向，向谁诉短长？
孤旅扬长，自弹复自唱。

世事苍茫，人生弹指间。
华发斑苍，赢得一笑爽。

红尘无恙，不过是桑沧。
亘古畅想，文明恒向上。

百年瞬间，何必泪双淌。
天国在上，旷志追求向。

意气发扬

2021-3-28

意气发扬，化为千诗章。
乐耽其间，哦咏何快畅。

人生无恙，不为名利忙。
体道贞刚，圆明觉心间。

世事猖狂，幻化无止疆。
利锁名缰，害人无极限。

慧意心间，岂为物欲障？
悟彻玄黄，正道亘古昌。

花草鲜芳

2021-3-28

花草鲜芳，引我细欣赏。
耳畔鸟唱，春风吹扬长。

惬意心间，讴咏应千行。
人生慨慷，务惜此韶光。

裁心奔放，意向天宇间。
旷欲飞翔，去向至远疆。

天地广长，灵妙无法讲。
人生世上，修心真无量。

正义襟房

2021-3-28

正义襟房，原也存雅量。
欣欣意向，驱向至远疆。

人生疆场，百年幻苍茫。
何必泪淌，往事何必怅。

笑我星霜，依然心茁壮。
叩道志向，无物可阻挡。

向前向上，不计千重艰。
旷意之向，搏击风雨苍。

快乐心地间

2021-3-28

快乐心地间，我意扬长。
东风吹舒昂，惬意鸟唱。

夕照正金黄，和蔼宇间。
万民俱欢畅，享受春光。

乡野是画廊，灿烂色相。
碧柳摇摆荡，妙丽无恙。

园圃百花芳，蜂来拜访。
红雨不必伤，履缘安祥。

心志勿婪贪

2021-3-28

心志勿婪贪，节欲为善。
持中心安安，处世雅淡。

岁月旷翻澜，故事千般。
太多名利案，害人非凡。

春意明媚展，风吹浩瀚。
花开真烂漫，鸟语溅溅。

人生务实干，未可空谈。
汗水不白溅，业绩必然。

夕烟苍茫

2021-3-28

夕烟苍茫，感兴油然上。
风吹逍旷，心志正澹荡。

春色无恙，韶华正逝殇。
珍惜时光，振奋我意向。

向前奋闯，男儿荷强刚。
风雨艰苍，不过是等闲。

胸襟苍茫，览尽世桑沧。
星星斑苍，微笑也安祥。

暮色苍茫

2021-3-28

暮色苍茫，华灯初点上。
汽车嚣响，远际飘歌唱。

风吹安祥，心志因之旷。
欢乐宇间，春光绽无恙。

有诗要放，激情似水淌。
迸发瞬间，精灵奋跳荡。

人生昂扬，因我有志向。
高山万丈，矢志攀与闯。

暝色天地苍

2021-3-28

暝色天地苍，容我放歌唱。
人生信步间，风雨成过往。

而今我何讲，不嗟苦旅艰。
神恩赐广长，导引正方向。

灵程奋发闯，胜过试探艰。
前进无止疆，天国是故邦。

心襟豁无恙，才思展若狂。
日哦五十章，讴咏春奔放。

悠悠扬扬

2021-3-28

悠悠扬扬，心志放歌唱。
暮烟任苍，华灯灿无恙。

霓虹闪靓，归鸟纵鸣放。
晚风清凉，爽我情与肠。

坦然哦唱，舒出志昂扬。
人生奔放，况我有理想。

不折奋闯，山水越广长。
天涯风光，召唤我叩访。

激越情肠

2021-3-28

激越情肠，蔼然骋气象。
天地苍茫，人生奋理想。

穿越莽苍，积淀是思想。
秉持烛光，不惧黑暗障。

春来人间，和风正鼓荡。
野禽鸣唱，心志持快畅。

坦荡襟房，正直人生场。
诗书昂扬，晨昏纵哦唱。

持身坦荡

2021-3-28

持身坦荡，不屈世艰苍。
不灭理想，导我奋志航。

此生坎苍，血泪曾潸淌。
而今平康，神恩赐丰穰。

踏实去闯，风雨是寻常。
风光奔放，惬我意与肠。

清坐安祥，思想狂起浪。
舒出激昂，舒出我奔放。

人生平康

2021-3-28

人生平康，享受和风旷。
春色妙放，蔼然心地间。

曾履艰苍，曾跌倒悲怅。
曾经绝望，曾仰天大怆。

而今安祥，而今舒奔放。
而今讴唱，而今奋慨慷。

红尘无恙，幻化无止疆。
共缘而往，山水越扬长。

晨鸡啼唱

2021-3-29

晨鸡啼唱，五更之时间。
玉蟾西方，野禽初鸣放。

东风清凉，爽洁我情肠。
仲春正当，喜悦盈襟房。

晨起意畅，小哦新诗行。
人生向往，时刻未敢忘。

大同理想，支撑我前闯。
旅途任艰，风光旷无限。

晨风清爽

2021-3-30

晨风清爽，远际嘹歌唱。
悠我情肠，喜看花开放。

耳际鸟唱，惬我情与肠。
岁月清芳，况在仲春间。

朝日升上，蓝天青碧漾。
心志平旷，能不哦诗行？

不必张扬，素朴持心肠。
奋志之向，是在天涯间。

菜花金黄

2021-4-2

菜花金黄，点缀田园似画廊。
爽风悠扬，吹落芳菲一地香。

我情舒旷，雅将新诗来哦唱。
激情增长，奋欲向天畅飞翔。

紫燕回翔，喃喃轻语何澹荡。
清明即将，天阴无妨我扬长。

红尘无恙，万千生机勃勃放。
大好春光，引余折腰歌奔放。

岁月清芬

2021-4-2

吾先祖原籍安徽泾县吾村，清季因连年战乱动荡，搬迁至江苏省滨海县；曾祖父是清代秀才，以教书为生，英年早逝，痛堪扼腕；祖父汪其昌，祖母汪朱氏，并皆修心养德，正直忠厚，老实为人，甘于淡泊，清贫自守，不事张扬；一袭长袍青衫，飘然独立，是我童年时祖父留给我的最后印象；而先祖母带我从童幼长大，教化垂训多方，于我人生观、道德观及世界观之养成，良有饶益，功莫大矣。时近清明，追念先祖，有诗成矣，并短章以序，述其因由。

岁月清芬，流年往事忆纷纷。
又值仲春，时近清明感倍深。

人生难论，过往时节入烟阵。
未来奋争，努力前程叩道诚。

秉持心身，正直为人不纷争。
淡荡秋春，积德修身无止程。

红尘滚滚，太多故事铭记深。
名利矢扔，清贫正直度生辰。

红尘颇是清新

2021-4-3

红尘颇是清新，细雨纷纷经行。
落红不必惊，请听鸟清鸣。

风来旷我心境，振奋情志无垠。
人生奋志行，关山越苍峻。

笑意从心而盈，坦荡豁达胸襟。
清贫不要紧，诗书旷哦吟。

岁月展转空清，人生由来多情。
寒食今日临，怡养身与心。

细雨濛濛

2021-4-3

细雨濛濛，心志洒脱清空。
清听鸟颂，诗意中心从容。

岁月如风，发觉华发霜重。
气宇如虹，灿烂七彩心胸。

努力前冲，不计风雨艰浓。
淡荡之中，名利辞之空空。

笑意轻松，人生悟彻圆通。
浮生如梦，往事尽付烟蒙。

落英缤纷

2021-4-3

落英缤纷，何必心生疼。
人生奋争，只是客旅程。

春雨清生，和风吹阵阵。
鸟鸣声声，惬我意与神。

岁月进深，一似老酒醇。
悟彻心身，正义奋刚贞。

旷怀清纯，不为名利争。
淡泊秋春，诗书潜深深。

情志悠扬

2021-4-3

情志悠扬，心襟吾奔放。
空气清芳，雨后花木昌。

有鸟鸣唱，有风吹奔放。
假日安康，小酌也舒畅。

意取昂扬，新诗容我唱。
人生世间，不为物欲障。

向前向上，努力奋志向。
男儿强刚，风雨兼程闯。

情怀谁共

2021-4-3

情怀谁共？孤旅何必怅深痛。
缕缕春风，细雨如筛听鸟颂。

心事谁懂？五十六载烟雨中。
大化作弄，两鬓斑苍意沉重。

人生情钟，只是苦了心与胸。
回首烟蒙，少年记忆旷入梦。

向前奋冲，不计关山万千重。
展我刚勇，男儿合是虬劲松。

旷展我的身心

2021-4-3

旷展我的身心，人生怀有意兴。
春风开我心襟，耳际雅闻鸟鸣。

细雨洒降清新，红雨不必震惊。
仲春行将销尽，明日又值清明。

岁月使人奋兴，此生桑沧饱经。
爽然一笑空清，世事如梦飘行。

正道必然昌兴，鬼魅妖氛消尽。
人生百度经行，浩然是我身心。

努力前路驱行，迈越关山峻岭。
欢歌发出自心，神恩讴歌难尽。

叩道是我生平，履经患难艰辛。
心志缕缕清平，哦诗热情尽兴。

展眼世界尘境，太多名利争竞。
何不放下利名，遁入田园乡境？

一笑雅洁淡定，业绩矢当创寻。
诗书沉潜殷勤，心得淡泊空灵。

著书等身常寻，知音后侪可寻。
不计此生浮名，努力前路奋行。

此际洒脱心情，品茗添我意兴。
灿烂是余身心，欢歌并入鸟鸣。

云向南行

2021-4-3

云向南行，天气惜正阴。
落花飘行，东风吹正劲。

哦诗空清，吐出我心境。

远抛闲情，正意盈心灵。

人生多情，易损心与襟。
奋志凌云，韶华飞殷勤。

努力前行，览尽关山云。
大好心情，旷达真无垠。

叩道进行，展转阴与晴。
桑沧饱经，赢得志清明。

一笑淡定，拂去烟与云。
爽然之境，蔼意盈胸心。

阖家安好

2021-4-3

阖家安好，神恩赐丰饶。
人生行好，雅然持怀抱。

叩道逍遥，清贫不紧要。
志取刚傲，谦和是襟抱。

深入迢迢，诗书一生造。
哦出风标，哦出我情窍。

展眼云飘，清风涤胸抱。
春意正饶，百花开正俏。

履历秋春

2021-4-3

履历秋春，心志旷然持雅芬。
觑破红尘，名利只是损害人。

请闻鸟声，请赏花开之缤纷。
畅意风骋，春意美妙浸心身。

雨停时分，片片云飞向南奔。
落红成阵，嗟叹中心无法论。

红尘滚滚，时光如飞长驰骋。
往事难论，何必嗟怅忆深沉？

漫展高论，叩道人生奋精诚。
百年秋春，华发迎风心清纯。

岁月进深，大千故事演不胜。
一笑清芬，共缘而行也安稳。

畅意浮生（之二）

2021-4-3

畅意浮生，苦痛患难不必论。
总赖神恩，导引灵性之旅程。

忧患任生，正义心襟不沉沦。
名利矢扔，叩道奋志矢前骋。

不老心身，斑苍依持我精诚。
一笑雅温，君子人格浩然呈。

时值仲春，大好田园妙缤纷。
鸟语声声，惬我意向真无伦。

哦诗清芬，原因心志持清纯。
观此宇城，大化弄人也精准。

向前奋争，万里风光阅纯正。
云飞层层，山巅迎风一笑生。

淡荡此生，悟彻世事是缘奔。
幻化红尘，桑沧演变也叠成。

清坐思深，哦诗长吐我心声。
淡度人生，不容物欲妨心身。

正义刚贞，悟道空清慧意生。
展转秋春，老来情志旷且芬。

心志安稳，前路神恩总丰盛。
向上飞升，灵程道路万里程。

清听喜鹊唱

2021-4-3

清听喜鹊唱，风递淡香。
雨后草木芳，田园画廊。

清坐吾安祥，情志悠扬。
新诗连踵唱，韵转昂藏。

人生奋志闯，高山叠障。

展翅我飞翔，天涯遐方。

一笑也扬长，豁达情肠。
春意满人间，韶光安享。

不惧霜华苍，悟道良长。
岁月淡淡芳，记忆有香。

向前吾瞻望，万里云苍。
志取彼暝沧，冲决尘网。

身心持澹荡，名利弃光。
正义盈襟房，叩道向上。

天阴原无妨，云飞急淌。
品茗情舒旷，逸意飞扬。

心志漫浪

2021-4-3

心志漫浪，春意情悠扬。
欢快鸟唱，真惬我意向。

园囿清芳，花木正荣昌。
海棠开芳，月季也娇靓。

桃花凋殇，樱花初开放。
雨已停降，落红漫地芳。

心意广长，向谁诉细详？
一笑温良，人生持澹荡。

第三十六卷《雄峻集》

旷然心襟

2021-4-3

旷然心襟，览尽世事之风情。
老来镇定，识破红尘是浮云。

一笑爽清，诗书之间深用劲。
晨昏哦吟，舒出心志之刚俊。

岁月多情，仲春东风裁清新。
花木芳清，醉我心意并心灵。

展眼阴云，高怀不入世俗群。
奋志飞鸣，大千世界任遨行。

人生不计苦辛

2021-4-3

人生不计苦辛，奋展男儿刚劲。
风骨撑天青，若梅若松峻。

此心正似流云，飘逸而且清新。
共缘去旅行，关山座座青。

岁月无比空清，往事铭入心襟。
少年入烟影，未来奋心灵。

阖家享受温馨，神恩感在胸心。
浩志旷凌云，踏实去追寻。

暮烟又苍

2021-4-3

暮烟又苍，心志浩起茫茫。
理想心间，时刻未敢相忘。

天阴无妨，春风得意扬长。
有鸟啼芳，有花开得鲜香。

城市安祥，车熙人行攘攘。
吾志定当，灯下清撰诗章。

心情鼓荡，此生奋志飞翔。
高天广长，万里尽我寻航。

逸意此际扬长

2021-4-3

逸意此际扬长，人生不计艰苍。
暝色任增长，春意舒奔放。

路上车声响亮，晚风清新涤荡。
灯下情思旷，写诗若水淌。

心志不取狂狷，清真是我所向。
男儿怀慨慷，振节讴嘹亮。

仲春行将辞往，今日寒食正当。
天有微寒凉，心境持温让。

暮烟任其增长

暮烟任其增长，心情清新无恙。
旷志哦诗章，旷志舒奔放。

晚风吹来凉爽，城市华灯灿放。
霓虹七彩放，绚丽真无上。

我自心境悠扬，春来情志开畅。
清度岁月旷，不计老将访。

信心百倍增长，前旅奋发慨慷。
任从烟雨艰，男儿志贞刚。

流年使我感动

流年使我感动，心志怀着刚雄。
不计近成翁，奋发展勇猛。

读书写诗夏冬，秋春清度从容。
笑意飞灵动，人生七彩虹。

不为名利所动，清贫雅守襟胸。
学取山上松，学取村野风。

心若流云飞动，活泼是我襟胸。
淡荡生涯中，飘逸情有钟。

华灯点亮

华灯点亮，心境真无上。
快慰之间，韶华飞逝狂。

青春辞放，笑我初斑苍。
依然豪爽，依然奋顽强。

诗书谈唱，纵展我昂扬。
天地宽广，尽我旷飞翔。

人生艰苍，不必计过往。
未来无疆，努力向前闯。

浑厚人生吾何讲

浑厚人生吾何讲，舒出心地慨慷。
奋志秋春不张扬，一生正直温良。

此际春夜华灯放，灯下清展思想。
未来征途任莽苍，坚决风雨兼闯。

此生踏破山水艰，一笑颇自清畅。
世事幻化不必讲，要在叩道贞刚。

灵程路上凯歌扬，胜过试探艰苍。
人生意义细推详，悟道清新扬长。

我要把歌唱

我要把歌唱，舒出情芬芳。
春来意扬长，欢快盈襟房。

欣赏百花芳，欣赏鸟鸣放。
欣赏柳飘扬，欣赏碧水荡。

心怀无极限，情志共春长。
努力致远疆，天涯风光靓。

不计旅途艰，迎难我奋闯。
老来志弥刚，胸心恒苗壮。

闲情放旷

闲情放旷，激越哦诗章。
人生昂扬，春来情志畅。

夜晚清凉，城市灿灯光。
坦腹平康，内叩展思想。

履尽艰苍，而今享安祥。
神恩广长，赐与我力量。

叩道奔放，心得缕缕芳。
世事桑沧，视之为等闲。

持志平康

2021-4-3

持志平康，人生奋发向上。
不惧险艰，男儿迎难而闯。

春来人间，心情舒畅奔放。
晨昏哦唱，不负飞逝韶光。

此际夜降，窗外华灯灿放。
清坐思想，原也清新奔放。

履尽桑沧，淡泊一笑清刚。
悟彻玄黄，中心明媚扬长。

流年光阴飞逝狂

2021-4-3

流年光阴飞逝狂，老我瞬间，
老来瞬间，思此何必泪双行。

春天又来到人间，情志增长，
情志增长，老夫旷展少年狂。

灿烂心境正未央，哦诗千章，
哦诗千章，舒出中心之奔放。

人生奋发慨而慷，华年飞翔，
华年飞翔，只争朝夕矢贞刚。

人生奋志吾顽强

2021-4-3

人生奋志吾顽强，力战恶虎豺狼。
纵使身心负痛伤，坚守良知贞刚。

天父赐与我力量，灵程奋发向上。
胜过试探之深艰，凯歌纵情唱响。

正直一生持温让，人格尽力培养。
丹心一颗红且芳，天人大道叩访。

旷志从来舒奔放，辉煌矢当造创。
不负华年之飞翔，笑容清新奔放。

坦坦荡荡是人生

2021-4-3

坦坦荡荡是人生，由来秉持真诚。
风风雨雨任清生，兼程而闯奋争。

斑苍任其初生成，一笑依然清纯。
哦诗舒发我精诚，谎言绝无半分。

展转艰苍磨炼深，意志如钢精纯。
抛去名利奋心身，叩道长途驱骋。

深入几微与方寸，妙悟难以细论。
心得时时入诗申，胸襟原无纤尘。

此时春夜正二更，灯下思想生成。
窗外华灯并噪声，点缀心境缤纷。

一篇诗成自慰问，孤旅万里征程。
心迹心志诗中证，知音生与未生？

淡泊情志吾安康

2021-4-4

淡泊情志吾安康，人生奋志而闯。
春来思绪舒奔放，心意如花之放。

此际正值四更间，四野静悄安祥。
不眠起身哦诗章，清明时节正当。

此生履尽是艰苍，不屈磨难成行。
唯赖神恩恒苗壮，导引进入康庄。

笑意清新展温让，君子人格显彰。
叩道用道也扬长，一生努力向上。

激荡情肠

2021-4-4

激荡情肠，人生思奔放。
夜正未央，清志旷发扬。

坚持理想，不为物欲障。
正义心间，原也颇善良。

世事艰苍，苦难成队行。
奋志驱闯，泪水岂下淌。

280

春来人间，心志舒生长。
大千无限，神恩赐无疆。

心襟舒放

2021-4-4

心襟舒放，裁意入诗行。
清明正当，五更之时间。

四围静祥，路上车声响。
清坐思畅，人生旷回想。

曾履艰苍，悲痛兼苦怅。
仰天长望，号呼无止疆。

神恩奔放，导引我前闯。
而今安享，身心都舒畅。

衷心哦唱，歌颂神恩壮。
叩道向上，灵程振翅航。

此心温良，修心尽力量。
正直贞刚，坚决不张狂。

未可急躁

2021-4-4

未可急躁，养心怡神最重要。
矢叩大道，春播秋收汗水抛。

人生迢迢，穿越关山与云飘。
登山峰小，天涯风光雅唤召。

尽力证道，圆明圆通悟心窍。
不入险道，正直清持吾刚傲。

坦平心窍，无机情怀旷荡浩。
爽然一笑，世事无常共缘跑。

奋志向上

2021-4-4

人生是不断犯错的过程，这是免不了的，重要的不是我们绝不犯错，而是要尽力不犯错和少犯错，并且知错及时改正，绝不文过饰非，这对于我们的人生是至关重要的。今日思此，有感而发诗矣。

奋志向上，知错就改务必讲。
人生昂扬，步履坚正风雨间。

此生艰苍，偶尔心志会迷茫。
大雾之间，神会导引正方向。

坎坷寻常，前旅终有坦平放。
彩虹光芒，闪在雨后现吉祥。

斑苍何讲，世事桑沧履平常。
秋春安享，富足人生放哦唱。

正道广长，前旅曲折任其放。
不屈奋闯，履尽关山好风光。

悟道良长，心志质朴无机奸。
创缘奔放，良知正见作主张。

天机难讲，总凭灵心去叩访。
正意心间，胸襟天地都包藏。

善良无恙，好人恒受天葆奖。
名利孽障，务弃务抛务下放。

清贫何妨，我有诗书架满行。
晨昏哦唱，清度秋春何安祥。

一笑扬长，悟彻世宇之机簧。
神恩无量，见证丰富与丰穰。

灵程奋闯，修身养性原无疆。
前旅慨慷，不惧试探之险艰。

凯歌纵唱，圣洁清持已心肠。
天国故邦，永生福乐欢无恙。

天气旷喜朗晴

2021-4-4

天气旷喜朗晴，时节正值清明。
微寒不要紧，花开正清新。

岁月惊人飞行，斑苍初入老境。
爽然一笑清，豁达盈心灵。

人生依然多情，心志慨慷奋兴。
不计利与名，诗书恒用劲。

哦出诗章空灵，说出话语雄峻。
大道亘古明，普覆这宇庭。

心志旷然展

2021-4-4

心志旷然展，人生入浩瀚。
天色正青蓝，鸟语鸣溅溅。

天气惜清寒，春冷花开绽。
未有蝶来翻，不必兴嗟叹。

岁月若扬帆，老我斑苍颜。
努力奋前站，万里克艰难。

清坐思雅安，晨光正灿烂。
内叩心与胆，撰诗是必然。

人生不轻谈

2021-4-4

人生不轻谈，此际讴浪漫。
旅途任坷坎，心志吾浩瀚。

春来心妥安，诗书常观看。
旷听鸟鸣喊，欣赏花开绽。

阖家均平安，神恩颂当然。
展眼看天蓝，风吹觉微寒。

不必作高喊，务必埋头干。
汗水不白溅，夏秋收高产。

奋志人生疆场

2021-4-4

奋志人生疆场，花开花落安祥。
清明今正当，冷风吹狂狷。

清喜天气晴朗，耳际传来鸟唱。
休闲吾平康，万事均下放。

未可得意狂狷，清真是我意向。
笑意舒广长，人生慨而慷。

千关已经径闯，未来放眼瞻望。
任起风云苍，我有双翅膀。

意态不取消沉

2021-4-4

意态不取消沉，奋发人生刚贞。
春来万物盛，碧野满眼芬。

此生清度红尘，名利矢志抛扔。
叩道秉精诚，向上旷飞腾。

红尘浊浪滚滚，物欲只是损人。
清贫怀雅芬，诗书哦晨昏。

五十六载飞奔，心襟曾履痛疼。
所赖唯神恩，导引灵旅程。

樱花和海棠

2021-4-4

樱花和海棠，盛然开放。
月季也娇靓，七彩奇妆。

清明时正当，风吹狷狂。
冷寒袭击间，棉衣穿上。

总赖天晴朗，阳光煦放。
蓝天青碧放，鸟语情长。

人生怀志向，意取强刚。
春韶美无恙，华年飞旷。

努力向前闯，高山攀闯。
定志是贞刚，不屈强梁。

克尽千重障，坦平前方。
天涯风光靓，唤我前闯。

青碧天壤

2021-4-4

青碧天壤，引我折节以欣赏。
风吹鸟唱，园圃群卉舒清芳。

引吭歌唱，大好妙丽之春光。
哦入诗章，旷怀长欲奋飞翔。

清明正当，假日休憩吾安祥。
心襟弹唱，人生华年恣飞翔。

奋发顽强，诗书之间扬意向。
叩道圆方，情思化作新诗行。

坦荡情怀合言唱

2021-4-4

坦荡情怀合言唱，讴出中心奔放。
一曲正气天地间，人生激越昂扬。

春来清喜百花芳，鸟语清新扬长。
今日天气正晴朗，只是冷风狂猖。

清明时节畅思想，雅意中心增长。
大好明媚之春光，田园胜似画廊。

漫地落红不必伤，化作香泥正当。
万物生机盛茂昌，樱花灿烂开放。

春来怡襟抱

2021-4-4

春来怡襟抱，心灵大开窍。
花儿开妍俏，风儿吹荡浩。

清听鸟鸣叫，中心写意骚。
新诗脱口造，千章何嫌少。

今日天晴好，阳光和煦照。
蓝天无云飘，落红知多少？

心事学高蹈，田园寄情抱。
叩道乐逍遥，淡泊情雅潇。

心志不取苍苍

2021-4-4

心志不取苍苍，奋发人生力量。
春来气昂藏，旷然舒奔放。

哦出新诗万章，展我男儿强刚。
未可卑弱放，正直吾豪放。

向学沉潜无恙，叩道不计风霜。
斑苍一笑扬，人生是过场。

天气和蔼正放，蓝天引人欣赏。
花开何妍芳，鸟鸣何舒旷。

人生旷意向

2021-4-4

人生旷意向，春来情增长。
读书写文章，性天吾奔放。

淡泊享安康，情志旷无疆。
正义盈襟肠，向上尽力量。

红尘太狂荡，利锁与名缰。
应弃应下放，村野灿春光。

斜阳灿烂放，风吹何奔放。
惬听鸟鸣唱，内心激情昂。

园圃花芳香，引余驻足赏。
嗟叹落红殇，无可奈何间。

展眼长瞻望，天际霭烟漾。
愿学鸟飞旷，青天何辽广。

心志不取张扬

2021-4-4

心志不取张扬，质朴是我情肠。
春来情志畅，淡眼天辽广。

城市繁荣兴旺，路上车熙人攘。
东风何清狂，漫地落花香。

此际清坐安祥，人生细论短长。
客旅尘世间，不为名利狂。

裁心正义之间，叩道奋我力量。
力战邪恶奸，无机吾奔放。

斜晖朗朗

2021-4-4

斜晖朗朗，鸟啭情长，
明媚春光，惬我情意真无限。

假日休闲，哦写诗章，
舒出心向，原也质朴无机芳。

人生展望，风云茁壮，
尽力成长，不计风雨不计艰。

斑苍何妨，正义强刚，
男儿豪放，叩道清展我力量。

心志广长，思达遐方，
努力驱闯，关山风光何雄壮。

微笑浮上，得意不狂，
清贫无妨，诗书人生舒雅娴。

桃花已经逝凋

2021-4-4

桃花已经逝凋，海棠开得正娇。
春风吹荡浩，落红漫地飘。

清明今日报到，天气旷喜晴好。
此际斜阳照，心志持轻飘。

向阳情志大好，人生容我扬飙。
金钱不紧要，身心须看好。

叩道渐入逍遥，诗书容我笑傲。
儒雅且风标，正直奋前道。

岁月是有清芬

2021-4-4

岁月是有清芬，何许计较痛疼。
向前吾力骋，冲决桑沧阵。

爽然一笑清纯，春色人间正骋。
阳光洒和温，清风吹阵阵。

小鸟和鸣声声，花开花落缤纷。
心志旷出尘，不计名利纷。

守我心地纯真，叩道圆通悟证。
哦诗舒心身，快慰真无伦。

光明心地间

2021-4-4

光明心地间，人生蓬勃向上。
春已来人间，心志灿烂奔放。

清坐展思想，人生此际情长。
况闻鸟鸣唱，况品绿茗清芳。

不必计老苍，人生率兴而闯。
关山叠万幢，风光雄奇清靓。

情志展贞刚，男儿雄武强壮。
叩道披荆闯，风雨兼程何妨。

斜照辉煌

2021-4-4

斜照辉煌，阖家围桌谈家常。
春光舒放，清风来拂意扬长。

岁月飞翔，不觉清明已来访。
一笑澹荡，人生情志舒昂扬。

心志广长，注目恒在至远方。
天涯风光，时刻召唤我前闯。

正义情肠，原不允许一分脏。
叩道贞刚，力战恶虎并凶狼。

夕烟初苍

2021-4-4

夕烟初苍，西沉是煦阳。
温和心间，清度好春光。

风来清翔，鸟鸣却奔放。
品味清闲，写诗舒流畅。

舒出心向，舒出我昂扬。
舒出情肠，舒出我安祥。

人生向往，是在大同邦。
和乐人间，万民享安康。

神恩广长，导引正方向。
灵程奋闯，穿越雨雾茫。

淡笑清爽，豁达真无恙。
人生世上，无机持襟房。

高远理想，支撑我前闯。

用脚去量，山水越无疆。

一声嗨唱，震动天地间。
英武心肠，原也质朴香。

修身向上，克己持雅量。
体道贞刚，用道是圆方。

春来情长，惬意真无限。
慨哦诗行，一曲泻狂猖。

激情岁月奔放

2021-4-4

激情岁月奔放，此际引我回想。
人生履尽艰苍，老来情志开敞。
心中怀有阳光，尽力向前向上。
天父恩典无限，思此热泪盈眶。

激情岁月奔放，春来情志张扬。
惬意花红鸟唱，欣赏田园风光。
灿烂笑容清放，得意绝不狂猖。
谦和是我心肠，正直一生昂扬。

第三十七卷《新绿集》

悠然心地间

2021-4-4

悠然心地间，情思何旷。
夕烟任增长，落日橙黄。

东风正鼓荡，惬我心向。
人生情意扬，共春奔放。

仲春悄然往，清明今当。
时光若水淌，骋志清刚。

贞志何茁壮，向前恒闯。
风雨兼程间，穿越险嶂。

展转人生场，名利抛放。
正义之襟房，洒脱昂扬。

一笑爽无恙，远抛机奸。
修心养德间，不惧斑苍。

祥云飘空

2021-4-5

祥云飘空，旷来写意风。
晚春之中，落花清飘红。

鸟鸣灵动，惬我意无穷。
休闲之中，心志持刚洪。

冷寒不重，煦日旷当空。

碧蓝天空，引我遐思动。

人生情钟，奋志展刚雄。
天际霭浓，奋展翅膀冲。

浮生畅我意向

2021-4-5

浮生畅我意向，窗外风声正狂。
天气喜晴朗，不觉晚春间。

品茗快我心肠，哦诗热情张扬。
人生在世间，最重是舒畅。

得意绝不狂猖，谦和守我心向。
正义奋贞刚，旷驱万里疆。

万物生机兴旺，田园妙秀难讲。
讴歌这春光，鸟语花清芳。

人生难论

2021-4-5

人生难论，风风雨雨是征程。
幻化红尘，大千故事演不胜。

春来情芬，花红柳绿惬心神。
鸟啭声声，写意东风旷无伦。

休憩心身，假日读书写诗奋。
诉出精诚，倾出志向与心身。

展眼红尘，万里云烟旷志奔。
风光灿呈，天涯景致美不胜。

闲雅度人生

2021-4-5

闲雅度人生，不为物欲而奋争。
清平持心身，读书哦诗在晨昏。

雅洁度秋春，心志出得世之尘。
化外气象呈，叩道用道长驱骋。

展转桑沧阵，一笑和安且平正。
坦荡心襟盛，中庸活用在乾坤。

济世奋刚贞，力斩魔敌之纷纷。
微笑吾清芬，天地正气弥宇城。

流年岁月我驰骋

2021-4-5

流年岁月我驰骋，不计山高水深。
春来心志旷缤纷，哦诗热情显呈。

斑苍情怀奋刚正，修心养德晨昏。
名利抛弃心清芬，读书写诗奋争。

世界幻化迷烟阵，众生苦于沉沦。
物欲太多是损人，何不轻装上阵？

天气阴晴之间骋，东风吹来阵阵。
雅闻鸟语啼声声，惬我心意十分。

小品芳茗心意生，写诗舒出兴奋。
百年秋春似一瞬，华年逝去纷纷。

只争朝夕铭心身，叩道不计艰深。
用心务必持纯正，虚伪切齿痛恨。

心志不取广深

2021-4-5

心志不取广深，豁达清度红尘。
笑意清展纷纷，人生奋发而骋。
山水履历艰深，浩志盈满宇城。
沧桑何必细论，雅洁绝不沉沦。

田园萋芳草

2021-4-5

田园萋芳草，晚春正妙。
雅听鸟雀叫，东风荡浩。

海棠开得娇，月季妍俏。
樱花适怀抱，落红谁扫？

岁月飞飘飘，韶华芳好。
人生不计老，开怀畅笑。

爽洁盈襟抱，叩道逍遥。
忧愁未许扰，乐度夕朝。

世事幻化成

2021-4-5

世事幻化成，何必太认真。
随缘共运骋，风光历雄浑。
人生桑沧阵，红尘任滚滚。
清心吾雅芬，旷意在宇城。

洒脱持襟抱

2021-4-5

洒脱持襟抱，展眼远瞧。
天际苍烟绕，写意尘嚣。

晚春已来到，何许嗟老。
振志哦唱高，声入云霄。

红尘胡不好，花开鸟叫。
清展我风骚，哦诗不了。

定志奋前跑，山高水遥。
情怀朗堪表，旷意洒潇。

漫天云翔

2021-4-5

漫天云翔，暝色渐渐苍。
心情无恙，慨然哦诗章。

春意正昂，窗外啼鸟唱。
风清吹荡，花开自奔放。

生活安常，惬意盈襟房。

振节哦唱，舒发我感想。

展我情肠，奋志向天旷。
人生世间，适意才为上。

苍苍是我心境

2021-4-5

苍苍是我心境，人生履历阴晴。
浩志纵凌云，步履迈坚定。

暮烟渐渐结凝，东风爽洁多情。
灯下清思萦，人生奋志行。

春意盈满宇庭，百花俱已开俊。
岁月展清新，感发我中情。

此生桑沧饱经，忧患苦恼经行。
神恩广无垠，导引入康平。

芳怀清好

2021-4-5

芳怀清好，不入名利险道。
诗书潜造，正义展我风标。

人生晴好，向阳是我心窍。
旷怀笑傲，清度年华逍遥。

春意丰饶，田园妙胜画稿。
华灯正照，暮色庭宇笼罩。

心兴忒高，新诗从心哦造。
不骋技巧，质朴原具雅俏。

远际歌声荡漾

2021-4-5

远际歌声荡漾，浴后神情正爽。
晚风吹清凉，微带花之香。

城市灯火灿亮，路上车行熙攘。
清坐思奔放，裁意入诗行。

红尘自是无羔，神恩普覆广长。
灵程奋力闯，叩道用心量。

岁月舒展昂扬，不觉暮春之间。
思放万千章，情绪振激昂。

旷志清度红尘

2021-4-5

旷志清度红尘，老来奋持刚正。
淡眼桑沧阵，一笑吾雅芬。

感谢天父鸿恩，导引灵性旅程。
克敌以制胜，奋飞天堂奔。

夜晚华灯清骋，春风慰人心身。
时光是飞奔，远辞吾青春。

豁达真是无伦，我已觑破红尘。
叩道万里程，妙悟此乾坤。

养怡身心至为要

2021-4-5

养怡身心至为要，未可过度操劳。
人生譬若彼长跑，体力调节至要。

心志未可稍骄傲，谦和一生力保。
正直人生吾风标，学取苍松劲峭。

中心最喜是逍遥，化外气象丰饶。
小小名利务必抛，清心更为重要。

切慕最是兰花草，生长山野孤傲。
幽香四溢何美好，不求世人知晓。

适然是我情抱

2021-4-5

适然是我情抱，因缘任其幻造。
红尘清度逍遥，惜缘造缘重要。
身心安乐不傲，谦和是我情操。
叩道矢攀险要，赢得呵呵一笑。

适然是我情抱，此生风雨经饱。
往事入于烟渺，未来风云幻巧。
和合是此尘嚣，圆通不恃机巧。
质朴心地清好，无机情怀雅俏。

人生旷望吾何讲

2021-4-6

人生旷望吾何讲，烟雨任其苍茫。
此时红旭跃然上，天气清喜晴朗。

远际歌声又飘唱，引我心思长扬。
人生合当慨而慷，努力万里无疆。

几声啼鸟惬情肠，东风吹来清香。
片片落红不必伤，新陈代谢正常。

人生情志旷万丈，高天任我遨翔。
搏击风雨之艰苍，矢志青冥之上。

雀鸟和鸣声高

2021-4-6

雀鸟和鸣声高，最喜喜鹊鸣叫。
清风写意绕，天晴碧堪表。

岁月从心逝飘，又值晚春到了。
不必惜春老，旷开我怀抱。

合当开怀大笑，人生胡不清好。
神恩赐丰饶，思此颂赞高。

落红不必去扫，化为香泥更妙。
海棠开正娇，月季淡香飘。

一年一度樱花放

2021-4-6

一年一度樱花放，引我倾心观赏。
风吹园圃闻鸟唱，鼻中嗅得花香。

晨起清喜天晴朗，散步市场闲逛。
菜蔬丰富人熙攘，和平安乐景况。

晚春天有微寒凉，情志十分舒畅。
诗意中心旷增长，哦出何止万章。

人生晚晴今正当，笑我华发轻苍。
努力奋发雄心刚，创造业绩辉煌。

云天潇爽

2021-4-6

云天潇爽，我自蔼意向。
小风流畅，哦诗适襟肠。

人生向往，恒在天涯间。
努力驱闯，不计关山艰。

红尘奔放，利锁与名缰。
清心扬长，叩道骋志刚。

一笑安祥，悟道入平康。
无机心房，原也颇雅靓。

悠风舒旷

2021-4-6

悠风舒旷，怡然襟怀畅。
蓝天广长，白云澹荡翔。

春在人间，碧柳迎风荡。
花开妍芳，惬我意无限。

好自扬长，品茗诗意旷。
奏出交响，奏出情疏狂。

男儿好钢，不惧困难放。
努力向上，努力骋志向。

流云飞翔

2021-4-6

流云飞翔，慨然我哦唱。
灿烂阳光，洒在心田上。

春意清昂，花开鸟鸣放。
风儿扬长，带来淡淡香。

岁月奔放，笑我初斑苍。
一笑澹荡，品味这逍闲。

诗书无恙，是我生命粮。
镇日哦唱，欢乐真无上。

云烟澹荡

2021-4-6

云烟澹荡，紫燕飞翔，
暮色轻苍，下班骑车归来忙。

情志定当，人生悠扬，
春意正昂，空际嗅得花之芳。

坦荡襟房，奋志强刚，
心怀辽广，情兴共春同鼓荡。

努力向上，修身无疆，
名抛利放，沉潜诗书吾扬长。

早起五更闻鸟唱

2021-4-8

早起五更闻鸟唱，欣慰情肠，
欣慰情肠，路上华灯自在放。

清新春风吹悠扬，适我意向，
适我意向，诗兴诗意都昂扬。

我今作个读书郎，清心哦唱，
清心哦唱，舒出情志并奔放。

人生时刻怀向往，天涯矢闯，
天涯矢闯，不惧风雨不惧艰。

人生情怀知多少

2021-4-8

人生情怀知多少，容我旷撰诗稿。
早起清听鸟鸣叫，惬意东风吹潇。

时值暮春吾情俏，村野晨鸡朗叫。
引起诗兴畅发了，哦诗千章应少。

春来开我情怀抱，豁达朗然一笑。
一生叩道奋刚傲，心得心意丰饶。

路上华灯相照耀，车声轰鸣不了。
振奋情志哦清好，爽清是我肺窍。

激情岁月留写照

2021-4-8

激情岁月留写照，清撰我诗稿。
耳际雅闻鸟啼叫，远野村鸡叫。

五更早起风清潇，春意正丰饶。
路上华灯灿烂照，车声响啸啸。

清坐哦诗适怀抱，人生正晴好。
履尽风雨艰苍饶，而今坦然笑。

多言或许不为妙，沉默实为高。
诗书体尽我风标，叩道乐逍遥。

晨起惬听鸟唱

2021-4-8

晨起惬听鸟唱，振奋我之情肠。
天还没有亮，远村鸡鸣放。

爽风其来何畅，春意盎在人间。
心中怀向往，振节哦奔放。

人生旷怀理想，高远自是无疆。
叩道骋志向，风雨越莽苍。

岁月舒其清芳，笑我华发初苍。
蔼然一笑放，体道吾平康。

鸟啼声声惬意向

2021-4-8

鸟啼声声惬意向，远处歌声响嘹亮。
东方红日正生长，野风清来何悠扬。
时值暮春百花芳，漫地落红不必伤。
人生正道是桑沧，开口一笑吾安祥。

鸟啼声声惬意向，最喜喜鹊欢鸣放。
淡荡红尘写意间，田园清新胜画廊。
情志生来喜哦唱，一曲动人舒昂扬。
哦出千章又何妨，明媚春色是无恙。

有笛悠扬

2021-4-8

有笛悠扬，心襟为之旷。
喜鹊鸣唱，打动我心房。

东风吹畅，春意明媚放。
绿柳飘荡，点缀也安祥。

我自昂扬，情志共春长。
向往飞翔，奋搏云天苍。

男儿强刚，绝无卑媚相。
豪情张扬，傲立撑天苍。

旷然是我志向

2021-4-8

旷然是我志向，人生千关奋闯。
春来气昂藏，红尘任万丈。

此心活泼难讲，言明是为莽苍。
不惧困难障，努力奋顽强。

东风吹来浩荡，鸟语伴以花香。
惬意盈襟房，人生恒向上。

笑意浮上脸庞，叩道雅具气象。
华发初斑苍，爽然心志康。

岁月泻流畅

2021-4-8

岁月泻流畅，芳春今正当。
欣喜万物昌，田野菜花黄。
喜鹊欢鸣唱，人民享安康。
放怀余讴唱，一曲天人间。

岁月泻流畅，正义敷强刚。
华年不必讲，国度趋康庄。
展颜笑意扬，中心吾欢畅。
迎风长眺望，大地灿华芳。

聊以放歌唱

2021-4-10

聊以放歌唱，春来气昂藏。
樱花正怒放，引余长欣赏。
风光明媚漾，东风展悠扬。
一曲天人畅，和蔼此尘壤。

聊以放歌唱，人生舒奔放。
振节吾扬长，岂为名利诳。

诗书笑研访，叩道奋贞刚。
男儿怀豪壮，正直人生场。

聊以放歌唱，红尘任狂荡。
鸟鸣何清畅，惬我意无限。
澄志天涯间，风雨奋发闯。
一笑吾安祥，人生享澹荡。

聊以放歌唱，晚春时正当。
碧天青无恙，煦日放光芒。
人民都欢畅，乐以享平康。
展眼青霭漾，世界胜画廊。

风呼啸狂

2021-4-10

风呼啸狂，流云澹荡，
煦日灿亮，落红不必伤。

暮春无恙，心志张扬，
慨哦诗行，激情泻狂猖。

人生奔放，名抛利放，
心性扬长，憩意田园间。

菜花金黄，村野画廊，
鹊歌鸟唱，惬余意无限。

流云飞巧

2021-4-10

流云飞巧，爽风荡浩，
春禽鼓叫，怡我情与窍。

心志高傲，谦和情抱，
展眼远瞧，天涯风光妙。

人生晴好，风雨经饱，
爽然一笑，豁达持心窍。

岁月风标，不惧衰老，
雅然洒潇，哦诗也良好。

品茗意逍，旷撰诗稿，
激情写照，奋欲向天啸。

淡荡心窍，名利弃抛，
清贫就好，诗书吾笑傲。

裁心微妙，叩道迢迢，
展颜微笑，无机持心抱。

阖家康好，神恩笼罩，
颂赞声高，灵程奋力跑。

芳韵清好

2021-4-10

芳韵清好，容我开怀笑。
风吹荡浩，花香自袅袅。

斜阳清照，蓝天白云飘。
心境大好，新诗适情窍。

哦出洒潇，哦出我逍遥。
哦出情抱，哦出情美妙。

人生晴好，艰苍过去了。
神恩笼罩，灵程奋行好。

乐叩大道，正义吾风标。
展颜微笑，得意吾不傲。

岁月逝飘，晚春正真好。
胜似画稿，田园难尽描。

一笑澹荡

2021-4-10

一笑澹荡，人生旷志向。
履尽艰苍，情抱仍爽朗。

豁然意向，春来奋情肠。
东风悠扬，云天胜画廊。

心志扬长，天涯是志向。
努力奋闯，克尽千重艰。

岁月奔放，不计华发苍。
红尘无恙，欢度吾安祥。

闲情放旷

2021-4-10

闲情放旷，容我纵展思想。
人生扬长，春来情志开敞。

名利弃放，天地无比广长。
正义情肠，原也不容恶奸。

岁月悠长，笑我华发轻苍。
志取强刚，人生晚晴奋闯。

夕照辉煌，东风吹展奔放。
生活平康，惬意诗文平章。

雅致闲情

2021-4-10

雅致闲情，春来心志持空灵。
芳柳碧青，漫野菜花胜黄金。

东风多情，递来鸟语传空灵。
袅起诗情，新诗旷怀纵哦吟。

澹荡心灵，不为名利而分心。
淡泊胸襟，诗书之间奋用劲。

阖家康平，最喜父母健身心。
神恩丰盈，思此颂赞出心襟。

放旷身心

2021-4-10

放旷身心，展转沧桑与阴晴。
一笑爽清，春来正开我心襟。

人生晚晴，风风雨雨是过境。
心志圆明，不执尘世之利名。

空空是境，坦腹安安吾哦吟。
正义盈襟，力战奸恶与邪情。

修身无垠，天地之间正气凝。
奋志凌云，匡扶道义吾前行。

闲情堪表

闲情堪表，春来真怡我心窍。
悠听鸟叫，享受暇时吾逍遥。

阖家康好，天伦之乐真美好。
东风来潇，淡荡情志入诗稿。

夕阳晚照，和蔼尘世生机饶。
浮上微笑，雅度人生也洒潇。

品茗意道，旷欲向天奋飞高。
展翅飞啸，容我旷览风光妙。

雅持怀抱

雅持怀抱，颂赞神恩之丰饶。
叩道洒潇，不惧艰苍与雨啸。

朗然一笑，岁月正值芳春到。
萋萋芳草，田园美妙难画描。

有鸟啼叫，惬我心志旷逍遥。
有花开妙，清嗅淡香乐陶陶。

哦出风标，正义人生吾刚傲。
奋力长跑，万里关山越迢迢。

第三十八卷《阳光集》

怡然夕照

2021-4-10

怡然夕照，心志旷展逍遥。
野禽鼓叫，欢乐世宇安好。

春意丰饶，田野菜花堪表。
写意风骚，漾我情思袅袅。

诗兴起了，哦出胸襟风标。
人生晴好，坦荡盈余心窍。

展眼远瞧，天际苍烟飘渺。
心境醉了，神恩颂出情抱。

人生情怀知多少

2021-4-11

人生情怀知多少，旷撰诗稿，
旷撰诗稿，激情岁月留写照。

窗外野禽啼妙巧，风吹荡浩，
风吹荡浩，晚春落红倩谁扫？

一点心情比天高，云飞渺渺，
云飞渺渺，岁月清新怡襟窍。

呼出真情谁知晓？奋志扬飙，
奋志扬飙，叩道乐展我逍遥。

闲情舒旷

2021-4-11

闲情舒旷，清哦诗章，
鸟语花芳，婉转情志舒悠扬。

芳春无恙，云天激荡，
振我情肠，奋志人生矢向上。

清思扬长，亘古畅想，
人生奔放，永生唯在彼天堂。

叩道贞刚，灵程奋闯，
试探任艰，微微一笑我安祥。

岁月舒畅，不计斑苍，
率性之向，诗书之间恣扬长。

展眼长望，天际霭苍，
风吹豪放，清坐思想何悠扬。

往事回放，烟雨曾艰，
血泪潜淌，跌倒尘埃嗟茫苍。

神恩浩荡，赐以灵粮，
导引方向，正道引领入康庄。

流风奏响

2021-4-11

流风奏响，层云叠荡，

春意昂扬，空中喜鹊欢鸣唱。

清坐安祥，思放万章，
人生畅想，激情岁月化诗行。

少年已往，不计斑苍，
一笑澹荡，情志如风舒奔放。

红尘无恙，碧野清芳，
万物生长，袅起情思何舒昂。

天气转阴

2021-4-11

天气转阴，小鸟娇娇鸣。
畅我心襟，新诗纵哦吟。

岁月进行，芳春灿美景。
惬意心灵，旷怀悠无垠。

奋志而行，踏遍关山景。
风景芳俊，浩歌向天鸣。

人生奋兴，何惧斑苍临。
悠悠哦吟，放旷南山情。

天气阴晴颇不定

2021-4-11

天气阴晴颇不定，风声正紧，
风声正紧，几只小鸟啼青林。

春来真开我胸襟，落花堪惊，
落花堪惊，诗人雅兴化诗吟。

展眼阴云又叠并，时雨将行，
时雨将行，号风狂呼似雷霆。

清坐思想亘古境，人生多情，
人生多情，叩道时刻在进行。

笑意浮上也清新，阖家康平，
阖家康平，神恩赐下总丰盈。

灵程路上努力行，胜过艰辛，
胜过艰辛，终能抵达彼天庭。

世宇苍茫

2021-4-11

世宇苍茫，引余畅思想。
清听鸟唱，旷余之意向。

阴云激荡，风吹起狂猖。
清坐安祥，春色堪欣赏。

人生艰苍，思此起感想。
不折奋闯，万里天涯向。

名利孽障，害人以无限。
清心扬长，旷志叩道藏。

红尘无恙，故事演千章。
历史回想，感慨是良长。

未来瞻望，风云任激荡。
坚持理想，向上尽力量。

人生吾何讲

2021-4-11

人生吾何讲，荡气回肠。
履历世艰苍，一笑朗爽。

春风吹浩荡，鸟清歌唱。
天阴恐雨降，气温下降。

清坐持安祥，品茗扬长。
心志中正间，温和漫浪。

前旅奋力闯，不惧苍凉。
神恩总广长，赐我力量。

心志不持张扬

2021-4-11

心志不持张扬，人生奋发贞刚。
春来情志涨，向往天涯间。

红尘任起万丈，清心吾守安祥。
名利无意向，惬意诗书间。

哦诗热情奔放，舒出心襟志向。
人生展强刚，风雨难阻挡。

努力前路奋闯，关山风光雄壮。
一笑舒扬长，领略彼青苍。

旷意清度人生

2021-4-11

旷意清度人生，一任红尘滚滚。
感谢神之恩，导引灵旅程。

此际春风清骋，天阴乱云纷纷。
有鸟啼清纯，惬我意十分。

写诗舒出真诚，人生努力驰奔。
山水叠成阵，振翅我飞腾。

此生已辞青春，爽然一笑清芬。
缘字何必论，秋春任生成。

惬意清生

2021-4-11

惬意清生，旷怀雅正，
欢度秋春，朗哦晨昏。

风呼声声，阴云清骋，
雅坐安稳，哦诗真诚。

岁月清芬，芳春情盛，
舒出心身，秉具灵魂。

奋志人生，力展刚正，
风雨任骋，兼程驰奔。

心志清骋

2021-4-11

心志清骋，履历山水之旅程。
风雨晨昏，纵情放歌哦纯真。

春来情生，展眼晴天旷生成。
万物兴盛，勃勃胸襟意清芬。

人生纵论，秉持慧心清意生。
悟彻时分，识破名利是欺混。

展我精诚，叩道不计艰与深。
一笑雅温，君子人格赖培成。

清心雅致是人生

2021-4-11

清心雅致是人生，淡泊清度秋春。
诗书之间用心骋，哦诗舒出真诚。

一点雄心何必论，英武是我心身。
努力向前奋驰奔，不惧山高水深。

风雨任艰我前骋，越过关山雄浑。
五湖归来一笑生，豁达真是无伦。

世界叠变桑沧阵，名利欺人太甚。
务持灵慧辨清正，未许机心生成。

我有旷志生成

2021-4-11

我有旷志生成，不必向人细论。
前旅奋驰骋，欢乐享晨昏。

春来情志茂盛，朗哦旷然生成。
花芳鸟鸣纯，落红美不胜。

东风尽意而骋，万物生机兴盛。
柳舞其青春，菜花灿缤纷。

岁月不断进深，笑我远辞青春。
爽然一笑温，任缘以生成。

细雨清新而骋

2021-4-11

细雨清新而骋，爽我心身。
春意鲜明十分，碧野芳盛。

清坐细听雨声，交响生成。
诗意从心而生，雅思清呈。

人生容我纵论，山水旅程。
长驱风光清纯，妙不可论。

风雨努力兼程，豪情纵生。
斑苍何减精诚，奋展刚正。

逸意生成

2021-4-11

逸意生成，清听窗外之雨声。
灿烂华灯，点缀街坊不夜城。

清思生成，新诗容我旷哦诚。
一点情真，舒出正气盈乾坤。

春意正盛，落红此际惜成阵。
何必心疼，新陈代谢亘古春。

平正心身，呼出热情向谁骋？
雅洁秋春，自我慰问也宜人。

霓虹闪靓

2021-4-11

霓虹闪靓，雨打起清响。
心志舒放，豁达天人间。

芳春无恙，人生奋志闯。
往事回想，感慨化诗章。

苦痛艰苍，应能全抛忘。
未来瞻望，灿烂之风光。

风雨兼闯，意志展强刚。
人生世上，践履是理想。

清夜静悄

2021-4-12

清夜静悄，四更起得早。
路灯高照，车行稀而少。

心平不躁，新诗从心造。
春意丰饶，夜风清新飘。

何所言道？长是舒心窍。
人生晴好，爽洁盈怀抱。

前旅迢迢，关山叠构造。
奋力行好，不负韶华妙。

不惧苍老，爽然持一笑。
豁达心窍，凡事不计较。

297

圆明悟妙，共缘而奔跑。
百年风标，传世南山稿。

骋心无恙

2021-4-12

骋心无恙，晨起放哦唱。
细雨洒降，远际泛歌唱。

心志昂扬，春来气奔放。
百花开放，漫地落红香。

鸟欢歌唱，打动我心房。
惬意心间，风吹何浩荡。

和平宇间，人民乐安祥。
悠悠歌唱，岁岁庆丰穰。

人生情志知多少

2021-4-12

人生情志知多少，容我撰诗稿。
晨起清听鸟鸣叫，细雨斜风渺。

芳春时节正真好，开怀我大笑。
落红飞花任其飘，田野生机饶。

岁月芳美韶华妙，惜时铭心窍。
努力行好万里道，振节哦逍遥。

风雨艰苍不紧要，兼程吾奔跑。
大好河山何妖娆，诗意中心骚。

雀鸟清啼鸣

2021-4-12

雀鸟清啼鸣，引我意高兴。
春风旷舒情，深嗅觉神清。
细雨已止停，天阴吾怀情。
惬怀放歌吟，一曲展和平。

一曲展和平，正气我充盈。
春来情奋兴，雅志旷凌云。
诗书恒用劲，朗哦适性灵。
天人恒相亲，大道运均平。

人生奋志而行

2021-4-12

人生奋志而行，不计艰苍苦境。
一笑余爽清，旷怀何雅净。

览尽关山风云，五湖归来何云。
舒出我心灵，舒出我多情。

世界是有阴晴，红尘大千幻境。
桑沧任叠并，悠悠放歌吟。

春来开我心襟，鸟语花香妙境。
慨然化诗吟，豪情纵凌云。

心志清平

2021-4-12

心志清平，惬听鸟啼鸣。
阴晴不定，东风焕意境。

春来多情，新诗旷哦吟。
人生情景，快慰盈心灵。

我自奋兴，向往万里行。
高山峻岭，显我男儿俊。

微笑空灵，豁达盈胸襟。
人生梦境，共缘以漫行。

春意清好

2021-4-13

春意清好，田园萋芳草。
浮起微笑，欢度岁逍遥。

阴云正罩，风吹舒荡浩。
人生晴好，奋发以扬飙。

名利险道，应能尽弃抛。
清贫就好，正义吾风标。

努力前道，风云任幻巧。
世界玄妙，桑沧叠构造。

胡不大笑，南山是情操。
志取高傲，叩道吾洒潇。

岁月丰饶，不计斑苍老。
豁达心窍，哦诗适情抱。

闲情堪表

2021-4-13

闲情堪表，休憩吾逍遥。
诗书清抛，享受风微妙。

喜鹊飞高，登上柳枝叫。
心情大好，新诗朗哦了。

芳春怡抱，碧柳正飘飘。
菜花黄了，田园是画稿。

振襟洒潇，旷发我长啸。
人生晴好，快慰盈心窍。

人生旷展意向

2021-4-13

人生旷展意向，不惧坎坷艰苍。
奋志之所向，万里无止疆。

此际华灯灿放，霓虹闪烁非常。
夜风吹清爽，远际歌声唱。

芳春和蔼无恙，引我诗兴畅放。
慨哦新诗行，曲曲尽舒昂。

岁月清展奔放，人生不计斑苍。
爽然一笑间，叩道骋志向。

远辞青春无恙，依然情怀茁壮。
诗书纵哦唱，名利早捐放。

我有情志悠扬，惬意田园山庄。
烟霞舒奔放，五湖泛卓浪。

心志不取苍凉

2021-4-13

心志不取苍凉，人生奋展力量。
春来意扬长，夕风吹清凉。

灯下清坐思想，窗外响着歌唱。
霓虹正闪靓，城市万家光。

岁月清展流畅，华发任其斑苍。
率兴哦昂藏，一曲正气张。

人生履度桑沧，抛弃名利何妨。
诗书惬意向，纵情讴奔放。

早起五更

2021-4-14

早起五更，村鸡啼声声。
鸟语听闻，惬我意与身。

人生奋争，况值此芳春。
韶华逝奔，珍惜铭心身。

清心雅芬，共缘去驰骋。
叩道精深，悟彻是方正。

诗书晨昏，新诗纵哦成。
旷怀清纯，无机持心身。

鸟掠青苍

2021-4-14

鸟掠青苍，啾啾以歌唱。
云飞澹荡，春风畅意翔。

心志广长，旷欲向天上。
人生扬长，阳光沐奔放。

男儿好钢，胜过试探艰。
一生豪放，不屈此艰苍。

一笑爽朗，豁达盈襟房。
正义情肠，原无机与奸。

鸟语啾情长

2021-4-15

鸟语啭情长，惬我意无限。
清坐放思想，裁心哦诗行。
芳春时正当，万物欣舒畅。
时光飞逝间，珍惜勿相忘。

鸟语啭情长，春意吾安享。
田园真画廓，人民乐欢畅。
天气喜晴朗，云飞舒澹荡。

思想亘古间，大道运奔放。

暮色浓重

2021-4-16

暮色浓重，晚风清吹送。
惬意心中，新诗脱口颂。

人生情动，况值芳春中。
宿鸟啼颂，华灯灿无穷。

心志圆通，共缘去行动。
名利何功，诗书研讲中。

高蹈心胸，田园惬意浓。
振节哦颂，神恩赐丰隆。

远际歌声动

2021-4-16

远际歌声动，拨动心胸。
诗意盈襟胸，哦咏从容。

人生旷意浓，淡泊如风。
春意转浓重，畅意晚风。

霓虹正闪动，七彩笑容。
生活堪讴颂，怡我襟胸。

叩道吾奋勇，矢志前冲。
关山风雨浓，激荡心胸。

不忘神恩隆，颂赞于胸。
灵程奋志冲，力胜魔凶。

岁月逝如风，嗟叹何功。
豁达才合用，共缘行动。

远处鞭炮震响

2021-4-16

远处鞭炮震响，打破宁静安祥。
点缀正恰当，生活是交响。

夜幕已经下降，华灯灿然点上。
清坐哦诗章，心志舒奔放。

情怀哦出昂扬，何许闲愁轻怅。
奋志吾昂藏，千关征服间。

雄心高过万丈，前旅用脚去量。
风雨任啸狂，兼程吾奋闯。

此生不计斑苍，微微一笑澹荡。
名利无意向，叩道吾贞刚。

红尘故事万章，起承转合瞬间。
桑沧运无恙，质朴持襟房。

世事何必讲

2021-4-17

世事何必讲，雅听鸟清唱。
晨起风声狂，天还没有亮。
时近谷雨间，芳春情舒畅。
情志舒激昂，纵心放讴唱。

纵心放讴唱，一曲天人旷。
大道矢叩访，正意天涯向。
何畏旅途艰，放声吾高唱。
天地何宽广，心襟原无限。

喜鹊清鸣

2021-4-17

喜鹊清鸣，爽我之身心。
天气喜晴，蓝天正碧青。

芳春之境，心志起奋兴。
田园画境，菜花黄胜金。

岁月进行，欢快一笑盈。
奋志前进，览尽关山云。

红尘艰辛，名利损性灵。
豁达盈襟，淡处村野境。

淡泊持心，诗书纵哦吟。
舒出闲情，舒出正气凝。

百年生命，飞逝如电影。
努力驱行，辉煌创无垠。

惬意红尘

2021-4-17

惬意红尘，难免遭遇风雨盛。
纵使心疼，心志绝不可沉沦。

感谢神恩，赐下平安与福分。
努力灵程，克己修身也雅芬。

叩道历程，胜过试探之艰深。
光明心身，博爱为怀共缘骋。

欢呼声声，越过关山万千层。
风光奇胜，惬我心意真十分。

彩云飘空

2021-4-17

彩云飘空，耳际听得鸟鸣颂。
春暮时分，清坐写诗也馨芬。

平静心身，不为名利而奋争。
淡度红尘，诗书研讲在晨昏。

回忆平生，风雨饱经血泪纷。
唯赖神恩，赐下恩典何丰盛。

内叩心身，正直为人持本份。
人格生成，君子心志持和温。

人生易老天难老

2021-4-17

人生易老天难老，风雨飘飘，
风雨飘飘，五十六载飞逝了。

一任斑苍情怀俏，世事悟了，
世事悟了，名利公案入谈笑。

红尘因缘何其好，不是幻造，
不是幻造，步履坚贞共缘潇。

平生乐叩彼大道，履尽迢迢，
履尽迢迢，心志清芬哦诗造。

五湖归来何所道，爽然一笑，
爽然一笑，南山志向何清逍。

诗书人生容笑傲，远离尘嚣，
远离尘嚣，清心适意吾风标。

振节哦唱雅意骚，舒展情抱，
舒展情抱，呵呵展颜微微笑。

讴歌神恩盛且饶，灵程扬飙，
灵程扬飙，胜过魔敌与仇妖。

前路漫步应洒潇，关山险要，
关山险要，饱览风光何清好。

天涯远方怀心窍，奋辟前道，
奋辟前道，不负人生之芳韶。

第三十九卷《秀美集》

心志取平常

2021-4-17

心志取平常，人生奋向上。
克尽千重艰，中心怀明光。
穿越黑暗藏，前路有曙光。
一曲讴扬长，春来情奔放。

春来情奔放，容我歌昂藏。
鸟语花且芳，东风径吹翔。
白云悠悠荡，蓝天青无恙。
人民享安康，情志都舒旷。

夕照向晚

2021-4-17

夕照向晚，心志向谁展？
情儿浪漫，人儿却孤单。

鸟清鸣喊，风儿吹绵缠。
暮春无憾，心志起浩瀚。

人生坷坎，履尽风霜寒。
一笑雅安，人生奋扬帆。

努力前站，展翅入霄汉。
不回头看，直入天青蓝。

落日晚照

2021-4-17

落日晚照，云烟飞飘渺。

宿鸟啼叫，心志展逍遥。

书本抛了，享受此静悄。
暮春清好，东风吹袅袅。

心志犹高，向往万里遥。
不惧艰饶，奋志吾长跑。

关山任峭，风雨我兼造。
风光奇妙，怡我心与窍。

人生渐老，开怀余一笑。
雅洁情抱，不许名利扰。

合当高蹈，田园胡不好。
清风洒潇，涤我心骚骚。

心志朗晴

2021-4-17

心志朗晴，暮色渐渐凝。
霓虹闪俊，点缀也清新。

有鸟啼鸣，有风吹爽清。
我自多情，新诗从心吟。

人生奋兴，心怀彼远景。
万物勃兴，田野胜画境。

雅洁持心，奋志旷凌云。

不图利名，叩道领意境。

有鸟高飞翔

2021-4-17

有鸟高飞翔，旷我心襟意向。
暮烟清新涨，华灯渐次点亮。

心志怀奔放，向往山水闯荡。
风雨是寻常，兼程奋发而上。

人生持理想，岂为物欲所障。
性天持清凉，淡泊生涯清享。

清听鸟鸣唱，诗意袅入心肠。
纵情放哦唱，一曲豪放雄壮。

夜正三更

2021-4-17

夜正三更，不眠旷听车鸣声。
校书勤奋，室内清坐对孤灯。

人生难论，履历滚滚之红尘。
名利已扔，高蹈清贫浩气存。

努力前程，关山万里风云振。
风雨兼程，匡世志向秉坚诚。

一笑清生，悟彻世事桑沧阵。
大化精准，此生作个有缘人。

和畅东风

2021-4-18

和畅东风，青碧蓝天鸟鸣颂。
雅意和同，淡定处世一笑中。

心志平慵，不为名利而心动。
淡泊襟胸，叩道履尽雨与风。

岁月如风，笑我华发初浓重。
诗书之中，寻觅灵粮智慧充。

坎坷回送，血泪人生神恩隆。
前旅从容，大千世界风光雄。

浮生旷展意向

2021-4-18

浮生旷展意向，春来气宇轩昂。
展眼天晴朗，鸟语花复芳。

岁月清度安祥，风雨成为过往。
神恩赐广长，思此颂赞放。

人生奋展慨慷，挥洒情志奔放。
闲来哦诗章，舒出情怀靓。

质朴清持心间，无机心地何刚。
迈步万里疆，关山越青苍。

雅思情长

2021-4-18

雅思情长，惬听鸟鸣放。
周日休闲，乐以谈家常。

生活平章，风光展无限。
人生向往，时刻铭心肠。

奋展贞刚，正直人生场。
不惧强梁，果敢加顽强。

天喜晴朗，春风吹扬长。
我志何刚，情怀舒奔放。

爽青天上

2021-4-18

爽青天上，白云悠悠翔。
清风舒旷，我意何澹荡。

诗书抛放，享受此悠闲。
春意清昂，鸟语伴花芳。

志取昂扬，人生放马闯。
关山万幢，展我男儿壮。

骋出顽强，不为困难障。
高远遐方，尽我振翅翔。

生活清好

2021-4-18

生活清好，无思无虑无烦恼。
正义襟抱，乐读诗书修情操。

春来风俏，鸟语花香难言表。
写意风骚，雅哦新诗适情抱。

天气晴好，澹荡白云悠悠飘。
田园风标，不尽美妙难画描。

岁月飞飘，笑我青春逝去了。
展颜一笑，豁达由来盈心窍。

旷展我的心襟

2021-4-18

旷展我的心襟，呼出我的热情。
哦诗适心灵，天气喜朗晴。

暮春美好无垠，引起诗意勃兴。
东风吹舒情，鸟鸣展动听。

群花似已开尽，落红何必震惊。
豁达盈胸心，世界妙难云。

心志正如开屏，旷欲振翅飞鸣。
高天正苍青，云飞太轻俊。

写意是此清风

2021-4-18

写意是此清风，和畅雅持襟胸。
春来开心胸，展眼云飘空。

惬意花香鸟颂，享受和温东风。
笑我斑苍重，心犹为春动。

诗意盈于襟胸，化为长河奔涌。
多言有何功？实干才奏功。

披荆斩棘矢冲，万里风光恢弘。
男儿奋刚勇，茁壮志如虹。

莳花种草吾无恙

2021-4-18

莳花种草吾无恙，耳际鸟鸣放。
清风徐来适意向，蓝天云飘翔。

岁月清展其悠扬，惬意放哦唱。
天人一曲舒昂扬，叩道骋志向。

半生履历是艰苍，春来一笑扬。
人生豁达才安康，田园憩意向。

红尘嚣闹何必讲，我心持安祥。
辞去名利清心肠，濯足讴沧浪。

豪情心间

2021-4-18

豪情心间，春来心志冲天旷。
惬听鸟唱，心胸诗意在增长。

哦出情肠，哦出正气之昂扬。
哦出心芳，哦出人世之扬长。

苦旅曾艰，过去往事不必讲。
未来瞻望，奋志依然云霄间。

东风淡放，清坐思想展平康。
人生向往，大同世界乐无疆。

心志爽清

2021-4-18

心志爽清，不容物欲损性灵。
享受清贫，纵展志向万里云。

人生怀情，春来哦唱吾空灵。
耳际鸟鸣，旷意东风骋芳情。

岁月飞行，我已斑苍何所云？
一笑镇定，人生正如彼旅行。

奋志驱行，穿越高山与峻岭。
览尽风云，清赏大千之意境。

喜鹊鸣叫

2021-4-18

喜鹊鸣叫，惬我情怀抱。
开怀大笑，红尘胡不好。

春风洒潇，人生容笑傲。
努力前道，关山风云妙。

旷展心窍，叩道乐逍遥。
奋志刚傲，振节哦风骚。

人生清好，艰苍履经饱。
神恩丰饶，恩典赐何高。

红尘履历艰辛

2021-4-18

红尘履历艰辛，而今享受康宁。
神恩总丰盈，思此颂于心。

大千春意正盈，东风舒展多情。
小鸟惬意鸣，花开复温馨。

淡泊清持心襟，诗书温润性灵。
新诗纵哦吟，质朴且清新。

西天晚霞正凝，世界朗晴和平。
春暮舒心灵，微笑浮爽清。

人生不走险道

2021-4-18

人生不走险道，正义清持襟抱。
未许稍骄傲，谦和是情窍。

向阳展我情操，叩道欢乐逍遥。
艰深不紧要，努力旷扬飙。

心志清展风骚，远辞尘世喧嚣。
定志在远道，风雨兼程造。

春来怡我心窍，哦诗热情美好。
名利何紧要，无机吾刚傲。

俊骨撑住天高，人生情怀雅俏。
力战魔与妖，正气展刚傲。

向学志儿忒高，诗书一生研造。
心得入诗稿，雅具淡香飘。

暮色浓重

2021-4-18

暮色浓重，苍烟凝结中。
华灯灿送，远际歌声动。

东风吹送，舒适我心胸。
晚春和慵，心志爽无穷。

人生情钟，奋发去行动。
物欲何功，务弃务抛送。

岁月朦胧，谁是多情种？
独立迎风，心事付谁懂。

晨起听鸟唱

2021-4-20

晨起听鸟唱，谷雨时正当。
天才蒙蒙亮，晨风吹清凉。
路灯灿然放，心境愉悦间。
慨然哦诗行，舒出情奔放。

晨起听鸟唱，心志何昂扬。
暮春不必伤，人生放马闯。
关山叠雄壮，我有双翅膀。
摩云越青苍，飞向万里疆。

晨起听鸟唱，惬我意无限。
万物生机放，鸟语啭悠扬。
情志盈中肠，化为诗昂扬。
人生持贞刚，不屈世尘网。

晨起听鸟唱，生活喜开场。
不必惊与怅，时光飞逝忙。
斑苍迎风向，微笑舒和祥。
豁达真无恙，正道舒康庄。

芳春渐老

2021-4-23

芳春渐老，群卉逐渐凋。
木香开了，喜鹊旷鸣叫。

305

我自情好，新诗从心造。
东风袅袅，怡我心与窍。

岁月飞逍，不计斑苍老。
开怀朗笑，人生清度了。

胸襟洒潇，名利早弃掉。
叩道逍遥，万里履迢迢。

天阴胡不好

2021-4-23

天阴胡不好，旷赞此写意尘嚣。
雀鸟欢鸣叫，田园画境难绘描。

品茗性致高，舒发心兴入诗稿。
木香新开俏，更有月季七色饶。

阖家康且好，颂赞神恩之笼罩。
灵程努力跑，叩道奋展我逍遥。

人生不怕老，豁达情抱余一笑。
秋春朗度了，健步共缘涨与销。

喜鹊喳鸣

2021-4-24

喜鹊喳鸣，旷余身与心。
清风徐行，细雨又进行。

暮春之境，木香喜开俊。
小桃清新，茁壮正青青。

岁月进行，一笑吾多情。
人生情景，共时共缘行。

淡泊胸襟，旷怀出层云。
爽清心境，气宇纵凌云。

悠旷心襟

2021-4-24

悠旷心襟，惬听鸟清鸣。
风鼓清兴，爽我情无垠。

休闲心境，从容品芳茗。
岁月飞行，暮春富美景。

淡淡定定，人生领意境。
名利辞屏，内省吾心灵。

努力前行，叩道不计贫。
展眼层云，有鸟高飞行。

人生不计苍老

2021-4-24

人生不计苍老，容我旷展笑傲。
情志若芳草，春来滋长高。

窗外喜鹊鸣叫，写意东风骚骚。
远处鞭炮嚣，大千红尘闹。

清坐心怀雅俏，品茗意兴正饶。
新诗脱口造，闲适是情抱。

奋发展我刚傲，风骨犹然俊俏。
名利矢志抛，清贫就颇好。

清志旷生成

2021-4-24

清志旷生成，人生纵论。
烟雨之旅程，不惧艰深。

春来心志生，百感俱骋。
努力奋翅腾，风雨兼程。

不老是心身，奋发刚正。
铁骨展铮铮，傲立乾坤。

云天幻缤纷，风吹阵阵。
有鸟啼清纯，惬余精神。

闲情堪表

2021-4-24

闲情堪表，心志吾雅骚。
小鸟啼叫，写意何倩巧。

清坐遥道，春风吹袅袅。
天气阴了，心境吾清好。

人生刚傲，卑媚远远抛。
向学志高，叩道吾洒潇。

春意风标，田野碧笼罩。
苍烟清绕，哦咏怡心窍。

爽风清劲

2021-4-24

爽风清劲，天气惜正阴。
清坐怀情，诗书哦不停。

暮春情景，百鸟竞和鸣。
雅思旷运，裁诗也均平。

人生奋行，关山越无垠。
不计斑鬓，微笑吾显明。

向学殷殷，叩道奋心灵。
桑沧幻境，豁达盈胸心。

人生情怀知多少

2021-4-24

人生情怀知多少，旷撰诗稿，
旷撰诗稿，舒出一种孤与傲。

春来开我情怀抱，东风袅袅，
东风袅袅，耳际雅闻鸟啼叫。

清坐内省心与窍，未来迢迢，
未来迢迢，奋发长行万里遥。

风雨何妨我开道，越过险要，
越过险要，澹荡心志吾微笑。

心志广长

2021-4-24

心志广长，人生容奔放。
春来扬长，天阴何所妨。

风吹浩荡，传来鸟清唱。
休憩心肠，雅品绿茗芳。

未许清狂，凝重持心肠。
向前向上，奋志去闯荡。

晚春无恙，心地不感怅。
共缘而往，情思化诗唱。

优雅是我心襟

2021-4-24

优雅是我心襟，人生奋志而行。
艰苍何必再云，贵在实干奋进。

此际天气转阴，恰逢暮春情景。
苍烟正浓凝，华灯灿点明。

抛开愁怅要紧，务须守护心灵。
纯真持本心，无机且多情。

人生奋志凌云，孤旅艰深矢进。
闲愁务抛清，关山壮风云。

霓虹此际闪靓

2021-4-24

霓虹此际闪靓，七色是其魅光。
汽车行匆忙，清坐吾定当。

时值暮春之间，暝色浓掩城乡。
灯下清思想，短诗舒昂藏。

人生情怀张扬，容我放马驱狂。
天涯是所向，万里无止疆。

雅度红尘安祥，名利何许成障。
性天吾清凉，淡泊享安康。

曾履风雨狂猖，曾遇拦路虎狼。
恶战血潸淌，号呼叩上苍。

神恩无比广长，赐我心灵力量。
而今心激昂，而今情奔放。

灵程努力闯荡，不惧试探深艰。
叩道吾贞刚，困难未许障。

阖家清喜平康，父母健康强壮。
讴颂神恩广，欢庆此吉祥。

悠悠是我情肠

2021-4-24

悠悠是我情肠，春来意气发扬。
讴出万千章，骋尽我昂藏。

激越是我襟房，人生努力向上。
　韶华易逝殇，珍惜勿相忘。

暮春此际正当，万物生机盛旺。
　中心情志畅，勃勃舒奔放。

清展心灵力量，叩道奋我贞刚。
　力战魔敌强，凯歌彻云间。

此际舒适安祥

2021-4-24

此际舒适安祥，信心百倍增长。
　灵程努力闯，山水越远长。

人生百年之间，起承转合无恙。
　勿负华年芳，努力叩道藏。

诗书一生讲唱，纵情哦出万章。
　心迹于中详，情志舒奔放。

苦旅曾经艰苍，而今平安吉祥。
　唯赖神恩壮，导引入康庄。

时雨又复下降

2021-4-24

时雨又复下降，窗外听得声响。
　城市灿灯光，霓虹都闪靓。

清坐思放千章，况值暮春之间。
　晚风吹清爽，我意转昂藏。

人生快马扬长，前驱尽我力量。
　不为名利忙，叩道是志向。

诗书一生研讲，著书倾尽心肠。
　心有淡淡芳，情有微微怅。

汽车噪噪

2021-4-24

汽车噪噪，马达轰鸣嚣嚣。
　清撰诗稿，滴答雨声清抛。

心未许傲，谦和是我情操。
　向学志骚，晨昏朗哦不了。

红尘险道，名利欺人太饶。
　务弃务抛，清心最为重要。

展眼远瞧，城市灯火笼罩。
　霓虹闪耀，点缀春夜安好。

人生奋跑，天国才是终标。
　叩道洒潇，心志欢乐逍遥。

试炼任饶，坚决守住心窍。
　神恩丰饶，必赐平安清好。

春雨洒潇

2021-4-24

春雨洒潇，滋长萋萋芳草。
　心志清好，灯下思放迢迢。

人生逍遥，因将名利弃掉。
　清贫就好，诗书一生笑傲。

红尘幻造，因缘何时是了？
　共缘而跑，豁达清持心抱。

岁月逝抛，笑我华发飘飘。
　微微一笑，清度秋春安好。

神恩笼罩，思此颂出情窍。
　努力前道，天国才是终标。

旷志扬飙，不惧艰苍险道。
　摩云腾霄，万里云天飞潇。

情怀清妙

2021-4-24

情怀清妙，哦诗吐出情窍。
　向阳情操，原也质朴芳骚。

无机情抱，奸媚坚决抛掉。
　正直岸傲，叩道贞志钢造。

秋春飞飘，清度晨昏安好。
　容我笑傲，诗书人生美妙。

夜晚静悄，灯下听得雨抛。

暮春芳好，韶华勿轻放掉。

心中有光

2021-4-24

心中有光，灿烂正无量。
叩道贞刚，心得哦入诗中间。

心志清昂，斑苍展顽强。
努力向上，克尽前旅千重艰。

风雨何妨，定志如磐壮。
兼程奋闯，览尽大好之风光。

岁月有芳，回味于心间。
少年已往，不必泪水化双行。

壮怀激昂，大道矢叩访。
深入圆方，妙悟中心岂寻常。

笑意微放，豁达真无恙。
春在人间，心花怒放吾心房。

第四十卷《茁壮集》

流风鼓畅

2021-4-25

流风鼓畅，天气阴正放。
微有寒凉，鸟喧其欢唱。

散坐安祥，休憩我情肠。
品茗悠扬，诗兴油然上。

呼出慷慨，呼出正气昂。
呼出奔放，呼出激情狂。

人生艰苍，红尘试炼场。
绝不颓唐，努力奋向上。

神恩广长，赐与我力量。
灵程奋闯，叩道万里疆。

修心无恙，养德育其芳。
微笑浮上，得意不猖狂。

月华明亮

2021-4-25

月华明亮，听见歌声唱。
清心安祥，雅以哦诗行。

人生向往，时刻铭心房。
不灭理想，支撑我前闯。

山水万方，风光展雄壮。

逸意奔放，惬怀真无限。

红尘无恙，百年运广长。
心志清昂，共缘去旅航。

一笑爽朗，正直持襟肠。
叩道贞刚，男儿骋豪放。

风骨堪讲，正似老松苍。
冲决困障，去向天涯间。

早起五更间

2021-4-26

早起五更间，天还没有亮，
听见鸟唱，听见鸟唱，
激动我情肠。

夜风舒清爽，路灯灿然亮，
旷怀悠扬，旷怀悠扬，
暮春吾清享。

人生奋志向，不计是艰苍，
果敢顽强，果敢顽强，
前驱尽力量。

岁月舒芳香，正似老酒尝，
甘美之间，甘美之间，
华年旷飞翔。

晨星启于东方

2021-4-26

晨星启于东方，天还没有亮，
风来清爽，鸟放歌唱，
逸意盈心房。

岁月清展茫苍，华发初染霜，
一笑爽朗，放怀讴唱，
人生该这样。

时值暮春之间，天气展和祥，
万物生长，生机勃放，
欣慰我心肠。

人生奋志前闯，山水越万方，
风雨无妨，兼程奔放，
览尽风光之雄壮。

晨鸡喔喔唱

2021-4-26

晨鸡喔喔唱，五更之时间。
野禽均鸣放，一片吱喳响。
早起撰诗章，旷舒我意向。
春风展悠扬，惬怀真无限。

惬怀真无限，人生吾安享。
履尽风雨艰，心若红太阳。
神恩敷广长，思此颂赞放。
一曲应铿锵，激情似水淌。

激情似水淌，华年奋飞翔。
寸阴珍惜间，努力叩道藏。
正直人生场，旷志纵飞扬。
清贫有何妨，笑意吾微放。

笑意吾微放，得意不猖狂。
谦和立身间，修心勿稍忘。
挺身天涯向，风雨无法挡。
雄心放万丈，眼目俱明亮。

眼目俱明亮，慧意盈心间。
没有机与奸，名利已弃放。
心志持贞刚，力胜恶虎狼。
还我清平壤，万民乐安祥。

万民乐安祥，欢度岁月畅。
暮春情怀漾，纵哦是诗章。
清坐展思想，欣欣是意向。
人生舒奔放，正如鸟飞翔。

春光大好

2021-4-26

春光大好，清听鸟鸣叫。
喜鹊风骚，叫声数他最高。

岁月风标，笑我渐苍老。
赢得一笑，豁达是余情抱。

晨起兴高，新诗脱口造。
晴朗尘表，万物生机盛茂。

惬意心窍，人生胡不好。
名利抛掉，田园容我高蹈。

清度流年光阴

2021-4-27

清度流年光阴，不为名利分心。
清贫不要紧，壮志纵凌云。

时值暮春情景，鸟语花芳意境。
清坐思无垠，展眼天朗青。

努力天涯驱行，饱览九州风情。
风雨兼程进，中心怀激情。

欣喜阖家康平，神恩铭感于心。
享受这清平，微笑展清新。

惬听小鸟娇鸣

2021-4-27

惬听小鸟娇鸣，我的心境爽清。
正义盈心灵，奋发去追寻。

此生苦旅饱经，依然一笑雅清。
神恩广无垠，导引入康平。

享受优雅心襟，闲时纵情哦吟。
舒出我心情，舒出我坚定。

努力旷展干劲，业绩矢当创寻。
壮怀鼓勇进，千嶂难阻行。

灿烂是我心襟

2021-4-27

灿烂是我心襟，人生奋志追寻。
春来鼓干劲，豪情眼眸凝。

天气阴晴不定，我心却是朗晴。
耳际小鸟鸣，肺腑吸风清。

淡泊清持胸心，不为名利动情。
孤旅奋勇进，遐方风光俊。

人生而今何云？微微一笑淡定。
胸中怀才情，骋志放歌吟。

流风其来何清

2021-4-27

流风其来何清，爽洁我的心灵。
暮春富美景，木香灿开屏。

诗书人生意境，叩道用道圆明。
履尽艰险境，而今享安平。

揽镜华发侵鬓，展颜一笑多情。
万里奋挺进，磨炼是心灵。

小鸟娇娇啼鸣，惬我心志无垠。
新诗纵哦吟，悠扬且动听。

放旷我的身心

2021-4-27

放旷我的身心，悠听鸟之清鸣。
天气又值阴，东风吹多情。

闲思化为歌吟，清心雅致纷纭。
人生领意境，关山越无垠。

红尘是有艰辛，苦难忧患常寻。
奋发志凌云，努力向前行。

五十六载烟云，回首何必震惊。
一笑展清新，人生是旅行。

展转桑沧吾无恨

2021-4-27

展转桑沧吾无恨，依然保有我天真。
此际清听鸟啼纯，春风畅意惬精神。
人生奋志以驰骋，勿为名利性灵损。
万里征程风光盛，五湖归来一笑生。

展转桑沧吾无恨，心灵深处费思审。
天道至公运精诚，宇宙大化气韵骋。
三才分立桑沧成，天人合一原单纯。
多言何必费精神，应许默然内叩真。

休闲此际无恙

2021-4-27

休闲此际无恙，人生不必紧张。
清风吹正旷，鸟语何悠扬。

散思应许扬长，享受当下辰光。
暮春之时间，田野灿风光。

生活和平安祥，神恩不可稍忘。
正义盈襟肠，前驱万里疆。

岁月清展流畅，华发初初染霜。
一笑还澹荡，人生共缘翔。

心志不嗟广长

2021-4-27

心志不嗟广长，旷展人生意向。
浴后吾清爽，惬意听鸟唱。

写意红尘漫浪，晚春真是无恙。
木香开正旺，小桃茁壮长。

心地美好扬长，新诗纵情哦唱。
舒出正气刚，舒出情奔放。

人生快慰无疆，神恩感在心膛。
颂赞尽力量，灵程奋闯荡。

人生不惧艰苍

2021-4-27

人生不惧艰苍，奋发展我顽强。
努力舒奔放，万水千山闯。

笑傲尘世沧桑，诗书容我漫浪。
晨昏清哦间，秋春度安祥。

履尽险风恶浪，心怀光明太阳。
神恩赐广长，叩道尽力量。

此际暮春之间，天际青霭浮漾。
碧柳迎风荡，鸟讴啭情长。

夜幕下降

2021-4-27

夜幕下降，远际歌声又响亮。
春风悠扬，不尽情思袅扬长。

人生安祥，为因名利俱弃放。
振襟哦唱，舒出心地一种香。

行旅任艰，微笑浮上我脸庞。
豁达情肠，原也无机颇奔放。

岁月旷翔，霜华新添复何妨。
前旅平康，中心始终怀梦想。

人生奋志向

2021-4-28

人生奋志向，旷展思想。
早起五更间，听见鸟唱。

玉蟾正在望，散发明光。
车行奏微响，点缀平康。

芳春行将往，心不愁怅。
岁月永留芳，铭记心间。

畅意发感想，哦咏诗章。
一曲正气昂，天地回响。

旷怀雅正

2021-4-28

旷怀雅正，惬听鸟啼纯。
心事纵论，唯向诗中申。

观此宇城，大化运精准。
务持清纯，不惹纤埃尘。

圆明悟证，叩道奋精诚。
秉心纯真，奋发以前骋。

山高水深，风光展雄浑。
一笑清生，觑破桑沧阵。

鸟语清闻

2021-4-28

鸟语清闻，悦耳是圆润。
春风清生，惬我意十分。

岁月进深，不老持心身。
斑苍任生，一笑依清纯。

人生奋争，名利已弃扔。
叩道秉诚，几微细辨分。

清度人生，坎坷不必论。
悟彻时分，心志起雅芬。

恬淡心地间

2021-4-29

恬淡心地间，享受此安祥。
春风恣鼓荡，喜鹊旷鸣唱。
人生放思想，振志哦扬长。
正气盈襟房，发而为诗章。

恬淡心地间，天气喜晴朗。
裁思真无恙，激情此际涨。
岁月度悠闲，名利合弃放。
诗书性命粮，研讲叩道藏。

心志清好

2021-4-29

心志清好，思绪展逍遥。
夜幕笼罩，城市灯光耀。

鞭炮鸣嚣，歌声又闹吵。
虽是热闹，却也烦心窍。

旷怀高傲，名利矢抛掉。
诗书笑傲，君子人格造。

万里奋跑，览尽山水峭。

大千美妙，皆是真神造。

努力叩道，心得自丰饶。
哦诗玄妙，情思共风袅。

芳春正好，清坐何洒潇。
适意风绕，诗兴勃发了。

天气清和甚

2021-5-1

天气清和甚，正值晚春。
蓝天白云纷，鸟语花芬。

清风吹来纯，惬我心身。
岁月日进深，叩道清骋。

清坐思绖纷，哦诗真诚。
一曲正气骋，人生奋争。

名利弃纷纷，体道刚贞。
心志入云层，远离俗尘。

心志广深

2021-5-1

心志广深，无人可细论。
风雨晨昏，放我读书声。

此际暮春，鸟语正啼纯。
东风阵阵，慰我心与身。

蓝天云纷，惬意此红尘。
清坐思聘，哦诗吐精诚。

红尘滚滚，幻化万千层。
名利弃扔，清贫享安稳。

绿树已成荫

2021-5-1

绿树已成荫，春将辞行。
立夏即将临，感慨中心。

阳光洒清俊，白云飞行。
小鸟欢讴鸣，惬我身心。

悠悠放歌吟，哦诗爽清。
岁月流清新，叠变美景。

旷志不必云，实干才行。
诗书深用劲，叩道用勤。

圆明悟中心，淡泊心襟。
名利是空境，应辞应屏。

不老是心灵，笑意清新。
豁达持心境，果敢奋进。

心境和慵

2021-5-1

心境和慵，享受此丽日和风。
不计霜浓，心志依然奋刚雄。

清听鸟颂，惬意身心放歌咏。
舒出情浓，人生兴味旷无穷。

展眼晴空，白云袅袅幻变中。
假日放松，聊品芳茗心境空。

岁月芳浓，赢得蔼然一笑动。
桑沧之中，叩道用道悟圆通。

休憩身心

2021-5-1

休憩身心，放旷闲思行。
春风经行，舒适我心襟。

煦日光明，云烟正飞行。
小鸟娇鸣，欢乐无止境。

心怀清静，雅洁盈心灵。
旷志分明，叩道迈坚定。

微笑爽清，身心体刚劲。
展眼霭凝，田园是画境。

清坐安祥

2021-5-1

清坐安祥，斜阳舒清旷。
春风徐翔，鸟语啭情长。

我自神畅，况复品茗香。
诗兴升上，雅哦新诗行。

生活平康，假日适无上。
闲放思想，享受此平康。

人生扬长，名利俱弃放。
得意不狂，谦和奋志向。

时值三更

2021-5-2

时值三更，醒转时分。
人生纵论，不惧艰深。

节届晚春，天气和温。
路上车声，噪响纷纷。

傲立乾坤，桑沧成阵。
努力奋骋，山高水深。

旷持心身，正直为人。
名利矢扔，清心秉诚。

月华正明

2021-5-2

月华正明，夜半难眠。
春夜清静，微风经行。

心志殷殷，奋发凌云。
踏实去行，山水爽清。

岁月进行，人初斑鬓。
一笑雅清，高蹈白云。

心迹谁明？哦诗清新。
舒出灵明，舒出才情。

东风舒情

2021-5-2

东风舒情，雀鸟啼清俊。
蓝天碧青，煦日散光明。

休憩身心，假日适无垠。
聊品芳茗，读书适意兴。

芳春将尽，碧树已成荫。
田园画境，生机俱勃兴。

阖家康宁，神恩颂心襟。
惬听鸟鸣，心志持雅清。

悠悠心襟

2021-5-2

悠悠心襟，展眼天青青。
雀鸟娇鸣，袅起诗意境。

东风多情，惬余之身心。
休闲心境，原也怀雅情。

心志镇定，不逐利与名。
诗书哦吟，陶冶我胸襟。

正气凌云，远抛彼俗情。
无机胸心，叩道悟圆明。

云烟飘渺

2021-5-2

云烟飘渺，芳春其实好。
东风清袅，传来鸟鸣叫。

闲情堪表，清撰新诗稿。
岁月飘飘，青春远辞了。

开怀一笑，人生胡不好。
神恩笼罩，灵程步逍遥。

乐叩大道，心志吾洒潇。
心灵不老，诗书旷笑傲。

鞭炮啸叫

2021-5-2

鞭炮啸叫，红尘是吵闹。
心情大好，假日休闲妙。

野禽鼓叫，风吹何袅袅。
芳春将了，田园萋碧草。

岁月飞飘，感慨于心窍。
谦和情操，叩道乐逍遥。

第四十卷 《茁壮集》

前路迢迢，奋发展刚傲。
风雨兼道，天涯风光俏。

德操最为重要

2021-5-2

德操最为重要，才情其实第二。
向学志堪瞧，胸心不骄傲。

叩道步履迢迢，穿越关山险要。
绝不回头瞧，天涯风光妙。

五十六裁烟消，赢得斑苍初老。
爽然余一笑，传世有诗稿。

奋发志向逍遥，困障岂可阻挠。
清展我微笑，豁达出尘表。

斜阳正好

2021-5-2

斜阳正好，春风鼓啸叫。
哦诗逍遥，闲适是情抱。

岁月清飘，流年幻化巧。
不惧苍老，开怀余一笑。

名利弃掉，正义展刚傲。
卓然风骚，惬意诗书造。

清听鸟叫，路上车鸣啸。
红尘闹吵，吾心持雅骚。

洒然心襟

2021-5-2

洒然心襟，淡度尘世之风云。
桑沧饱经，一笑依然体鲜明。

有鸟娇鸣，有风吹击颇清新。
斜照清映，碧青天宇鸟飞俊。

清坐思萦，哦诗舒出我心灵。
忧患饱经，而今享受此清平。

神恩丰盈，导引灵程奋前行。
胜过魔境，胜过试探与艰辛。

清意生成

2021-5-2

清意生成，旷风吹阵阵。
斜照温存，和暖此芳春。

鸟语娇纯，惬我意与神。
哦出心身，原有倩雅芬。

人生驰骋，山水越层层。
风雨兼程，艰苦不足论。

淡定情芬，展眼看云层。
苍烟成阵，妙曼此乾坤。

鸟掠青苍

2021-5-2

鸟掠青苍，啾啾以鸣唱。
惬我情肠，惬我意与向。

斜照辉煌，和蔼此尘壤。
春风悠扬，清坐享安祥。

人生平康，神恩未可忘。
世界神创，灵妙无法讲。

向前向上，高远至无疆。
我志慨慷，振节发哦唱。

心境平康

2021-5-2

心境平康，欢快哦诗行。
芳春正当，万类竞生长。

天喜晴朗，斜阳清在望。
路上车嚷，生活奏安祥。

岁月奔放，何必嗟桑沧。
青春任往，悠悠放歌唱。

濯足沧浪，烟水吾扬长。
名利肮脏，务弃务下放。

清心扬长

2021-5-2

清心扬长，人生振志向。
哦出慨慷，哦出我昂扬。

春去即将，何必嗟心间。
时光飞翔，豁达盈襟肠。

人生艰苍，困难成过往。
心怀太阳，心怀旷无疆。

叩道贞刚，尽我之力量。
努力向上，不惧千重艰。

第四十一卷《春晓集》

黄昏正当

2021-5-2

黄昏正当，夕照闪金光。
雀鸟欢唱，惬意东风翔。

我自昂扬，心怀都舒畅。
假日清享，休憩我情肠。

纵情哦唱，放旷天地间。
理想恒壮，导引我驱闯。

名利孽障，害人以无限。
清贫安享，诗书润襟房。

孤旅不嗟艰苍

2021-5-2

孤旅不嗟艰苍，奋发人生志向。
惬听鸟啼唱，享受这清闲。

春风清新鼓荡，夕阳冉冉下降。
路上车行狂，生活恒闹嚷。

心怀清贞所向，是在田园山间。
名利无意向，叩道奋顽强。

年轮运转无恙，人已渐渐老苍。
一笑还潇荡，情怀仍清狂。

暝烟又苍

2021-5-2

暝烟又苍，落日已下降。
华灯点上，晚风正清凉。

车声嚣狷，压过啼鸟唱。
生活闹嚷，心怀水云间。

残春正当，心地不嗟怅。
顺水而淌，共缘去旅航。

人生向往，是在大同邦。
文明向上，恒久永绵长。

霓虹闪靓

2021-5-2

霓虹闪靓，城市七彩放。
晚风清凉，荡漾人情肠。

残春正当，能不嗟叹放。
韶光逝淌，人生易老苍。

奋发昂扬，努力迎难上。
叩道之间，千关竞须闯。

一笑爽朗，神恩是广长。
心怀力量，搏击彼艰苍。

318

晚风清爽

2021-5-2

晚风清爽，城市灯火旺。
心情快畅，能不哦诗行？！

岁月流畅，又值暮春间。
人生慨慷，奋发以图强。

名利捐放，剩有雄心刚。
叩道奔放，心得入诗唱。

情怀扬长，逸意天涯间。
山水万方，容我径闯荡。

清思舒放

2021-5-2

清思舒放，吾意扬长。
人生贞刚，叩道向上。

暮春正当，逸致奔放。
夜风爽畅，惬我意向。

裁诗万章，泻若汪洋。
倾出心向，快慰襟房。

展眼旷望，万家灯亮。
和平景象，乐我情肠。

心志沉静

2021-5-2

心志沉静，悠悠放歌吟。
夜风爽清，远处鞭炮鸣。

路上车行，噪噪无止境。
霓虹闪俊，扰乱人心襟。

内省心灵，不为外缘侵。
红尘纷纭，名利害人精。

吾持空清，遁向田园境。
山水空灵，涤我心与情。

四更无恙

2021-5-3

四更无恙，早起情潇爽。
月华正亮，夜风适情肠。

路灯明亮，车声不停响。
生活闹嚷，心须持安祥。

放怀讴唱，一曲欢奔放。
暮春正当，惊叹彼时光。

人生昂扬，努力放马闯。
关山万幢，显我男儿强。

远处犬唱，点缀也平康。
心志张扬，激情若水淌。

红尘幻旷，不过是桑沧。
持心定当，微笑应浮上。

流年肆其更张

2021-5-3

流年肆其更张，残春正当，
残春正当，天气清和五更间。

月华展其明亮，晨风清爽，
晨风清爽，只是天还没有亮。

岁月舒其奔放，笑我老苍，
笑我老苍，心怀仍似少年狂。

路上车行响亮，点缀平康，
点缀平康，心志清展也安祥。

人生最贵清静

2021-5-3

人生最贵清静，勿为物欲分心。
中心持淡定，欢乐真无垠。

此际残春将尽，风声吹击何紧。
清坐思萦萦，哦诗吐空清。

岁月不必惊心，不过桑沧幻并。
百年应清心，雅洁度生平。

人生忧患饱经，而今享受安宁。
清贫不要紧，贵在奋心灵。

叩道努力奋进，不计艰苍苦境。
心得入诗吟，缕缕有芳馨。

大道坦平康俊，普覆世宇均平。
韶华逝何勤，勿负此寸阴。

风鼓流畅

2021-5-3

风鼓流畅，雅发声响，
清坐安祥，品茗意扬长。

暮春无恙，假日休闲，
阖家平康，神恩颂襟房。

展眼平望，天际烟苍，
有鸟高翔，啾啾以鸣唱。

逸意舒放，旷哦诗行，
一曲回荡，天地正气昂。

细雨绵生

2021-5-4

明日立夏，春不觉去矣。细雨绵生，心怀愁怅，寂寥之间，发而为诗焉。

细雨绵生，春去正无声。
寂寥心身，发诗讴真诚。

人生纵论，履尽桑沧阵。
一笑微生，神恩是广盛。

努力前程，艰辛不足论。
万里驰骋，展我之刚正。

芳韶逝奔，人老斑苍甚。
傲立乾坤，叩道奋心身。

坦荡情思入诗唱

2021-5-4

坦荡情思入诗唱，舒出我的昂扬。
窗外细雨清新降，春去何其安祥。

清坐室内展思想，人生应许奔放。
识破名利诡计奸，叩道奋我贞刚。

前旅不计彼艰苍，男儿果敢雄壮。
风风雨雨是寻常，微笑蔼然浮上。

岁月清逝真如狂，笑我华发轻苍。
悟道原来也平康，正直立身扬长。

人生易老天难老

2021-5-4

人生易老天难老，苦雨艰苍经饱。
赢得爽然之一笑，豁达盈满襟窍。

窗外小雨细细抛，小鸟鼓其鸣叫。
清风其来何洒潇，惜春行将去了。

正襟奋志展刚傲，红尘胡然不好。
须知神恩恒笼罩，灵程叩道逍遥。

力战魔敌与仇妖，心灵始终不老。
胜过试探之艰饶，天国才是终标。

辞春无恙

2021-5-4

春去矣，明日立夏，因作送春辞，聊赋短诗。

辞春无恙，此际夜幕已下降。
华灯灿放，更有霓虹七彩靓。

远处歌唱，听来激越我情肠。
晚风清凉，爽我意兴并襟房。

心微愁怅，时光飞逝水流殇。
老我即将，身心孤寂难言讲。

叩道扬长，览尽关山风云壮。
沉吟之间，悠悠情思入诗唱。

清风徐来适意向

2021-5-5

清风徐来适意向，喜鹊高鸣唱。
清喜孟夏好时光，纵情哦诗章。

东方红日初初上，群鸟旷飞翔。
赞此自由之天壤，万类舒奔放。

岁月清新惬心肠，不计老将访。
人生贵在贞志刚，叩道吾扬长。

不惧风雨之艰苍，迎难努力闯。
一生名利恒弃放，正义吾强刚。

蓝天白云

2021-5-5

蓝天白云，立夏今日临。
东风清新，鸟语啭清俊。

旷然高兴，岁月度清平。
人生用勤，不计彼艰辛。

红尘多警，太多陷与阱。
慧目须明，前路须看清。

坦荡持心，叩道悟圆明。
淡泊空清，享受此意境。

流风鼓其清新

2021-5-5

流风鼓其清新，雅怀奋兴。
清坐旷听鸟鸣，心胸温馨。

蓝天流走白云，幻变空清。
阖家享受安宁，颂神于心。

心志浩起殷殷，前路驱行。
不入名利陷阱，情思淡定。

一生任从清贫，正气盈襟。
诗书人生清劲，豪气凌云。

雅思旷展

2021-5-5

雅思旷展，心襟冲霄汉。
鸟鸣溅溅，惬我意非凡。

人生果敢，奋志出尘寰。
灵程奋战，力克魔敌缠。

叩道艰难，努力奋前站。
田园青滩，憩我肝与胆。

风雨任展，兼程吾浩瀚。
长望展眼，天涯风光灿。

天气不热不凉

2021-5-5

天气不热不凉，和风吹来舒畅。
鸟语鸣奔放，立夏今日访。

假日休憩安祥，身心都觉潇爽。
父母健在堂，阖家喜洋洋。

岁月舒展扬长，笑我斑苍之间。
依然雄心壮，依然浩气昂。

人生恒怀向往，是在大同之邦。
振襟发哦唱，入云啭悠扬。

岁月舒其空清

2021-5-5

岁月舒其空清，人生旷发多情。
朱夏不觉临，鸟语正清俊。

东风其来舒情，蓝天流走白云。
休憩我身心，哦诗吐心灵。

人生快慰于心，苦难已成往境。
神恩浩无垠，颂赞出心襟。

生活不计清贫，诗书晨昏用劲。
诵读用激情，撰诗用良心。

心怀旷展

2021-5-5

心怀旷展，人生不惧坷坎。
叩道雅安，矢当搏击群澜。

心襟妥善，清听鸟鸣溅溅。
东风舒展，适我情志心胆。

展眼远看，蓝天白云飞曼。
红尘好玩，翻转名利之案。

清心脱凡，遁向山村野滩。
愿学鸥泛，水云波正起澜。

雅致人生

2021-5-5

雅致人生，履尽浊浪纷纷。
英武心身，原也脱出凡尘。

名利抛扔，剩有清心刚正。
雅度秋春，纵情哦唱晨昏。

岁月进深，初夏清听鸟声。
风吹阵阵，爽我意兴清芬。

大千飞腾，龙蛇舞此乾坤。
淘沙时分，真假务辨清纯。

人生清骋

2021-5-5

人生清骋，豪情吾纵生。
初夏时分，清心涤意听鸟声。

白云飘纷，东风展清纯。
心境雅芬，旷哦新诗适心身。

清度秋春，诗书浸深深。
舒发刚正，一腔热血入诗申。

桑沧成阵，吾意矢奋争。
风雨晨昏，倾情放我读书声。

岁月清展雅芬

2021-5-5

岁月清展雅芬，人生旷意生成。
立夏今日正，风递鸟鸣声。

清坐思放真诚，努力前面旅程。
风雨浑不论，兼程吾矢奔。

叩道艰辛深沉，难免试探艰深。
正襟叩神恩，导引灵旅程。

标的天国圣城，其中含有永生。
尘世泥水坑，不足以深论。

流风适我意向

2021-5-5

流风适我意向，惬我情肠，
惬我情肠，清喜初夏值晴朗。

小鸟娇娇鸣唱，白云飘翔，
白云飘翔，赞此大好之寰壤。

人生恒怀向往，向前闯荡，
向前闯荡，关山纵越万千幢。

微微一笑何妨，人生安祥，
人生安祥，为因正气荷心间。

悠悠发我哦唱，情思绵长，
情思绵长，亘古历史容畅想。

未来道路广长，奋发强刚，
奋发强刚，男儿从来有豪放。

闲情堪表

2021-5-5

闲情堪表，逸意吾风骚。
惬听鸟叫，品茗情怀妙。

哦诗良好，舒了情怀抱。
人生晴好，风雨曾经饱。

神恩笼罩，乐叩彼大道。
正义风标，男儿展刚豪。

斜日朗照，孟夏时节好。
清风来潇，适我意无二。

力驱前道，风雨何足表。
人生遥道，关山朗度了。

红尘笑傲，名利全抛掉。
诗书潜造，心得自丰饶。

闲情旷放

2021-5-5

闲情旷放，雅哦新诗行。
人生感想，齐袭上心膛。

春去无彰，立夏今日访。
正值假放，养颐真无恙。

有鸟鸣唱，有风吹清畅。
阖家平康，中心喜洋洋。

未来瞻望，激情盈满腔。
努力向上，努力长驱闯。

流风其来鼓荡

2021-5-5

流风其来鼓荡，中心雅怀向往。
天气喜晴朗，鸟语啭情长。

休闲真是无恙，品茗意兴扬长。
新诗连踵唱，诉出情未央。

人生理想茁壮，不屈风雨艰苍。
老来仍顽强，一笑颇爽朗。

岁月舒展奔放，时值孟夏之间。
清坐体安祥，思想狂起浪。

云烟飘渺

2021-5-5

云烟飘渺，远处歌声绕。
雀鸟鸣叫，写意东风骚。

斜日正照，是我心写照。
旷怀堪表，人生不孤傲。

红尘娟好，风雨早过了。
晚晴风标，振志讴歌谣。

岁月飞飘，初暑风光妙。
坦荡情窍，雅洁乐昏晓。

奋叩大道，心得自丰饶。
哦入诗稿，知音后俦找。

和平尘表，乐度岁逍遥。
清贫就好，我襟持洒潇。

凯风既兴

2021-5-5

凯风既兴，悠我心襟。
斜日射映，鸟语娇鸣。
生活和平，人生怀情。
新诗讴吟，旷舒心灵。

凯风既兴，初暑今临。
心际何云？只是吐情。
向往殷殷，万里驱进。
风雨任警，兼程矢行。

人生旷展激情

2021-5-5

人生旷展激情，向往远方风情。
山水越无垠，风光览雄峻。

老来雄浑心襟，名利视若浮萍。
清心最要紧，物欲矢抛清。

岁月飞逝惊心，笑我华发日新。
爽然一笑清，共缘雅旅行。

诗书叩道清劲，用道圆明空清。
淡泊之心境，胸襟飘白云。

人生怀情

2021-5-5

人生怀情，悟彻空清。
惬听鸟鸣，享受风清。
聊品芳茗，意兴在心。
斜照清俊，风光无垠。

人生怀情，雅思旷运。
哦诗清新，舒写心灵。
正直持心，远辞闲情。
机巧抛尽，无机心襟。

清风舒旷心志芳

2021-5-5

清风舒旷心志芳，人生展扬长。
春去暑来鸟鸣唱，惬意怀中肠。

心志奋发起清昂，万里长驱闯。

关山任叠万千幢，志取彼强刚。

红尘幻变是桑沧，人却易老苍。
随缘而变顺水淌，濯足泛沧浪。

胸心正气磨不光，眼目慧意藏。
无机情怀颇清爽，大道力叩访。

夕照在望

夕照在望，云天苍茫。
凯风清爽，适我意肠。
闲谈家常，欢乐无恙。
时光清淌，立夏正当。

夕照在望，感发心间。
人生扬长，率意诗章。
坎坷回放，泪水盈眶。
展眼旷望，未来广长。

雅旷心襟

雅旷心襟，惬听喜鹊之清鸣。
暮色已临，西天落照展清新。

喧嚷市井，噪噪不止恒经营。
吾持清心，淡泊康宁享意境。

红尘履辛，太多磨难与艰凌。
向往光明，向往正义得通行。

神恩广盈，导我灵程奋勇进。
凯旋归营，胜过魔敌与仇兵。

西天晚霞烧

西天晚霞烧，落日沉了。
宿鸟欢鸣叫，凯风吹潇。

城市多吵闹，车声喧嚣。
霓虹初闪耀，七彩俊俏。

心地持雅骚，哦诗良好。
激动我心窍，初夏今到。

人生旷扬飙，努力前道。
不负华年销，业绩矢造。

心志静沉

心志静沉，清听啼鸟声。
暮暝时分，风正吹清纯。

点上华灯，灯下思深深。
哦诗真诚，倾吐我心声。

人生纵论，名利不足争。
淡泊心身，叩道秉诚真。

奋不顾身，风雨吾兼程。
风光雄浑，壮我之精神。

歌声嘹亮

歌声嘹亮，引我心襟向。
激动心乡，化为诗哦唱。

人生理想，支撑我前闯。
克尽困障，心怀红太阳。

岁月奔放，老我以斑苍。
心志仍刚，不曾稍失丧。

我心何壮，叩道奋贞刚。
微笑之间，履尽千关嶂。

彩云飘空

彩云飘空，宿鸟径直冲。
暮风清送，鸟语啭灵动。

歌声飘送，伴以车声隆。
闹闹哄哄，心不为所动。

年近成翁，心志持凝重。
名利孽种，我不受欺哄。

淡定之中，诗书吾情钟。
年轮转动，叩道矢奋勇。

霓虹闪动

2021-5-5

霓虹闪动，迷惑人心胸。
暝色渐浓，远际歌声送。

清坐思涌，化为诗讴颂。
天人和同，叩道吾奋勇。

岁月如风，笑我近成翁。
霜华日浓，淡定一笑中。

心事谁懂？唯咏入诗中。
愿垂久永，知音后侪中。

第四十二卷《晨光集》

南风鼓劲

2021-5-8

南风鼓劲，天气喜朗晴。
爽我心灵，新诗哦空清。

人生奋兴，理想持心襟。
努力前行，关山越无垠。

小鸟娇鸣，惬我意与兴。
岁月进行，初暑风光俊。

淡泊胸心，雅志出层云。
叩道殷殷，心得入诗吟。

东风舒狂

2021-5-9

东风舒狂，白云悠悠翔。
惬听鸟唱，品茗情志畅。

人生昂扬，孤旅骋奔放。
冲决困障，万里无止疆。

红尘狂荡，潜规则猖狂。
正直情肠，傲立体强刚。

大道敷广，叩道是志向。
不屈艰苍，心怀红太阳。

心怀宽广

2021-5-9

心怀宽广，寰宇都包藏。
名利捐放，清贫吾安享。

岁月清芳，又值孟夏间。
红尘无恙，鸟语花复芳。

人生扬长，悠悠濯沧浪。
微笑浮上，淡泊盈情肠。

孤旅昂扬，履尽是苍凉。
神恩广长，思此心温让。

悠旷心襟

2021-5-9

悠旷心襟，清听风之鸣。
雀鸟鼓兴，啾啾以清吟。

孟夏情景，万物都盛兴。
心怀激情，雅将新诗吟。

展转阴晴，风雨我兼行。
孤旅艰辛，唯赖神恩盈。

展眼霭凝，心志怀镇定。
岁月进行，桑沧不必云。

骋心无恙

2021-5-9

骋心无恙，新诗连踵唱。
耳际鸟唱，风鼓作响亮。

天际烟苍，心怀向谁讲？
寂寞情肠，唯哦入诗间。

人生昂扬，不惧千关障。
奋发图强，努力矢前闯。

笑我斑苍，心如孩童样。
纯真心肠，原不容污脏。

流年清好

2021-5-9

流年清好，初暑已经到。
惬听鸟叫，写意风吹骚。

心情大好，写诗适情窍。
人生怀抱，共风而逍遥。

谦和情抱，未许稍骄傲。
正襟哦啸，声震出尘表。

白云飘渺，岁月清逝飘。
不惧苍老，奋志展刚傲。

喜鹊清鸣叫

2021-5-9

喜鹊清鸣叫，声震云表。
容我开怀笑，人生晴好。

岁月乐逍遥，斑苍渐老。
爽然展一笑，豁达情抱。

展眼苍烟绕，风吹洒潇。
和平盈襟抱，哦诗清好。

感慨中心饶，旷欲飞高。
绝不回头瞧，沧暝直造。

雀鸟欢鸣唱（之一）

2021-5-9

雀鸟欢鸣唱，初暑正当。
心志展奔放，哦咏诗章。

风清来鼓荡，斜照辉煌。
清坐展思想，微有愁怅。

人生怀感想，向谁倾放？
孤旅放扬长，万水千嶂。

世事真难讲，故事千章。
共缘而徜徉，应许昂扬。

心志未可躁

2021-5-10

心志未可躁，静定为要。
惬听鸟鸣叫，我意风骚。

新诗脱口造，舒出情调。
人生奋志跑，山水险要。

红尘胡不好，神恩笼罩。
淡定持心窍，名利矢抛。

清贫不紧要，正义刚傲。
向学沉潜造，哦唱声高。

遁迹无闷兮处心刚正

2021-5-10

遁迹无闷兮处心刚正，
诗书经营兮哦唱晨昏。
秋春驰骋兮心志真诚，
叩道无尽兮心得清芬。
岁月冉冉兮斑苍渐盛，
一笑纯真兮远辞红尘。
清听鸟语兮爽风阵阵，
初暑已临兮感佩神恩。

逸意扬长

2021-5-11

逸意扬长，惬听喜鹊唱。
天阴无妨，清心旷无恙。

人生昂扬，奋发向前闯。
山水莽苍，显我男儿壮。

心境平康，岁月流奔放。
不必回想，前方正远长。

心襟茁壮，蓬勃是情况。
悠悠哦唱，孤旅骋强刚。

远际歌声扬

2021-5-12

远际歌声扬，晚风清凉。
初暑时正当，心襟悠旷。

城市灯火亮，霓虹闪光。
清坐以安祥，享受平康。

岁月易逝殇，人易老苍。
淡然一笑间，豁达无恙。

身心体强刚，不屈风浪。
努力振志闯，山水远长。

清坐体安祥

2021-5-12

清坐体安祥，思想放浪。
人生怀向往，不灭情肠。

苦旅不惧艰，一笑爽朗。
身心百度创，旷展顽强。

微笑浮脸庞，悟彻玄黄。
晨昏纵哦唱，声震穹苍。

已值晚晴间，日渐斑苍。
更应奋力量，不负韶光。

岁月清芳

2021-5-12

岁月清芳，又值初暑间。
晚风清旷，惬我意与向。

灯下思想，人生该怎样。
利锁名缰，务弃务下放。

清贫何妨，我有正气昂。
冲决关障，万里征莽苍。

男儿豪放，纵情放歌唱。
一曲昂扬，天地都震荡。

清夜无眠叩本心

2021-5-13

清夜无眠叩本心，人生吾坚挺。
奋发志向心殷殷，诗书恒用勤。

履尽艰苍与苦辛，一笑依朗俊。
一任风雨阴与晴，努力向前行。

关山峻岭越无垠，览尽苍莽境。
五湖归来何所云，心志怀淡定。

名利未许肆欺凌，淡泊守清贫。
叩道层层领意境，心得自分明。

雀鸟欢鸣唱（之二）

2021-5-13

雀鸟欢鸣唱，惬我情肠。
紫燕旷飞翔，引余向往。

清思展扬长，人生茁壮。
不屈彼艰苍，努力驱闯。

傲骨似铁钢，撑住天壤。
男儿有豪壮，力展顽强。

叩道奋贞刚，质朴襟房。
展眼长瞭望，天际霭苍。

雀鸟既鸣唱

2021-5-14

雀鸟既鸣唱，惬人情肠。
时雨已停降，落红堪伤。

小风来悠扬，品茗无恙。
读书哦诗间，时光清淌。

名利无意向，裁志贞刚。
叩道奋顽强，冲决艰苍。

岁月骋奔放，老我华霜。
一笑也安祥，豁达心间。

喜鹊欢鸣唱

2021-5-15

喜鹊欢鸣唱，我意悠扬。
初夏正值间，小风送爽。

人生怀情长，惬意心间。
不为物欲障，性天清凉。

红尘是狂猖，利夺名抢。
吾意田园间，濯足沧浪。

小雨又洒降，情思奔放。
哦诗舒心芳，孤旅扬长。

大雨倾降

2021-5-15

大雨倾降，闷雷连串响。
清坐安祥，从容读诗章。

初暑正当，心志勃昂藏。
奋展贞刚，叩道骋意向。

红尘无恙，不过是桑沧。
名利虚妄，务弃务下放。

情怀茁壮，千难无法障。
神恩广长，导我奋向上。

清怀雅靓

2021-5-15

清怀雅靓，清听雨声之歌唱。
闷雷连响，原不震动吾心肠。

岁月悠扬，老我斑苍不必讲。
志取昂藏，男儿奋展强与刚。

大千奔放，世事叠变真桑沧。
微笑浮上，已知万物是幻象。

淡定之间，履尽尘世千重浪。
展转艰苍，心中始终怀阳刚。

铁骨堪讲，力战邪恶无媚奸。
撑住天苍，心志原比松还刚。

人生扬长，无意名利清贫享。
诗书平章，共世推移也安祥。

闲情舒放

2021-5-15

闲情舒放，人生旷持淡荡。
窗外雨响，远处鞭炮奏唱。

心志悠扬，人生定定当当。
不为名忙，未许利字狂猖。

清贫安享，我有性天清凉。
浩志成钢，不屈世之艰苍。

人生难讲，此生履尽困障。
血泪潜淌，呼号悲痛悲怅。

神恩广长，救死扶难旷放。
灵程奋闯，力克魔敌凶魈。

此际安祥，清坐小哦诗章。
一曲奏响，原也清新扬长。

雨打起清响

2021-5-15

雨打起清响，树上鸟歌唱。
清坐吾安祥，雅洁哦诗行。
品茗惬意向，风来旷情肠。
阖家都平康，神恩感深长。

雨打起清响，清意天地间。
落红不必伤，共缘吾澹荡。
何物萦心间？叩道是志向。
努力奋发闯，不惧山水长。

芳怀清好

2021-5-15

芳怀清好，哦诗适怀抱。
雨止停了，雀鸟欢鸣叫。

风来骚骚，深吸觉其妙。

岁月逝飘，不必嗟苍老。

红尘笑傲，孤旅任艰饶。
叩道逍遥，风雨早经饱。

坦平心窍，原无机与巧。
质朴玄妙，无机展风骚。

流风送爽

2021-5-15

流风送爽，传来鸟鸣唱。
暮阴之间，清心吾扬长。

空气芳香，雨后觉鲜爽。
精神倍涨，慨然哦诗行。

人生奔放，万关已经闯。
一笑安祥，神恩是广长。

流年更张，初暑好风光。
田园画廊，鸟儿自由翔。

流年清芬

2021-5-16

流年清芬，风雨之中不沉沦。
奋发刚正，迎难而进鼓青春。

笑意清生，欣看大地正芳春。
万民欢腾，幸福生活乐心身。

岁月进深，十四亿人团结诚。
国度昌盛，天人和谐田园芬。

焕发心身，前驱万里山水程。
风光清纯，万里河山锦绣春。

雀鸟啼鸣

2021-5-16

雀鸟啼鸣，雨霁天放晴。
小风清新，欢快我身心。

裁思空灵，呼出吾心境。
哦诗爽清，直揭人性灵。

岁月飞行，孟夏好情景。
万物盛兴，生机勃勃行。

我自高兴，抬眼望层云。
天涯风景，召唤我前行。

保持赤子之心

2021-5-19

保持赤子之心，不为名利侵淫。
奋发向前行，关山越苍峻。

人生只是旅行，心胸应许镇定。
清赏好风景，怡我之心灵。

负累应能抛清，轻装行走何殷。
岁月多美景，珍惜于心襟。

孟夏已经来临，时光飞逝惊心。
悠品我芳茗，清听鸟之吟。

雀鸟欢鸣唱（之三）

2021-5-19

雀鸟欢鸣唱，引余向往。
小风徐来翔，惬吾意向。

人生怀情长，发为讴唱。
一曲天人间，和谐安康。

岁月飞如狂，笑我斑苍。
依然怀志向，山水远方。

不为名利狂，正直安祥。
憩意田园间，风光清靓。

清夜雨抛

2021-5-20

清夜雨抛，三更不眠撰诗稿。
人生洒潇，为因名利尽弃掉。

清贫就好，叩道征途风光妙。
心得丰饶，闲情逸致入诗稿。

红尘风骚，太多桑沧巧幻造。
心襟遥逍，风光美好铭襟窍。

苦痛须抛，清心明慧奋前造。
关山险要，云烟深处有山樵。

蛙鼓悠扬

2021-5-23

小满甫过，蛙响应时而至。今日四更醒转，听得野
外蛙鸣一片，怡人动听，心襟大旷，因以诗题。

蛙鼓悠扬，细听方为上。
天籁之响，此物润心肠。

人生贞刚，容我放思想。
四更之间，畅思舒奔放。

应许安祥，前旅正广长。
万里无疆，孤独堪清享。

名利抛放，中心怀梦想。
一生闯荡，豪情冲天旷。

雀鸟欢鸣唱（之四）

2021-5-23

雀鸟欢鸣唱，天阴何妨。
小风来悠扬，惬意扬长。

人生怀向往，情思奔放。
不惧旅途艰，迎难奋闯。

年值斑苍间，一笑爽朗。
清贫何所妨，正义强刚。

展眼长旷望，田园画廊。
孟夏好风光，怡我情肠。

有絮飘扬

2021-5-23

有絮飘扬，风来何清爽。
鸟语歌唱，喜鹊最奔放。

清品茗芳，逸意正扬长。
闲读诗章，情怀何舒畅。

岁月飞翔，不必笑华霜。
人生向上，克尽千重艰。

微笑浮上，悟道吾平康。
前旅远长，努力振志向。

百鸟均和鸣

2021-5-24

百鸟均和鸣，灵动空清。
孟夏有意境，蓝天白云。

小风来何清，惬我意兴。
新诗纵哦吟，舒出心灵。

岁月是多情，惜已斑鬓。
人生值晚晴，旷持高兴。

展转桑沧境，心怀淡定。
远抛利与名，雅享清贫。

晨起雅有兴

2021-5-24

晨起雅有兴，清听鸟鸣。
心境怀空清，奋志凌云。

不执俗世情，遁入村境。
田园慰余心，怡余灵明。

世界多虚情，名利嚣行。
害人真无垠，务须抛清。

叩道奋前进，山水有情。
不计阴与晴，努力驱行。

远处歌声扬

2021-5-24

远处歌声扬，惬余情肠。
耳际闻鸟唱，旷余意向。

岁月真悠扬，孟夏无恙。
晨起精神爽，享受安祥。

新诗连踵唱，舒出扬长。
清喜天晴朗，云天妙靓。

正义持心间，呼出贞刚。
不屈尘世艰，奋发向上。

克尽千重艰，心怀清朗。
神恩广无量，导入平康。

前旅万里疆，努力驱闯。
风光历莽苍，微笑浮上。

世界是神创，灵妙无限。
最贵是思想，天人和祥。

人间有虎狼，吃人狂猖。
提刀敢于上，斩杀尽光。

善加守护心灵

2021-5-25

善加守护心灵，不为物欲动情。
正义盈心襟，奋发向前行。

窗外旷闻鸟鸣，早起余持开心。
孟夏之情景，爽风正吹行。

岁月流变殷殷，不变是我心灵。
标的天国行，神恩广无垠。

人生秉持多情，不可沾惹闲情。
邪曲可不行，叩道奋刚劲。

百鸟和鸣

2021-5-25

百鸟和鸣，天籁堪清听。
小风来行，我意旷无垠。

心怀多情，人生鼓干劲。
努力前行，穿越山苍峻。

快慰心襟，神恩广丰盈。
导我前进，灵程向天庭。

胜过魔境，圣洁持心灵。
天国美景，召唤我奋行。

雨中鸟鸣

2021-5-26

雨中鸟鸣，惬我之身心。
小风来清，怡我之心灵。

散思空清，人生奋志行。
风雨之境，磨炼我胸心。

神恩无垠，思此感心襟。
灵程奋进，叩道悟圆明。

岁月多情，人生是旅行。
豁达胸襟，原也飘白云。

品茗领意境

2021-5-26

品茗领意境，淡泊空清。
清听雨之吟，心怀雅情。

初暑正进行，天气均平。
人生怀奋兴，叩道前行。

坎坷不必云，纵展豪情。
万里之风景，饱览于心。

奋志当凌云，不图利名。
清享吾清贫，诗书用劲。

雨已止降

2021-5-26

雨已止降，流云旷飞翔。
有鸟啼唱，有风吹扬长。

心志奔放，人生怀向往。
披荆奋上，万里无止疆。

理想心间，导我向前闯。
高山万幢，雄浑且莽苍。

一笑爽朗，豪情冲天壤。
男儿强刚，绝不会投降。

名利虚诳，弃之必然间。
清贫何妨，正义吾何壮。

老我斑苍，情怀犹茁壮。
傲立贞刚，一似老松苍。

喜鹊啼鸣

2021-5-26

喜鹊啼鸣，喳喳何清新。
天籁之音，原也堪雅听。

红尘多辛，损我心与灵。
神恩丰盈，赐下是甘霖。

此际清平，新诗纵哦吟。
情怀朗俊，旷欲振翅鸣。

高天无垠，尽我之飞行。
天涯之景，恒唤我前进。

第四十三卷《澄心集》

雅洁心身
2021-5-26

雅洁心身，人生奋志以驰骋。
广茂神恩，导引灵程之丰盛。

叩道诚贞，力战魔敌之纷纷。
正义必胜，圣徒讴颂彻云层。

奋不顾身，前旅艰苍不足论。
天涯景纯，灿烂风光何妙正。

努力前程，风雨容我纵兼程。
一笑纯真，赤子之心何清芬。

流风鼓唱
2021-5-28

流风鼓唱，天气喜晴朗。
有云曼翔，雀鸟欢鸣放。

初夏之间，心志喜平康。
振奋情肠，悠悠发哦唱。

岁月舒昂，笑我华发苍。
依然爽朗，依然情激昂。

人生疆场，勿为物欲障。
清贫无妨，性天享清凉。

天气晴朗
2021-5-29

天气晴朗，云天逞澹荡。
爽风旷翔，鸟儿欢鸣唱。

我自悠闲，聊且哦诗章。
绿茗润肠，意兴都发扬。

红尘狂猖，利锁与名缰。
吾已抛光，清贫且安享。

正义强刚，不屈邪与奸。
奋展扬长，遁向田园间。

初夏正当，风光正清靓。
舒发慨慷，男儿振志向。

冲决艰苍，万里无止疆。
天涯风光，何其美无恙。

鸟啭情长
2021-5-29

鸟啭情长，惬听真无恙。
白云悠翔，蓝天青碧放。

南风吹狂，清坐享清凉。
逸意扬长，清读是词章。

人生昂扬，千关竞须闯。

笑意浮上，悟道也平康。

神恩广长，赐我以安祥。
灵程奋闯，力斩虎与狼。

爽风呼啸

2021-5-29

爽风呼啸，心情十分好。
散坐遥逍，清撰是诗稿。

品茗意俏，窗外鸟啼叫。
岁月逝飘，小满已过了。

人生晴好，奋志展刚傲。
风雨曾嚣，兼程吾奔跑。

关山迢迢，天涯风光妙。
男儿志豪，万里征程笑。

休闲无恙

2021-5-29

休闲无恙，名利未许成障。
清听鸟唱，惬意盈于心肠。

天气晴朗，火风自南来翔。
电扇清凉，爽我意兴无限。

云飞澹荡，田园画廓一样。
吾心感上，讴颂神恩广长。

人生世间，须明前进方向。
物欲孽障，害人正如阱陷。

慧心有光，烛照前路明亮。
神亲导航，指引人生正向。

叩道贞刚，奋发展我顽强。
清贫何妨，男儿傲立豪壮。

悠悠扬扬

2021-5-29

悠悠扬扬，清听啼鸟唱。
风鼓絮荡，飘飘何奔放。

散思扬长，品茗意舒昂。
小哦诗章，舒出心与肠。

人生向上，克尽千重艰。
守护心房，良善且安祥。

端正情肠，不为物欲狂。
正邪之间，搏击何艰长。

神恩无量，导引我慈航。
正直强刚，力战魔与魍。

天国明亮，圣洁且平康。
努力飞翔，叩道赴天堂。

闲情聊表

2021-5-29

闲情聊表，人生旷笑傲。
清听鸟叫，惬怀真无二。

绝不骄傲，谦和持襟抱。
正义风骚，努力奋前道。

风雨任嚣，斩杀豺当道。
豪情堪表，君子人格潇。

斜晖朗照，凯风吹荡浩。
清坐遥逍，从心撰诗稿。

南山风标，正襟哦洒潇。
微微一笑，原也质朴饶。

不惧年老，无机持心窍。
清度尘嚣，豁达叩道妙。

暝色浓重

2021-5-29

暝色浓重，尘世闹哄哄。
雀鸟鸣风，一洗我心胸。

华灯初动，闪耀着霓虹。
汽车狂疯，噪噪真无穷。

歌声又动，烦人也深重。

心志清空，愿遁田园中。

何处松风？何处幽静中？
展眼长送，暮霭凝重浓。

悠听鸟唱

2021-5-30

悠听鸟唱，惬我之情向。
天气燥亢，风吹正浩荡。

心志悠闲，清思展扬长。
人生向上，正襟发哦唱。

嗟此世间，名利害人狂。
众生失陷，跌倒泥坑间。

神恩广长，救死以扶伤。
灵程奔放，努力旷飞翔。

天国在上，圣洁永生场。
圣徒讴唱，福寿万年疆。

克尽魔障，胸心发圣光。
飞往天堂，一路霞光靓。

享受幽静时光

2021-5-30

享受幽静时光，流风旷送舒畅。
耳际闻鸟唱，惬意真无限。

心志合当轩昂，人生怀情奔放。
努力奋前闯，关山越雄壮。

五湖归来何讲，老来身心安康。
讴颂神恩壮，欢乐正未央。

清贫无有大妨，要在正义强刚。
未许卑弱放，男儿骋豪强。

天气燥亢（之一）

2021-5-31

天气燥亢，炎热正当行。
清坐纳凉，电扇派用场。

心志张扬，时光如水淌。
惜时必讲，奋发矢前闯。

高山万幢，显我男儿强。
努力攀闯，峰巅风光靓。

名利抛光，轻身何悠扬。
奋志之向，是在天涯间。

一笑爽朗，持正何慨慷。
不屈之间，力战恶虎狼。

耳际鸟唱，宛转且扬长。
天籁之响，真清我心肠。

红尘狂猖，不是我故乡。
天国在上，永生何安祥。

振志向上，圣洁持心乡。
神恩广长，导引我慈航。

流风鼓荡

2021-6-1

流风鼓荡，传来蛙清响。
四更之间，月华正明亮。

心志清昂，从容哦诗章。
初夏之间，清夜美无恙。

人生奔放，因我有思想。
不屈奋闯，关山越万幢。

豪情万丈，冲决此尘网。
利名抛放，正直无机奸。

人生旷自飞扬

2021-6-3

人生旷自飞扬，不为物欲所障。
性天自清凉，清心听鸟唱。

天阴爽风悠扬，情怀雅堪讴唱。
歌颂神恩广，心灵有力量。

灵程努力奋上，克尽魔敌鬼魁。

圣洁持心肠，凯歌衷情唱。

岁月飞逝何狂，笑我华发初霜。
依然持向往，依然展顽强。

火风天地间

2021-6-6

火风天地间，天气燥亢。
仲夏值晴朗，斜阳正旺。

清坐享安祥，品茗悠扬。
读书振志向，小撰诗章。

人生怀向往，悠悠遐方。
天涯风光靓，矢志前闯。

名利务抛放，身心清爽。
展眼鸟飞翔，天苍地广。

天气燥亢（之二）

2021-6-12

天气燥亢，难闻鸟啼唱。
风虽吹畅，却是不清凉。

身心闲旷，读书兴致昂。
端午即将，时光正飞殇。

人生奔放，因我有理想。
不折奋闯，名利矢弃放。

正义昂扬，眼目蕴慧光。
天涯遐方，定志去闯荡。

惬意听鸟叫

2021-6-13

惬意听鸟叫，写意风骚。
休闲适情窍，新诗哦了。

人生不惧老，矢志奔跑。
关山越迢迢，风光微妙。

有时怀苦恼，心情不好。
恳切以祷告，神恩临到。

百年真飞飙，烟云幻巧。
叩道万里遥，坚贞心窍。

心志不取苍茫

2021-6-13

心志不取苍茫，人生奋展顽强。
男儿有豪壮，力斩虎与狼。

君子之心贞刚，叩道几微之间。
展眼向天望，夕霭正苍苍。

天暑有风清凉，暮阴心志安祥。
写诗舒心芳，原也颇扬长。

红尘暂居之乡，因缘时刻鼓荡。
天国是家邦，努力旷向上。

岁月悠悠扬扬

2021-6-13

岁月悠悠扬扬，窗外听得鸟唱。
心事怀情长，哦诗吐雅娴。

人生百感俱上，因缘转运瞬间。
大化无法讲，命运作导航。

努力修心向上，克己是有荣光。
质朴心地间，无机之情肠。

仲暑晚风清爽，清坐思放千章。
振节欲讴唱，声动天地间。

心事生成

2021-6-13

心事生成，人生由我纵论。
东风清骋，灯下哦诗精诚。

闷热时分，时当仲暑之盛。
霓虹闪逞，清坐思想温存。

坎坷何论，人生是一旅程。
山高水深，展我英武心身。

神恩广盛，导引灵性旅程。
克敌制胜，欢呼响彻云层。

时雨洒降

2021-6-14

时雨洒降，端午今正当。
身心安康，情志舒奔放。

人生昂扬，克尽千关障。
力战恶奸，正义体强刚。

情思妙扬，新诗从心放。
神恩广长，导引我慈航。

岁月绵长，笑我星星霜。
万里疆场，显我男儿旷。

端午今到

2021-6-14

端午今到，旷意听啼鸟。
细雨潇潇，膏泽田园草。

淡泊情窍，撰诗舒怀抱。
闲适安好，心境不必表。

奋志刚傲，人生莫草草。
诗书笑傲，人格一生造。

展颜微笑，名利觑破了。
振襟朗啸，声震入云霄。

妙悟人生

2021-6-17

妙悟人生，心志吾秉诚。
感谢神恩，正道迈坚沉。

奋不顾身，叩道烟雨程。
一笑馨温，雅思向诗申。

清听鸟声，风儿何清芬。
散坐思深，人生旷纵论。

斑苍勿论，思想积深沉。
努力行程，万里风光胜。

天阴无妨

2021-6-17

天阴无妨，风中鸟鸣唱。
清坐安祥，电扇播风凉。

旷展思想，人生振昂扬。
不屈艰苍，心志骋顽强。

岁月舒放，笑我华发苍。
一笑澹荡，无机持心肠。

勿为名诳，勿为利迷障。
性天清凉，慧烛始终掌。

漫天晴朗

2021-6-19

漫天晴朗，蓝天青碧放。
雀鸟鸣唱，惬我之情肠。

微风鼓荡，听见歌声靓。
激越之间，新诗脱口放。

人生奔放，不为物欲障。
旷展贞刚，叩道是志向。

岁月悠扬，细赏方为上。
不惧斑苍，一笑也扬长。

心定自乘凉

2021-6-19

心定自乘凉，履尽风浪。
微笑淡浮上，情怀悠扬。

人生吾昂扬，万里径闯。
不为名利忙，静定安祥。

风雨有何妨，磨炼劲刚。
老来弥顽强，力战恶奸。

红尘是狂荡，烟云幻放。
共缘去旅翔，身心清旷。

雀鸟欢鸣唱

2021-6-19

雀鸟欢鸣唱，喜鹊最奔放。
清喜天晴朗，和风淡淡翔。
读诗声铿锵，情怀颇俊朗。
人生怀向往，骋志天涯间。

胸襟存雅量

2021-6-19

胸襟存雅量，旷怀不必讲。
清听鸟鸣唱，品茗意兴扬。
风来何澹荡，蓝天云飘翔。
性天都清朗，人生正气昂。

有蝉嘶鸣唱

2021-6-19

有蝉嘶鸣唱，一奏其交响。
清风自徜徉，我意体舒旷。
撰诗意气昂，酌后精神涨。
展眼青霭漾，有鸟恣飞翔。

雀噪青林

2021-6-20

雀噪青林，天气闷热岂常寻。
火风进行，听见蝉鸣嘶经营。

夏至将临，应能休憩我身心。
聊品清茗，哦诗一首适心灵。

岁月进行，旷怀始终展刚劲。
不屈艰辛，男儿叩道奋前进。

一笑分明，恩仇泯灭怀雅兴。
共缘驱行，展转桑沧也多情。

夕阳无限好

2021-6-20

夕阳无限好，燥热盈尘表。
野林蝉鸣噪，空际响飞鸟。
清坐读诗妙，情志适而俏。
写诗不骋巧，质朴且风骚。

夕阳无限好，人生近年老。
展颜吾微笑，悟道乐逍遥。

正义奋刚饶，诗书容笑傲。
有风来骚骚，爽洁持心窍。

清夜无眠

2021-6-26

清夜无眠，内省我身心。
奋志凌云，正直向前行。

岁月进行，披荆斩棘进。
心怀均平，神恩广无垠。

世事梦境，人生标的明。
天国仰景，灵程叩道勤。

抛开苦境，心志入清明。
步履坚定，力斩虎狼群。

红尘多辛

2021-6-27

红尘多辛，唯赖铁骨坚挺。
任使清贫，正义秉持于心。

清听鸟鸣，天阴无妨心情。
暑意任凌，电扇播风何清。

有蝉噪鸣，点缀此际安宁。
品茗适兴，哦诗舒展才情。

人生驱行，一颗赤热丹心。
修身无垠，前履风雨苍劲。

一笑空清，悟彻岁月之境。
桑沧幻境，百年水月之情。

神恩丰盈，思此颂赞于心。
叩道进行，洒脱是我心灵。

人生应能淡定

2021-6-28

人生应能淡定，不为名利分心。
保持正直身心，叩道奋勇前进。

此际旷听鸟鸣，清风其来爽兴。
晨朝天气朗晴，暑意不甚酷凌。

几声蝉噪嘶鸣，点缀生活清平。
神恩铭感于心，灵程力胜魔境。

清贫并不要紧，诗书怡我性灵。
微笑爽洁空清，雅度秋春安宁。

有时风雨经行，磨炼我之刚劲。
男儿奋展身心，不屈试探艰辛。

岁月飞泻奔行，霜华渐渐分明。
坎坷付与烟影，贵在持有身心。

艰苍年轮转运，桑沧只是幻境。
故事演绎不停，历史恒久运行。

百年一瞬匆行，勿负身心灵明。
正直为人要紧，努力守护身心。

喜鹊讴歌多情，振兴我之心襟。
人生奋向前行，不惧艰危苦境。

笑傲尘世幻境，学问真谛找寻。
著书快我身心，知音后侪可寻。

雨打起清响

2021-7-3

雨打起清响，逸意扬长。
早起读诗章，婉转悠扬。

岁月真流畅，故事千章。
笑我华发苍，依然爽朗。

名利未许障，性天清凉。
人生持向往，不折奋闯。

山水越广长，风光清赏。
奋志之所向，天涯莽苍。

流风舒爽

2021-7-3

流风舒爽，雨下茫苍，
清思旷发扬，雅意哦诗章。

人生扬长，烟雨艰苍，

苦难与厄障，难阻我前闯。

而今淡荡，而今安祥，
神恩赐奔放，思此颂心间。

努力向上，叩道贞刚，
率兴骋昂扬，笑意脸庞上。

阖家安康

2021-7-3

阖家安康，思此喜洋洋。
清贫无妨，贵在正义刚。

岁月品尝，正如老酒香。
风雨苍凉，付与烟雨间。

世事桑沧，渔樵闲谈唱。
百年瞬间，韶光真易殇。

中心有光，逼退黑暗藏。
正义强刚，领受神葆奖。

笑意浮上

2021-7-3

笑意浮上，得意不狂猖。
窗外风扬，窗外雨清响。

散思奔放，人生怀向往。
大同理想，支撑我前闯。

奋发向上，克尽千重艰。
展翅飞翔，烟雨不为障。

世界神创，正义敷强刚。
叩道之间，履尽山水苍。

扬心无恙

2021-7-3

扬心无恙，从容哦诗章。
电扇风凉，快我意与肠。

红尘之间，大道敷广长。
神恩浩荡，中心怀感想。

340

正义情肠，力战恶邪奸。
不屈艰苍，心怀红太阳。

斑苍何妨，贵在践履间。
叩道向上，明慧持襟房。

雅志不必言讲

2021-7-3

雅志不必言讲，实干显我豪强。
人生贵在奋贞刚，骋志一生顽强。

履尽风雨卓浪，冲决迷烟雾障。
慧目都明亮，手掌火把闯。

世界唯是神创，灵妙难以言讲。
天国才是永恒乡，我要努力向上。

展转烟雨苍凉，一笑依然豪爽。
男儿是好钢，千锤百炼间。

第四十四卷《雅思集》

叩道精进

2021-7-3

叩道精进，奋志岂常寻。
人生坚挺，不惧怕风云。

晨昏用劲，诗书旷哦吟。
秋春清平，朗度吾多情。

心怀康宁，神恩总丰盈。
前旅奋兴，览尽苍山云。

一笑爽清，名利是浮云。
怀有雅兴，清听风之吟。

雨停蝉鸣噪

2021-7-3

雨停蝉鸣噪，心境清好。
苍云写意飘，爽风袅袅。

清坐吾逍遥，品茗意到。
写诗适情窍，一展怀抱。

岁月旷逝飘，不惧苍老。
开怀吾大笑，桑沧度了。

人生容笑傲，名利弃抛。
诗书容深造，叩道用道。

清听鸟鸣叫

2021-7-3

清听鸟鸣叫，蝉噪骚骚。
风儿来清好，云天清妙。

散坐写诗稿，一曲风骚。
振襟欲长啸，声震云表。

人生不骄傲，谦和力保。
向学志丰标，朗哦夕朝。

秋春清度了，华发飘飘。
微笑吾安好，神恩丰饶。

雨霁天晴

2021-7-3

雨霁天晴，蓝天飘白云。
夕照清新，爽风恣意行。

心志空清，哦诗舒雅情。
人生振兴，努力向前行。

岁月飞行，览尽桑沧境。
奋志凌云，踏实去追寻。

不计利名，叩道领意境。
享受清贫，诗书纵哦吟。

暝色浓重

暝色浓重，华灯灿然动。
写意清风，爽我意与胸。

岁月如风，令人有感动。
名利空空，追逐有何用。

成竹在胸，叩道吾从容。
人生情钟，是在诗书中。

不妄行动，淡定持襟中。
歌声清送，惬意真无穷。

岁月清芬

岁月清芬，人生由我纵论。
烟雨晨昏，磨炼我之刚贞。

名利勿论，只是害人昏昏。
努力灵程，叩道一生勤奋。

夜色渐深，灯下清思生成。
坎坷年轮，何必回放深深。

瞻望前程，风光定然清澄。
风雨兼程，一笑依然纯真。

心志康强

心志康强，不为名利奔忙。
红尘攘攘，磨炼我之劲刚。

淡泊情肠，叩道倾心所向。
步履顽强，风雨任洒苍茫。

一笑爽朗，男儿纵展豪强。
正义心间，力战恶邪凶奸。

奋志之向，是在天涯之间。
披荆驱闯，铁鞋已备十双。

秉持天良

秉持天良，发语纯真无恙。
风雨艰苍，已经成为过往。

努力向上，克己修身无疆。
正直昂扬，迎难敢于奋闯。

世事苍凉，人生短如瞬间。
名利虚妄，只是害人丧亡。

务持清向，松风可涤心肠。
田园之间，养我质朴情肠。

蝉鸣骚骚

蝉鸣骚骚，天气朗晴了。
花开妍娇，蓝天白云飘。

岁月逝飘，不必惧苍老。
爽然一笑，心境也安好。

神恩笼罩，思此颂赞高。
前旅迢迢，风光定大好。

力战魔妖，凯歌彻云霄。
天国美好，永生福丰饶。

洒脱心襟

洒脱心襟，原不计清贫。
心志殷殷，奋发向前行。

叩道刚劲，心得自分明。
桑沧幻境，磨炼我心灵。

红尘多警，狼烟曾经行。
神恩无垠，赐我以安平。

清听蝉鸣，散坐思空清。
撰诗舒情，原也颇清新。

五更之间

2021-7-6

五更之间，听取蛙鸣唱。
天微微亮，野禽复鸣放。

心志爽朗，人生快慰间。
努力向上，奋发我昂扬。

岁月艰苍，履尽困难况。
而今安祥，而今享定当。

前路广长，我要尽力量。
神恩丰穰，导引我前闯。

远离名利场

2021-7-7

远离名利场，且听野禽唱，
其中喜鹊最奔放，清风来悠扬。

雨后林蝉唱，清坐且安祥，
红尘任其幻桑沧，吾只守定当。

叩道奋贞刚，男儿展豪强，
一曲天人中心唱，志在天涯间。

笑意从心放，得志不狂狷，
清贫正义风雨间，兼程吾奋闯。

天气惜阴

2021-7-9

天气惜阴，晨起牵牛开娇俊。
听见鸟鸣，远处歌声亦动听。

小风微行，诗意中心情不禁。
人生奋行，关山峻岭越无垠。

心怀不惊，世事桑沧似浮云。
归来有兴，江山指点作闲评。

诗书用心，晨昏吟哦多用情。
振奋心灵，鼓勇长驱万里云。

天喜晴朗

2021-7-10

天喜晴朗，蝉儿放声唱。
白云悠翔，蓝天真青旷。

我自雅娴，新诗从心唱。
人生志向，未曾稍遗忘。

岁月舒扬，故事演千章。
一笑安祥，共缘去旅航。

奋发昂扬，舒我男儿刚。
坦坦荡荡，孤旅不愁怅。

正直身心颇坚挺

2021-7-10

正直身心颇坚挺，红尘履历艰辛。
旷听窗外蝉之鸣，电扇播风清新。

岁月不住往前行，笑我星星霜鬓。
展颜一笑持空清，人生奋发前进。

此生名利已抛清，剩有诗书雅兴。
正义心灵叩道行，风雨兼程而进。

大千世界是幻境，矢向天国而行。
叩道领略彼意境，山穷水复爽清。

清怀雅淡

2021-7-10

清怀雅淡，人生奋志出霄汉。
不作高喊，应能沉默实际干。

清坐雅安，窗外鸣蝉嘶嘶喊。
诗书观玩，修得身心似芳兰。

岁月翻澜，旷展浩志扬云帆。
不惧坷坎，阴晴圆缺任卷翻。

红尘好玩，些许名利翻波澜。
清心平淡，矢志不惹名利案。

振奋情肠作诗章

2021-7-11

振奋情肠作诗章，耳际蛙鼓鸟歌唱。
晨起天光初明亮，东风袅袅尽意翔。
岁月于我称奔放，履尽桑沧患难间。
爽然一笑何清畅，只是星星鬓点苍。

振奋情肠作诗章，舒出人生正气昂。
不屈磨难千万行，浩歌讴出意扬长。
大千世界神所创，其中灵妙无法讲。
叩道一生何慨慷，心得悠悠入诗唱。

逸致闲情（之一）

2021-7-11

逸致闲情，旷听蝉之鸣。
苍天野境，青霭纵横凝。

我自高兴，休闲惬意境。
新诗哦吟，舒出情清新。

人生奋进，不图利与名。
诗书用劲，修炼我身心。

红尘幻境，一似苍烟凝。
未来情景，共缘雅去行。

岁月多情

2021-7-11

岁月多情，回首苍烟凝。
桑沧之境，磨炼潇潇襟。

暑意正凌，林野蝉高鸣。
清坐安宁，撰诗以舒情。

往事何云，付与烟与影。
未来瞻凝，风云旷飞行。

努力前行，穿越苍茫境。
天涯风景，召唤我追寻。

天阴蝉噪暑意嚣

2021-7-11

天阴蝉噪暑意嚣，汗水清抛，
雅撰诗稿，激情岁月逝而消。

人生于我是逍遥，名利弃抛，
向学志高，万水千山征迢迢。

红尘原也存清好，野林风标，
城市热闹，憩身共缘乐洒潇。

大道普覆无玄妙，无机心窍，
叩道用道，正义盈襟奋刚傲。

人生雅怀意向

2021-7-11

人生雅怀意向，容我纵情哦唱。
历尽天苍又地广，此生不言苍凉。

此际天暑蝉唱，风来发觉滚烫。
清坐适意从容唱，一曲天地悠扬。

人生怀情向往，正义普覆人间。
总赖神恩赐奔放，大地人民欢畅。

笑意清新浮上，得意此生不狂。
谦和正直履人间，诗书沉潜无恙。

爽洁持心

2021-7-15

爽洁持心，清听蝉之鸣。
有风清新，撩动我心襟。

岁月进行，暑意正肆凌。
一笑多情，人生持淡定。

大千旷运，几人梦真醒？
叩道艰辛，不计彼清贫。

读书有兴，纵声吾哦吟。
响彻行云，遏住云之行。

天光微亮

2021-7-18

天光微亮，村鸡清啼唱。
有风悠扬，有鸟欢鸣放。

早起神旺，上网以冲浪。
身心平康，激情如水涨。

小哦诗章，舒出情奔放。
志取昂扬，人生奋发闯。

回首坎苍，不必嗟叹间。
前路远长，风雨兼程上。

青碧天空

2021-7-18

青碧天空，恰似我心胸。
奋志刚雄，人生矢前冲。

听鸟鸣颂，朝暾初升中。
蝉噪声洪，写意来东风。

人生情钟，履尽困与痛。
一笑和慵，男儿儒雅从。

岁月清讽，只是烟雨浓。
未来履风，振翮入云中。

蓝天白云

2021-7-18

蓝天白云，东风舒展多情。
斜照朗俊，知了高声长鸣。

散坐清心，心地快慰无垠。
神恩心领，灵程阔步前行。

高山峻岭，攀越看我轻俊。
大好心襟，原也雅洁空清。

有鸟啼鸣，惬余胸心意境。
暑意虽凌，纳凉小有心情。

东风浩荡

2021-7-18

东风浩荡，旷余之意向。
白云飘翔，蓝天真青旷。

喜悦心间，人生振意向。
万里莽苍，矢志去征闯。

红尘万丈，太多迷烟障。
一笑爽朗，慧目睁明亮。

名利虚诳，害人真无限。
弃之应当，清贫原无妨。

五更鸟唱

2021-7-20

五更鸟唱，蛙鸣隐隐放。
天还没亮，小风来清爽。

灯下思想，人生正气昂。
一生闯荡，不惧风雨狂。

心怀清靓，叩道是志向。
岁月清长，我要纵马闯。

悠悠心向，向谁吐与放？
独立贞刚，豪情冲天旷。

清坐安宁

2021-7-25

清坐安宁，雅听蝉之鸣。
爽风多情，吹拂我心襟。

岁月进行，暑意正分明。
有鸟娇鸣，惬余意与心。

坎坷生平，何必忆分明。
人生怀情，奋志且驱行。

高山峻岭，磨炼我胸心。
一笑淡定，桑沧是幻境。

旷怀雅正

2021-7-25

旷怀雅正，不为名利而纷争。
秉持心身，叩道努力以前骋。

风雨晨昏，纵情放我读书声。
岁月缤纷，演绎故事美不胜。

回忆青春，过往年轮运深沉。
感谢神恩，导引灵程之丰盛。

清听鸟声，东风爽吹意境芬。
蝉噪声震，点缀生活也馨温。

流风舒旷

2021-7-26

流风舒旷，心地觉爽畅。
晨起鸟唱，天阴云澹荡。

我自慨慷，新诗纵情唱。
舒出情长，舒出志奔放。

不取张扬，人生万里闯。
风雨何妨，风光览扬长。

岁月舒扬，胸心仍苗壮。
努力向上，叩道奋贞刚。

适意人生

2021-7-30

适意人生，潇潇洒洒往前奔。
风雨历程，不过磨炼我刚正。

旷风清骋，耳际蝉噪声又声。
蓝天云纷，多情鸟语惬心神。

散坐意芬，小哦新诗舒真诚。
心志雅温，君子人格赖培成。

人生难论，随缘履历桑沧阵。
一笑温存，旷怀共风入云层。

夕照辉煌

2021-7-31

夕照辉煌，心志吾奔放。
爽风扬长，惬我意无限。

小鸟鸣唱，啾啾何悠扬。
暮蝉噪响，嘶嘶无止疆。

我自淡荡，读书哦诗章。
展眼旷望，天际霭烟漾。

人生疆场，奋发展贞刚。
微笑浮上，愉悦在心间。

生活坎苍，不必介意向。
共缘而往，风雨兼程闯。

347

红尘狂猖，太多锁与缰。
慧目务亮，注目正前方。

拂开雾障，才能见阳光。
名利弃放，性光才发扬。

坦坦荡荡，做人无机奸。
胸襟豪爽，正直在人间。

多情总被无情恼

2021-8-1

多情总被无情恼，人生旷展笑傲。
前路矢志去奔跑，越过山水迢迢。

暑意侵凌斜日照，爽风及时来到。
鸟语蝉噪添诗料，新诗衷情哦了。

一曲浪漫从心飘，化作长风吹渺。
岁月桑沧不必道，世事变幻徒巧。

星霜不减我风标，旷志总比天高。
踏实寻觅真理道，履尽风雨逍遥。

夜风爽畅

2021-8-3

夜风爽畅，蛙鼓聒耳响。
星斗灿光，甫进五更间。

醒转思放，从容哦诗章。
舒出心向，舒出我激昂。

人生向往，是在大同间。
践履理想，奋发往前闯。

展转桑沧，一笑也澹荡。
男儿豪放，儒雅且扬长。

早起五更间

2021-8-3

早起五更间，清听蛙鸣唱。
夜风来清爽，我志何轩昂。
时近立秋间，明星灿华光。
悠悠心地间，慨慷兼激昂。

早起五更间，雅然哦诗章。
胸襟吾何广，淡泊且安康。
人生奋志向，山水越无疆。
不为物欲障，性天持清凉。

蓝天流走白云

2021-8-3

蓝天流走白云，心地雅洁空清。
有风鼓清新，散坐思均平。

心中怀有激情，向往比翼飞行。
摩云快于心，万里壮意境。

岁月风雨经行，不减壮志豪情。
一笑也多情，奋发去追寻。

大千是有好景，秋春旷展意境。
人生不虚行，诗句纵哦吟。

夜风爽朗

2021-8-5

夜风爽朗，鸣蛙鼓响亮。
三更时间，心地觉情长。

人生向往，是在恣意向。
高天广长，搏击无止疆。

风雨艰苍，已成为过往。
而今安康，神恩赐无限。

立秋即将，时光飞如殇。
淡淡荡荡，无机盈襟房。

湛蓝天空

2021-8-5

湛蓝天空，是我之心胸。
雀鸟鸣颂，微微来小风。

旷意哦讽，舒出我情浓。
向往腾空，驾云何从容。

人生情钟，患难与苦痛。
一笑从中，豁达真无穷。

大化运动，悟彻是圆通。
共缘而从，心地也清空。

蟋蟀清鸣

2021-8-5

蟋蟀清鸣，呢咙堪清听。
三更有兴，哦诗雅舒情。

立秋将近，燥意仍进行。
灿星光明，夜风吹多情。

人生情景，奋志展刚劲。
心地含情，思念是殷殷。

岁月前行，笑我星星鬓。
仍怀激情，旷意是分明。

流风舒旷

2021-8-7

流风舒旷，立秋今日正当。
云天澹荡，小鸟啾啾鸣唱。

心志平常，清坐展放思想。
名利捐放，剩有水云心闲。

流年过往，铸造心襟非常。
傲骨犹刚，不屈虎豹豺狼。

人生向上，克尽千关奋闯。
览尽玄黄，天地正气莽苍。

逸致闲情（之二）

2021-8-7

逸致闲情，淡眼看白云。
有鸟娇鸣，蝉噪亦清新。

散思均平，立秋今日临。
岁月进行，淡泊是意境。

人生奋行，不计是利名。
高蹈心灵，松风涤性灵。

何必多云，实干最要紧。
心志分明，物欲辞而屏。

牵牛花芳

2021-8-8

牵牛花芳，引我长欣赏。
蓝天云翔，秋光展澹荡。

情思绵长，婉转在心间。
一曲唱响，向天舒奔放。

人生世间，勿为名利忙。
定心之间，内叩彼真光。

岁月漫长，与谁相偎傍？
心事广长，哦诗舒激昂。

休憩身心

2021-8-8

休憩身心，欣赏彼流云。
旷风清新，秋蝉正嘶鸣。

岁月侵鬓，一笑也多情。
人生进行，叩道骋坚定。

华年飞行，孟秋好意境。
田园画境，心志享均平。

阖家康宁，神恩感无垠。
颂赞于心，欢乐盈胸襟。

第四十五卷《正己集》

清怀雅淡

2021-8-8

清怀雅淡，漫看白云飞妙曼。
秋蝉鸣喊，更有小鸟语溅溅。

品茗兴展，小哦新诗适情澜。
诗书观玩，世事桑沧于中看。

爽风清淡，暑意不凌心意曼。
岁月翻澜，不老身心旷扬帆。

前路奋战，任起苍雨风浩瀚。
努力前站，微微一笑也爽然。

金风清起天涯间 （之一）

2021-8-8

金风清起天涯间，心志清旷，
心志清旷，天上白云曼飞翔。

人生奋志恒贞刚，不屈矢闯，
不屈矢闯，一任高山叠万幢。

百炼而今心成钢，红尘万丈，
红尘万丈，旷怀恒将天下装。

清贫何妨我豪壮，努力向上，
努力向上，克己修身原无疆。

潇潇洒洒是人生

2021-8-8

潇潇洒洒是人生，履度红尘，
履度红尘，心痛心苦浑不论。

七月彩云秀缤纷，漫听蝉声，
漫听蝉声，清品芳茗意兴生。

一曲从心何所论，苍莽浮生，
苍莽浮生，正气从来舒刚正。

不屈艰苍与年轮，青春长存，
青春长存，不老是我心与身。

清夜无风

2021-8-9

清夜无风，五更醒转听鸣蛩。
心志清空，早秋燥热犹浓重。

岁月如风，逝去年轮入梦中。
人生空空，醒转时分有怅痛。

年近成翁，不屈苦难之深重。
努力冲锋，克尽千关睹彩虹。

步履凝重，不行曲折险道中。
胸怀恢弘，天涯风光凝望中。

沧桑度尽

2021-8-10

沧桑度尽，依然一笑爽心。
红尘多辛，归来依然多情。

蓝天白云，早秋鸟语娇鸣。
散坐清心，新诗从心哦吟。

岁月空清，得失何必计心。
共缘去行，一生雅洁清新。

胸襟圆明，奋志脱出常寻。
不必惊心，任起风雨雷霆。

秋气犹燥

2021-8-14

秋气犹燥，淡眼云飞飘。
雀鸟鸣叫，牵牛开娟妙。

我自高蹈，诗书怡情抱。
何必高啸，实干是正道。

人生晴好，风雨早经饱。
朗然心窍，哦诗亦洒潇。

岁月逝飘，青春应不老。
心态清好，学取云之飘。

金风清起天涯间（之二）

2021-8-14

金风清起天涯间，心地雅闲，
心地雅闲，惬意清听啼鸟唱。

岁月转展是桑沧，心志强刚，
心志强刚，不屈苦难矢向上。

人生奋志是顽强，努力驱闯，
努力驱闯，一身正气冲天壤。

天上白云漫流翔，秋花开放，
秋花开放，最喜牵牛妍无恙。

清坐无恙

2021-8-14

清坐无恙，漫听鸟之唱。
昨日雨降，落红不必伤。

秋风凉爽，快慰我心肠。
新诗哦唱，意气何潇畅。

人生扬长，名利俱弃放。
烟雨之间，已履千关障。

岁月奔放，不忘是理想。
正气何刚，男儿骋豪放。

蓝天流变白云

2021-8-14

蓝天流变白云，鸟掠苍青，
风鼓清新，斜阳复照清俊。

秋意淡然来临，七夕情景，
心志平静，诗意人生怀情。

努力前驱奋劲，风雨任临，
艰苍任并，一笑爽然空清。

世事悟彻圆明，随缘有兴，
欢乐从心，雅洁是我心灵。

喜鹊又喳鸣

2021-8-15

喜鹊又喳鸣，秋日朗晴。
蓝天无白云，霭烟经行。

心志旷平静，享受淡定。
人生任阴晴，心地圆明。

世事任风云，共缘去行。
正直持身心，辞去利名。

叩道奋刚劲，努力前行。
履尽关山云，一笑爽净。

清思生成

2021-8-15

清思生成，淡看白云流纷纷。
电扇风骋，初秋天气炎犹盛。

人生奋争，不为名利而倾身。
叩道诚真，悟彻世事知七分。

红尘难论，不过幻化万象骋。
慧心明证，弹指年华逝去芬。

一曲纯正，心地明净哦诗成。
鸟语圆润，爽我胸心也十分。

世宇苍茫

2021-8-15

世宇苍茫，风雨任凄狂。
心志晴朗，努力向前闯。

关山万幢，尽我展豪放。
一笑奔放，男儿骋顽强。

岁月飞翔，不必计斑苍。
年轮增长，识见洞玄黄。

悟道良长，人生奋志向。
天地久长，浮生客旅间。

清风舒旷

2021-8-15

清风舒旷，七月彩云秀丽放。
斜照正苍，晚婆娘花盛开放。

心志扬长，浴后爽清真无恙。
开口哦唱，一曲动人哢情肠。

流年更张，何许计较华发苍。
一笑爽朗，人生正道慨而慷。

展眼旷望，天际青霭淡淡漾。
奋欲飞翔，一掠云天何豪壮。

夕日展残照

2021-8-15

夕日展残照，苍云四野飘。
心地持飘渺，哦诗复洒潇。
秋意容高蹈，金风写意飘。
清坐思远道，风光应微妙。

夕日展残照，身心俱清好。
电扇自在摇，城市闹且吵。
静心方为高，勿为名利倒。
振襟欲长啸，旷怀付谁晓。

秋云淡荡

2021-8-16

秋云淡荡，心志共谁相象？
孤旅扬长，因我名利弃放。

雄心犹刚，诗书骋志顽强。
不屈艰苍，奋发敢于闯荡。

红尘万丈，袅起诗意奔放。
纵情哦唱，笔下何止万章。

人生豪强，一似老松生长。
不挠之间，已是虬干青苍。

蓝天无云

2021-8-17

蓝天无云，俏丽牵牛开妍俊。
秋意何清，小风来宜适心情。

岁月多情，我已老苍何所云。
依然振兴，不屈磨难矢前行。

小鸟娇鸣，宛转动听爽意境。
紫薇艳俊，如火展放其热情。

清坐思萦，人生勿为名利倾。
正直持心，叩道意境领分明。

秋气高爽

2021-8-18

秋气高爽，雀鸟欢鸣唱。
晨风悠扬，心地觉潇爽。

牵牛开放，妍丽真无双。
情怀舒旷，朗然哦诗章。

人生疆扬，正气盈心膛。
努力向上，不惧千重艰。

微笑浮上，世事悟机簧。
名利虚诳，弃之理应当。

胸襟清旷

2021-8-19

胸襟清旷，悠听野蝉唱。
白云飞翔，蓝天似画廊。

秋意清爽，惬怀真无上。
朗哦诗章，一曲也玄畅。

人生世间，勿为名利忙。
定意之间，雅叩彼道藏。

一笑爽朗，持心以淡荡。
百年飞殇，传世有华章。

心志不取张扬

2021-8-19

心志不取张扬，沉默实干为上。
汗水不白淌，劳动有荣光。

初秋清听蝉唱，清坐颇自悠扬。
蓝天白云荡，有鸟掠青苍。

信心百倍增长，人生鼓勇向上。
不屈千关嶂，努力向前方。

何许嗟我斑苍，依然一笑爽朗。
人生该这样，奋志出溟沧。

金风舒爽

2021-8-19

金风舒爽，心地觉快畅。
流云飞翔，野蝉高歌唱。

岁月飞扬，人生奋贞刚。
不计老苍，努力展顽强。

诗书之间，寻觅真灵粮。
人生世间，物欲蔽灵光。

展眼旷望，天际云烟漾。
正直情肠，原也无孤怅。

金风舒爽野蝉唱

2021-8-21

金风舒爽野蝉唱，品茗我意自悠扬。
天阴无妨吾扬长，读书兴味自家尝。
诗意人生容慢赏，趋老年华费平章。
天意深处何必讲，世事正道是桑沧。

金风舒爽野蝉唱，一腔热血岂会凉。
不为名利俯首向，正直人生我昂扬。
清贫世界无机奸，化外田园烟霞靓。
哦出心胸何人赏，化为清风向天航。

清思旷意生成

2021-8-21

清思旷意生成，暝色笼罩乾坤。
宿鸟哦唱声声，闷热犹然炽盛。
新诗从心而生，感谢天父鸿恩。
度此患难红尘，标的天国飞升。

清思旷意生成，路上华灯灿甚。
生活热闹十分，心志未可迷昏。
人生客旅之身，勿为名利奋争。
应当追求永生，灵魂洁白清纯。

清夜无眠

2021-8-22

清夜无眠，蟋蟀朗声吟。
月华如镜，点缀此升平。

我自高兴，秋夜如此清。
爽洁心灵，哦诗舒雅情。

岁月清平，履尽苍烟云。
桑沧幻尽，持心也安宁。

奋志去行，搏击关山境。
笑意轻盈，悟道也均平。

村鸡复啼唱

2021-8-24

村鸡复啼唱，时值五更间。
月华如此亮，草虫唧唧响。
雀鸟初鸣放，天色未放光。
早起哦诗章，秋风正萧爽。

秋风正萧爽，我意一何畅。
人生客旅间，豁达持襟肠。
勿为名利障，性光须清亮。
澄志何所讲，一心叩道藏。

早起五更间

2021-8-26

早起五更间，听见秋蛩唱。
读书哦诗章，我意何洋洋。
天气渐凉爽，心地开怀畅。
时光惜飞殇，不惧年老苍。

早起五更间，路灯正明亮。
汽车行交响，心地无愁怅。
人生豁达间，共彼流光畅。
村鸡远奏响，体道享安祥。

清夜切鸣蛩

2021-8-26

清夜切鸣蛩，三更声正洪。
不眠吾讽咏，清爽走金风。
路上车声隆，安好盈宇穹。
心清听野虫，化机熄灭中。

清夜切鸣蛩，坦平持襟胸。
人生吾情钟，不惧患难重。
奋志向前冲，万里风雨浓。
一笑还清空，人格灿恢弘。

秋风走清爽

2021-8-28

秋风走清爽，慨然哦诗行。
玉簪欣开放，雨后何安祥。
心志共风向，云天鸟雀翔。
人生怀向往，淡泊心地间。

秋风走清爽，人生晚晴间。

回首风曾狂，烟雨迷路障。
神恩敷广长，导引正方向。
灵程努力闯，叩道矢贞刚。

独立秋风意萧骚

2021-8-31

独立秋风意萧骚，耳际旷听鸣蝉叫。
苍天云度淡意飘，人生晴好雅情俏。
不执名利吾洒潇，清平度日自逍遥。
诗书嗜好不知老，赢取华章积富饶。

独立秋风意萧骚，阵阵啼鸟鸣声高。
市井热闹不须表，身心清洁孤还妙。
越过桑沧余一笑，恩仇泯灭华年销。
世事云烟幻化饶，正意心襟入诗稿。

独立秋风意萧骚，华年弹指无处找。
少年时日付烟渺，此际情兴共秋高。
几茎白发添诗料，人生故事感慨饶。
斜照入眼辉煌好，大地人民应欢笑。

独立秋风意萧骚，历史回想付一笑。
苍茫心志何须表，奋发年轮转微妙。
展眼云天鸟飞高，壮怀不灭难磨掉。
内叩身心朗声啸，青滩苇村容笑傲。

秋窗风雨惜生成

2021-9-2

秋窗风雨惜生成，时近白露何所论。
人生时刻作奋争，抛却名利持清纯。
叩道生涯莽风尘，回首烟云锁深深。
老来心迹向谁逞，孤怀聊放读书声。

秋窗风雨惜生成，岁月日展其深沉。
人生何必多言论，应许实践万里程。
苦旅不必嗟艰深，华年逝去余温存。
纸上道尽怅深深，独立展眼看云层。

喜鹊清鸣

2021-9-4

喜鹊清鸣，心情吾振兴。
爽风经行，牵牛开娇俊。

天气惜阴，闲雅品芳茗。

岁月清平，流年飞苍劲。

笑我霜鬓，依然持多情。
奋志凌云，努力去追寻。

大千旷运，人生如梦境。
展眼层云，心地怀空灵。

时雨又洒降

2021-9-4

时雨又洒降，哦诗情长。
华灯灿然放，秋意宇间。

人生怀情长，舒出情向。
名利徒虚诳，应能弃放。

清贫有何妨，诗书万方。
叩道奋贞刚，向学奔放。

世事是寻常，不过桑沧。
微微一笑间，年岁逝殇。

老我行即将，意志弥刚。
力挽世狂浪，济世吾壮。

白露行将访，我心扬长。
更应惜韶光，持正昂扬。

雨夜蛙鸣

2021-9-4

雨夜蛙鸣，听来颇动听。
心志奋兴，诗书哦不停。

风雨清新，洗涤我心灵。
初秋将尽，时光逝飞行。

人生情境，幻化真无垠。
秉持良心，正意盈胸襟。

不妄追寻，静定须先行。
心怀淡定，无意利与名。

秋窗风雨夜生成

2021-9-4

秋窗风雨夜生成，此际心事难论。
英武心迹向谁逞？不必道尽平生。

人生而今我纵论，流年飞度如奔。
感谢天父之鸿恩，导引正道灵程。

岁月不断以进深，笑我霜华生成。
淡定不负此平生，诗书哦吟秋春。

持志我欲向前奔，不计艰难历程。
天涯风光瑰丽生，风风雨雨何论。

早起五更

2021-9-5

早起五更，窗外暴雨打深沉。
路上华灯，点缀秋夜也安稳。

人生纵论，风雨之后彩虹生。
不惧行程，努力前程奋刚正。

华发竟生，一笑远辞是青春。
心志平正，叩道无畏是险程。

醉心书本，晨昏吟哦意态生。
豪情旷骋，不负华年力攀登。

流年如划

2021-9-5

流年如划，心地堪嗟讶。
岁月无价，逝去奈何他。

江山如画，秋意渐增加。
夜雨倾下，清响胜鸣蛙。

心志如霞，不必嗟叹啊。
情系蒹葭，苇村是我家。

红尘堪骂，泥沙其俱下。
名利是假，应弃应放下。

清坐安宁

2021-9-5

清坐安宁，五更天际犹未明。
路灯明净，秋雨倾降泻其凌。

人生宁静，不为名利分身心。
诗书哦吟，中心志节似流云。

岁月进行，老我斑苍一笑凝。
觑破世情，不过幻化桑沧景。

心怀镇定，临危何惧天在顶。
胸襟泰定，宇宙进化正顺行。

红尘险境，太多忧患易损心。
虎狼嚣行，坑蒙拐骗多经营。

慧目须明，清正持心拂雾境。
阳光终临，世界人生沐朗晴。

嚣嚣秋雨洒不停

2021-9-5

嚣嚣秋雨洒不停，时近白露惜寸阴。
人已斑苍复何云，振节放声容朗吟。
岁月逝去流年景，一声雷动震身心。
努力奋发去追寻，人生期待是晚晴。

嚣嚣秋雨洒不停，灯下清思放浪行。
五十六载化烟景，赢得诗章记生平。
学海无涯放舟行，叩道人生必会赢。
灿烂秋色动人心，人生期待是晚晴。

秋风萧骚

2021-9-5

秋风萧骚，渐觉凉意饶。
细雨潇潇，洒脱盈襟抱。

不必高傲，谦和持心窍。
人生晴好，风雨早经饱。

微微一笑，世事谙其妙。
雅撰诗稿，舒出我风标。

岁月逝飘，不必惧衰老。

自然之道，淡泊吾逍遥。

旷志清裁哦诗行

2021-9-5

旷志清裁哦诗行，舒出人生之志向。
不为名利鞠躬向，挺身正直吾安祥。
历尽风雨觉平常，太多磨难逝飞翔。
清听鸟语娟娟唱，一种情怀秋风间。

旷志清裁哦诗行，诗书人生沉潜向。
已知叩道是深艰，乐于用道也扬长。
圆融心地如云翔，淡泊情思水云间。
堪笑人生梦相仿，一种情怀秋风间。

休憩心肠

2021-9-5

休憩心肠，抛开书本聊相忘。
秋风吹畅，惬意凉爽怡襟房。

岁月飞翔，不觉白露行即将。
人渐苍苍，爽然一笑也扬长。

世事苍茫，烟雨人生不感伤。
心曲弹唱，化为新诗淡淡香。

感慨浮上，展眼云天烟霭漾。
心想邀翔，天涯风光定辉煌。

清谈家常

2021-9-5

清谈家常，蔼然之气象。
父母康强，中心喜平康。

人生向往，安度岁月旷。
清贫无妨，要在正义强。

红尘狂放，太多欺与诳。
慧目务亮，认真辨方向。

穿越雾障，中心怀阳光。
终有晴朗，终有太平况。

秋雨止停

2021-9-5

秋雨止停，西风吹爽净。
怡然心情，雅哦新诗具空灵。

心志殷殷，奋辟前路行。
高山峻岭，磨炼身心之刚劲。

红尘多辛，笑意具分明。
神恩无垠，导引前路俱康平。

大化运行，桑沧幻不停。
百年生命，切勿虚度铭心襟。

旷怀雅清，叩道领意境。
悟彻圆明，共缘旅行也安宁。

正直身心，污秽远抛清。
玉质兰心，哦出胸襟正如云。

淡泊持心

2021-9-5

淡泊持心，不计利与名。
一笑分明，人生奋旅行。

诗书用劲，体道吾用心。
细辨圆明，天意领于襟。

秋风吹行，云天爽且清。
我自高兴，闲适真无垠。

瞻望前景，方向务须明。
努力前进，天涯风光俊。

第四十六卷《年少集》

云天苍茫

2021-9-10

云天苍茫，清心听鸟唱。
风递爽畅，仲秋真无恙。

心志清昂，能不把诗唱？
哦出情长，哦出我激昂。

人生奋闯，山水越莽苍。
一笑爽朗，清贫何所妨。

纵情讴唱，神恩广无疆。
叩道奔放，悟彻在心间。

放旷身心

2021-9-12

放旷身心，淡眼看流云。
斜晖清俊，爽风来清新。

心志空清，况对此秋境。
襟怀和平，新诗雅哦吟。

人生情景，只是幻之境。
名利抛清，诗书沉潜行。

百年生命，一如彼电影。
不执尘境，共缘而去行。

秋气高爽

2021-9-12

秋气高爽，云天是画廊。

斜晖清朗，爽风悠悠翔。

清坐安祥，从容诵诗行。
人生平章，最贵是清闲。

不为名忙，不为利驱狂。
定志之间，展眼云天旷。

岁月流荡，笑我星星霜。
依然爽朗，依然情茁壮。

奋发向上，不惧千重障。
展翅飞翔，天涯是标向。

风雨任狂，我心是定当。
神恩广长，赐我心平康。

天启微明

2021-9-24

天启微明，雀鸟竞欢鸣。
吾亦高兴，新诗从心吟。

秋展意境，爽洁盈心灵。
人生奋兴，万里纵凌云。

须怀虚心，正直最要紧。
叩道艰辛，努力向前行。

岁月空清，一笑也多情。
牵牛开俊，点缀秋分明。

儒雅书生意气豪

2021-9-25

懒婆娘花是余家乡江苏省滨海县常见之秋花，总在下午开放，其色艳丽，一棵上花常至上千朵，余查阅知其学名乃"紫茉莉"，今日诗中提及此花，因一并书其根由，以防读者困惑也。

儒雅书生意气豪，秋阴无妨我洒潇。
品茗兴味真无二，读书写诗乐陶陶。
岁月清芬何须表，年轮感慨赢一笑。
淡眼懒婆花开俏，怡然情抱是逍遥。

儒雅书生意气豪，秋仲清听喜鹊噪。
爽洁金风来清好，散坐情思共云道。
一点怀抱入诗稿，淡泊晨昏容朗啸。
百年生死漫言道，叩道用道质朴饶。

淡眼云飘

2021-9-25

淡眼云飘，喜鹊飞得高。
秋风骚骚，爽洁我心抱。

人生欢笑，清度乐洒潇。
正义襟抱，原也颇刚傲。

诗书怡窍，清贫胡不好。
人生逍遥，天旷容飞跑。

风雨曾饶，身心曾跌倒。
神恩丰饶，赐我还初好。

努力前道，天涯风光渺。
不入险道，不为名利倒。

奋发襟抱，男儿纵情啸。
展眼远瞧，天际苍烟绕。

清思旷裁成（之一）

2021-9-25

清思旷裁成，人生吾奋争。
秋仲天阴沉，东风走清纯。
哦诗舒真诚，坎坷何许论。
鸟飞何沉稳，吾意淡泊生。

清思旷裁成，感佩神之恩。

诗书恃潜深，学问渐生成。
白发何须问，一笑是温存。
流年飞迅正，爽洁是宇城。

世事纷纭

2021-9-28

世事纷纭，吾当求静定。
不妄分心，叩道吾刚劲。

岁月飞行，仲秋爽而清。
小风微行，品茗惬意境。

人生前进，关山阅无垠。
一笑雅清，无意利与名。

展眼霭凝，世界沐和平。
心怀高兴，新诗脱口吟。

秋阳犹骄

2021-10-1

秋阳犹骄，天气犹亢燥。
蓝天云飘，市井复噪噪。

身心静悄，淡定吾洒潇。
人生情好，奋志去长跑。

关山险峭，难阻我逍遥。
奋发刚傲，男儿志可瞧。

名利弃抛，向学哦骚骚。
努力前道，天涯风光好。

天气燥亢

2021-10-4

天气燥亢，斜照如此强。
心境温良，新诗小哦间。

假日休闲，悠哦彼华章。
秋仲无恙，时光若水淌。

人生奔放，不为名利忙。
收敛心向，叩道悟圆方。

流年飞殇，笑我发衰减。
心怀安祥，共缘而径往。

畅意浮生

2021-10-4

畅意浮生，何许计较心疼。
年轮驰奔，洗去旧年印痕。

一笑清生，人生奋志刚正。
奋不顾身，叩道勇猛贞诚。

岁月清芬，回首往事温存。
未来路程，神恩依然丰盛。

努力前程，对准天国驰奔。
胜过魔氛，克尽艰危全胜。

斜晖朗俊

2021-10-4

斜晖朗俊，天气炎燥如此劲。
洒脱清心，电扇摇风也清新。

岁月惊心，时近寒露逝飞迅。
人生情景，读书心志也温馨。

小鸟娇鸣，惬意人生吾开心。
叩道坚定，不计风雨与阴晴。

蓝天白云，流变好景焕意境。
淡泊持心，微微一笑也多情。

清风旷来开意境

2021-10-5

清风旷来开意境，适我心与情。
欣然赋诗诉中情，天气惜正阴。

小鸟啾啾喧哦鸣，寒露已临近。
林野初斑富诗情，岁月奋飞行。

老我霜鬓何所云，一笑也爽清。
此生不计利与名，安享此清贫。

诗书人生奋刚劲，晨昏纵哦吟。
心事心曲付谁听，孤旅不凄零。

暮阴时分

2021-10-5

暮阴时分，初点是华灯。

金风阵阵，爽洁我心身。

纵论人生，感佩神之恩。
奋进灵程，克敌以制胜。

叩道奋争，利名弃十分。
诗书怡神，哦咏在晨昏。

清度秋春，笑我华发生。
依然纯真，心志持清芬。

宿鸟鸣声声

2021-10-5

宿鸟鸣声声，初初点灯。
金风旷生成，我意清芬。

路上车噪声，十分烦人。
心志持平稳，哦诗舒诚。

人生快慰生，休憩怡神。
丰佩是神恩，导引灵程。

试炼任艰深，努力奋争。
克敌必制胜，凯歌云层。

五十六年身，历劫何论。
一笑微微生，悟彻世尘。

叩道骋精神，努力前程。
天涯风光纯，矢志飞奔。

品茗意气潇

2021-10-6

品茗意气潇，旷听喜鹊叫。
秋日天晴好，蓝天白云飘。
休闲容高蹈，诗书哦遥逍。
岁月逝飞飘，我不嗟年老。

品茗意气潇，阖家均安好。
神恩是笼罩，康平乐逍遥。
正气盈心窍，名利弃而抛。
叩道吾洒潇，前旅任艰饶。

写意晴空

2021-10-6

写意晴空，云烟飞从容。

不惧成翁，秋仲洒脱中。

读书兴浓，品茗气如虹。
雀鸟鸣颂，澹荡走金风。

岁月空空，回首烟雾中。
人生情钟，赢得泪双涌。

悟彻圆通，淡泊持心胸。
不妄行动，静寂吾清讽。

骋志人生吾飞扬

2021-10-6

骋志人生吾飞扬，脚踏实地往前闯。
履尽苦旅是深艰，爽然一笑迎风畅。
秋意淡泊心情靓，诗书哦时神采扬。
清贫无妨正气刚，叩道深处悟圆方。

骋志人生吾飞扬，抛开执念意扬长。
和同众教必然讲，大同一生恒景仰。
心无卑微情豪壮，意出尘表云外翔。
宇宙广深真无量，百年奋叩彼密藏。

清思旷生成（之二）

2021-10-6

清思旷生成，人生容纵论。
秋仲好时分，鸟语啼真纯。
风来悠意生，哦诗激情振。
世事勿评论，只是缘之奔。

清思旷生成，中心感神恩。
苦难过往深，而今平安逸。
岁月日进深，霜华点染成。
一笑还清纯，叩道领清芬。

百无聊赖哦新诗

2021-10-6

百无聊赖哦新诗，人生只是一个痴。
秋仲天气燥如此，散淡心曲付迟疑。
读书况味将何比，自家心事自家知。
展眼云烟漫四野，瑟瑟西风清无比。

苍云飘空

2021-10-6

苍云飘空，心志吾从容。

假日之中，休闲享轻松。

人生情钟，诗书长哦咏。
奋志刚洪，不屈世邪风。

往事回讽，只是烟雨浓。
未来履风，向往天涯冲。

步履凝重，名利弃空空。
正义襟胸，人格最为重。

笑意清动，旷达真无穷。
百年如梦，共缘大化中。

叩道奋勇，难关征服中。
气宇恢弘，精光凝眸中。

夕照展辉煌

2021-10-6

夕照展辉煌，秋风正清爽。
激情哦诗行，旷怀真无恙。
耳际闻鸟唱，路上车声嚷。
一片升平况，咏入诗中间。

夕照展辉煌，休憩享安祥。
感时不愁怅，情志都高涨。
晚晴奋发闯，关山越万幢。
微笑上脸庞，不计发斑苍。

暮色既初苍

2021-10-6

暮色既初苍，心事感茫茫。
宿鸟欢声唱，小风微来翔。
秋意林野间，感发入中肠。
哦诗舒情向，一曲是桑沧。

暮色既初苍，天际霭烟漾。
市井人声嚷，车行颇猖狂。
独立楼上望，生活费平章。
人渐入老苍，豁达真无恙。

闲适真无恙

2021-10-6

闲适真无恙，清听啼鸟唱。
霓虹初闪靓，暮色渐渐苍。

361

灯下放思想，激情哦诗章。
倾出情之向，洒脱且平康。

闲适真无恙，未可稍颓唐。
振襟展旷望，天际凝烟苍。
诗书吾倾向，叩道不辞艰。
百年勿费浪，韶华逝飞殇。

秋窗风雨旷生成

2021-10-7

秋窗风雨旷生成，扑面清风怡心神。
浴后爽清何所论，振志人生奋刚贞。
五十六载飞年轮，往事回首一笑生。
悟彻世事不必论，诗书秋春哦晨昏。

雨打声声

2021-10-7

雨打声声，清坐旷心身。
岁月销损，霜华渐渐生。

人生纵论，容我骋刚正。
风雨任生，无妨我精诚。

叩道奋争，辞去名利纷。
度此红尘，悟彻世缤纷。

前旅力骋，天涯风光纯。
努力前程，旷怀真无伦。

秋风清爽

2021-10-7

秋风清爽，雨已渐停降。
心地潇畅，闲哦彼诗行。

岁月流畅，一似走马狂。
华年逝殇，点染星星霜。

鞭炮震响，红尘是嚣嚷。
心应定当，外缘不许妨。

奋发贞刚，男儿骋豪放。
展眼旷望，云烟向南翔。

林野初斑黄

2021-10-7

林野初斑黄，爽然听鸟唱。
明日寒露访，今日时雨降。
西风吹清响，散襟正萧旷。
裁心哦诗章，一曲正气昂。

林野初斑黄，生活乐平康。
牵牛妍无恙，朵朵热情盎。
市井声喧嚷，叫卖声哦唱。
清坐展思想，一曲奏安祥。

秋气旷清

2021-10-7

秋气旷清，风雨正进行。
小鸟娇鸣，惬我意与心。

人生奋进，不为利与名。
济世才情，振襟欲长鸣。

红尘险境，人心似暗阱。
定心圆明，叩道矢进行。

岁月惊心，人易入老境。
豁达持心，原也共缘行。

喜鹊旷鸣

2021-10-7

喜鹊旷鸣，打动我身心。
秋风清劲，爽我意与情。

天气惜阴，风雨初止停。
雅致清心，新诗哦不停。

岁月进行，流年幻奇景。
务使定心，勿为名利淫。

安于清贫，诗书纵哦吟。
心怀激情，振襟欲长鸣。

落叶漫地飘

2021-10-7

落叶漫地飘，秋风尽情扫。
心志吾高蹈，爽洁盈襟抱。
人生值晴好，奋发展刚傲。

重阳行将到，一笑还风骚。

落叶漫地飘，生活步步高。
开怀吾大笑，人生胡不好。
清贫不紧要，贵在实干饶。
叩道乐逍遥，风霜何足道。

秋阴闻鸟鸣

2021-10-7

秋阴闻鸟鸣，洒脱持身心。
哦诗颇动听，爽风来清明。
岁月飞递进，秋仲已销尽。
明日寒露临，感时叶飘零。

秋阴闻鸟鸣，散思旷无垠。
读书真尽兴，况复已品茗。
人生荷道进，风雨任嚣凌。
终当有朗晴，终当有坦平。

清坐放思想

2021-10-7

清坐放思想，人生有力量。
叩道奋贞刚，风雨未可挡。
男儿怀理想，高山可攀上。
胸襟是无量，正直且豪壮。

清坐放思想，人生系情长。
苦旅已履艰，一笑仍澹荡。
诗书尽情享，纵哦放高唱。
秋风来萧爽，写意襟怀畅。

清怀真无恙

2021-10-7

清怀真无恙，爽洁天地间。
天阴何所妨，诗意叶飘荡。
商风来萧畅，鸟语宛转间。
散思作诗章，原也颇雅娴。

清怀真无恙，人生怀梦想。
叩道不辞艰，心怀红太阳。
苦泪曾经淌，信心未曾丧。
神恩总无量，导引入平康。

鸟语啾啾唱

2021-10-7

鸟语啾啾唱，风来递凉爽。
林野初斑黄，叶落漫飘荡。
生活感扬长，心襟都潇畅。
一曲从心放，惬意浩然旷。

鸟语啾啾唱，感触心地间。
天人亲无间，道德力提倡。
世事何必讲，人心多机奸。
叩道骋方刚，无机享悠扬。

暮阴啼鸟唱

2021-10-7

暮阴啼鸟唱，心事感苍茫。
读诗声铿锵，情兴都飞扬。
飒飒秋风凉，霭霭阴云翔。
余心无愁怅，乐度生涯康。

暮阴啼鸟唱，生活享安祥。
诗书镇日间，修心不稍忘。
正气盈襟肠，发诗讴嘹亮。
心事向谁讲，独立长旷望。

秋日正安静

2021-10-7

秋日正安静，路上车噪鸣。
风来何爽清，凉意入心襟。
雨后天气阴，生活祥和盈。
落叶飘飘境，诗意弥胸心。

秋日正安静，闲思入古今。
鸟语啭空灵，淡泊是意境。
岁月驰飞迅，人老笑斑鬓。
雅洁持心灵，名利不必云。

宿鸟掠长空

2021-10-7

宿鸟掠长空，秋意弥宇穹。
西风尽意送，爽洁盈心胸。
灯下清思动，新诗哦迅涌。
鸟语耳际中，惬怀雅无穷。

宿鸟掠长空，暝色渐渐浓。
路上车声隆，市井热闹中。

散思共长风，心机不妄动。
叩道沐雨风，道德力推崇。

品茗读书意兴昂

2021-10-10

品茗读书意兴昂，窗外时雨激烈放。
已知秋深木叶殇，况值风雨如此狂。
岁月逝去心不伤，人渐老来意何彷。
展眼云天放畅想，桑沧无损我心壮。

清雅秋风吹正畅

2021-10-10

清雅秋风吹正畅，时雨纷然降。
旷怀雅洁舒中肠，能不哦诗章？

人生此际怀畅想，感慨从心上。
激情岁月流逝狂，笑我星星霜。

鼓勇骋志奋然上，克尽彼艰苍。
叩道人生吾悠扬，名利无意向。

世事太多是梦想，害人入痴狂。
清心静守我襟房，共缘去徜徉。

心志不取清狂

2021-10-10

心志不取清狂，人生奋展意向。
胸襟有力量，怀烛向前闯。

此际秋风吹畅，雨后天气萧爽。
清坐理思想，一曲出中肠。

岁月颇是流畅，故事演绎千章。
一笑微微放，我已悟机簧。

人生怀着梦想，努力践行无恙。
万里征莽苍，风雨何阻妨。

窗外喜鹊鸣唱，惬我心胸意向。
风起又猖狂，林野沙沙响。

中心远抛机奸，无机心地昂扬。
困难不必讲，叩道骋贞刚。

红尘暂驻之间，百年匆似瞬间。

勿为名利诳，慧眼睁圆亮。

宇宙无比广长，灵妙难以细详。
神恩敷无量，赐福何康强。

人生怀情长

2021-10-10

人生怀情长，苦旅历艰苍。
此际旷思想，一笑也扬长。
因缘无法讲，销涨一似浪。
世事多无常，持心须平常。

人生怀情长，展转此桑沧。
叩道一生向，履历岂寻常。
秋春飞度间，不觉霜华苍。
瞻目天地间，感嗟两茫茫。

细雨绵绵下不穷

2021-10-10

细雨绵绵下不穷，读书兴味正无穷。
爽洁秋风长吹送，漫漫落叶飘飞中。
岁月侵人霜鬓重，感慨于心与谁同。
振襟奋展我心胸，哦诗原也赋凝重。

细雨绵绵下不穷，时节正值晚秋中。
闲来品茗意趣浓，心情生时旷哦讽。
婉转情思共长风，万里云天无雁踪。
孤身不知苦与痛，叩道天涯奋行中。

光阴流年催人老

2021-10-10

光阴流年催人老，红尘堪笑傲。
名利辞去胡不好，性天共云飘。

秋风扫荡落叶飘，细雨绵绵萧。
岁月任其逝飘渺，心怀少年俏。

不必振襟发长啸，实干方为好。
万里长征风雨嚣，努力奋前道。

关山峻岭越迢迢，风光览遍了。
五湖归来余一笑，世事谙明晓。

第四十七卷《求知集》

写意红尘存漫浪
2021-10-10

写意红尘存漫浪，但须用心寻访。
人生征途领莽苍，不计困难艰障。

晚秋天气正萧爽，况复风雨交唱。
清心静坐哦诗章，热情于中显彰。

天道深处费思想，世事正道桑沧。
百年不必嗟茫苍，须奋心灵力量。

展转岁月余鬓霜，一笑还颇安祥。
正义襟肠矢向上，终将凯歌唱响。

风雨清狂
2021-10-10

风雨清狂，秋意萧萧放。
正襟扬长，人生我安祥。

岁月奔放，流年胜水淌。
往事回想，只是入烟障。

未来瞻望，中心怀梦想。
矢志向上，不惧艰与苍。

红尘狂荡，太多迷烟放。
心须明亮，注目正前方。

百年虚妄，在世是梦乡。

积淀思想，积德应盈仓。

前路驱闯，不计风雨霜。
人生强刚，男儿有力量。

淡淡荡荡，中心何所藏。
无机心肠，质朴有平康。

清听雨唱，中心意气昂。
旷怀无量，理想恒苗壮。

风雨递萧凉
2021-10-10

风雨递萧凉，中心颇潇爽。
从容哦诗章，舒出中心芳。
人生贵安祥，名利徒虚妄。
清心叩道藏，慧意渐增长。

风雨递萧凉，澹荡天地间。
秋深瑟意放，林野复斑黄。
休闲真无恙，中心无所想。
宁静度辰光，诗书晨昏唱。

清坐何所思
2021-10-10

清坐何所思，旷怀不迟疑。
风雨飒然至，飘叶飞如斯。
灯下读古诗，情怀共风驰。
人生妙无比，哦咏出心池。

清坐何所思，孤旅不迟疑。
雅洁持心志，名利抛而弃。
叩道得其宜，困苦付谁知。
向阳吾奋驰，万里风光被。

清坐爽心

2021-10-10

清坐爽心，惬听鸟之鸣。
风雨多情，暮色不觉临。

秋展意境，落叶轻飘零。
诗人有兴，新诗纵哦吟。

岁月奋进，雄心依然劲。
老我苍鬓，笑意仍显明。

大千旷运，时光真如金。
悟彻于心，振志风雨行。

夜黑华灯放

2021-10-10

夜黑华灯放，清展思想。
滴沥秋雨响，动听安祥。

我心自慨慷，发奋扬长。
人生怀理想，气宇雄壮。

高天真可上，困障焉挡。
立志济寰壤，贞心何刚。

不计人老苍，纵情哦唱。
诗句具苍凉，凝聚思想。

展转人生

2021-10-10

展转人生，心志仍刚贞。
不屈奋争，名利未足论。

笑意清芬，淡泊此红尘。
人生难论，烟雨迷雾阵。

感谢神恩，导引我灵程。
奋发飞腾，远辞浊泥坑。

秋夜爽身，灯下清思生。
哦诗真诚，雅洁且缤纷。

舒适心襟

2021-10-10

舒适心襟，清听雨之吟。
秋风清劲，呼啸且长鸣。

灯下静心，闲逸上网行。
岁月进行，人生享美景。

神恩无垠，思此颂赞并。
灵程奋进，叩道矢进行。

百年飞迅，人生似电影。
修心必行，道德力崇景。

清秋无恙

2021-10-11

清秋无恙，夜来时雨已停降。
小风微放，心地感觉彼爽凉。

四更时间，四野清静无声响。
早起扬长，裁心小哦新诗行。

志取雄刚，人生不屈艰与苍。
奋发顽强，叩道一生骋奔放。

车声偶响，打破宁静此安祥。
清坐思想，不负华年之逝殇。

喜鹊又清鸣

2021-10-14

喜鹊又清鸣，旷焕身心。
天气惜正阴，重阳今临。

心志奋殷殷，向往飞行。
高天何爽清，惬余意兴。

人生慰情景，不计斑鬓。
一笑仍多情，安度清平。

名利合辞屏，高蹈心襟。
南山有风景，陶冶心灵。

时雨发清响

2021-10-14

时雨发清响，重阳今正当。
心志吾休闲，品茗读诗章。
秋意多澹荡，金风走爽朗。
悠悠吾意向，向谁付平章。

时雨发清响，落叶漫地殇。
感时心不怅，振节讴扬长。
人生持向往，大道覆宇间。
胸襟怀漫浪，不逐世尘狂。

心志平静

2021-10-15

心志平静，清听雨之吟。
秋日多情，诗书纵哦吟。

岁月飘零，嗟我星星鬓。
少年情景，依稀在梦影。

体道康平，不计此清贫。
正义心襟，奋发颇刚劲。

红尘惊警，世事如浮萍。
百年生命，如电又如影。

旷展心襟

2021-10-16

旷展心襟，人生奋志当凌云。
秋深意境，风雨凄然鸟清鸣。

岁月进行，重阳过后天寒清。
心不凋零，诗书晨昏纵哦吟。

世界情境，只是烟云在掩映。
故事常寻，名利争夺不和平。

高蹈吾心，清听风雨爽雅情。
舒出胸襟，原也质朴颇清新。

清心雅致哦诗行

2021-10-16

清心雅致哦诗行，人生志昂藏。
西风尽兴吹清畅，林野萧萧响。

秋深意境何必讲，鸟语啾啾唱。
品茗意兴都发扬，激情向天旷。

人生不必细细讲，努力向前闯。
履尽关山万千幢，一笑颇扬长。

逝去流年难回想，华发渐染霜。
红尘客旅之相仿，矢志叩道藏。

人生所恃是沉稳

2021-10-16

人生所恃是沉稳，心志雅然正。
一生不负神之恩，努力奋灵程。

叩道秉心务必诚，风雨勿足论。
名利徒然是欺人，弃之一笑生。

老来心态颇丰盛，体道慧智生。
履历红尘梦中身，共缘而驰骋。

百年真似一转瞬，往事烟霭深。
清心明志瞻前程，山水万千程。

品茗心志畅

2021-10-17

品茗心志畅，悠看天晴朗。
商风吹扬长，牵牛犹然芳。
生活漾平康，街上叫卖唱。
淡然哦诗章，情怀真无恙。

品茗心志畅，中心怀梦想。
人生领艰苍，晚晴安然享。
神恩是广长，思此颂中肠。
百年勿费浪，天国是标向。

流年任其更张

2021-10-17

流年任其更张，心情十分舒畅。
秋日好阳光，蓝天云飘翔。

心志十分奔放，允我朗读诗章。
惬意度辰光，忧患应抛光。

人生骋志阳刚，未可卑弱模样。

叩道吾悠扬，山水越万幢。

有鸟清新啼唱，有风吹得爽朗。
田野似画廊，色彩灿明靓。

清志旷生成
2021-10-17

清志旷生成，人生纵情论。
喜鹊鸣声声，晚秋风阵阵。
林野斑斓生，木叶逝飘纷。
清坐哦真诚，一曲心纯正。

清志旷生成，暇思正飞腾。
红尘任滚滚，名利害人生。
骋志山水真，乐享烟霞芬。
无价是天伦，乐度秋与春。

悠悠岁月长
2021-10-17

悠悠岁月长，人生履艰苍。
困顿是寻常，阳光必然放。
世界是神创，灵妙无法讲。
灵性务清亮，正直第一桩。

灵程奋发闯，胜过魔鬼障。
试探任深艰，信心大放光。
凯歌纵哦唱，圣洁享平康。
百年匆匆放，珍惜好流光。

斜阳清俊
2021-10-17

斜阳清俊，白云悠悠行。
朗澈心襟，原也志凌云。

人生刚劲，努力向前行。
不屈艰辛，男儿纵豪情。

岁月飞行，不必嗟华鬓。
中心多情，孤旅奋挺进。

展眼天青，喜鹊欢奏鸣。
中心高兴，一曲从心吟。

云天爽清
2021-10-17

云天爽清，秀丽走白云。
野禽欢鸣，夕照闪光明。

我自开心，休闲乐无垠。
读书尽兴，吐心哦空清。

秋深意境，瑟瑟金风行。
落叶飘零，诗意弥心襟。

阖家康平，秋春度安宁。
不忘修心，正气充宇庭。

萧瑟秋意向
2021-10-17

萧瑟秋意向，林野初斑黄。
感时心不怅，奋志吾昂扬。
惬听啼鸟唱，享受清风翔。
流云幻万状，夕照闪明光。

夕照闪明光，心意旷然畅。
苍霭四野间，汽车鸣响亮。
生活享安祥，人生乐无恙。
不计老来访，振襟哦扬长。

心志舒广长
2021-10-17

心志舒广长，淡看烟云苍。
宿鸟清啼唱，商风走流畅。
中心何所想，济世未敢忘。
怀德吾悠扬，修心矢向上。

心志舒广长，人生近老苍。
往事不回想，未来瞻望长。
持心奋昂扬，天涯恒瞭望。
任起风雨狂，恒心向遐方。

清心雅致哦诗章
2021-10-19

清心雅致哦诗章，秋夜清爽，
秋夜清爽，灯下旷放我思想。

人生骋志当昂扬，跃马纵狂，

跃马纵狂，不惧风雨不惧艰。

老来一笑颇澹荡，信心倍彰，
信心倍彰，任从世事幻桑沧。

天涯风光唤我闯，男儿豪强，
男儿豪强，万里长驱何平康。

晨鸡喔喔唱
2021-10-20

晨鸡喔喔唱，五更之时间。
早起读诗章，路上车声响。
秋风正澹荡，微寒袭人向。
情志俱增长，慨慷哦诗行。

晨鸡喔喔唱，人生贵昂扬。
勿负韶华芳，寸阴珍惜间。
人生是沙场，努力奋向上。
业绩矢当创，辉煌散清光。

流光飞迅
2021-10-20

流光飞迅，秋深吾不惊。
霜降将临，木叶逝飘零。

岁月进行，故事演不停。
秉持良心，领略人生境。

宇宙空清，大道普覆运。
正义心襟，原也持灵明。

叩道艰辛，奋志岂常寻。
不必大鸣，实干最要紧。

秋深菊花黄
2021-10-24

秋深菊花黄，残照散余光。
心境开朗间，品茗读诗章。
清风来舒扬，爽雅天地间。
人生振意向，裁心哦诗行。

秋深菊花黄，天气喜凉爽。
阖家均平康，神恩感深长。
安祥度辰光，掩卷长思想。

几声啼鸟唱，点缀此寰壤。

秋日晴和漾
2021-10-27

秋日晴和漾，小风吹清凉。
惬意读诗章，品茗意洋洋。
鸟语娟然放，和宁宇宙间。
近冬木叶黄，色调堪清赏。

秋日晴和漾，心境颇开朗。
远处淮剧唱，土调亲无恙。
岁月飞流畅，不必计老苍。
人生怀向往，天下黎民康。

秋夜和平
2021-10-28

秋夜和平，微风吹爽清。
歌声空灵，惬我意与兴。

放声哦吟，心志大奋兴。
人生情景，快慰盈于心。

努力追寻，不负此灵明。
叩道意境，领略于胸襟。

灯光辉映，点缀此升平。
心怀多情，撰诗也空清。

季秋值晴朗
2021-10-29

季秋值晴朗，云天高爽。
煦日洒光芒，和蔼尘壤。

品茗意气昂，激情嚣张。
信手书华章，一曲流畅。

东篱菊正芳，金黄无双。
落叶飘逝翔，诗意人间。

思想起狂浪，欲去飞翔。
天涯好风光，矢志前闯。

鸟语情长
2021-10-30

鸟语情长，秋意正芬芳。
斜照在望，生活奏平康。

心志张扬，能不哦诗章？
品茗意畅，旷欲去飞翔。

岁月澹荡，流年飞似狂。
老我斑苍，一笑也扬长。

红尘无恙，神恩是广长。
人生强刚，努力叩道藏。

读书声朗朗
2021-10-30

读书声朗朗，意气何洋洋。
秋夜正清旷，和平宇宙间。
远际歌声放，清爽心地间。
敬祷胸腹间，神恩感深长。

读书声朗朗，阖家均安康。
生活清平况，人生畅思想。
浮生不逐浪，正直情志间。
修心未相忘，三省晨昏间。

霓虹闪靓
2021-10-30

霓虹闪靓，一片升平况。
心志清昂，雅撰新诗章。

秋气平旷，夜色真清爽。
小风微凉，畅意心地间。

往事回放，不过是苦艰。
未来瞻望，风云当茁壮。

人生理想，时刻铭襟房。
正义贞刚，不屈困与障。

云天多情
2021-10-31

云天多情，苍霭四野凝。
秋深意境，林野斑斓色彩明。

休憩心情，散思放旷行。
人生奋兴，不为区区利与名。

岁月飞行，红尘桑沧境。
淡泊于心，诗书一生费耕耘。

舒出心襟，正气纵凌云。
努力前行，览尽万里关山境。

情怀舒朗
2021-10-31

情怀舒朗，谦和持襟房。
心志阳光，努力奋向上。

克尽艰苍，心怀红太阳。
神恩广长，救死并扶伤。

灵程奋闯，力胜试探艰。
圣洁心肠，原也质朴香。

岁月旷翔，何必计斑苍。
应许安祥，心灵有力量。

东篱菊绽黄
2021-10-31

东篱菊绽黄，心志吾芬芳。
夕照闪金光，和平尘世间。
品茗意扬长，蔼然心地畅。
小哦新诗行，裁取南山章。

东篱菊绽黄，晚秋今正当。
岁月泻流畅，意发舒千行。
老来心怀靓，名利早捐忘。
诗书哦铿锵，旷志真无恙。

暮阴正当
2021-10-31

暮阴正当，宿鸟纵飞翔。
天际霭苍，林野色斑黄。

坦腹哦唱，人生志慨慷。
不事张扬，努力实干闯。

百度时光，匆若水逝殇。

老将来访，呵呵一笑间。

心情绵放，惬意听鸟唱。
生活安祥，无执于心间。

闲适人生

2021-10-31

闲适人生，不为名利而纷争。
时光纷纷，留下记忆垂永恒。

此际秋深，夜晚窗外闪华灯。
霓虹缤纷，七彩耀眼扰乱人。

红尘滚滚，因缘销涨桑沧阵。
逝去年轮，痛楚已经消七分。

豁达心身，叩道持身何坚正。
秉持热诚，努力作个质朴人。

心志静沉

2021-10-31

心志静沉，世事何足论。
因缘驰骋，故事演不胜。

度此人生，只是共缘奔。
名利弃扔，剩有心雅贞。

秋夜清芬，小风来慰问。
城市华灯，点缀此平升。

抛开书本，作个散淡人。
秉心持正，邪伪未许生。

心志旷展沉静

2021-11-3

心志旷展沉静，人生奋勇前行。
落叶逝飘零，诗意弥满襟。

阳光灿然洒俊，喜鹊高声朗鸣。
中心怀激情，况复品佳茗。

初冬行将来临，时光惊叹飞行。
不计苍苍鬓，心境辟无垠。

黄菊东篱开俊，清新朵朵鲜明。
岁月有美景，乐我心与情。

心志洒洒潇潇

2021-11-5

心志洒洒潇潇，窗外秋雨清敲。
写意红尘热闹，林野斑斓俊俏。
岁月进深逍遥，人渐苍老孤傲。
写诗舒出心窍，旷怀如菊之骚。

秋窗风雨绵绵放

2021-11-6

明日立冬，秋雨绵至，天将冷寒，率意成章。

秋窗风雨绵绵放，东篱黄花正绽芳。
漫地落叶色金黄，诗意人间弥漫浪。
老之将至奈何间，爽然一笑也扬长。
不嗟浮生飞迅狂，正意心襟叩道藏。

快意心襟

2021-11-6

快意心襟，因已品芳茗。
落叶飘零，东风吹清劲。

残秋正临，心志裁清俊。
诗书哦吟，陶冶我心灵。

岁月进行，何必诉因循。
奋志挺进，风光阅无垠。

人生情景，斑苍点意境。
欣此晚晴，旷怀万里云。

幽怀谁共

2021-11-6

幽怀谁共？旷意将秋送。
啼鸟清颂，惬意走金风。

人生情钟，正意存心中。
雅洁襟胸，叩道志从容。

黄花香送，落叶逝飘风。
岁月空空，回首余深痛。

淡泊心胸，未来瞻望中。
风雨任浓，共缘征无穷。

喜鹊清唱

2021-11-6

喜鹊清唱，惬余之意向。
夕照苍茫，秋去怀怅惘。

人生扬长，因我有思想。
豁达情肠，哦歌颇嘹亮。

岁月流畅，演绎彼桑沧。
百年时光，匆若一瞬间。

弹指之间，不觉华发苍。
一笑安祥，晚晴宜安享。

第四十八卷《多情集》

旷怀无量

2021-11-6

旷怀无量，衷心吾歌唱。
晚风清凉，爽意盈心肠。

星光明亮，城市灯火旺。
生活无恙，神恩感深长。

欢呼为上，颂神自襟房。
灵程奋闯，力胜试探艰。

人生向上，困难未可障。
物欲弃放，清心享平康。

激情岁月留写照（之一）

2021-11-6

激情岁月留写照，容我撰诗稿。
秋夜远际歌声飘，清风吹渺渺。

不觉明日立冬到，时光飞迅缈。
中心感慨之所道，雅撰入诗稿。

灯下清思生成了，人生奋行好。
关山履历是迢迢，风光展微妙。

红尘苦旅何必道，向阳心态高。
一生神恩是笼罩，灵程奋行好。

晨曦清涨

2021-11-7

晨曦清涨，雀鸟欢鸣唱。
立冬今访，心境真无恙。

早起昂扬，神情爽且朗。
周日正当，休闲也扬长。

人生慨慷，心灵奋力量。
努力向上，不计艰与苍。

红尘憩享，百年之时光。
作盐作光，济世吾奔放。

时雨飒然降

2021-11-7

时雨飒然降，哗啦作响。
立冬时正当，落叶飘殇。

旷怀真无恙，品茗情长。
岁月流逝狂，笑我星霜。

振节哦昂藏，人生奔放。
不为名利忙，东篱菊芳。

淡荡吾襟房，悠悠哦唱。
中心怀理想，不灭有光。

红尘运桑沧，故事千章。

百年勿匆忙，定定当当。

共缘而驱闯，胸襟苗壮。
坎坷有何妨，信心倍彰。

神恩赐广长，普覆无疆。
天国是标向，灵程奋闯。

修心养德间，不计年苍。
风雨任清狂，信步安祥。

江山清旷

2021-11-12

江山清旷，流年奋飞翔。
初冬晴朗，和风吹清畅。

我自高昂，东篱菊正芳。
品茗悠扬，哦诗也扬长。

坦坦荡荡，中心何所藏。
正义襟房，高壮是理想。

名利虚妄，应弃应下放。
万里奋闯，风光览无限。

喜鹊清鸣唱

2021-11-12

喜鹊清鸣唱，打动心间。
天气喜晴朗，云烟曼翔。

散坐心平康，情思悠扬。
从容撰诗章，吐心无恙。

人生晚晴间，霜华新涨。
潇洒晨昏间，诗书哦朗。

叩道是志向，风光平旷。
履尽桑与沧，一笑安祥。

月华舒光

2021-11-12

月华舒光，远际泛歌唱。
夜风爽朗，初冬不寒凉。

情怀悠旷，灯下清思想。
激情心间，不计霜华苍。

人生强刚，不为名利狂。
笑意温让，修德原无疆。

岁月苍凉，曾履风雨狂。
而今平康，而今享安祥。

神恩奔放，思此讴心间。
灵程力闯，胜过魔敌奸。

心光绽放，哦出我昂扬。
知音何方，后侪千年间。

惬怀雅正

2021-11-13

惬怀雅正，人生力奋争。
山水险程，磨炼我刚贞。

一笑清生，豁达真无伦。
初冬时分，休憩我心身。

岁月清芬，故事演不胜。
桑沧之逞，幻化也缤纷。

鹊噪声声，和谐此宇城。
清度红尘，不计白发生。

弹指流光

2021-11-13

弹指流光，惊讶年轮涨。
冬日回望，一年不觉间。

奋发向上，克尽千重艰。
修心无限，振节讴昂扬。

红尘攘攘，何处水云乡。
心怀高尚，不入名利网。

清贫何妨，男儿志强刚。
心襟温让，君子人格彰。

休憩心襟

2021-11-13

休憩心襟，仰望彼白云。
初冬意境，落叶纷飘零。

我自高兴，新诗脱口吟。
振奋胸心，旷怀真无垠。

人生朗晴，神恩赐丰盈。
灵程奋行，领略风光俊。

坎坷生平，狼烟曾横行。
血泪曾零，呼天吁不平。

老来晚晴，诗书奋志吟。
叩道苍劲，心得自分明。

红尘多辛，百年幻化境。
回思生平，一笑也旷清。

瞻望前景，关山壮风云。
天涯妙景，矢志去追寻。

名利分心，何不弃之清。
剩有清贫，高蹈入烟云。

心志淡荡

2021-11-13

心志淡荡，沐浴彼阳光。
冬日晴朗，和暖此尘间。

不事张扬，平声诵诗章。
时光飞殇，笑我华发苍。

人生向上，修心真无恙。
试探任艰，矢志以驱闯。

宇宙空旷，存在着思想。
神恩广长，思此颂心间。

斜晖朗俊

2021-11-13

斜晖朗俊，爽风吹清新。
木叶飘零，黄花开得俊。

岁月进行，初冬寒不凌。
心怀温馨，散思正无垠。

人生幻境，思此泪双零。
豁达才行，物欲须辞屏。

诗书用劲，陶冶我性灵。
清白身心，原也颇干净。

展眼旷望

2021-11-13

展眼旷望，天际云烟漾。
红尘安祥，落叶诗意降。

清坐思想，读书哦诗章。
时光流淌，斜晖真清朗。

初冬时光，清喜不寒凉。
小风来漾，爽快我情肠。

阖家安康，神恩感无上。
人生疆场，快马扬鞭上。

夕照辉煌

2021-11-13

夕照辉煌，心地感兴长。
初冬无恙，寰宇和平漾。

木叶逝降，林野斑斓放。
万物萧苍，黄花开正芳。

情思曼扬，小哦新诗行。
一曲舒畅，一曲从心淌。

人生奔放，不觉近老苍。
心怀爽朗，无机颇悠扬。

远处淮剧堪清听

2021-11-14

远处淮剧堪清听，天气喜朗晴。
散思旷展其意境，哦诗吐心襟。

人生奋志岂常寻，不老是身心。
努力万里长驱行，力斩虎狼群。

呵呵一笑也温馨，君子人格清。
修心修德无止境，正直持身心。

展眼天际云烟凝，有鸟恣高鸣。
冬日和暖惬心灵，养颐我心襟。

冬日晴朗

2021-11-22

冬日晴朗，阳光灿然放。
心境爽畅，欣然赋诗行。

落叶飘荡，诗意盈人间。
我自悠扬，品茗惬意向。

岁月飞翔，斑苍应无妨。
心志张扬，努力奋向上。

展转桑沧，赢得一笑扬。
情怀澹荡，修心真无恙。

天气清喜朗晴

2021-11-27

天气清喜朗晴，欢快我的身心。
东风吹来清劲，娟娟闻有鸟鸣。
初冬冷寒不峻，蓝天飘着白云。
林野萧萧清景，惬怀雅洁无垠。

坎坷红尘何须论

2021-11-27

坎坷红尘何须论，一生保守我天真。
纷纭世事荷神恩，不计苦旅灵程奋。
坦荡襟怀宜有芬，向阳情肠刚且贞。
努力前路奋刚正，力胜魔敌诡计纷。

晨起鸟语喧清唱

2021-11-28

晨起鸟语喧清唱，天色初明亮。
激情雅哦我诗章，初冬薄寒凉。

岁月老我以斑霜，一笑颜欢畅。
惬意人生风雨狂，行步以安祥。

一生荷负神恩壮，思此颂心间。
努力灵程行坚壮，修心无止疆。

世事何必费思想，只是因缘放。
共缘而行若水淌，淡看缘销涨。

雅洁情思聊歌唱

2021-11-28

雅洁情思聊歌唱，耳际鸟语和平放。
小风来宜天微凉，初冬衣服俱增长。
曙色初开天明亮，远际歌声奏悠扬。
欢歌岁月心漫浪，百度年华不轻狂。

心中无有张狂

2021-12-5

心中无有张狂，谦和缕缕清芳。
冬日喜晴朗，喜鹊放歌唱。

远际鞭炮又响，生活噪杂交响。
中心乐平康，清度岁月芳。

人生矢志向上，不为名利奔忙。
清贫有芳香，正襟发哦唱。

男儿是有慨慷，济世奋我力量。
诗书一生向，叩道吾悠扬。

悠悠放我歌唱

2021-12-5

悠悠放我歌唱，中心喜乐安祥。
天气乐晴朗，品茗情怀畅。

人生是有向往，大同世界康庄。
振襟吾哦唱，一曲旋律芳。

展眼天际旷望，又见霭烟浮漾。
小鸟清歌唱，点缀此平康。

努力向前闯荡，关山任起万幢。
迎难吾径上，铁志总成钢。

斜照清好

2021-12-5

斜照清好，心情展微妙。
读书声高，情怀何洒潇。

人生草草，赢得苍鬓老。

依然笑傲，依然激情高。

微微浅笑，淡泊吾逍遥。
奋行远道，风雨任飘摇。

乐叩大道，心襟也风骚。
人格修造，清贫就颇好。

残照当窗

2021-12-5

残照当窗，心志吾雅娴。
定定当当，名利无意向。

胸襟冰仿，原也无机奸。
向阳襟肠，叩道奋贞刚。

趋老安祥，天人真无恙。
晚晴之间，乐撰新诗章。

笑意微放，岁月任流畅。
秋春安享，晨昏高哦唱。

清怀雅淡放歌唱

2021-12-6

清怀雅淡放歌唱，况值天晴朗。
浴后清听啼鸟唱，心志正扬长。

岁月飞泻如瀑狂，笑我华发苍。
依然坚挺颇顽强，努力去逐浪。

大千红尘幻桑沧，故事千万章。
人生百年太匆忙，心志须定当。

名利只是幻之象，不必介意向。
最贵身心如云翔，自在又平康。

鸟语啾啾喧意向

2021-12-6

鸟语啾啾喧意向，心志蔼然间。
冬日清喜正晴朗，云天多茫茫。

岁终百感从心上，人生如履浪。
大化运转真无恙，只是催斑苍。

一生荷负神恩壮，叩道吾坚刚。
不畏困难与险障，努力向前闯。

清风吹拂我襟房，爽然情意畅。
从心小哦新诗章，只是舒情芳。

云淡风清

2021-12-8

云淡风清，煦煦阳光洒清俊。
我自高兴，况复品茗怀心情。

仲冬温馨，老柳犹青多风情。
鸟语欢庆，岁月清好妙无垠。

人生奋行，时光如水逝不停。
我已斑鬓，依然怀有少年情。

心志空清，悟彻名利空空境。
叩道进行，鼓舞情志矢前进。

芳怀清好

2021-12-8

芳怀清好，欢度岁月也逍遥。
名利弃抛，剩有清贫免不了。

诗书哦了，清风明月涤襟抱。
大化飞飙，老我斑苍余一笑。

红尘娟好，神恩时时以笼罩。
灵程奋跑，叩道用道吾洒潇。

展眼远瞧，青天白云曼自飘。
有鸟鸣叫，惬我情思真微妙。

心志高蹈，市井寄居乐无二。
春秋换了，依然情怀少年俏。

展转尘嚣，不惹污脏吾风骚。
向阳情操，冰雪襟肠有云飘。

清怀旷逞雅淡

2021-12-8

清怀旷逞雅淡，不怕乌云卷翻。
人生矢克困难，努力腾翅飞翻。

中心阳光灿烂，神恩赐下璨然。
奋发心中傲岸，坚决作个好汉。

心志聊舒广长

2021-12-9

心志聊舒广长，扑面清风爽畅。
冬日好阳光，鸟语放歌唱。

心情总持温良，努力叩道向上。
不必计艰苍，万里踏莽苍。

天际苍霭浮漾，仲冬温暖无恙。
情怀都娟靓，读书放讴扬。

华发渐渐斑苍，心中怀有安祥。
神恩总盛壮，思此颂襟房。

笑意清展广长

2021-12-9

笑意清展广长，人生不必紧张。
度过山水艰苍，心中怀有阳光。

红尘熙熙攘攘，名利害人无限。
定心叩道藏，修心不稍忘。

此际阳光正放，风中鸟语欢畅。
仲冬不寒凉，老柳笼青芳。

岁月飞递迅畅，何许计我斑苍。
依然心志刚，依然挺顽强。

此际休憩身心

2021-12-9

此际休憩身心，清听鸟语欢鸣。
阳光正清俊，且品杯中茗。

心志总持殷殷，一生向往光明。
穿越黑暗境，烛火恒燃明。

世界是有险境，太多害人陷阱。
神恩总无垠，导引我前行。

灵程力克魔兵，胜利凯歌入云。
叩道领意境，中心悟圆明。

岁月舒其清芬

2021-12-10

岁月舒其清芬，人生不能沉沦。
挺直我腰身，叩道奋刚贞。

此际清风慰问，爽洁我的心身。
冬日喜暖温，阳光洒清纯。

小鸟娇鸣声声，动我心襟十分。
诗意从心生，哦出我兴奋。

努力奔向前程，不为名利奋争。
慧目光彩生，只争朝与昏。

激情岁月留写照（之二）

2021-12-10

激情岁月留写照，容我清撰诗稿。
舒出南山肺与焦，清风明月逍遥。

耳际旷听啼鸟叫，心情胡不娟好。
冬日和暖阳光照，品茗意兴洒潇。

清度红尘乐无二，叩道恣我襟抱。
一生正直不骄傲，谦和守我心窍。

写意风来润腑窍，雅思向谁诉抛。
孤旅独自万里遥，风光清赏美妙。

流风鼓畅

2021-12-10

流风鼓畅，心地乐未央。
远际歌唱，打动我心房。

喜鹊鸣放，声音震穿苍。
煦阳灿放，心怀真清昂。

人生昂扬，快意在心间。
百折艰苍，只是寻常样。

微笑淡漾，人生不张狂。
时光飞殇，华发迎风扬。

不计老苍，晚晴美无恙。
耕心之间，诗书我讲唱。

红尘攘攘，心怀水云乡。
名利虚妄，弃之理应当。

奋发力量，舒发我心光。
万里疆场，容我纵马狂。

霾烟浮漾，习以为平常。
奋志贞刚，心志恒晴朗。

向前向上，高远真无疆。
迷烟纵狂，南针指方向。

作盐作光，时光勿费浪。
振襟哦唱，情思共风放。

世界是有苍茫

2021-12-12

世界是有苍茫，心志奋我贞刚。
人生矢展顽强，修心寸步不让。

此际北风吹狂，天地冷寒之间。
我心却是温让，品茗意兴发扬。

岁月清展桑沧，华发何计斑苍。
笑容清新浮上，诗书尽情谈唱。

叩道旅途险艰，多有狂风恶浪。
定志天涯方向，努力骋心昂扬。

时光如水清淌

2021-12-12

时光如水清淌，叹息没有用场。
努力奋志向上，扬帆万里远航。

此生穿越莽苍，踏遍山水清旷。
五湖归来何讲，一笑安然慈祥。

苍霭四野浮漾，冬日正有阳光。
冷风吹击未央，诗意中心增长。

奋鼓心灵力量，振志没有止疆。
困障未可阻挡，标的天涯遐方。

苍云四野横

2021-12-12

苍云四野横，冬日微寒冷。
鸟语复娇纯，添余精气神。

风来鼓兴奋，落叶恣飞纷。
清度我人生，笑意浮温存。

向上吾力争，名利弃纷纷。
清贫不必论，正义充心身。

展转桑沧阵，心襟振十分。
哦诗展清芬，惬意在红尘。

清怀雅淡

2021-12-12

清怀雅淡，诗书从容看。
天际云翻，落叶飘浪漫。

红尘好玩，辞去名利案。
心志安安，雅憩此尘寰。

岁月飞帆，履尽艰与难。
老来妥安，豁旷盈心坎。

鸟语娟曼，风来鼓浩瀚。
清坐思展，哦诗适情澜。

适意清心

2021-12-12

适意清心，名利矢抛屏。
高蹈雄心，胸襟有白云。

人生奋兴，哦诗吐心情。
岁月飞行，华发最后赢。

鸟语娇俊，风来鼓干劲。
冬日喜晴，和煦我身心。

雅洁持心，浪漫萦心灵。
奋志驱行，关山万里云。

鸟语情长

2021-12-12

鸟语情长，惬余之意向。
冬日阳光，温暖我心肠。

云霭四漾，天地展苍茫。
心中思想，正如清风扬。

岁月奔放，故事演千章。
些许桑沧，些许名利漾。

清心何向，是在水云间。
蹈世无恙，正襟哦昂扬。

第四十九卷《彩云集》

情思荡漾
2021-12-12

情思荡漾，人生吾温让。
骋心诗章，光明持心间。

斜晖正靓，鸟语复娟芳。
爽风送畅，心志正悠扬。

红尘憩享，清贫原不妨。
信心弥壮，叩道是志向。

休言桑沧，华年弹指间。
霜华新涨，一笑吾澹荡。

浮生履浪
2021-12-12

浮生履浪，心志吾轩昂。
不惧艰苍，心怀红太阳。

仲冬萧爽，晚照展辉煌。
畅风吹旷，休憩吾安享。

清听鸟唱，情志转潇畅。
闲哦诗章，舒出心中况。

人生雅娴，诗书恣意向。
定志远方，天涯是标向。

心志不取狂荡
2021-12-12

心志不取狂荡，人生收敛心向。
共缘履奔放，一笑从心间。

只是黄昏又苍，鸟语宛转扬长。
心地不迷茫，定志向遐方。

矛盾时萦心间，调理须用心量。
慧烛务燃亮，几微明辨间。

一生履尽艰苍，呵呵一笑何妨。
山水郁清苍，寻访勿相忘。

世界吵吵嚷嚷
2021-12-12

世界吵吵嚷嚷，一生寻觅思想。
览尽世界苍，阅尽人心肠。

老来一笑雅闲，中心存有清况。
叩道奋贞刚，意志挺顽强。

人生黄昏相仿，清喜夕照正朗。
悟彻世机簧，著书吐情芳。

前路辨明方向，万里征程阔壮。
风雨任凄狂，兼程我驱闯。

芳华清好

2021-12-13

芳华清好，流年催人老。
心襟不老，旷怀犹雅俏。

人生扰扰，清心最为要。
奋志刚傲，如松之虬峭。

展转尘嚣，开颜余一笑。
岁月风标，演幻桑沧妙。

仲冬风渺，阳光正洒照。
有鸟鸣叫，惬意盈心窍。

人生奋志刚傲

2021-12-14

人生奋志刚傲，清展我的逍遥。
红尘胡不娟好，清风明月涤抱。
修心迈上正道，风雨任其飘摇。
努力奋行前道，关山风景美妙。

赢得潇潇身心

2021-12-14

赢得潇潇身心，人生奋志前行。
天气冷寒峭峻，蓝天流走白云。
喜鹊旷唤空灵，鼓舞我的身心。
阳光和蔼温馨，世界祥和安宁。

骋志遐方

2021-12-14

骋志遐方，踏实去闯荡。
清风来翔，阳光惬心肠。

岁月悠扬，回思味久长。
少年已往，晚晴正值间。

高远理想，支撑我前闯。
利锁名缰，应能全弃放。

红尘狂猖，泛起千重浪。
扬帆远航，濯足我昂扬。

早起五更间

2021-12-16

早起五更间，朗哦诗章。
复有鸟鸣唱，声韵悠扬。

路灯自在放，晨晓寒凉。
打开一扇窗，放风来翔。

振志人生场，不屈昂扬。
名利都弃放，共缘扬长。

岁月逝流畅，岁末又访。
未来瞻望间，情志轩昂。

闲情堪表

2021-12-18

闲情堪表，人生切莫草草。
奋志刚傲，红尘容我逍遥。

冬阳洒照，清喜天日晴好。
雀鸟鸣叫，我的心情美妙。

奋辟前道，何计关山险峭。
英武心窍，合当清展风骚。

岁月逝飘，老我斑苍趋老。
心怀俊俏，潇潇洒洒不老。

流年惊心

2021-12-18

流年惊心，心志奋展殷殷。
依然刚劲，依然抱有雄心。

不老心襟，清度红尘险境。
履过安平，履过桑沧伤心。

一笑爽清，豁达真是无垠。
神恩丰盈，思此颂赞于心。

叩道圆明，悟彻世事幻境。
妙运胸心，努力力辟新境。

漫天阳光

2021-12-18

漫天阳光，心境吾晴朗。
蓝天云翔，喜鹊欢鸣唱。

我自悠扬，激情以高涨。
朗颂诗章，舒出志昂扬。

岁月奔放，人生奋前闯。
不计艰苍，心怀正平康。

应许安祥，修身无止疆。
百年时光，激如水流殇。

舒展心襟

2021-12-18

舒展心襟，人生奋前行。
关山叠峻，风光真无垠。

红尘惊警，狼烟多横行。
心须慧映，注目前路境。

物欲须屏，清心最要紧。
正直身心，心光辉煌映。

清听鸟鸣，惬怀哦诗俊。
冬日朗晴，真快我身心。

夕照舒光

2021-12-18

夕照舒光，天气冷寒间。
心境舒朗，从容哦诗章。

苍烟野漾，村景萧瑟放。
仲冬之间，心志宜开朗。

信心倍壮，人生吾奋闯。
高山万丈，容我攀援上。

放眼旷望，世界沐烟苍。
有鸟啼唱，惬余意与向。

冬夜清寒

2021-12-18

冬夜清寒，灯下思开展。
霓虹灿烂，迷人心与眼。

心系宇瀚，努力奋前站。
旷翅扬帆，万里克艰难。

人生平凡，磨炼心与胆。
回首烟黯，过去不回返。

百年非凡，修行路漫漫。
正直傲岸，名利抛必然。

冬夜清寒甚

2021-12-18

冬夜清寒甚，心襟萧冷。
人生奋前奔，山水历程。

岁月总丰盛，感佩神恩。
导引我灵程，天国驱奔。

胜过魔敌纷，试炼任深。
微微一笑生，秉持温存。

红尘是滚滚，演化精准。
心地持清纯，共缘而骋。

流风来畅

2021-12-19

流风来畅，冬日好阳光。
心地欢畅，惬听啼鸟唱。

晨起悠扬，慨然哦诗行。
一曲奔放，一曲骋张扬。

人生世间，修行之路艰。
努力向上，神恩赐广长。

奋发力量，舒发我心光。
济世扬长，挥洒热情上。

漫天朗晴
2021-12-19

漫天朗晴，欢快我的身心。
朝日清俊，蓝天青碧无垠。

爽然高兴，容我倾诉身心。
鞭炮遥鸣，点缀生活安平。

岁月均平，不必计我斑鬓。
叩道进行，心得缕缕芳馨。

有鸟娇鸣，宛转颇为动听。
心襟康俊，深吸空气清新。

人生清度无恙
2021-12-19

人生清度无恙，履尽狂风恶浪。
心襟总晴朗，神恩赐奔放。

展转尘世桑沧，赢得一笑安祥。
百年不久长，于此须思想。

人生意义何方，曾经半生寻访。
修行旅途艰，天国是家邦。

努力奋发昂扬，迎难敢于冲上。
胜过试探艰，前方有阳光。

心襟不再萧凉
2021-12-19

心襟不再萧凉，人生享受平康。
神恩当颂扬，惜福理应当。

冬日清洒阳光，蓝天白云飞翔。
小鸟尽情唱，人民欢乐漾。

小风其来清爽，惬我心怀意向。
品茗兴致昂，激情哦诗章。

人生不必嗟怅，共缘从容旅航。
心中有明光，行旅勿匆忙。

挥洒我的志向
2021-12-19

挥洒我的志向，挥洒我的奔放。
爽风来悠扬，情志展轩昂。

耳际鸟语歌唱，世界沐浴晴朗。
云烟正飘扬，和平盈寰壤。

切莫耽于幻想，人生实干为上。
努力奋贞刚，万里征程艰。

一生神恩丰穰，思此情思弥壮。
颂扬心地间，灵程力向上。

人生振志前行
2021-12-19

人生振志前行，翻越崇山峻岭。
心中挺高兴，览尽关山云。

此际心中奋兴，哦诗舒出雅清。
阳光洒天顶，清风来抒情。

鸟语何其娇俊，惬我意向心襟。
奋志如雷鸣，实干最要紧。

诗书一生浸淫，名利矢当辞屏。
清贫不要紧，富足盈心襟。

心襟辽广无恙
2021-12-19

心襟辽广无恙，人生振志向上。
克尽千重艰，心怀持温让。

不为名利奔忙，清贞守我心肠。
叩道吾昂扬，圆明悟心间。

此生履尽桑沧，迎来一笑爽朗。
红尘是幻象，不必太紧张。

济世是我心肠，向阳是我襟房。
展眼天晴朗，煦日正洒光。

雅洁清持心中

2021-12-19

雅洁清持心中，人生奋志如虹。
　修心应从容，任起恶狂风。

神恩总是丰隆，思此颂赞于胸。
　岁月正如风，思此有感动。

惜时铭记心中，中心怀有彩虹。
　不计将成翁，笑意盈心胸。

前旅风光清洪，努力奋发矢冲。
　定力持心中，诱惑均无功。

人生怀着情长

2021-12-19

人生怀着情长，心襟洒脱温良。
　君子人格彰，努力奋向上。

小鸟娟娟啼唱，东风写意舒扬。
　天日正晴朗，仲冬寒不彰。

时间如水清淌，珍惜驻世时光。
　加强我修养，人格力培养。

谦和持在心间，物欲矢当抛放。
　前旅任艰苍，一笑持顽强。

笑容清新温让

2021-12-19

笑容清新温让，惬意持在心间。
　鸟语自娟芳，冬阳洒煦光。

努力耕心无恙，未可浪费时间。
　人生不久长，修心切勿忘。

中心怀着漫浪，情思共风娟扬。
　安度好时光，神恩铭襟房。

人生履尽艰苍，困苦重叠锁障。
　而今沐阳光，而今享平康。

得意未可稍狂

2021-12-19

得意未可稍狂，谦和清持襟房。
　向上吾尽量，克己有荣光。

前旅万里奔放，关山风景莽苍。
　提防有豺狼，务必携刀枪。

修心晨昏之间，心得哦入诗章。
　废话不宜讲，时光如金仿。

展眼漫天晴朗，世界沐浴阳光。
　万民欢无上，神恩当颂扬。

心志聊舒广长

2021-12-19

心志隐舒广长，享受大好时光。
　人生如旅航，心襟持悠扬。

暇时晒晒太阳，品茗享受暇光。
　世界沐平康，鸟语多欢畅。

提笔朗哦诗章，舒出心襟志向。
　天涯好风光，时刻未相忘。

展转尘世桑沧，心襟总持晴朗。
　发热并发光，温暖这人间。

人生洒洒潇潇

2021-12-19

人生洒洒潇潇，此生绝不骄傲。
　修心路迢迢，步步力行好。

风雨曾经飘摇，此心忍受煎熬。
　苦痛且心焦，向天呼而号。

神恩及时而到，倾如活水泉妙。
　平安已笼罩，光明盈心窍。

感恩向天颂祷，世界存在玄妙。
　叩道奋刚傲，灵程力奋跑。

阳光书屋诗集

小鸟自由飞翔

2021-12-19

小鸟自由飞翔，啾啾且自鸣唱。
天日喜晴朗，和煦此尘壤。

心情何其无恙，中心哦诗歌唱。
舒出我奔放，舒出我情畅。

人生总持向往，是向天涯闯荡。
红尘任攘攘，清心水云间。

此生历尽艰苍，心怀光明太阳。
灵程迈坚壮，叩道骋阳刚。

时光清骋

2021-12-19

时光清骋，孤旅吾奋争。
感谢神恩，导引我灵程。

斜照清生，白云飘缤纷。
爽风成阵，鸟语惬听闻。

内叩心身，努力奋刚正。
清度人生，叩道万里程。

风雨任生，奋发我兼程。
一笑爽生，风光览清纯。

斜照清好

2021-12-19

斜照清好，爽风惬怀抱。
鸟语娇妙，红尘写意且风骚。

岁月丰饶，赐我斑苍老。
爽然一笑，清度人生胡不好。

努力前道，关山风光渺。
阅尽玄妙，叩道豁达吾逍遥。

仲冬寒萧，木叶且枯槁。
品茗意潇，春来应该不会遥。

心襟疏朗

2021-12-19

心襟疏朗，闲适是情况。
散步兴旷，清风惬情肠。

人生扬长，名利俱弃放。
正义昂扬，叩道骋志向。

书声朗朗，振襟哦奔放。
鸟语吟唱，夕照展辉煌。

岁末回望，烟雨履苍茫。
神恩广长，身心俱健康。

悠悠情长

2021-12-19

悠悠情长，人生吾奋闯。
叠叠山苍，磨炼心志刚。

向阳襟房，清听鸟歌唱。
夕照辉煌，冬日漾平康。

爽风来畅，情怀都娟昂。
兴致袅上，哦诗适情芳。

时光飞翔，冬至又即将。
未来瞻望，富足又健康。

清展我的心襟

2021-12-19

清展我的心襟，人生放旷而鸣。
爽风正清新，夕照闪光明。

鸟语添我意兴，哦诗舒出灵明。
努力奋前行，风雨兼程进。

胸心大有光明，远抛黑暗无明。
叩道恒进行，心得岂常寻。

笑意浮上清映，岁月快慰心襟。
人生近晚晴，豁达盈肺心。

386

红尘容我清骋

2021-12-19

红尘容我清骋，名利任其缤纷。
　守定我心身，正直吾温存。

一生感谢神恩，导引灵性旅程。
　天路我径奔，胜过魔敌纷。

凯歌响彻云层，欢呼从心而生。
　人生奋刚贞，叩道万里程。

此生风雨丛生，苦难磨砺心身。
　神亲来慰问，光明我灵魂。

爽洁清持心身

2021-12-19

爽洁清持心身，人生奋志乾坤。
　感谢神之恩，步履俱平顺。

努力奋行灵程，胜过试探艰深。
　力斩魔敌纷，光明且洁圣。

清思焕发生成，哦诗舒出热忱。
　清风满乾坤，精神俱提振。

坎坷何须重问，往事不必细审。
　未来霞光生，心志彩虹逞。

夕烟清涨

2021-12-19

夕烟清涨，弥漫四野间。
　落日下降，闪射其余光。

世界苍茫，心地感兴上。
　哦咏诗章，舒出志昂藏。

仲冬正当，冬至又即将。
　寒野萧苍，不必生嗟怅。

振奋情肠，人生骋志向。
　努力奔放，活出个人样。

收敛我的心向

2021-12-19

收敛我的心向，内叩我的心房。
　心志骋清昂，人生不张狂。

暮色渐渐增长，有鸟恣意鸣唱。
　风来吹爽凉，心情真无恙。

人生趋向康庄，神恩铭感襟房。
　向上我尽量，灵程奋闯荡。

修心岂有止疆，万里征程莽苍。
　一笑也安祥，风雨是寻常。

心志不取萧凉

2021-12-19

心志不取萧凉，欢快是我情况。
　仲冬时正当，冷寒一任放。

灯下展我思想，人生由来情长。
　履尽这莽苍，迎来坦平况。

红尘自是幻象，众生相争攘攘。
　名利吾弃放，诗书润心肠。

君子人格端方，叩道是我志向。
　向上展力量，天国是故邦。

清心静意之间

2021-12-19

清心静意之间，一任时光流淌。
　华灯正灿放，霓虹闪七光。

冬夜冷寒无恙，和暖是我襟肠。
　哦诗舒心芳，人生吾扬长。

路上车声交响，城市闹闹嚷嚷。
　心怀水云乡，烦嚣应弃放。

名利何功心房？只是害人丧亡。
　弃之理应当，叩道吾奔放。

第四十九卷 《彩云集》

流年时光飞翔

2021-12-19

流年时光飞翔，又到仲冬时间。
　冷寒一任彰，室内暖洋洋。

清思浩发汪洋，旷展我的思想。
　人生振慨慷，何不吐心肠。

此生履尽桑沧，心襟焕发刚强。
　不屈恶虎狼，正气盈寰壤。

坚决向前向上，叩道奋展顽强。
　挺立颇茁壮，一似老松苍。

人生奋展顽强

2021-12-19

人生奋展顽强，舒出我的贞刚。
　一任鬓染霜，努力奋前闯。

展眼灯火正旺，冬夜颇是安祥。
　灯下清坐间，哦诗万千章。

此生何许回放，故事掩入桑沧。
　应向未来望，风光当清靓。

迷烟未许成障，慧目圆睁清亮。
　努力叩道藏，努力绽心光。

端正我的身心

2021-12-19

端正我的身心，人生奋志前行。
抛弃俗世闲情，心灵保持清明。

向阳清骋意境，名利合当辞屏。
诗书润我肺襟，叩道领悟于心。

此生桑沧叠并，而今享有清平。
神恩颂赞心襟，前路靠神引领。

患难曾经交并，血泪潸潸何殷。
而今享受安宁，灵程奋力前进。

第五十卷《探思集》

东方红霞灿光
2021-12-20

东方红霞灿光，天气冷寒正当。
早起情激昂，何不颂诗章。

明日冬至将访，时光惊讶飞殇。
奋志当强刚，努力莫相让。

红尘演绎桑沧，须知只是幻象。
正心诚意向，修心晨昏间。

向学志取昂扬，书山矢志攀上。
积淀我思想，识见岂凡常。

坚持正义之道
2021-12-20

坚持正义之道，人生切莫草草。
向阳持襟窍，正直不骄傲。

此际煦日洒照，冬晨冷寒笼罩。
清听鸟鸣叫，意气都洒潇。

努力奋行前道，关山一任陡峭。
风雨何妨嚣，兼程吾行好。

人生顷刻就老，时光珍惜分秒。
叩道乐逍遥，心得入诗稿。

秉持中庸之道
2021-12-20

秉持中庸之道，人生绝不讨巧。
奋志可刚傲，叩道乐逍遥。

此际阳光洒照，蓝天白云清好。
小鸟恣鸣叫，清风怡心窍。

洒脱盈我襟抱，人生奋向前跑。
山水履迢迢，心襟展微妙。

红尘胡不娟好，风雨狂烈经饱。
爽然余一笑，闲立在庭表。

红尘太多艰辛
2021-12-20

红尘太多艰辛，涤荡我的心灵。
人生努力前行，不惧山高水凝。

心志总是殷殷，叩道向往光明。
远抛幽暗无明，修心万里无垠。

百年匆匆逝行，斑苍仍余英俊。
往事不必回萦，未来瞻望于心。

此际阳光清俊，小鸟娇娇啼鸣。
蓝天流动白云，爽风惬我心襟。

此际旷展心襟

2021-12-20

此际旷展心襟，人生奋志而行。
历尽艰险境，心境持坦平。

神恩总是无垠，思此颂发于心。
灵程奋前进，山水越空清。

尘世试炼之境，心怀勿忘灵明。
天国有美景，永生福无尽。

一生向往光明，挥洒我的热情。
名利累身心，弃之何妨清。

我已不再年青

2021-12-20

我已不再年青，仍怀壮志豪情。
挥洒我的干劲，万里长途驱行。

岁月赐福无尽，磨炼身心刚劲。
赢得潇潇心襟，远抛阴暗无明。

叩道吾心劲挺，身心沐浴光明。
穿过崇山峻岭，览尽山巅烟云。

笑意生出从心，温和是我心灵。
不计斑苍老境，济世奋发豪情。

解开一切捆绑

2021-12-20

解开一切捆绑，不受名利缠障。
心地有阳光，性灵持敞亮。

人生世上艰苍，务向天国启航。
灵程不好闯，重重有魔障。

圣灵护我向上，胜过试探深艰。
圣洁盈襟房，凯歌彻云乡。

待到天国之上，共父万寿无疆。
灵体发晶光，黑暗远退藏。

旷意清展扬长

2021-12-21

旷意清展扬长，人生路上慨慷。
振奋我意向，万里踏莽苍。

红尘一笑安祥，此生与缘共往。
修心真无恙，试炼任深艰。

此际朝日东上，冬至一阳初放。
中心喜平康，乐将诗哦唱。

向阳清展襟房，正义一生奔放。
叩道履艰苍，眼目蕴慧光。

心志须要定当

2021-12-21

心志须要定当，一任尘世纷忙。
人生修炼场，切莫太紧张。

心中须有阳光，朗照世界无恙。
奋志行艰苍，困苦未可障。

眉眼欢笑扬长，快慰持在心肠。
得意不狂猖，谦和守襟房。

前旅风雨任狂，神恩总是丰穰。
力行兼程上，风光览悠扬。

人生切莫贪心

2021-12-21

人生切莫贪心，守定我的心襟。
中心持光明，富足有心灵。

奋志岂是常寻，人生抓住要领。
努力奋前行，关山越苍峻。

笑容满面清新，人生志向坚定。
叩道用心领，识见入诗吟。

冬至今日正临，阳光洒照清俊。
岁月旷飞行，不必计斑鬓。

怡然心襟

2021-12-21

怡然心襟，欢快真无垠。
冬阳煦映，鸟语复娟鸣。

我心振兴，清风来舒情。
骋志前行，万里阅风云。

岁月空清，人生是旅行。
天国远景，仰慕于心襟。

叩道刚劲，风雨洗心襟。
神恩丰盈，思此颂于心。

休憩心襟

2021-12-21

休憩心襟，惬听鸟之鸣。
爽风清新，煦日洒光明。

和蔼身心，叩道挺刚劲。
一笑多情，人生奋前进。

履尽艰辛，而今赢坦平。
勃勃雄心，注目万里云。

世事难定，幻化桑沧境。
妥善用心，因果是分明。

舒展我的心襟

2021-12-22

舒展我的心襟，人生奋志凌云。
穿过浓雾行，心地持清明。

一生向往光明，济世挥洒才情。
人生勿因循，奋辟境界新。

岁月侵我双鬓，一笑仍持空灵。
奋志去追寻，名利当辞屏。

神恩无比丰盈，思此感动于心。
欢呼应尽兴，灵程妙无垠。

人生洒洒潇潇

2021-12-22

人生洒洒潇潇，赢得心襟不老。
漫漫修行道，努力去行好。

此际阳光洒照，浓雾乾坤笼罩。
心志须明瞭，勿为雾所扰。

岁月侵人以老，华发迎风而飘。
爽然余一笑，红尘胡不好。

奋志旷展刚傲，叩道心得条条。
哦诗适情窍，坦荡质朴饶。

人生意气飞扬

2021-12-22

人生意气飞扬，履尽高山万幢。
心志恒晴朗，微笑浮面庞。

得意不可狂猖，谦和守我心向。
奋发贞志刚，男儿有豪强。

此际阳光正靓，鸟语娟娟演唱。
爽风来悠扬，心地正快畅。

岁月多么奔放，赐我心境坚强。
叩道尽力上，前方任莽苍。

心襟应许辽广

2021-12-22

心襟应许辽广，宇宙尽都包藏。
名利非意向，清贫吾安享。

窗外喜鹊鸣唱，打动我的心房。
蓝天白云晴朗，南风其来悠扬。

中心意兴又放，小哦新诗一章。
舒出情意芳香，振襟万里履航。

中心向往遐方，天涯矢志闯荡。
不惧虎豹豺狼，提刀努力敢上。

此生忍辱精进
2021-12-22

此生忍辱精进，踏破山水常寻。
五湖归来清俊，南山志向鲜明。
渔樵生活爽清，胸中不惹利名。
烟霞明靓慰情，悠度生活清贫。

人生清旷
2021-12-22

人生清旷，悠悠骋志向。
山水远长，风光是清靓。

踏遍莽苍，赢来一笑爽。
红尘无恙，磨炼心志刚。

大千幻象，因缘起销涨。
共缘而放，人生客旅间。

天国家邦，永生真强康。
万寿无疆，颂父万年长。

修得潇潇心襟
2021-12-22

修得潇潇心襟，人生奋志前行。
山高不常寻，誓攀彼绝顶。

红尘多有艰辛，苦难磨砺经营。
炼得洒脱心，奋展刚与劲。

冬日旷喜朗晴，蓝天秀着白云。
风来何爽清，惬意盈心灵。

岁月不止清平，多有风雨经行。
努力兼程进，关山越苍峻。

人生奋志向
2021-12-23

人生奋志向，雅洁无疆。
晨起情悠扬，颂哦诗章。

岁月展芬芳，老我斑苍。
仲冬天寒凉，情志扬长。

舒展我心刚，叩道顽强。

名利无意向，清贫安享。

一笑还爽朗，神恩广长。
心灯须燃亮，黑暗退藏。

人生不怅惘
2021-12-23

人生不怅惘，心地情长。
晨起听鸟唱，雾锁狂猖。

履尽是坎苍，一笑爽朗。
人生试炼场，炼心无恙。

神恩是广长，护佑前闯。
关山任险苍，心志雄壮。

冲决黑暗藏，心怀明光。
叩道吾贞刚，岂同凡常。

人生爽朗
2021-12-23

人生爽朗，心襟潇然旷。
朝日东上，喜悦我情肠。

心系遐方，人生奋闯荡。
利锁名缰，弃之应尽光。

红尘无恙，神恩敷广长。
努力向上，修心何强刚。

一笑安祥，豁达且平康。
岁月芳香，思此感兴放。

云淡风清
2021-12-23

云淡风清，煦日朗光明。
小鸟啼鸣，自在且欢馨。

心襟朗映，天良持清明。
物欲屏清，高蹈入白云。

岁月进行，仲冬柳犹青。
心中高兴，哦诗适雅情。

奋发前行，胸襟何爽清。
人生悟心，豁达且空灵。

欢歌情长

2021-12-23

欢歌情长，人生吾雅娴。
胸襟淡荡，无机持襟房。

向前向上，高远至无疆。
宇宙无限，尽我展思想。

人生昂扬，千关未许障。
展眼瞭望，天际云烟苍。

不取狂荡，谦和守心房。
振节哦唱，悠入白云间。

心志平正

2021-12-23

心志平正，仰看彼云层。
爽风慰问，心地正清纯。

滚滚红尘，清度我人生。
奋志刚贞，努力风雨程。

一笑清生，快慰盈心身。
百度旅程，共缘相驰骋。

秉持心灯，烛照前旅程。
风雨晨昏，朗放读书声。

历劫红尘

2021-12-23

历劫红尘，赢得潇潇心身。
旷志飞腾，搏击云天鹏程。

世事纷逞，叠换桑沧成阵。
英武心身，原也清持雅正。

岁月进深，玄发霜华渐盛。
一笑温存，共缘履历丰盛。

坎坷年轮，磨炼心襟清纯。
匡世奋争，秉持烛火前骋。

世事纭纭纷纷

2021-12-24

世事纭纭纷纷，人生容我纵论。
心地应清纯，物欲惹纷争。

岁月不断进深，幻化是此红尘。
窗外风号呻，冷寒笼乾坤。

火热是我心身，叩道奋志刚贞。
人生是旅程，万里脚下奔。

今日早起五更，灯下清思生成。
哦出我心身，鼓勇矢前骋。

人生步履从容

2021-12-24

人生步履从容，宽广是我心胸。
思想须凝重，实干显豪雄。

试炼任其艰浓，贞心守定寸衷。
名利弃空空，清心不妄动。

红尘徒是凶猛，业力幻化重重。
罗网任深重，慧烛燃心中。

岁月并不轻松，多有困难苦痛。
万里径直冲，天涯风光洪。

不可得意忘形

2021-12-24

不可得意忘形，谦和守我心襟。
圣洁持心灵，污秽须抛清。

一生努力修心，净化灵魂无垠。
向上我力行，叩道奋刚劲。

窗外风号云阴，细雨洒自天庭。
冷寒不要紧，火热盈身心。

人生只是旅行，百年匆若飞行。
寸阴如寸金，珍惜铭于心。

修心未有止境

2021-12-24

修心未有止境，步步前行坚定。
心志恒殷殷，向上旷飞行。

雅洁持在身心，名利抛之宜清。
诗书润心襟，哦咏怡心灵。

仲冬天气寒清，朔风呼号尽兴。
小鸟有啼鸣，旷怀持高兴。

神恩颂赞于心，感恩诉出心灵。
天国力趋行，永生福无垠。

人生正气干云

2021-12-24

人生正气干云，心志奋展刚劲。
叩道务坚定，努力去修心。

圣诞明日来临，不忘神恩丰盈。
努力向前进，关山越无垠。

幸福盈于心襟，快乐颂歌哦吟。
济世挥才情，独立吾大鸣。

向阳是我心襟，万里阅历风景。
洒然一笑清，正直是心灵。

品茗意兴清逍

2021-12-24

品茗意兴清逍，灵程步履迢迢。
圣灵作中保，前行步步高。

此生绝不骄傲，谦和养我德操。
向学志刚傲，哦咏怡情操。

岁月侵人以老，开怀赢得一笑。
豁达真无二，修心朗心窍。

匡世力行前道，圣洁清持心窍。
世界存美好，努力去创造。

岁月进行

2021-12-24

岁月进行，岁月旷然进行。
冷寒任峻，朔风任其号鸣。

我持清心，一心向往光明。
英武身心，原也不计清贫。

红尘惊警，恒是磨炼心襟。
叩道奋行，领略万千意境。

大千旷运，幻化桑沧无垠。
百年梦境，德操务必修行。

落叶飘零

2021-12-24

落叶飘零，诗意弥满心襟。
冷风吹劲，添我满身干劲。

骑车奋行，穿过城市丽景。
仲冬妙境，无妨心境爽俊。

奋志而行，人生穿山越岭。
回首烟凝，过去历历在心。

瞻望前景，合当努力前进。
试炼任临，我只固守清心。

每日检点心灵

2021-12-24

每日检点心灵，污秽努力抛清。
追求彼光明，圣洁我心灵。

叩道心志殷殷，灵程努力奋行。
关山越苍峻，风光入心襟。

秀美是我心灵，努力追求上进。
不图利与名，清心最要紧。

红尘是多艰辛，时有苦痛侵心。
圣灵驻我心，安慰我心灵。

夜来小雪降

2021-12-25

夜来小雪降，奇寒自朔方。
心境持温让，室内和暖漾。
圣诞今日访，主恩铭心肠。
颂赞理应当，哦诗以讴唱。

哦诗以讴唱，作盐又作光。
灵程奋发闯，前旅任苍茫。
修心真无羔，圣洁且清芳。
欢快度辰光，颂父发讴唱。

蓝天正晴

2021-12-25

蓝天正晴，秀着朵朵白云。
朔风号紧，天地冷寒峭峻。

我自开心，圣诞今日来临。
旷怀高兴，雅哦新诗舒情。

人生怀情，向往正道通行。
努力奋进，山水阅览无垠。

心地雅清，因无杂质扰静。
休憩身心，动静合宜才行。

灿烂阳光

2021-12-25

灿烂阳光，心地吾情长。
身心健康，感谢神恩壮。

天寒何妨，白云自在翔。
心境爽朗，品茗意向张。

小哦诗章，舒出情悠扬。
人生世间，勿逐名利狂。

曾经失丧，血泪潸潸淌。
神恩奔放，救死并扶伤。

此心慷慨，向阳挺苗壮。
不屈强梁，叩道奋贞刚。

流年逝往，笑意舒广长。

前景瞻望，豪情正满腔。

人生奋志鼓舞

2021-12-25

人生奋志鼓舞，时光切莫虚度。
中心千千感悟，哦入诗章倾吐。
不为名利耽误，万里征途长驱。
阳光洒满宙宇，明媚身心欢愉。

写意是此红尘

2021-12-25

写意是此红尘，蕴育万千众生。
感谢天父鸿恩，导引灵性旅程。
不计试炼艰深，天使护我驱骋。
欢呼声入云层，凯旋荣归天城。

畅怀聊讴咏

2021-12-25

畅怀聊讴咏，情思丰隆。
阳光洒和慵，白云袅空。

休憩品茗中，逸致从容。
时节正仲冬，冷寒犹重。

岁月骋其功，老我斑慵。
爽然一笑中，豁达无穷。

正气盈襟胸，万里矢冲。
风雨沐重浓，洒脱于中。

旷怀聊讴咏

2021-12-25

旷怀聊讴咏，心志中庸。
时光流变中，又值仲冬。

长驱是朔风，冷寒正重。
晴空白云动，如画之容。

我心持凝重，思想从容。
半生付风中，无影无踪。

未来瞻望中，风云汹涌。
努力奋襟胸，果敢行动。

人生笑谈中

2021-12-25

人生笑谈中，时光飞迅猛。
华发添浓重，一笑仍从容。
情志鼓舞冲，万里克险凶。
不惧渐成翁，爽怀惬无穷。

人生笑谈中，诗书吾哦讽。
积德务厚重，修心几微中。
持正柔心胸，叩道悟圆通。
百年不久永，晨昏务用功。

云天苍苍

2021-12-25

云天苍苍，朔风恣意号唱。
斜照苍茫，冷寒此际狂猖。

体道平康，人生正气昂扬。
不屈艰苍，不惧老将来访。

微笑浮上，悟道吾心雅娴。
展眼旷望，天际烟霭迷漾。

奋向前闯，览尽关山万幢。
中心何讲，感谢圣父无限。

心志不取苍苍

2021-12-25

心志不取苍苍，人生奋发力量。
濯足讴沧浪，四海尽家乡。

此际夕照在望，天地冷寒正猖。
清思展悠扬，裁意哦诗章。

中心何所思想？正气容我昂扬。
叩道骋志向，万里踏莽苍。

百年不必匆忙，务辨前路方向。
关山脚下闯，风光阅清靓。

第五十一卷《欢笑集》

夕照舒光

2021-12-25

夕照舒光，远际响歌唱。
感兴苍茫，天气冷寒间。

岁月流畅，仲冬不觉间。
心志舒昂，人生振意向。

万物收藏，林野萧瑟放。
人民安祥，乐以度辰光。

清思发扬，哦诗又一章。
废话勿讲，益人第一桩。

人生行迹匆匆

2021-12-25

人生行迹匆匆，此心与谁相共？
孤旅不嗟险重，豪情从心而涌。
冷寒此际重浓，火热清持心胸。
窗外闪烁霓虹，七彩类我襟胸。

人生行迹匆匆，尘世苦难深重。
叩道一生奋勇，不计试炼重重。
心中怀着彩虹，光芒从眸迸涌。
涉过尘世苦痛，荣归天国之中。

人生渐趋康庄

2021-12-26

人生渐趋康庄，神恩感在心间。

心志骋清昂，奋力向前闯。

山高水深何妨，长驱展我奔放。
济世吾豪强，挥洒热血上。

努力发热发光，逼退幽暗污脏。
世界神所创，正义大强刚。

岁月舒其清芳，故事演绎万章。
桑沧是寻常，体道吾平康。

心中霞彩生成

2021-12-26

心中霞彩生成，天气任其寒冷。
火热持心身，颂赞神之恩。

努力奔赴前程，踏破山水清纯。
一笑从心生，世界美不胜。

努力不负此生，济世尽我热忱。
叩道奋刚贞，诗书润心神。

欢快是我心身，努力帮助别人。
时光如水奔，青春驻我身。

人生不惧艰苍

2021-12-26

人生不惧艰苍，清贞守我中肠。
此际正朝阳，蓝天青碧放。

冷寒一任其狂，朔风任其号猖。
守定中心向，万里越莽苍。

神恩一生不忘，灵程努力奋闯。
叩道迎难上，修心岂有疆。

矢志向前向上，宇宙广深无量。
奥秘矢探访，尽我力与量。

人生勿贪福报

2021-12-26

人生勿贪福报，谦和守我心窍。
感恩且颂祷，前旅力行好。

此生桑沧经饱，赢得开怀一笑。
修心路迢迢，风雨曾艰饶。

此际阳光洒照，明媚是我情窍。
哦诗应娟好，颂神讴声高。

未来瞻望逍遥，风光定然大好。
叩道奋刚傲，万里旅途潇。

阳光洒满心灵

2021-12-26

阳光洒满心灵，圣灵充满内心。
向上我尽心，欢讴且倾情。

岁月怡人心灵，神恩多么丰盈。
灵程奋辟进，叩道吾刚劲。

魔敌多有经营，害人败坏无垠。
物欲务辞屏，清心真要紧。

冬日清喜朗晴，朝日闪耀光明。
放声吾朗吟，欢快盈身心。

心境守我安祥

2021-12-26

心境守我安祥，温和持在襟房。
展眼天晴朗，朝日洒煦光。

岁月舒其馨芳，何计老我斑苍。
平和心地间，步履迈坚壮。

红尘熙熙攘攘，太多物欲摩荡。
清心正意间，叩道吾雅娴。

倾心放出讴唱，心灵妥善保藏。
时光若水淌，寸金比不上。

清怀荡漾

2021-12-26

清怀荡漾，人生此际情长。
休憩心肠，养颐我之襟房。

仲冬正当，阳光洒照天上。
蓝天无恙，冷风吹击狂猖。

袅然兴上，哦诗舒出意向。
正意心房，原也颇为澹荡。

向前向上，叩道旷展扬长。
扬帆启航，高远直至无疆。

矢志修心向上

2021-12-26

矢志修心向上，抛弃心灵污脏。
心地怀阳光，舒发正能量。

心志宜持清昂，万里征途莽苍。
提防有豺狼，务必携刀枪。

平安盈满襟房，神恩无比丰穰。
晴和是尘壤，冬阳正洒光。

小鸟啾啾鸣唱，点缀世宇安祥。
积善岂有疆，叩道奋贞刚。

悠悠岁月之中

2021-12-26

悠悠岁月之中，修得心襟灵动。
哦诗舒心胸，正意发从容。

此际正值隆冬，阳光洒照和慵。
小鸟啾啾颂，神恩太丰隆。

叩道成竹在胸，前旅步我凝重。
抒发心与胸，气宇弥寰中。

398

谦虚持在心中，向上旷飞无穷。
天涯风光洪，奋勇矢前冲。

中心切祷上苍

2021-12-26

中心切祷上苍，人生路上昂扬。
胸中有阳光，正气大发扬。

抛开过去既往，前路万里瞻望。
风云是茁壮，努力奋顽强。

中心充满平康，神恩何其丰穰。
灵程驱康庄，叩道吾雅闲。

心襟定定当当，平静并且和祥。
幸福盈心间，慨发哦诗章。

心襟旷持平正

2021-12-26

心襟旷持平正，人生尽力驰骋。
山水历艰深，感颂神之恩。

中心秉具真诚，灵程路上驰奔。
叩道奋刚贞，前履尽平顺。

任起风雨狂盛，我心守定纯真。
阳光心中生，霞彩盈心身。

努力做个新人，抛弃旧我污身。
圣洁持心身，言语吐温存。

心灵务必端正

2021-12-26

心灵务必端正，向神颂祷真诚。
一生沐神恩，灵程美不胜。

叩道奋我刚贞，前旅不畏困阵。
圣灵护全程，凯歌彻云层。

修心岂有止程，向上我要奋争。
抛弃物欲盛，清心才可奋。

和平盈满心身，正气充盈乾坤。
阳光正洒盛，白云飘纷纷。

笑意聊舒广长

2021-12-26

笑意聊舒广长，秉持坚贞志向。
窗外是冬阳，斜晖正清朗。

我自意志昂扬，挥洒心襟志向。
哦诗万千章，舒出情志芳。

冷寒一任其猖，云天妙如画廊。
心境正晴朗，耳际鸟语唱。

修心不能稍忘，利益众生是尚。
正气大发扬，道义敷寰壤。

人生节俭为上

2021-12-26

人生节俭为上，福分未可尽享。
修心当尽量，惜福理应当。

心中充满阳光，正意蕴积襟房。
叩道奋力上，前旅任艰苍。

神恩总是广长，胜过煦和阳光。
人心亮堂堂，眼目透慧光。

抛弃黑暗肮脏，圣洁灵魂无疆。
天国是家邦，努力启归航。

人生秉诚

2021-12-27

人生秉诚，修心进德无止程。
痛悔诚真，过往错谬多又盛。

奋发前程，鼓舞心志矢前奔。
神恩丰盛，导引灵程美不胜。

晨起寒深，无妨我心火热生。
灯下思深，努力作个正直人。

瞻望前程，山高云起风光盛。
步履刚正，风雨无妨我兼程。

忏悔于心

2021-12-27

忏悔于心，过去罪孽铭于襟。
痛改殷殷，务使光明充内心。

神恩丰盈，思此我心颂赞并。
悲悯于心，济世度人奋前行。

红尘幻境，太多困苦与伤心。
自心须清，共缘履历阴与晴。

刚正持心，修心进德无止境。
悟彻圆明，慧烛燃明矢前行。

晨曦东方

2021-12-27

晨曦东方，红霞正吐光。
心志清昂，内省我思想。

过去猖狂，过去污且脏。
改过应当，圣洁努力间。

悲悯心肠，济世奋贞刚。
践履为上，修心努力间。

前路漫长，任起风雨霜。
矢志驱闯，矢志攀万丈。

冷寒一任其放

2021-12-27

冷寒一任其放，火热是我襟房。
圣灵驻心间，眼目蕴慧光。

谦和持在心肠，向上尽我力量。
步履迈平康，正心勿相忘。

世界忧患之间，神恩无比丰穰。
放心我前闯，天使伴我航。

济世度人扬长，德操修养无疆。
圣洁已心肠，胸襟怀雅量。

惭愧感在心身

2021-12-27

惭愧感在心身，过去陷入迷阵。
不够纯与真，污秽存心身。

我要奋力改正，修心养德奋争。
人生朝夕只争，叩道尽力驰骋。

红尘浊浪滚滚，太多诱惑纷争。
清度我之人生，雅致清持心身。

向上飞向天城，圣洁才有福分。
天父赐下鸿恩，只给配受的人。

悟道精进

2021-12-27

悟道精进，努力以修心。
践履才行，实干显豪英。

又值天晴，东方霞彩明。
冷寒任峻，火热持身心。

奋志殷殷，内省我身心。
污秽抛清，圣洁我心灵。

方向辨明，万里迎难进。
物欲辞屏，德操力推行。

心怀感恩之心

2021-12-27

心怀感恩之心，向神颂祷于襟。
平安丰盛来临，欢乐盈于心灵。

阖家蒙恩无尽，享受温馨安宁。
岁月流逝飞行，灵程努力奋进。

济世度人才行，悲悯蕴于内心。
众生陷入苦境，救度出离苦井。

神恩无比丰盈，胜过阳光温馨。
晨起颂赞于心，哦诗奉献真情。

天气冷寒正峻

2021-12-27

天气冷寒正峻，朝旭洒放光明。
小鸟啾啾清鸣，点缀世界安平。

热情盈于心襟，向神敞开心灵。
欢呼我要尽兴，讴颂神之恩情。

灵程努力辟进，圣洁自我心灵。
济世挥洒才情，修心无有止境。

岁月舒其芬馨，幸福生活康平。
前程万里温馨，神恩护佑前行。

心襟不再迷惘

2021-12-27

心襟不再迷惘，利益众生是尚。
修心原也无疆，矢志努力向上。

克己私欲贪脏，圣洁发出清光。
灵程并不好闯，多有试探深艰。

此际红日正上，天气冷寒显彰。
火热心身奔放，济世度人慨慷。

向上我要尽量，叩道千关奋闯。
胜利回归天堂，永生福乐无限。

煦日洒照

2021-12-27

煦日洒照，心志吾清好。
坚持正道，不惧艰苍饶。

苦难经饱，开怀赢一笑。
神恩丰饶，导引灵程道。

旷展心窍，哦诗热情高。
舒出怀抱，情志如芳草。

云天飘渺，风吹正荡浩。
清听鸟叫，惬怀真无二。

天人和畅

2021-12-27

天人和畅，秉心中正间。
煦阳心间，博爱不可忘。

人生世间，磨炼此心肠。
慨当以慷，奋志以顽强。

名利捐放，正义吾强刚。
灵程奋闯，叩道启无疆。

岁月芬芳，胜过老酒香。
回忆过往，痛悔罪深长。

忏悔应当，发奋以图强。
振奋情肠，努力发光芒。

圣洁心肠，远抛彼污脏。
天父慈祥，导引我航向。

向前向上，天国是家邦。
永生安祥，福乐真无上。

驻世岂长，珍惜好时光。
修心扬长，不惧困与障。

悠悠是我心襟

2021-12-28

悠悠是我心襟，人生怀着奋兴。
夜来天寒清，四更正睡醒。

人生奋志殷殷，万里努力驱进。
叩道领意境，山水越苍峻。

红尘令人惊心，虎豹狼烟经行。
神恩大无垠，赐我以安平。

灵程努力辟进，胜过试探艰凌。
天路不好行，圣洁是要领。

人生步履平正

2021-12-28

人生步履平正，谦和是我心身。
叩道吾坚诚，光明生心身。

岁月不断进深，冷寒任其交骋。
心志正缤纷，霞彩中心生。

履尽风雨历程，迎来一笑和温。
掌足我精神，前路万里程。

大千是此红尘，妙幻桑沧精准。
持心应平正，共缘而驱骋。

人生不争不抢
2021-12-28

人生不争不抢，淡泊是我情肠。
向阳吾茁壮，心志颇扬长。

叩道旷展贞刚，履尽万水千嶂。
一笑颇安祥，神恩铭心肠。

此际煦日在望，清风涤我襟房。
惬意真无限，品茗意逍闲。

前路不惧艰长，奋发展我力量。
天使伴我航，一生沐恩光。

和平是此宇城
2021-12-28

和平是此宇城，阳光洒照乾坤。
心地持清纯，和柔盈心身。

清风吹来阵阵，爽我心志精神。
讴颂神之恩，圣洁我灵魂。

奋志驱走灵程，叩道尽我一生。
红尘浊浪滚，名利应弃扔。

心襟勃勃旺盛，修心未有止程。
向上尽力争，百年似水奔。

情怀不必怅惘
2021-12-29

情怀不必怅惘，人生奋志昂扬。
早起五更间，一任天寒凉。

路上华灯正放，偶有车声嚣响。
静心读词章，心志舒奔放。

流年更转无恙，添我华发清霜。
一笑颇澹荡，人生放马闯。

高山履尽万幢，依然心志刚强。
男儿展豪放，不为名利缠。

人生修心无竟
2021-12-29

人生修心无竟，务须努力辟进。
正己且殷殷，内省己心灵。

冬日清寒正峻，晨起鸟语清新。
灯下思勤殷，奋志当凌云。

红尘艰辛之境，太多诱惑陷阱。
步步须小心，前旅才顺平。

神恩无比丰盈，思此颂赞于心。
灵程努力行，叩道吾刚劲。

人生清怀知多少
2021-12-29

人生清怀知多少，容我撰诗稿。
修心路迢迢，鄙吝应全消。

此际清听鸟叫，红日东方正照。
冷寒一任峭，心志吾洒潇。

红尘太多烦恼，心志应须静悄。
物欲未许扰，清心第一条。

向上奋展刚傲，叩道山水奇妙。
风雨任洒嚣，兼程吾力跑。

心志淡定
2021-12-29

心志淡定，流年更换殷勤。
世界幻境，名利徒损心襟。

岁月进行，霜华渐涨何因？
一笑爽清，此生共缘履行。

叩道刚劲，平生览尽风云。
心怀空清，圆明悟彻于心。

402

胸襟和平，慈悲喜舍当行。
旷怀清俊，济世度人奋心。

调心无恙

2021-12-29

调心无恙，欢乐且平康。
人生昂扬，正气盈心间。

漫天阳光，白云自在翔。
清风和畅，爽我情与肠。

人生世间，勿为名利忙。
修心应当，宁静己心膛。

物欲弃放，清心映天良。
叩道奋闯，贞洁且清芳。

品茗肺腑香

2021-12-29

品茗肺腑香，哦诗流畅。
开口吾何讲，颂父无疆。

人生曾失丧，血泪潜淌。
魔敌肆狂猖，狰狞模样。

神恩赐广长，救死扶伤。
心灵发圣光，灵程奋闯。

高远至天堂，永生无恙。
尘世是暂享，客旅相仿。

心志爽朗

2021-12-29

心志爽朗，纵情放讴唱。
神恩广长，导引我慈航。

清听鸟唱，享受彼阳光。
清风来翔，爽我意无限。

人生奔放，因我有理想。
正气昂扬，不为名利狂。

清贞所向，是在叩道藏。
万里驱闯，关山越无恙。

忍辱精进

2021-12-29

忍辱精进，奋志岂是常寻。
英武心襟，原不在意清贫。

奋志凌云，高蹈我的身心。
胸怀白云，雅洁飘逸清新。

岁月进行，不老是我心灵。
风雨常寻，磨炼吾之刚劲。

世事清平，风浪任其涨停。
一笑温馨，神恩铭记在心。

晨曦东方展

2021-12-30

晨曦东方展，曙光先绽。
天气任冷寒，鸟鸣溅溅。

早起心妥安，诗书把玩。
哦出我心坎，一曲浪漫。

岁月扬风帆，又近年关。
一年回首观，浪卷云翻。

奋志往前赶，履尽关山。
一笑也平淡，慊和心胆。

神恩颂当然，恩重如山。
灵程奋前站，风雨兼赶。

天国是彼岸，永生欢然。
叩道奋心肝，圆明妙善。

清思旷发哦中肠

2021-12-30

清思旷发哦中肠，东方红日又舒光。
晨起鸟语娟娟唱，天气冷寒一任猖。
心志悠扬把诗唱，情志芬芳并雅娴。
岁月飞殇何必讲，正义心襟吾安祥。

心情不急不躁

2021-12-30

心志不急不躁，行步安祥为要。

守定祥和心窍，正义身心刚饶。
向前矢志奔跑，关山履历迢迢。
风雨兼程辟道，爽声放我大笑。

心情不急不躁，谦和一生方好。
叩道奋志刚傲，不惧艰苍经饱。
此际阳光洒照，小鸟啾啾鸣叫。
晴和是此尘表，安度岁月逍遥。

人生修心无疆

2021-12-30

人生修心无疆，谦正清持心肠。
　向上吾尽量，众教和同间。

此际阳光清朗，蓝天白云浮漾。
　雀鸟放歌唱，天地祥和张。

情志此际高涨，新诗哦出奔放。
　舒出我昂扬，舒出情志芳。

前路任起坎苍，胸襟不怕苍凉。
　奋发贞志刚，万里斩荆创。

第五十二卷《明媚集》

人生须有耐心
2021-12-30

人生须有耐心，明媚清持胸襟。
阳光自心灵，眼目慧光映。

岁月无比芳馨，浪漫用心找寻。
天气任寒清，煦日正光明。

蓝天幻着白云，朵朵飘逸清新。
小鸟啾啾鸣，我心何温馨。

品茗舒发意兴，哦出新诗空清。
岁月正进行，惜时铭于襟。

云天舒朗
2021-12-30

云天舒朗，清风自在航。
内叩心肠，灵性恒增长。

向前向上，高远至无疆。
神恩广长，天国是家邦。

人生昂扬，因我有理想。
济世贞刚，迎难坚决上。

世宇苍茫，现象万千样。
化繁为简，圣洁己心肠。

修身必讲，三省是应当。

为人端方，人格务显彰。

和同万邦，大同是理想。
齐帮共襄，众教和同间。

人生当发奋
2021-12-30

人生当发奋，心地持拙正。
晨昏吾勤奋，诗书用功深。
叩道万里程，风烟任清生。
穿越艰险程，真理足下证。

人生当发奋，惰怠可不成。
骋志矢上升，修心无止程。
岁月是清芬，老我斑苍盛。
一笑还和温，华年不永存。

人生适意为上
2021-12-30

人生适意为上，和慵是我心肠。
窗外华灯正放，室内清坐思想。
冷寒一任其猖，和暖是我襟房。
圣灵驻在心间，叩道奋展贞刚。

人生适意为上，修心没有止疆。
此生履尽艰苍，心志赢得爽朗。
不为名利奔忙，诗书晨昏讲唱。
眉开眼笑何妨，欢快盈满襟肠。

勿急勿躁

2021-12-31

勿急勿躁，人生须行好。
步履逍遥，心怀持雅俏。

哦诗骚骚，舒出情志妙。
绝不骄傲，谦和一生保。

正气丰饶，胸襟广且辽。
风云飘渺，红尘胡不好。

妙运心窍，叩道吾洒潇。
济世才调，贵在运用巧。

心襟此际平静

2021-12-31

心襟此际平静，晨起天气冷清。
岁月旷进行，明日元旦临。

心中旷然高兴，回首检点生平。
步步履艰辛，神恩太丰盈。

灵程我要奋进，长驱万里直行。
圣洁己心灵，眼目放光明。

小鸟啾啾娇鸣，点缀世宇康平。
正意盈心襟，哦诗适性灵。

晨曦初启东方

2021-12-31

晨曦初启东方，红霞吐光，
红霞吐光，已听小鸟初鸣唱。

冬日冷寒显彰，心境温让，
心境温让，早起五更哦诗章。

岁月舒展奔放，元旦明访，
元旦明访，惊叹华年逝水殇。

奋志当展刚强，前旅驱闯，
前旅驱闯，胸怀信心万里疆。

心志静宁

2021-12-31

心志静宁，读书吾温情。
阳光清俊，温暖我心灵。

神恩无垠，赐下康与平。
幸福盈襟，前旅尽顺平。

吾心多情，讴颂出心襟。
正义心灵，原也雅洁清。

红尘艰辛，多有试炼临。
颂祷于心，圣灵护汝行。

祥云飘空

2021-12-31

祥云飘空，写意来清风。
阳光和慵，余心有感动。

小鸟鸣颂，欢快应无穷。
岁月如风，清度吾从容。

心襟空空，叩道奋刚猛。
人生圆通，神恩赐丰隆。

淡眼穷通，世事桑沧浓。
百年奋勇，矢向天国冲。

红尘履历惊心

2021-12-31

红尘履历惊心，神恩护我前行。
纵展志凌云，胸襟爽且清。

天上旷飞白云，蓝天多么清新。
煦日洒光明，温暖吾之心。

饭后心襟坦平，哦诗舒出热情。
努力奋前进，风光览无垠。

人生百年惊警，时光飞逝急迅。
叩道奋勇行，用道凭良心。

圆融持在心间

2021-12-31

圆融持在心间，正义心襟昂扬。
光明心地间，灿若华灯放。

七彩是我心肠，向外散出霞光。
人生挺贞刚，叩道矢向上。

此生履尽艰苍，心襟磨成精钢。
不屈恶风浪，百炼发辉光。

此际清坐安祥，灯下展我思想。
祥和心地间，神恩丰无疆。

元旦今临

2022-1-1

元旦今临，晨起听鸟鸣。
心志静定，旷怀真无垠。

人生前行，万里无止境。
山水清境，洗涤我身心。

神恩丰盈，颂赞出心襟。
前旅顺平，平安幸福盈。

风雨任凌，披荆斩棘进。
一笑温馨，悟彻彼圆明。

晨曦东方清涨

2022-1-1

晨星东方清涨，雀鸟欢鸣唱。
喜悦心地之间，元旦新年访。

人生旷怀雅量，正义吾贞刚。
努力向前闯荡，山水越万方。

高远直至无疆，吾心何浩壮。
平心实干之间，汗水任清淌。

叩道娴雅悠扬，心志吾清芳。
哦诗情腑芳香，灵思畅流淌。

彩云漫空

2022-1-1

彩云漫空，东方红日升从容。
心志清空，漫步人生也和慵。

一笑从中，惬怀雅洁真无穷。
浩气弥空，振襟哦唱吐心胸。

岁月如风，又值元旦新年中。
希望凝胸，努力实干奋前冲。

沐尽雨风，艰苍生活余感动。
神恩恢弘，思此颂赞出腑胸。

东方红日初舒光

2022-1-1

东方红日初舒光，喜气心房，
喜气心房，惬听小鸟之鸣唱。

岁月转换元旦访，正意襟肠，
正意襟肠，人生奋展志儿刚。

回首过往不愁怅，一笑潇荡，
一笑潇荡，因缘遇合似水淌。

未来万里长瞻望，风云茁壮，
风云茁壮，关山风景也悠扬。

畅意是我心襟

2022-1-1

畅意是我心襟，此际心怀奋兴。
元旦今日临，放旷我胸心。

阳光煦然照明，白云袅袅飞行。
小鸟啼空清，爽风来清新。

难抑心中高兴，新诗哦出舒情。
心怀大光明，前旅奋辟进。

关山阅尽苍青，爽然是我心情。
展眼世宇清，生活乐康平。

人生不惧艰苍

2022-1-1

人生不惧艰苍，坎坷何必回放。
应向前方望，胸襟怀雅量。

岁月舒其清芳，笑我华发增长。
情怀颇爽畅，哦诗亦爽朗。

此际心志清昂，胸怀万里远方。
天涯好风光，矢志去闯荡。

远处鞭炮又放，增添喜气无恙。
正气弥宇间，性天乐开朗。

旷展我的心襟

2022-1-1

旷展我的心襟，人生正气凌云。
奋力向前进，关山越无垠。

红尘时有惊警，狼烟时有经营。
慧烛手中擎，步履尽顺平。

神恩铭记于心，颂赞诉出心灵。
灵程努力行，凯歌彻霄云。

爽风吹来清新，阳光洒照宇庭。
心中怀高兴，喜悦真不禁。

人生排除干扰

2022-1-1

人生排除干扰，矢向前路奔跑。
灵程路迢迢，步步力行好。

胜过魔敌鬼妖，圣洁清持心窍。
神恩很丰饶，导引我航标。

不怕充满暗礁，把舵方向找好。
扬帆万里遥，风光阅逍遥。

心中情怀风骚，耳际清听鸟叫。
煦阳正朗照，情思共风飘。

披荆斩棘前进

2022-1-1

披荆斩棘前进，雅守我的清贫。
正义盈心襟，灵程奋辟进。

斜照此际正明，冷风吹击无垠。
心地雅怀情，耳畔听鸟鸣。

岁月清度均平，心灵爽洁空清。
人生振意兴，叩道鼓心灵。

向往大同之境，济世挥洒干劲。
清贫不要紧，富足在心灵。

善加守护心灵（之一）

2022-1-2

善加守护心灵，调节身心清平。
人生奋前进，山水阅苍峻。

晨起冷寒之境，读书气宇凌云。
身心都康宁，圣灵驻我心。

红尘磨炼之境，太多物欲损心。
不必吁不平，神恩总丰盈。

岁月飞逝而行，人生趋老温馨。
和雅持身心，哦诗也多情。

雀鸟又清鸣

2022-1-2

雀鸟又清鸣，天还没明。
冷寒一任峻，火热身心。

哦诗舒雅情，温和清新。
岁月多风情，变幻奇景。

心志怀空清，叩道奋行。
悟彻彼圆明，笑自心灵。

坦腹吾康平，无机心襟。
正直矢辟进，与缘共行。

旷怀悠扬

2022-1-2

旷怀悠扬，雅洁把诗唱。
正午阳光，清展其光芒。

鸟鸣奔放，惬我意与肠。
心志扬长，生活吾安享。

振奋情肠，人生向遐方。
高远天堂，才是我家邦。

叩道向上，胜过魔敌挡。
大队群羊，凯旋归故乡。

休憩心肠

2022-1-2

休憩心肠，心境持开朗。
沐浴阳光，品茗情志畅。

爽风来翔，听见啼鸟唱。
世宇和祥，人民享安康。

神恩广长，感恩于心间。
正义襟房，叩道迈坚壮。

灵程奋闯，修心原无疆。
天苍地广，尽我展思想。

休憩身心

2022-1-2

休憩身心，抛开书本不经营。
平静心灵，畅吸清风吾雅清。

斜照正明，世界享受此和平。
神恩丰盈，思此颂赞于内心。

小鸟娇鸣，点缀生活也安宁。
岁月进行，不老身心持空灵。

任起斑鬓，爽然一笑豁于心。
灵程驱进，霞彩风光赏不尽。

岁月进行

2022-1-3

岁月进行，人生领略意境。
冷寒任峻，晨起心志殷殷。

红尘艰辛，正好磨炼心襟。
叩道刚劲，万里长途驱行。

大千旷运，演绎万象纷纭。
心须静定，慧意从中生蕴。

一笑空清，淡定是我心情。
人生奋进，履尽万山烟云。

端正身心

2022-1-3

端正身心，叩道吾殷勤。
人生刚劲，努力向前行。

高山峻岭，览尽彼层云。
松风涤心，快我真无垠。

前路坦平，神恩赐丰盈。
圣灵护心，正直放旷行。

力战魔兵，凯歌彻行云。
圣洁内心，慧光目中蕴。

善加守护心灵（之二）

2022-1-3

善加守护心灵，莫被污秽所侵。
圣洁己内心，灵程奋前行。

岁月风光清新，风雨任其经行。
阳光在我心，闪耀大光明。

明媚是我心襟，神恩无比丰盈。
叩道矢进行，风光阅无垠。

任起高山峻岭，展开翅膀飞行。
摩云何清俊，快意盈我心。

清怀逞雅淡

2022-1-3

清怀逞雅淡，人生奋扬帆。
不惧千艰难，男儿我伟岸。
旷意弥宇瀚，振襟讴浪漫。
一曲天人善，舒出心肝胆。

抛开心襟沉重

2022-1-3

抛开心襟沉重，人生赢来轻松。
圣灵驻心中，神恩大无穷。

不惧渐已成翁，中心气宇如虹。
脚踏实地冲，万里克魔凶。

岁月赐我凝重，面带爽清笑容。
叩道奋刚猛，心得入诗颂。

红尘任其幻浓，慧意持在心中。
胸襟悟圆通，诗书晨昏咏。

苍烟四野凝

2022-1-3

苍烟四野凝，心志空清。
脚踏实地行，矢志奋进。

耳际闻鸟鸣，斜照正明。
心志不冷清，旷怀清俊。

向往春来临，繁花妙景。
此际仲冬境，万物凋零。

老松正苍劲，青翠无垠。
精神颇健挺，风采妙凝。

清度吾之人生

2022-1-3

清度吾之人生，物欲抛弃过盛。
感谢神之恩，导引我灵程。

此际夕阳正逞，天际苍烟纷纷。
爽风来清骋，欢快盈心身。

向阳情操茂盛，叩道奋我刚贞。

力战魔敌纷，胜利归天城。

红尘浊浪滚滚，太多名利纷争。
心地务清纯，圣灵护心身。

心志总持平静

2022-1-3

心志总持平静，圣灵心中运行。
人生前路奋行，物欲尽行弃屏。
高蹈余之雄心，清宁是我心境。
灵程努力辟进，叩道清展刚劲。
红尘不必惊心，天使伴我前行。
度过崇山峻岭，前路迎来坦平。
笑意发出自心，幸福盈于心灵。
天国家邦温馨，永生福乐无垠。

不灭是我心灯

2022-1-3

不灭是我心灯，人生奋志刚贞。
神恩无比丰盛，思此颂赞真诚。
此生清度红尘，磨炼心襟纯正。
奋向天国驰奔，胜过魔敌妖氛。

不灭是我心灯，圣灵驻我心身。
灵魂圣洁清纯，天路历程缤纷。
越过彩虹上升，灵性飞向天城。
荣归乐园永生，共父万年恒春。

和悦是我心肠

2022-1-4

和悦是我心肠，人生奋志向上。
叩道吾雅娴，悠悠放哦唱。

天阴冷风吹畅，爽洁我之心房。
散思清无恙，妙悟脱凡想。

前旅任起风狂，人生清展力量。
天国是家邦，天使伴我航。

济世热情奔放，读书怡我襟房。
正直人生场，纯洁己心肠。

清展我的灵动

2022-1-4

清展我的灵动，清展我的从容。
　人生如履风，共缘而行动。

此生誓脱凡庸，心志持有清空。
　圆融悟心胸，众教和同中。

岁月逝去浓重，华发飘飘迎风。
　人生持凝重，君子不苟同。

心襟飘逸和慵，儒雅人格中庸。
　微微一笑中，豁达真无穷。

东方又出曙光

2022-1-6

东方又出曙光，心地蔼然欢畅。
　天气冷寒间，火热持襟房。

人生向前向上，克尽无数险艰。
　心怀红太阳，散发热与光。

叩道奋我贞刚，男儿旷展豪强。
　力战魔之帮，胜利回天堂。

灵魂洁净放光，眼目清澈明亮。
　前途万里闯，风光是悠扬。

心志平静

2022-1-7

心志平静，休憩我身心。
岁月进行，又值季冬临。

心事旷平，无物萦心襟。
正义心灵，原也清芬盈。

雾霾正行，世界不太平。
魔鬼肆行，罪恶务扫清。

杀伐当行，斩尽魔鬼群。
还我太平，道义大通行。

遐思旷行

2022-1-7

遐思旷行，圣灵中心正运行。
圣洁雅清，叩道时刻在进行。

心志殷殷，向往正道得通行。
大同之境，和乐熙熙何清明。

努力前行，力斩魔敌与魔兵。
还我清平，正义光芒照人心。

红尘幻境，莫为名利损身心。
努力清心，抛去污秽与不净。

清心裁志哦诗章

2022-1-7

清心裁志哦诗章，舒出正气颇昂扬。
不怕阴霾笼野间，胸有阳光破雾障。
性光此际正敞亮，灵程道路奋发闯。
几声啼鸟振幽响，微笑浮上我面庞。

心志旷然平静

2022-1-7

心志旷然平静，圣灵雅然运行。
胸襟怀有白云，飘逸并且清新。
济世挥洒才情，哦歌舒出热情。
岁月奋然进行，我要努力前进。

心志旷然平静，清风吹来多情。
阖家多么康宁，神恩铭感于心。
杀伐必然要行，斩尽魔鬼妖群。
胜利必然来临，欢歌震达天庭。

心志应许静定

2022-1-7

心志应许静定，圣灵旷然运行。
　火热是身心，慧光眼目蕴。

红尘历练之境，磨得潇潇心襟。
　君子人格清，儒雅吾多情。

鸟语多么清新，风来爽洁慰心。
　清坐思纷纭，哦诗适胸心。

未来瞻望风云，关山座座险峻。
展翅吾入云，搏击九天青。

早起五更天冷寒

早起五更天冷寒，爽然心与胆。
浩气凌云冲宇汉，壮我情与肝。

人生奋然辟前站，万里迎艰难。
开天辟地好儿男，岂是庸与凡。

岁月侵袭斑苍展，努力把家还。
天国家园铭心胆，灵程奋鏖战。

胜过魔敌凯歌展，圣徒成队站。
圣洁羔羊扬云帆，顺利把家还。

火热心身

2022-1-8

火热心身，不忘神之恩。
导引灵程，赐福深又深。

奋不顾身，叩道奋刚贞。
努力前奔，力克魔敌纷。

岁月进深，爽然笑出声。
心志旷逴，傲立于乾坤。

世事红尘，磨炼我刚正。
悟彻时分，圣灵驻心身。

红尘滚滚

2022-1-8

红尘滚滚，努力奋灵程。
天父导程，胜了还要胜。

回思此生，风雨是艰深。
号呼声声，神亲自慰问。

努力奋争，力战魔敌纷。
凯歌旋逴，响彻彼云层。

明媚心身，颂赞神之恩。
瞻望前程，霞彩并云层。

第五十三卷《朴实集》

休憩身心
2022-1-8

休憩身心，人生持淡定。
内叩心灵，原也颇雅清。

红尘惊心，历练我胸襟。
浩气凌云，正意弥宇庭。

晨起爽心，清听鸟之鸣。
诗意于心，短章诉雅情。

岁月进行，年关已接近。
成竹于心，叩道奋殷勤。

从心而动
2022-1-8

从心而动，圣灵在其中。
努力作工，和平盈宇穹。

朗日晴空，清风正吹送。
浩志于胸，品茗惬无穷。

人生情钟，神恩赐恢弘。
不甘凡慵，叩道奋前冲。

志取长虹，七彩耀心中。
振襟哦颂，大同缔造中。

心志更张
2022-1-8

心志更张，圣灵赐力量。
品茗清芳，精神俱增长。

信心加强，千关竞须闯。
万里疆场，展我男儿旷。

红日东上，绽放其光芒。
冷寒任彰，春来不会长。

劳逸适当，养怡我襟房。
积蓄力量，大干岂一场。

心勿妄动
2022-1-8

心勿妄动，静定以持中。
阳光心中，哦诗情汹涌。

奋展恢弘，吐气如长虹。
英武襟胸，叩道矢前冲。

神恩重隆，导引灵程风。
扬帆奋勇，天涯风光浓。

歌声清动，打动我心胸。
感发于中，舒出欢快浓。

心志安安

2022-1-8

心志安安，人生旷扬帆。
克尽艰难，饱览风光灿。

阳光灿烂，清风吹宇寰。
小鸟绵蛮，惬我心与坎。

红尘好玩，名利未许沾。
正义浩瀚，英武持心胆。

奋辟前站，灵程有浪漫。
微笑清展，心灵保妥善。

心志广长

2022-1-8

心志广长，雅怀着力量。
犹似阳光，犹似清风仿。

正义襟房，叩道吾扬长。
不惧艰苍，不惧困与障。

岁月舒昂，情志都奔放。
哦歌诗章，体道吾安祥。

休憩心肠，内省我心房。
智慧寻访，大度有雅量。

喜气盈于心襟

2022-1-8

喜气盈于心襟，人生分外多情。
阳光洒光明，清风涤胸心。

小鸟娇娇啼鸣，打动我的心灵。
写诗旷含情，如水奋流行。

岁月赐我斑鬓，心中依然年青。
奋志当凌云，誓搏九天青。

红尘历练之境，多有风雨苦境。
神恩大无垠，赐我安与平。

圣灵充满我心

2022-1-8

圣灵充满我心，激动我的身心。
力战魔之兵，凯歌彻行云。

岁月似水流行，又到季冬之境。
芳春终将临，百花会开屏。

不计苍苍斑鬓，心襟旷展雄英。
叩道矢进行，困障誓克清。

笑意浮上清新，得意不必大鸣。
圣灵正运行，爱意盈心灵。

旷展我的心襟

2022-1-8

旷展我的心襟，人生奋志前行。
红尘任艰辛，快乐盈心灵。

岁月使人奋兴，叩道履历风云。
爽然一笑清，浩气正凌云。

此际阳光灿行，天际烟霭漫萦。
清坐理心襟，舒出心与灵。

前瞻任起烟云，关山座座苍青。
努力向前进，标的是天庭。

心持静定

2022-1-8

心持静定，人生奋前行。
物欲牵心，应弃应抛屏。

高蹈雄心，踏实去追寻。
朴实盈襟，人格最要紧。

世界幻境，勿迷失本心。
三省吾心，叩道矢上进。

奋志凌云，一生力推进。
抛弃伪心，无机之心灵。

平心静意撰诗章

2022-1-8

平心静意撰诗章，舒出正气颇昂扬。
人生奋发以闯荡，一心叩求彼道藏。
天人之间亲无恙，道义人生吾慨慷。
向前向上至远疆，天国才是我家邦。

中心怀有阳光

2022-1-8

中心怀有阳光，心志始终清昂。
努力向前向上，克始成终奔放。
圣灵驻在心间，逼退黑暗污脏。
圣徒大队启航，飞向天国故邦。

圣灵于心中运行

2022-1-9

圣灵于心中运行，慧光内蕴，
慧光内蕴，遐思放旷真无垠。

火热是我之身心，叩道进行，
叩道进行，天人合一也知情。

中心由来持淡定，物欲分心，
物欲分心，名利只是损性灵。

高歌一曲向天鸣，济世才情，
济世才情，努力奋斗鼓干劲。

哦咏心情

2022-1-9

哦咏心情，圣灵正运行。
舒出才情，舒出我奋兴。

冷寒任峻，火热持身心。
四更情景，灯下思旷清。

岁月进行，雅如水流行。
不计斑鬓，青春在我心。

红尘艰辛，斗争无止境。
务使和平，大道得通行。

五更初毕鸟又鸣

2022-1-9

五更初毕鸟又鸣，动我身心，
动我身心，读书写诗何雅清。

岁月添人奋与兴，努力前行，
努力前行，不负韶华贵如金。

斑苍不减少年情，振奋心襟，
振奋心襟，叩道用道乐无垠。

神恩赐下何丰盈，思此泪零，
思此泪零，努力上进奋殷勤。

整顿身心

2022-1-9

整顿身心，叩道吾力行。
奋我雄英，鼓舞情志矢追寻。

人生奋进，关山越无垠。
岁月进行，青春心态任斑鬓。

天正寒清，鸟语复温情。
灯下思盈，哦诗舒出我心灵。

正意盈襟，克己奋胸心。
悟彻圆明，无机心地最要紧。

心志旷清

2022-1-9

心志旷清，圣灵心中巧运行。
悟道之境，山穷水尽又复明。

晨起心宁，雅听小鸟之清鸣。
天还没明，灯下清思也纷纭。

人生多情，纵展壮志与豪情。
济世奋行，不惧万里艰险并。

阳光中心，情志中心腹广蕴。
天地运行，叩道用道凭本心。

天气任寒冷

2022-1-9

天气任寒冷，朗放读书声。
小鸟鸣声声，惬我意与神。
人生奋前骋，山水越清纯。
叩道矢上升，腾飞入云层。

天气任寒冷，火热盈心身。
感谢神之恩，灵恩何丰盛。
赐福无尽逞，慧意蕴深沉。
讴颂出精诚，天国尽力奔。

奋发自强

2022-1-9

奋发自强，心志吾强刚。
努力向上，尽力去飞翔。

自由天壤，才是我向往。
飞向天堂，永生何安祥。

蓬勃世间，万物生机畅。
和谐奔放，熙熙之尘壤。

笑意浮上，得意不猖狂。
谦和心间，君子人格彰。

心志旷放

2022-1-9

心志旷放，冲破雾霾障。
心态阳光，努力奋向上。

克尽艰苍，心襟舒昂扬。
正义襟房，叩道吾悠扬。

红尘奔放，道义通行间。
黑暗退藏，光明普世上。

岁月清芳，正如老酒香。
回味久长，故事演万章。

心襟振奋

2022-1-9

心襟振奋，豪情盈乾坤。
旷怀飞腾，冲出云霄层。

岁月进深，何计斑苍逞。
心志青春，雅思展清正。

流年缤纷，故事演千层。
秉心纯正，叩道奋刚贞。

红尘滚滚，物欲矢志扔。
向往天城，彼处有永生。

淡定心地间

2022-1-9

淡定心地间，无机扬长。
物欲尽抛光，容我向上。

克尽千重艰，心怀阳光。
振奋我情肠，叩道强刚。

鬼魔矢杀光，清我寰壤。
正义发光芒，通义通畅。

神恩赐广长，普覆世间。
人民乐安祥，欢乐无上。

心志应淡定

2022-1-9

心志应淡定，总持宁静。
勿为外缘侵，性光清明。

叩道志殷殷，向往光明。
努力向前进，穿山越岭。

前路展风云，妙丽之景。
神恩是丰盈，导我前行。

世界不太平，鬼魔横行。
提刀斩杀尽，还我清平。

心志和平

2022-1-9

心志和平，人生吾静定。
不怕天阴，不怕雾霾境。

奋志雄英，矢克鬼魔群。
正义盈襟，叩道奋刚劲。

小鸟娇鸣，多么之动听。
世界噪境，吾心不受侵。

展眼前景，辉煌且纷缤。
努力驱进，克敌胜无垠。

裁心哦诗章

2022-1-9

裁心哦诗章，舒出志昂扬。
性天闪明光，叩道奋贞刚。

红尘是攘攘，众生舞刀枪。
神恩赐丰穰，和平此世间。

灵性大释放，智慧日日长。
欢声动天响，圣洁己心肠。

努力向前闯，风光览悠扬。
绝不回头望，前方通天堂。

心境持定当

2022-1-9

心境持定当，不受噪音影响。
天阴何所妨，雾霾正肆狂猖。

心志展贞刚，叩道奋发向上。
克尽鬼魔奸，顺利飞往天堂。

岁月舒奔放，青春心态不亡。
努力长驱闯，关山穿越万方。

一笑浮脸庞，谦和持在心间。
人格力向上，振襟悠悠哦唱。

拙正持在心间

2022-1-9

拙正持在心间，心志清展昂扬。
叩道吾雅娴，傲立挺茁壮。

力斩魔鬼豺狼，还我清平寰壤。
世界是神创，矢将魔灭光。

一心追求天堂，永生就在彼方。
天父多慈祥，赐福永无疆。

欢声送达天上，圣徒列队成行。
大队是羔羊，凯歌纵情唱。

心志清空

2022-1-9

心志清空，不妄去行动。
阳光清送，雾霾退散中。

成竹在胸，叩道奋刚雄。
英武心胸，原也雅无穷。

人生情钟，济世乐无穷。
奋发前冲，力斩虎豹熊。

鸟鸣从容，惬我心与胸。
清平心中，哦诗也骚慵。

远际响歌声

2022-1-9

远际响歌声，激动心身。
人生奋前骋，奋发刚贞。

神恩赐丰盛，导引灵程。
克敌胜又胜，杀伐精准。

鼓舞我心身，冲锋陷阵。
杀尽魔敌纷，阳光清逞。

灵程奋力争，克敌制胜。
天国福乐芬，共父永存。

心志旷展平静

2022-1-9

心志旷展平静，不为外缘所侵。
守护我心灵，叩道努力进。

不惧高山峻岭，展翅畅意飞行。
摩云何轻盈，搏击九天青。

此际阴霾正凝，世界并不太平。
鬼魔务克清，还我宇清宁。

微笑雅展清新，正意盈于心襟。
神恩赐无尽，灵程奋前行。

清心吾扬长

2022-1-9

清心吾扬长，叩道奋贞刚。
大道广无疆，神恩赐无限。
中正心地间，海内和平漾。
万民欢腾放，大同缔造间。

清心吾扬长，济世乐未央。
身心俱欢畅，哦诗舒奔放。
前路尽晴朗，宇间乐平康。
众生欢无恙，颂神出心肠。

怡养心襟

2022-1-9

怡养心襟，赏花种草并品茗。
正义心灵，叩道奋发矢前行。

神恩无垠，导引灵程正路进。
天国福盈，圣徒欢歌颂恩情。

心志殷殷，抛弃旧我重启新。
海内清平，万邦同乐庆升平。

我心高兴，欣看大同之妙景。
开辟新境，未来丰富可亲临。

鸟啭情长

2022-1-9

鸟啭情长，心境悠然旷。
正道心间，叩道路广长。

气量须广，宇宙都包藏。
努力向上，天国是家邦。

圣父慈祥，赐恩以无限。
沐浴恩光，颂赞出心间。

圣灵导航，恒沿正路向。
归回天堂，永生乐清享。

时刻正然三更

2022-1-10

时刻正然三更，圣灵运行心身。
心志雅然清芬，济世旷展精诚。

振奋我之精神，努力前路奋争。
务必克敌制胜，还我朗朗乾坤。

岁月何其缤纷，大道运行周正。
魔敌任其狂奔，斩杀无余真正。

世界沐浴神恩，讴颂出自诚真。
新天新地圣城，圣徒欢乐安稳。

正道心间

2022-1-10

正道心间，人生吾昂扬。
奋发图强，努力向前方。

叩道奔放，岂惧山水艰。
微笑浮上，万里踏莽苍。

而今何讲，只是诉心肠。
神恩无限，思此颂赞放。

前履康庄，大道日增长。
魔敌败降，还我清平壤。

心志和祥

2022-1-10

心志和祥，畅放我思想。
人生慨慷，悠悠放哦唱。

前旅平康，神恩赐广长。
欢呼声涨，福寿绵绵长。

灵程奋闯，山水越无限。
心襟奔放，悟道岂寻常。

宇宙深广，奥妙矢寻访。
真理秘藏，宝箱已开敞。

向前向上，高远至无疆。
天国家邦，才是我故乡。

和同万邦，大同缔造间。
魔敌丧亡，圣徒欢讴唱。

天阴何妨

2022-1-14

天阴何妨，心怀红太阳。
奋我阳刚，努力旷飞翔。

有鸟啼唱，惬我心怀靓。
胸有理想，振襟发哦唱。

人生昂扬，千关已经闯。
百倍强壮，困障无法挡。

向前向上，高远至无疆。
天国家邦，永生可安享。

天气何惧寒冷

2022-1-15

天气何惧寒冷，火热是我心身。
半夜值三更，畅放读书声。

红尘浊浪滚滚，太多名利纷争。
吾心持纯正，努力秉心灯。

感谢天父鸿恩，救死扶伤脱困。
岁月奋前骋，丰富是灵恩。

展开翅膀飞腾，高远旷展鹏程。
前景美不胜，愉快盈心身。

五更闻鸟鸣

2022-1-15

五更闻鸟鸣，喜悦身心。
天气任寒清，心志殷殷。

努力奋前进，长驱无垠。
文明向前行，跃马飞俊。

天还没有明，灯下哦吟。
心怀大光明，辉光外映。

前旅尽坦平，奋我身心。
匡世吾奋兴，复兴文明。

鸟啭情长

2022-1-15

鸟啭情长，心志吾奔放。
岁月清芳，正如老酒香。

心境温让，从容把歌唱。
神恩广长，永远不能忘。

人生昂扬，百关均须闯。
跃马疆场，显我男儿强。

淡淡荡荡，胸襟何所藏。
正义心房，无机持心间。

淡定心襟

2022-1-15

淡定心襟，着急可不行。
守护心灵，心灯须燃明。

心志奋殷，努力向前进。
穿山越岭，胸襟怀白云。

悠品清茗，读书怡心襟。
不计利名，济世奋心灵。

前瞻奋兴，神恩赐无垠。
微笑雅俊，正意充胸襟。

晨起听鸟鸣

2022-1-16

晨起听鸟鸣，振奋身心。
天还没有明，成竹于襟。

大千自化运，桑沧运行。
哦诗赋刚劲，地动天惊。

红尘是惊心，故事经营。
而今我用心，生机培运。

笑意盈胸心，努力前进。
胸中展风云，茁壮无垠。

流年飞迅

2022-1-16

流年飞迅,腊月已经临。
心怀镇定,浩气纵凌云。

中心高兴,哦诗雅舒情。
挥洒才情,济世乐无垠。

红尘惊警,渐趋入太平。
奋向前进,领略新意境。

笑意清俊,旷怀豁且宁。
有鸟娇鸣,惬我意与心。

夕照苍茫

2022-1-16

夕照苍茫,心地感兴长。
人生闯荡,不计山水艰。

何须回望,努力前方上。
万里疆场,显我男儿强。

奋发贞刚,英武盈心肠。
发出心光,济世尽力量。

红尘无恙,雄心正茁壮。
岁月芳香,春来不会长。

第五十四卷《广宇集》

夜黑华灯放

2022-1-16

夜黑华灯放，灿放心光。
人生奋昂扬，克尽千艰。

而今我何想，振襟哦唱。
舒出我阳刚，一如阳光。

笑意应温让，心曲悠扬。
磨不灭理想，意志强刚。

阴阳搏击间，神恩广长。
赐给我力量，凯旋回乡。

时正三更

2022-1-16

时正三更，朗放读书声。
心襟振奋，人生奋前骋。

红尘滚滚，叩道奋刚贞。
微笑清生，豁达真无伦。

岁月清芬，冷寒任其生。
心志青春，努力向上升。

宇宙广深，奥秘矢探问。
扬帆启程，心情何清芬。

早起五更

2022-1-17

早起五更，心志吾雅芬。
感沛神恩，如此之丰盛。

努力灵程，前景美不胜。
滚滚红尘，不许浊浪生。

胜了又胜，克敌朗乾坤。
魔敌纷纷，败退与沉沦。

太平丰盛，万民讴颂诚。
神恩丰盛，五谷尽丰登。

天还没亮

2022-1-17

天还没亮，雀鸟却啼唱。
心志放光，逼退黑暗藏。

人生奋闯，标的天涯间。
红尘无恙，万民享安康。

神恩广长，心中颂赞放。
努力向上，前路有葆奖。

笑意脸庞，心灯燃明亮。
东天曙光，行将冉冉上。

休养身心

休养身心，品茗以怡情。
心怀淡定，惬听鸟清鸣。

红尘雅境，不必太劳心。
旷志凌云，万里无止境。

阖家康平，神恩感无垠。
努力奋进，前路山水云。

一笑雅清，人格怀灵明。
叩道之境，倾诉出心灵。

心志聊舒广长

心志聊舒广长，人生奋发向上。
振奋我情肠，心态持阳光。

岁月无比流畅，演绎故事万章。
红尘任攘攘，心系水云乡。

灯下清展思想，往事不必回放。
笑意持温让，泪水任潸淌。

前旅风光无限，容我旷展翅膀。
天涯好风光，此生不曾忘。

鸟语清鸣

鸟语清鸣，打动我身心。
岁月进行，明日大寒临。

心怀奋兴，济世奋才情。
努力前行，心光发无垠。

万民高兴，新生何慰情。
万邦同庆，大同将来临。

长驱直进，万里无止境。
升级文明，三界都勃兴。

三更正当

三更正当，心志吾清昂。
奋发向上，男儿展强刚。

气宇轩昂，困障无法挡。
心中有光，散发彼热量。

岁月清芳，大寒今日访。
立春即将，红梅灿其芳。

微笑浮上，温和心地间。
男儿慨慷，君子人格彰。

作盐作光

作盐作光，心地喜洋洋。
欢悦心间，人生吾慨慷。

振奋情肠，奋发吾向上。
哦歌扬长，一曲舒奔放。

心地悠闲，三更时正当。
灯火点亮，写诗何快畅。

未来瞻望，春来不会长。
百花将芳，痛快吾心肠。

振襟哦唱

振襟哦唱，嘹亮入穹苍。
夕阳西降，爽风何其畅。

我自激昂，力战魔敌强。
胜利在望，凯歌彻云乡。

魔敌诡奸，务必杀尽光。
还我天壤，蓝天白云翔。

前路康庄，神亲自护航。
魔敌败降，形神俱销亡。

时正三更

2022-1-20

时正三更，心志吾清芬。
奋不顾身，叩道吾诚贞。

红尘滚滚，太多浊浪生。
英武心身，原也奋刚正。

一笑清生，豁达盈心身。
瞻望前程，霞彩心中生。

努力驰骋，天涯启归程。
浩荡神恩，导引我人生。

天气值清寒

2022-1-22

天气值清寒，心志旷展。
人生旷扬帆，岂惧险滩。

心志自安安，情怀烂漫。
万里迎艰难，克险夺关。

心光辉且灿，逼退黑暗。
气宇吾傲岸，独立尘寰。

思想应传播，遍覆宇寰。
未来长眺瞻，朗晴辉灿。

早起值五更

2022-1-22

早起值五更，心志缤纷。
天气值寒冷，火热心身。

努力奋前骋，山水高深。
神亲自慰问，导引灵程。

欢呼声又声，响彻云层。
魔敌均败遁，圣徒得胜。

重建新圣城，壮丽辉盛。
净化己灵魂，荣归天城。

晨起心境爽

2022-1-22

晨起心境爽，哦诗亦奔放。
舒出我阳刚，舒出我气象。
男儿是好钢，不怕困难障。
万水千山间，旷展心强壮。

早起心境爽，灯下展思想。
四九严寒放，春来行即将。
我心喜洋洋，正意盈襟房。
高瞻至远方，直达是天堂。

奋发向上

2022-1-22

奋发向上，人生奋展贞刚。
冷寒任放，有梅灿然开放。

心志清昂，哦诗舒出奔放。
男儿强壮，力战虎豹熊狼。

神恩广长，导引前进方向。
丰美牧场，饱我万千羔羊。

胜利在望，父亲指挥战场。
返回天邦，享受永生安祥。

神恩无限广

2022-1-22

神恩无限广，赐福平康。
理想我茁壮，奋发图强。

颂神理应当，哦出心肠。
努力发心光，前路广长。

神在我心间，不会稍忘。
振襟长瞻望，天涯风光。

奋发向前闯，济世未央。
文明烛火掌，奔向前方。

颂赞神恩

2022-1-22

颂赞神恩，吐出我心身。
导我灵程，指引我人生。

叩道诚贞，奋不顾自身。
秉持真诚，努力前旅程。

心志刚正，奸邪远远扔。
纯洁自身，养德无止程。

奋我人生，万里长驱骋。
文明如灯，烛照辉光盛。

喜鹊鸣噪

2022-1-22

喜鹊鸣噪，打动我心窍。
冷风任萧，春意中心饶。

岁月逝飘，人生不惧老。
奋我刚傲，心志仍年少。

前路奔跑，天涯矢访造。
人格务保，德操最为要。

行旅迢迢，关山座座骚。
朗然一笑，正意弥尘表。

休闲无恙

2022-1-22

休闲无恙，心志吾奔放。
心襟广长，不必太紧张。

红尘狂荡，心态持安祥。
休憩心肠，读书写文章。

冬意正昂，冷风吹未央。
小鸟啼唱，点缀此平康。

阖家乐康，神恩赐无限。
幸福吉祥，欢声腾霄上。

流年光阴飞迅

2022-1-22

流年光阴飞迅，心志殷殷，
心志殷殷，季冬冷寒任其峻。

从未曾有灰心，苦难饱经，
苦难饱经，焕起依然是雄心。

奋志旷展刚劲，努力前行，
努力前行，不计旅途之艰辛。

浩志应可凌云，如松之劲，
如松之劲，男儿卑弱可不行。

早起值四更

2022-1-23

早起值四更，心地清芬。
时雨洒纷纷，慰我心身。

人生纵情论，叩道奋身。
万里之征程，秉持心灯。

红尘浊浪滚，正直为人。
感谢神之恩，导引灵程。

前旅风光正，悦我心身。
天涯风光纯，怡我精神。

我是洁白羔羊

2022-1-23

我是洁白羔羊，天国未可稍忘。
努力回故乡，天国是家邦。

中心未可迷茫，慧烛务必擎掌。
圣洁己心肠，天父亲领航。

三位一体显彰，大队是我群羊。
圣徒欢讴唱，杀伐用刀枪。

魔敌败退消亡，新天新地造创。
欢歌动穹苍，宇宙换新样。

心志不取广深

2022-1-23

心志不取广深，保持平凡纯真。
今日早起五更，窗外细雨洒遑。
耳际鸟语娇纯，打动我之心身。
聊赋短诗清芬，感谢神恩丰盛。

休憩心襟

2022-1-23

休憩心襟，何必太劳心。

听听鸟鸣，享受风之清。

心地灵明，读书吾有兴。
哦诗舒情，如水之流行。

岁月进行，芳春行将临。
时雨正行，冷寒不许峻。

一笑爽清，悟道也常寻。
努力追寻，叩道无止境。

冬雨清敲

2022-1-23

冬雨清敲，清风畅怀抱。
小鸟鸣叫，余之心志潇。

人生长跑，奋展我刚傲。
不屈不挠，英武盈心窍。

红尘娟好，神恩太丰饶。
颂赞声高，欢呼出腑焦。

春将来了，迎春已打苞。
生机勃造，大地生意饶。

写意清风微寒凉

2022-1-23

写意清风微寒凉，爽洁情肠，
爽洁情肠，更有时雨洒然降。

清心正意哦诗章，倾若汪洋，
倾若汪洋，舒出情志之奔放。

季冬冷寒任其彰，春将来访，
春将来访，百花满园待欣赏。

几声鸟语啭情长，惬我意向，
惬我意向，抬头挺胸向前闯。

清心适意哦诗章

2022-1-23

清心适意哦诗章，舒出志向之昂藏。
人生情怀正无上，冬雨萧萧洒清凉。
爽风其来何其畅，中心愉悦正未央。

欣听鸟语娟娟唱，惬我情思是无疆。

心志平静

2022-1-23

心志平静，人生吾奋行。
履尽烟云，心境持坦平。

世界浊境，名利杀人殷。
务持清静，辞去物欲情。

红尘惊心，争战不曾停。
神恩无垠，导引入康平。

灵程奋进，关山越苍峻。
一笑爽清，正直志凌云。

人生旷志向

2022-1-23

人生旷志向，奋发向上。
克尽千重艰，心怀阳光。

心志持平康，昂扬奔放。
不畏旅途艰，迎难而闯。

笑容淡然放，儒雅强刚。
质朴心地间，无机情肠。

红尘客旅间，名利捐放。
性天吾清凉，一生慨慷。

早起天未亮

2022-1-25

今日值北方小年，明日是南方小年，新年气氛渐浓，人民欢乐，社会安康，余心以畅，欣然命笔，聊赋短章云尔。

早起天未亮，心志安祥。
奋发我向上，舒展思想。

和蔼尘世间，冬不寒凉。
立春行即将，百花会芳。

得意不猖狂，谦和心间。
正直人生场，敢作敢想。

前路正广长，万里无疆。
未来预筹量，谋划心间。

天色渐明亮

2022-1-25

天色渐明亮，鸟儿娟唱。
远处鞭炮响，喜庆人间。

春节行即将，心志张扬。
辞旧迎新间，人民欢畅。

济世不敢忘，奋发图强。
时光如水殇，珍惜寸光。

心灯燃闪亮，照彻前方。
大队羔羊上，前驱无疆。

清怀雅靓

2022-1-25

清怀雅靓，从容且淡荡。
风来清凉，惬我意与肠。

有鸟鸣唱，心花都开放。
朗读诗章，激情弥宇间。

春节行将，海内乐平康。
万民欢畅，安度好辰光。

奋发向上，人生吾昂扬。
傲立茁壮，一如山与岗。

清怀雅淡聊歌唱

2022-1-25

清怀雅淡聊歌唱，一腔正气冲霄壤。
奋发男儿之强壮，果敢顽强一起放。
前山有虎提刀闯，旷天乘风展翅翔。
宇宙无穷容慢赏，星海深处恣宇航。

旷怀清正

2022-1-25

旷怀清正，叩道奋不顾身。
清度世尘，一尘不染纯真。

岁月进深，依然心志刚正。

不老青春，神恩如此丰盛。

笑意清生，耳际鸟语娟纯。
风来阵阵，爽我心情意神。

奋向前骋，岂惧山高水深。
阳光心生，慧目光映有神。

心襟热血不会凉

2022-1-25

心襟热血不会凉，人生奋志展慨慷。
一任天气冷寒彰，中心火热目射光。
济世才情挥洒放，人间正道是桑沧。
微笑浮上我面庞，儒雅君子郁兰芳。

早起三光

2022-1-26

早起三光，读书写文章。
天还没亮，心地有慧光。

岁月飞翔，不计华发苍。
少年心肠，依然怀强刚。

努力向上，克尽千重艰。
一笑爽朗，叩道是这样。

神恩广长，思此发感想。
颂出心房，希冀在前方。

鸟啭情长

2022-1-26

鸟啭情长，天还尚未亮。
早起无恙，心情旷扬长。

冷寒任彰，心地有阳光。
慧烛秉掌，矢志向前方。

山高水长，风光览清靓。
心襟奔放，男儿有气象。

生活平康，神恩未可忘。
奋发图强，自立并自强。

鸟语情长

2022-1-26

鸟语情长，辛勤以歌唱。
天光放亮，振襟哦扬长。

人生阳刚，正意作诗章。
倾似水淌，不尽若汪洋。

快慰心间，神恩广无量。
人民欢畅，享受此康庄。

红尘无恙，文明创无疆。
高远天堂，践行在人间。

心志旷清

2022-1-26

心志旷清，人生矢前进。
奋发雄英，克尽魔鬼群。

一笑多情，人生吾刚劲。
如松之挺，如柏之苍青。

华灯正明，灯下思空灵。
中心高兴，神恩领无垠。

灵程奋进，关山壮风云。
万里驱行，心襟浩凌云。

我心雅洁平康

2022-1-27

我心雅洁平康，旷听小鸟鸣唱。
冷风畅吹翔，我心舒扬长。

天阴并无所妨，贵在自尊自强。
红尘寄居间，天国是家邦。

岁月无比流畅，青春意气飞扬。
不屈这艰苍，心怀红太阳。

胸襟坦坦荡荡，正义无机阳刚。
叩道骋志向，千山越莽苍。

云淡风清

2022-1-28

云淡风清，惬意盈心襟。
鸟语欢庆，春节行将临。

旷怀雅清，人生志凌云。
不折奋行，关山与峻岭。

笑意清俊，红尘任艰辛。
我自多情，浪漫盈身心。

春将来临，花好风爽清。
中心高兴，哦诗舒雅情。

壮志豪情在胸

2022-1-28

壮志豪情在胸，人生秉持中庸。
谦和持心胸，待人以诚动。

前旅任起雨风，中心怀有彩虹。
七彩恒闪动，辉光蕴目中。

人生并不久永，天国家邦恒永。
灵程奋英勇，胜过试探凶。

胜利彩旗飘动，天父赐我成功。
欢呼出腑中，颂赞声高洪。

时正三更

2022-1-29

时正三更，醒转之时分。
平静心身，哦诗舒真诚。

观此世尘，浊浪是滚滚。
奋不顾身，济世乐心身。

条析缕分，最重是固本。
道德力尊，万化自纷纷。

人生刚正，名利矢志扔。
努力前骋，风光阅清纯。

清夜无眠

2022-1-29

清夜无眠，内叩身心灵。
心怀镇静，浩志奋凌云。

四围安静，冬夜寒不凌。
旷怀雅净，撰诗适闲情。

红尘炼心，磨得是刚劲。
赤子丹心，污秽远抛清。

万里驱行，振翼摩青云。
大好风景，铭记于心襟。

一人一对翅膀

2022-1-29

一人一对翅膀，共同飞向天堂。
　人间是暂享，太多迷与茫。

胸中信心何壮，神亲导引航向。
　天国是家邦，永生福无疆。

奋发意志强刚，力斩虎豹豺狼。
　还我清平壤，灵性大解放。

大同缔造之间，众教和同无恙。
　前路是康庄，万民欢讴放。

第五十五卷《心亨集》

东天灿曙光
2022-1-29

东天灿曙光，红霞明靓。
鸟儿复啼唱，宛转情长。

写诗兴致上，欢乐安祥。
岁月真奔放，春节即将。

人生放志向，跃马康庄。
困障无法挡，龙飞天上。

自由我葆奖，叩道昂扬。
普天笑语扬，万民福康。

心志广长
2022-1-29

心志广长，人生奋志向。
历尽艰苍，中心恒晴朗。

冲决困障，一马平川放。
一笑爽朗，人生该这样。

红尘无恙，是神所造创。
魔敌败亡，圣城缔造间。

万民安祥，欢乐真无疆。
五福俱旺，享受这平康。

朗日天晴
2022-1-29

朗日天晴，喜气盈门庭。
东风吹行，爽我意无尽。

红尘温馨，神恩赐丰盈。
欢呼尽兴，颂赞出心襟。

人民高兴，海内乐升平。
万事顺心，大同之太平。

壮志凌云，展眼天苍青。
振翼飞行，天涯矢追寻。

心志平旷
2022-1-29

心志平旷，不起半丝浪。
朝日阳光，洒在心田上。

清听鸟唱，品茗惬意向。
东风吹畅，身心都欢朗。

时光飞翔，立春行即将。
万物生长，生机勃勃放。

大千万象，皆是神所创。
颂神应当，讴歌自心房。

心襟舒展扬长

2022-1-29

心襟舒展扬长，人生得意不狂。
谦和持心肠，正义吾强刚。

清风涤我襟房，品茗意气舒昂。
清听啼鸟唱，享受此清闲。

春节即将来访，立春转眼瞬间。
胸怀正激荡，生机宇宙间。

红尘不是故乡，天国唯一家邦。
永生乐无疆，颂父万年长。

畅意浮生（之一）

2022-1-29

畅意浮生，曾经履尽痛疼。
而今安稳，而今神恩丰盛。

奋行灵程，叩道雅洁盈身。
努力兼程，风雨何足相论。

东风清骋，鸟语娇鸣声声。
万象新生，春节紧接立春。

安度红尘，笑意盈满心身。
济世奋争，力斩魔敌凶狠。

天阴无妨

2022-1-29

天阴无妨，雅听啼鸟唱。
风来吹翔，冷寒任其彰。

火热心间，正义吾强刚。
不屈奋闯，济世乐未央。

春来即将，欢乐盈心肠。
老柳将芳，迎春将开放。

岁月清芳，醉人老酒香。
向前瞻望，关山风光壮。

清度人生安祥

2022-1-29

清度人生安祥，履尽狂风巨浪。
一笑颇爽畅，神恩赐无限。

红尘熙熙之乡，众生名利争抢。
务持清心肠，化外烟霞靓。

此际冬寒正彰，冷风吹击未央。
有鸟清啼唱，惬我意与向。

阖家温馨平康，神恩感在心房。
颂赞理应当，我将心奉上。

早起情长

2022-1-30

早起情长，听得鸟啼唱。
天还没亮，灯下放思想。

人生昂扬，奋发贞志刚。
发出心光，逼退黑暗藏。

世事猖狂，名争复利抢。
吾持安祥，素朴盈心肠。

岁月清芳，回味有余香。
未来瞻望，天晴日正朗。

劳逸应当适当

2022-1-30

劳逸应当适当，动静相宜安祥。
人生如同履浪，又似初升朝阳。
心光散发无限，世界光明辉煌。
众生沐浴阳光，和谐世界奔放。

道义人生

2022-1-30

道义人生，身心秉纯正。
感谢神恩，导引我灵程。

鸟鸣清纯，朝日正初升。
冷寒任骋，心志美不胜。

清度人生，叩道奋刚贞。

430

优雅一生，用道持诚真。

悟彻浮生，共缘而驰骋。
圆通秋春，胜了还要胜。

朴实身心

2022-1-30

朴实身心，心志奋殷殷。
清听鸟鸣，享受东风清。

旷然高兴，新诗哦不停。
人生情景，怡然享清平。

岁月进行，明日除夕临。
普天同庆，万民欢声鸣。

振奋心襟，瞻望未来景。
立春将临，万紫千红境。

休闲无恙

2022-1-30

休闲无恙，欣听啼鸟唱。
灿烂斜阳，闪耀其光芒。

东风清畅，哦诗声激昂。
气宇轩昂，宇宙中心装。

红尘安祥，众生乐未央。
春节即将，喜气盈寰壤。

岁月飞翔，故事演万章。
写诗流畅，舒出我意向。

斜照无限好

2022-1-30

斜照无限好，心志洒潇。
鸟语娇娇叫，宛转风骚。

正意盈心窍，傲立风标。
叩道乐逍遥，用道圆妙。

岁月逝丰饶，除夕明到。
矢志斩魔妖，匡世刚傲。

红尘胡不好，清贫就妙。
南山泉水好，濯足清啸。

迎春初绽芳

2022-1-30

迎春初绽芳，喜气洋洋。
明日除夕访，心志清昂。

万民欢声嚷，海内平康。
神恩敷广长，赐福奔放。

阖家都健康，五福俱旺。
和蔼此尘壤，天苍地广。

夜晚华灯放，霓虹闪光。
清思发汪洋，顷刻成章。

除夕今正当

2022-1-31

除夕今正当，心志强刚。
海内喜气昂，万民欢唱。

神恩广无疆，赐福无限。
正义大发扬，魔敌败亡。

晨起听鸟唱，心襟悠扬。
天色初明亮，红旭待上。

未来长瞻望，风云茁壮。
奋发我慨慷，努力向上。

朝阳冉冉上

2022-1-31

朝阳冉冉上，万众仰望。
小鸟娇娇唱，欢乐未央。

晨起情舒畅，哦诗奔放。
舒出我情肠，一腔昂扬。

人生奋发闯，山水高长。
天涯矢寻访，风光清靓。

岁月走流畅，除夕正当。
初四立春访，迎春已芳。

休憩心肠

2022-1-31

休憩心肠，阖家喜洋洋。
除夕正当，鸟语亦欢畅。

风来清爽，晴日天正朗。
欢愉心间，哦诗也平康。

神恩茁壮，铭感于襟房。
岁月芬芳，我心陶醉间。

红尘无恙，宇宙换新样。
生机奔放，迎春正舒芳。

人生不可狂躁

2022-1-31

人生不可狂躁，安祥是为首要。
万里领风骚，步履须行好。

今日除夕喜到，海内欢腾热闹。
朝日正朗照，风递鸟语妙。

心志不取高傲，谦和一生力保。
正义盈心窍，叩道乐逍遥。

红尘客旅美好，神恩无限丰饶。
颂赞声更高，天国是终标。

东风浩荡

2022-1-31

东风浩荡，喜气盈寰壤。
鞭炮震响，海内欢乐漾。

万民讴唱，神恩真奔放。
岁月清芳，人民得安康。

鸟语娟放，宛转惬情肠。
朗日尘间，万类自由旺。

中心欢畅，能不哦诗章？
舒出心肠，原也无机奸。

心志平静

2022-1-31

心志平静，物欲须辞屏。
纵使清贫，正义盈心襟。

红尘艰辛，众生陷苦情。
神恩无垠，导引入康平。

鸟语清新，朝日洒光明。
人民高兴，欢乐真尽情。

除夕今临，万民欢腾庆。
鞭炮声鸣，振奋余之心。

世界多么美好

2022-1-31

世界多么美好，连年有鱼福到。
宇宙是神造，无限之奇妙。

我心绝不骄傲，颂神敞开心窍。
红尘任扰扰，清心持怀抱。

除夕今日喜到，鸟语多么清好。
远处鞭炮啸，城市多热闹。

安祥盈满尘表，人民欢声颂祷。
求神赐福饶，幸福康庄道。

道义人生吾至诚

2022-1-31

道义人生吾至诚，晨昏秋春颂真神。
平生经历忧患深，而今康庄福盈门。
喜迎除夕东风骋，鸟语娇啭唤芳春。
正月初四是立春，家植迎春芳正逞。

畅意浮生（之二）

2022-1-31

畅意浮生，人生秉纯真。
红尘滚滚，名利矢志扔。

叩道诚贞，奋不顾自身。
济世奋身，努力行旅程。

旷持刚正，力斩魔敌纷。

凯歌清骋，胜了还要胜。

圣徒纯正，颂神至永恒。
圣洁圣城，此处有永生。

喜气人间

2022-1-31

喜气人间，万民都欢唱。
东风奔放，鸟语真流畅。

喜悦心间，衷心把歌唱。
神恩广长，赐福与人间。

除夕正当，天晴日正朗。
立春即将，生机勃勃放。

阖家平康，父母健在堂。
欢乐安祥，喜庆新年芳。

心志聊舒广长

2022-1-31

心志聊舒广长，心境无比温让。
清听啼鸟唱，享受风清畅。

阳光洒放光芒，人间喜气洋洋。
喜迎新春光，笑意盈心间。

中心无比欢畅，颂赞神恩奔放。
未来正无量，福寿都康强。

人间正如天堂，幸福洋溢襟房。
哦歌这尘间，万事都顺畅。

心志总持平常

2022-1-31

心志总持平常，人生奋发向上。
克去这艰苍，心怀红太阳。

除夕喜气人间，中心讴颂赞扬。
神恩真奔放，永远不能忘。

东风吹展清畅，鸟语何其娇芳。
惬意在心间，写诗适襟房。

红尘清度无恙，人生不必匆忙。
定定又当当，前旅尽康庄。

一切均为美好

2022-1-31

一切均为美好，神恩无比丰饶。
中心不骄傲，谦和一生好。

除夕今日喜到，欢欣鼓舞清啸。
东风吹荡浩，万民乐陶陶。

世界是神所造，难以言尽奇妙。
颂赞声应高，求神赐福饱。

清思旷发风标，哦出中心风骚。
鸟语啼倩巧，世界春光妙。

心境应可放松

2022-1-31

心境应可放松，自由一生情钟。
红尘不是梦，理想践行中。

物欲勿视太重，名利抛去空空。
灵性增长中，神恩赐无穷。

人生不惧成翁，青春心志中庸。
共缘而行动，妙悟获圆通。

此际阳光清送，世界鸟语从容。
万民欢声动，生活福分浓。

天气阴晴之间

2022-1-31

天气阴晴之间，我心却是晴朗。
享受风清旷，悠听鸟啼唱。

品茗意兴发扬，新诗纵情哦唱。
阖家喜平康，万民乐安祥。

明日新春将访，喜气盈满寰壤。
国泰岁丰穰，前景胜春光。

欣喜迎春开放，金黄灿其色相。
欢愉盈心房，正气冲霄上。

清新旷展斜照

2022-1-31

清新旷展斜照，鸟语多么娇好。
山河锦绣造，除夕喜气饶。

风来清递雅骚，哦诗舒出情抱。
君子人格饶，向阳心态好。

志向不取高傲，踏实奋行前道。
山水多么好，惬我情与窍。

康乐生活美好，神恩一生笼罩。
甜蜜生活妙，步步以登高。

斜照在望

2022-1-31

斜照在望，心志吾芬芳。
读书激昂，振奋我情肠。

灵动心间，神恩感无量。
感动襟房，哦诗颂赞放。

世界幻象，名利俱虚妄。
清心应当，叩道圆明间。

慈悲心肠，济世奋力量。
心地阳光，发热应尽量。

傍晚时分

2022-1-31

傍晚时分，读书哦声声。
爽洁心神，舒畅是十分。

清风阵阵，鸟语耳际闻。
鞭炮声声，喜气盈门盛。

欢度红尘，人生奋刚贞。
叩道热诚，真理寻一生。

奋不顾身，长驱万里程。
风雨任生，豪壮吾前骋。

神解开一切捆绑

2022-1-31

神解开一切捆绑，神解开一切捆绑。
神把我释放，颂赞放高唱。

此际暮色正苍，宿鸟清新啼唱。
晚风吹清凉，世界美无恙。

阖家俱享平康，盈门喜气洋洋。
身心俱舒畅，神恩广无量。

欢呼应当尽量，我是圣洁羔羊。
灵程努力闯，天国是家邦。

心志安康

2022-1-31

心志安康，华灯灿点上。
晚饭时间，除夕今正当。

神恩何广，赐福以康强。
身心俱旺，欢呼出中肠。

芳韶无恙，不计发斑苍。
青春不亡，心态何春光。

人生向上，舒展应尽量。
济世之艰，清发我心光。

心志中正间

2022-1-31

心志中正间，畅发感想。
人生五福旺，神恩何壮。

欢度春节间，海内平康。
鞭炮阵阵响，欢盈人间。

岁月灿烂放，迎春初芳。
清风舒清昂，细嗅为上。

立春初四访，冬将收藏。
除夕今正当，灯下思旷。

434

方正心地间

2022-1-31

方正心地间，无机昂扬。
质朴理应当，素心扬长。

人生奋发闯，千山万嶂。
而今我思想，神恩广长。

欢声出襟房，颂赞奔放。
灵程努力上，克尽艰苍。

此际华灯放，鞭炮震响。
除夕之晚上，海内平康。

此际正值四更

2022-2-1

此际正值四更，喜迎新春，
喜迎新春，窗外处处鞭炮声。

心志焕发青春，奋发前骋，
奋发前骋，不计山高水又深。

世事付与单纯，一笑纯真，
一笑纯真，旷怀雅洁真无伦。

红尘浊浪滚滚，济世真诚，
济世真诚，男儿英武盈心身。

人生情怀不老

2022-2-1

人生情怀不老，还我青春年少。
秋春乐逍遥，书香醉陶陶。

正月初一已到，此际四更清好。
城市鞭炮啸，灯下清思饶。

阖家俱是康好，神恩何其丰饶。
哦诗吐风骚，颂神声应高。

红尘原非扰扰，清心静意首条。
叩道奋前道，万里行旅潇。

心襟无比辽广

2022-2-1

心襟无比辽广，人生奋发向上。
新年气宇昂，努力奋闯荡。

此际四更无恙，灯下展我思想。
志取彼贞刚，实干显豪强。

父母健康在堂，中心喜气洋洋。
生活入康庄，神恩大无疆。

红尘清度安祥，名利捐弃应当。
振襟发哦唱，中心领平康。

正义人生

2022-2-1

正义人生，努力奋刚贞。
感谢神恩，导引我灵程。

羔羊奋身，圣洁持心身。
行旅兼程，天国家园奔。

时正五更，听得鞭炮声。
新年启程，万象焕新生。

初四立春，老柳行将芬。
春光妙呈，繁华此宇城。

五更清寒甚

2022-2-1

五更清寒甚，火热心身。
新年初一正，鞭炮声声。

早起精神振，哦咏心身。
吐出我精诚，勇气十分。

努力走灵程，万里驰骋。
不计较自身，名利辞扔。

世界焕新生，行将立春。
生机遍乡村，人民欢腾。

心志十分舒畅

2022-2-1

心志十分舒畅，新春鞭炮震响。
　海内乐平康，人民喜洋洋。

天光还未透亮，灯下舒展思想。
　人生奋志刚，万里迎难上。

此生克尽艰苍，心志十分晴朗。
　匡扶正义旺，黑暗败退藏。

黎明行将舒光，红日东方会上。
　天地亮堂堂，风清日会朗。

欢愉身心

2022-2-1

欢愉身心，人生奋前行。
穿山越岭，万里征程任艰辛。

红尘惊警，狼烟曾经行。
而今康平，皆因神恩大无垠。

笑意何清，新年今来临。
鞭炮声鸣，海内欢声动身心。

奋展雷霆，惊醒世人心。
济世才情，挥洒汗水何尽兴。

第五十六卷《清华集》

哦诗空清

2022-2-1

哦诗空清，圆通妙悟于心。
鞭炮轰鸣，新年今日喜临。

心志殷殷，瞻望未来情景。
真的雄英，原也不计艰辛。

岁月清新，迎春已经绽金。
人生奋行，矢志穿山越岭。

笑意清俊，斑苍不减雄心。
鼓舞驱进，风雨兼程而行。

鸟语娇唱

2022-2-1

鸟语娇唱，心地感兴长。
鞭炮响亮，正月初一今正当。

心志强刚，奋发鼓勇上。
立马横枪，扫荡六合谁敢挡。

岁月绽芳，立春行将访。
换了新样，万象更新生机旺。

阖家乐康，父母喜洋洋。
孝顺应当，欢乐人家庆吉祥。

朝旭东升

2022-2-1

朝旭东升，海内齐欢腾。
鸟语声声，人民讴歌盛。

正届新春，喜气盛盈门。
感谢神恩，赐福何丰盛。

心志平正，努力万里程。
艰苦不论，济世乐无伦。

享受天伦，努力尽孝顺。
家庭和温，幸福盈满门。

心志应能宁静

2022-2-1

心志应能宁静，窗外鞭炮轰鸣。
鸟语啼娇俊，芳春已来临。

难掩心中高兴，哦诗舒出中情。
神恩广无垠，导引入康平。

红尘步步惊心，全赖神之导引。
灵程吾奋进，克敌收全兵。

朝日洒放光明，东风吹来清新。
人民都奋兴，世界享太平。

437

日朗天晴

2022-2-1

日朗天晴，人生矢前进。
清听鸟鸣，享受风之清。

心志殷殷，读书须用勤。
奋志凌云，努力去追寻。

实干要紧，懒惰可不行。
红尘艰辛，春播秋收明。

阖家康平，颂赞神恩盈。
欢呼尽情，欢乐盈门庭。

施展我的灵动

2022-2-1

施展我的灵动，施展我的清空。
人生奋志冲，山水越无穷。

美丽清持心中，正义一生刚洪。
微展清笑容，谦和持中庸。

春节气氛正浓，鸟语何其从容。
朝日光芒送，东风吹轻松。

世界人民讴颂，神恩无比丰隆。
颂赞出心胸，真理覆寰中。

悠悠是我人生

2022-2-1

悠悠是我人生，一生讴颂神恩。
赐福何丰盛，美好度一生。

此际阳光正呈，东风吹来清纯。
鸟语妙无伦，云淡霭清生。

欢度安乐红尘，济世奋我刚贞。
时光如水奔，韶华惜秒分。

努力前路驰骋，不惧山高水深。
丰富是神恩，导引我灵程。

中正心地间

2022-2-1

中正心地间，吾意强刚。
不屈骋顽强，力克千障。

岁月绽芬芳，新春正当。
鸟语啼娟畅，东风扬长。

我心正激荡，情思奔放。
哦诗舒心光，黑暗退藏。

光明普世间，真理通畅。
神恩广无疆，人民欢唱。

新年新气象

2022-2-1

新年新气象，欢乐吉祥。
人民都安康，神恩共享。

笑意盈脸庞，矢志向上。
不复有艰苍，正值春光。

煦阳洒光芒，和蔼清畅。
东风吹悠扬，怡然心间。

鸟语何娟芳，宛转情长。
正直人生场，一生昂扬。

奋志在红尘

2022-2-1

奋志在红尘，寸土必争。
峥嵘我人生，华贵清纯。

丰富是神恩，无限广深。
颂赞自心身，讴咏真诚。

身心刚又硬，矢志飞腾。
云霄之顶层，飞翔真正。

清度此红尘，浪漫一生。
正直是人生，君子和温。

犹忆吴山点点青

2022-2-1

犹忆吴山点点青，少年心迹铭于襟。
奋志红尘作雄英，困苦艰苍奋飞行。
红尘浪漫盈心灵，正直生辰秉初心。
笑傲尘世傲立劲，如松如柏之苍峻。

心志旷持雅正

2022-2-1

心志旷持雅正，人生尽力驰骋。

438

东风吹阵阵，鸟语啼何纯。

春来心情振奋，哦诗热情显呈。
高蹈此红尘，名利勿足论。

历尽沧桑纷纷，慷慨是我人生。
傲立在乾坤，茁壮矢上升。

煦日照耀和温，世界美好真正。
欢呼出心身，不尽是神恩。

人生秉持真诚

2022-2-1

人生秉持真诚，良知保有一生。
正直以做人，慧智从心生。

旷听鸟鸣娇纯，清吸清风真正。
世界正和温，新年生机盛。

云淡天青雅芬，煦日光明显呈。
休憩我心身，春节美不胜。

温情盈于心身，阖家康乐平顺。
讴颂这神恩，美妙何丰盛！

人生秉持初心

2022-2-1

人生秉持初心，才能真正开心。
心志奋殷殷，人生矢前进。

红尘履历艰辛，血泪曾洒殷殷。
而今获康平，而今得舒心。

神恩无比丰盈，思此感动于心。
讴颂出心襟，天下得太平。

前旅瞻望康平，践行理想奋行。
阳光洒温馨，万民真高兴。

世事就是这样

2022-2-1

世事就是这样，守正持在心间。
午时阳光靓，啼鸟唤奔放。

远处鞭炮震响，正月初一正当。
喜气盈寰壤，万民大欢唱。

心中充满希望，前方道路广长。
努力奋贞刚，矢志向前闯。

山高水长万方，风光无比清靓。
惬怀真无恙，哦哦放歌唱。

清白家风纯正

2022-2-1

清白家风纯正，圣洁羔羊献身。
丰富是神恩，灵程美不胜。

济世旷怀雅正，不为名利纷争。
清贫乐秋春，哦诗在晨昏。

阖家温馨真正，感谢父母鸿恩。
努力尽孝顺，和美真十分。

鸟语娇娇啼纯，煦日朗照乾坤。
东风吹清芬，迎春花开盛。

斑苍仍持童真

2022-2-1

斑苍仍持童真，灵程努力驰骋。
神恩感谢十分，享尽丰美秋春。

斜照朗朗和温，风吹清新阵阵。
鸟语多么娇纯，鞭炮响亮声声。

正月初一温存，新年气氛馨芬。
心境是缤纷，阖家蒙神恩。

颂歌发自心身，前路求神恩准。
一路尽平顺，凯旋归天城。

灵动心地间

2022-2-1

灵动心地间，不为物欲所障。
品茗意扬长，惬听小鸟啼唱。

春节心志昂，长向未来瞻望。
大好是春光，繁花似锦芬芳。

荣美是天堂，彼才是我故邦。
神恩正茁壮，恩典丰富无量。

东风吹清芳，朗日天青云翔。
万民都欢畅，生活欢乐无疆。

画龙必须点睛

2022-2-1

画龙必须点睛，题目须要警醒。
废话可不行，素朴最要紧。

人生奋志而行，春来开我心襟。
红尘任艰辛，神恩大无垠。

休闲清品芳茗，惬意哦诗舒情。
胸心都温馨，青春在我心。

斑苍不减英俊，还我少年倩影。
龙飞天上行，万里无止境。

心情不必紧张

2022-2-1

心情不必紧张，生活需要休闲。
春节假日放，读书哦诗章。

心境正怀优良，东风吹来清畅。
闲话谈家常，温馨岂寻常。

不妨晒晒太阳，吃点小食安祥。
品茗意气扬，激情泻汪洋。

哦诗已过万章，舒出我的思想。
人生应奔放，平安且吉祥。

斜照此际在望

2022-2-1

斜照此际在望，世界沐浴晴朗。
正月初一间，东风吹清畅。

欣欣向荣景象，迎春已经绽黄。
立春初四访，堤柳行将芳。

心情无比舒畅，哦歌激情唱响。
人心亮堂堂，真理敷清昂。

红尘不是故乡，天国才是家邦。
天父恩无限，导引灵程闯。

雅洁清持襟胸

2022-2-1

雅洁清持襟胸，人生奋志刚雄。
矢志奋发冲，万里骋勇猛。

一生是有情钟，恣意诗书哦咏。
沉潜书海中，陶陶乐无穷。

大化谁能真懂，事业成竹在胸。
向阳心志洪，傲立如山峰。

此际清吹东风，芳美世界宇穹。
人民乐融融，欢歌放讴颂。

心志中正清净

2022-2-1

心志中正清净，人生奋发前行。
斜阳洒光明，辉耀世人心。

新年欢快无垠，清听鸟语欣馨。
阖家享温情，人生快慰心。

百花会当开屏，迎春已展芳景。
鞭炮声声鸣，世界欢乐境。

前瞻未来风景，大快我之心灵。
神恩广无尽，讴颂尽胸心。

休闲真的无恙

2022-2-1

休闲真的无恙，耳际鸟语娇唱。
读书撰诗章，激情泻流畅。

岁月正有清芳，心志如花之芳。
正直人生场，矢志骋雄刚。

苦难已成过往，新年雅具气象。
神恩赐无疆，足够你我享。

前路无比广长，万里康庄奔放。
讴颂这春光，讴颂出中肠。

辗转人生场

2022-2-1

辗转人生场，心志安祥。

沐浴这春光，心花开放。

壮岁今正当，茁壮襟房。
正直颇昂扬，不怕艰苍。

迎着困难上，百炼成钢。
火热持心肠，济世奔放。

坦荡盈心间，无机扬长。
叩道几微间，用心衡量。

镇压群阴

2022-2-1

镇压群阴，势在必行。
奋志刚劲，阳和先行。
力斩邪阴，朗我宇境。
圣父亲临，摄服群阴。

镇压群阴，势在必行。
临危之境，霹雳先行。
岁月芳清，新年新境。
努力前行，摄服群阴。

人生雅持从容

2022-2-1

人生雅持从容，不断进步之中。
人格应厚重，仁爱铭心胸。

岁月清展芳浓，新年气象恢弘。
奋发志向冲，缺点克服中。

不断攀登高峰，永远进取之中。
物欲损心胸，灵性悟圆通。

阖家温馨欢浓，父母慈爱无穷。
感恩在心中，孝顺尽力从。

稳步前进

2022-2-1

稳步前进，着急可不行。
淡淡定定，共缘而驰行。

岁月进行，芳春犹未临。
冷寒犹峻，初四立春临。

平常心襟，名利已辞屏。
高蹈雄心，心怀水与云。

读书尽兴，写诗聊舒情。
鞭炮旷鸣，海内庆升平。

正直人生

2022-2-1

正直人生，端方持心身。
品行刚正，君子人格纯。

一生奋争，力斩魔敌纷。
凯歌声声，响彻云霄层。

世事纷争，名利害人生。
曲邪抛扔，如松之刚贞。

清白平生，儒雅度秋春。
哦诗晨昏，旷舒我精诚。

圣洁心地间

2022-2-1

圣洁心地间，一任泪水清淌。
品德求高尚，缺点改正为上。

岁月多芳香，新年气氛安享。
努力奋向上，不计太多艰苍。

红尘是攘攘，众生明争暗抢。
谁持清心肠？遁向田园山庄。

悟彻世机簧，沉默吾不言讲。
奋发贞志刚，旷飞云霄之上。

夜静时分

2022-2-1

夜静时分，灯下思深深。
人生纵论，艰苍历十分。

感谢神恩，赐福何丰盛。
而今安稳，一任泪水奔。

浊世红尘，名利杀害人。
务持清纯，物欲矢志扔。

清贫刚正，君子人格诚。
如松挺生，傲立壁上春。

清思旷发哦中肠

2022-2-1

清思旷发哦中肠，舒出人生强刚。
清夜静寂畅思想，舒出心中感想。

人生由来正气刚，不屈虎豹豺狼。
力斩魔敌与强梁，还我清平寰壤。

微微一笑上脸庞，人生得意不狂。
谦和中正心地间，君子人格显彰。

向学志向颇昂扬，履尽世事艰苍。
而今神恩颇苗壮，赐我福分安享。

耿耿心灯

2022-2-1

耿耿心灯，烛照这世城。
子夜时分，颂赞神之恩。

岁月进深，又接近芳春。
万物将盛，生机茂宇城。

人生旷论，叩道吾奋身。
朝夕只争，时光若水奔。

努力生存，一直至永恒。
万年长春，共父乐园蹲。

我是十字架兵

2022-2-1

我是十字架兵，秉持一颗丹心。
圣洁是要领，克敌胜无垠。

我是十字架兵，努力灵程奋进。
心志恒殷殷，发光发热情。

我是十字架兵，听从神之引领。
跨山又越岭，长向乐园进。

我是十字架兵，灵歌舒出心灵。
颂父恒殷勤，永生万年青。

窗外灿华灯

2022-2-1

窗外灿华灯，霓虹闪呈。
子夜之时分，不眠心身。

哦诗吐真诚，人生持正。
雅洁度人生，圣洁诚真。

颂父万年春，欢度永恒。
圣城一直蹲，安祥至稳。

万象焕新生，又邻芳春。
初四是立春，喜悦心身。

悠然心襟

2022-2-1

悠然心襟，奋发我雄英。
济世才情，挥洒奋殷勤。

旷然心明，心灯亮晶晶。
前路奋行，山水越苍峻。

灵程挺进，克敌胜无垠。
万众一心，矢志乐园进。

笑意清俊，儒雅吾多情。
哦出心襟，哦出正义灵。

天色尚未明

2022-2-2

天色尚未明，早起心志殷殷。
人生当用勤，奋展男儿刚劲。

红尘多艰辛，困苦磨难常寻。
豁达持心襟，悟彻世事分明。

灯下清思萦，哦诗舒出中情。
阖家都康平，过年心怀高兴。

瞻望未来景，山水履历爽清。
万民乐太平，步步登高是凭。

鸟语扬长

2022-2-2

鸟语扬长，宛转圆润放。

天初明亮，灯下放哦唱。

字里行间，全是我思想。
实干应当，男儿显豪强。

岁月流芳，醇厚老酒香。
回味久长，未来长瞻望。

奋发向上，矢志克艰苍。
心怀太阳，光明且茁壮。

万类和谐共生

2022-2-2

万类和谐共生，此是真正神恩。
人生清度红尘，勿为名利奋身。
内心务必纯正，秉持心灵明灯。
照亮前方路程，一直通达天城。

万类和谐共生，鸟语花香宜人。
赞此大千宇城，皆是神所造成。
大道叩求精准，用道圆明清芬。
不枉一生为人，道德务必敬遵。

世界美美相共

2022-2-2

世界美美相共，悠听鸟语从容。
心志芬芳轻松，不为名利所动。
纵使一生贫穷，山水田园情钟。
诗书容我朗诵，讴颂神恩恢弘。

春花已经开放

2022-2-2

春花已经开放，迎春无限清芳。
后日立春访，生意天地间。

我心充满漫浪，恒将爱情向往。
比翼双飞翔，天长地又广。

窗外鞭炮鸣放，新年喜气洋洋。
人民欢乐唱，正气盈宇间。

衷心颂神心间，神恩无比丰穰。
国泰民安祥，家和事业旺。

人生斗志昂扬

2022-2-2

人生斗志昂扬，意气风发心间。
向上我尽量，旷飞万里疆。

新年欢喜无限，雅将新诗哦唱。
舒出我情肠，一腔正气昂。

快慰盈于心肠，颂神理所应当。
赐福多康强，安祥我襟房。

未来充满希望，努力耕耘田间。
书海扬帆航，顺流何快畅。

一生感谢神恩

2022-2-2

一生感谢神恩，讴唱歌咏永恒。
时值新年正，喜悦盈心身。

行将迎来芳春，万紫千红芳醇。
陶醉我心身，正气盈乾坤。

仁爱持在心身，厚重以待众生。
阳光正清呈，世界美不胜。

歌咏我的青春，爱情向往真诚。
岁月向前奔，希望满十分。

心志总持平常

2022-2-2

心志总持平常，人生奋发向上。
天涯在远方，旷志畅飞翔。

笑意清漾脸上，神恩无限广长。
欢呼我尽量，讴颂这春光。

东风吹来清爽，畅意盈满心间。
阖家俱平康，父母健在堂。

展眼远处眺望，前旅一马康庄。
事业正兴旺，努力晨昏间。

第五十七卷《恒永集》

春风动我心情

2022-2-2

春风动我心情，阳光洒在天顶。
新年气象新，青春心态赢。

志取远大无垠，一心切慕爱情。
人生美丽景，比翼旷飞行。

小鸟宛转娇鸣，迎春舒展黄金。
心情怀奋兴，新诗雅哦吟。

应能将心比心，博爱持在胸襟。
圣洁最后赢，污秽必扫清。

青春心态不会老

2022-2-2

青春心态不会老，奋志展我刚傲。
红尘清度我逍遥，振襟哦唱风骚。

春来东风吹袅袅，迎春开得正俏。
煦日光明朗洒照，远处鞭炮鸣叫。

新年气氛犹笼罩，欢天喜地热闹。
阖家康乐庆岁好，青春心志永保。

旷发襟怀向远瞧，田园正如画稿。
海内平康齐颂祷，神恩赐福丰饶。

天日晴好

2022-2-2

天日晴好，心志振风骚。
哦诗风标，声入九重霄。

心态良好，青春不会老。
容我笑傲，红尘胡不好。

岁月逝飘，新春已来到。
阖家欢笑，和祥真美妙。

读书怡抱，清听啼鸟叫。
写意风飘，清新适襟窍。

泪眼朦胧

2022-2-2

泪眼朦胧，激动盈心胸。
气宇如虹，不妄去行动。

红尘之中，多有彼沉痛。
神恩恢弘，赐我福份隆。

鸟鸣从容，惬意我襟胸。
奋斗之中，乐趣真无穷。

多说何功？实干显豪雄。
鞭炮声动，新春气氛浓。

闲情聊表

2022-2-2

闲情聊表，人生志取清高。
高尚情操，雅洁正如兰草。

岁月逝销，心志始终不老。
奋发刚傲，努力万里长跑。

红尘扰扰，不必持有烦恼。
忧患全消，豁达开心无二。

名利辞抛，高蹈清贫就好。
水云情操，向阳心态何潇。

逆流而上

2022-2-2

逆流而上，奋我之贞刚。
叩道顽强，不惧困难放。

心志奔放，鼓勇努力闯。
大千安祥，和乐众生相。

新春正当，喜气盈寰壤。
人民欢畅，生活快乐漾。

有鸟啼唱，惬余意无限。
写诗舒扬，中心之情芳。

不为外缘所侵

2022-2-2

不为外缘所侵，善于调节心情。
正义盈心灵，和慈踏实行。

人生奋发雷霆，污秽必须扫清。
天地均清平，真理通人情。

后日立春将临，行将百花开屏。
喜气盈寰境，万民都高兴。

努力读书适情，哦出胸心意境。
不求掌声鸣，无愧是良心。

人生奋展志向刚

2022-2-3

人生奋展志向刚，向上岂寻常。
一腔热血不会凉，圣洁且芳香。

岁月由来有苍凉，神恩敷广长。
救济万民苦难间，灵性得释放。

时正四更醒转间，提笔作诗章。
舒出激情似水淌，倾出我思想。

济世情怀真无量，欢乐亦无疆。
还我国泰民安祥，大同乐万邦。

不老心旌

2022-2-3

不老心旌，青春心志最后赢。
笑意清俊，四更早起情殷殷。

哦出心情，哦出正义之心灵。
广度有情，济世万邦乐无垠。

立春将临，东风裁剪碧柳青。
迎春多情，早已绽芳赛黄金。

心中高兴，写诗倾吐我激情。
鞭炮远鸣，新年喜气欢乐盈。

人生快慰情肠

2022-2-3

人生快慰情肠，奋斗尽我力量。
心志持阳刚，正义大发扬。

早起四更无恙，远处鞭炮鸣放。
晨鸟初啼唱，使余意洋洋。

窗外霓虹正靓，灯下清展思想。
不老心旌壮，努力向前闯。

红尘真的奔放，欢乐生活安祥。
万民乐无疆，正教济万邦。

阳光书屋诗集

鸟语放歌唱

2022-2-3

鸟语放歌唱，多少欢畅。
人民喜洋洋，鞭炮鸣放。

立春明日访，喜悦心间。
生意大发扬，迎春已芳。

笑意舒广长，哦写诗章。
红日正东上，喷薄吐光。

心志展悠扬，青春不亡。
正直人生场，一生奔放。

哦歌青春

2022-2-3

哦歌青春，哦歌我人生。
感谢神恩，赐福何丰盛。

胜了又胜，克敌真无伦。
凯旋归城，荣美这乾坤。

朝日正呈，阳光洒和温。
不怕寒冷，明日是立春。

欢呼声声，振奋我精神。
鸟语欢声，惬我意十分。

朗日晴空

2022-2-3

朗日晴空，雀鸟鸣灵动。
畅吸清风，散步兴无穷。

心志清空，奋发我刚雄。
努力前冲，万里征服中。

岁和年丰，人民乐融融。
欢乐从容，清度春秋冬。

迎春芳浓，惬意我心胸。
心志中庸，赞美此宇穹。

东风浩荡

2022-2-3

东风浩荡，心境持温让。
鸟儿鸣放，云淡天青漾。

高声哦唱，声振九霄间。
激情流畅，写诗舒情肠。

红尘无恙，明日立春访。
喜悦心间，欢快真无上。

人生昂扬，神恩感茁壮。
讴颂应当，颂歌中心唱。

颂赞真神

2022-2-3

颂赞真神，神恩何广盛。
导引灵程，克敌以制胜。

胜了又胜，圣徒回天城。
魔敌败遁，凯歌彻云层。

明日立春，心中喜不胜。
讴呼声声，东风正清呈。

赞此宇城，全是神创成。
天地新生，圣民讴咏盛。

窗外霓虹

2022-2-3

窗外霓虹，城市灯火七彩浓。
朗声哦讽，胸中激情如潮涌。

不惧成翁，青春心志盈胸中。
奋志如虹，七彩闪耀在襟胸。

人生情钟，矢将爱情向往中。
比翼何雄，旷飞万里之长空。

神恩丰隆，心起颂赞吐无穷。
正直之中，领受平安福份洪。

早起五更间

早起五更间，喜迎立春来访。
窗外霓虹靓，室内旷展思想。

人生奋飞扬，依然少年心肠。
努力矢向上，不计一切艰苍。

我有志儿刚，岂惧虎豹豺狼。
提刀奋发闯，力斩鬼魅妖魉。

岁月有芳香，往事回味久长。
更应向前望，关山风云茁壮。

春天来了

2022-2-4

春天来了，百花行将开俏。
心境清好，喜悦盈满怀抱。

春天来了，柳绿花红娇好。
迎春开妙，金黄何其洒潇。

心怀刚傲，少年心迹堪表。
情思不老，向往万里之遥。

红尘风骚，演绎故事风标。
鞭炮鸣叫，人民欢快心窍。

佛法广深

2022-2-4

佛法广深，妙吐宏论。
嗟此红尘，五浊扰人。
治心是本，慈爱真正。
佛道同论，以人为本。

曙色东方

2022-2-4

曙色东方，雀鸟欢鸣唱。
冷寒犹彰，立春今正当。

迎春绽芳，寰宇喜洋洋。
人民欢畅，讴颂这春光。

早起安祥，连续哦诗章。

舒出心肠，舒出我奔放。

前景瞻望，花红柳碧放。
生意田间，勃勃青草芳。

日出东方喜气昂

2022-2-4

日出东方喜气昂，清听啼鸟之鸣唱。
天气冷寒无所妨，旷庆立春已来访。
迎春早已绽金黄，碧柳行将展青芳。
火红岁月多漫浪，青春心志岂销亡。

心志平正

2022-2-4

心志平正，不妄去纷争。
物欲损身，名利矢志扔。

清贫刚正，叩道吾奋争。
上游力争，努力奋前骋。

今日立春，朝阳洒乾坤。
鸟语声声，迎春盛纷纷。

春风犹冷，寒气犹阵阵。
清坐安稳，朗放读书声。

天气晴朗

2022-2-4

天气晴朗，青碧蓝天放。
雀鸟鸣唱，春又来人间。

欢欣心间，哦诗激情昂。
撰写诗章，倾泻若汪洋。

人民欢畅，远近鞭炮放。
熙熙宇间，热闹岂凡响。

天际旷望，一马平川放。
未来向往，比翼奋飞翔。

鞭炮声声

2022-2-4

鞭炮声声，今日是立春。
青天朗呈，煦日照和温。

第五十七卷 《恒永集》

大地春生，迎春得气正。
芬芳清纯，金黄美不胜。

鸟语声震，惬我意十分。
东风清呈，欢快我心身。

大千宇城，欢乐处处闻。
阖家兴盛，五福真盈门。

不为所动

2022-2-4

不为所动，守定我心胸。
气宇如虹，青春飞扬中。

鸟语轻松，阳光洒和慵。
新春之中，生机遍宇穹。

赞此春风，清新温和送。
芳草待萌，柳丝碧飘空。

清坐思从，哦诗吐襟胸。
正意从容，不为外缘动。

午时阳光和煦放

2022-2-4

午时阳光和煦放，小风来拂吾扬长。
有鸟啼鸣真奔放，世界人民俱欢畅。
欣喜立春开新象，万物生机都增长。
迸发情志作诗章，一曲讴尽我情肠。

世界太奇妙

2022-2-4

世界太奇妙，大道运玄巧。
拙正持心窍，向学志儿高。
旷喜春来到，情若彼芳草。
萋萋将长高，迎风姿态好。

天气轻寒

2022-2-4

天气轻寒，鸟儿旷鸣喊。
春意初展，迎春笑开绽。

心志安安，读书写诗玩。
休闲心胆，品茗怡情澜。

岁月扬帆，奋然赴前站。
青天碧蓝，风吹清新展。

人生骋胆，努力作好汉。
傲立昂站，如松如柏般。

清思旷发哦中肠

2022-2-4

清思旷发哦中肠，一腔奔放，
一腔奔放，春已来到这人间。

清听小鸟之啼唱，宛转悠扬，
宛转悠扬，声声惬我之情肠。

总赖煦阳温暖放，光洒人间，
光洒人间，世界人民乐无疆。

神造世界何辉煌，大道昂扬，
大道昂扬，正义四海得通畅。

不必太匆忙

2022-2-4

不必太匆忙，应许定定当当。
奋展我强刚，济世欢乐安祥。

斜照正在望，冷风吹击未央。
立春今日访，寒峭还能怎样。

岁月舒芳香，过去年轮回想。
更应向前望，关山风光悠扬。

纵情把诗唱，正气弥满宇间。
男儿骋胆强，力斩魔敌妖魍。

和祥心间

2022-2-4

和祥心间，欢乐真无疆。
春节假放，今日立春访。

清听鸟唱，振奋我情肠。
休闲心肠，品茗哦诗章。

红尘无恙，海内喜庆漾。
正气昂扬，生机勃勃放。

家业兴旺，父母健在堂。
承欢襟房，孝顺原应当。

远处鞭炮正鸣

2022-2-5

远处鞭炮正鸣，正月初五喜临。
朝日洒朗晴，蓝碧是天青。

小鸟惬意娇鸣，东风其来鼓兴。
快慰我心襟，生活颂康平。

难抑心中高兴，神恩无比丰盈。
岁月奋进行，温馨盈胸襟。

城市热闹安平，人民心都高兴。
讴颂这和平，神恩大无垠。

清心无恙

2022-2-5

清心无恙，雅品葡萄佳酿。
心花清芳，正月初五喜当。

祥云舒放，春风吹来扬长。
鸟语娟芳，惬人心意无限。

鞭炮震响，全国人民欢畅。
幸福康庄，神恩赐福广长。

奋展志向，心襟共春飞扬。
英武襟房，原也不计桑沧。

品茗清香

2022-2-6

中国是茶的故乡，余爱品茶，于茶叶品种中所
最爱者莫过于产于浙江省安吉市的白茶与金华市的
雀舌，杭州市的龙井也挺好的，品味清高，爽洁可
口，性不浓烈，淡雅宜人，非常美好，余很喜欢，
今日品茶，思及此，作短语以记之，并为白茶与雀
舌茶作推广云尔。

品茗清香，怡神真无恙。
大好春光，煦日正洒靓。

红尘安祥，勃勃生机放。

东风浩荡，裁剪碧柳芳。

家业兴旺，父母均康强。
生活茁壮，五福增无量。

鸟语扬长，心花吾怒放。
旷哦诗章，舒出正气昂。

耿耿是我丹心

2022-2-6

耿耿是我丹心，人生奋志前进。
大好春光景，朗日照光明。

东风吹来爽清，中心无比高兴。
耳际闻鸟鸣，新诗哦不停。

男儿奋展雄英，济世挥洒才情。
苟且可不行，旷志正凌云。

清喜蓝天碧青，雾霾消退无影。
人心亮晶晶，灵程奋前行。

清白持在身心

2022-2-6

清白持在身心，拙正盈满心灵。
奋发我殷殷，灵程努力行。

无机持有心境，污秽肮脏抛清。
正义之心灵，天国才能进。

阳光洒满心襟，哦诗舒出热情。
鸟语多娇俊，惬我心无垠。

况复雅品芳茗，中心品味高清。
生活富足境，神恩颂自心。

我心旷喜东风

2022-2-6

我心旷喜东风，春意盎然心中。
午时阳光和慵，蓝天碧云青空。

鸟语何其轻松，风来吹展灵动。
赞叹这宇穹，万类生机萌。

品茗兴味无穷，情思裒共东风。
哦出我心胸，哦出正气浓。

幸福盈满襟中，未来瞻望情钟。
青春心志红，天涯矢志冲。

岁月清芳

2022-2-6

芳春初至，万象更新，生机勃发，余心慨然，假日闲暇，回思久远，因忆1984年春余在南京化工学校无机化工工艺专业读书时到苏州市吴县化肥厂实习了一段时间，深慕吴山秀丽人情旷达，余最喜爱者莫过于拙政园与天平山，其时电视连续剧《西游记》剧组正在苏州外景地开拍，余在怡园与天平山两次遇到过剧组正在拍摄，给余留下深刻印象，吴侬软语，动人情怀，文化宝地，地杰人灵，实为名不虚传，所谓"上有天堂，下有苏杭"，诚实事也。今日思此，慨然作诗矣。

岁月清芳，吴山点点香。
回忆久长，少年曾去访。

虎丘茁壮，天平美无羔。
拙政园间，惊叹彼风光。

壮岁正当，往事铭襟房。
青春不亡，正意盈心肠。

未来瞻望，旧地何时访。
换了新样，人间胜天堂。

瑞雪迎春到

2022-2-7

瑞雪迎春到，开怀吾大笑。
散步兴致高，情怀真无二。
生活真美好，人民欢乐饶。
岁和年丰标，秋收快慰笑。

人生须持拙重

2022-2-7

人生须持拙重，不图过份轻松。
奋志展我刚雄，脚踏实地去冲。
风雨无妨襟胸，鸟语惬我意浓。
瑞雪其来匆匆，春寒不会久重。

神恩切莫相忘

2022-2-7

神恩切莫相忘，奋志在此尘壤。
瑞雪正清降，我心喜洋洋。

小鸟欢快鸣唱，冷寒并不猖狂。
春已来人间，绿水碧波漾。

心志无比慨慷，人生振奋情肠。
向上我尽量，灵程享荣光。

青春心志不亡，还我少年模样。
清思发扬长，哦歌以奔放。

春寒犹峭

2022-2-9

春寒犹峭，心志吾高傲。
红尘扰扰，春天已来到。

迎春芳俏，田野碧芳草。
碧波绿了，山水真美好。

旷然开窍，神恩已笼罩。
努力行好，灵程步步高。

心境清好，奋志万里遥。
旷展风飙，乘风上九霄。

利乐众生

2022-2-9

利乐众生，心志吾青春。
向上力争，正意盈心身。

心怀平正，不妄启纷争。
和气清生，君子人格贞。

清度红尘，淡看这乾坤。
努力灵程，奋不顾自身。

喜鹊鸣芬，惬我之意神。
哦歌真诚，纯洁度人生。

奋志展我扬长

2022-2-9

奋志展我扬长，人生拼搏向上。
　春已来人间，冷寒岂久长。

阖家享受平康，父母健康爽朗。
　神恩广无疆，思此颂赞放。

努力奋发阳刚，力斩魔敌奸魁。
　世界是神创，鬼魔须灭光。

还我清平寰壤，正气极大发扬。
　春禽喜鸣唱，东风吹悠扬。

天阴何所妨

2022-2-9

天阴何所妨，心怀阳光。
冷寒一任彰，春风清旷。

信心百倍涨，神恩茁壮。
导引我慈航，灵程向上。

岁月是清芳，回味久长。
耳际闻鸟唱，一种悠扬。

读书品茗间，享受清闲。
正义吾强刚，力挽狂浪。

第五十八卷《初春集》

人生奋志青春

2022-2-10

人生奋志青春，清度滚滚红尘。
已是艳阳春，鸟语花开盛。

心情无比振奋，哦诗舒出热诚。
刚正是人生，正直感神恩。

阖家多么安稳，欢乐洋溢心身。
欢呼应不胜，神恩太丰盛。

努力奋走灵程，圣洁自己心身。
前路辉光呈，美妙胜过春。

秉持自然之道

2022-2-10

秉持自然之道，人生奋志扬飙。
人生乐逍遥，红尘清度好。

清听小鸟鸣叫，我心写意风骚。
东风吹奇妙，迎春开正俏。

心境平安美好，品茗兴味倍饶。
叩道奋志跑，向学志向高。

晨昏朗哦诗稿，书海扬帆洒潇。
真理恒寻找，心怀不骄傲。

人生总持拙重

2022-2-10

人生总持拙重，奋发才能成功。
春风正吹送，喜鹊鸣声洪。

情怀共风而动，青春心志如虹。
七彩闪胸中，前驱吾何猛。

力斩魔敌邪凶，济世必然成功。
圣灵妙作工，大化谁能懂。

感谢神恩恢弘，赐我福份丰隆。
努力去行动，实干显豪雄。

早起三光

2022-2-11

早起三光，天色初明亮。
雀鸟啼唱，哦诗吾激昂。

春临人间，冷寒犹峭放。
还能怎样，百花行将芳。

心志昂扬，人生纵马狂。
定定当当，悠度人生场。

岁月清芳，故事演万章。
应向前望，风光展无限。

奋志刚贞

2022-2-12

奋志刚贞，清度我人生。
鸟语啼纯，春风吹清纯。

阖家兴盛，笑语真盈门。
品茗清芬，休憩我心身。

岁月雅正，鼓舞情志生。
努力奋争，不忘少年春。

朝日正呈，云淡天青芬。
喜悦心身，哦诗吐精诚。

人生秉具恒心

2022-2-12

人生秉具恒心，奋志岂是常寻。
叩道奋刚劲，治学无止境。

水火兼治须明，大道运化清俊。
红尘是多辛，少年怀雅情。

此际东风吹行，小鸟鸣得奋兴。
哦诗适心襟，正气吾充盈。

心志经纬分明，彩景妙丽无垠。
芳春已来临，迎春开清新。

天气阴晴之间

2022-2-12

天气阴晴之间，我心爽然快畅。
品茗心悠闲，慧光大发扬。

东风吹来浩荡，芳春多么奔放。
小鸟欢鸣唱，万物欣生长。

红尘清度无恙，济世挥洒阳刚。
不屈这艰苍，正意茁心间。

叩道是我特长，用道悟彻圆方。
微笑上脸庞，青春心性芳。

正义盈身心

2022-2-12

正义盈身心，力斩魔兵。
圣灵驻我心，济世奋行。

鬼魔大震惊，痛悔何殷。
斩杀务干净，还我清平。

圣徒鼓干劲，灵程驰进。
凯旋乐无垠，欢呼尽兴。

天地归清净，人民安宁。
欢乐真堪庆，神恩丰盈。

鸟语情长

2022-2-13

鸟语情长，曙天舒光。
冷寒任彰，室内温漾。
慨当以慷，振奋情肠。
悠然无恙，乐我家邦。

喜鹊鸣唱

2022-2-13

喜鹊鸣唱，欢快我心肠。
青天无恙，我欲高飞旷。

岁月芳香，又值新春放。
东风浩荡，读书惬襟房。

人生昂扬，不惧千关障。
奋志而闯，天涯是标向。

一笑豪放，人生该这样。
男儿阳刚，未可耽安祥。

奋飞人生

2022-2-13

奋飞人生，展我男儿真。
啼鸟鸣纯，春阳和煦正。

东风清生，激昂我心身。
努力前程，万里旷驰骋。

观此红尘，名利害人生。

应弃应扔，清正度平生。

岁月清芬，欢笑在晨昏。
读书放声，响震云霄层。

阳光朗照

2022-2-13

阳光朗照，心地纵欢笑。
白云飞飘，雀鸟都鸣叫。

好风潇骚，惬我情怀抱。
开怀大笑，芳春真正好。

人生美妙，韶华莫负了。
哦诗声高，响彻云与霄。

岁月逝飘，人生吾不老。
青春心窍，原也颇雅骚。

人生适然心襟

2022-2-13

人生适然心襟，享受闲暇光景。
太忙可不行，凡事少操心。

不妨听听鸟鸣，清吸东风清新。
芳春已来临，何不去踏青。

父母健康在庭，孝顺铭于心襟。
岁月在进行，永持少年心。

夕照光灿正明，世界沐浴和平。
清展我心襟，小诗哦空灵。

人生最贵是开心

2022-2-13

人生最贵是开心，粗茶淡饭保安平。
奋志自当启殷殷，养颐方可享寿命。
世事劳碌多苦辛，济世奋发展刚劲。
春来雷霆当发行，苏醒万物新生命。

忧患须抛

2022-2-13

忧患须抛，初春已来到。
情如春草，待长新芽高。

岁月飞飘，不计斑苍老。
奋志刚傲，还我少年妙。

谦和才好，正直人生道。
向上飞飙，万里鹏程遥。

阖家康好，慰我情怀抱。
喜悦心窍，哦诗亦良好。

休憩身心

2022-2-14

休憩身心，镇日操劳可不行。
天气正阴，春冷春寒正峭峻。

且品芳茗，放下心情听鸟鸣。
开开心心，安度生活乐无垠。

红尘惊警，太多诡计与奸情。
正直持心，力斩妖邪还太平。

天会朗晴，心志青春趋妙龄。
老而刚劲，挺直身姿颇英俊。

焕发身心

2022-2-14

焕发身心，人生浩志启无垠。
清听鸟鸣，天阴无妨我心情。

悠品碧茗，淡定情思真清明。
初春情景，金黄迎春灿开屏。

红尘艰辛，苦难何损我心灵。
奋志雷霆，力斩魔敌与妖兵。

岁月进行，会有万紫千红境。
清思袅行，哦诗吐出我心襟。

霾烟障空

2022-2-14

霾烟障空，春寒正严重。
成竹在胸，济世必成功。

红尘汹涌，魔敌逃遁中。
圣洁心胸，努力作圣工。

神恩恢弘，导引我前冲。
灵程奋勇，克敌胜无穷。

笑意微动，耳畔鸟鸣颂。
心襟郑重，不为外缘动。

天阴冷寒

2022-2-16

天阴冷寒，奋志作好汉。
骑车上班，归来也兴展。

品茗兴绽，哦诗亦雅安。
有鸟鸣喊，迎春芳正绽。

岁月扬帆，初春吾浪漫。
不惧冷寒，芳韶正开展。

旷持心胆，人生好儿男。
努力前站，力斩魔敌还。

早起值四更

2022-2-17

早起值四更，内省心身。
平静且温存，人格纯正。

岁月值初春，冷寒不盛。
心事转生成，谁来慰问。

奋志骋刚贞，奋不顾身。
济世尽力争，只争朝昏。

孤旅不消沉，风雨兼程。
昂首向乾坤，茁壮挺生。

春寒正峭

2022-2-17

春寒正峭，蓬勃心志吾年少。
不惧衰老，骑车上班兴正高。

朝日升了，清喜迎春开正俏。
会长芳草，九九寒尽冬将销。

心怀不老，持节人生不狂傲。
谦和力保，君子人格吾雅骚。

红尘堪表，神造世界太奇妙。
大道叩找，用道全凭心意饶。

冷寒何须论

2022-2-17

冷寒何须论，心志刚贞。
清听鸟鸣纯，品茗意芬。

红尘正滚滚，名利纷争。
吾心持清纯，弃去十分。

高蹈水云村，内省心身。
济世吾秉诚，乐度众生。

岁月多缤纷，演绎秋春。
阖家都康盛，欢乐声声。

休闲无恙

2022-2-17

休闲无恙，何必太紧张。
品味扬长，滋味岂凡响。

品茗悠扬，心志都开朗。
读书清昂，心得似汪洋。

春来奔放，冷寒岂久长。
迎春已芳，万物待生长。

暮色下降，华灯灿点上。
灯下思想，哦诗吾张扬。

清思旷然生成

2022-2-17

清思旷然生成，灯下容我细论。
清度我之人生，赢得热泪滚滚。
红尘是非纷呈，心志务持清纯。
叩道奋我人生，用道矢做学生。

人生务守本

2022-2-17

人生务守本，道德最为尊。
坦荡持心身，正直吾清纯。
神恩极丰盛，导引我灵程。
欢呼出声声，讴颂哦诗成。

早起天没亮

2022-2-18

早起天没亮，鸟语却鸣放。
心志舒广长，从容哦诗章。
初春冷寒间，火热身心旷。
会当仲春访，百花斗艳芳。

平实心襟

2022-2-18

平实心襟，振志而行。
早起殷殷，鼓舞干劲。
春已来临，冷寒任峻。
努力前行，奋辟雷霆。
涤腐启新，当务之行。
震醒人心，势在必行。
短暂生平，不必灰心。
振翼飞行，万里无垠。

晨起清寒甚

2022-2-19

晨起清寒甚，读书声声，
鸟语声声，振奋我之精神。

心志谁慰问？孤旅奋骋，
仰沐神恩，灵程美好难论。

红尘浪滚滚，奋我心身，
努力前骋，不惧山高水深。

一笑是温存，人生纵论，
奋志抗争，济世情怀无伦。

早春寒峭

2022-2-19

早春寒峭，喜鹊旷鸣叫。
心地大好，能不撰诗稿。

人生骚骚，奋发展刚傲。
不为物扰，名利矢辞掉。

阖家康好，神恩何丰饶。
颂赞声高，灵程努力跑。

迎春开俏，不怕寒冷笑。

东风吹袅，行将碧芳草。

清志生成

2022-2-19

清志生成，品茗口齿芬。
鸟语声声，朝日正东升。

心志奔腾，正气满乾坤。
时值初春，生机勃然呈。

努力前骋，山水越清纯。
人生刚正，奋志这旅程。

欢呼声声，神亲来慰问。
度此红尘，标的是天城。

流年光阴如电影

2022-2-19

流年光阴如电影，飞驰如此之殷勤。
欣喜又值早春境，鸟语花香初芳馨。
喜鹊声声呼唤殷，东风吹展多清新。
喜悦我之身与心，哦诗舒出慷慨情。

闲雅身心

2022-2-19

闲雅身心，人生奋志岂常寻。
清听鸟鸣，享受读书之怡情。

初春正临，一任冷寒舒其峻。
心志空清，品茗惬我意和兴。

听歌温馨，中心浪漫谁领情。
鼓舞身心，努力长驱万里境。

一笑温馨，君子人格吾何清。
心志静定，不为物欲而分心。

展转人生

2022-2-19

展转人生，心志吾升腾。
感谢神恩，导引这灵程。

此际初春，东风吹清纯。
心志旺盛，情思共风骋。

冷寒犹呈，迎春已开盛。
喜鹊鸣春，中心喜不胜。

百花将芬，生机待勃盛。
万物迎春，欢愉满乾坤。

写意红尘

2022-2-19

写意红尘，春意正显呈。
雀鸟鸣春，东风旷吹骋。

我心欢腾，品茗兴致芬。
读书怡神，情致都飞腾。

哦歌青春，不老是心身。
迎春开盛，喜悦我精神。

岁月飞奔，故事演不胜。
瞻望前程，风光美无伦。

裁思汪洋

2022-2-19

裁思汪洋，哦出我奔放。
北风任狂，春来无法挡。

冷寒任放，心志吾慨慷。
奋发强刚，努力迎难上。

克尽艰苍，心志吾阳光。
红尘无恙，神恩广无疆。

欢声歌唱，震动彼穹苍。
地长天广，尽我旷飞翔。

淡定人生吾无恨

2022-2-19

淡定人生吾无恨，春风吹温存。
煦日光辉正洒呈，哦诗声复声。

鸟语宛转啼声声，欢快我心身。
振志奋发是人生，努力前旅程。

苦难于我何须论，心志总青春。
少年心迹入诗申，旷飞万里程。

行旅艰苍不足论，一笑是和温。
君子人格秉诚真，济世奋刚贞。

心志此际平静

2022-2-19

心志此际平静，清心雅听鸟鸣。
煦日光洒均平，春风吹来清新。
初春正骋意境，迎春何其俏俊。
我心充满温馨，讴颂神恩丰盈。

人生踏实追寻

2022-2-19

人生踏实追寻，穿越艰苍苦境。
一路风雨经行，阳光心中分明。
神恩广阔无垠，赐我心灵刚劲。
济世挥洒才情，鼓足干劲才行。

红尘履历艰苍

2022-2-19

红尘履历艰苍，心怀光明太阳。
济世欢乐未央，慷慨心襟奔放。
我要飞向太阳，黑暗抛在后方。
天地多么明朗，清展无限春光。

春光清展无限，鸟语多么情长。
朔风虽然号狂，春来无法阻挡。
中心我要歌唱，神恩多么广长。
圣徒享受安祥，永生福乐无疆。

心志不彷徨

2022-2-19

心志不彷徨，奋发人生强刚。
鸟语在鸣唱，春风吹来清畅。

放声吾哦唱，舒出心志张扬。
春已来人间，峭寒岂能久长。

温存盈心间，人格一生力倡。
努力上进间，错误克服坚壮。

前路是广长，灵程直达天堂。
步履迈坚强，力斩魔敌妖魍。

心志勿消沉

2022-2-19

心志勿消沉，奋发展刚贞。
红尘是滚滚，太多磨炼人。
心态悠然生，名利不足论。
清度我人生，正义盈心身。

斜照清旷

2022-2-19

斜照清旷，读书声朗朗。
风来悠扬，春寒微峭间。

鸟语扬长，宛转惬意向。
心志清畅，淡淡放思想。

红尘无恙，清度吾安祥。
壮志理想，支撑我前闯。

奋发顽强，万里关山壮。
努力向上，正道铺阳光。

心志爽清

2022-2-19

心志爽清，人生奋前进。
斜照清俊，鸟语展多情。

旷然高兴，休享吾雅净。
读书怡情，快慰真无垠。

神恩丰盈，思此颂赞并。
灵程奋行，凯旋以归营。

正义盈襟，挥洒我才情。
写诗不停，舒出是心灵。

又值黄昏

2022-2-19

又值黄昏，落日正西沉。
爽洁心身，浴后吾雅芬。

哦诗生成，旷展我精诚。
时值初春，生机待勃盛。

和平宇城，人民乐安生。

东风清呈，薄寒已不甚。

心志缤纷，七彩是人生。
努力前程，耕心在晨昏。

人生情钟

2022-2-19

人生情钟，奋志气如虹。
清听鸟颂，哦诗适襟胸。

清新东风，春意正浓重。
岁月飞动，青春在心中。

克敌成功，奋展我英勇。
灵程冲锋，力斩魔敌凶。

造化谁懂？真理叩寻中。
神恩恢弘，灵程导引冲。

休憩我的心肠

2022-2-19

休憩我的心肠，放旷我的思想。
人生纵展扬长，不为名利所障。
定志是在遐方，天涯允我远闯。
红尘还有漫浪，努力矢志寻访。

人生享受宁静

2022-2-19

人生享受宁静，快慰我之心襟。
春天已经来临，东风吹来爽清。
暮色渐渐掩映，城市华灯点明。
灯下清思空灵，哦出我之奋兴。

人生须秉恒心

2022-2-19

人生须秉恒心，懒惰可不行。
持之以恒要紧，心志奋殷勤。

不必独立大鸣，实干才可行。
岁月侵人双鬓，鼓足我干劲。

红尘是多艰辛，苦难是常寻。
奋志当如雷鸣，霹雳震心襟。

此际心志沉静，灯下思萦萦。
哦诗舒出热情，快慰我心灵。

世宇合当和同

2022-2-19

世宇合当和同，众生生死相共。
战争害人无穷，杀伐罪恶深重。
济世务必成功，大道普覆宇穹。
神造世界妙动，生生不息久永。

世宇合当和同，东西文明同宗。
裁思哦诗情涌，呼出热血襟胸。
时值初春寒重，灯下清思汹涌。
正意如潮涌动，努力奋勇前冲。

第五十九卷《自由集》

顺天承命

2022-2-20

顺天承命，春来万物苏醒。
朝日清俊，和煦世界温馨。

我自多情，清听鸟之欢鸣。
阖家康平，乐度岁月安宁。

鼓舞身心，奋发胸襟去行。
万里无垠，天涯大有风景。

青春心境，不老是我心灵。
正义凌云，奋展男儿刚劲。

心志聊舒广长

2022-2-20

心志聊舒广长，悟道明于心间。
几微方寸间，用心细衡量。

煦日洒放光芒，春意无法阻挡。
青碧蓝天旷，东风吹奔放。

微寒有何碍妨，生气天地之间。
心志展清昂，努力去闯荡。

高飞直至远疆，天涯风光清靓。
男儿怀贞刚，旷展我顽强。

正午阳光

2022-2-20

正午阳光，灿洒其光芒。
东风温让，阳和遍人间。

春意奔放，雀鸟欢鸣唱。
人民安康，精神都爽朗。

我自歌唱，新诗舒出膛。
正意昂扬，不惧千关障。

奋志强刚，矢克魔与魈。
清平寰壤，本是神所创。

畅意浮生

2022-2-20

畅意浮生，何许计较痛疼。
奋我刚贞，努力前面旅程。

蓝天青纯，阳光洒得和温。
鸟语声声，振奋人之心身。

春风阵阵，鼓舞情志欢腾。
迎春开芬，朵朵金黄色正。

阖家温存，父母健康怡神。
秉持孝顺，做好儿子本份。

鸟语欢畅
2022-2-20

鸟语欢畅，自得欣其所向。
煦日阳光，和暖世界无恙。

身心扬长，哦出新诗馨芳。
东风奔放，清新真是无双。

蓝天广长，我想畅意飞翔。
万里无疆，去向天涯方向。

生活平章，未许噪杂交响。
静定心房，内省良心久长。

严谨人生
2022-2-20

严谨人生，叩道吾持纯真。
心志清芬，读书怡我心神。

鸟语声声，欢愉天地同春。
斜照正盛，祥云飘逸缤纷。

雅持心身，努力正直为人。
不负青春，不负冬夏秋春。

微笑诚真，君子人格奋争。
和同世尘，大度治病救人。

修心无限
2022-2-20

修心无限，正直是首桩。
无机扬长，质朴理应当。

暮色苍茫，城市华灯亮。
晚饭时间，温馨话家常。

孤旅不怅，奋发我强刚。
男儿豪放，不屈这艰苍。

春来人间，东风剪万象。
迎春绽芳，宿鸟在啼唱。

春寒不怕冷峭
2022-2-21

春寒不怕冷峭，心志吾正年少。
喜鹊旷鸣叫，天晴朗正好。

岁月多么逍遥，生活多么美好。
神恩总丰饶，赐我福分高。

向阳心态洒潇，读书应能起早。
晨风吹清骚，薄寒不紧要。

行将萋长芳草，行将碧了柳条。
快慰中心饶，哦诗舒声高。

朗日天晴
2022-2-21

朗日天晴，心志体分明。
悠悠心襟，雅洁真无垠。

红尘多辛，苦难不必云。
谁不知情？谁不蕴于心。

高蹈胸心，奋志当凌云。
展我雄英，旷飞越天青。

世宇和平，春展蓬勃境。
人民高兴，乐以度生平。

秉具良心
2022-2-21

秉具良心，奋志岂常寻。
红尘艰辛，努力去飞行。

春已来临，百花会开屏。
阳光鲜明，蓝天秀白云。

好风清新，我心为之馨。
世宇升平，忧患铭心襟。

心志清明，不入世之井。
名利辞屏，高蹈吾之心。

清怀总持雅淡

2022-2-21

清怀总持雅淡，人生不惧坷坎。
奋志作好汉，春已来人寰。

神恩中心切盼，导引灵程灿烂。
努力踏实干，万里克艰难。

迎春已经开绽，东风吹击冷寒。
生机天地展，行将灿芳颜。

清坐思想浪漫，哦诗舒出情澜。
人生是平凡，梦想出宇寰。

休闲无恙

2022-2-21

休闲无恙，清听音乐情爽朗。
晒晒太阳，吃点小食品茗芳。

情志昂扬，人生千关吾径闯。
不屈艰苍，奋发强刚我顽强。

红尘狂荡，太多犬类吠狂猖。
心意安祥，不惹名利之肮脏。

春来人间，冷寒终究不久长。
鸟鸣扬长，报道无限好春光。

振奋情肠

2022-2-21

振奋情肠，斜阳正在望。
春来人间，鸟语人欢畅。

冷寒微放，又能怎么样。
惬意心间，世界美无恙。

岁月芳香，清度吾安祥。
奋志昂扬，不畏困与障。

人生奔放，因我有理想。
正直情肠，无机之襟房。

心志旷展

2022-2-21

心志旷展，爽清是此宇寰。
心怀浪漫，春来情思浩瀚。

雀鸟鸣喊，啼春情绪饱满。
风来微寒，清新宜我肺肝。

阖家康安，欢度晨昏雅然。
岁月飞帆，未来召唤我干。

黄昏又展，夕烟笼罩非凡。
清坐思绽，闲情哦出舒肝。

悠悠情长

2022-2-21

悠悠情长，人生之旅慨慷。
不事张扬，沉默实干为上。

奋志强刚，旷展男儿气象。
红尘攘攘，不是我之故乡。

天国在上，灵程我要奋闯。
神亲导航，不惧沿途艰苍。

试探任放，信心磐石相仿。
作盐作光，圣洁清持襟房。

世界其实美好

2022-2-21

世界其实美好，真神亲自创造。
东西文明分表，共向未来辟道。

此际夕烟清绕，思想于我开窍。
哦出心肝清妙，颂赞神恩丰饶。

战争杀伐颠倒，罪恶未许倾倒。
正义旷展风标，魔敌败退遁逃。

我要高歌逍遥，舒出情志风骚。
努力灵程正道，奋扬济世风飙。

少年已矣心不老

2022-2-21

少年已矣心不老，红尘容我笑傲。
人生从来持怀抱，征途万里迢迢。

春来人间开怀笑，灯下清撰诗稿。
舒出正气颇丰饶，刚正一生方好。

尘世太多纷与扰，名利合当辞掉。
高蹈雄心水云渺，田园山村逍遥。

雅洁情思哦不了，奋志旷怀孤傲。
独立人生长驱跑，风雨兼程开道。

流风舒爽

2022-2-22

流风舒爽，心地吾激昂。
红尘无恙，春光初悠扬。

小鸟歌唱，白云自在翔。
心志广长，春来又鼓荡。

奋发昂藏，人生鼓勇闯。
山高水长，青春在心间。

岁月舒扬，不必回头望。
未来无限，努力创辉煌。

东风鼓畅

2022-2-22

东风鼓畅，午时阳光靓。
春意奔放，生机待勃放。

哦诗激昂，耳畔有鸟唱。
云天澹荡，身心俱悠扬。

岁月扬长，已越千重障。
未来瞻望，青天正无疆。

展开翅膀，去向天涯翔。
蓝天之上，自由可亲尝。

人生奋发冲

2022-2-22

人生奋发冲，心志清雄。
春意正葱茏，新芽萌动。

鸟语风清送，煦日当空。
心志展从容，品茗意涌。

哦诗吐清空，恣展灵动。
大化运圆通，悟彻襟胸。

情志鼓舞中，不妄行动。
待时骋刚猛，蛮干不通。

人生不宜过劳

2022-2-22

人生不宜过劳，适当休息才好。
身体最重要，身心须看好。

不为名利所扰，清心澄虑重要。
雅洁叩大道，正直吾风标。

春来清听鸟叫，享受阳光洒照。
东风吹清妙，新芽节节高。

品茗意发潇骚，新诗纵情哦了。
舒出我情抱，开怀吾大笑。

人生沐浴春阳

2022-2-22

人生沐浴春阳，心志不取狂猖。
春来情志昂，谦和力守间。

风吹多么爽朗，新芽多么奔放。
鸟语喧何畅，心意吾开敞。

世界展现春光，大好是此寰壤。
人民都欢畅，神恩广无疆。

叩道一生力向，济世前方广长。
努力奋贞刚，挥洒干劲上。

心志旷展扬长

2022-2-22

心志旷展扬长，人生充满力量。
　红尘是无恙，春光正铺张。

鸟语欢唱奔放，风吹递来清爽。
　休憩我心肠，校对旧诗章。

人生不必匆忙，应许定定当当。
　百年一瞬间，叩道须强刚。

正直一生是尚，虚饰必须抛光。
　无机之情肠，洁净颇欢畅。

红尘履历多辛

2022-2-22

红尘履历多辛，心志依然刚劲。
　青春铭心襟，旷怀雅无垠。

煦日洒照天顶，春风吹来爽清。
　欢快是心情，新诗哦不停。

英武持在胸心，良知正见盈襟。
　努力奋前行，风光阅清俊。

真理一生找寻，用道秉持良心。
　清听这鸟鸣，开心何慰情。

优雅是我心胸

2022-2-22

优雅是我心胸，良知正见从容。
　呼吸这清风，春意渐浓重。

鸟语欢快轻松，阳光洒得和慵。
　品茗意清空，哦诗适襟胸。

人生情意所钟，是在山水无穷。
　不妄去行动，心志秉中庸。

世宇和同相共，大道普覆宇穹。
　叩道志凝胸，踏实往前冲。

悠悠是我心襟

2022-2-22

悠悠是我心襟，旷怀清持雅净。
　斜照正鲜明，鸟语何清俊。

红尘不惧艰辛，奋志展我凌云。
　英雄之胸襟，注目关山云。

春风吹来何清，笑容洒脱清俊。
　阖家享温馨，欢语乐升平。

前途引人奋兴，努力奋志旅行。
　万里壮风云，天涯灿美景。

人生奋然前行

2022-2-22

人生奋然前行，山水越过无垠。
　心志纵凌云，风雨兼程进。

又值春光来临，芳芽节节长新。
　我心真高兴，讴咏世升平。

鸟鸣欣我心灵，风鼓畅我意境。
　休闲享安平，哦诗适雅情。

岁月使人奋兴，生生不息世景。
　红尘虽艰辛，欢乐也丰盈。

万物均有灵性

2022-2-22

万物均有灵性，切莫视为常寻。
　叩道凭心灵，正见盈心襟。

春光无比温馨，斜阳洒照均平。
　鸟语鸣不停，风吹鼓干劲。

我自休闲品茗，欢快是我心情。
　哦诗适心灵，淡泊吾康平。

岁月不断进行，生机勃发野景。
　微笑浮清新，谦和守胸心。

心志悠旷

2022-2-22

心志悠旷，人生从容向。
　春来扬长，心花都怒放。

风吹浩荡，传来鸟清唱。
　心情无恙，新诗连踵放。

振奋情肠，人生怀向往。
　高远天堂，一生之所向。

魔敌狂猖，杀伐用刀枪。
　斩杀尽光，还我清平壤。

人生清展意境

2022-2-22

人生清展意境，休闲体道清平。
　心志奋殷殷，名利矢辞屏。

并非没有雄心，与时共进奋行。
　青春铭心襟，不老是心灵。

暮色笼此宇庭，宿鸟清新唤鸣。
　灯下思清灵，志向体分明。

红尘步步惊心，多有狼烟经行。
　奋志当雷霆，雾霾矢扫清。

心志曾经苍苍

2022-2-22

心志曾经苍苍，而今体道安祥。
　冬去影无彰，春光正悠扬。

此际华灯灿放，晚风吹来凉爽。
　思想正起浪，澎湃兴未央。

人生吾持情长，婉转想要歌唱。
　天地多宽广，尽够我飞翔。

神恩赐下丰穰，灵程奋发向上。
　道义铭心间，正直吾安享。

闲情聊舒旷

2022-2-22

闲情聊舒旷，心地吉祥。
　春夜展温让，和柔情肠。

正气天地间，心志清昂。
　努力奋前闯，关山任壮。

清心吾安祥，矢志闯荡。
　往事回味长，热泪潸淌。

更应向前望，天涯风光。
　不惧旅程艰，果敢顽强。

情怀清好

2022-2-23

情怀清好，悟彻这尘表。
　朝日朗照，蓝天青碧妙。

薄寒堪表，芳春已来了。
　雀鸟鸣叫，风吹何洒潇。

人生不老，春来情思袅。
　正如芳草，生机勃发了。

红尘险道，艰苍免不了。
　神恩笼罩，赐我福分高。

人生不服老

2022-2-23

人生不服老，奋志展我刚傲。
　红尘胡不好，春来清听鸟叫。

人生不服老，心怀犹展美妙。
　向往爱情好，比翼双飞何潇。

人生不服老，正气凌云志高。
　纵飞万里遥，脚踏实地方好。

人生不服老，最贵是在心窍。
　朝日正洒照，努力奋行前道。

人生不可沉沦

2022-2-23

人生不可沉沦，春来旷展刚正。
心志共风骋，鸟语情振奋。

此生沐浴神恩，导引灵程丰盛。
欢呼出心身，讴咏这旅程。

雅洁是我心身，努力挥洒青春。
世界神创成，灵妙真无伦。

春风吹来和温，煦日洒照均衡。
白云飘纷纷，浪漫我心身。

人生轻装上阵

2022-2-23

人生轻装上阵，抛开一切痛疼。
感沛神之恩，灵程美不胜。

春色美妙绝伦，东风吹得温存。
鸟语啼声声，美好存心身。

向神敞开心身，灵程奋不顾身。
脚下须行稳，中心雅怀春。

红尘浪漫清逞，迎春朵朵丽盛。
新芽茁纷纷，煦日照和温。

休憩身心

2022-2-23

休憩身心，耗神过度可不行。
春日情景，好风吹拂正清新。

斜照正明，光明正大持身心。
不妄用情，淡泊盈满我心襟。

红尘幻境，名利何益于身心。
体道均平，灵程奋勇以驱进。

志取凌云，斑苍不减少年情。
旷怀高兴，哦出新诗倾心灵。

自由舒畅

2022-2-23

自由舒畅，讴颂好春光。
东风悠扬，云飞鸟鸣唱。

我自昂扬，奋发往前闯。
无价韶光，珍惜于心间。

红尘攘攘，太多机与奸。
岁月奔放，策马万里疆。

无机情肠，持节颇清畅。
神恩无量，思此颂赞放。

夕照在望

2022-2-23

夕照在望，心情好快畅。
品味休闲，哦诗舒激昂。

人生扬长，冲决彼羁缰。
自由天壤，旷展双翅翔。

神恩广长，赐我以力量。
力斩魔障，正义大发扬。

魔敌败亡，光明天地间。
圣徒讴唱，欢歌入云乡。

洒脱身心

2022-2-23

洒脱身心，原也颇雄英。
振奋心襟，春意美无垠。

心怀清俊，奋志岂常寻。
韶华飞殷，笑意盈心灵。

展眼天青，白云悠悠行。
喜鹊欢鸣，旷飞自由俊。

东风多情，吹拂我胸心。
写诗舒情，欢快欲大鸣。

解开一切捆绑

2022-2-23

解开一切捆绑，灵性自由释放。
　春已来人间，生机勃发旺。

鸟儿高声鸣唱，风儿自由舒畅。
　清坐吾安祥，思想天涯间。

往事回味久长，未来长自瞻望。
　神恩敷广长，导引正路向。

天国唯一家邦，永生欢乐无疆。
　共父万年长，欢歌彻穹苍。

何必多劳神

2022-2-23

何必多劳神，应能颐养天真。
处心以纯正，人生奋力驰骋。

山高复水深，大化何其弄人。
丰富是神恩，赐我平安妥稳。

生活日丰盛，感谢不尽神恩。
灵性日升腾，如光如电相称。

　努力前旅程，风雨容我兼程。
　凯歌彻云层，魔敌败退消遁。

人生弃假归真

2022-2-23

人生弃假归真，感谢天父鸿恩。
导引灵性旅程，创化文明历程。

此际灯下思深，春来温我心身。
冷风虽然成阵，迎春开放正芬。

努力万里征程，飞驰如电之骋。
叩道奋不顾身，圆明悟彻七分。

岁月不断进深，不惧斑苍生成。
心志仍持青春，奋发前面旅程。

第五十九卷 《自由集》

第六十卷《奋飞集》

人生旷展力量

2022-2-24

人生旷展力量，清展我之贞刚。
春日洒煦阳，雀鸟欢鸣唱。

风来何其馨芳，蓝天云飞淡荡。
红尘美无恙，神恩赐广长。

欢呼我要尽量，人生努力舒昂。
万里之疆场，长驱以奔放。

岁月清新芬芳，故事老酒相仿。
未来长瞻望，风云驰茁壮。

红日东上

2022-2-25

红日东上，寒气天地间。
雀鸟鸣唱，早起校诗章。

人生昂扬，不惧冷寒放。
初春无恙，新芽正茁长。

岁月奔放，何计老斑苍。
一笑朗爽，人生该这样。

志取强刚，青春心志旺。
努力驱闯，万里无止疆。

勿为迷烟障

2022-2-25

勿为迷烟障，春风吹正狂。

冷寒一时间，煦日洒光芒。

红尘真攘攘，众生陷迷茫。
务持慧眼向，济世乐无疆。

清贫何所妨，要在志刚强。
人生努力闯，不惧困与障。

微笑浮面庞，洒脱吾温让。
君子人格彰，惬怀旷无恙。

旷怀清展雅骚

2022-2-25

旷怀清展雅骚，人生其实晴好。
春阳正煦照，田野鸣禽鸟。

哦诗中心写照，舒出情志刚傲。
人生须行好，矢志叩大道。

风吹何其美好，洒脱我之襟抱。
阖家康且好，神恩赐丰饶。

前旅不惧险要，关山履历迢迢。
旷飞入云霄，天涯风光妙。

旷展心襟无限

2022-2-25

旷展心襟无限，春来气宇张扬。
小鸟欢鸣唱，流云自在航。

468

煦日闪射光芒，品茗兴致无上。
哦诗舒心芳，情怀雅奔放。

人生得意不狂，旷展男儿志向。
践履勿退让，济世乐无疆。

红尘太多险障，战争杀伐狂猖。
神恩赐广长，和平此寰壤。

斜晖此际朗照

2022-2-25

斜晖此际朗照，我的心情大好。
春意无限饶，东风吹荡浩。

小鸟欢快鸣叫，城市和平美好。
思想正如潮，哦咏激情高。

舒出我的怀抱，舒出我的心窍。
舒出我雅骚，舒出我困扰。

前路努力行好，不负神恩丰饶。
灵程旷扬飙，天国是终标。

黄昏无恙

2022-2-25

黄昏无恙，读书兴清昂。
东风爽朗，精神舒扬长。

情志增长，春来心奔放。
体味休闲，惬怀真无上。

红尘狂荡，太多诡与奸。
心须清亮，识破彼伪装。

正意心间，人生奋志向。
万里疆场，才是我向往。

情志喧畅

2022-2-25

情志喧畅，灯下放思想。
人生情长，春来我奔放。

飘逸心间，灵动哦诗章。
一曲张扬，一曲泻心肠。

华灯灿放，四围平静间。
温和情肠，未许稍张狂。

谦和心间，正直人生场。
一生强刚，不屈困与障。

春寒微峭

2022-2-26

春寒微峭，洒脱撰诗稿。
红日升了，雀鸟欢鸣叫。

写意风骚，适我情怀抱。
心襟风标，体味春之妙。

蓝天云飘，大千旷心窍。
正意雅好，勤将心田扫。

修心叩道，步履正迢迢。
养德勿躁，谦和吾力保。

心潮如浪

2022-2-26

心潮如浪，奋志吾强刚。
不取狂猖，贞定守心肠。

春来昂扬，心花朵朵放。
人生疆场，容我放马闯。

天高地广，尽我骋思想。
实干为上，显我男儿壮。

红尘无恙，神妙无法讲。
世界神创，文明进无疆。

灵性雅舒清正

2022-2-26

灵性雅舒清正，叩道奋展刚贞。
万物进化秉诚，宇宙文明日盛。

春来万类苏生，新芽茁壮长成。
东风清吹和温，煦日洒照温存。

颂神吾心清纯，神恩丰赡丰盛。
灵程努力驰骋，前路坦平安稳。

469

岁月不断进深，青春心志旺盛。
奋发济世热忱，用道雅洁清芬。

浮生畅意向

2022-2-26

浮生畅意向，春意奔放。
欢乐谈家常，父母健康。

品茗吾雅芳，惬怀扬长。
有鸟清鸣唱，风来何爽。

人生于世间，不为物障。
清贫守贞刚，神恩茁壮。

信仰逞坚壮，灵程奋闯。
富足享康强，颂赞襟房。

心志旷展从容

2022-2-27

心志旷展从容，雅然是我心胸。
春来气如虹，踏实去行动。

雀鸟鸣唱清空，蓝天青碧堪颂。
惬意盈襟中，品茗意态浓。

哦诗热情汹涌，振襟讴咏无穷。
芳春风吹送，万物生机蓬。

青春心志刚洪，人生奋力前冲。
名利有何功，叩道领云风。

浪漫清持心间

2022-2-27

浪漫清持心间，春来情思娟扬。
小哦诗章，小哦诗章，
三更醒转费思想。

清夜静悄安祥，灯下思放千章。
人生昂扬，人生昂扬，
斑苍不减我清狂。

少年倩影何方，人生履历艰苍。
红尘无恙，红尘无恙，
风浪洗涤我心肠。

依然振志哦唱，依然情怀向往。
欣欣意向，欣欣意向，
欢度芳春何激昂。

早起四更

2022-2-28

早起四更，清舒我精诚。
天气和温，心志惬而芬。

人生纵论，最贵自由身。
心灵驰奔，旷飞万里程。

感谢神恩，导引我灵程。
冲决魔阵，奔放向天城。

时值芳春，万类生机骋。
勃勃兴盛，新芽茁壮生。

心志沉稳，未许躁生成。
叩道历程，山水越艰深。

一笑微生，雅洁真无伦。
赞此宇城，灵妙难细论。

长风吹旷

2022-2-28

长风吹旷，雀鸟都鸣唱。
鸟越青苍，恣我之意向。

意兴悠扬，读书心志芳。
品茗兴上，裁心哦诗章。

人生昂扬，志取彼雄刚。
春来奔放，心胸骋茁壮。

红尘无恙，灵妙难言讲。
用心品量，振志灵程闯。

红尘履历多情

2022-2-28

红尘履历多情，人生不计艰辛。
春来怀奋兴，喜鹊旷欢鸣。

阖家清喜康平，神恩何其丰盈。
颂赞自心襟，讴咏此升平。

抑制不住高兴，向往万里凌云。
畅飞入天青，天涯是比邻。

红尘试炼之境，勿为名利动心。
守护我心灵，振意放歌吟。

流风鼓畅

2022-2-28

流风鼓畅，我的心中潇爽。
逸意扬长，欣此大好春光。

岁月奔放，青春心志襟间。
喜鹊飞翔，喳喳欢欣鸣放。

写诗舒昂，旷展我的志向。
立身贞刚，努力奋发向上。

不嗟艰苍，神恩总是广长。
赞此宇间，生机勃勃兴旺。

正意盈襟

2022-3-1

正意盈襟，享受风爽清。
春意鲜明，众鸟均和鸣。

旷然高兴，哦诗舒激情。
人生奋行，关山越苍俊。

红尘艰辛，演绎桑沧境。
一笑淡定，神恩总无垠。

持心清平，物欲都辞屏。
高蹈雄心，合时而振兴。

品茗意芬

2022-3-1

品茗意芬，窗外长风正吹逞。
鸟语声声，欢快打动我心身。

值此和春，万物生机初勃盛。
迎春金胜，灿烂色相真无伦。

心志振奋，旷怀清正骋刚贞。
济世度人，顺水行舟泛流稳。

感谢神恩，时刻导引我灵程。
讴呼纯真，心志雅洁且平正。

风怀清好

2022-3-1

风怀清好，品茗吾意逍。
旷听鸟叫，风吹何荡浩。

初春情抱，我心持美妙。
苗壮心窍，正意舒刚饶。

阖家康好，神恩赐丰饶。
奋志行潇，风雨何足道。

叩道迢迢，悟彻是微妙。
展颜一笑，豁达乐尘嚣。

骋心无恙

2022-3-1

骋心无恙，纯正心地间。
正意强刚，努力奋前闯。

不计艰苍，微笑吾扬长。
前方风光，边走边欣赏。

红尘无恙，大道运广长。
神恩苗壮，赐我以力量。

展眼城乡，迷烟空际漾。
人心污脏，环境遭祸殃。

焕发心襟

2022-3-1

焕发心襟，人生振志行。
春光清俊，爽风鼓无垠。

鸟欢娇鸣，讴颂此宇庭。
自由之境，我欲展翅行。

生机勃兴，秀美是野景。
田园乐境，怡养人心灵。

名利险境，务弃务抛屏。
清心雅净，叩道悟灵明。

鼓心无恙

2022-3-1

鼓心无恙，人生吾张扬。
春来奔放，鸟语何情长。

青春意向，不老是心肠。
振襟哦唱，努力向遐方。

风雨任艰，奋发我顽强。
天涯风光，召唤我前闯。

河水汤汤，激流舒茁壮。
诗意人间，化为新诗唱。

人生不惧苍老

2022-3-1

人生不惧苍老，展我青春微笑。
春来开怀笑，鸟语啼娇妙。

朔风吹击何浩，爽洁我之情窍。
迎春开得俏，心境吾大好。

苍烟四野围绕，雾霾笼此尘表。
污染太糟糕，治理务须早。

环境保护重要，群策群力必要。
奋志吾扬飙，污秽矢清扫。

岁月菲芳

2022-3-1

岁月菲芳，春意舒奔放。
鸟鸣花芳，中心情悠旷。

展我扬长，哦诗热情彰。
惬然意向，旷欲邀天翔。

自由天壤，才是我向往。
舒展心肠，舒展我志向。

人生贞刚，不惧困难障。
红尘无恙，道义畅宇间。

旷展我的心襟

2022-3-1

旷展我的心襟，奋志岂是常寻。

春风鼓清劲，中心怀奋兴。

鸟语多么空灵，云飞多么淡定。
心志展爽清，努力去追寻。

践履理想奋行，迈越关山风景。
名利合辞屏，雄心宇包并。

闲时清品芳茗，悟道凭我良心。
正见盈心灵，微笑吾何云。

履缘奔放

2022-3-1

履缘奔放，处心以平常。
春日晴朗，散步何悠扬。

心襟平旷，沐浴此阳光。
清风吹畅，惬我意无限。

红尘安祥，生机勃勃放。
新芽茁壮，舒吐着希望。

笑意浮上，人生吾慨慷。
不急不忙，心志享扬长。

心襟不使摇晃

2022-3-1

心襟不使摇晃，清真守我情肠。
春来气昂藏，奋飞万里疆。

风吹何其浩荡，爽我情思无恙。
清坐展思想，实干方为上。

人生矢志向上，越过千关万障。
神恩是茁壮，赐福何丰广。

得意不可狂猖，谦正是我襟房。
叩道尽心量，济世展强刚。

清思悠旷

2022-3-1

清思悠旷，春夜华灯放。
诵读词章，吞吐我激昂。

清风流畅，远际歌声唱。

逸意心间，芳韶金相仿。

人生奋闯，一笑体顽强。
过去困障，何必多思想。

未来旷望，山水叠清壮。
努力向上，修心无止疆。

心志旷展强刚

2022-3-1

心志旷展强刚，灵性茁壮成长。
神恩赐奔放，灵程奋飞翔。

岁月正值春光，身心健康强壮。
讴呼吾尽量，激情化诗章。

文明永恒向上，进步未有止疆。
未来广无量，灿烂放光芒。

灯下清展思想，心潮澎湃汪洋。
努力骋志向，济世奋顽强。

奋志人生

2022-3-1

奋志人生，努力万里征。
蓝天青纯，尽我展鹏程。

风雨任生，雨后彩虹骋。
岁月缤纷，进化无止程。

向上力争，灵性日加增。
光明心身，君子人格正。

秉持精诚，振襟哦纯真。
时正芳春，晚风吹清芬。

时光飞迅

2022-3-1

时光飞迅，人生鼓勇进。
不计艰辛，心怀奋刚劲。

魔敌经营，害人以无垠。
提刀奋行，斩杀虎狼群。

神恩丰盈，赐福何康平。

讴呼尽情，灵程旷飞行。

天国安宁，永生何温馨。
颂出心襟，赞美此宇庭。

心志不能平静

2022-3-1

心志不能平静，春夜旷展奋兴。
东风吹清新，心潮澎湃境。

人生努力前行，奋展我之刚劲。
春来生机兴，万物畅身心。

情志又鼓殷殷，青春心态盈襟。
何惧斑苍临，笑意展清俊。

红尘是有苦辛，奋志务必凌云。
万里长空境，尽我恣飞行。

流年恣意更张

2022-3-1

流年恣意更张，又值春临人间。
心志不迷茫，灵程奋发闯。

阴阳和合无恙，大化运行精详。
一笑爽然畅，豁达盈襟房。

岁月舒其清芳，文明进步无疆。
努力发心光，博爱未可忘。

前路尽力飞翔，万里搏击云苍。
风光何清靓，天涯是方向。

旷怀清展

2022-3-2

旷怀清展，人生志冲霄汉。
春鸟鸣溅，风来舒我心肝。

骋志去干，汗水夺得丰产。
神恩丰赡，导引灵程浩瀚。

人生纵谈，共缘前驱奋战。
不畏困难，高天鹏程任展。

坎坷回看，何须悲伤嗟叹。

英武襟胆，一笑清雅和安。

雀鸟清鸣唱

2022-3-2

雀鸟清鸣唱，使我心向往。
青天碧无羔，朝日升东方。

春来气昂藏，纵我思与想。
蓝天无限广，应能旷飞翔。

任起风雨艰，心志如磐壮。
天涯是方向，困障岂能挡。

人生奋发间，履尽桑与沧。
青春心志刚，何惧初斑苍。

奋志刚正

2022-3-2

奋志刚正，挥洒我青春。
心意勃盛，春来生机骋。

喜鹊欢腾，飞鸣声又声。
爽朗风逞，惬我意十分。

雅洁心生，哦诗舒真诚。
奋我人生，万里旷驰奔。

名利弃扔，前进我轻身。
一笑微生，豁达真无伦。

清怀雅淡

2022-3-2

清怀雅淡，中庸铭记心坎。
鸟鸣风展，春阳煦煦照灿。

哦诗妙曼，心志骋出浩瀚。
情怀雅安，品茗惬意非凡。

思想潮般，鼓舞情志实干。
奋辟前站，不怕困苦艰难。

神恩丰赡，颂出心肝当然。
灵程闯关，力胜磨炼试探。

春意舒畅

2022-3-2

春意舒畅，煦日洒光芒。
和风来翔，读书意昂扬。

慨哦诗行，旷展我志向。
人生奔放，奋飞青天苍。

红尘安祥，人民欢乐放。
自由为上，灵程努力闯。

解开捆绑，胜过魔敌奸。
世界神创，文明进无疆。

晚风清爽

2022-3-2

晚风清爽，心志蔼然畅。
华灯灿放，欢乐漾人间。

春舒奔放，万物初生长。
新芽茁壮，生机遍野间。

远际歌唱，动我之襟房。
适意扬长，哦诗又一章。

赞此宇间，大道运玄旷。
叩道贞刚，妙悟岂寻常。

悠悠情旷

2022-3-2

悠悠情旷，灯下清坐吾扬长。
灯火灿旺，远际嘹歌婉转唱。

春夜温良，好风自东来流畅。
适意情肠，能不哦诗舒奔放。

人生疆场，奋发志向骋顽强。
天苍地广，世界任我展邀翔。

奋发向上，天国才是我家邦。
永生无疆，神恩丰赡赐无量。

第六十一卷《美好集》

和暖芳春
2022-3-3

和暖芳春，心志正欢腾。
品茗意芬，新诗纵哦成。

鸟语清纯，迎春开正盛。
风鼓青春，惬我意与神。

茁壮情生，神恩感心身。
履世安稳，灵程努力奔。

胜了又胜，克敌奋刚贞。
天国永生，康乐何缤纷。

旷怀无恙
2022-3-3

旷怀无恙，写诗复流畅。
春风扬长，鸟语何欢畅。

逸意心间，能不哦诗章。
人生昂扬，标的天涯间。

名利虚妄，害人以无限。
叩道贞刚，德操一生讲。

修身无疆，正直盈襟房。
矢志向上，奋飞向天堂。

煦日春阳
2022-3-3

煦日春阳，散放其光芒。
散步兴上，有汗微沁淌。

红尘无恙，生机都勃放。
熙熙宇间，万类俱欢畅。

神恩无疆，赐福何丰广。
讴颂襟房，灵程努力闯。

关山万幢，展我男儿刚。
奋志飞翔，迈越天青苍。

人生积德无疆
2022-3-5

人生积德无疆，博爱未可相忘。
正义吾强刚，春来情奔放。

柳芽青青舒芳，惊蛰今日正当。
东风吹清狂，读书心激昂。

人生矢志向上，心怀应许安祥。
谦和盈襟房，努力叩道藏。

岁月飞泻狂猖，不计年初斑苍。
笑意展温让，青春心志刚。

斜照清旷

2022-3-5

斜照清旷，读书兴致放。
春风悠扬，我心何快畅。

人生昂扬，千关竞须闯。
红尘无恙，碧柳正舒芳。

心志慨慷，振意作诗章。
倾若汪洋，浩气冲天旷。

有鸟鸣唱，惬余意无限。
岁月奔放，人生吾安享。

适然心襟

2022-3-9

适然心襟，仰看天青青。
东风多情，余意亦芳馨。

哦诗舒情，仲春美无垠。
雀鸟啼鸣，惬余意与心。

散思旷兴，品茗何怡情。
碧柳芳青，诗意寰宇盈。

神恩丰盈，赐下此康平。
灵程奋进，领略美意境。

风雨潇潇

2022-3-17

风雨潇潇，洒脱撰诗稿。
仲春美好，有鸟清啼叫。

写意风骚，人生合不老。
振襟欲啸，浩气冲云霄。

情怀娟妙，春来陶醉了。
岁月如飙，故事演风标。

碧柳飘飘，诗意盈尘表。
芳草青了，海棠正打苞。

风鼓萧狂

2022-3-21

风鼓萧狂，清坐室内吾定当。
雅品茗芳，惬怀中心享安祥。

春仲正当，氄氄碧柳恣飘荡。
桃苞含芳，茁壮生长待开放。

人生昂扬，放眼平生千关闯。
意取平康，前履万里志奔放。

红尘之间，不过幻演桑叠沧。
一笑无恙，裁心化作新诗行。

清怀雅淡

2022-3-26

清怀雅淡，灯下心思细开展。
红尘好玩，翻转不过名利案。

履尽坷坎，赢得一笑爽然灿。
岁月逝翻，斑苍心怀如菊淡。

何所言谈？只是舒出我心澜。
不妄鸣喊，更应沉默踏实干。

春正开展，欣喜晚风吹清曼。
哦诗适然，心曲向谁吐并谈？

心志旷然生成

2022-3-26

心志旷然生成，人生雅怀纯真。
岁月无比馨芬，思此诗意心生。
红尘浊浪滚滚，应须持有清纯。
不为名利所困，清贫坚守中正。

心志旷然生成，春来心境和温。
抛开一切痛疼，前履奋不顾身。
叩道吾志刚贞，磨难一任成阵。
神恩无比丰盛，导引我之灵程。

此生感谢神恩

2022-3-26

此生感谢神恩，赐我心灵安稳。
努力奋行灵程，胜过试探艰深。

克已修心纯真，活出圣洁真正。
红尘浊浪滚滚，名利害人深深。

此生感谢神恩，讴颂出自心身。
岁月不断进深，斑苍无妨清纯。
努力回归天城，彼处才有永生。
抛开一切痛疼，求神赐福丰盛。

夕照正苍

2022-3-27

夕照正苍，东风骋清畅。
海棠初芳，引余旷欣赏。

红尘无恙，仲春情舒畅。
裁意诗章，一舒心志向。

淡淡荡荡，宇宙何所藏。
正义强刚，道义敷广长。

笑意展放，豁怀吾扬长。
岁月飞狂，笑我星星霜。

人生易老天难老

2022-4-3

人生易老天难老，岁月清芬何所道。
假日应许我逍遥，一杯清茗乐陶陶。
窗外鸟语喧鸣叫，田野菜花黄正好。
展眼青天我微笑，淡泊桑沧吾洒潇。

人生易老天难老，时近清明天晴好。
洒脱身心向谁表，一腔正气入云霄。
苦旅人生奋辟道，风雨艰苍免不了。
剩有雄心撰诗稿，清度红尘怡情窍。

履历红尘

2022-4-4

履历红尘，心襟淡泊清芬。
远辞世尘，不为名利纷争。

鸟语娇纯，怡我心志精神。
岁月飞奔，又值寒食时分。

人生刚正，叩道奋不顾身。
雅洁心身，原似白云清纯。

红尘滚滚，演化故事缤纷。
安稳心身，内叩自已灵魂。

旷志浩然生成

2022-4-5

旷志浩然生成，夕阳正复西沉。
中心何所论，奋志在乾坤。

岁月不断进深，笑我星霜生成。
一笑还和温，正意存刚贞。

红尘浊浪滚滚，名利害人何深。
清心吾雅芬，惬意在晨昏。

雅放读书之声，情怀共谁而论。
寂寞之心身，展眼望云层。

季春无恙

2022-4-9

季春无恙，东风清吹正浩荡。
天喜晴朗，小鸟和鸣也惬肠。

人生昂扬，展眼天涯正平旷。
微笑浮上，悟彻世事吾安祥。

岁月舒芳，流年似酒何必讲。
应许扬长，不执名利自澹荡。

何处歌唱？引我情思长悠扬。
心志奔放，漫眼菜花开金黄。

寂寞身心看落照

2022-4-10

寂寞身心看落照，燕子归来了。
剩有闲情撰诗稿，东风正袅袅。

百千小鸟欢鸣叫，写意此尘嚣。
红尘清度吾安好，名利早辞了。

天上流云飞飘渺，远野柳烟绕。
阖家安祥乐逍遥，神恩感心窍。

努力前道奋刚傲，力胜试探饶。
百度秋春吾洒潇，心志入云霄。

闲情堪表

2022-4-23

闲情堪表，品茗意兴骚骚。
东风清袅，鸟语声声娟妙。

我自高蹈，向阳心态清好。
残春将了，欣看田园画稿。

岁月逝飘，流年似水如飙。
且撰诗稿，舒出心襟微妙。

人生情抛，孤旅步履迢迢。
浮起微笑，悟彻世事风标。

逸意飞扬

2022-4-23

逸意飞扬，惬听啼鸟唱。
风来扬长，我心为之旷。

身心舒畅，从心化诗章。
一曲奔放，舒出情悠扬。

人生向上，不计千关艰。
回首长望，烟云锁关障。

努力驱闯，不为名利诳。
定志贞刚，叩道是志向。

天气复朗晴

2022-4-26

天气复朗晴，鸟语娇鸣。
写意红尘清，东风旷行。

我心自高兴，况复品茗。
写诗适意境，一曲清新。

残春行将尽，小桃青青。
岁月袅意兴，百感盈心。

努力向前行，关山苍峻。
展眼入层云，奋欲飞俊。

云天淡荡

2022-4-29

云天淡荡，听得鸟歌唱。
逸意扬长，品茗诗意上。

暮春正当，清喜爽风畅。
心志广长，难以细言讲。

人生奔放，千关竞须闯。
一似水淌，绕过溪湾放。

情起汪洋，浩意入天苍。
悠悠情肠，百转千回间。

爽风清劲

2022-4-29

爽风清劲，雀鸟欢奏鸣。
我心高兴，新诗雅哦吟。

中心怀情，残春行将尽。
岁月飞行，安祥持心境。

人生情景，坦腹享安平。
读书尽兴，陶冶真性情。

不计清贫，胸襟怀白云。
努力前行，关山饱风情。

惬怀无上

2022-5-3

惬怀无上，旷听鸟啼唱。
东风扬长，休闲正无恙。

品茗意畅，哦诗适情肠。
残春正当，嗟叹无用场。

岁月流畅，感慨从心放。
正义襟房，原也持强刚。

努力奋闯，关山任叠壮。
展翅飞翔，穿云何快畅。

凯风清兴

2022-5-4

凯风清兴，春去无法禁。
洒脱身心，共缘而奋行。

清听鸟鸣，享受此意境。
悠悠心襟，原也持雅平。

岁月飞俊，不必计苍鬓。
微笑清新，人生是旅行。

天日喜晴，卵色天苍青。
阖家温馨，天伦乐无垠。

鸟语喧意向

2022-5-4

鸟语喧意向，风吹情长。
假日吾休享，逸意心间。

品茗意兴涨，裁意诗行。
舒出我情肠，婉转扬长。

人生须奔放，勿为物障。
清贫原无妨，叩道强刚。

岁月悠悠放，华年逝殇。
豁达吾无恙，适意安祥。

旷怀吾悠扬

2022-5-4

旷怀吾悠扬，惬听鸟唱。
和风吹清畅，适意情肠。

身心都舒畅，诗意增长。
品茗何清香，适意袅上。

舒出我慨慷，舒出扬长。
舒出我奔放，舒出贞刚。

人生恃思想，穿越莽苍。
一笑吾安祥，正义襟房。

辞春无恙

2022-5-4

辞春无恙，心地情思长。
悠悠鸟唱，风吹也安祥。

裁心诗章，呼出我奔放。
岁华逝殇，智慧积淀间。

感慨心间，何必费多讲。
沉默为上，实干显豪强。

展转桑沧，迎来一笑爽。
世事平章，任从缘销涨。

蓝天青旷

2022-5-4

蓝天青旷，悠悠听鸟唱。
风吹何畅，惬我意无限。

春去扬长，华年不觉殇。
一笑浮上，安祥心地间。

红尘无恙，演化彼桑沧。
淡定之间，看此演武场。

挥洒志向，裁意入诗章。
一曲流畅，一曲舒清昂。

蓝天青碧正无恙

2022-5-4

蓝天青碧正无恙，悠悠清风旷。
春将逝去无影彰，流光电影间。

几声鸟语宛转唱，惬我意与肠。
裁心小哦新诗行，一舒闲情况。

生活品味岂寻常，故事入平章。
弹指流年飞逝狂，星星白鬓霜。

雅然一笑君子芳，心中白云翔。
淡眼尘世桑叠沧，本心持安祥。

正襟哦歌诗千章，激情似水淌。
内叩心胸广无量，修心晨昏间。

男儿志向放万丈，诗书沉潜向。
悟彻古今吾思想，实干最为上。

西天晚霞靓

2022-5-4

西天晚霞靓，鸟语娇娇歌唱。
春风正清狂，逸意盈满心膛。

读书意洋洋，心志畅发感想。
哦诗也激昂，自乐得其所向。

明日立夏访，惊叹时光飞殇。
春去不觉间，落红何必嗟伤。

笑意运广长，豁达人生无恙。
阖家享安康，神恩领受无限。

悠扬心地间

2022-5-4

悠扬心地间，人生情思荡漾。
远际歌声唱，风递温柔意向。

夜黑华灯放，心兴旷起未央。
写诗适情肠，舒出胸襟奔放。

心志吾清昂，不屈名利孽障。
叩道奋贞刚，矢探无价宝藏。

清坐放思想，淡淡微有清芳。
正意盈心肠，君子人格显彰。

旷怀雅正

2022-5-5

旷怀雅正，蓝天正清纯。
东风清骋，鸟语何馨芬。

立夏今正，岁月飞驰奔。
欣我心身，放怀讴真诚。

观此世尘，幻象运纷纷。
利夺名争，何时是止程。

雅度人生，诗书浸深深。
共缘同奔，山水越千层。

不羁心襟

2022-5-5

不羁心襟，处世吾淡定。
人生奋行，领略彼意境。

山水常寻，松风涤心灵。
雅怀高兴，新诗旷志吟。

立夏今临，天朗碧且青。
鸟语娇鸣，风爽人多情。

笑我苍鬓，仍怀少年心。
一点心情，愿共风同行。

人生旷鼓干劲

2022-5-5

人生旷鼓干劲，诗书纵情哦吟。
心志恒殷殷，向往万里行。

时光飞逝苍劲，笑我华发侵鬓。
依然怀激情，依然少年心。

小鸟娇娇啼鸣，初暑长风吹劲。
天气喜朗晴，品茗意奋兴。

阖家温馨康宁，神恩感于心襟。
讴颂此升平，赞美出心灵。

芳菲心地间

2022-5-5

芳菲心地间，人生情长。
惬听鸟歌唱，享受暇闲。

东风吹浩荡，心志清昂。
初暑展风光，田园画廊。

慨当以为慷，奋发顽强。
万里长驱闯，关山万幢。

一笑是爽朗，男儿志刚。
困障任其放，努力向上。

岁月旷展艰苍

岁月旷展艰苍，我的意兴扬长。
悠听啼鸟唱，讴诗出中肠。

人生所恃奔放，不为名利缠绑。
清贫何所妨，正义吾强刚。

舒出中心气象，舒出人生向往。
大道运广长，叩道尽力量。

立夏今日正当，天气晴朗无恙。
东风吹清狂，诗意中心涨。

长风鼓畅

2022-5-7

长风鼓畅，天气阴正放。
雀鸟鸣唱，喜悦我心房。

纵情哦旷，意气真昂昂。
品茗雅闲，惬怀正无上。

人生贞刚，因我有理想。
正义情肠，原也不清狂。

红尘奔放，演绎桑与沧。
共缘而翔，万里矢闯荡。

旷怀悠扬

2022-5-7

旷怀悠扬，人生意兴上。
天阴何妨，正义吾强刚。

有风吹畅，有鸟啼奔放。
享受暇闲，情思入诗唱。

昨夜蛙唱，喜悦我心房。
初暑风光，田园若画廊。

岁月绵长，老我却即将。
悠悠哦唱，处世以安祥。

斜照当空

2022-5-7

斜照当空，旷风正吹送。
我意清空，哦诗舒情浓。

惬怀无穷，名利都抛送。
诗书从容，快慰盈襟胸。

红尘汹涌，往事越千重。
烟雨重浓，回思有感动。

努力前冲，风景阅丽浓。
关山重重，显我男儿勇。

暮色初浓

2022-5-7

暮色初浓，落日胭脂红。
雀鸟鸣风，心地怀感动。

人生情钟，沐浴风雨浓。
老来斑浓，爽然一笑中。

名利何功？害人以无穷。
叩道从容，共缘而行动。

大化运动，世界桑沧重。
百年匆匆，感慨盈襟胸。

暝色重浓

2022-5-7

暝色重浓，稚月正当空。
雀鸟鸣颂，怡然持心胸。

灯火灿动，霓虹七彩浓。
旷风清送，惬怀真无穷。

岁月如风，霜华渐添重。
淡泊于中，情志付谁懂？

红尘如梦，大化真匆匆。
诗书哦咏，寄托我襟胸。

人生畅意向

2022-5-8

人生畅意向，往事何必回想。
此际东风旷，鸟语何其清靓。

天日喜晴朗，蓝天白云悠逛。
信口哦诗章，一曲悠悠扬扬。

男儿是好钢，万里长途驱闯。
关山风云壮，风雨兼程奔放。

笑意从心上，豁达人生无恙。
任起星星霜，不减少年清狂。

蓝天青旷

2022-5-8

蓝天青旷，鸟儿高飞翔。
逸意心间，品茗惬意肠。

清听鸟唱，心怀想歌唱。
哦出诗章，激情似水淌。

红尘无恙，初暑风光靓。
微风和畅，世界沐安祥。

情起狂猖，想要去飞翔。
高天广长，自由真堪赏。

第六十二卷《骋志集》

心襟辽旷

2022-5-8

心襟辽旷，舒出我的意向。
野禽鸣唱，欣慰余之情肠。

阴晴之间，清风吹拂扬长。
田园清芳，欣赏不尽画廓。

品茗意畅，新诗从心哦唱。
流年飞殇，感慨积淀心间。

向前向上，人生矢志闯荡。
山水远长，边走边歌边唱。

悠悠闲思旷

2022-5-8

悠悠闲思旷，逸意扬长。
风吹何清畅，鸟语情长。

岁月初暑间，心志增长。
惬意诗书间，哦咏奔放。

人生怀情长，未来畅想。
不计风雨艰，矢志闯荡。

五十七年放，回味久长。
心意逞淡荡，如云相仿。

心志旷展扬长

2022-5-8

心志旷展扬长，人生矢志向上。
不惧风雨艰，信步吾安祥。

情怀不取张扬，沉默实干为上。
汗水不白淌，收获会盈仓。

展眼天际旷望，烟云袅袅飞翔。
心意展苍茫，百感一齐上。

人生怀有理想，坚贞不屈风浪。
不为名利狂，清心吾雅靓。

快意心地间

2022-5-8

快意心地间，发为讴唱。
品茗意洋洋，心怀畅旷。

听得鸟啼唱，风吹浩荡。
天气喜清凉，惬我情肠。

周日享休闲，心志安祥。
天伦乐无上，父母康强。

人生正气刚，奋发向上。
不畏惧艰苍，努力矢闯。

情怀悠无恙

情怀悠无恙，适意良长。
慨然哦诗行，激情泻淌。

斜照正在望，清风畅翔。
和平盈寰壤，鸟语扬长。

清坐展思想，正襟奔放。
人生怀梦想，理想心间。

努力奋向上，名利虚妄。
叩道吾顽强，仗剑前闯。

芳怀清好

芳怀清好，人生不惧老。
奋发刚傲，前旅长驱跑。

东风荡浩，爽洁我情抱。
诗兴堪表，舒出心怀妙。

鸟语娇娇，意兴勃发了。
田园画稿，难以详细描。

人生遥道，名利未许扰。
清贫就好，诗书怡情抱。

悠意清享

悠意清享，惬怀不张狂。
正意心间，人生存雅量。

红尘狂荡，利锁与名缰。
旷听鸟唱，清风涤肺脏。

悠悠心向，自弹并自唱。
孤旅奋闯，山水越清苍。

此生情长，苦了心与肠。
依然贞刚，依然奋志向。

人生振意向

人生振意向，坦腹哦唱。
清风来吹翔，真惬情肠。

初暑风光靓，斜日在望。
鸟语何娟芳，诗兴袅上。

诗意此尘壤，生机勃放。
和蔼心地间，神恩安享。

展眼长旷望，天际烟漾。
愿展双翅翔，去往遐方。

雅意横纵

雅意横纵，新诗脱口颂。
惬怀从容，享受此清风。

心志谁懂？不必怅深痛。
努力前冲，关山越无穷。

人生情钟，患难叠重重。
神恩恢弘，赐我福分浓。

清坐思涌，愿化彼长风。
尽意吹动，越过山千重。

悠怀无限

悠怀无限，雅洁放歌唱。
心志情长，况闻鸟鸣放。

斜照天苍，风吹正浩荡。
岁月品尝，原似老酒香。

人生扬长，不执奋志闯。
山水远疆，寄托我希望。

此生何艰，履尽恶风浪。
神恩广长，赐我以安康。

旷展心灵力量

旷展心灵力量，人生矢志向上。
迈越千重艰，理想恒茁壮。

微笑浮上面庞，人生得意不狂。
神恩赐广长，思此颂心间。

红尘狂放无疆，只是大梦一场。
百年匆匆向，名利是黄粱。

憩意诗书之间，寻觅真理灵粮。
旷怀真无恙，艰苍是寻常。

日落烟苍

2022-5-8

日落烟苍，雀鸟纵情唱。
夕风清凉，爽意真无限。

悠悠扬扬，人生赋诗章。
舒出心向，舒出正气刚。

红尘无恙，百年匆匆向。
行旅安祥，不惧恶风浪。

心怀感想，化为诗讴唱。
不必悲伤，清怀共风畅。

心意绵绵长长

2022-5-8

心意绵绵长长，淡眼暝烟笼上。
华灯又点亮，灯下放思想。

人生百倍情长，婉转悠悠歌唱。
天苍地又广，万里烟雨艰。

岁月飞逝匆忙，人生转眼老苍。
不必回头想，前路振意向。

中心怀有理想，不为名利奔忙。
定志之所向，是在天涯间。

清思旷然生成

2022-5-8

清思旷然生成，人生纵情而论。
神恩是广深，导引我灵程。

曾履艰苍不胜，跌倒哀号声声。
丰沛是神恩，疗治我痛疼。

叩道奋我刚贞，济世热情显逞。
努力前旅程，名利矢志扔。

高蹈余之心身，胸襟白云飘纷。
修心无止程，向上吾力争。

闲情聊表

2022-5-9

闲情聊表，正义吾风骚。
清听鸟叫，容我开怀笑。

风来荡浩，写意此尘嚣。
初暑美妙，万物生机饶。

茁壮青桃，生长何清好。
月季艳俏，花香淡淡飘。

容我高蹈，读书怡情抱。
品茗意潇，生辰原美好。

红尘不唯扰扰

2022-5-9

红尘不唯扰扰，含有澄清妙道。
用心去寻找，几微辨分晓。

此际清听鸟叫，享受风来清妙。
意兴何洒潇，品茗情怀俏。

人生乐叩大道，心得自是丰饶。
努力去奔跑，关山越迢迢。

此生忧患经饱，赢得朗然一笑。
淡泊盈心窍，诗书一生造。

雅思旷展

2022-5-9

雅思旷展，人生吾浪漫。
不惧坷坎，心怀却清淡。

奋展果敢，努力驱前站。
振翼扬帆，万里搏艰难。

红尘好玩，翻转名利案。
清心雅淡，名利矢不沾。

诗书潜玩，哦出我心胆。
正直傲岸，撑住天青蓝。

人生旷展志向

2022-5-9

人生旷展志向，履尽山水艰苍。
奋发展顽强，任从血泪淌。

何计华发初霜，微微一笑爽朗。
心志体悠扬，男儿是好钢。

此际初暑正当，天阴清喜凉爽。
东风吹来畅，鸟语复花芳。

惬怀向谁讲唱？孤旅力行奔放。
展眼向天望，有鸟恣高翔。

人生清骋

2022-5-9

人生清骋，感沛是神恩。
导引灵程，丰富美不胜。

风雨曾盛，努力奋行程。
心志刚贞，万里风光纯。

岁月进深，淡泊从心生。
名利矢扔，叩道领清芬。

滚滚红尘，幻化是缤纷。
百度秋春，未许泪生成。

心志平旷

2022-5-9

心志平旷，岁月吾雅享。
正义情肠，豁达也无恙。

此际风畅，此际鸟歌唱。
此际煦阳，此际和平漾。

心怀悠扬，品茗惬意向。
放情讴唱，一曲体平康。

人生世间，快乐最无上。
安祥心房，无机盈襟肠。

优雅清度人生

2022-5-10

优雅清度人生，不为名利纷争。
清听鸟啼纯，东风旷清骋。

初暑风光正盛，月季七彩缤纷。
惬怀何雅芬，回忆我青春。

老来斑苍渐盛，微笑从心而生。
心志奋刚贞，不负此人生。

叩道履历红尘，笑傲尘世何论。
坚决不沉沦，读书怡晨昏。

闲情堪表

2022-5-10

闲情堪表，耳际响啼鸟。
东风清妙，田野入画稿。

我自遥遥，读书怡情抱。
品茗意俏，新诗纵哦了。

人生晴好，风雨曾经饱。
心志洒潇，快慰盈襟窍。

红尘狂嚣，不为名利扰。
清贫就好，适然最为要。

486

天阴无妨

2022-5-10

天阴无妨，爽风正流畅。
宛转鸟唱，惬意真无恙。

我自昂扬，况复品茗间。
诗意袭上，脱口便成章。

流年狂猖，点我星星霜。
一笑安祥，人生适意向。

名利虚妄，勿为之碍障。
信步而往，领略关山苍。

心襟茁壮

2022-5-11

心襟茁壮，淡眼云烟旷。
小鸟欢唱，初暑风吹畅。

奋发向上，克尽彼艰苍。
心怀贞刚，努力骋意向。

不为名诳，不为利所障。
定志之向，是在诗书间。

叩道奔放，平心细研访。
几微之间，用心作导航。

凉风习习怡襟抱

2022-5-11

凉风习习怡襟抱，天涯萋芳草。
天阴惬听鸟鸣叫，品茗意兴饶。

红尘清度胡不好，诗书容笑傲。
旷怀原也无牢骚，正襟朗哦了。

五十七载似飞飙，不必嗟年老。
展颜适意余一笑，此心是洒潇。

努力前旅奋志跑，关山风光好。
五湖归来何所道，世界太美妙。

世界和平漾

2022-5-11

世界和平漾，写意尘壤。
雀鸟尽情唱，风来何爽。

惬意读词章，激情流淌。
裁心哦诗行，情怀张扬。

人生致遐方，鼓勇前闯。
不畏惧关嶂，努力飞翔。

岁月多平旷，风雨平常。
天阴未有妨，享受清凉。

悠悠情畅

2022-5-12

悠悠情畅，享受此清凉。
窗外鸟唱，世界沐安祥。

逸意扬长，闲把新诗唱。
舒出心肠，原也颇爽靓。

人生向上，不计此苍凉。
孤旅奋闯，山水越广长。

红尘无恙，世界是神创。
天苍地广，尽我放思想。

风声啸狂

2022-5-12

风声啸狂，有鸟纵飞翔。
野禽啼唱，天籁真堪赏。

惬意心间，哦诗也激昂。
人生奔放，不为物欲障。

田园清芳，初暑生机壮。
河水平旷，老柳毿毿荡。

努力向上，不屈艰与苍。
斑苍何妨，情怀展悠扬。

心志向谁论

2022-5-12

心志向谁论？风中清骋。
听见鸟鸣纯，旷怀雅正。

品茗意馨芬，感谢神恩。
导引灵旅程，风光丽盛。

笑意从心生，努力前程。
天涯风光胜，唤我前奔。

岁月赐丰盛，沧桑历程。
不辜负神恩，修心晨昏。

又值天阴

2022-5-12

又值天阴，悠悠听鸟鸣。
写意尘境，月季开正俊。

雅持开心，况复品佳茗。
风来清新，涤我身与心。

红尘惊警，履尽狼烟境。
神恩无垠，赐我以康宁。

奋志前行，万里无止境。
叩道之境，层层越云岭。

悠悠情志旷

2022-5-12

悠悠情志旷，享受清闲。
品茗意何畅，风递鸟唱。

岁月真奔放，笑我星霜。
不畏惧艰苍，一笑爽朗。

红尘非故乡，客旅之间。
天国是家邦，永生无疆。

物欲是孽障，陷人丧亡。
慧心务明亮，烛照前方。

流风正舒畅

2022-5-12

流风正舒畅，心地情长。
散思聊放旷，哦咏诗章。

人生骋志向，山水闯荡。
不觉星星霜，一笑雅闲。

红尘是狂荡，羁人无限。
性光务敞亮，慧烛擎掌。

万里之驱闯，身负痛创。
努力叩道藏，书写华章。

舒适情肠

2022-5-12

舒适情肠，原也存雅量。
人生贞刚，君子荷气象。

岁月流畅，又值初暑间。
好风来翔，野禽欢鼓唱。

心志安祥，写诗真奔放。
未来远长，我要努力闯。

诗书无恙，是我生命粮。
修心扬长，养德无止疆。

不可辜负灵明

2022-5-13

不可辜负灵明，奋展我的身心。
天气喜朗晴，旷风正吹行。

中心喜悦充盈，神恩感于心襟。
人生努力行，摩云青松岭。

红尘太多惊心，名争利夺无竞。
吾持清雅心，悠悠入白云。

诗书哦咏清劲，快慰充满内心。
清贫不要紧，贵在奋心灵。

488

谦和心地间

2022-5-13

谦和心地间，正意昂扬。
心志都平旷，惬怀扬长。

岁月正绵旷，袅起情肠。
一曲向天畅，激越诗行。

人生怀情长，万里驱闯。
不计较艰苍，敢于冲上。

微笑从心放，淡泊安祥。
神恩广无疆，颂出心肠。

云天悠旷

2022-5-13

云天悠旷，天际霭烟漾。
好风吹翔，田园是画廊。

我自悠闲，新诗从心唱。
字里行间，一颗心跳荡。

红尘无恙，清度吾扬长。
名利弃放，清贫吾安享。

初暑燥亢，久未有雨降。
心怀宽广，淡荡盈中肠。

清风起矣鸟鸣唱

2022-5-13

清风起矣鸟鸣唱，闲适盈襟房。
新诗开口纵情唱，一曲向天旷。

岁月侵鬓何必讲，澹荡持中肠。
惜时如金铭心房，叩道骋志向。

惬怀雅将世界装，正意盈襟肠。
不为名利折腰向，男儿是豪强。

半生困顿磨炼间，依然持柔肠。
向学晨昏都不让，纵情以哦唱。

凉风习习惬怀抱

2022-5-13

凉风习习惬怀抱，意兴清高，
意兴清高，品茗情思旷而袅。

几声幽幽响啼鸟，风光大好，
风光大好，初暑时分惜亢燥。

清思旷发纵哦了，舒出情抱，
舒出情抱，情志萋萋若芳草。

街上叫卖声儿高，和平尘嚣，
和平尘嚣，安度岁月也清好。

青春往事记忆中

2022-5-13

青春往事记忆中，只是岁月匆匆。
此际霜华初初浓，爽然一笑从容。

鸟语风吹意轻松，坦腹哦诗清空。
天阴无妨情思涌，惬品芳茗意动。

应能舒出意奔涌，旷怀真是无穷。
岂为名利损心胸，君子不为所动。

雅洁情思共风动，天涯一生情钟。
恣意诗书晨昏诵，向往山野清风。

清意从心生

2022-5-13

清意从心生，淡眼云烟昏沉。
好风吹成阵，惬怀容展高论。

人生奋驰骋，履尽山水清芬。
风雨不足论，英武中心生成。

清坐哦真诚，舒出心地纯真。
坦荡度平生，名利弃之十分。

心地吾清纯，男儿一生刚正。
诗书慰秋春，朗吟声震乾坤。

随缘履历秋春

2022-5-13

随缘履历秋春，清度浊世红尘。
　向阳心志芬，微笑从心生。

艰苍不必细论，未来放飞风筝。
　努力灵旅程，天涯风光纯。

此生感谢神恩，丰美并且丰盛。
　纯洁盈心身，雅怀持中正。

无机心地清纯，污秽未许近身。
　叩道奋刚贞，心志入诗申。

人生骋志前行

2022-5-13

人生骋志前行，奋发我之刚劲。
　风雨不要紧，万里旷驱进。

红尘无比艰辛，苦难磨砺常寻。
　贵在奋心灵，男儿纵豪情。

岁月赐我芳馨，智慧积淀心襟。
　燃烛矢前行，刚毅盈中心。

老我斑苍何云，淡泊心怀白云。
　悠悠放歌吟，濯足吾多情。

心怀雅持高兴

2022-5-13

心怀雅持高兴，人生奋志哦吟。
　舒出我胸襟，舒出我多情。

夜黑华灯点明，霓虹闪烁清俊。
　爽风何其清，惬我意无垠。

此生不为利名，叩道一生清劲。
　心得自分明，前旅力奔行。

悠悠情怀雅清，和蔼是余心灵。
　诗书沉潜浸，向学志分明。

第六十三卷《贞刚集》

人生不必嗟老
2022-5-14

人生不必嗟老，清听喜鹊鸣叫。
天晴云飞飘，东风来荡浩。

向阳是我情操，奋志何妨刚傲。
努力长驱跑，万里风光妙。

写意红尘骚骚，初暑风光丽好。
心怀都雅俏，品茗意兴潇。

哦诗热情娟好，舒出炽热情抱。
人生不惧老，晚晴多么妙。

雅洁清持心中
2022-5-14

雅洁清持心中，人生奋志刚洪。
远际歌声动，打动我心胸。

清听鸟之鸣颂，惬意怀在襟中。
岁月飞匆匆，笑我斑苍浓。

中心情志奋勇，不为名利狂疯。
朗哦晨昏中，书城我坐拥。

品茗逸兴飞动，人生应许从容。
天晴云飘空，安乐吾和慵。

休闲此际无恙
2022-5-14

休闲此际无恙，鸟语啼在耳旁。
惬怀真无上，享受风清旷。

情思娟娟流淌，哦诗热情显彰。
人生奋志向，矢展我顽强。

一笑爽然欢畅，得意未许狂猖。
谦和心地间，人格恒修养。

漫漫人生路长，履尽险风恶浪。
而今吾何讲，神恩赐广长。

坦腹我要歌唱
2022-5-14

坦腹我要歌唱，人生正气昂扬。
不为困难障，男儿骋顽强。

此生履尽艰苍，爽然一笑扬长。
不为名利狂，清真盈心肠。

宇宙多么深广，矢探智慧宝藏。
叩道奋意向，问学晨昏间。

和风吹来爽朗，鸟语明媚娇靓。
写意此尘壤，云天旷无恙。

人生旷意无疆

2022-5-14

人生旷意无疆，豁达清持襟房。
　岁月有清芳，恣意去品尝。

红尘狂放无恙，名利弃之应当。
　人格最堪讲，荷德吾贞刚。

向上尽我力量，不随浊世风浪。
　静心叩慧藏，几微明辨间。

笑意从心浮上，百年心怀漫浪。
　野禽欢鼓唱，爽风吹扬长。

有絮轻轻飘荡

2022-5-14

有絮轻轻飘荡，和平漾此宇间。
　小风吹扬长，鸟语啼何靓。

闲适盈满襟房，勿忘壮志理想。
　读书哦诗章，正襟晨昏间。

修心养德无恙，人格一生培养。
　叹惜此尘间，利夺又名抢。

清心定志所向，浩意冲出尘壤。
　展眼云天旷，愿展双翼翔。

心怀光明太阳

2022-5-14

心怀光明太阳，努力长途驱闯。
　风雨并艰苍，吾不惧其放。

此生定志遐方，天涯唤我前往。
　山水越莽苍，意志成铁钢。

笑意清新展放，正直人生扬长。
　岁月侵鬓间，体道吾昂扬。

笑傲尘世狂狷，不为物欲碍障。
　安心诗书间，哦咏吾奔放。

写意尘嚣

2022-5-14

写意尘嚣，风光何清好。
　闲适怀抱，悠悠听鸟叫。

风吹絮飘，云天多飘渺。
　初暑青桃，茁壮生长好。

天气惜燥，切盼甘霖到。
　月季妍娇，开得何美妙。

心怀雅俏，写诗适情窍。
　和平尘表，田野生机饶。

惬意听啼鸟

2022-5-14

惬意听啼鸟，写意风绕。
　清新持怀抱，闲适安好。

人生不服老，奋志刚傲。
　展眼天际瞧，鸟纵飞高。

努力辟前道，山水险峭。
　风雨任艰饶，兼程矢跑。

阖家俱康好，欢乐心窍。
　周末意兴骚，哦诗不了。

不可媚世求荣

2022-5-15

不可媚世求荣，身心秉持轻松。
　名利弃空空，胸襟白云动。

享受此际清风，蓝天鸟飞云中。
　诗书旷哦讽，舒出正气洪。

一生情怀所钟，叩道奋展勇猛。
　天涯矢志冲，风雨任烈猛。

小鸟啾啾鸣颂，田园风光妙浓。
　惬怀真无穷，旷欲入长空。

内叩自己心膛

2022-5-15

内叩自己心膛，发现心灯明亮。
　努力奋旅航，未可偏正向。

窗外雀鸟啼唱，爽风惬我情肠。
　悠悠放意向，哦诗也扬长。

人生行旅慨慷，未可放弃理想。
　任起风雨艰，兼程我奋闯。

山水履历广长，赢得心襟潇爽。
　旷怀真无恙，岁月垂为香。

夕意笼罩穹苍

2022-5-15

夕意笼罩穹苍，落日正展金黄。
　野风吹来旷，心志吾悠扬。

履尽苦旅深艰，人生晚晴时光。
　淡泊享安康，情怀舒雅靓。

耳际小鸟鸣唱，城市和平安祥。
　惬怀真无上，弹指华年殇。

前旅不惧艰苍，困顿难阻我闯。
　风雨任嚣狂，逸意吾扬长。

悠悠心旷

2022-5-16

悠悠心旷，品茗吾意扬长。
　南风吹翔，燥热盈此尘间。

清心弹唱，舒出我的昂扬。
　人生贞刚，原也无机奔放。

红尘之间，太多机巧猖狂。
　务持贞肠，叩道一生雅闲。

天喜晴朗，鸟语何其娟靓。
　田园风光，引余倾心欣赏。

心襟洒洒潇潇

2022-5-16

心襟洒洒潇潇，人生无比美好。
　艰苍不紧要，神恩总丰饶。

努力前路奔跑，山水履历迢迢。
　风光纵览饱，爽然余一笑。

此际清听鸟叫，初暑风光美妙。
　惬意风吹道，哦诗怡心窍。

天际苍烟飘渺，朗日晴空云飘。
　不必振襟啸，实干方为好。

流风鼓畅

2022-5-16

流风鼓畅，爽意盈襟房。
　野鸟欢唱，品茗惬怀旷。

轻絮飘扬，初暑好风光。
　岁月飙仿，老我行即将。

心胸澹荡，名利无意向。
　晨昏哦唱，陶情适性间。

意兴发扬，男儿荷志向。
　天涯风光，时刻未相忘。

日落烟苍

2022-5-16

日落烟苍，晚风复清凉。
　市井闹嚷，车熙人复攘。

华灯点上，清坐听鸟唱。
　心境悠扬，新诗从心放。

人生世间，勿为名利忙。
　定志之向，叩道骋强刚。

心事广长，向谁言并讲？
　一笑扬长，共缘销与涨。

红尘履历艰辛

2022-5-16

红尘履历艰辛，唯赖诗书惬生平。
神恩广茂无垠，赐我灵性大丰盈。

努力向前奋进，此生不图利与名。
心志恒怀殷殷，一生景仰是光明。

不畏险恶处境，风雨兼程长驱行。
关山穿越苍峻，风光惬我之心襟。

抛开苦痛悲情，心怀彼光明远景。
正气充盈身心，眼目慧光蕴朗俊。

心灵旷持雅正

2022-5-17

心灵旷持雅正，人生容我纵论。
惬意在晨昏，鸟语花又芬。

清度浊世红尘，不为名利奋身。
叩道奋刚贞，微笑从心生。

此际红日东升，东风吹得温存。
大千雅意芬，浴后爽精神。

岁月飞驰奔腾，老我斑苍日盛。
不畏惧艰深，努力前旅程。

淡定人生原无恨

2022-5-17

淡定人生原无恨，一生保守天真。
此际清听鸟啼纯，享受风来阵阵。

惬意天宇青碧纯，旷我意兴十分。
哦诗舒出我精诚，原也雅洁清芬。

红尘浊浪任滚滚，叩道履历险程。
此生感沛神之恩，赐下灵恩丰盛。

天气燥亢雨不生，何时甘霖倾逞？
清坐雅思自纷纷，心地情怀缤纷。

又闻楝花香

2022-5-17

又闻楝花香，初暑轻絮飘扬。
旷风吹清畅，鸟语何其娇靓。

有汗微沁淌，品茗意向张扬。
惬怀真无恙，慨哦新诗奔放。

履尽坎坷苍，心襟依然潇爽。
不畏惧难艰，男儿冲天志壮。

红尘客旅间，名利徒然痴障。
性光吾清亮，前旅万里无疆。

清怀无限

2022-5-17

清怀无限，惬意从心上。
卵青天壤，云飞正澹荡。

初暑无恙，清风来旷畅。
涤我心肠，诗兴蓬勃放。

岁月悠扬，故事演千章。
哦歌扬长，人生振意向。

努力向上，不计千重艰。
男儿豪放，天涯矢闯荡。

落日灿光

2022-5-17

落日灿光，西天红霞靓。
晚风吹爽，传来鸟歌唱。

我自悠扬，心兴欲飞扬。
人生疆场，容我纵马狂。

生活平章，正如走马场。
利锁名缰，害人以丧亡。

务持清向，无机持心肠。
正意情肠，体道吾扬长。

百炼身心

2022-5-17

百炼身心，由来奋刚劲。
红尘惊警，太多狼烟境。

心志和平，此际享清宁。
晚风清新，灯下思旷行。

趋老之境，不必计苍鬓。
耳际鸟鸣，惬我意和心。

奋志凌云，万里力驱进。
关山峻岭，风光秀无垠。

月华当空

2022-5-18

月华当空，蛙鼓正从容。
三更之中，不眠意轻松。

初暑味浓，蚊虫骚扰中。
汽车噪凶，幽静无影踪。

夜风清送，爽洁我心胸。
哦诗清空，一曲赋凝重。

岁月狂疯，霜华渐添浓。
一笑从中，豁达盈襟胸。

清风旷来开意境

2022-5-18

清风旷来开意境，心地雅清，
心地雅清，耳际听得小鸟鸣。

蓝天白云展清俊，中心高兴，
中心高兴，裁意新诗纵哦吟。

人生奋志总殷殷，不为利名，
不为利名，叩道用道恒多情。

老来斑苍一笑凝，豁达心襟，
豁达心襟，诗书晨昏雅怡情。

雀鸟鸣唱

2022-5-19

雀鸟鸣唱，心怀吾俊朗。
东风来翔，爽襟真无限。

天阴无妨，惬意读诗章。
哦出昂扬，哦出情思靓。

红尘之间，人生走马场。
名利弃放，清心享雅闲。

淡淡荡荡，中心何所藏？
正义情肠，体道振意向。

人生最贵是善良

2022-5-19

人生最贵是善良，修心切莫稍忘。
努力振奋我情肠，行旅不惧艰苍。

此际惬听啼鸟唱，爽风其来悠扬。
中心情思娟娟放，讴咏新诗数章。

岁月故事何必讲，中心默悟良长。
世事不过叠桑沧，华年弹指之间。

生平淡荡诗书间，名利并无意向。
流年似水付飞殇，星星华发扬长。

心定神闲

2022-5-20

心定神闲，惬意听鸟唱。
灿烂阳光，洒在心田上。

和风清翔，大千都旷畅。
田野茂昌，生机挺苗壮。

小满明访，时光惊飞殇。
惜时应当，振志当昂扬。

人生贞刚，不为物欲障。
叩道之间，修心无止疆。

闲思旷展听鸟唱

2022-5-20

闲思旷展听鸟唱，享受风来清凉。
天气可惜太燥亢，何时有雨洒降？！

清怀原不入世网，高蹈雄心山间。
诗书人生我悠扬，共彼大化飞翔。

岁月增添不愁怅，华发星星何妨。
豁达盈满我心间，此生不取孟浪。

坚贞志向并理想，努力长途驱闯。
悠悠关山多清苍，松风涤我襟房。

烈日当头照

2022-5-20

烈日当头照，蓝天云飞飘。
小鸟恣意叫，风来鼓风骚。
心志持雅俏，惬怀堪可表。
朗哦声应高，声震芦滩渺。

烈日当头照，散思聊逍遥。
人生多晴好，心态最为要。
奋志以长跑，关山越迢迢。
不必回头瞧，前路风光饶。

落日西山红

2022-5-20

落日西山红，宿鸟旷鸣风。
惬意盈心胸，正气赋刚洪。
人生情怀动，能不讴灵动？
谁人歌大风？激情付奋勇。

落日西山红，华灯灿烂送。
生活勿平庸，情志天涯中。
男儿持刚勇，不为名利动。
诗书清哦讽，岂惧斑苍浓。

风鼓干劲

2022-5-21

风鼓干劲，爽洁我心灵。
蓝天鸟鸣，天日喜朗晴。

中心高兴，新诗朗哦吟。

红尘多辛，吾持以清心。

岁月进行，小满今日临。
大千意境，生机勃纷纭。

嗟此生平，狼烟履经行。
而今康平，享受此雅清。

清展我的身心

2022-5-21

清展我的身心，哦诗赋出空灵。
写意此尘境，欣欣荣茂景。

旷喜东风舒情，雅爱小鸟啼鸣。
展眼漫天云，缤纷若画屏。

难抑心中高兴，人生正值晚晴。
鼓舞情志行，穿山又越岭。

五十七载艰辛，忧患吾已饱经。
唯赖神恩盈，赐下此康平。

清风和翔

2022-5-21

清风和翔，惬听啼鸟吾扬长。
天惜燥亢，清心涤意品茗香。

品味休闲，读书写诗情何旷。
岁月飞翔，霜华添涨一笑昂。

落红堪伤，七彩月季散淡香。
青桃茁壮，喜悦余之心与肠。

悠悠世间，人生客旅嗟叹间。
合当奔放，随缘履历此桑沧。

蛙鼓悠扬

2022-5-21

蛙鼓悠扬，写意东风正喧畅。
清听鸟唱，欣赏田园之画廊。

舒展思想，新诗纵哦吾慨慷。
矢展顽强，不屈艰苍与困障。

小满正当，有絮轻飘淡飞荡。
阖家平康，神恩赐福何奔放。

人生安祥，为因履尽千关嶂。
一笑清扬，正气凌云冲霄上。

展眼向天望

2022-5-21

展眼向天望，粉蝶飞翔。
絮儿又飘扬，东风浩荡。

红尘真无恙，天日晴朗。
初暑风光靓，妙丽人间。

心志转清昂，哦咏诗章。
一曲当奔放，舒出情肠。

人生怀意向，天涯奋闯。
不畏惧艰苍，豪旷无疆。

豪气纵凌云

2022-5-21

豪气纵凌云，人生奋志前行。
山水旷然清，险恶亦属常寻。

雅听啼鸟鸣，写诗哦出热情。
中心怀光明，叩道一生追寻。

展转此生平，履尽狼烟险境。
神恩广无垠，导引灵程前进。

讴庆此升平，安宁是我内心。
享受此雅净，闭门著书爽清。

清裁意志成章

2022-5-21

清裁意志成章，人生情怀澹荡。
展眼天青苍，鸟歌蝶飞翔。

写意是此尘壤，大千风光清靓。
和平且安祥，享受此平康。

孤旅骋出昂扬，人生纵马奋闯。
山水越无疆，讴咏诗万行。

惬风其来何畅，怡我情思无限。
颂赞此宇间，生机蓬勃壮。

笑意从心而放

2022-5-21

笑意从心而放，此际清听鸟唱。
风鼓澹荡，风鼓澹荡，
心怀吾宽广。

人生阴晴平常，苦难已成过往。
清心扬长，清心扬长，
神恩吾雅享。

红尘任其狂荡，名利杀人何猖。
定志之向，定志之向，
天涯奋驱闯。

诗书人生昂扬，清思旷发汪洋。
哦歌奔放，哦歌奔放，
舒出我情肠。

人生情怀茁壮

2022-5-21

人生情怀茁壮，履尽苦雨深艰。
不为所障，不为所障，
依然奋志向前闯。

名利已经抛放，高蹈雄心山间。
松风清爽，松风清爽，
怡我情思真无限。

淡荡是我襟房，向阳心志奔放。
傲立强刚，傲立强刚，
君子人格一生讲。

平生不卑不亢，笑容清新雅靓。
和蔼心间，和蔼心间，
豁达胸心真悠扬。

袅起闲思无限

2022-5-21

袅起闲思无限，哦出我的心肠。
鸟语娟靓，鸟语娟靓，
天日晴朗东风旷。

人生不必张扬，实干方显豪强。
坚持理想，坚持理想，
抵抗诱惑不孟浪。

此生履尽苦艰，依然一笑淡荡。
客旅人间，客旅人间，
名利虚诳务弃放。

闭门著书何妨？哦出胸心奔放。
心志贞刚，心志贞刚，
胸襟愈老愈顽强。

阁阁蛙鼓喧鸣唱

2022-5-21

阁阁蛙鼓喧鸣唱，东风写意悠扬。
小满节届天晴朗，絮儿轻轻飞扬。

几声鸟语振幽响，品茗意取扬长。
小哦新诗适意向，倾出一腔情肠。

岁月于我泻猖狂，不觉霜华添涨。
情怀娟洁不张狂，诗书尽力研讲。

追逐名利无意向，高蹈身心何妨。
淡荡清度人生场，济世骋我顽强。

清度人生安祥

2022-5-21

清度人生安祥，万事看开为上。
名利只是虚妄，清贫又有何妨。

定志是在远疆，努力长途驱闯。
览尽关山无恙，老来悠悠情肠。

此际惬听鸟唱，享受风之清旷。
哦出勃勃襟房，坚持理想茁壮。

不畏困难苦障，性天持有清凉。
抛开物欲孽障，叩道一生昂扬。

498

第六十四卷《践履集》

休憩心襟

2022-5-21

休憩心襟，不必耽于哦吟。
东风爽清，初暑燥亢正凌。

聊品芳茗，增添我的诗兴。
暂且舒情，一曲新诗从心。

岁月进行，展转尘世艰辛。
磨炼胸心，依然婉转多情。

听得鸟鸣，惬我情怀无垠。
心怀奋兴，展眼苍天霭凝。

爽风清新

2022-5-21

爽风清新，适然是我心情。
陶然之境，大千写意空清。

奋志凌云，此生不为利名。
大同之境，是我一生仰景。

秉持清心，叩道旷展贞劲。
怀情殷殷，向学晨昏哦吟。

天日喜晴，云烟袅袅飞行。
鸟语多情，点缀世宇清平。

此生展转沧桑

2022-5-21

此生展转沧桑，心灯点燃明亮。
烛照前路远长，努力避过礁障。

岁月旷展苍凉，笑容浮在脸庞。
坚贞是我志向，不为名利奔忙。

胸怀光明太阳，神恩无比茁壮。
赐我身心坦荡，享受悠然情肠。

旷放情志无疆，哦出新诗万章。
诉出尘世艰苍，描绘人间万象。

惊叹时光飞殇

2022-5-21

惊叹时光飞殇，又值小满今当。
久未有雨降，火风正吹翔。

清思旷发汪洋，裁思可哦万章。
舒出正气昂，舒出情奔放。

人生百年匆忙，思此有泪流淌。
雁过留声响，著书传世芳。

思想积淀心间，物欲只是孽障。
性光务敞亮，慧意入诗唱。

畅意是此浮生

2022-5-21

畅意是此浮生，清度人生沉稳。
名利矢不争，清心吾雅芬。

清思旷发真诚，倾出心灵精神。
向前尽力奔，山水越艰深。

红尘浊浪滚滚，太多名利纷争。
叩道吾雅贞，修心吾秉诚。

心志清怀中正，共彼大化驰骋。
百度是秋春，不必嗟叹生！

品茗真惬意肠

2022-5-21

品茗真惬意肠，旷发情思无疆。
心志展清昂，前驱我力闯。

天际霭烟浮漾，野鸟啭其歌唱。
东风正舒畅，燥热此尘壤。

人生最贵扬长，世事当可下放。
共缘履奔放，展转此桑沧。

中心怀有贞刚，不为迷雾所障。
定志叩道藏，山水任苍凉。

斜照朗然在望

2022-5-21

斜照朗然在望，爽风吹来清凉。
远野喜鹊唱，众鸟和鸣间。

人间恍若天堂，初暑大好风光。
悠悠持意向，享受此清闲。

人生勿为物障，一生坚持理想。
清心吾扬长，养德胸襟芳。

努力向前向上，万里无有止疆。
骋志天涯间，风雨无法挡。

人生裁思奔放

2022-5-21

人生裁思奔放，倾出我的情肠。
无机颇扬长，淡泊且辽广。

心志由来清昂，不屈困苦艰苍。
血泪任潸淌，依然奋发闯。

跌倒尘埃何妨，号呼向天开敞。
神恩赐广长，导引入平康。

心灵旷展力量，济世奋我顽强。
微笑上脸庞，豁达盈襟房。

人生清持温让

2022-5-21

人生清持温让，和蔼是我襟房。
向阳骋志刚，正直吾昂扬。

清度浮生扬长，不执名利奔放。
悠悠放哦唱，兰蕙盈襟肠。

秀美是我诗章，清奇还显雄壮。
舒出我气象，舒出我张扬。

只是行旅艰苍，困苦磨难叠障。
努力长驱闯，意志早成钢。

人生不惧艰苍

2022-5-21

人生不惧艰苍，欣欣是我意向。
晴朗心地间，微笑在脸庞。

红尘太多狂荡，名利肆其狂猖。
害人入机陷，灵性大丧亡。

务持清心扬长，不入俗世罗网。
振志天涯间，悠悠吾放旷。

情怀清贞所向，叩道无比昂扬。
裁志入诗章，曲曲舒奔放。

旷意清哦讽

旷意清哦讽，舒出我情浓。
一任燥意弥宇穹，总赖清风吹送。

此际夕阳正送，野禽奏其从容。
清坐思汹涌，一泻我襟胸。

流光飞逝匆匆，岁月使人感动。
老我斑苍慵，依然志如虹。

七彩闪耀心中，眼目慧光凝涌。
不妄去行动，静默收全功。

夕照辉煌

2022-5-21

夕照辉煌，灵动闪现心间。
哦出情长，舒出我的清旷。

尘世桑沧，不减是我清狂。
老来斑苍，依然少年情肠。

矢志向上，不可畏惧艰苍。
奋发昂扬，男儿果敢顽强。

远抛机奸，无机是我襟房。
卑媚全忘，正直傲岸贞刚。

夕风清新鼓畅

2022-5-21

夕风清新鼓畅，舒适我的襟房。
周末享休闲，惬怀真无上。

真理一生寻访，冲决迷烟雾障。
天涯长驱闯，关山越雄壮。

耳际传来鸟唱，落照灿烂辉煌。
城市闹嚷嚷，中心持清向。

岁月舒展奔放，华年匆匆逝殇。
努力晨昏间，诗书沉潜向。

落日闪射余光

2022-5-21

落日闪射余光，西天红霞正靓。
心志吾坦荡，哦诗吐中肠。

清喜东风吹旷，怡爽我之襟房。
悠悠岁月放，斑苍不觉间。

未可稍有颓唐，奋展清志贞刚。
男儿恃豪强，努力万里疆。

才思浩发汪洋，激情似水流淌。
废话不宜讲，正道力宣唱。

人生奋志冲霄汉

2022-5-21

人生奋志冲霄汉，更应埋头实干。
此际鸟语鸣溅溅，东风旷意清展。

平生不畏做好汉，矢志克服艰难。
风雨艰苍任嚣展，兼程努力冲赶。

天涯风光是灿烂，召唤我去闯关。
越过座座之关山，风光饱览璀璨。

岁月叠变桑沧幻，中心仍怀浪漫。
正直为人也傲岸，不为名利障缠。

清意天地之间

2022-5-21

清意天地之间，晚风清凉，
蛙鼓悠响，安祥盈满襟房。

远处儿童喧嚷，华灯灿放，
霓虹闪靓，城市热闹无疆。

心地泛起情长，哦歌奔放，
聊舒情肠，一曲新诗成章。

时值二更无恙，小满正当，
时光飞殇，珍惜寸阴勿忘。

四更醒转小风清

2022-5-22

四更醒转小风清，阁阁闻蛙鸣。
浴后迎风吾爽清，月华正吐明。

路上车行噪可听，灯下清思凝。
人生奋志而前行，关山越苍峻。

而今初老吾何云？坦然无愧心。
不负天地与灵明，刚正吾多情。

君子独立合高鸣，震醒世人心。
济世挥洒我才情，不图利与名。

岁月空清

2022-5-22

岁月空清，记忆化为常寻。
流年殷殷，老我斑苍何云。

志取刚劲，此生不守因循。
抛弃利名，叩道用道雅净。

听取鸟鸣，听取蛙噪均平。
初暑风情，祥和盈满寰境。

神恩无垠，导引灵程前行。
颂出心灵，哦歌世宇清平。

抛开心襟沉痛

2022-5-22

抛开心襟沉痛，人生是有情钟。
诗书纵哦咏，光明盈襟胸。

不为困难所动，坚持理想恢弘。
名利徒空空，百年不久永。

奋发我之刚勇，万里旅程矢冲。
览尽山水雄，旷然一笑动。

岁月进行匆匆，不计华发斑慵。
豪情在我胸，眼目闪灵动。

蓝天青碧堪表

2022-5-22

蓝天青碧堪表，白云悠悠飘渺。
多情小鸟惬鸣叫，东风其来荡浩。

心襟无比洒潇，哦诗舒展情抱。
不求名利吾逍遥，清度红尘安好。

往事不必回瞧，前旅更加美好。
万里长征矢志跑，履历风景奇峭。

一生向往大道，恒向诗书寻找。
志向清高何必表，谦和秋春昏晓。

淡泊人生吾何云

2022-5-22

淡泊人生吾何云，爽然心志清。
天气燥燥鸟欢鸣，初暑值朗晴。

东风写意畅吹劲，惬我意无垠。
不许名利扰身心，清贫不要紧。

诗书人生奋刚劲，镇日纵哦吟。
体道写诗舒激情，雅思共风行。

修心养德无止境，努力求上进。
世事幻化叠变勤，未许损性灵。

旷怀无限

2022-5-22

旷怀无限，雅度此尘世桑沧。
天际烟漾，耳际鸟鸣何奔放。

东风舒畅，舒适我意兴情肠。
新诗哦唱，婉转多情舒扬长。

岁月飞旷，斑苍不减少年狂。
贞定心间，不许利欲与名妨。

人生悠扬，为因无执于心间。
任缘销涨，吾只视之为寻常。

清意哦讽

2022-5-22

清意哦讽，流年使余感动。
激情盈胸，化为诗句迸涌。

此际风送，此际鸟鸣颂。
此际花红，此际云飞空。

淡泊心胸，裁思原无穷。
人生情钟，惬怀诗书中。

朗日晴空，初暑风光浓。
有鸟掠空，我意转凝重。

人生潇爽

2022-5-22

人生潇爽，心志展清昂。
不折奋闯，万里无止疆。

回味久长，流年淡淡香。
少年已往，年老惜斑苍。

依然贞刚，依然持向往。
依然茁壮，依然努力上。

名利弃放，心襟系山乡。
野风涤肠，慰我情思旷。

人生情怀付感动

2022-5-22

人生情怀付感动，孤旅咽尽凄风。
总赖神恩赐恢弘，领受福分丰隆。

雅思旷发哦从容，雀鸟写意鸣风。
天暑燥热盈宇中，絮儿飘飞天空。

淡泊清持我心中，人生合当凝重。
质朴情肠哦清空，雅洁清思重浓。

展转桑沧泪不涌，平静是我心胸。
努力灵程奋勇冲，修心养德无穷。

留恋昔日时光

2022-5-22

留恋昔日时光，更应放眼远望。
天地苍又广，尽够我飞翔。

岁月清展莽苍，烟云掩蔽过往。
中心无愁怅，共缘而旅航。

坦荡清持襟房，清澈眼神明亮。
心中无机奸，质朴且扬长。

合当展我慨慷，男儿一生豪放。
名利捐弃间，清心叩道藏。

天气正值朗晴

2022-5-22

天气正值朗晴，小鸟多么开心。
畅飞且娇鸣，宛转真动听。

雅怀心中高兴，新诗从心而吟。
东风舒多情，爽洁且清新。

大千充满意境，田园正如画屏。
壮志盈心襟，振羽欲飞行。

脚踏实地要紧，万里迎难挺进。
穿越山与岭，饱吸松风清。

心思绵绵放

2022-5-22

心思绵绵放，哦咏成章。
天气任燥亢，总赖风爽。

清坐听鸟唱，天籁奏响。
岁月清无恙，生活安享。

中心怀意向，是在远方。
未可耽安祥，当去闯荡。

山水之远疆，风光无限。
险恶又何妨，意志成钢。

503

休闲无恙

2022-5-22

休闲无恙，书本抛而放。
天气燥亢，清风涤心肠。

悠悠鸟唱，润人之襟房。
清思旷放，撰诗舒情长。

人生旅航，穿越名利场。
正意心间，不沾污与脏。

清贫何妨，贵在贞志刚。
放马去闯，显我男儿壮。

清心雅致度人生

2022-5-22

清心雅致度人生，不惹俗雾凡尘。
五十七载烟雨纷，磨炼胸心真正。

依然保有我纯真，君子人格谦诚。
向学哦唱在晨昏，修心养德力争。

履尽艰苦是平生，眼目依然清纯。
身处贫贱心雅正，叩道用道清芬。

化外气象怡心身，抛开利名十分。
不屈不挠矢前骋，山水乐我秋春。

云淡风清

2022-5-23

云淡风清，惬意盈中心。
鸟语娇鸣，朝日正朗行。

心志空清，无执于胸襟。
散步徐行，雅意弥宇庭。

岁月飞俊，不必嗟华鬓。
人生奋兴，悠悠此心襟。

坎坷饱经，依然持纯清。
污秽矢屏，清贫不要紧。

喜鹊喧鸣

2022-5-23

喜鹊喧鸣，旷使余高兴。
天值朗晴，东风吹爽俊。

哦出心襟，哦出气凌云。
哦出奋兴，哦出我豪情。

人生经行，不必为利名。
叩道之境，领略彼空灵。

展眼云行，我欲奋高鸣。
一点心情，雅洁清无垠。

流风送爽

2022-5-23

流风送爽，哦诗口噙香。
漫天晴朗，云烟飞澹荡。

我自悠闲，无事于心间。
嗜意诗章，沉潜一生向。

小鸟鸣唱，点缀此安祥。
天气燥亢，草木受炙炕。

岁月舒畅，不计老将访。
适意安享，讴颂神恩广。

云天潇爽

2022-5-24

云天潇爽，鸟飞何快畅。
宛转鸣唱，自得乐无上。

东风旷放，引我意悠扬。
激情心间，化为诗讴唱。

岁月芳香，陶醉我襟房。
少年已往，渐迎老斑苍。

一笑爽朗，豁达吾扬长。
心志安康，努力奋昂藏。

504

蓝天爽清

2022-5-24

蓝天爽清，幻变彼白云。
东风清新，怡我心与灵。

鸟纵飞行，宛转以娇鸣。
大千野境，妙美胜画屏。

骑车奋行，欢快盈胸襟。
市井和平，车熙人攘行。

岁月进行，体道吾均平。
正直持心，修心启无垠。

喜鹊登枝且大鸣

2022-5-26

喜鹊登枝且大鸣，爽我身心，
爽我身心，骑车畅快以奋行。

天色青蓝云飘行，寰宇和平，
寰宇和平，斑苍不减少年情。

老来情怀弥刚劲，努力驱行，
努力驱行，万里关山风光凝。

淡然微笑吾心清，不惹利名，
不惹利名，高蹈清持是身心。

落日晚霞正红

2022-5-26

落日晚霞正红，心地分外轻松。
汽车行如疯，噪噪肆其凶。

此际沐浴晚风，哦诗舒出情浓。
向往持心中，努力矢前冲。

岁月逝去朦胧，笑我华发斑慵。
爽然一笑中，豁达真无穷。

人生理想恢弘，七彩闪耀心中。
胸襟怀灵动，哦咏吐清空。

旷雅心襟

2022-5-27

旷雅心襟，享受风爽清。
蓝天碧青，鸟语何清新。

聊品芳茗，读书怡胸心。
挥洒意兴，新诗脱口吟。

岁月进行，淡泊盈心灵。
辞去利名，闭门著书勤。

吾心多情，履尽艰苍境。
一笑从心，原也颇雅清。

阖家康平，天伦乐无垠。
纵使清贫，不减志凌云。

君子固贫，叩道怀远景。
灿烂心襟，裁思哦空灵。

淡眼云烟缭绕

2022-5-27

淡眼云烟缭绕，喜鹊带头大叫。
旷风吹清浩，愉悦我情窍。

人生奋志而跑，履历山水迢迢。
风光多俊好，风雨任烈暴。

心襟旷持洒潇，不为名利倾倒。
修心养德操，叩道乐逍遥。

清坐思展骚骚，哦出新诗美妙。
质朴心地饶，厚道还孤傲。

牵牛妍红

2022-5-28

牵牛妍红，芳俊展娇容。
清新东风，袅袅惬意胸。

岁月逝风，恒使余感动。
讴歌哦咏，激情盈于胸。

人生清空，勿为名利动。
淡泊于中，叩道吾从容。

大化运动，其机谁人懂。
品茗怡胸，悠怀真无穷。

惬听鸟鸣颂

2022-5-28

惬听鸟鸣颂，霭气弥空。
远际歌声动，袅起心胸。

旷意裁东风，和平宇穹。
周末心志惝，品茗哦咏。

人生情怀动，知音何从。
孤旅不言痛，努力前冲。

坦荡盈襟胸，无机情浓。
焕发真襟胸，傲骨天纵。

诗书怡心胸，付谁感动。
天伦乐无穷，君子固穷。

红尘真汹涌，桑沧叠重。
无机持心胸，清哦从容。

岁月余感动，笑我霜浓。
淡泊盈胸中，吐出清空。

遐方鞭炮动，点缀宇穹。
清意满襟胸，浮起笑容。

多言有何功，沉默为重。
旷听鸟鸣诵，怡情于中。

困障历重重，神恩恢弘。
平安在心中，灵程奋勇。

流年入烟朦，往事回送。
不必泪双涌，应抛沉痛。

未来阔无穷，天涯灿浓。
穿雨又破风，兼程矢冲。

雅思付谁懂，内叩襟胸。
展眼烟霭浓，应抛怅痛。

第六十五卷《理想集》

心志清旷
2022-5-28

心志清旷，人生正意昂扬。
天阴无妨，总有风吹鸟唱。

逸意扬长，诗书纵我清狂。
修心无疆，履历山水悠扬。

红尘狂荡，太多名利遮障。
慧意心间，秉持清心雅芳。

岁月飞畅，老我似乎瞬间。
微笑安祥，共运共缘奔放。

风怀清好
2022-5-28

风怀清好，东风怡襟抱。
雀鸟鸣叫，写意红尘正风骚。

人生晴好，旷思入诗稿。
切莫草草，名利害人须抛掉。

向阳情操，正气吾风标。
历尽险道，总赖神恩赐丰饶。

努力行好，关山叠构造。
风光清妙，健步万里长驱跑。

心胸应许更广
2022-5-28

心胸应许更广，雅量正宜增长。
宇宙无限之深广，人生渺小无疆。

名利徒属虚诳，只是害人失陷。
吾心清澈如水仿，不容一丝污脏。

修心岂有止疆，人生尽力向上。
克尽千关吾径闯，天涯唯一标向。

百年履尽苍茫，赢得身心潇爽。
豁达盈襟房，眼目清无恙。

心志勿狂躁
2022-5-28

心志勿狂躁，静定实为要。
红尘任扰扰，名利害人饶。
清心叩大道，正义展风标。
人生享晴好，神恩赐丰饶。

心志勿狂躁，请听鸟鸣叫。
东风写意潇，哦讽怡情抱。
清贫亦颇好，固贫养德操。
修身吾雅骚，水云中心渺。

清风流畅
2022-5-29

清风流畅，只是雾霾又茫茫。

507

雅听鸟唱，品茗惬意在心间。

心地情长，应许嘹歌放哦唱。
撰写诗章，激情流泻在其间。

志取安祥，随缘履历此桑沧。
星星斑霜，少年往事付回想。

应向前望，关山风云恒茁壮。
努力驱闯，抛弃名利叩道藏。

爽然意向

2022-5-29

爽然意向，天阴无妨我扬长。
哦咏诗章，耳际小鸟娟娟唱。

风鼓奔放，田园堪赏是画廊。
世宇安祥，和平盈满此寰壤。

闲适无恙，惊讶时光飞逝狂。
老我斑苍，不必怀旧徒怅惘。

努力前方，山水应可越广长。
灿烂风光，更在险岭巅峰上。

风鼓玄畅

2022-5-30

风鼓玄畅，老柳毿毿以荡。
心地安祥，读书惬意其间。

天色苍苍，初暑风光清靓。
雅哦诗行，舒出情志昂扬。

人生奔放，因我怀有理想。
不折奋闯，岂惧山高水艰。

淡淡荡荡，中心何所掩藏。
正义贞刚，男儿一腔豪放。

名利辞屏

2022-5-30

名利辞屏，高蹈我的清贫。
享受宁静，心怀盈满雅清。

奋志凌云，中心怀有水云。
野风涤心，哦诗舒出激情。

悠悠心襟，男儿从来刚劲。
威武前行，斩杀豺狼干净。

还我清平，真理正道通行。
穿山越岭，天涯风光灿俊。

风吹树响

2022-5-30

风吹树响，蓝天云飞旷。
雀鸟鸣唱，自得乐无恙。

品茗兴上，读书撰诗章。
哦出昂扬，一舒闲情况。

红尘之间，名利害人肠。
务持清向，不为之遮障。

定志遐方，努力奋驱闯。
豪情万丈，冲决此尘网。

历劫生死悟空清

2022-5-31

历劫生死悟空清，随缘履历均平。
胸襟从来持雅净，不惹俗世利名。

心志此际正殷殷，百感盈积心襟。
何妨哦歌舒雅情，一曲原也动听。

红尘自古是惊心，演绎桑沧幻境。
笑我趋老斑苍境，淡泊豁然于心。

诗书人生吾多情，努力修养身心。
岁月飞逝惜寸阴，晨昏纵我哦吟。

云天多情

2022-5-31

云天多情，洒脱盈心襟。
不计利名，豁达烟霞境。

红尘惊警，叠变桑沧境。
应持清心，悠悠放浪行。

百年飞迅，嗟叹于胸心。
著书应勤，记录我心情。

矢志探寻，叩道领意境。
穿山越岭，风光阅苍峻。

爽朗心襟

2022-5-31

爽朗心襟，为因不执于利名。
悠然之境，享受心志之康平。

红尘险境，太多物欲牵人心。
务须抛清，君子固贫守心灵。

诗书之境，学思并取纵哦吟。
致用雅清，恒信大道敷均平。

神恩无垠，起死回生恩丰盈。
灵程挺进，力斩魔敌与魔兵。

抛开名利之境

2022-5-31

抛开名利之境，身心享受清静。
雅思展空灵，哦诗吾爽清。

此际晚风清新，远处歌声噪行。
灯下思无垠，浩意弥宇庭。

红尘触目惊心，名利害人夺命。
叩道领意境，旷怀出层云。

中心充满激情，淡泊是我心灵。
扬帆以远行，破浪奋挺进。

清怀雅淡聊哦唱

2022-6-4

清怀雅淡聊哦唱，舒出心地一种芳。
天暑阴沉有何妨，畅意东风正吹狂。
胸心雅将世界装，生平所辞利名脏。
高蹈心襟水云间，诗书沉潜我昂扬。

日落西天红

2022-6-5

日落西天红，心志吾从容。
东风清吹送，惬意我心胸。
华灯初灿动，情怀付谁懂。
新诗从心颂，难言是襟胸。

日落西天红，明日值芒种。
时光飞匆匆，感慨化诗诵。
岁月谁真懂，桑沧幻化浓。
百年浑如梦，撰诗垂久永。

闲情堪表

2022-6-11

闲情堪表，适意人生吾安好。
耳际鸟叫，天暑电扇转逍遥。

牵牛俊俏，妍红花朵怒放了。
引余折腰，写诗讴赞出心窍。

红尘娟好，为因心态持洒潇。
名利弃掉，沉潜心志撰书稿。

人生风标，介意山樵田园渺。
一腔情抱，遁入乡村乐陶陶。

小风流畅

2022-6-11

小风流畅，天际云烟飞澹荡。
阳光和畅，清坐品茗也安祥。

鸟高声唱，惬我情思真无限。
舒出诗章，一腔正气正轩昂。

人生奔放，为因名利俱弃放。
清贫何妨，诗书润我之襟房。

裁思昂扬，万千情意向谁讲。
孤旅扬长，振襟步履迈坚壮。

流风鼓畅

2022-6-11

流风鼓畅，心地潇然爽。
浴后神旷，伫立看夕阳。

人生慨慷，因我有理想。
不折奋闯，山水越无疆。

红尘奔放，因缘何必讲。
淡处安祥，冷眼觑桑沧。

市井闹嚷，车水马龙放。
淡泊情肠，原不受影响。

闲适之间

2022-6-12

闲适之间，享受清风旷。
天气清凉，鸟儿欢鸣唱。

品茗悠扬，心花都开放。
仲暑无恙，牵牛开娇芳。

时光飞殇，惊嗟于心间。
奋志贞刚，努力迎难上。

不耽安祥，诗书镇日向。
朗哦铿锵，声入云霄间。

四围安静

2022-6-12

四围安静，品茗怡我兴。
读书舒情，长风惬意境。

寰宇清平，爽意盈心灵。
叩道进行，淡处桑沧境。

红尘艰辛，狼烟履经营。
中心和平，共缘而旅行。

大化均平，遁向烟霞境。
不计清贫，正气纵凌云。

晨起空气爽

2022-6-14

晨起空气爽，听得百鸟啼唱。
东风展悠扬，快慰我之情肠。

人生享悠闲，因无名利扰妨。
性天本清凉，清贫诗书润肠。

高远至无疆，男儿胸怀气象。
努力奋向上，克己修心无恙。

微笑清浮上，豁达人生扬长。
淡泊盈襟房，共彼大化飞翔。

闲适无恙

2022-6-14

闲适无恙，淡眼云天旷。
小鸟鸣唱，小风来清爽。

品茗意畅，裁思作诗行。
一曲悠扬，舒出心地芳。

人生贞刚，不随俗世妄。
定志之向，修心无止疆。

红尘攘攘，太多机与陷。
慧目须亮，前旅奋慨慷。

利锁名缰

2022-6-14

利锁名缰，吾弃之尽光。
清贫安享，浩志成铁钢。

清听鸟唱，享受风清旷。
品茗之间，著书也安祥。

青天碧漾，远际响歌唱。
悠悠世间，人生吾奋闯。

奋展志向，济世不退让。
努力向上，叩道无止疆。

蓝天白云

2022-6-14

蓝天白云，鸟雀竞清鸣。
爽洁盈心，惬意彼风行。

且品芳茗，快慰我胸襟。
哦诗经行，一舒彼闲情。

人生情景，共缘而旅行。
苍山峻岭，洗涤我胸心。

桑沧幻境，百年匆匆行。
持心清平，叩道领风情。

有蝉嘶鸣

2022-6-17

有蝉嘶鸣，鸟语亦动听。
蓝天碧青，袅袅行白云。

东风多情，惬我之心灵。
品茗奋兴，新诗从心吟。

岁月进行，幻变真无垠。
斑苍情景，依然志凌云。

努力驱行，不计困难境。
关山峻岭，显我男儿劲。

晨鸡啼唱

2022-6-18

晨鸡啼唱，鸟语啭奔放。
月华在望，五更不清凉。

天还没亮，灯下放思想。
一曲铿锵，激情泻流淌。

人生昂扬，不屈千关障。
奋志之向，万里无止疆。

努力向上，修心启无量。
振襟扬长，君子人格芳。

燥热天地之间

2022-6-18

燥热天地之间，火风来袭未央。
鸟犹放歌唱，斜照展辉煌。

电扇播送风凉，书本暂且抛放。
品茗情悠扬，淡荡盈襟房。

不为物欲奔忙，清心雅叩道藏。
性天本清凉，清贫吾安享。

诗书润我情肠，正义旷展刚强。
男儿奋志向，踏遍世莽苍。

晨鸡又唱

2022-6-19

晨鸡又唱，天启蒙蒙亮。
百鸟鸣放，爽风正清畅。

早起三光，精神俱增长。
裁意诗章，一曲舒奔放。

岁月悠扬，因无名利妨。
清贫何妨，君子固穷间。

努力向上，不为物欲障。
贞志强刚，男儿展豪放。

晨起意旷

2022-6-19

晨起意旷，享受此清凉。
布谷唤唱，百鸟和鸣间。

我自悠扬，心志骋潇畅。
哦诗昂扬，舒出心地芳。

天阴无妨，性定自乘凉。
诗书无恙，是我性命粮。

田园画廓，只是旱未减。
切盼雨降，膏泽草木芳。

逸意生成

2022-6-19

逸意生成，人生容我纵论。
品茗清芬，雅洁盈满心身。

奋不顾身，叩道展我精诚。
红尘滚滚，名利害人何深。

吾持雅芬，遁向田园山村。
诗书人生，抛弃名利十分。

清听鸟声，东风清吹阵阵。
心志青春，不计斑苍日盛。

人生吾清骋

2022-6-19

人生吾清骋，山高水深。
心痛一何深，吁天无门。

神恩赐广盛，导引灵程。
丰富是灵恩，丰沛无伦。

而今平安生，心志清芬。
微笑吾清逞，豁达人生。

清贫浑不论，诗书奋身。
著书应等身，济世刚正。

清度吾之人生

2022-6-19

清度吾之人生，不为名利纷争。
淡泊盈心身，雅洁是十分。

此际东风清骋，鸟语何其缤纷。
爽洁品茗芬，哦诗适心身。

纵展吾之精诚，叩道用道奋身。
世界神创成，灵妙难细论。

百年幻变纷纷，桑沧叠化层层。
共缘吾驰骋，努力振乾坤。

天气值清凉

2022-6-19

天气值清凉，爽我情肠。
旷风吹来畅，鸟语何芳。

心志骋昂扬，新诗哦唱。
激情似水淌，恣意汪洋。

品茗情增长，快慰心间。
人生吾安享，诗书扬长。

名利无意向，修心无疆。
万里长驱闯，风雨任艰。

心襟潇爽

2022-6-19

心襟潇爽，能不放讴唱？
云飞淡荡，雀鸟欢鸣放。

品茗意畅，读书声朗朗。
周日休闲，心兴如花放。

有蝉嘶唱，林野真画廊。
老柳毪荡，风来何清爽。

岁月品尝，百感盈心肠。
努力放旷，不为物欲障。

红尘步步惊心

2022-6-19

红尘步步惊心，履尽坎坷艰辛。
神恩大无垠，导引入康平。

此际天色卵青，云烟烂漫飘行。
东风旷清新，爽意盈心灵。

难抑心中高兴，雅将新诗哦吟。
吐出我心襟，吐出志凌云。

一生不耽利名，悠悠是我胸心。
浩气充宇庭，正直吾雅清。

心志旷然清骋

2022-6-19

心志旷然清骋，人生纵情而论。
风雨任艰深，所赖唯神恩。

岁月恣其清芬，享受平安雅正。
叩道乐晨昏，修心吾秉诚。

东风吹来和温，鸟语倾其真诚。
蝉唱是声声，品茗意雅芬。

不敢耽于凡尘，名利合当弃扔。
田园与山村，惬我之心神。

心志聊舒广长

2022-6-19

心志聊舒广长，淡眼云烟飞旷。
　东风恣意翔，鸟语蝉鸣唱。

心境无比悠扬，向往恒在心间。
　大同是理想，宗教和同间。

炎暑一任狂狷，电扇播送清凉。
　意兴正清昂，新诗哦咏芳。

畅意天地无恙，世事正道桑沧。
　悟彻这玄黄，随缘吾安祥。

珍惜流年光阴

2022-6-19

珍惜流年光阴，雅将诗歌哦吟。
　中心怀激情，叩道奋进行。

此际天气多云，蝉鸣爽我心襟。
　风来何多情，鸟语亦温馨。

岁月岂比常寻，幻变桑沧美景。
　星星染青鬓，壮怀变空清。

大化运动不停，人生百年飞迅。
　惜时铭于襟，诗书晨昏吟。

人生履尽风浪

2022-6-19

人生履尽风浪，而今享受安祥。
　神恩是广长，思此颂赞放。

心灵怀有力量，万里踏遍莽苍。
　风光览无恙，笑意浮面庞。

得意未可狂狷，谦和是余襟房。
　正襟哦昂藏，心志在遐方。

耳际蝉噪鸟唱，窗外风来清翔。
　品茗意兴旷，豁达盈心肠。

蝉呼鸟叫

2022-6-19

蝉呼鸟叫，东风写意风骚。
　天气燥燥，心襟不受干扰。

静定为要，名利合当弃抛。
　守我心窍，不为物欲纷扰。

诗书哦啸，舒出我的情抱。
　人生悟了，客旅飞迅梦渺。

努力前道，万里江山看饱。
　浮上微笑，豁达盈余怀抱。

人生怀着情肠

2022-6-19

人生怀着情肠，悠悠放我歌唱。
　天苍地又广，尽够我闯荡。

苦旅不惧其艰，风雨凄凉何妨。
　神恩赐无量，平安心地间。

胸襟足够宽广，宇宙应都包藏。
　名利无意向，叩道奋贞刚。

品茗意兴扬长，清风涤我襟房。
　天暑心定当，旷听蝉鸟唱。

淡眼天地无恙

2022-6-19

淡眼天地无恙，世界幻变桑沧。
　人生转眼间，华发日增长。

豁达是余情肠，清贞守我心向。
　正道演扬长，叩道吾奔放。

不必多发演讲，沉默更为应当。
　行旅任艰苍，心灯恒燃亮。

眼目蕴着慧光，前路细辨方向。
　天涯是标向，绝不可迷茫。

蓝天幻着白云

2022-6-19

蓝天幻着白云，云烟飘荡空清。
　清风舒多情，蝉呼鸟又鸣。

心志雅怀殷殷，努力前路驱行。
　穿山又越岭，风光览无垠。

中心怀着光明，济世挥洒热情。
　名利何要紧，害人真无尽。

诗书人生清劲，男儿是有豪情。
　汗水是必经，秋收会仓盈。

云淡天青

2022-6-19

云淡天青，爽意盈心灵。
蝉呼鸟鸣，风来亦怡情。

岁月进行，又值炎暑境。
燥热情景，电扇播风清。

悠然心襟，放旷原无垠。
人生奋兴，新诗纵哦吟。

呼出热情，呼出我多情。
呼出空清，呼出心圆明。

第六十六卷《希望集》

休憩我的身心

2022-6-19

休憩我的身心，诗书暂不经营。
　天气燥无垠，享受此宁静。

耳际蝉嘶鸟鸣，斜照炽热殷殷。
　清坐且品茗，写诗聊舒情。

人生斑苍之境，心志旷持空灵。
　不执利与名，空清悟圆明。

中心怀有激情，一心向往光明。
　污秽矢抛清，正直吾力行。

旷怀清展雅正

2022-6-19

旷怀清展雅正，人生奋力驰骋。
　天暑炎气盛，心志逞安稳。

品茗意获清芬，长风吹来爽神。
　岁月日进深，斑苍浑不论。

坎坷是我浮生，一生唯赖神恩。
　努力奋灵程，修心无止程。

淡泊盈于心身，清贫志取精诚。
　向学奋晨昏，哦吟在秋春。

闷热天地间

2022-6-19

闷热天地间，幸有爽风吹旷。
　暝色渐渐苍，远际歌声嘹亮。

华灯初点上，哦诗激情泻淌。
　热血在心间，挥洒干劲矢上。

不为名利狂，田园惬余意向。
　诗书一生昂，男儿是有豪放。

振襟不颓唐，修身养性无疆。
　济世乐未央，用道是余志向。

五更鸟欢唱

2022-6-20

五更鸟欢唱，天还没有亮。
小风走悠扬，室内闷热间。
心志在遐方，振襟哦扬长。
质朴亦何妨，雅正是情肠。

五更鸟欢唱，惬我意无限。
路上车噪响，轰鸣似无疆。
坦腹发讴唱，舒出心地芳。
人生贵安祥，水云勿相忘。

晨起天阴鸟雀鸣

2022-6-20

晨起天阴鸟雀鸣，惬我心襟，

惬我心襟，更将新诗雅哦吟。

东风舒展其空清，爽洁盈心，
爽洁盈心，欢快吐语真无垠。

人生快慰价如金，读书怡情，
读书怡情，陶冶潇潇之心灵。

岁月奋飞如电迅，霜华之境，
霜华之境，聊慰心志值晚晴。

长风吹旷

2022-6-20

长风吹旷，快我心襟真无限。
哦咏诗章，耳际鸟语何奔放。

品茗清香，惬意人生吾悠享。
世事平章，华年弹指一挥间。

吾已斑霜，爽然一笑蔼无恙。
豁达情肠，悟彻人天之机簧。

奋向前闯，越过山水之雄壮。
归来何讲，积淀情思入诗唱。

浴后爽清无量

2022-6-20

浴后爽清无量，况复品茗意畅。
清风涤情肠，鸟语啭娇芳。

岁月侵入鬓间，笑我华发初苍。
爽然一笑间，时光化飞殇。

天阴无妨扬长，豁然是我襟房。
正义不相忘，叩道奋贞刚。

红尘扰攘无疆，何处水云之乡？
修心晨昏间，养德岂有疆。

长风奋然吹旷

2022-6-20

长风奋然吹旷，听得蝉之鸣唱。
写意这尘壤，晴朗真无恙。

旱情何时能减？切盼时雨下降。
切祷吁天苍，救济万民艰。

岁月舒展奔放，老我斑苍瞬间。
一笑颇安祥，人生是这样。

奋志天涯闯荡，千关万嶂难障。
努力克荆创，风光阅无限。

颐养身心

2022-6-20

颐养身心，听取蝉呼鸟鸣。
悠品芳茗，享受风之旷清。

天气转阴，爽洁是此寰境。
岁月飞行，明日夏至将临。

红尘多警，勿忘狼烟履经。
处此太平，力戒骄奢之心。

努力前行，人生翻山越岭。
修炼心襟，原也活泼空清。

人生纵情而论

2022-6-21

人生纵情而论，旷怀雅洁清芬。
诗书哦真诚，品茗雅意生。

清听鸟语温存，享受清风成阵。
时光若水奔，夏至今日正。

努力前路驰骋，不计山高水深。
清贫浑不论，正气充乾坤。

君子人格生成，修心养德晨昏。
红尘任滚滚，固穷吾纯真。

人生雅洁持心

2022-6-21

人生雅洁持心，淡眼尘世风云。
不计利与名，读书陶性灵。

岁月奋勇飞迅，故事演绎苍劲。
一笑也清新，豁达盈胸襟。

此际夕烟初凝，东风吹来多情。
烂漫是身心，鼓志矢前行。

清贫并不要紧，我有壮志凌云。
济世不辞屏，魔妖矢斩清。

时雨激烈降

2022-6-23

时雨激烈降，如此狂狷。
门窗俱关上，风助雨狂。

电扇派用场，闷热销减。
清理我心簧，哦成诗章。

人生正气昂，力搏狂浪。
信步天涯间，矢志闯荡。

风雨曾荷艰，意志何壮。
神恩赐广长，心怀力量。

优雅人生

2022-6-23

优雅人生，不为名利而奋争。
淡泊秋春，养得襟怀如菊芬。

滚滚红尘，磨炼丰沛之人生。
微笑清生，悟彻世事是七分。

奋不顾身，叩道秉具我真诚。
矢志力争，持正击邪奋刚贞。

努力前程，一路风景览清纯。
万里征程，潇潇心志如云奔。

天气炎蒸

2022-6-24

天气炎蒸，唯赖爽风清纯。
鸟语娇逞，惬我心意心神。

品茗雅芬，新诗哦出精诚。
人生驰骋，山水履历雄浑。

感谢神恩，赐我丰沛灵程。
克敌制胜，力斩魔敌凶狠。

步履雅正，男儿旷展刚贞。
济世历程，秉心原本纯正。

心志平旷

2022-6-24

心志平旷，惬听雀鸟之鸣唱。
好风吹爽，心襟品茗意清畅。

红尘安祥，率兴朗哦我诗章。
旋律奔放，吐出心弦也扬长。

人生向上，不为物欲蔽而障。
水云心间，无机情怀体悠扬。

正气何壮，体道人生吾清昂。
世事平章，弹指流年入烟帐。

不肯媚容事人

2022-6-25

不肯媚容事人，心志刚贞，
心志刚贞，履尽险难浑不论。

一生唯赖神恩，导引灵程，
导引灵程，矢向天国旷飞奔。

此际鸟语娇纯，蓝天云纷，
蓝天云纷，恣意东风正吹逞。

岁月日渐进深，斑苍初逞，
斑苍初逞，爽然一笑也和温。

骋志人生

2022-6-25

骋志人生，不畏山高水深沉。
风雨历程，磨炼我心之刚正。

奋不顾身，力战魔敌鼓勇奋。
努力前程，天涯风景灿且纯。

嗟此红尘，太多欺骗蒙人生。
定志奋争，叩道用道也清芬。

百度秋春，时光若水泻飞奔。
共缘而骋，正直一生吾雅诚。

蓝天秀着白云

2022-6-25

蓝天秀着白云，耳际啾啾鸟鸣。
爽风吹尽兴，惬我意无垠。

岁月旷展空清，往事凝入烟云。
渐老已斑鬓，一笑雅然清。

红尘幻变苍劲，百年秋春飞迅。
回首泪双凝，心志怀清醒。

名利空空是境，秉心坚正坚定。
不计此清贫，诗书纵哦吟。

洒脱心襟

2022-6-25

洒脱心襟，人生值晚晴。
心志犹殷，著书吾奋勤。

听取鸟鸣，享受风之清。
赏花尽兴，悠品是清茗。

读书怡情，耳际响蝉鸣。
岁月多情，笑我星星鬓。

红尘苦境，磨炼人心灵。
勿耽利名，害人真无垠。

爽风清来适意境

2022-6-25

爽风清来适意境，鸟语蝉噪均平。
读书尽兴且品茗，朗哦声入风清。

暑意任凌吾心静，不为名利动心。
雅襟清守此清贫，叩道一生刚劲。

世事不过幻浮云，白云苍狗多情。
人生转眼趋老境，呵呵一笑清明。

神恩赐福大无垠，天伦安享欢盈。
父母康健慰心灵，努力尽心孝敬。

人生情思知多少

2022-6-25

人生情思知多少，如风渺渺，
如云吹飘，从容哦诗也清好。

旷情倩听鸟鸣叫，风吹荡浩，
怡我情抱，品茗意兴都洒潇。

平生履尽艰险道，爽然一笑，
豁达怀抱，清贫养我之德操。

向学一生奋刚傲，君子心窍，
修心迢迢，晨昏纵哦乐逍遥。

人生雅清

2022-6-25

人生雅清，放志以讴吟。
不执利名，叩道吾心清。

岁月进行，幻化无止停。
豁达心襟，胸中怀白云。

爽听鸟鸣，蝉噪亦动听。
风来浩劲，新诗出心灵。

世宇和平，田园真画境。
万类勃兴，赞美这宇庭。

人生不轻狂

2022-6-25

人生不轻狂，修心真无恙。
体道吾强刚，奋志在尘壤。

岁月享澹荡，烟云任掩漾。
德操是清芳，诗书尽力唱。

流年泻狂猖，渐染星星霜。
爽然一笑畅，悟道吾安祥。

耳际鸟啼唱，风递蝉噪响。
流风吹爽朗，斜照射辉煌。

人生吾多情

2022-6-25

人生吾多情，力保心灵纯净。
不图利与名，旷度客旅之境。

红尘是多辛，太多磨难经营。
修炼我身心，原也雅洁清新。

岁月奋飞行，幻化百变奇景。
心志持空清，不惑物欲情境。

淡泊是吾心，诗书润我肺心。
展眼看层云，有鸟高飞奋行。

云天爽朗

2022-6-25

云天爽朗，闷热郁此宇间。
斜照朗朗，风吹火热奔放。

我自悠扬，新诗纵情哦唱。
品茗意畅，享受休闲时光。

岁月泻狂，不必惊叹心间。
惜时务讲，寸阴金比不上。

老我瞬间，人生已近夕阳。
一笑舒爽，淡定盈满中肠。

仁厚理应当

2022-6-25

仁厚理应当，君子人格必讲。
修心原无疆，养德矢志向上。

人生世界上，务辞利锁名缰。
清贫亦无妨，正气一生强刚。

叩道吾奔放，履历山高水长。
辨心几微间，悟彻圆明圆方。

红尘任攘攘，勿忘水云之乡。
性光务敞亮，烛照前路广长。

悠悠情长

2022-6-25

悠悠情长，人生放马闯。
天苍地广，尽显我豪强。

跌倒再上，奋志展顽强。
人生昂扬，岂惧千关障。

红尘狂猖，利锁与名缰。
务弃务放，清心才扬长。

叩道向上，正气盈寰壤。
百度安祥，温和心地间。

人生适意安祥

2022-6-25

人生适意安祥，心襟无比辽广。
落日正西降，火风旷来翔。

电扇大派用场，享受此际清凉。
清坐展思想，一曲哦扬长。

岁月多么奔放，故事演绎万章。
人生近老苍，心事向谁讲。

孤旅骋出昂扬，奋志万里疆场。
不为名利狂，济世是志向。

悠悠是我心襟

2022-6-25

悠悠是我心襟，人生正气凌云。
突破困穷境，心志旷无垠。

清贫并不要紧，贵在奋发心灵。
叩道矢进行，心得入诗吟。

耳际小鸟娇鸣，晚风吹来爽清。
思绪共风行，漫浪盈胸心。

岁月清展奋兴，少年化为斑鬓。
爽然一笑清，悟彻世空境。

暝色天地间

2022-6-25

暝色天地间，燥热是此尘壤。
林野鸟雀唱，旷风吹来爽朗。

华灯初点上，心志平淡安祥。
提笔撰诗章，舒出心灵志向。

时光畅飞翔，岁月演绎苍凉。
神恩赐广长，更将平安赐降。

灵程努力闯，胜过试探深艰。
天涯风光靓，矢志一生闯荡。

人生畅意向

2022-6-26

人生畅意向，清听鸟鸣唱。
闷热无所妨，旷风正吹凉。

振襟发哦唱，一曲天地苍。
不计艰难障，努力向前方。

高山流水响，知音在何方。
孤旅骋昂扬，豪勇心地间。

诗书怀漫浪，正意人生场。
名利徒欺诳，吾心水云间。

清纯心地间

2022-6-26

清纯心地间，履尽险风恶浪。
心志骋清昂，不屈恶虎凶狼。

清心叩道藏，不为名利痴狂。
修心启无疆，养德身心清芳。

耳际蝉鸟唱，东风其来爽朗。
思想悠悠放，哦咏新诗奔放。

人生客旅间，雁过留声必讲。
著书济世艰，记录余之思想。

蓝天云苍

2022-6-26

蓝天云苍，雀鸟啼奔放。
风来浩荡，散思正平旷。

人生世间，感慨于心房。
把舵稳航，未可迷方向。

天涯标向，努力奋闯荡。
不畏险艰，力斩拦路狼。

红尘狂猖，太多迷烟障。
慧目擦亮，心灯恒燃旺。

人生洒潇

2022-6-26

人生洒潇，为因名利全抛掉。
清贫就好，诗书平生吾逍遥。

向阳情操，修心养德不骄傲。
正直情窍，无机心地也雅骚。

清风荡浩，小鸟啾啾以鸣叫。
天气阴了，凉爽正宜我情抱。

红尘娟好，神恩何其之丰饶。
努力前道，灵程矢志旷扬飙。

心志吾平旷

2022-6-26

心志吾平旷，艰难挫折何妨。
闷热盈寰壤，天阴有雨要降。

清思泻汪洋，化为新诗奔放。
舒出我情肠，原也无机扬长。

岁月真清昂，赐我华发轻苍。
体道奋志刚，男儿万里驱闯。

淡荡盈襟房，人生恒怀理想。
不屈世艰苍，豁然微笑安祥。

岁月进深

2022-6-26

岁月进深，磨炼心襟刚正。
清度红尘，一尘不染清芬。

感谢神恩，赐我灵恩丰盛。
旷行灵程，力战魔敌凶狠。

鸟鸣清纯，点缀世宇七分。
风鼓温存，惬我情思十分。

人生旅程，阅历山高水深。
一笑和温，君子人格清逞。

质朴心地间

2022-6-26

质朴心地间，情志昂扬。
不畏惧艰苍，心胸何壮。

男儿是强刚，迎难敢上。
血洒又何妨，敢作敢当。

中心怀理想，力济世艰。
斩杀彼豺狼，清我寰壤。

岁月旷飞扬，故事千章。
应向前瞻望，山水远疆。

流年光阴奋飞迅

2022-6-26

流年光阴奋飞迅，不老是我身心。
奋发刚正吾殷殷，叩道时刻进行。

天暮灯下听鸟鸣，享受风来爽清。
暑意虽凌吾静心，正好修心养性。

人生感发于中心，化为新诗哦吟。
百年秋春勿伤心，奋志当可凌云。

屡经失败不灰心，共缘安稳去行。
一任风雨与阴晴，洒脱是我心灵。

爽风流动

2022-6-27

爽风流动，惬意盈心胸。
雀鸟鸣颂，晨阴妙无穷。

人生情钟，易伤心与胸。
奋志如虹，踏实去行动。

年近成翁，面带微笑容。
诗书清讽，快意我清空。

大化从容，恒使余感动。
万物昌荣，赞叹此宇穹。

人生不愁怅

2022-6-27

人生不愁怅，心地情长。
耳际鸟啼唱，风来畅爽。

天阴无所妨，情怀倍彰。
心志展清昂，奋发闯荡。

往事回味长，并入烟帐。
未来瞻望旷，心怀理想。

不为物欲狂，慧心明靓。
努力奋贞刚，力战强梁。

人生不取轻狂

2022-6-27

人生不取轻狂，谦和贞定之间。
向学志昂扬，一心叩道藏。

此生享尽悠闲，读书是余情况。
晨昏纵哦唱，舒出情苍凉。

悠悠是我心向，豁达原具雅量。
名利无意向，清贫守心房。

岁月真展奔放，老我似乎瞬间。
展眼向天望，愿学鸟飞翔。

清度浊世红尘

2022-6-27

清度浊世红尘，保持心灵纯真。
　名利徒扰纷，害人深又深。

吾心旷持雅正，遁向田园山村。
　胸中水云芬，向学在晨昏。

耳际鸟语啼纯，旷风吹来爽神。
　品茗意兴奋，新诗纵哦成。

淡定是我心身，不为名利纷争。
　清贫吾雅温，君子人格正。

岁月飞迅驰奔，老我斑苍日盛。
　叩道力奋争，坐拥我书城。

大千幻化缤纷，朴素吾秉精诚。
　桑沧任叠成，无机心地芬。

旷风成阵

2022-6-27

旷风成阵，惬我之心身。
鸟语温存，引我诗生成。

人生驰骋，山水历成阵。
心地和温，坚决不沉沦。

清贫意芬，诗书哦晨昏。
秉心坚贞，叩道奋精诚。

心志刚正，天涯风光纯。
万里驱骋，风雨任其盛。

第六十七卷《开心集》

蝉鸣狂猖

2022-6-27

蝉鸣狂猖，吾心持安祥。
鸟语娟芳，旷风畅吹翔。

品茗意张，新诗哦铿锵。
人生奔放，辞去名利脏。

红尘无恙，乃是神所创。
灵妙无疆，叩道是志向。

岁月舒昂，不必嗟老苍。
一笑扬长，人生奋志闯。

流风吹旷

2022-6-27

流风吹旷，树林一片响。
蝉复奏响，快慰心地间。

正意昂扬，人生恃理想。
百折奋闯，坚决不迷航。

物欲肮脏，害人以无限。
清贫何妨，养我德操芳。

诗书之间，叩道吾雅闲。
一生昂藏，傲立若山岗。

不为物欲牵引

2022-6-29

不为物欲牵引，内叩自己身心。
叩道吾奋勤，修养志凌云。

此际小鸟娇鸣，和风吹来清新。
浴后吾爽清，新诗雅哦吟。

红尘徒是险境，吾只秉持清心。
抛弃利与名，悠享是淡定。

岁月恣意飞行，年轮运转均平。
斑苍不要紧，晚晴胜黄金。

天暑蝉高唱

2022-6-29

天暑蝉高唱，蓝天云徜徉。
散思吾平旷，从容哦诗章。
激情若水淌，华年泻如狂。
惊叹无用场，惜时铭襟房。

天暑蝉高唱，清风来爽朗。
读书怡情向，慨然心志间。
红尘徒攘攘，澄意水云乡。
不为名利障，性光发悠扬。

烈日如蒸

2022-6-29

烈日如蒸，心志吾平稳。

蝉鸣声声，东风来阵阵。

品茗意芬，新诗哦真诚。
读书怡神，心志正青春。

世事浑论，桑沧叠幻成。
百度秋春，弹指似一瞬。

努力前程，名利矢不争。
叩道精诚，潇潇是心身。

悠悠情肠

2022-6-29

悠悠情肠，淡看云飞翔。
蝉高声唱，风来畅意扬。

鸟语娇放，惬余之意向。
品茗扬长，意兴舒猖狂。

新诗哦唱，正如流水淌。
情怀奔放，冲出世之网。

天涯闯荡，风光览无限。
男儿强刚，名利无意向。

雅听蝉鸣唱

2022-6-30

雅听蝉鸣唱，惬意盈中肠。
小风来送爽，品茗意何畅。
天阴正清凉，心怀悠然旷。
享受此暇闲，慨然哦诗章。

雅听蝉鸣唱，仲暑吾平康。
心志舒广长，人生万里疆。
红尘任狂荡，心系水云乡。
名利徒孽障，弃之理应当。

蓝天爽青

2022-7-1

蓝天爽青，秀着彼白云。
蝉高声鸣，风鼓其清新。

天气喜晴，牵牛开娇俊。
欢快身心，原也颇轻盈。

人生多情，奋志纵凌云。
不妄去行，共时共运进。

悠品芳茗，怡我心与襟。
哦诗空清，吐出是性灵。

清听蝉鸣唱

2022-7-1

清听蝉鸣唱，享受风清凉。
云天正澹荡，仲暑吾悠扬。
情志都轩昂，精神雅增长。
慨然哦诗行，激情泻狂猖。

清听蝉鸣唱，园野真画廓。
万物荣且昌，雨后青绿涨。
坦腹发哦唱，情蕴于中肠。
人生怀向往，是在水云乡。

蝉噪响亮

2022-7-1

蝉噪响亮，鸟纵飞青苍。
风来爽朗，心志悠然间。

品茗意放，小撰新诗行。
不取张扬，质朴是情肠。

岁月飞翔，斑苍复何妨。
定定当当，步履人生场。

红尘狂荡，名利是羁缰。
遁向田间，享受此安祥。

逸致闲情

2022-7-1

逸致闲情，悠悠听蝉鸣。
岁月多情，赐我渐斑鬓。

一笑空清，悟彻世圆明。
振奋心襟，哦诗舒雅情。

岁月进行，故事演不停。
淡淡定定，秉志吾奋行。

风雨任凌，磨炼意刚劲。

红尘艰辛，原也是常寻。

蓝天云荡

2022-7-1

蓝天云荡，知了尽情唱。
品茗扬长，惬怀真无上。

书本抛放，享受此悠闲。
品茗意畅，心志入诗唱。

处世安祥，名利俱弃放。
清贫安享，读书怡情向。

骋志强刚，叩道吾豪放。
不屈艰苍，冲决此尘网。

流风舒旷

2022-7-1

流风舒旷，心志吾晴朗。
流云飞翔，鸟蝉俱鸣唱。

写意尘间，万类享荣昌。
神恩广长，思此颂心间。

努力奋闯，山水越雄壮。
风光无限，喜悦我襟房。

人生无恙，天国是标向。
灵程向上，永远无止疆。

蓝天绣巧云

2022-7-1

蓝天绣巧云，幻变奇景。
骑车吾奋行，沐浴风清。

逸致并闲情，袭上心襟。
蝉呼与鸟鸣，惬余意兴。

夕照闪光明，世宇和平。
旷持优雅心，哦诗空灵。

岁月恣飞行，不计衰境。
中心志凌云，万里挺进。

夕照闪射余光

2022-7-1

夕照闪射余光，林蝉均匀奏响。
火热是尘壤，休憩我情肠。

岁月清显奔放，流年飞逝狂猖。
斑苍何所讲，澹荡盈中肠。

不为名利奔忙，清贫一生何妨。
正义展强刚，傲立若山岗。

红尘闹闹嚷嚷，太多机巧构陷。
倾心水云间，悟道吾安康。

唯物主义害死人

2022-7-6

唯物主义害死人，重视物质轻灵魂。
物欲盛处祸害生，精神缺时灵性损。
修心秉诚求纯正，洁化灵魂无止程。
向上潇潇是心身，超脱生死获永生。

凉风潇潇

2022-7-6

凉风潇潇，耳际是蝉噪。
品茗意俏，新诗哦骚骚。

人生大好，神恩赐丰饶。
努力前道，山水越迢迢。

暑意笼罩，心怀吾清好。
展眼远瞧，天际苍烟绕。

红尘美妙，历劫吾洒潇。
修心路遥，奋志吾逍遥。

履历人生

2022-7-7

履历人生，豁达真无伦。
修心历程，艰险不足论。

红尘滚滚，只是锻炼人。
微笑清生，步履吾沉稳。

岁月进深，斑苍何所论。

悟彻世尘，努力前旅程。

清听蝉声，风惬我意神。
颂赞神恩，导引我灵程。

雅听蝉鸣噪

2022-7-8

雅听蝉鸣噪，白云漫飞飘。
电扇播风道，品茗意兴潇。
红尘任扰扰，修心路迢迢。
风光心观照，努力奋志跑。

努力奋志跑，名利不紧要。
圣洁最为要，污秽矢志抛。
心灵勤打扫，灵台辉光耀。
天国路不遥，永生乐逍遥。

不必贪恋世尘

2022-7-8

不必贪恋世尘，红尘历劫是真。
此心未可刚硬，柔和叩道奋身。

窗外蝉噪声声，蓝天白云飘纷。
清坐思深沉，努力前旅程。

红尘浊浪滚滚，磨炼心襟清纯。
圆满是福分，天路尽力骋。

世界太多纷争，欺骗害人深深。
慧目务圆睁，心光照前程。

感谢丰沛神恩，导引灵性旅程。
行好天路程，永生福何盛。

不可贪恋红尘，人生客旅之身。
修心务秉诚，灵心是清芬。

履历人生吾多情

2022-7-9

履历人生吾多情，奋志修行，
奋志修行，拂去云翳见性灵。

心志从来启殷殷，不惧艰辛，
不惧艰辛，困难于我是常寻。

红尘太多试炼境，勃勃心襟，
勃勃心襟，君子人格旷然清。

一生不计利与名，微笑清映，
微笑清映，叩道用道吾圆明。

早起四更

2022-7-9

早起四更，天气燥热犹盛。
小风爽神，惬我意向十分。

灯下思深，人生奋志而骋。
名利抛扔，清心吾持雅正。

修心历程，百转千回雾阵。
秉持心灯，烛照前路沉稳。

百年飞奔，老我斑苍日盛。
努力奋争，胜过试探艰深。

人生最贵是清净

2022-7-16

人生最贵是清净，恶语不云，
恶业不行，修得身心之灵明。

此际雅听蝉之鸣，暑夜情景，
华灯灿明，诗人心中怀情兴。

岁月侵鬓吾何云，一笑爽清，
正气凌云，不计利来不计名。

诗书一生奋用劲，晨昏哦吟，
秋春飞迅，君子人格培端俊。

红尘履历多辛

2022-7-23

红尘履历多辛，艰苍吾已饱经。
野蝉高声鸣，小鸟歌清新。

长风吹我心襟，诗意盈满肺心。
舒出我激情，舒出我空清。

志向纵展凌云，脚踏实地去行。
万里之风景，惬我之心灵。

百年艰苍难云，悲喜铭于胸心。
努力去追寻，不为利与名。

休闲真是无恙

2022-7-23

休闲真是无恙，清听林蝉鸣唱。
风来真舒畅，惬意哦诗章。

大暑今日正当，时光正如飞殇。
努力奋志向，关山越清苍。

岁月不计苍凉，我有豪情万丈。
男儿荷贞刚，叩道骋志向。

大千运化沧桑，名利害人失陷。
性光务敞亮，烛照正前方。

林蝉嘶鸣唱

2022-7-24

林蝉嘶鸣唱，漫天晴朗。
小鸟欢歌畅，牵牛娇靓。

我自情悠扬，品茗清香。
休闲乐无恙，情志轩昂。

岁月真流畅，迅走何狂。
笑我星星霜，淡泊情肠。

人生正气昂，名利捐放。
诗书我慨慷，振节哦唱。

蓝天幻白云

2022-7-24

蓝天幻白云，空气鲜新。
暑蝉高声鸣，振奋人心。

牵牛开娇俊，紫薇鲜明。
余心亦芳馨，悠品绿茗。

人生惜情景，年轮飞迅。
不必嗟斑鬓，奋志前行。

沧桑不必云，共缘而进。
努力振心灵，勿负寸阴。

人生履度红尘

2022-7-24

人生履度红尘，心灵保持纯真。
清听鸟鸣纯，享受风阵阵。

蝉噪添我精神，品茗意气雅芬。
感谢神之恩，导引我灵程。

苦痛曾经深沉，所赖唯是神恩。
振奋我精神，努力前旅程。

岁月多么馨芬，哦诗热情倍增。
叩道吾振奋，用道秉纯正。

人生坎坷艰辛

2022-7-24

人生坎坷艰辛，唯赖神恩丰盈。
导引入康平，享受这清宁。

此际蝉鸣殷殷，蓝天流变白云。
风来适我情，写诗兼品茗。

岁月使人奋兴，此生不为利名。
济世怀雅情，正直持本心。

忧患吾已饱经，华年逝去何迅。
努力奋心灵，万里长迈进。

蝉鸣如此响亮

2022-7-24

蝉鸣如此响亮，激越我的情肠。
心志正清昂，耳际鸟啼唱。

岁月多么奔放，赐我华发轻苍。
一笑是爽朗，人生该这样。

依然心怀漫浪，万里长驱慨慷。
小撰新诗章，舒出情昂扬。

流云变幻万状，田野正如画廊。
心情真无恙，合展我歌唱。

情怀不取张扬

2022-7-24

情怀不取张扬，坚贞清守志向。
奋发我强刚，人生有力量。

红尘不唯漫浪，多有险风恶浪。
努力长驱闯，不负好韶光。

此际林蝉鸣唱，清风其来爽朗。
散淡持清肠，时光任流淌。

安祥是我襟房，柔和盈满心间。
共缘舒奔放，叩道入无疆。

清志旷然生成

2022-7-24

清志旷然生成，人生容我纵论。
远辞是青春，斑苍渐老沉。

奋志依然刚贞，不屈浊世红尘。
叩道入深沉，艰苍不足论。

笑意从心而生，豁达是我心身。
哦诗在晨昏，秋春任驰骋。

悟彻世事浮尘，坚决不取沉沦。
向上吾力争，水云憩精神。

心地情长

2022-7-24

心地情长，人生悠悠歌唱。
蝉儿高唱，暮色笼罩穹苍。

意兴倍涨，哦出新诗昂扬。
人生向上，不畏艰难困障。

红尘漫浪，情志水云之乡。
力斩虎狼，还我清平寰壤。

男儿豪强，岂为名利遮障。
叩道贞刚，正直傲岸顽强。

远际又泛歌唱

2022-7-24

远际又泛歌唱，夜幕已经笼上。
心地情起未央，聊将新诗哦唱。

人生奋志向上，不为物欲所障。
克尽万险千艰，标的天国无恙。

百年飞逝迅忙，转眼华发斑苍。
往事回味久长，未来恒自瞻望。

男儿奋发图强，修心养德无疆。
冲决试炼艰苍，心怀光明太阳。

蝉鸣奔放

2022-7-25

蝉鸣奔放，心地吾情长。
清坐安祥，诵读彼词章。

品味休闲，名利无意向。
清贫何妨，我有正气昂。

一笑淡荡，红尘客旅间。
百度迅忙，著书惬情肠。

流年狂狷，星星点秋霜。
惜时铭肠，努力振志向。

鸣蝉奏唱

2022-7-26

鸣蝉奏唱，天阴情悠扬。
风递爽朗，鸟语亦奔放。

岁月飞翔，何必嗟斑苍。
人生昂扬，不为名利障。

奋志强刚，叩道骋意向。
红尘攘攘，水云勿相忘。

晨起情长，读书哦铿锵。
心地清芳，微笑清浮上。

人生步履匆匆

2022-7-26

人生步履匆匆，应许心态从容。
　挥洒我笑容，心志如彩虹。

努力万里驱冲，不计风雨艰浓。
　岁月飞迅猛，情志淡如风。

此际天暑烈猛，蝉噪声声嘶动。
　牵牛娇妍浓，鸟语宛转颂。

读书写诗情涌，何计斑苍渐浓。
　人格荷深重，君子不苟同。

雨过天晴蝉鸣唱

2022-7-26

雨过天晴蝉鸣唱，心地情长，
心地情长，慨然旷哦新诗章。

岁月积淀有余芳，往事回想，
往事回想，烟雨艰苍入烟帐。

未来奋发志儿刚，努力向上，
努力向上，抛却名利之孽障。

一生雅好是诗章，晨昏哦唱，
晨昏哦唱，舒展情志与思想。

流年舒芳

2022-7-27

流年舒芳，意气吾豪强。
　谦和情肠，正义赋强刚。

岁月飞殇，华发渐星霜。
　一笑安祥，共缘而徜徉。

人生扬长，努力奋向上。
　利锁名缰，统统弃光光。

暑蝉鸣唱，品茗意清朗。
　旷哦诗章，舒出我情长。

鸣蝉响亮

2022-7-27

鸣蝉响亮，流风正鼓荡。
　天气晴朗，小鸟啾啾唱。

我自悠扬，心地俱潇爽。
　一曲扬长，舒出情志芳。

中伏正当，暑气任炎猖。
　品茗安祥，享受此平康。

神恩广长，心灵有力量。
　奋发向上，克尽彼艰苍。

霾烟此际狂猖

2022-7-28

霾烟此际狂猖，心地叹息良长。
　天气是晴朗，蝉噪鸟歌唱。

品茗心志悠扬，新诗从心哦唱。
　舒出我奔放，舒出我情长。

人生客旅相仿，勿为物欲牵障。
　慧意蕴心间，努力前路向。

阖家俱是安康，神恩无限广长。
　欢呼尽力量，灵程尽力闯。

勃勃是我心襟

2022-7-28

勃勃是我心襟，人生奋志前行。
　天晴蝉噪鸣，花开亦娇俊。

晨起心境殷殷，雅将新诗哦吟。
　舒出我闲情，舒出我中心。

岁月飞逝鲜明，叩道鼓勇奋进。
　山水越苍俊，微笑吾爽清。

大千幻化无垠，桑沧叠变奇景。
　百年匆匆行，漫步吾多情。

人生奋志贞刚

2022-7-28

人生奋志贞刚，心灵无比顽强。
红尘是攘攘，清心水云间。

履尽狂风恶浪，一笑依然爽朗。
红尘是这样，幻化真无疆。

雅志天涯之间，信步行旅安祥。
物欲弃光光，明慧吾情长。

此际天际晴朗，蝉噪如此狂猖。
情怀真无恙，新诗连踵唱。

谦和心襟

2022-7-29

谦和心襟，晨起惬听蛙鼓鸣。
风声何清，爽我意兴真无垠。

人生奋兴，履尽关山万里云。
心怀朗俊，拂去云翳见性灵。

五更鸟鸣，宛转雅洁堪清听。
路上车行，点缀生活也安平。

心中高兴，小哦诗章适闲情。
中心圆明，悟道用道体均平。

第六十八卷《遂志集》

旷风浩荡

2022-7-30

旷风浩荡，细雨绵绵降。
燥热尘间，喜此清风畅。

岁月舒芳，不觉中伏间。
人生畅想，激越我情肠。

品茗清香，惬意真无上。
阖家安康，神恩颂广长。

红尘无恙，幻化万千象。
正义心间，努力灵程闯。

中心安祥

2022-7-30

中心安祥，人生情志畅。
清听鸟唱，享受风清凉。

细雨绵放，牵牛开盛旺。
炎暑之间，周末我清闲。

淡淡荡荡，中心何所藏。
叩道贞刚，不计彼艰苍。

烟雨风浪，五十七载放。
努力向上，悠悠放歌唱。

雨过天朗晴

2022-7-30

雨过天朗晴，两部蛙鸣。
东风舒多情，鸟语娇俊。

淡泊盈心襟，悠悠品茗。
惬意之心灵，享受安平。

人生多风景，秉具灵心。
努力去追寻，旷志凌云。

诗书吾用劲，晨昏雅吟。
秋春递飞迅，心志康宁。

天晴蝉鸣噪

2022-7-30

天晴蝉鸣噪，写意尘嚣。
风清何荡浩，心志逍遥。

红尘任扰扰，秉心静悄。
叩道乐洒潇，奋志刚傲。

努力步前道，万里迢迢。
风光历大好，情抱朗俏。

爽然余一笑，豁达心窍。
旷听鸟鸣叫，情思美妙。

体历红尘

体历红尘，人生吾振奋。
风雨艰深，磨炼我刚正。

感谢神恩，导引我灵程。
岁月清芬，回思味深沉。

炎暑正盛，蝉噪嘶声声。
风来馨温，爽我之精神。

微笑清生，豁达真无伦。
雅洁心身，哦诗舒纯正。

雨后天青

2022-7-30

雨后天青，流变着白云。
蝉高声鸣，风写意爽清。

鸟语娇俊，花开亦温馨。
惬意心灵，哦诗品清茗。

心怀朗俊，无意于利名。
高蹈清贫，奋志育心灵。

努力前行，关山领风景。
悠悠歌吟，人生是旅行。

惬意人生

2022-7-30

惬意人生，履尽风浪吾沉稳。
蝉鸣阵阵，爽清东风吹云层。

岁月清纯，秉志空清何所论。
呼出心声，旷志凌云振乾坤。

嗟此红尘，太多名利折腾人。
务持雅正，心怀水云之清芬。

神恩何盛，导引灵程之缤纷。
奋不顾身，叩道历程万里奔。

心志不取张扬

2022-7-30

心志不取张扬，实干显出豪强。

汗水不白淌，秋收会盈仓。

雅听蝉噪鸟唱，心怀无比悠扬。
淡泊之襟房，水云容流淌。

岁月飞迅何猖，年轮运化无恙。
少年化秋霜，纯洁勿弃放。

正义挥洒强刚，力战恶虎饿狼。
神恩赐广长，心灵奋力量。

潇潇是我身心

2022-7-30

潇潇是我身心，豪气纵展凌云。
脚踏实地行，努力去追寻。

一生真理仰景，正义焕发胸心。
风雨艰苍境，磨炼我心襟。

蝉噪无有止境，清风其来爽清。
鸟语多温馨，花开正鲜明。

红尘无比惊警，狼烟时有经营。
济世挥才情，赤子捧丹心。

仰望悠悠白云

2022-7-30

仰望悠悠白云，我心何其爽清。
耳际响蝉鸣，畅意东风劲。

鼓舞我的身心，努力万里驱行。
悠悠苍山峻，松风涤心灵。

人生秉持多情，半生负了伤心。
神恩大无垠，导引入康平。

笑意旷展清俊，不老是我身心。
壮怀入霄云，宇宙心包并。

云烟飘荡

2022-7-30

云烟飘荡，心志吾奔放。
野蝉高唱，林鸟亦鸣放。

天暑任亢，心地吾清凉。

品茗之间，时光任流淌。

红尘无恙，人生客旅间。
不须匆忙，名利可弃放。

清贫安享，田园憩意向。
诗书哦唱，生活享安康。

人生何必多情

2022-7-30

人生何必多情，苦难吾已饱经。
爽然一笑清，共缘而旅行。

人生依然多情，旷展志向凌云。
努力去追寻，真理恒仰景。

此际雅思清明，耳际灌满蝉鸣。
长风吹清新，逸意盈中心。

小鸟啾啾娇鸣，斜照依然劲挺。
散思化诗吟，一曲付谁听。

爽风清来适意向

2022-7-30

爽风清来适意向，云飞澹荡，
蝉噪狂猖，炎暑盛夏夕照强。

岁月于我不惆怅，心地情长，
哦诗有芳，振襟泼发志儿刚。

红尘大千幻万象，名利欺诳，
物欲损伤，何不遁向水云乡。

山风野径可乘凉，心志悠闲，
时光飞畅，不计老将渐来访。

缕缕风清

2022-7-31

缕缕风清，传来鸟清鸣。
爽洁心襟，新诗从心吟。

岁月进行，炎暑行将尽。
立秋将临，时光惊飞迅。

红尘艰辛，苦了身心灵。

神恩无垠，赐下这康平。

欢呼尽兴，灵程努力行。
穿山越岭，风光览无尽。

心志不取苍苍

2022-7-31

心志不取苍苍，人生奋发慨慷。
清听鸟鸣唱，写意东风爽。

欢快是我情肠，人生得意不狂。
贞定是心向，品茗情舒芳。

前路无限宽广，神恩无限丰穰。
灵程矢向上，不计彼艰苍。

始终心怀漫浪，旅途历尽莽苍。
一笑还悠扬，激情似水淌。

人生吾多情

2022-7-31

人生吾多情，苦雨饱经，
不必伤心，悠悠心襟听蝉鸣。

写意东风清，爽我胸心，
奋志凌云，豪气盈胸鼓干劲。

鸟语堪清听，流云飘行，
牵牛开俊，暑日风情旷心灵。

淡定且品茗，心怀清明，
雅致分明，更哦新诗适心情。

人生心志葱茏

2022-7-31

人生心志葱茏，脚踏实地去冲。
名利弃空空，清心沐松风。

此际蝉高鸣颂，鸟语亦很从容。
炎暑容哦讽，旷裁我心胸。

人生正气刚洪，叩道成竹在胸。
努力破雨风，清展微笑容。

一生秉持中庸，心态此际轻松。
惬意品茗中，田野爽来风。

人生旷意哦讽

2022-7-31

人生旷意哦讽，舒出心志如虹。
七彩之心胸，瑰丽且从容。

蝉语多么轻松，爽风来入怀中。
周日意清空，惬怀岂有穷。

坦腹哦诗讽颂，声入云天远空。
阖家乐无穷，神恩安享中。

叩道沐尽雨风，依然身心欢浓。
灵程奋力冲，标的天国中。

长风舒旷

2022-7-31

长风舒旷，细雨又洒降。
心志奔放，裁思入诗章。

情志安祥，享受这平康。
啾啾鸟唱，野蝉正鸣放。

万类荣昌，田野是画廊。
毵毵柳荡，抒情真无恙。

紫薇花芳，牵牛最妍靓。
赞叹心间，神恩颂广长。

情怀朗俊

2022-8-1

情怀朗俊，人生旷志入歌吟。
天暑飘云，林野蝉噪亦动听。

长风吹劲，爽我身心真无垠。
岁月飞迅，霜华添涨笑吟吟。

此生多情，一腔心事付谁听。
孤旅挺进，万里关山越险峻。

悠悠心襟，淡定清坐且品茗。
雅洁心境，共缘驱行入水云。

心志广长

2022-8-3

心志广长，人生奋力量。

不畏艰苍，男儿展豪强。

矢志贞刚，迎难敢于上。
清心雅闲，读书哦诗章。

蝉噪狂猖，天暑炎正彰。
电扇风凉，品茗吾安祥。

定心之向，是在天涯间。
努力闯荡，风雨是寻常。

旷怀清正

2022-8-4

旷怀清正，人生奋力驰骋。
感谢神恩，导引灵程丰盛。

炎暑炽盛，蝉噪激烈高声。
清坐安稳，品茗休憩心身。

七夕今正，不必嗟叹人生。
孤旅刚正，挥洒热血青春。

红尘滚滚，名利害人太甚。
吾持雅正，遁向水云清芬。

正直人生

2022-8-4

正直人生，挺直腰杆做人。
名利害人，务弃务抛轻身。

岁月清芬，大化运转沉稳。
斑苍清生，呵呵一笑温存。

努力前程，叩道修心晨昏。
诗书秋春，哦出肺腑精神。

蝉噪声声，鸟语讴唪纷纷。
清思生成，微笑裁诗真诚。

晨起鸟鸣唱

2022-8-5

晨起鸟鸣唱，雾霾天地间。
天气复燥亢，汗水往下淌。
心志吾清昂，振奋是情肠。
写诗舒狂想，一曲正气扬。

一曲正气扬，修心不相忘。
灵魂净无疆，人生矢向上。
物欲致丧亡，清心水云间。
水云何处访，叹息复嗟怅。

恬淡中心

2022-8-5

恬淡中心，淡眼世事风云。
心志殷殷，叩道吾秉以勤。

向学志俊，晨昏纵情哦吟。
不求利名，雅洁清守清贫。

风中蝉鸣，燥热是此尘景。
悠悠品茗，休憩吾之身心。

岁月进行，立秋后日将临。
挥洒才情，新诗哦出芳馨。

叩道履历深艰

2022-8-6

叩道履历深艰，呵呵一笑潇荡。
白云漫飞翔，共缘吾奔放。

天暑正展炎猖，清享电扇风凉。
快慰盈襟房，豁达真无量。

蝉噪似乎狂猖，风来却很爽朗。
明日立秋访，燥热岂久长。

人生得意不狂，清真守我心向。
悠悠放哦唱，正道恒久昌。

履历红尘

2022-8-6

履历红尘，心志吾清芬。
流年任骋，霜华任生成。

微笑清生，奋志在旅程。
风雨艰深，步履吾沉稳。

奋不顾身，叩道奋刚贞。
滚滚红尘，磨炼我心身。

思想生成，人生不沉沦。

明媚心身，永保我青春。

心胸应能更广

2022-8-6

心胸应能更广，奋展志向昂扬。
不畏惧艰苍，努力向前闯。

名利吾无意向，晨昏雅哦诗章。
真理力寻访，正义矢弘扬。

岁月无比清芳，神恩丰富无量。
叩道万里疆，心灵洁无恙。

修心养德无疆，前途无限广长。
人生客旅间，雁过留声响。

闲时著写诗章，舒出心灵意向。
知音何处访，孤旅奋扬长。

展转桑沧叠障，心怀光明力量。
眼目凝辉光，正道迈康庄。

约束身心

2022-8-6

约束身心，放逸可不行。
秉心贞定，修心启无垠。

奋志刚劲，冲决彼因循。
纵展豪情，男儿万里行。

岁月飞迅，霜华染青鬓。
一笑温馨，人格荷清明。

桑沧饱经，风暴与雷霆。
身心惊醒，灵程旷志行。

履历的是红尘

2022-8-7

履历的是红尘，心志无比清芬。
感谢神之恩，无限之丰盛。

风风雨雨历程，苦旅曾经艰深。
奋志在秋春，人生吾刚贞。

笑意从心而生，我已悟彻世尘。

名利徒欺人，应抛应弃扔。

叩道不计险深，豁达盈满心身。
朗放读书声，惬怀真无伦。

旷怀无比雅正

旷怀无比雅正，一生讲究修身。
努力在晨昏，秉心务纯真。

回思人生旅程，风雨烈猛曾盛。
血泪洒纷纷，唯赖彼神恩。

而今平安丰盛，享受生活温存。
欢呼出心身，灵程美无伦。

时光飞迅驰奔，又值立秋今正。
清思吾缤纷，哦咏吐真诚。

心志吾取平静

心志吾取平静，清芬并且雅净。
叩道奋发行，努力修身心。

抛开世事利名，内守纯洁良心。
读书以怡情，品茗观白云。

岁月飞驰捷迅，老我霜华日新。
一笑也爽清，浩气纵凌云。

大千幻化奇景，桑沧吾已饱经。
何必多言云，静默守本心。

珍惜流年光阴

珍惜流年光阴，时光如此飞迅。
韶华逝殷勤，霜华渐添新。

人生客旅之行，苦痛曾历饱经。
神恩是丰盈，赐下这康平。

罪恶矢志扫清，还我天下清平。
正义盈胸心，豪情纵凌云。

脚踏实地去行，万里饱览风景。

不畏惧艰辛，英武是心襟。

人生奋志追寻

人生奋志追寻，只是不为利名。
脱出彼常寻，纵展志凌云。

水云涵于中心，情操洒脱清俊。
诗书可怡情，真理力访寻。

此生穿越艰辛，万里风雨雷霆。
神恩大无垠，指引正路行。

淡泊是我心襟，正义凝于胸心。
叩道领意境，哦诗舒雅情。

世事任其扰纷

世事任其扰纷，吾只清守纯真。
淡泊盈心身，共缘而驰骋。

名利何须细论，清贫固守秋春。
诗书哦晨昏，雅洁叩道诚。

风风雨雨历程，容我掌足精神。
不负神之恩，努力灵旅程。

立秋今日真正，燥亢仍很炽盛。
清听蝉鸣声，品茗我清芬。

蓝天流变白云

蓝天流变白云，爽风清新，
鸟语蝉鸣，清坐雅以品茗。

红尘履历艰辛，奋志凌云，
万里驱进，微笑浮上温馨。

岁月赐我斑鬓，依然多情，
温和心襟，读书写诗怡情。

阖家欢乐安宁，神恩丰盈，
领受康平，灵程努力挺进。

人生奋展颂强

2022-8-7

人生奋展顽强，冲决风雨艰苍。
心怀恒晴朗，神恩是广长。

炎暑炽热蝉唱，立秋今日正访。
休憩我情肠，雅洁盈襟房。

不为名利猖狂，君子固穷何妨。
贞志颇强刚，叩道奋力量。

人生长途奔忙，履尽关山清苍。
心地正雅闲，哦诗适意向。

人生雅持拙正

2022-8-7

人生雅持拙正，投机取巧可不成。
感谢丰沛神恩，赐我心灵丰盛。

努力奋行旅程，标的天国永生。
尘世扰扰纷纷，太多矛盾斗争。

秉持心灵纯正，叩道奋不顾身。
履尽山水险程，光明心地清芬。

我要哦诗真诚，讴颂无尽神恩。
努力掌擎心灯，风雨无妨行程。

心志清裁是诗章

2022-8-7

心志清裁是诗章，天暑我心自定当。
不为名利俯身向，悠守清贫嗜书芳。
老将来访白髭苍，笑意动人也雅闲。
正意从来不相忘，奋发叩道吾强刚。

奋志在红尘

2022-8-7

奋志在红尘，坚守纯真，
秉持诚正，风雨之中不沉沦。

坎坷是旅程，一笑清芬，
旷怀雅正，人生风雨炼心身。

往事回首间，世事缤纷，
名利害人，物欲宜抛宜弃扔。

诗书吾雅芬，哦唱晨昏，
清度秋春，圆明觉性悟清正。

惬意在红尘

2022-8-7

惬意在红尘，客旅之身，
奋发刚贞，努力前面旅程。

立秋今日正，蝉噪声声，
白云流纷，清风爽洁心身。

品茗意馨芬，添我精神，
诗兴倍生，从心哦咏真诚。

鸟语啭娇声，田园清芬，
爽我心神，从容清度晨昏。

雅致从心生

2022-8-7

雅致从心生，旷怀诚正。
天燥蝉鸣纯，鸟啭声声。

清风来慰问，快我心身。
哦咏吐精诚，振奋精神。

立秋今日正，炎气犹盛。
汗水任生成，品茗意芬。

向学吾沉稳，积淀渐深。
叩道力驰骋，山水成阵。

炎气炽盛

2022-8-7

炎气炽盛，幸有风吹遑。
鸟语蝉震，点缀此乾坤。

岁月意芬，立秋今日正。
清度秋春，霜华渐生成。

一笑馨温，豁达盈心身。
滚滚世尘，太多磨炼人。

旷怀刚正，心志正青春。
奋发前程，风雨何足论。

第六十九卷《刚中集》

清展心灵力量

2022-8-7

清展心灵力量，人生奋志强刚。
不畏惧艰苍，风雨中歌唱。

心中怀着阳光，神恩无比茁壮。
努力矢向上，克己有荣光。

修心吾要尽量，养德胸襟有芳。
谦和是情肠，正直吾端方。

岁月飞逝扬长，老我霜华新涨。
心志裁奔放，哦歌天地苍。

黄昏无恙

2022-8-7

黄昏无恙，依然是燥亢。
野蝉鸣唱，火炉天地间。

电扇风凉，惬我之意向。
撰写诗章，舒出情志畅。

人生昂扬，不计彼艰苍。
奋展顽强，万里矢闯荡。

名利弃放，正义吾强刚。
不卑不亢，君子颇端方。

人生奋志刚傲

2022-8-8

人生奋志刚傲，心灵洒脱潇潇。
暑气任炎峭，清心养德操。

耳际蝉鸣鸟叫，东风吹来清好。
汗水任沁抛，哦诗吾逍遥。

不求利达名嚣，叩道是为重要。
读书怡情窍，向学沉潜造。

人生百年飞飙，转眼华发苍老。
豁达余一笑，正气入云霄。

矢将正道弘扬

2022-8-8

矢将正道弘扬，一生不屈艰苍。
力斩虎与狼，还我清平壤。

红尘名利狂猖，太多欺骗阱陷。
慧目务擦亮，矢沿正道航。

岁月多么莽苍，演绎故事万章。
神恩是广长，赐与我力量。

叩道努力向上，没有卑微模样。
君子人格彰，正直且端方。

保持心灵纯真

2022-8-8

保持心灵纯真，不为名利污损。
圣洁度人生，叩道力驰骋。

红尘浊浪滚滚，浩荡是彼神恩。
努力前旅程，脚下须把稳。

五十七载飞骋，斑苍于我日盛。
微微一笑生，心志仍青春。

天气仍很炎盛，蝉鸣高唱声声。
东风清爽神，汗水任抛扔。

心灵雅放歌唱

2022-8-8

心灵雅放歌唱，舒出情志芬芳。
蝉语正嚣响，炎暑仍未减。

心灵奋发力量，冲决磨难艰苍。
心怀宜宽广，物欲须抛放。

正直一生昂扬，跌倒爬起再闯。
叩道吾悠扬，神恩何苗壮。

胜过试探慨慷，男儿纵展豪强。
儒雅且端方，修心不稍忘。

流风舒旷

2022-8-8

流风舒旷，炎气稍稍减。
心地情畅，慨然哦诗行。

初秋正当，天气仍燥亢。
休憩心肠，人生怀向往。

正意强刚，不畏惧风浪。
努力向上，克去千重艰。

一笑潇荡，潇洒心地间。
名利弃放，清心何扬长。

烈日此际如蓝

2022-8-8

烈日此际如蒸，蓝天白云清芬。
清风旷然骋，蝉鸣是声声。

此际回味人生，百感袭上心身。
风雨曾艰深，血泪洒纷纷。

感谢不尽神恩，赐下平安丰盛。
努力灵旅程，圣洁度人生。

坎坷不必回问，贵在前旅奋骋。
鼓足我精神，万里长驰奔。

回思人生

2022-8-8

回思人生，神恩护佑是深沉。
导引灵程，峰回路转美不胜。

奋不顾身，叩道跌倒在埃尘。
感谢神恩，起死回复我青春。

努力前程，力胜试探之艰深。
魔敌纷纷，圣徒奋战发讴声。

凯歌生成，大队归营入圣城。
赞此永生，圣洁灵魂万年春。

晨曦东方

2022-8-9

晨曦东方，野蚤震声唱。
燥热尘间，电扇播风凉。

初秋正当，炎气未消减。
赤膊何妨，快意以乘凉。

人生扬长，不忘是理想。
努力向上，修心无止疆。

济世必讲，待时挥奔放。
神恩广长，普度这世间。

539

畅意浮生惬意向

2022-8-9

畅意浮生惬意向，人生不张扬。
谦和贞定是襟肠，努力奋向上。

一生履尽是深艰，豪情放万丈。
冲决尘世之风浪，万里启远航。

沐浴神恩是广长，感恩泪双淌。
灵程胜过试探艰，力斩魔敌狂。

百年秋春飞逝忙，笑我星星霜。
珍惜韶光莫稍忘，叩道奋贞刚。

正气纵展强刚

2022-8-9

正气纵展强刚，人生我顽强。
努力矢志向上，名利弃而放。

心志此际清昂，秋风吹来旷。
何处鞭炮震响，点缀此尘间。

岁月悠悠扬扬，往事何必放。
万里长途驱闯，风雨不畏怅。

男儿豪情万丈，绝无卑媚样。
清贫正义阳刚，诗书育温让。

人生迈步坚强

2022-8-9

人生迈步坚强，心灵焕发力量。
奋志展贞刚，叩道尽力闯。

岁月旷飞悠扬，艰苍苦难寻常。
神恩是广长，平安领无恙。

世界是一道场，修心磨炼艰长。
秉正吾雅闲，养德应无量。

红尘坎坷叠障，唯赖神恩奔放。
笑意舒爽畅，豁达是情肠。

正直是我身心

2022-8-9

正直是我身心，人生奋发雷霆。
努力去追寻，不为利与名。

谦和是我心襟，修炼潇潇心灵。
洒脱共缘行，风雨中挺进。

此生不守因循，舒展我的才情。
微笑颇爽清，傲岸撑天青。

读书写诗怡情，雅洁是余内心。
清贫不要紧，君子人格俊。

飘逸是我身心

2022-8-9

飘逸是我身心，人生洒脱如云。
辞去利与名，前驱鼓干劲。

天气燥热殷殷，蝉鸣声声爽听。
心胸涵水云，宽广宇包并。

雅洁是我内心，奋志旷展凌云。
物欲务辞屏，清心最要紧。

岁月多么空清，风雨艰苍常寻。
一笑也雅净，爽然是心灵。

清思旷然生成

2022-8-9

清思旷然生成，人生纵情而论。
烟雨任纷纷，努力以驰骋。

岁月意象纷呈，桑沧叠变成阵。
鼓舞心志神，万里奋刚贞。

世事只是浮尘，人生客旅之身。
名利不足论，清心享雅芬。

叩道履历艰深，矢志脱出凡尘。
水云中心生，新诗从心骋。

心灵心志广长

2022-8-9

心灵心志广长，人生创化无限。
　神恩何浩荡，心灵有力量。

尘世任其艰苍，淡泊清持心间。
　努力奋闯荡，心怀多宽旷。

中心始终漫浪，不怕风雨凄凉。
　万里之风光，清心以欣赏。

名利害人无限，只是缰锁之仿。
　水云勿相忘，体道吾安康。

初秋天气炎燥

2022-8-9

初秋天气炎燥，颐养身心为要。
　淡泊盈心窍，知足精神饱。

红尘履历险要，千山万水经饱。
　爽然展一笑，豁达吾逍遥。

人生如同长跑，调节体力重要。
　身心须看好，正直第一条。

桑沧并不重要，雅洁清心才好。
　叩道是迢迢，步履须坚牢。

勿为名利所扰

2022-8-9

勿为名利所扰，清心守我心窍。
　桑沧任叠造，旷雅履险要。

世事幻变巧妙，人生客旅迢迢。
　惜缘第一条，造缘心为要。

善良最为重要，正直绝不可少。
　向学奋刚傲，沉潜以深造。

五十七载飞飙，赐我华发初老。
　微微展一笑，哦诗意洒潇。

旷志裁在红尘

2022-8-10

旷志裁在红尘，一生保守天真。
　奋发我刚贞，努力前旅程。

心志雅洁清芬，不为名利奋争。
　淡泊度秋春，浊浪任滚滚。

诗书憩我精神，怡养情志十分。
　风雨之旅程，磨炼意沉稳。

向阳是我心身，鼓勇万里驰骋。
　风光览清纯，一笑意态生。

履历浊世红尘

2022-8-10

履历浊世红尘，心灵洒脱十分。
　快慰盈满心身，奋展吾之刚贞。

红尘浊浪滚滚，大浪淘沙是真。
　心志务秉真纯，笑到最后时分。

岁月多么清芬，人生不可沉沦。
　抛弃名利轻身，万里奋进旅程。

五十七载飞奔，心志抛开重沉。
　努力叩道历程，迎接风雨艰深。

雅洁是我情肠

2022-8-10

雅洁是我情肠，人生绝不放浪。
　贞志何清刚，万里纵马闯。

关山履历万幢，风云揽入心间。
　笑意舒广长，心灵怀力量。

宇宙无比辽广，心胸水云荡漾。
　名利害人狂，弃去理应当。

清心雅致安祥，人生悟道不狂。
　谦和盈中肠，诗书尽力量。

第六十九卷《刚中集》

豪气胸中生

2022-8-10

豪气胸中生，心怀乾坤。
君子人格正，诗书勤奋。

感谢神之恩，丰沛无伦。
平安且丰盛，灵程奋骋。

山水历成阵，风浪艰深。
奋志以刚贞，鼓舞心神。

标的天国城，享受永生。
努力净心身，圣洁清纯。

心地阳光

2022-8-10

心地阳光，绝无机与奸。
奋志贞刚，叩道吾奔放。

人生向上，诗书吾温让。
人格必讲，谦正心地间。

名利弃放，清贫吾安享。
微笑舒旷，豁达盈中肠。

展眼瞭望，初秋正澹荡。
牵牛盛旺，万朵齐开放。

人生吾雅闲

2022-8-10

人生吾雅闲，因无名利遮障。
红尘任攘攘，心怀水云之乡。

燥热是尘壤，吾只清心安祥。
诗书酝温让，君子人格必讲。

向上吾尽量，胸怀无限宽广。
叩道奋志向，脚踏实地去闯。

小鸟啾啾唱，野蝉高声鸣放。
小风来悠扬，惬我情思无限。

人生奋志之向

2022-8-10

人生奋志之向，是在山水远疆。
脚踏实地闯，绝不可孟浪。

修心秉诚奋进，风雨磨难常寻。
一笑也清新，心志怀空清。

红尘只是幻境，人生客旅之行。
名利务辞屏，清心最要紧。

岁月旷展意境，人生依然多情。
奋志纵凌云，豪气宇包并。

人生旷展激情

2022-8-10

人生旷展激情，心志怀着空灵。
清心听鸟鸣，蝉噪亦多情。

牵牛盛开妍俊，引我折腰动情。
初秋展意境，澹荡盈心灵。

红尘无比艰辛，苦风苦雨饱经。
所赖神恩临，赐我大康平。

努力前路奋进，穿越关山峻岭。
一笑也清新，旷怀足清俊。

人生共缘而进

2022-8-10

人生共缘而进，矢志脱出常寻。
风雨曾惊警，神恩大无垠。

而今享受康平，叩道奋勇挺进。
不畏惧艰辛，迎着困难行。

岁月并不均平，狼烟吾已饱经。
正义盈心灵，踏实以追寻。

心中怀着光明，力战黑暗魔群。
凯歌彻行云，永生福无尽。

人生旷意无限

2022-8-10

人生旷意无限，清展我的扬长。
奋发贞刚，奋发贞刚，矢展顽强。

岁月清显澹荡，红尘不是故乡。
叩道奔放，叩道奔放，风雨兼闯。

向阳是我襟房，眼目凝聚慧光。
一笑清畅，一笑清畅，得意不狂。

信心百倍高涨，万里纵马奋闯。
关山万幢，关山万幢，显我豪强。

世事叠变构造

2022-8-10

世事叠变构造，幻象吾已看饱。
心地洒潇，哦诗呼出奇妙。

岁月清展丰饶，故事演绎妙巧。
心志不老，青春心态风标。

不必长呼短叫，沉默实干更好。
人格不倒，名利矢志抛掉。

清心叩求大道，正义奋发刚傲。
雅致逍遥，不计人将苍老。

不为名利动摇

2022-8-10

不为名利动摇，保守清心为要。
雅度岁月逍遥，诗书朗哦昏晓。

初秋天气燥燥，有鸟清声鸣叫。
汗水任往下抛，写诗舒出心窍。

人生赐我苍老，心志青春堪瞧。
笑意清新风标，显出人格微妙。

淡泊盈于襟窍，此生绝不讨巧。
拙正一生方好，叩道用道洒潇。

心地无恙

2022-8-10

心地无恙，情志吾晴朗。
向阳襟肠，原无机与奸。

正直昂藏，品行是端方。
儒雅之间，共缘舒奔放。

年轮飞狂，笑我星星霜。
微笑浮上，雅怀天下装。

振节昂扬，哦出心志芳。
不卑不亢，坦腹吾安祥。

裁思汪洋

2022-8-10

裁思汪洋，心志吾快畅。
哦出心房，原也颇雅闲。

一生澹荡，名利无意向。
叩道贞刚，努力以向上。

履尽艰苍，苦难重叠放。
神恩广长，救死并扶伤。

尽力驱闯，关山风光靓。
定定当当，信步天涯间。

人生坷坎

2022-8-10

人生坷坎，心地吾浪漫。
追求果敢，正义吾傲岸。

岁月飞帆，履尽是艰难。
神恩丰赡，赐我心与胆。

追求彼岸，天国是终站。
灵程奋战，力克魔敌缠。

红尘好玩，太多名利案。
须持慧眼，觑破桑沧泛。

严谨身心

2022-8-10

严谨身心，觉性悟圆明。
心志殷殷，叩道奋进行。

大化分明，莫谓果与因。
共缘而行，种善福丰盈。

岁月进行，何必计斑鬓。
一笑爽清，正义我刚劲。

小鸟娇鸣，初秋有意境。
观彼苍云，流变何清新。

人生雅守清贫

2022-8-10

人生雅守清贫，淡泊是我身心。
拙正以奋行，叩道领意境。

红尘只是幻境，虚空是其本性。
名利合辞屏，清心吾雅俊。

渐入斑苍之境，依然心怀多情。
百炼成钢劲，迎难吾挺进。

修心趋入圆明，观照自己内心。
正义务分明，污秽矢扫清。

心志悠扬

2022-8-10

心志悠扬，人生不张狂。
贞定之间，时光飞逝淌。

老我斑苍，心怀中正间。
少年情肠，依然怀向往。

红尘无恙，神恩敷广长。
熙熙攘攘，名利害人肠。

吾持清向，水云中心漾。
定志之向，叩道万里疆。

人生不急不躁

2022-8-10

人生不急不躁，修心之路迢迢。
坚决不骄傲，谦和一生保。

此际奋志刚傲，叩道攀入险要。
红尘有娟好，用心去观照。

岁月飞逝逍遥，人生容易苍老。
身心须力保，心志奋年少。

笑意清展微妙，质朴心地风骚。
正义履迢迢，前路须行好。

淡定是我身心

2022-8-10

淡定是我身心，心志奋发殷殷。
人生领清平，正义盈心灵。

此生履尽艰辛，血泪洒下盈盈。
神恩大无垠，导引心路径。

岁月运转均平，造化妙构难云。
清持我本心，叩道奋前行。

秉持质朴良心，不为利名争竞。
清贫不要紧，最贵是心灵。

良知莫相忘

2022-8-10

良知莫相忘，正直最为上。
修心叩道间，领略新境况。

风雨并艰苍，磨炼我心房。
正义奋强刚，力战虎与狼。

世界是神创，奇妙无法讲。
大道覆无疆，天人亲无恙。

人生百年放，匆若一瞬间。
努力奋志向，履正天涯间。

544

人生奋志挺进

2022-8-10

人生奋志挺进，知错必改施行。
　履尽困难境，心怀大光明。

物欲害人心境，丧失元真无垠。
　务秉清雅心，持正慨慷行。

清贫有何要紧，正好磨炼心襟。
　笑意运轻盈，神恩总无尽。

千山万水常寻，五湖归来爽清。
　清风涤性灵，眼目清光蕴。

展转尘世艰苍

2022-8-10

展转尘世艰苍，心灵奋发力量。
　旷怀天下装，济世奋强刚。

岁月多么澹荡，故事演绎桑沧。
　微微一笑放，坦荡盈襟房。

奋志万里之疆，展翅旷飞无恙。
　明媚心地间，神恩总丰穰。

平安领受无疆，风雨均属寻常。
　贞志早成钢，百炼展顽强。

心术务持雅正

2022-8-10

心术务持雅正，保持心灵纯真。
　不妄去纷争，叩道志刚贞。

流年飞逝迅奔，斑苍日渐加增。
　爽然是心身，奋发矢前骋。

不为名利奋争，淡泊守我清真。
　心性秉清纯，觉性圆明证。

悟道恒久加增，努力奋行灵程。
　神恩赐广盛，万里无止程。

第七十卷《济物集》

人生不求福报

2022-8-10

人生不求福报，福报自然来到。
　　绝不可讨巧，透支可不好。

一生叩求大道，正义清展风标。
　　向阳之情操，淡泊盈心窍。

此生绝不骄傲，谦和贞定为要。
　　因果勿小瞧，福田种丰饶。

积德趋入微妙，行善合乎正道。
　　济世吾洒潇，英武奋刚傲。

正义立心

2022-8-11

正义立心，人生豪气干云。
　　叩道挺进，领略风光无垠。

心志刚俊，努力前路奋行。
　　翻山越岭，哦歌何其爽清。

岁月飞行，少年心迹堪凭。
　　霜华清映，不减青春刚劲。

力战魔兵，还我天下太平。
　　微笑雅清，豁达盈满肺心。

潇洒走过人生

2022-8-11

潇洒走过人生，奋志挥洒青春。
　　岁月入渐深，清展我风神。

感谢丰沛神恩，赐我丰富人生。
　　坎坷何足论，前旅奋刚贞。

岁月添我精神，艰苍无妨刚正。
　　努力灵旅程，试探任艰深。

红尘浊浪滚滚，太多名利纷争。
　　吾心持清纯，淡泊度秋春。

心志简单为上

2022-8-11

心志简单为上，繁杂必须销减。
　　努力舒奔放，前路奋慨慷。

心怀抛弃愁怅，神恩无限广长。
　　心灵有力量，灵程尽力闯。

初秋天气燥亢，牵牛盛开妍芳。
　　赞美出心肠，世界是神创。

胸心正气轩昂，修心寸步不让。
　　矢志以向上，物欲须弃减。

未可贪求利名

2022-8-11

未可贪求利名，但应脱出因循。
　奋志当殷殷，努力去追寻。

淡泊是余肺心，雅度秋春和平。
　叩道奋进行，意境用心领。

小鸟啾啾长鸣，蝉语似乎无垠。
　初秋有意境，澹荡是心情。

人生慨慷以进，一生物欲辞屏。
　高蹈我雄心，水云憩心灵。

独立自主为上

2022-8-11

独立自主为上，努力奋发图强。
　男儿骋志向，名利未可障。

向阳是我襟房，人生正意强刚。
　矢志叩道藏，修心不稍忘。

展眼长自旷望，烟霾锁在尘间。
　不必空嗟怅，挥洒我豪强。

振奋精神前闯，高山任叠万幢。
　我心多豪放，英武天涯向。

气爽神清

2022-8-11

气爽神清，浩气雅入云。
　岁月进行，人生鼓干劲。

此际蝉鸣，初秋展意境。
　炎热犹殷，心志求清平。

大千旷运，神恩总无垠。
　灵程奋进，览尽奇风景。

笑意爽净，正直是生平。
　履尽艰辛，无机持心襟。

心地平静为上

2022-8-12

心地平静为上，善保天真善良。
　物欲须销减，名利当抵抗。

此际心地清昂，哦诗热情张扬。
　挥洒我慨慷，努力往前闯。

关山任叠雄壮，风雨任其嚣张。
　兼程驱奔放，意志体强刚。

一笑微微而放，淡泊盈满中肠。
　叩道骋志向，诗书一生唱。

稳定心神

2022-8-12

稳定心神，人生奋志刚贞。
　奋不顾身，叩道领略险程。

感谢神恩，赐我丰沛人生。
　风雨艰深，正好磨炼心身。

岁月清芬，过往记忆深深。
　奋向前骋，万里无有止程。

高唱声声，激越情肠振奋。
　努力前程，济世匡正乾坤。

人生用心经营

2022-8-12

人生用心经营，矢志弃去利名。
　何必多用心，清雅守淡定。

读书写诗怡情，悠然是我心襟。
　水云意清新，松风涤心灵。

大千灵妙运行，感受神恩无垠。
　正义盈胸襟，努力去追寻。

灵程道路奋进，叩道不辞艰辛。
　岁月多芬馨，我心享康平。

阳光书屋诗集

人生柔和心襟

2022-8-12

人生柔和心襟，道德一生遵行。
叩道志凌云，努力去追寻。

一生不守常寻，矢志追求创新。
灵动有心襟，挥洒我才情。

红尘无比艰辛，风雨艰苍困境。
神恩大无垠，导引我前行。

笑意清俊雅净，人生独立大鸣。
岁月有芬馨，纵展志空清。

人生清展风神

2022-8-12

人生清展风神，守护我的纯真。
斑苍任生成，心志正青春。

一生沐浴神恩，导引心灵旅程。
叩道奋刚贞，正意济乾坤。

不为名利奋争，清心守我心身。
红尘任滚滚，淡定我清芬。

向阳是我心身，君子人格修成。
努力灵旅程，终至获永生。

心志旷展真诚

2022-8-12

心志旷展真诚，人生与谁共骋。
孤旅任艰深，奋发我刚贞。

岁月日渐进深，不老是我心身。
努力灵旅程，克敌以制胜。

初秋意境清芬，牵牛鲜艳旺盛。
喜悦我心身，新诗纵哦成。

淡荡盈满心身，岂为名利奋争。
正直是人生，端方力修成。

抛弃名利为上

2022-8-12

抛弃名利为上，清心契守天良。
正义奋强刚，克己修心间。

人生心志清昂，济世奋发理想。
物欲勿膨胀，清贫有何妨。

诗书一生讲唱，清气凝入眉间。
人格必须讲，儒雅且端方。

圆通趋入无恙，灵程道路奔放。
叩道骋意向，觉性悟深广。

心志纵展刚傲

2022-8-12

心志纵展刚傲，还我青春年少。
谦和须力保，正意纵云霄。

履尽艰深险要，开怀朗然大笑。
红尘胡不好，神恩赐丰饶。

名利必须弃掉，轻装上阵方好。
力克魔敌妖，凯歌入九霄。

五十七载飞飙，不计斑苍初老。
理想正远高，努力奋前道。

品味人生

2022-8-12

品味人生，正义吾刚贞。
风雨艰深，磨炼我沉稳。

奋不顾身，叩道秉真诚。
雅洁清芬，哦诗适心身。

红尘滚滚，太多陷阱阵。
名利抛扔，轻身万里程。

初秋爽神，小风来慰问。
鸟啭声声，牵牛开旺盛。

心志雅正

2022-8-12

心志雅正，诗书以润身。
正义刚贞，矢志万里程。

风雨曾盛，磨砺我心身。
彩虹清逞，七彩耀人生。

质朴心身，远抛机巧蠹。
灵秀哦成，新诗吐精诚。

叩道历程，领略风光纯。
神恩广盛，讴颂晨复昏。

履历旷意人生

2022-8-12

履历旷意人生，心志绝不沉沦。
苦难任十分，身心奋刚贞。

丰盛唯是神恩，导引灵性旅程。
无机之心身，叩道乐秋春。

此际清听蝉声，初秋意境爽神。
澹荡盈心身，前驱吾沉稳。

岁月飞迅驰奔，何计斑苍生成。
一笑雅然生，豁达真无伦。

七彩缤纷人生

2022-8-12

七彩缤纷人生，一生蒙受神恩。
奋志灵程骋，胜过试探深。

质朴是我心身，雅洁清度秋春。
红尘任滚滚，名利弃而扔。

修心努力启程，把舵避过礁阵。
阳光心地生，眼目辉光盛。

岁月旷飞迅奔，青春心志旺盛。
努力在晨昏，朗放读书声。

人生节欲为上

2022-8-12

人生节欲为上，克己正有清芳。
修心当尽量，养德无止疆。

灵动闪现襟房，新诗哦出奔放。
澹荡盈中肠，清听秋蝉唱。

履尽困苦磨障，不必嗟叹愁怅。
神恩敷广长，安慰我心房。

灵程努力闯荡，冲决魔敌阻挡。
矢志奋向上，永生乐无疆。

坦荡盈于中肠

2022-8-12

坦荡盈于中肠，无机心地阳刚。
心志体清昂，修心当尽量。

力抛无明机奸，伪饰弃之应当。
正直吾奔放，叩道奋贞刚。

红尘履尽艰苍，迎来一笑爽朗。
客旅是无恙，百年非虚妄。

标的天国之上，永生福乐无疆。
神恩赐广长，灵程挥慨慷。

倾听内心心声

2022-8-12

倾听内心心声，追求真理纯真。
叩道奋刚贞，丰沛是神恩。

努力奋行灵程，不惧山高水深。
试炼任艰深，克己以修身。

奋发振我精神，诗书哦唱秋春。
岁月日进深，斑苍任生成。

尘世风浪滚滚，务须秉持清纯。
把舵奋驰骋，万里履行程。

切莫辜负人生

2022-8-12

切莫辜负人生，修心努力奋争。
奋志在秋春，努力振乾坤。

诗书哦唱声声，陶冶情操清纯。
冲决名利阵，叩道吾奋身。

此际秋风生成，夕照正值黄昏。
清坐思深深，哦咏吐精诚。

前驱岂计艰深，迎难展我刚贞。
万里履征程，风光阅雄浑。

保持心地诚真

2022-8-12

保持心地诚真，叩道尽力驰骋。
神恩赐丰盛，灵妙不可论。

鼓舞心志前骋，力战魔敌纷纷。
凯歌彻云层，圣徒讴呼声。

爽洁是我心身，不许污浊生成。
修心务秉诚，最贵是纯真。

人生客旅之身，物欲务须减损。
正气盈乾坤，世界美无伦。

旷志舞在红尘

2022-8-12

旷志舞在红尘，人生保守天真。
心地持清纯，觉性悟清正。

秋初爽我心神，黄昏鸟语阵阵。
清坐哦心身，吐出志清芬。

不计前旅艰深，男儿果敢奋身。
风沙任生成，标的恒看准。

努力奋行灵程，叩道莽苍雄浑。
一笑清新生，圆明盈心身。

定力至为重要

2022-8-12

定力至为重要，勿受名利缠绕。
清心须力保，正直乐逍遥。

人生未可稍傲，谦虚必须力保。
正直无机巧，拙雅契大道。

心志旷然洒潇，名利矢志抛掉。
清贫不紧要，贵在奋刚傲。

前旅努力开道，挥洒志向美妙。
避开彼暗礁，扬帆万里遥。

红霞西方

2022-8-12

红霞西方，秋初黄昏正无恙。
燥热尘间，一任汗水往下淌。

心志清昂，哦出新诗拙正彰。
不减清狂，正直人生奋强刚。

谦和情肠，向学叩道吾雅闲。
定定当当，迈越关山叠清苍。

岁月有香，过往记忆垂久长。
未来瞻望，总赖神恩赐无限。

灵心最为重要

2022-8-12

灵心最为重要，无碍通达逍遥。
真理力寻找，努力叩大道。

风雨之中逍遥，神是我之依靠。
努力灵程道，力胜魔敌妖。

心志不取骄傲，谦和一生方好。
良知务须保，正直是情操。

岁月旷展如飙，不必计较苍老。
中正我洒潇，心襟正年少。

自律才能自强

2022-8-12

自律才能自强，名利尽量弃放。
　神恩是广长，足够你我享。

岁月绵绵旷旷，故事演绎万章。
　不必计桑沧，人生匆飞殇。

努力畅意飞翔，折断翅膀何妨。
　神亲疗我伤，起死回生放。

惜时如金必讲，正道矢必弘扬。
　勿被物欲障，清心叩襟房。

清展我的逍遥

2022-8-12

清展我的逍遥，人生不可自高。
　谦和须力保，正直吾洒潇。

风雨不足言道，我有正气刚傲。
　灵程努力跑，艰深任其造。

信心百倍增高，神恩无比丰饶。
　力战魔敌妖，凯歌震云霄。

岁月飞逝飘飘，我已初具苍老。
　爽然展一笑，共缘启与销。

心志慨慷

2022-8-12

心志慨慷，人生振奋昂扬。
　努力闯荡，旷飞天涯远方。

正气奔放，不屈困难艰苍。
　心怀阳刚，岂惧鬼魅妖魍。

努力向上，克己修身尽量。
　如花舒放，享受人生风光。

神恩浩荡，思此颂赞献上。
　天国故邦，努力回归家乡。

旷怀正义情肠

2022-8-12

旷怀正义情肠，人生尽力向上。
　克尽千重艰，心志恒阳光。

此际夜风流畅，爽洁吾之心房。
　远处歌声荡，撩动我襟肠。

华灯已经点上，初秋清显意向。
　情志都轩昂，哦诗适意向。

前旅挥洒慨慷，迈向无穷远方。
　一路风光靓，边走边歌唱。

清怀悠旷

2022-8-12

清怀悠旷，情志颇阳光。
　人生向上，物欲矢克减。

正气昂扬，千关竞须闯。
　不屈艰苍，浩志早成钢。

悠悠扬扬，放我之哦唱。
　舒出心向，清雅并扬长。

淡淡荡荡，中心无机奸。
　正直情肠，矢将道弘扬。

悠悠是我情肠

2022-8-12

悠悠是我情肠，人生得意不狂。
　初秋展意向，澹荡盈心房。

清心我自扬长，修身淡淡清芳。
　不惹物欲脏，名利矢弃放。

前旅充满阳光，风雨艰苍何妨。
　秉持慧烛航，注目正方向。

脚踏实地去闯，一任试探深艰。
　神恩总广长，必赐我平康。

清心才能扬长

清心才能扬长，前履万里阳光。
心志中正间，人格务端方。

修心寸步不让，谦和养我情肠。
正义且阳光，阴邪矢克光。

灵程道路远长，万里风光无限。
灵心吾奔放，振志往前闯。

旷怀无比雅靓，质朴心地之间。
人生共缘放，因果不稍忘。

旷雅人生

2022-8-12

旷雅人生，心志奋刚贞。
不屈奋争，名利矢志扔。

清贫意芬，守我之纯真。
努力前程，万里风光纯。

曾履艰深，苦痛何深沉。
浩荡神恩，救我以十分。

奋不顾身，叩道吾秉诚。
致力修身，济世救乾坤。

悠悠心志清生

2022-8-12

悠悠心志清生，人生旷怀雅正。
不妄去纷争，静默守心神。

哦诗呼出清芬，一生颂赞神恩。
灵程美不胜，努力奋刚贞。

正直清度人生，诗书哦唱秋春。
岁月日进深，不计老将逞。

旷怀何其雅正，错误改正十分。
君子人格正，叩道用心证。

朗月照在东方

2022-8-12

朗月照在东方，七月十五正当。
清风来悠旷，灯下放思想。

人生百倍情长，风雨不损襟房。
阳光且奔放，叩道吾雅闲。

正直一生方刚，儒雅向学清昂。
晨昏放哦唱，写诗适情肠。

红尘熙熙攘攘，心怀水云之乡。
秋虫呢咙唱，打动我心房。

诱惑必须抵抗

2022-8-12

诱惑必须抵抗，物欲必须销减。
正意在心间，拙朴无机奸。

此际心志奔放，灯下旷展思想。
爽风何悠扬，圆月正在望。

人生不可猖狂，谦和守我襟房。
向学尽心量，沉潜不张扬。

叩道是我志向，圆通悟入心肠。
神恩赐无恙，灵程奋发闯。

默默感受神恩

2022-8-13

默默感受神恩，欢呼出自心身。
讴咏吐真诚，灵程尽力奔。

此际夜正三更，天气燥热犹甚。
清听蚤吟声，思想展深沉。

岁月日渐添增，霜华逐渐形成。
感慨出心身，回思我人生。

神恩何其丰盛，导引我之人生。
前旅尽力骋，天国有永生。

完美难以达到
2022-8-13

完美难以达到，谦正守我心窍。
　中庸堪可瞧，心志恒年少。

人生绝不稍傲，纵展志向雄豪。
　步履灵程道，力胜魔敌妖。

曾经误入险道，失陷全身扑倒。
　神恩赐丰饶，起死回生妙。

而今步入正道，彩虹七彩闪耀。
　讴颂出心窍，叩道乐逍遥。

诗人清兴无穷
2022-8-13

诗人清兴无穷，哦诗雅洁清空。
不计年将成翁，朗读诗书兴浓。

三更小风清送，野外蛩吟歌颂。
心地情味正浓，写诗舒出腑胸。

笑意清新展送，悟彻世道皆空。
人生如烟如梦，一切名利无用。

追求永生奋勇，叩道修心从容。
神恩如此丰隆，导引灵程矢冲。

忍辱精进
2022-8-13

忍辱精进，人生奋志凌云。
　心怀殷殷，叩道恒秉以勤。

情思清俊，三更听取虫吟。
朗月正明，小风吹来多情。

岁月奋进，笑我星星霜鬓。
洒脱心境，原也质朴空清。

世事如云，只是飘浮不定。
吾心静定，共缘启落以行。

第七十一卷《大亨集》

爽风清来开意境

2022-8-13

爽风清来开意境，中心多情，
雅持淡定，新诗哦出我豪俊。

岁月增添我激情，奋志凌云，
辞去利名，叩道用道乐无垠。

感谢神恩之丰盈，赐我康平，
引我前进，阖家幸福享温馨。

秋夜野蚤唧唧吟，添我诗兴，
新诗纵吟，舒出胸心之灵明。

心志清俊

2022-8-13

心志清俊，人生领略艰辛。
奋志凌云，一生不断追寻。

真理仰景，中心渴慕光明。
叩道奋进，履尽山水雄峻。

淡泊心襟，原也不计利名。
享受清贫，正气盈满肺心。

岁月飞行，斑苍不减豪情。
微笑爽清，君子人格鲜明。

此际灵心生成

2022-8-13

此际灵心生成，哦诗吐出清芬。
旷雅是心身，奋志以刚贞。

一生感沛神恩，旷雅导我灵程。
叩道吾奋身，真理用心证。

岁月无比清芬，赐我平安妥稳。
讴呼出心身，万里奋志骋。

不惧山高水深，奋发吾之刚贞。
男儿豪勇生，天涯足下证。

身心轻盈

2022-8-13

身心轻盈，奋展吾之干劲。
未来瞻景，脚踏实地去行。

初秋已临，燥热之中蝉鸣。
小风清新，爽我身心无垠。

不计清贫，叩道奋发进行。
览尽风景，开我肺腑胸襟。

淡泊盈心，雅洁是余性情。
努力修心，悟彻圆融圆明。

刚正人生

2022-8-13

刚正人生，奋志以驰骋。
柔和心身，努力以修身。

奋不顾身，叩道吾秉诚。
山水历程，悠悠放歌声。

红尘滚滚，清心持纯真。
名利弃扔，豪迈且雄浑。

哦出心身，知音生未生？
挺进时分，中心荷神恩。

秉持心灯

2022-8-13

秉持心灯，烛照前路程。
风雨艰深，不减我精诚。

鸟语声声，蝉噪亦精神。
孟秋时分，颐养我心身。

燥热任生，清静吾雅芬。
淡泊晨昏，朗放读书声。

世事纵论，桑沧任叠成。
吾秉清纯，觉性悟真正。

人生慎重为上

2022-8-13

人生慎重为上，脚踏实地去闯。
浩志吾清昂，人格力培养。

修心无有止疆，正道尽力弘扬。
神恩是广长，思此颂赞放。

一生努力向上，冲决黑暗阻挡。
光明心地间，眼目凝慧光。

远抛无明机奸，拙正质朴应当。
叩道奋贞刚，思想清无恙。

俊骨朗傲

2022-8-14

俊骨朗傲，人生风神清好。
绝不骄傲，谦和正意丰饶。

向阳情操，叩道用道逍遥。
风雨艰嚣，磨炼我之孤傲。

努力正道，清贫养我德操。
名利弃抛，诗书晨昏哦了。

秋春如飙，不计人将渐老。
心志年少，拙正雅守情窍。

晨曦启于东方

2022-8-14

晨曦启于东方，小鸟啾啾鸣唱。
天气很燥亢，世界火炉仿。

清展吾之意向，哦出身心奔放。
不为名利忙，雅洁叩道藏。

时光飞逝迅忙，初秋正展澹荡。
红尘任狂猖，心怀水云间。

享受生活平康，神恩不可稍忘。
颂赞自心肠，灵程努力闯。

心志旷雅诚真

2022-8-14

心志旷雅诚真，奋发意气清纯。
努力以驰骋，山水越成阵。

淡泊是我心身，少年心迹犹逞。
人生是旅程，轻装以上阵。

名利合当弃扔，容我笑傲红尘。
岁月是清芬，往事美不胜。

风雨任其凄生，一生总赖神恩。
灵程通永生，叩道吾奋争。

人生奋志刚贞

2022-8-14

人生奋志刚贞，领略浊世红尘。
名利不足论，胸襟水云芬。

远处又嘹歌声，撩我心襟三分。
鸟语啭声声，初秋燥亢呈。

岁月日渐添增，心志更加沉稳。
不妄去纷争，淡泊守天真。

红尘浊浪滚滚，太多名利损人。
清心吾雅正，叩道在秋春。

人生雅致修身

2022-8-14

人生雅致修身，抛开伪饰重沉。
质朴之心身，始终持拙正。

一任斑苍清生，心志少年青春。
神恩是广盛，导引我灵程。

笑容从心而生，淡泊清度秋春。
奋志吾刚正，叩道力驰骋。

初秋意境初逞，燥亢是此乾坤。
雅洁持心身，品茗意清纯。

潇洒是我人生

2022-8-14

潇洒是我人生，不为名利奋身。
淡泊守天真，诗书哦晨昏。

清度浊世红尘，辞去名利十分。
男儿怀刚贞，叩道吾力骋。

岁月增人沉稳，物欲尽力抛扔。
生活享清芬，颂赞是神恩。

努力奋行灵程，鼓舞情志矢升。
人生客旅身，矢志脱红尘。

清度浊世红尘

2022-8-14

清度浊世红尘，身心绝不沉沦。
奋志在秋春，万里履征程。

一生感沛神恩，导引心路历程。
风雨曾艰深，神恩美不胜。

此际彩虹心生，眼目慧光闪盛。
努力奋行程，天涯矢志奔。

笑意清新旷逞，质朴是我心身。
人格力修成，儒雅且清芬。

知了鸣唱声声

2022-8-14

知了鸣唱声声，秋云澹荡纵横。
爽风清新骋，心志正青春。

笑意从心清生，安祥清度秋春。
努力叩道诚，秉心是拙正。

奋行万里旅程，风光美好清纯。
世界神创成，美妙真无伦。

雅洁是我人生，诗书陶冶心芬。
步履吾沉稳，万里启征程。

大器必然晚成

2022-8-14

大器必然晚成，人生奋发刚正。
济世救乾坤，男儿豪纵横。

风雨洗涤心身，磨砺身心真正。
斑苍任生成，感沛神之恩。

五十七载飞轮，如风如电驰骋。
回首情志生，苦难叠成阵。

而今彩霞心生，瑰丽清度人生。
奋志在红尘，心志恒青春。

休憩我的心身

2022-8-14

休憩我的心身，心志不取重沉。
　灵程奋发骋，叩道乐秋春。

岁月多么清芬，往事回味深沉。
　世事不必论，神掌此乾坤。

奋志旷展纯真，红尘客旅之身。
　秉心务纯正，共缘而驰骋。

阅历而今添增，笑意发出真正。
　讴呼是神恩，灵程美不胜。

人生空清

2022-8-14

人生空清，物欲宜抛屏。
　高蹈雄心，正气纵凌云。

岁月进行，胸心涵水云。
　飘逸心襟，原不计利名。

初秋意境，燥亢是常寻。
　小风清新，爽我之心灵。

悠悠品茗，情志何安静。
　神恩丰盈，赐福真无垠。

人尽其才必讲

2022-8-14

人尽其才必讲，物尽其用应当。
　正道力弘扬，真理天下畅。

心志始终清昂，不屈尘世艰苍。
　努力奋志向，万里越莽苍。

而今幸福安享，神恩何其广长。
　修心务尽量，名利矢屏挡。

岁月是有清芳，人生百年飞殇。
　骋志万里疆，济世吾昂扬。

人生气量应旷

2022-8-14

人生气量应旷，心胸尽量宽广。
　脚踏实地闯，万里越莽苍。

清坐展我思想，人生积淀深广。
　挥洒我强刚，济世尽力量。

豪情心中奔放，激越是我情肠。
　中正心地间，心志少年壮。

矢扫鬼魅妖魍，正气必盈寰壤。
　世界是神创，进化无止疆。

灵心妙用

2022-8-14

灵心妙用，新诗哦出清空。
　旷意哦讽，裁出心志中庸。

不妄行动，人生待时守慵。
　沉潜之中，修心养德奋勇。

岁月如风，逝去年轮无踪。
　未来鼓勇，天涯矢志奋冲。

不甘平庸，英武盈于心胸。
　呼出情踪，原也雅洁无穷。

越过千山万水

2022-8-14

越过千山万水，心灵纯真无伪。
正直清持心扉，眼目凝聚光辉。
岁月澹荡迅飞，青春心志纯粹。
理想激情放飞，心襟心灵唯美。

心襟心灵唯美，一生追求无畏。
风雨任其奋射，坚持本真妙美。
弘扬正道雄威，不屈艰苍厉鬼。
神恩丰富丽美，努力灵程回归。

秉心良正

2022-8-14

秉心良正，清度是秋春。
浩志乾坤，冲决艰苍阵。

红尘滚滚，磨炼我刚正。
不屈奋争，雅洁吾清芬。

履世不争，名利弃十分。
诗书潜沉，叩道奋刚贞。

岁月飞骋，霜华初生成。
还我青春，正气入云层。

东风清骋

2022-8-14

东风清骋，蓝天白云纷。
雅洁心身，品茗诗兴生。

哦出真诚，哦出我刚贞。
哦出青春，哦出志缤纷。

清度红尘，不妄去纷争。
内守纯正，叩道吾雅芬。

努力修身，错误改十分。
万里征程，风雨任生成。

心情大好

2022-8-14

心情大好，爽听音乐吾逍遥。
朗月清照，风中传来蛩鸣叫。

夜已深了，睡意全无精神好。
哦诗微妙，舒出情志也妙巧。

岁月逝飘，人生不惧斑苍老。
雅怀笑傲，清度红尘吾安好。

心志不老，鼓舞胸襟矢志跑。
迈越险道，踏遍关山吾洒潇。

唧唧虫吟堪清听

2022-8-14

唧唧虫吟堪清听，爽我心襟是无垠。
小风来进行，适我意与心。

岁月飞逝是奋迅，安度人生吾不惊。
叩道领意境，正直奋志行。

清听音乐惬心灵，快慰人生享安平。
名利不足云，弃去心轻盈。

旷怀向谁诉分明，孤旅矢志以挺进。
济世是本心，苦难任叠并。

闲情聊表

2022-8-15

闲情聊表，哦诗舒雅骚。
闷热尘表，难眠撰诗稿。

红尘险道，名利何嚣嚣。
吾持清标，遁向水云飘。

岁月如飙，人生谁不老。
还我年少，心志奋刚傲。

雅思谁抛？孤旅路迢迢。
风雨飘摇，兼程吾力跑。

入世不宜太深

2022-8-15

入世不宜太深，尽量保守天真。
物欲宜减损，持心以拙正。

入世不宜太深，机心减少几分。
名利害人生，务抛务弃扔。

入世不宜太深，清心雅致才存。
叩道务秉诚，雅洁持心身。

入世不宜太深，努力陶冶清真。
浩气入云层，君子人格正。

心志平旷

2022-8-15

心志平旷，心襟持温让。
人生自强，奋发万里疆。

名利弃放，驱闯吾轻装。
风雨艰苍，一笑吾雅闲。

信步之间，领略关山壮。
回首长望，往事入烟帐。

红尘奔放，桑沧演无恙。
百年苍茫，积善最为上。

广积善缘为上

2022-8-15

广积善缘为上，因果何须细讲。
人生吾雅闲，振襟发哦唱。

秋初天气爽朗，清风吹来无恙。
浩志不必讲，实干理应当。

履尽风雨凄苍，迎来一笑清畅。
神恩赐广长，心灵有力量。

灵程矢志闯荡，叩道一生奔放。
不屈世艰苍，努力展顽强。

人生不可惰懒

2022-8-15

人生不可惰懒，应能勤劳实干。
不会白流汗，秋收堪可看。

一生清持浪漫，不屈尘世艰难。
神恩是浩瀚，中心献颂赞。

正直无畏果敢，叩道力胜魔缠。
冲决彼试探，标的天国站。

人生旷志扬帆，万里破浪妙曼。
华年不回返，努力奋傲岸。

内叩吾之心向

2022-8-15

内叩吾之心向，发见真正天良。
神恩敷广长，导引正道航。

努力奋发向上，不计艰苦艰苍。
克己理应当，私欲不可涨。

旷怀天下无恙，理想中心茁壮。
男儿展豪壮，纵横谁能挡。

诗书一生讲唱，叩道吾已雅闲。
微笑清新放，得意不猖狂。

热极生风

2022-8-15

热极生风，旷怀雅正从容。
英武心胸，淡看流云飞涌。

不计成翁，少年心志犹浓。
奋发矢冲，万里风雨任猛。

红尘汹涌，名利害人浓重。
水云襟胸，雅洁淡泊清空。

笑意浮动，豁达真是无穷。
真的英雄，原不计较成功。

人生挥洒之间

2022-8-15

人生挥洒之间，越过万水千嶂。
心志展清昂，豪情纵奔放。

此生绝不狂猖，谦和是我情肠。
叩道尽力量，慧烛恒擎掌。

笑意清新扬长，神恩何其广长。
思此怀感想，激动我心房。

男儿胸怀雅量，济世寰宇包藏。
正直吾强刚，坚决不迷航。

清展心灵力量

2022-8-16

清展心灵力量，人生奋志向上。
　不畏彼艰苍，努力以闯荡。

心志清怀阳刚，绝无卑弱模样。
　男儿是好钢，百炼吐剑芒。

此生忧患经常，唯赖神恩奔放。
　导引出迷航，指引正方向。

岁月无比旷荡，故事演绎桑沧。
　淡淡一笑放，儒雅作文章。

人生追求时尚

2022-8-16

人生追求时尚，青春心志昂扬。
　不计老来访，挥洒我阳刚。

履尽风雨艰苍，不屈苦难磨障。
　性光吾敞亮，万里长驱闯。

名利吾已抛放，叩道气势昂扬。
　红尘任攘攘，水云心地间。

内外兼修雅闲，人生得意不狂。
　神恩莫相忘，颂赞出襟房。

不老是我心房

2022-8-16

不老是我心房，正直而且阳刚。
此际清听蛩唱，三更风吹清凉。

意兴无比爽朗，新诗雅哦成章。
舒出中心意向，青春心志清昂。

苦难曾履心伤，神恩赐下广长。
而今吾安康，心灵奋力量。

前路努力驱闯，济世挥洒奔放。
名利是欺诳，弃之理应当。

越过苦难重障

2022-8-17

越过苦难重障，心境坦平安祥。
人生回味久长，理想中心茁壮。

不必计较艰苍，心怀光明太阳。
人生是一缘放，共缘吾取安祥。

正邪搏击艰长，大道普覆宇间。
神恩无比丰穰，导我灵程前闯。

济世是我理想，大同缔造无恙。
众教和同奔放，文明进步无疆。

切莫偏离正道

2022-8-17

切莫偏离正道，任起风狂雨嚣。
　中心不骄傲，谦和养德操。

红尘太多扰扰，清心至为重要。
　奋志去长跑，关山越险要。

秋初三更清好，野蛩唧唧鸣叫。
　爽风何洒潇，诗兴勃发了。

人生力叩大道，圆明悟在心窍。
　正直吾逍遥，水云中心飘。

享受清雅人生

2022-8-17

享受清雅人生，本心吾持清纯。
　讴颂神之恩，导引我灵程。

人生何其丰盛，斑苍任其生成。
　心志正青春，挥洒吾刚正。

红尘浊浪滚滚，太多名利纷争。
　持心务雅纯，叩道吾力骋。

岁月何其清芬，未来阳光满程。
　信心百倍生，努力振乾坤。

人生与时俱进

2022-8-17

人生与时俱进，享受岁月清平。
　心志恒殷殷，前驱鼓干劲。

心灵心志清明，不妄追逐利名。
　物欲务辞屏，清心最要紧。

叩道不计艰辛，苦难艰苍常寻。
　神恩赐丰盈，我心何清俊。

雅怀水云空清，哦诗舒出热情。
　君子人格俊，方正是性情。

心志抛开重沉

2022-8-17

心志抛开重沉，名利弃去轻身。
　不尽是神恩，赐福何丰盛。

心灵不可刚硬，柔和心襟清纯。
　努力以修身，清心水云芬。

嗟此浊世红尘，众生陷入沉沦。
　济世奋刚正，风雨吾兼程。

笑意从心而生，豁达真是无伦。
　岁月多清芬，美好盈乾坤。

情志此际清好

2022-8-17

情志此际清好，人生正直风标。
　不取彼骄傲，谦和须力保。

扬长万里之道，弘扬正义刚傲。
　力战魔敌妖，凯歌彻云霄。

履尽坎坷险道，血泪清洒呼号。
　神恩赐丰饶，平安已来到。

前程万里大好，风光无限美妙。
　努力去开道，关山越险要。

第七十二卷《泽物集》

笑意清长

2022-8-17

笑意清长，人生得意不狂。
正直襟房，原也清新雅旷。

红尘无恙，神恩如此广长。
颂赞献上，灵程努力奋闯。

山高水长，显我男儿豪放。
贞志扬长，豁爽盈满心肠。

岁月澹荡，斑苍新添何妨。
青春志昂，奋发济世力量。

努力修心

2022-8-17

努力修心，人生正气凌云。
神恩无垠，思此颂赞于心。

努力前行，灵程鼓勇矢进。
力战魔兵，胜利凯旋回营。

天国仰景，永生欢乐无垠。
济世才情，挥洒青春干劲。

岁月清平，曾履风雨艰辛。
而今康宁，勿负韶华寸阴。

舒缓心襟

2022-8-19

舒缓心襟，镇日紧张可不行。
雅听蝉鸣，悠悠淡定以品茗。

心志振兴，人生鼓勇奋发行。
阳光中心，神恩赐我太丰盈。

岁月进行，斑苍无妨志清俊。
旷意分明，豁达天人吾雅清。

红尘险境，总赖神恩赐太平。
万民欢庆，正道通达乐无垠。

人生奋刚正

2022-8-19

人生奋刚正，心志青春。
保守我天真，浩气乾坤。

红尘任滚滚，雅守纯正。
不屈桑沧阵，鼓勇前骋。

神恩何广盛，中心感恩。
努力行灵程，风雨兼奔。

淡泊盈心身，名利弃扔。
雅洁度秋春，豁达无伦。

秋日高爽

2022-8-21

秋日高爽，惬意盈中肠。
哦咏诗章，舒出意雅闲。

人生向上，百关竞须闯。
休憩情肠，养颐莫相忘。

奋我强刚，男儿纵豪放。
不屈强梁，力斩彼虎狼。

一笑澹荡，名利无意向。
心志贞刚，不容一丝奸。

妙丽心襟

2022-8-21

妙丽心襟，享受秋之清。
爽风进行，惬我意无垠。

朗日天晴，蓝天走白云。
小鸟娇鸣，野蝉奏尽兴。

岁月康平，神恩赐丰盈。
努力前行，灵程吾奋进。

感恩于心，颂赞讴无尽。
叩道矢进，悟彻彼圆明。

适然心襟

2022-8-21

适然心襟，享受秋清平。
东风多情，爽洁我心灵。

小品芳茗，身心俱振兴。
新诗哦吟，吐出气雅清。

神恩无垠，赐福何丰盈。
讴呼从心，讴歌这宇庭。

灵程奋进，关山越苍峻。
一笑清新，豁怀何康平。

适意安祥

2022-8-23

适意安祥，一任时光清淌。
休憩心肠，享受秋风清旷。

岁月品尝，履尽痛苦深艰。
神恩广长，赐下甘美灵粮。

心襟澹荡，不为名利奔忙。
定定当当，步履万里平康。

心志悠扬，叩道矢展贞刚。
共缘而往，心花此际怒放。

爽风清来开意境

2022-8-28

爽风清来开意境，我的心中雅清。
秋意澹荡且和平，牵牛花儿开俊。

清思旷发悠品茗，人生雅怀意兴。
不惧千里关山峻，男儿矢展刚劲。

红尘履历是艰辛，淡然一笑温馨。
君子人格育无垠，正直挺身而行。

淡泊不惹利与名，何妨终身清贫。
诗书人生也清心，胸涵大千水云。

人穷志不穷

2022-8-30

人穷志不穷，豪气盈胸。
岁月履从容，不改初衷。

红尘是汹涌，名利何功。
高蹈我心胸，淡泊于中。

大千幻化猛，桑沧叠浓。
一笑吾清空，叩道中庸。

努力去行动，穿越雨风。
关山风景浓，惬我襟胸。

人生志取真诚

2022-8-30

人生志取真诚，挥洒我的青春。
感谢神之恩，导引我前骋。

叩道奋不顾身，努力前面旅程。
风光美不胜，惬怀真无伦。

岁月日益进深，斑苍渐添深沉。
一笑也清芬，豁达盈心身。

红尘浊浪滚滚，磨炼我之清纯。
质朴不能扔，本心持拙正。

人生秉持善良

2022-8-30

人生秉持善良，福分才能久享。
不妄去纷争，静定我心身。

感谢天父鸿恩，赐我平安丰盛。
正义敷乾坤，大道运深沉。

窗外秋雨清生，野外鸣蛙阵阵。
小风来慰问，我心惬无伦。

努力灵程旅程，胜过试探艰深。
万里风光纯，觉性悟纯正。

灵修没有止程，向上云霞灿生。
心志吾清芬，养德正人伦。

心中白云清生

2022-8-30

心中白云清生，霞彩是我精神。
步履瑰丽人生，不惧风雨艰深。
苦难运转年轮，唯赖神恩丰盛。
欢呼从心而生，心灵心志清芬。

天气爽清

2022-8-30

天气爽清，人生淡泊如云。
努力修心，努力追求上进。

叩道进行，不为名利分心。

悠守清贫，正义盈满肺心。

红尘艰辛，太多欺伪奸情。
务秉慧心，矢沿正道而行。

大千旷运，神恩浩大无垠。
人生清心，觉性悟彻圆明。

蔼然心襟

2022-9-1

蔼然心襟，悠悠放旷而行。
英武心灵，原不在意清贫。

正气凌云，焕发冲天干劲。
努力驱行，穿越关山无垠。

红尘惊警，魔敌诡计经营。
神恩丰盈，导引灵程挺进。

欢呼尽兴，讴咏人生清平。
感佩于心，颂赞神恩泪盈。

人生自律自强

2022-9-1

人生自律自强，未可稍有放荡。
散发我心光，烛照前路长。

心灵心志安祥，神恩无比丰穰。
微笑上脸庞，豁达真无恙。

此生履尽风浪，身心处处是伤。
神赐我力量，焕发我顽强。

努力向前向上，胜过鬼魔奸党。
天国是故邦，永生福无疆。

不可偷机取巧

2022-9-1

不可投机取巧，人生拙正方好。
叩道领略逍遥，我的心情大好。
岁月无比丰标，青春情怀不老。
红尘容我笑傲，济世旷展洒潇。

人生惜福为上

2022-9-3

人生惜福为上，自尊自励自强。
　神恩不可忘，灵程努力闯。

德操修养无量，济世挥洒强刚。
　红尘是攘攘，名利可弃放。

秋来天气澹荡，蓝天白云飘翔。
　心情真无恙，开口我歌唱。

享受生活平康，叩道尽力而上。
　心志展奔放，男儿纵阳刚。

私欲务须战胜

2022-9-3

私欲务须战胜，光明清持心身。
　浩荡是神恩，灵程美不胜。

我要讴歌真诚，歌颂神之灵恩。
　平安真丰盛，欢呼出心身。

奋志纵展人生，不为名利奋争。
　红尘是滚滚，文明进而升。

济世旷秉诚贞，男儿豪情心生。
　艰苍不必论，微笑吾心芬。

生活其实美好

2022-9-3

生活其实美好，善用灵心去找。
　坚决不骄傲，谦和一生保。

此生履尽险要，血泪潸潸呼号。
　神恩及时到，赐我福分饶。

努力万里奔跑，挥洒心襟刚傲。
　力战魔敌妖，凯歌彻云霄。

红尘是有清好，共缘销涨洒潇。
　修心是必要，诚正持心窍。

孝敬父母勿忘

2022-9-3

孝敬父母不忘，保守纯洁天良。
　心志展清昂，人生不张狂。

清展心灵力量，奋发吾之强刚。
　灵程不退让，奋战凯歌畅。

此际清听蝉唱，秋风其来清爽。
　心怀真无恙，颂赞神恩壮。

人生并不漫长，百年真似瞬间。
　惜时不可忘，修心当尽量。

人生享此安康

2022-9-3

人生享此安康，勿将神恩相忘。
　客旅往前闯，灵程矢向上。

天国是我故邦，永生何其安祥。
　灵修无止疆，养德心志芳。

红尘熙熙攘攘，太多诱惑奸脏。
　慧灯务秉亮，清洁己心房。

克己是有荣光，物欲尽力屏挡。
　胜利启归航，天国真能上。

清度优雅人生

2022-9-3

清度优雅人生，心灵心志刚贞。
　感佩神之恩，正己矢前奔。

心灵雅持刚贞，奋发向上旅程。
　灵程美无伦，魔敌败纷纷。

红尘浊浪滚滚，名利合当弃扔。
　清贫吾坚正，永远不沉沦。

岁月优雅清芬，神恩无比广盛。
　讴呼出心身，坎坷何足论。

流风鼓畅

2022-9-3

流风鼓畅，秋意潇爽。
逸意扬长，小哦诗章。
一曲玄畅，得意不狂。
正襟无恙，叩道贞刚。

流风鼓畅，野蝉鸣唱。
牵牛妍芳，品茗雅闲。
定志之向，山水远疆。
人生奔放，悠悠歌唱。

心襟旷展无限

2022-9-3

心襟旷展无限，济世挥洒强刚。
人生吾奔放，体道骋顽强。

此际秋风清旷，天上流云飘翔。
适意盈中肠，裁心哦诗章。

心灵心志安祥，神恩无限广长。
叩道吾贞刚，不屈恶风浪。

努力把舵远航，避过暗礁重障。
眼光放远长，慧意凝心间。

老气横秋不行

2022-9-3

老气横秋不行，保持少年心性。
秋来吾镇定，诗书不忘吟。

红尘步步惊心，太多磨难艰凌。
努力以前进，关山叠苍峻。

笑意从心显明，神恩无比丰盈。
灵程奋发行，克敌胜无垠。

天国一生仰景，永生福乐无垠 .
男儿正心襟，养德无止境。

人生晴好

2022-9-3

人生晴好，神恩赐丰饶。
风雨曾饱，跌倒我呼号。

岁月风标，心襟吾不老。
振襟长啸，声震芦洲渺。

红尘美妙，物欲徒扰扰。
清心为要，叩道吾洒潇。

秋来清好，野蝉朗声叫。
品茗意俏，哦诗吐骚骚。

人生奋志抗争

2022-9-3

人生奋志抗争，不屈命运重沉。
丰沛是神恩，导引我灵程。

叩道奋不顾身，力战魔敌凶狠。
圣徒奋力争，凯歌彻云层。

此生绝不沉沦，名利何必细论。
正义吾清芬，朗放读书声。

红尘浊浪滚滚，太多磨炼艰深。
神恩是丰盛，奋飞走灵程。

笑意清新浮漾

2022-9-3

笑意清新浮漾，人生无比扬长。
快慰心地间，名利拒又抗。

心志此际清昂，悠听秋蝉鸣唱。
天上白云翔，商风来清畅。

此生绝不猖狂，清真守我心肠。
挥洒正义刚，力战彼强梁。

世界是神所创，灵妙无法细讲。
人生奋慨慷，灵程努力闯。

一生真理追寻

2022-9-3

一生真理追寻，山水踏破无垠。
心志恒殷殷，叩道奋发行。

此生不守常寻，矢将青山踏尽。
困障不要紧，贵在奋心灵。

红尘多有险境，太多狼烟经行。
神恩大无垠，赐我以康平。

真理努力找寻，济世挥洒才情。
不必发高鸣，实干最要紧。

拙正为要

拙正为要，过分纤巧不好。
谦和心窍，雅守中庸不傲。

岁月飞飘，赐我斑苍渐老。
爽然一笑，客旅人生逍遥。

名利抛了，安守清贫就好。
诗书笑傲，晨昏朗哦洒潇。

秋又来了，澹荡白云飞飘。
蝉儿高叫，品茗意取高蹈。

调适身心

调适身心，淡眼尘世浮云。
心怀空清，此生不计利名。

红尘惊心，太多机关陷阱。
步步小心，努力避礁挺进。

神恩丰盈，赐我心襟康平。
奋志前行，灵程大力辟进。

胜过魔兵，凯歌响彻行云。
圣徒讴庆，正道普覆宇庭。

旷怀正义立场

旷怀正义立场，不向邪恶投降。
男儿是贞刚，万里矢志闯。

此生清志昂扬，济世挥洒强刚。
不屈困与障，努力矢向上。

名利徒属黄粱，害人心灵失陷。
慧烛务秉掌，注目正前方。

魔敌无比狂狷，太多诡计诈奸。
神恩广无疆，导引我慈航。

心志雅怀中正

心志雅怀中正，阴邪尽数抛扔。
阳光是心身，叩道吾矢骋。

岁月无比清芬，何必回忆年轮。
丰赠是神恩，灵程美不胜。

我要讴歌真诚，颂赞神恩丰盛。
起死并回生，赐福妙无伦。

情志淡泊清真，人生奋力抗争。
力战魔纷纷，凯旋回天城。

收敛心神

收敛心神，内叩以修身。
叩道历程，吾奋不顾身。

坎坷何论，中心光明生。
神恩丰盛，平安盈心身。

努力前骋，历尽山水程。
试探任生，吾不惧艰深。

岁月清芬，人生客旅程。
天国永生，共父万年春。

心志吾雅清

心志吾雅清，不妄逐利名。
高蹈吾清贫，诗书怡我心。

岁月正清平，风雨吾不惊。
身心持淡定，觑破利与名。

水云盈中心，雅洁晨昏吟。
读书可尽兴，悠悠品芳茗。

秋意正爽清，牵牛何娇俊。
散思发空灵，哦诗吾正襟。

不急不躁

2022-9-4

不急不躁，心志堪可瞧。
谦和力保，君子人格潇。

红尘险道，太多机与巧。
拙正为好，名利可尽抛。

清心微妙，叩道乐逍遥。
诗书朗造，积德不嫌高。

小鸟鸣叫，惬我情怀抱。
商风清飘，洒脱盈心窍。

颐养心神

2022-9-4

颐养心神，此际抛弃书本。
叩道诚贞，努力万里征程。

感谢神恩，导引灵性旅程。
试探任深，吾心雅清拙正。

秋风阵阵，传来鸟语清芬。
浮云飘纷，淡泊盈于心身。

清坐思骋，哦诗舒出真诚。
未来纵论，风云翻卷缤纷。

倾出心身

2022-9-4

倾出心身，哦咏吐真诚。
质朴心身，努力以修身。

回思人生，坎坷是十分。
唯赖神恩，起死并回生。

努力前程，风雨不足论。
一任艰深，男儿展刚贞。

叩道奋身，几微间细审。
大化缤纷，桑沧叠层层。

意志勿消沉

2022-9-4

意志勿消沉，旷秉诚真。
感谢神之恩，心志青春。

努力以驰骋，山水成阵。
展我之刚贞，奋不顾身。

岁月是清芬，风雨时生。
奋志吾兼程，微笑心生。

淡泊度秋春，名利弃扔。
诗书哦真诚，旷怀纯正。

人格不可倾倒

2022-9-6

人格不可倾倒，名利可以弃抛。
清心最为要，风雨任艰饶。

秋来心志旷好，淡眼白云飘渺。
写意风吹俏，野鸟鸣娇娇。

牵牛开得风标，适我意兴骚骚。
向阳是情操，正襟朗哦了。

人生修心迢迢，行旅艰苍经饱。
开怀余一笑，神恩赐丰饶。

努力振乾坤

2022-9-6

努力振乾坤，奋志刚正。
感谢神之恩，导引灵程。

惬听鸟鸣纯，风吹阵阵。
白云曼飘纷，秋意清逞。

淡荡盈心身，人生前骋。
山水越成阵，旷怀雅芬。

红尘浊浪滚，名利损人。
清心吾秉诚，叩道奋身。

享受生活平康

2022-9-6

享受生活平康，感谢神恩广长。
　心志缤纷放，灵程吾慨慷。

秋蝉振声鸣唱，风来何其旷畅。
　清心享悠闲，品茗情志扬。

人生注目远方，不为名利动荡。
　清贫何所妨，灵性吾清芳。

慧烛务须秉掌，万里征程无疆。
　人生矢向上，不计千重艰。

悠悠心向

2022-9-6

悠悠心向，清听林野风响。
　秋蝉鸣唱，惬我情意奔放。

红尘狂猖，太多机关阱陷。
　慧目务亮，步履坚正慨慷。

雅意张扬，新诗哦出数章。
　字里行间，赤子之心跳荡。

名利肮脏，应弃应抛应放。
　叩道扬长，君子人格显彰。

第七十三卷《炳文集》

阅历人生

2022-9-7

阅历人生，何惧心之痛疼。
叩道诚真，吾已奋不顾身。

红尘滚滚，名利太多损人。
务持雅正，辞去物欲七分。

岁月进深，衰老不必嗟生。
旷志清纯，济世努力救人。

笑意清生，豁达度此秋春。
风鼓阵阵，秋意淡淡侵人。

秋意澹荡

2022-9-7

秋意澹荡，心志平静安祥。
人生向上，不计风雨艰苍。

裁思汪洋，倾出情志奔放。
字里行间，赤子之心张扬。

不计老苍，男儿纵展强刚。
力战强梁，还我天下平康。

神恩广长，思此心有力量。
努力飞翔，灵程无比宽广。

雅正持心

2022-9-7

雅正持心，心中圣灵运行。
不妄分心，叩道吾秉贞定。

窗外蚕鸣，五更早起清心。
小风来勤，爽我心志心灵。

人生多情，风雨磨炼心襟。
览尽层云，淡定盈满肺心。

岁月飞行，笑我华发斑境。
一笑爽清，男儿仍怀刚劲。

心志旷持轻松

2022-9-7

心志旷持轻松，人生不惧成翁。
胸中怀有彩虹，七彩闪耀襟中。

秋意清新播送，五更草蚕鸣颂。
爽风其来怡胸，自得讴诗歌颂。

人生何去何从，早已成竹在胸。
叩道趋入圆通，灵程一生奋勇。

淡泊是我心胸，名利何妨抛空。
胸襟正气何浓，豪情弥满长空。

稳定心神为上

2022-9-7

稳定心神为上，不为外缘疯狂。
　贞志早成钢，叩道吾顽强。

红尘熙熙攘攘，众生名利争抢。
　吾意持淡荡，诗书哦悠扬。

早起清听蛩唱，白露今日正当。
　时光惊飞殇，努力振志向。

人生不取狂猖，男儿纵展豪放。
　摩云旷飞翔，自由何快畅。

红尘履尽险要

2022-9-8

红尘履尽险要，心志清好。
秋来更加洒潇，清听鸟叫。

写意清风袅袅，惬余怀抱。
旷怀雅洁无傲，正襟遥道。

岁月胡不清妙，朗度骚骚。
向阳是余情操，人格不倒。

心襟容余高蹈，水云清飘。
向学志取刚傲，叩道风标。

人生多情

2022-9-9

人生多情，叠遭风雨艰辛。
　神恩丰盈，起死回生清俊。

岁月进行，斑苍不减激情。
　依然劲挺，努力奋发干劲。

红尘苦境，太多磨难经营。
　柔和心襟，不灭正直良心。

奋志前行，关山风光灿峻。
　微笑浮萦，淡定清醒于心。

欲望未可膨胀

2022-9-9

欲望未可膨胀，素朴清守情肠。
　人生怀向往，大同是理想。

良知正见心间，不为名利狂猖。
　淡定是志向，水云胸中漾。

红尘梦幻之乡，人生客旅之间。
　灵程奋发闯，天国是故邦。

不为困难所障，信步天涯无恙。
　叩道吾贞刚，闲雅心地间。

朗月在望

2022-9-10

朗月在望，清夜无眠听蛩唱。
　四更时间，灯下清展余思想。

一曲哦唱，只是舒出心之向。
　振襟昂扬，人生不屈关千幢。

红尘无恙，四大和合骋幻象。
　心地清凉，不惹名利水云间。

坦荡襟房，原无半分机与奸。
　人格须讲，君子修身也无疆。

修心不可退让

2022-9-10

修心不可退让，任从试炼深艰。
　红尘是攘攘，情志水云间。

人生矢志向上，不畏困难重障。
　性天吾清凉，微笑秋春间。

岁月旷飞悠扬，何许计我斑苍。
　振襟以哦唱，心志万里疆。

此际四更无恙，秋蛩爽清谈唱。
　灯下展思想，一曲舒扬长。

571

一通百通

2022-9-10

一通百通，运到气势如虹。
　神恩恢弘，赐我福分丰隆。

履尽雨风，而今平安和慵。
　奋志行动，名利弃之空空。

终使贫穷，不减人格之丰。
　君子固穷，守时修身中庸。

红尘汹涌，大化舒展妙用。
　清展心胸，男儿志取刚洪。

心志欢畅

2022-9-10

心志欢畅，哦诗裁出奔放。
　夜风清爽，野境传来蜇唱。

四更无恙，不眠容我畅想。
　中秋正当，和平盈满寰壤。

人生扬长，因我豁达情肠。
　名利弃放，清心骋志遐方。

人生不长，百年一似瞬间。
　老我即将，才志舒展扬长。

默默领受神恩

2022-9-10

默默领受神恩，中心感沛何深。
　红尘是滚滚，清心叩道诚。

灵程奋力而骋，胜过试探艰深。
　魔敌均败遁，圣徒讴歌声。

此际正值四更，秋风吹来清纯。
　雅听蜇鸣震，诗意弥心身。

又值中秋今正，海内喜气纷呈。
　欢乐度人生，努力灵旅程。

内外兼修勿忘

2022-9-10

内外兼修勿忘，虚心才能向上。
　心志展清昂，人格恒修养。

岁月逝飞无恙，又值中秋来访。
　四更不眠间，哦诗适情肠。

红尘熙熙攘攘，水云中心勿忘。
　淡定人生场，名利可弃放。

向学志取昂扬，秋春晨昏哦唱。
　书海扬帆航，我心何快畅。

漫天晴朗

2022-9-10

漫天晴朗，心际洒满阳光。
　神恩广长，导引灵程正向。

我心平康，理想一生茁壮。
　济世昂扬，不畏困难重障。

修身无疆，力抛机巧污脏。
　慧目有光，矢沿正道而闯。

岁月清芳，往事不必哦唱。
　未来瞻望，大好灿烂风光。

七彩闪耀心中

2022-9-10

七彩闪耀心中，人生志取长虹。
　不妄去行动，沉默在心中。

合时才展刚雄，君子岂是平庸。
　诗书一生诵，修心无止穷。

不惧渐成老翁，心怀世界宇穹。
　理想何恢弘，正气茁如松。

笑意从心而动，哦诗舒出心胸。
　脚踏实地冲，风雨任烈猛。

勿负好时光

2022-9-10

勿负好时光，人生奋发向上。
裁思哦扬长，耳际野蛩舒唱。

四更之时间，不眠旷展思想。
小风来舒扬，中秋天气凉爽。

人生原无恙，风雨只是平常。
信步天涯间，男儿果敢顽强。

不屈名利障，清心淡泊平康。
正襟叩道藏，君子和同万邦。

低碳生活莫忘

2022-9-10

低碳生活莫忘，节约能源应当。
人生本不长，修心勿相忘。

勤俭应当弘扬，力戒浪费铺张。
物欲惹丧亡，害人真无限。

清心雅意扬长，正道运化桑沧。
中秋今正当，心情何快畅。

中心充盈理想，正气一生弘扬。
叩道领艰苍，妙悟岂寻常。

快乐人生

2022-9-10

快乐人生，享受神之恩。
不妄纷争，正意弥心身。

努力灵程，叩道吾刚贞。
冲决魔阵，圣徒讴歌声。

岁月进深，心志持平稳。
斑苍日盛，微笑吾清芬。

淡泊清真，君子重修身。
一生真诚，名利合当扔。

迈越人生重障

2022-9-10

迈越人生重障，心中始终阳光。
红尘任攘攘，清心原无恙。

人生心志清昂，理想茁壮成长。
济世吾雅闲，挥洒才情壮。

风风雨雨寻常，困障万千何妨。
信步天涯间，风光览雄壮。

野蛩清心舒唱，天籁汇成交响。
四更展思想，哦诗舒奔放。

瑰丽人生

2022-9-10

瑰丽人生，曾经履尽痛疼。
神恩丰盛，而今平安妥稳。

努力前程，不畏风雨艰深。
叩道诚贞，男儿志取清纯。

名利害人，扰人心襟污损。
合当弃扔，清心何其雅芬。

红尘滚滚，大化运行精准。
人生纵论，只是客旅之身。

修心无恙

2022-9-10

修心无恙，不为物欲所障。
清心扬长，人生正意何刚。

岁月谈唱，只是幻化之象。
烟雨艰苍，事过天霁晴朗。

人生昂扬，男儿志取强刚。
济世奔放，文明升级向上。

不畏艰苍，守时吾取安祥。
待时鸣放，一曲天籁奏唱。

晨起鸟鸣唱

2022-9-10

晨起鸟鸣唱，中秋今正当。
牵牛娇妍芳，紫薇十分靓。
心志都开敞，天气喜晴朗。
哦诗舒激昂，一曲泻狂狷。

晨起鸟鸣唱，中心喜洋洋。
生活享平康，惬怀真无上。
人生怀向往，振襟哦奔放。
男儿是好钢，百折体顽强。

芳怀清好

2022-9-11

芳怀清好，淡看流云飘渺。
哦诗声高，飞向九霄袅袅。

红尘娟妙，仲秋天气怡抱。
小鸟啼叫，畅意东风荡浩。

不惧苍老，青春心志年少。
淡展微笑，人生谦和洒潇。

岁月逝飘，运转年轮倩巧。
桑沧构造，共缘洒脱奔跑。

恬淡和平

2022-9-11

恬淡和平，人生奋志前行。
英武心襟，原不在意清贫。

高蹈余心，水云中心清映。
明慧胸襟，叩道雅然贞定。

风雨常寻，铁志如钢之硬。
微笑浮盈，豁达是余胸心。

岁月飞行，斑苍不减清俊。
大力辟进，力斩虎豹狼群。

情志轩畅

2022-9-11

情志轩畅，清听歌声嘹亮。
白云飘翔，写意秋风吹旷。

淡定心间，人生无比雅闲。
名利弃放，叩道奋展贞刚。

红尘无恙，世界是神所创。
正道康庄，神恩普覆宇间。

努力向上，克尽千关万障。
百年瞬间，珍惜寸阴韶光。

人生心志阳光

2022-9-11

人生心志阳光，恒抛无明机奸。
正道力弘扬，济世鼓勇上。

秋风清新吹荡，流云浪漫飘翔。
世界真无恙，桑沧吾安祥。

五十七载瞬间，笑我星星斑苍。
依然持爽朗，依然贞志刚。

不屈世事艰苍，心怀光明阳光。
神恩赐广长，前驱有力量。

人生不折腾

2022-9-11

人生不折腾，雅洁心身。
感沛神之恩，赐福丰盛。

而今心安稳，奋志灵程。
叩道吾刚正，风雨前骋。

笑意是清芬，不老心身。
岁月展缤纷，七彩旅程。

爽风清新逞，秋意清生。
散思入诗伸，吐出真诚。

旷怀雅正

2022-9-11

旷怀雅正，心志奋发青春。
努力前骋，不计山高水深。

神恩丰盛，思此热泪滚滚。
起死回生，丰沛真是无伦。

574

奋志灵程，叩道不惧艰深。
悟彻心身，觉性无比纯正。

人生旅程，共缘销涨缤纷。
质朴心身，抛弃名利雅芬。

人生活力无穷
2022-9-11

人生活力无穷，挥洒志气刚洪。
不惧渐成翁，爽然一笑中。

淡泊是余襟胸，雅洁秋春从容。
名利弃空空，水云涵心中。

秋云飘荡从风，鸟语宛转轻松。
散坐品茗中，诗意生心胸。

哦出吾之清空，人生正气恢弘。
不妄去行动，待时哦大风。

清怀雅淡
2022-9-11

清怀雅淡，人生志冲霄汉。
力戒空谈，努力践履实干。

吾是好汉，不惹名利之案。
清贫妥善，淡泊书山登攀。

红尘好玩，共缘销涨浪漫。
心志安安，叩道力克艰难。

挥洒才干，济世不可蛮干。
把舵扬帆，避过乱礁浅滩。

人生多情
2022-9-11

人生多情，领略风雨无垠。
英武心襟，壮怀阔大雄俊。

半生清贫，定志诗书经营。
高蹈身心，微笑浮上爽清。

名利是境，无益叩道前行。
圆明心襟，质朴淡荡雅清。

神恩丰盈，思此颂赞于心。
灵程矢行，力胜仇妖魔兵。

适意情肠
2022-9-11

适意情肠，哦出动人诗章。
人生雅闲，叩道淡泊心间。

不计老苍，青春心志盛旺。
努力驱闯，岂计风雨艰苍。

一笑爽朗，人生客旅无恙。
天国故邦，永生福乐何康。

秋意清爽，云烟浪漫飘翔。
清坐思想，世界正道桑沧。

秋夜宁静
2022-9-12

秋夜宁静，唯闻草虫鸣。
四更无眠，写诗适胸心。

人生怀情，履尽彼烟云。
而今清醒，而今持淡定。

岁月爽清，不执是利名。
高蹈清贫，诗书吾奋兴。

红尘虚境，百年似浮云。
勿计利名，叩道领意境。

朗日天晴
2022-9-12

朗日天晴，蓝天曼飘白云。
中心怀情，清喜秋意爽清。

人生殷殷，奋发男儿刚劲。
叩道进行，领略大千意境。

岁月飞俊，不必计较斑鬓。
一笑雅净，青春心志胸襟。

且持淡定，英雄待机而鸣。
不妄奋兴，沉默实干要紧。

人生笃志前行

2022-9-12

人生笃志前行，不计旅途艰辛。
挥洒我才情，哦诗舒心灵。

胸中气象何俊，涵有大千水云。
叩道矢进行，英武是心襟。

此生不为利名，济世不忘于心。
悠悠万里境，风光览无垠。

诗书沉潜宁静，寻觅智慧殷殷。
一笑也多情，男儿柔于心。

旷怀吾雅靓

2022-9-12

旷怀吾雅靓，红尘不计艰苍。
人生怀向往，缔造大同之邦。

众教和同间，真理一生景仰。
书海扬帆航，领略万千意象。

心志吾清昂，中心豪情万丈。
文明进无疆，神恩无比广长。

欢呼尽力量，颂赞恩典无限。
灵程矢志闯，胜过试探深艰。

洒脱心襟

2022-9-12

洒脱心襟，纵展豪气凌云。
人生志俊，不必计较利名。

雅守清贫，叩道奋发干劲。
男儿爽清，淡定哦咏沉静。

此际秋清，四更蛩吟清明。
小风来行，爽我心意心灵。

淡泊心襟，胸怀大志豪情。
万里之境，风雨兼程以行。

神恩安享

2022-9-12

神恩安享，丰盈且浩荡。
讴呼尽量，努力灵程闯。

不计艰苍，心怀红太阳。
男儿阳刚，正直且端方。

修心无疆，养德存雅量。
正义情肠，力战彼机奸。

红尘无恙，世界是神创。
灵妙无限，嗟赞于心间。

清度人生

2022-9-12

清度人生，身心旷展青春。
感谢神恩，丰沛丰美丰盛。

心志刚贞，风雨磨砺心身。
一笑和温，男儿充满精神。

奋不顾身，叩道用道纯正。
雅洁无伦，正直傲岸一生。

红尘滚滚，太多试炼艰深。
名利弃扔，君子高蹈秋春。

心襟洒脱如风

2022-9-12

心襟洒脱如风，履尽关山万重。
秋夜清听蛩颂，雅洁盈满襟胸。

人生正气刚洪，不屈奸邪孽种。
豪气向天而纵，新诗一生讴咏。

叩道成竹于胸，万里履尽雨风。
淡定一笑从容，水云涵于襟中。

岁月只是空空，人生百年如梦。
共缘行旅圆通，明慧积淀无穷。

人生行旅匆匆

2022-9-12

人生行旅匆匆，心志应当从容。
不为名利所动，淡定万里雨风。

心中怀有彩虹，七彩闪耀眼中。
涉过尘世雨风，一笑爽雅无穷。

此际四更蚕颂，清思旷发如风。
秋意澹荡清空，写诗慰我心胸。

孤旅不计险重，关山攀越万重。
神恩如此恢弘，颂赞感发泪涌。

人生须行正道

2022-9-12

人生须行正道，谦和一生方好。
不可稍骄傲，叩道吾逍遥。

红尘胡不娟好，风雨吾已经饱。
爽然余一笑，豁达在尘表。

人生淡定洒潇，名利害人丰饶。
应弃应当抛，清心何美妙。

诗书一生潜造，哦咏吐出玄妙。
质朴无机巧，正义吾风标。

第七十四卷《居正集》

洒脱心襟

2022-9-13

洒脱心襟，五更惬听蚤吟。
鸟语娇俊，远野村鸡啼鸣。

早起奋兴，哦咏新诗吐情。
人生前行，边走边唱边吟。

岁月进行，秋仲天气爽清。
大千幻境，共缘销涨挺进。

不妄分心，名利空空是境。
叩道贞定，领略万千风景。

心志不取轻狂

2022-9-13

心志不取轻狂，奋发人生向上。
此际清听鸟鸣唱，爽意秋风吹畅。

红尘本是无恙，辞去名利安祥。
无妨雄心百倍涨，男儿合展豪强。

叩道一生贞刚，放马万里疆场。
努力修心真无量，君子荷德清芳。

岁月清展扬长，星星斑苍何妨。
雅然一笑是悠扬，淡泊盈于襟房。

旷怀雅正

2022-9-13

旷怀雅正，人生奋志刚贞。
秋雨清生，爽风吹来怡神。

鸟语声声，牵牛开得旺盛。
心志清芬，向阳操守诚真。

岁月进深，不必计较困顿。
豪情心生，努力万里驱骋。

浩志生成，傲岸一生纯真。
不屈年轮，纵展心志青春。

人生晴好

2022-9-13

人生晴好，青春心志不会老。
剩有刚傲，不屈年轮矢志跑。

关山险要，摩云观日何自豪。
风雨吹潇，磨炼我心之微妙。

爽然一笑，红尘名利觑破了。
清贫就好，正义刚贞是首条。

岁月逝飘，往事历历付烟绕。
未来瞻眺，沿途风光何丰饶。

豁达天人

2022-9-13

豁达天人，人生吾沉稳。
不启纷争，实干吾发奋。

世事浮尘，名利害人生。
清心雅芬，叩道余刚贞。

岁月飞奔，远辞是青春。
斑苍惜生，一笑展温存。

傍晚时分，雀鸟鸣声声。
秋风清骋，爽洁我心身。

心襟大好

2022-9-14

心襟大好，窗外时雨正洒抛。
雅撰诗稿，舒出南山之风标。

正襟洒潇，人生坚决不骄傲。
努力前道，关山风云乐逍遥。

五湖归早，览尽世态余一笑。
诗书朗造，积淀智慧不嫌高。

秋风清扫，万千牵牛盛开了。
月季俊俏，诗意清发欲长啸。

人生情怀吾朗俊

2022-9-14

人生情怀吾朗俊，雅洁并且空清。
享受秋风之爽清，此际悠悠品茗。

岁月添人之奋兴，此生不计利名。
高蹈身心入水云，诗书哦咏苍劲。

红尘履历是惊心，狼烟多所经营。
五十七载泻殷勤，一笑淡泊心襟。

爱情向往铭心灵，与谁携手并行?
南望翘首云飞行，聊寄心志心灵。

淡泊心襟

2022-9-14

淡泊心襟，原也富于激情。
高蹈清贫，诗书一生用劲。

雨中鸟鸣，休闲体味爽清。
秋风怡情，岁月旷飞清俊。

悠悠此心，向谁诉出分明?
尘世旅行，正襟叩道奋勤。

红尘旷运，桑沧叠演幻境。
百年电影，思此有泪潜零。

爽洁心襟

2022-9-15

爽洁心襟，淡眼尘世利名。
心志空清，原也质朴安宁。

岁月飞俊，老我斑苍之境。
一笑雅清，君子人格鲜明。

秋雨经行，小鸟啾啾长鸣。
商风清劲，惬我意兴心灵。

心若闲云，飞向高山峻岭。
贞志坚定，叩道一生劲挺。

心志清妙

2022-9-15

心志清妙，人生正复洒潇。
秋雨萧萧，旷怀清撰诗稿。

淡泊情窍，名利矢志弃抛。
正襟逍遥，诗书一生朗造。

笑意堪表，豁达清度尘嚣。
在意田樵，清贫正意丰饶。

叩道迢迢，山高路远险道。
兼程奋跑，风雨不足言表。

风怀清好

2022-9-15

风怀清好，人生奋志扬飙。
秋雨萧萧，容我朗哦诗稿。

岁月飞飘，斑苍不减刚傲。
还我年少，青春心志风标。

开口大笑，红尘胡不娟好。
名利险道，务弃务扔务抛。

清心洒潇，叩道一生逍遥。
谦和心窍，原也正意丰饶。

清怀雅正之间

2022-9-15

清怀雅正之间，人生奋志昂扬。
千关已经闯，豪情纵心间。

人生未可狂猖，清真守我情肠。
红尘任攘攘，水云不相忘。

窗外秋雨萧狂，清心吾守安祥。
读书真无恙，哦诗舒清芳。

百年秋春奔放，华发不计苍凉。
努力振翅向，高天万里航。

秋风秋雨旷进行

2022-9-15

秋风秋雨旷进行，享受此际雅清。
读书写诗兼品茗，情怀何其朗俊。

笑意从心发轻盈，人生快慰情景。
不计名利吾清心，叩道一生贞定。

红尘履历是艰辛，而今享受坦平。
总赖神恩大无垠，赐下福乐丰盈。

阖家康健欢乐境，安祥度日温馨。
远弃虚妄之闲情，守护中心清平。

人生清好

2022-9-15

人生清好，不受名利干扰。
雅度尘嚣，正义一生丰饶。

红尘逍遥，水云中心清飘。
读书怡抱，君子人格铸造。

洒脱心窍，叩道不惧艰饶。
松风何潇，涤我胸襟美妙。

质朴刚傲，岂肯让步奸刁。
身心朗造，养德修心昏朝。

养德心间

2022-9-15

养德心间，物欲勿使膨胀。
名利弃放，正心正意贞刚。

人生扬长，水云中心流漾。
心志方刚，君子端正无恙。

前驱康庄，终有风雨何妨。
一笑澹荡，世事履历寻常。

信步而往，慧目凝聚清光。
天涯之疆，风光灿然奔放。

秋风扫荡

2022-9-15

秋风扫荡，秋雨又复狂猖。
天气凉爽，惬怀真是无恙。

清思扬长，哦咏新诗奔放。
舒出情肠，舒出正意盈腔。

人生向往，时刻铭记心间。
理想茁壮，不屈尘世艰苍。

心志阳光，超越黑暗污脏。
叩道贞刚，男儿纵展豪放。

心志菲芳

2022-9-15

心志菲芳，人生旷含雅量。
履尽艰苍，胸襟始终阳光。

风雨嚣狂，秋意更加显彰。
淡定雅闲，哦诗舒出扬长。

振奋情肠，叩道旷展力量。
慧烛秉掌，穿越黑暗之疆。

岁月澹荡，神恩无限广长。
思此泪淌，颂赞出于心房。

人生惬意撰诗稿

2022-9-16

人生惬意撰诗稿，五更正起早。
窗外草虫复鸣叫，唧唧灌满耳。

心志振奋不草草，读书兴味高。
扬长万里征途遥，风霜免不了。

五十七载如飞飙，笑我初苍老。
依然劲挺余一笑，红尘胡不好。

淡泊盈满余心窍，不为名利扰。
剩下清贫不紧要，风雅情怀俏。

心志爽洁雅清

2022-9-16

心志爽洁雅清，人生正气凌云。
晨起清听虫鸟鸣，惬意西风吹俊。

人生不守因循，奋发壮志豪情。
长驱鼓足我干劲，冲决暴雨雷霆。

爽然一笑清俊，男儿是怀多情。
知音未知何处寻，孤旅独自歌吟。

岁月使人奋兴，桑沧幻变奇景。
百年迅飞如电影，共缘吾取淡定。

红霞东方

2022-9-16

红霞东方，美得无比张扬。
引余嗟赏，引余赞叹讴唱。

鸟语奔放，草野秋蛩欢唱。
西风清爽，早起情志昂扬。

人生向往，是在大同之邦。
坚贞理想，鼓舞我往前闯。

岁月飞翔，秋仲爽洁情肠。
笑意浮上，人生适意安祥。

帅气人生

2022-9-16

帅气人生，名利矢志不争。
诗书怡神，养德修心晨昏。

鸟语啼纯，清爽西风阵阵。
秋仲时分，田野惬人清芬。

岁月进深，心志不惧年轮。
笑意浮逞，豁达盈满心身。

浊世红尘，磨炼我之刚正。
憩此宇城，共缘销涨安稳。

人生志气高

2022-9-16

人生志气高，履历风雨艰饱。
赢得朗然笑，红尘爽然清妙。

清贫就颇好，我有正气刚傲。
诗书一生造，洒脱身心潇潇。

岁月逝飞飘，雅将桑沧递造。
共缘而奔跑，心怀淡然遥迢。

名利合当抛，此生不受炙扰。
体道悟玄妙，总凭良知寻找。

君子不党

2022-9-16

君子不党，正直体顽强。
不卑不亢，修身启无疆。

奋志向上，名利均弃放。
儒雅之间，关山越千幢。

一笑澹荡，中心无机奸。
坦荡襟房，质朴且安祥。

红尘攘攘，水云怀心间。
正义情肠，雅将天下装。

晨鸡清唱

2022-9-17

晨鸡清唱，心地怀漫浪。
蛩吟悠扬，情志都轩畅。

人生奔放，因我有理想。
振志昂扬，不屈艰苍放。

怀情心间，愿学雁飞翔。
到汝身旁，美好以相傍。

红尘无恙，心志都晴朗。
未来广长，与君共飞扬。

云天漫浪

2022-9-17

云天漫浪，多情裁出诗章。
小鸟歌唱，欢乐未有止疆。

我自悠扬，读书品茗休闲。
纵情哦唱，朗声递入云间。

生活品尝，一似老酒醇芳。
流年过往，正如水逝流殇。

心怀向往，比翼双飞何畅。
红尘无恙，讴歌爱情久长。

细雨潇潇

2022-9-17

细雨潇潇，爽洁余之怀抱。
况听鸟叫，况有西风荡浩。

憩身尘表，不为名利胡闹。
清心静悄，叩心养德洒潇。

正意丰饶，履历阴晴均好。
桑沧构造，只是幻象奇巧。

吾有逍遥，不入名利之道。
诗书怡抱，朗哦秋春昏朝。

爽然心襟

2022-9-17

爽然心襟，拂去云翳见性灵。
秋雨经行，清思旷发哦空灵。

心志奋兴，为因豁达于胸襟。
正气干云，人生不必守因循。

此心多情，踏遍青山意苍俊。
胸揽层云，大千世界装入心。

雅持镇定，合时才展我心襟。
看鸟飞行，振翼摩云何清劲。

中正为心

2022-9-17

中正为心，人生奋志凌云。
喜鹊清鸣，旷余心意分明。

秋意爽俊，风雨任其袭侵。
散思空灵，哦咏舒我多情。

人生情景，只是秉持良心。
奋发驱行，不计山高险峻。

红尘艰辛，与谁携手而行？
向往爱情，向往两心相映。

霞彩心生

2022-9-18

霞彩心生，人生吾温存。
清度红尘，愿携汝手奔。

诗意秋春，诗书容清骋。
浩意生成，坚决不沉沦。

鸟语阵阵，秋风吹清纯。
牵牛开盛，清芬真无伦。

哦歌人生，心志展青春。
岁月驰骋，微笑从心生。

秋风写意骚骚

2022-9-18

秋风写意骚骚，我的心襟大好。
粉蝶飞飘飘，流云荡逍遥。

周日闲暇清妙，读书写诗怡抱。
红尘原美好，但须用心找。

履尽风雨艰饱，而今朗晴心窍。
展颜吾微笑，旷志未可挠。

努力长途驱跑，关山越历迢迢。
风光真大好，天涯丽且俏。

秋光悠扬

2022-9-18

秋光悠扬，野蝉递鸣唱。
鸟语欢畅，风吹云曼翔。

周日安祥，读书品茗旷。
身心和畅，得意不猖狂。

贞定心间，叩道是志向。
万水千疆，吾已径闯荡。

爱情心间，倩影不稍忘。
豪情万丈，男儿怀阳刚。

斜照辉煌

2022-9-18

斜照辉煌，心地婉转情长。
思念未央，佳人远在遐方。

人生奔放，男儿恒怀理想。
不计艰苍，万里迎难而上。

红尘漫浪，温柔温和心间。
旷怀畅想，相携相挽相傍。

正意苗壮，岂为物欲所障。
和平宇间，诗意中心流漾。

朝曦东方

2022-9-19

朝曦东方，五更早起情悠扬。
秋意爽凉，依然忆汝于心间。

人生慷慷，因有不灭之理想。
不屈艰苍，中心始终怀阳光。

心志贞刚，不惧万里之闯荡。
慧烛秉掌，穿越暗夜迎朝光。

悠悠哦唱，心灵心志何澹荡。
爱情心间，时刻安慰我情肠。

人生雅洁从容

2022-9-19

人生雅洁从容，风浪笃定于胸。
正襟容我哦咏，舒出心地情浓。
心志霞彩如虹，脚踏实地去冲。
不做名利孽种，胸怀正气刚洪。

人生雅洁从容，笑沐秋春雨风。
淡泊是余襟胸，叩道一生奋勇。
秋云淡雅飘动，爽风契入心胸。
快慰盈于襟中，豪迈旷哦大风。

晨鸡又鸣

2022-9-20

晨鸡又鸣，早起情志殷殷。
商风经行，爽凉浸我肺心。

红尘惊警，世界并不太平。
振奋心襟，努力万里驱行。

人生刚劲，岂屈山水困境。
振翼飞行，摩云直入天青。

岁月进行，赐我初老斑鬓。
依然劲挺，依然充满干劲。

人生活力无限

2022-9-22

人生活力无限，纵掠天地之苍。
淡定吾雅闲，前驱尽力量。

红尘莽苍万丈，太多名利阱陷。
慧目务睁亮，努力奋贞刚。

清心诗书哦唱，远抛无明机奸。
人生不张狂，水云存心间。

百年真不漫长，思此心潮起浪。
共缘而旅航，中心怀漫浪。

淡定从容

2022-9-23

淡定从容，不为名利所动。
优雅心胸，原也颇含清空。

红尘汹涌，大化不停运动。
默然襟胸，共缘销涨持中。

秋意渐浓，晨起清听鸟颂。
小风来从，爽我心意重重。

牵牛娇红，朵朵绽放妙容。
开口哦颂，正襟雅洁无穷。

风吹云翔

2022-9-23

风吹云翔，秋分今日正当。
逸意扬长，人生矢志向上。

克尽艰苍，始终心怀阳光。
不屈恶奸，胸怀正气阳刚。

岁月奔放，何许计我斑苍。
一笑澹荡，清贫有何大妨。

诗书昂藏，努力叩求道藏。
时光飞殇，不负华年韶光。

爽朗身心

2022-9-23

爽朗身心，原不计较利名。
享受清贫，依然正气凌云。

红尘多辛，无妨英武心襟。
力斩魔兵，还我天下清平。

秋风吹劲，爽洁是余内心。
哦诗入云，呼出情意空灵。

岁月进行，秋分今日正临。
雅听鸟鸣，惬怀真是无垠。

旷意人生吾安祥

2022-9-23

旷意人生吾安祥，不惹名利孽障。
剩有清贫余安享，诗书一生谈唱。

正气凌云吾阳刚，岂屈鬼魅奸党。
浩意遁向水云间，化外雅有气象。

红尘履历是艰苍，慧目早已擦亮。
定志叩道奋贞刚，拂开烟云叠障。

微微一笑也扬长，豁达是余情肠。
温和盈满于心间，悠悠放余歌唱。

人生情长

人生情长，履尽太多艰苍。
烟雨沧浪，容我放声歌唱。

秋分正当，窗外鸟语喧唱。
劲风爽畅，清坐内叩心肠。

人生怀想，正襟叩求道藏。
不计险艰，努力奋发向上。

力斩魔帮，还我天下平康。
正意昂扬，浩歌声震穿苍。

秋意清好

秋意清好，旷怀共风裛。
小鸟鸣叫，蓝天云荡飘。

写意尘嚣，红尘胡不好。
神恩笼罩，心境恬且妙。

诗书怡抱，清贫不紧要。
人格塑造，修心路迢迢。

不为物恼，名利弃而抛。
清心就好，叩道乐逍遥。

人生吾雅闲

人生吾雅闲，劈波斩浪。
名利无意向，淡定心间。

秋分今正当，蓝天云翔。
澹泊于襟房，写诗流畅。

品茗惬意向，读书情长。
清听鸟鸣放，打动心房。

人生是疆场，不为物障。
性天持清凉，爽洁无恙。

第七十五卷《文蔚集》

人生经行

2022-9-23

人生经行，风风雨雨是常寻。
坎坷艰辛，不过磨炼我心襟。

神恩丰盈，导引灵程以前进。
胜过魔兵，胜过试探之险情。

秋仲来临，爽洁世界怡胸心。
西风进行，扫荡六合何空清。

淡淡定定，物欲尽力以辞屏。
高蹈雄心，诗书人生奋刚劲。

不为物欲而动心

2022-9-23

不为物欲而动心，爽洁是余心灵。
红尘高蹈余淡定，名利害人无垠。

耳际清听小鸟鸣，秋云烂漫飘行。
商风吹击也清劲，惬我心意心襟。

岁月进行不止停，斑苍无妨刚俊。
叩道胸襟存水云，悠悠哦歌空灵。

大千世界费思寻，叩道奋展雄心。
不为物欲损性灵，心襟雅洁如云。

岁月清新

2022-9-23

岁月清新，人生奋鼓干劲。

秋分今临，心情分外爽清。

吾持多情，倾心水云之境。
名利辞屏，不为物欲分心。

诗书经营，晨昏旷哦奋兴。
叩道进行，用心领略风景。

暝色正凝，华灯闪耀灿俊。
灯下思萦，撰诗舒出激情。

秋云澹荡

2022-9-24

秋云澹荡，品茗惬意向。
清听鸟唱，享受风之畅。

周末暇闲，畅意读词章。
激情张扬，我欲腾云上。

身在尘网，心却去远方。
憩心松岗，洒脱何快畅。

不为名狂，不为利所妨。
清贫无恙，悠度岁月芳。

贞志骋方刚

2022-9-24

贞志骋方刚，人生向上。
不屈世艰苍，努力顽强。

名利害人肠，堕落无限。
清贫正气昂，叩道奔放。

笑意运广长，辽天无疆。
矢志向遐方，真理叩访。

不畏渐老苍，悠悠哦唱。
男儿何昂藏，力斩邪障。

清志旷生成

2022-9-24

清志旷生成，人生吾雅芬。
不为名利奋争，静默秋春。

红尘浊浪滚，所赖唯神恩。
行走风雨历程，微笑心生。

岁月运沉稳，大化是精准。
叩道秉持诚真，力奔前程。

惬怀真无伦，讴呼神之恩。
奋行灿烂灵程，修心晨昏。

坎坷艰苍不必表

2022-9-24

坎坷艰苍不必表，红尘吾已谙饱。
赢得爽然是一笑，名利矢志抛掉。

秋仲清听鸟鸣叫，享受商风清浩。
休闲情志也洒潇，诗书朗声哦了。

阖家康乐神恩饶，清贫胡不娟好。
随缘遇合也逍遥，百年秋春飞渺。

传世积淀是诗稿，舒出正气丰饶。
不屈邪恶与奸巧，拙正是余心窍。

流云飞翔

2022-9-24

流云飞翔，爽朗心地间。
商风浩荡，惬怀真无上。

鸟语娇芳，月季亦雅靓。
牵牛开张，盛情何洋洋。

我自张狂，得意哦诗章。

一曲泻淌，正如水流畅。

人生世间，共缘而履航。
物欲孽障，勿受其碍妨。

清心雅靓

2022-9-24

清心雅靓，不上名利当。
慧意心间，叩道吾清昂。

鸟啭奔放，商风吹扬长。
惬怀悠扬，新诗纵哦唱。

情志贞刚，不屈世艰苍。
力战恶奸，神恩赐广长。

欢呼无上，凯歌彻云乡。
回归天堂，永生福无疆。

清怀雅淡

2022-9-24

清怀雅淡，人生不必高鸣喊。
沉默实干，须知汗水夺丰产。

心志浪漫，不怕尘世风雨缠。
神恩浩瀚，导引灵程奋前站。

秋意清展，商风吹来我心绽。
小鸟鸣溅，花开妍丽引欣赞。

岁月扬帆，壮怀激烈不嗟叹。
待时开展，英武心襟包宇寰。

人生正气刚

2022-9-24

人生正气刚，骋尽风雨顽强。
商风清吹畅，写意红尘无恙。

悠展我歌唱，讴颂地久天长。
人生是缘放，处心平正安祥。

不为名利诳，定志叩道扬长。
岂惧恶与奸，坚贞果敢奔放。

岁月是绵长，故事积淀心间。
沧桑是寻常，华年弹指幻放。

雅思旷展

2022-9-24

雅思旷展，人生志冲霄汉。
心怀清淡，原也不甘庸凡。

努力前站，冲决风雨嚣缠。
微笑清展，男儿叩道果敢。

心志安安，共缘履历尘凡。
桑沧叠展，处心平正妥善。

神恩丰赡，思此中心颂赞。
天国家还，永生福乐美善。

散步徐行

2022-9-24

散步徐行，越过城市市景。
正义心襟，原不在意清贫。

红尘惊心，太多试探艰凌。
浩志凌云，奋发男儿干劲。

鼓勇驱行，穿越艰苍世境。
一笑爽清，豁达盈余肺心。

叩道进行，中心悟得圆明。
用道秉心，济世挥洒才情。

人穷志不穷

2022-9-24

人穷志不穷，正气刚洪。
奋发以行动，前驱冲锋。

不为名利动，淡泊襟胸。
雅洁以从容，诗书哦讽。

红尘任汹涌，淡定心胸。
共缘履穷通，秉持中庸。

岁月旷飞涌，老我斑懤。
一笑雅无穷，君子凝重。

洒脱心襟

2022-9-24

洒脱心襟，履尽风雨阴晴。
正气凌云，人生鼓足干劲。

红尘艰辛，太多欺骗陷阱。
神恩无垠，赐福正如甘霖。

奋发前行，穿越关山峻岭。
不图利名，安心雅洁清平。

秋意爽清，天阴小鸟娇鸣。
清坐思萦，哦出肺腑心灵。

释然心襟

2022-9-24

释然心襟，愿不在意利名。
享受清贫，享受秋风爽净。

人生多情，履尽风雨艰境。
依然刚劲，依然奋志凌云。

神恩无垠，赐我心志康平。
英武胸心，正意时刻充盈。

雅思旷运，哦出淡泊心灵。
岁月经行，悠悠放我歌吟。

悠度岁月清平

2022-9-24

悠度岁月清平，心怀奋兴。
不妄追逐利名，闲雅于心。

人生空怀多情，谁是知音？
孤旅奋志挺进，履尽烟云。

红尘步步惊心，狼烟饱经。
持剑斩杀狼群，血洒殷殷。

百年秋春飞俊，故事苍劲。
爽然一笑雅清，豁达于襟。

心襟沉痛

2022-9-24

心襟沉痛，履尽尘世艰浓。
奋志刚雄，神恩赐下恢弘。

时值秋仲，暮色此际初浓。
灯下思涌，化为诗句哦讽。

宿鸟鸣颂，点缀世宇灵动。

展眼烟浓，愿化飞鸟掠空。

缘起缘涌，处心应持平庸。
正襟从容，君子不妄行动。

心须定当
2022-9-25

心须定当，切勿稍躁狂。
名利抛放，水云存心间。

红尘攘攘，太多机与陷。
虚伪肮脏，吾抛之尽光。

无机扬长，体道吾强刚。
正义情肠，不入邪与奸。

岁月飞狂，笑我星星霜。
奋展贞刚，男儿纵豪放。

览尽世苍凉
2022-9-25

览尽世苍凉，心志依然奔放。
不屈世艰苍，男儿果敢顽强。

魔敌肆狂狷，作恶岂有止疆。
圣徒奋刀枪，力斩妖魔鬼魉。

号角已吹响，圣父亲临战场。
魔鬼大败亡，凯歌震天而响。

中心喜洋洋，天国是我故邦。
永生福无疆，欢乐从心讴唱。

处心淡定
2022-9-25

处心淡定，此生不计利名。
无机心襟，原也雅洁空清。

清听鸟鸣，享受风之流行。
漫天白云，秋意爽我心灵。

红尘艰辛，太多磨难经行。
奋志凌云，男儿鼓足干劲。

神恩无垠，思此颂赞于心。
努力驱行，览尽奇峰妙景。

不受物欲牵引
2022-9-25

不受物欲牵引，清心守我贞定。
悠度红尘余清醒，心志殷殷。

岁月使人奋兴，此生不计利名。
清贫有何大要紧，秉持良心。

秋来花香鸟鸣，流云飘逸多情。
周日暇闲淡品茗，读书怡襟。

空清是吾心境，叩道一生矢进。
几微之间用心领，悟彻圆明。

淡荡情肠
2022-9-25

淡荡情肠，力抛无明机奸。
悠处尘壤，始终心志清昂。

名利肮脏，应弃应抛应放。
清心雅闲，诗书尽情哦唱。

秋意爽朗，清风吹来扬长。
惬怀无上，哦咏新诗奔放。

阖家安康，讴颂神恩广长。
积淀思想，积淀智慧灵粮。

情怀悠扬
2022-9-25

情怀悠扬，人生雅具气象。
不急不忙，徐步行旅安祥。

不卑不亢，君子正直昂藏。
力战恶奸，提剑挥刀敢上。

名利弃放，清心无机扬长。
傲岸之间，男儿荷志强刚。

济世无恙，清心发出慧光。
黑暗退藏，清平世界平康。

人生旷怀雅量
2022-9-25

人生旷怀雅量，不为名利奔忙。
清心定志叩道藏，履尽尘世艰苍。

老来一笑爽朗，红尘正似梦乡。
灵程奋志吾慨慷，修心养德无疆。

心襟始终晴朗，神恩无限广长。
天国才是我家邦，努力回归故壤。

岁月任起莽苍，慧目早已擦亮。
穿越浓雾与险嶂，展翅高飞远翔。

清贫吾淡荡

2022-9-25

清贫吾淡荡，心志安康。
尘世任攘攘，水云情肠。

闲时听鸟唱，品茗何旷。
读书哦华章，心弦流淌。

心志振慨慷，人生奔放。
正如野鸥翔，自由清享。

冲决尘世网，天高地广。
宇宙原无限，灵妙难讲。

情思悠扬

2022-9-25

情思悠扬，弹指流年旷。
孤旅扬长，一笑是朗爽。

红尘无恙，人生是缘放。
正襟昂扬，悠悠放歌唱。

岁月飞翔，霜华初增长。
心志安祥，不为物欲障。

秋风清畅，野鸟欢鸣放。
惬怀无恙，闲思入诗唱。

心襟不为物欲动

2022-9-25

心襟不为物欲动，淡定守我从容。
窗外秋风清吹送，惬意盈满肺胸。

红尘暗流奋涌动，名利矢志抛空。
高蹈心迹水云中，烟霞流漾襟中。

岁月增添霜华重，淡泊一笑清空。

写意尘嚣安度中，神恩无限恢弘。

天阴无妨我哦咏，舒出正意重浓。
君子人格怀心中，眼目慧光灵动。

寂寞身心不愁怅

2022-9-25

寂寞身心不愁怅，灯下清展思想。
晚风其来正清凉，爽我意兴情肠。

岁月历尽是莽苍，容我悠悠哦唱。
风雨凄苍吾悠扬，神恩总是奔放。

人生客旅宜欢畅，不必计较艰苍。
清贫无妨正气刚，男儿一生豪放。

婉转情思入诗唱，孤旅骋志昂扬。
展转桑沧心定当，胸襟恒怀希望。

心志孤峭

2022-9-25

心志孤峭，寂寞情怀付谁晓？
人生迢迢，努力奋行万里道。

岁月飞飙，笑我斑苍初衰老。
世事知晓，觑破名利吾不瞧。

秋风清扫，夜晚野蚤清鸣叫。
灯下思飘，暇想人生是微妙。

红尘潇骚，君子人格一生造。
不惧艰饶，风雨兼程吾力跑。

人生骋志洒潇

2022-9-26

人生骋志洒潇，不为名利所扰。
红尘乐逍遥，正襟哦骚骚。

人生绝不骄傲，谦和一生力保。
叩道任艰饶，定志奋勇跑。

穿越关山险要，身心俊朗明俏。
清贫不紧要，贵在奋刚傲。

百度秋春飞飘，不必计较衰老。
努力奋扬飙，征程万里遥。

旷雅如风

2022-9-26

旷雅如风，人生呼出从容。
哦诗清空，原也洒脱圆通。

秋风清送，蓝天白云飘动。
灿烂心胸，雅洁与谁相同？

红尘之中，共缘浪漫于胸。
真的英雄，不计名利穷通。

岁月迅猛，心志不取沉痛。
济世奋勇，力斩魔敌鬼凶。

人生闲旷

2022-9-26

人生闲旷，淡眼云烟漾。
天苍地广，尽够我飞翔。

红尘无恙，磨炼我襟房。
一笑朗爽，风雨任艰苍。

百度苍茫，客旅用心尝。
正意心间，叩道吾雅靓。

不计过往，未来奋辟向。
万里无疆，容我放马闯。

人生不计艰辛

2022-9-26

人生不计艰辛，奋展吾之干劲。
努力以驱行，翻山又越岭。

此生览尽风景，百感盈于肺心。
一笑是爽清，豁怀真无垠。

领略神恩丰盈，大道一生叩请。
修心奋殷勤，养德无止境。

秋风尽意吹行，天上流云漫行。
小鸟骄娇鸣，品茗余开心。

云天爽青

2022-9-26

云天爽青，白云漫飘行。
秋意分明，商风吹多情。

我自高兴，新诗脱口吟。
岁月进行，不必嗟斑鬓。

人生情景，只是共缘行。
关山峻岭，倍添吾意兴。

桑沧幻境，等闲持寸心。
力弃无明，趋入圆融境。

早起三光

2022-9-27

早起三光，野蛩唧唧正鸣唱。
天还没亮，无妨心志展清昂。

人生向往，时刻铭记我心房。
努力向上，克己修身也无羔。

岁月飞翔，秋仲正是好时光。
不可费浪，惜时如金勿稍忘。

百年艰苍，正须实干奋闯荡。
男儿强刚，心灵心志不可挡。

喜鹊清鸣

2022-9-27

喜鹊清鸣，打动我身心。
朝暾初兴，秋霭启均平。

岁月飞俊，笑我星星鬓。
依然奋兴，依然颇劲挺。

红尘苍劲，桑沧演不停。
百年梦境，心志须清醒。

叩道贞定，不妄逐利名。
享受清贫，享受诗书境。

悠行天地间

2022-9-27

悠行天地间，心何放旷。
人生吾雅闲，诗书品尝。

秋仲好时光，喜鹊鸣唱。
金风来悠扬，牵牛盛放。

心志正扬长，咏哦诗章。

舒出情与肠，原也奔放。

正意心地间，无机贞刚。
不屈世艰苍，迎难敢上。

清意心地间

2022-9-27

清意心地间，不惹名利孽障。
贪字未许妨，性天雅持清凉。

红尘正攘攘，太多机关暗陷。
慧目务擦亮，穿越浓雾之障。

岁月吾悠享，诗书晨昏清唱。
写诗录心向，舒出心中情长。

雅思展悠旷，百度秋春安祥。
神恩赐广长，心灵充满力量。

心志和平

2022-9-27

心志和平，处缘以淡定。
抛弃利名，清心何雅净。

人生奋行，穿越关山境。
风雨雷鸣，磨炼我心襟。

胸怀空灵，哦诗亦雅清。
正意贞定，叩道力驱行。

悟彻圆明，微笑吾浮萦。
展眼霭凝，秋意惬余心。

雅靓情肠

2022-9-27

雅靓情肠，淡眼天地桑沧。
不折奋闯，原也不计苍凉。

秋展意向，商风吹击悠扬。
万物萧苍，牵牛盛开芬芳。

喜鹊欢唱，歌颂大千无恙。
神恩广长，赐我心地安祥。

阖家平康，欢度日月悠闲。
微笑浮上，和蔼盈满寰壤。

情怀畅好

2022-9-27

情怀畅好，览尽风烟饱。
开怀一笑，秋光正清妙。

宿鸟鸣叫，写意商风萧。
清撰诗稿，舒出我风标。

人生晴好，不惧艰苍饶。
淡定心窍，叩道乐逍遥。

展眼远瞧，田园若画稿。
心襟微妙，向谁诉怀抱？

苍烟清绕

2022-9-27

苍烟清绕，暮色正笼罩。
野鸟鸣叫，自得乐陶陶。

我自逍遥，秋仲何美好。
灯下思抛，雅撰南山稿。

红尘如潮，名利损心窍。
心定为好，不为物欲恼。

陶冶情操，人格务须保。
情若芳草，幽兰正可表。

第七十六卷《开朗集》

心志从容
2022-9-28

心志从容，淡泊风雨中。
不惧成翁，君子独立不苟同。

秋意重浓，萧瑟走金风。
蓝天云涌，惬意听取鸟鸣颂。

开口哦讽，山河丽无穷。
人生情浓，振志万里破雨风。

男儿情钟，向谁道苦痛？
微笑之中，共缘履历彼穷通。

正意刚贞
2022-9-28

正意刚贞，不屈困厄吾奋争。
诗书人生，向阳心志吾沉稳。

红尘滚滚，客旅人生奋驰骋。
山高水深，磨炼心襟也清芬。

一笑清生，豁怀悟彻此乾坤。
名利弃扔，悠享清贫水云芬。

秋意渐深，商风吹来惬心神。
心花开盛，老来弥刚若松针。

斜照朗朗
2022-10-1

斜照朗朗，心志吾持奔放。
不慌不忙，诗书人生雅闲。

红尘攘攘，众生陷在罗网。
利锁名缰，杀人何其狂猖。

清贫何妨，定志叩道贞刚。
不屈艰苍，奋志迎难敢上。

笑意展放，人生客旅无恙。
神恩广长，赐我幸福平康。

心志沉痛
2022-10-1

心志沉痛，无妨我之刚雄。
人生情钟，名利矢志抛送。

正直从容，此生履尽雨风。
不屈艰浓，男儿一生豪勇。

秋云飘动，爽意清来商风。
斜晖朗送，小鸟惬意鸣空。

品茗意动，哦诗舒出清空。
诗书朗诵，闲雅积淀心中。

意若闲云

意若闲云，飘逸且多情。
心志骋行，不为利与名。

叩道之境，领略好风景。
中心圆明，悟彻世之情。

红尘多辛，众生陷苦情。
耽于利名，困苦不可云。

务持慧心，觑破利与名。
雅持清心，遁入水与云。

遁世无闷

遁世无闷，诗书陶冶清芬。
神恩广盛，赐我幸福安稳。

心志茂盛，叩道秉持纯真。
无明弃扔，慧意中心清生。

秋风清骋，旷我意兴缤纷。
哦诗舒诚，吐出精气风神。

人生驰骋，名利合当抛扔。
清贫刚贞，雅洁清度秋春。

晨起天阴

晨起天阴，雾霾笼野境。
雀鸟欢鸣，自得乐无垠。

商风经行，淡荡盈心襟。
哦诗舒情，一曲也清新。

人生奋行，关山阅风景。
了悟于心，尘世是旅行。

岁月进行，斑苍复何云。
努力振兴，修心奋辟进。

奋力辟进

奋力辟进，人生鼓勇前行。
力斩魔兵，还我天下清平。

岁月飞俊，老我苍鬓殷殷。
旷志如云，叩道时刻进行。

清听鸟鸣，享受生活康宁。
不惹利名，雅洁是余本心。

奋志凌云，冲决困艰苦境。
神恩无垠，感沛中心泪零。

爽风清畅

爽风清畅，只是雾霾又狂猖。
心地情长，悠听喜鹊之鸣放。

人生情长，因将名利尽抛放。
正义情肠，力辞恶邪与污奸。

岁月悠扬，秋仲容我放歌唱。
地久天长，奔放神恩真无量。

人生疆场，勿为名利损襟房。
清贫何妨，我有架上书千方。

心志平旷

心志平旷，悠悠听鸟唱。
享受暇闲，何不读诗章。

岁月品尝，百感盈襟房。
正义情肠，原不容机奸。

修心无疆，逆水行舟上。
克尽艰苍，心志怀阳光。

红尘攘攘，名利杀人狂。
清心扬长，胸襟世界装。

阳光破霾障

2022-10-2

阳光破霾障，清听鸟唱。
清心吾悠闲，品茗兴上。

岁月何奔放，赐我华霜。
一笑也淡荡，共缘旅航。

正义心地间，力抗恶奸。
世界是神创，大道无疆。

努力以向上，养德何芳。
振襟哦昂扬，英武襟房。

履历人生

2022-10-2

履历人生，心志未许生疼。
浊世红尘，名利害人何深。

旷持雅正，叩道奋不顾身。
名利弃扔，清心吾意芳芬。

嗟此世尘，众生陷入沉沦。
物欲杀人，昏昏迷人深沉。

神恩广盛，导引步入灵程。
天国永生，福乐美好无伦。

心志清平

2022-10-2

心志清平，享受秋之雅清。
爽风进行，悠悠传来鸟鸣。

写诗奋兴，舒出吾之激情。
奋志殷殷，原不在意利名。

红尘多辛，太多欺骗陷阱。
慧目睁明，辨明前路要紧。

流变白云，爽洁吾之心襟。
阖家康宁，感受神恩无垠。

调适身心

2022-10-2

调适身心，安处此清贫。
勿为利名，丧失我元精。

奋志凌云，叩道领意境。
悠悠此心，悟彻世之情。

人生经行，百年似瞬境。
如电如影，事过境难云。

苦痛抛清，内叩我灵明。
神恩丰盈，赐我新生命。

风鼓浩荡

2022-10-2

风鼓浩荡，吹开雾霾天地朗。
云飞澹荡，野禽欢讴舒扬长。

品茗意放，新诗容我纵哦唱。
时近重阳，感时念岁心怀旷。

人近老苍，依然奋展志顽强。
名利弃放，剩有雄心叩道藏。

身陷尘网，岂为物欲而奔忙。
清贫安享，悠悠逸意出霄放。

世道并不艰深

2022-10-2

世道并不艰深，悠悠清度红尘。
名利合当扔，清心吾雅芬。

岁月日渐进深，世事桑沧难论。
物欲欺人甚，慧目务圆睁。

叩道吾秉真诚，努力灵性旅程。
万里风云生，雷电豪情震。

老我斑苍何论，一笑依然清纯。
不染污秽尘，如莲花之盛。

旷怀雅正

2022-10-2

旷怀雅正，人生吾清骋。
傲骨刚贞，不屈此红尘。

世事纵论，正邪相搏争。
善恶两分，胜负定乾坤。

叩道奋争，正直吾立身。
奸邪弃扔，物欲害人生。

秋意清芬，商风吹云层。
鸟语声声，惬意从心生。

人生清裁是诗章

2022-10-2

人生清裁是诗章，闲雅心地间。
秋燥无妨我意向，清心读诗章。

红尘气焰放万丈，名利何嚣猖。
定志趋向水云间，烟霞中心漾。

鸟语娇啭惬心肠，风吹何扬长。
清坐思想天涯间，男儿怀志向。

品茗豪情冲天上，振襟舒奔放。
一曲泻出若水淌，情志何轩昂。

天气如此燥亢

2022-10-2

天气如此燥亢，草木多萎黄。
心地难以安祥，难以读诗章。

抬眼向天旷望，蓝天云徜徉。
何时甘霖始降，杀此旱之狂。

岁月无比奔放，流走似飞殇。
华发渐渐添涨，不必多愁怅。

人生应持雅闲，客旅天地间。
唯有道德文章，可垂之久长。

悠悠放我思想，一曲展情长。
窗外小鸟歌唱，打动我心肠。

展转尘世艰苍，身心未有妨。
定志叩道贞刚，真理力寻访。

人心多有机奸，虚伪不堪尝。
正直立身昂扬，我志何旷放。

纵展奇思妙想，注入于诗章。
淡定人生无恙，履缘吾扬长。

傲骨强刚

2022-10-2

傲骨强刚，原无卑弱放。
男儿豪爽，绝无奴才样。

叩道奋向，历尽彼艰苍。
一笑朗爽，试探任深艰。

人生无恙，神恩赐盛壮。
灵程奋闯，克尽魔与障。

岁月安祥，骋志万里疆。
百年奔放，因我有理想。

四更无眠

2022-10-3

四更无眠，听得田野蚤之吟。
燥热之境，总赖电扇转风清。

灯下思萦，人生快慰是情景。
努力驱行，不负生平壮志凌。

岁月飞俊，秋仲不必叹光阴。
斑苍心襟，依然骋志万里行。

人生缘境，思此沉痛于心灵。
豁达才行，天人大道矢叩请。

岁月品尝吾何讲

2022-10-3

岁月品尝吾何讲，只是名利相摩荡。
几人清心怀德尚，众生沉沦不堪讲。
物欲盛处多机奸，唯物生时灵心亡。
书生叹息无用场，独憩诗书水云间。

596

晨鸡喔喔清啼唱

2022-10-3

晨鸡喔喔清啼唱，只是雾霾又狂狙。
振襟展喉聊哦唱，心中忧苦入诗讲。
处世无机共缘放，清贫一生吾安祥。
正直立身原扬长，叩道深处费思想。

正义盈襟

2022-10-3

正义盈襟，人生矢挺进。
不为利名，修心吾雅清。

岁月进行，沉痛务抛清。
奋志凌云，济世乐清贫。

小鸟娇鸣，秋意展空清。
雾霾横行，嗟叹于内心。

世事分明，善恶两队行。
善者圆明，恶者堕无垠。

处世无闷

2022-10-3

处世无闷，清听鸟啼纯。
心志刚贞，步履吾行稳。

红尘滚滚，物欲损人生。
务秉雅正，胸襟水云芬。

秋意旷生，云烟缭绕逞。
牵牛开盛，点缀雅十分。

笑意清生，豁达度秋春。
名利弃扔，清贫叩道诚。

天气燥燥

2022-10-3

天气燥燥，秋阳骋其骄。
静定为要，吾意持洒潇。

牵牛开妙，风姿何娇娇。
品茗意俏，新诗脱口造。

人生奔跑，勿为名利扰。

叩道迢迢，风光经历饱。

红尘险要，太多机关巧。
慧眼辨道，风雨兼程跑。

陷曲之心务抛

2022-10-3

陷曲之心务抛，正义人生刚傲。
不屈尘世吾风骚，叩道遥逍。

心襟依然大好，神恩无比丰饶。
向学读书乐洒潇，情怀朗俏。

秋意惜乎炎燥，雾霾寰宇笼罩。
清坐内叩心志潇，情思娟妙。

力战魔敌仇妖，世界是神所造。
不准魔鬼骋霸道，凯歌云霄。

人生苦艰

2022-10-3

人生苦艰，奋志果敢上。
因缘鼓荡，笑口应许敞。

此际安祥，淡眼云烟旷。
身心清朗，哦诗舒昂扬。

正襟扬长，不许物欲障。
持心坦荡，悠悠吾情长。

诗书人间，哦咏也激昂。
百转情肠，袤向烟云间。

闲适无恙

2022-10-3

闲适无恙，心志若花放。
云天漫浪，小鸟多情唱。

平安雅享，神恩赐丰穰。
欢呼为上，身心俱安康。

岁月品尝，正如老酒香。
缘字难讲，销涨若云荡。

正襟扬长，坚贞是志向。
诗书哦唱，悠悠情志芳。

人生怀理想

人生怀理想，难免遭遇艰苍。
心志如铁钢，坚决不屈强梁。

世界是神创，正义普覆宇间。
黑暗必退藏，魔敌最终败亡。

杀伐动天响，两军对垒何艰。
圣徒挥刀枪，斩杀魔鬼尽光。

天地亮堂堂，圣徒列队成行。
凯歌彻云响，新天新地安祥。

心志不取孤怅

2022-10-3

心志不取孤怅，奋展男儿顽强。
天地是神创，大道覆无疆。

此际清坐思想，哦诗舒出情长。
人生是旅航，勿为物欲障。

性天应许清凉，觑破世事沧桑。
红尘是攘攘，机关并刀枪。

烟霞心中流漾，村野惬余情肠。
闲听野鸟唱，爽风涤襟房。

人生怀意向

2022-10-3

人生怀意向，领略世之艰苍。
心志挺清昂，绝不沉沦投降。

奋发男儿刚，力战罪恶强梁。
万里长驱闯，叩道贞定雅闲。

风雨任狂狷，兼程努力驱闯。
会有天晴朗，彩虹高挂天上。

岁月多涤荡，心襟不受损伤。
神恩是茁壮，导引正路平康。

音乐空灵

2022-10-3

久未听排箫音乐，今日闲暇，于电脑上听之，写意空灵，涤我烦襟，因以诗题，诉我心情。

音乐空灵，洗我尘凡心。
悠悠舒情，新诗从心吟。

窗外鸟鸣，天上走白云。
人生开心，享受秋风清。

红尘艰辛，人祸真无垠。
碌碌利名，杀人无止境。

慧目务明，觑破世之情。
出尘之心，淡泊涵水云。

赠玄粟师父

2022-10-4

心怀俊朗，今日值重阳。
西风吹狂，萧瑟秋意向。

牵牛开放，妍丽原无双。
野禽鼓唱，欢快度辰光。

岁月飞畅，笑我星星霜。
奋志之间，领略景万方。

红尘奔放，裁心也安祥。
修身无疆，正意作导航。

浩志清骋

2022-10-4

浩志清骋，哦出诗句是清纯。
不屈奋争，努力灵修之旅程。

风雨清生，节届重阳心雅正。
舒出心身，坦诚人生奋刚贞。

叩道历程，山穷水复风光纯。
豁然心身，识知世界并人生。

苦痛抛扔，四大和合谁是真。
共缘驰奔，笑口常开乐秋春。

598

阳光书屋诗集

饭后精神爽

饭后精神爽，情志悠扬。
听见风歌唱，哦诗扬长。

人生客旅间，心胸宜广。
共缘处安祥，物欲弃放。

正义当强刚，努力向上。
百年克艰苍，一笑爽朗。

重阳今正当，身心豪壮。
迈越彼重岗，山水无恙。

孤旅人生志清昂

孤旅人生志清昂，逸意纵展是扬长。
暇日清听鸟歌唱，秋风长吹也激昂。
岁月增添不愁怅，老来沉稳持安祥。
重阳读书品茗旷，哦出心身是澹荡。

心志吾雅闲

心志吾雅闲，人生振襟哦唱。
天地是辽广，尽够我展思想。

人生于世上，勿为名利痴狂。
清心叩慧藏，积淀智慧灵粮。

旷展余思想，纵掠天苍地广。
百年似瞬间，务须珍惜韶光。

物欲是孽障，引人慧智失丧。
化外有气象，宇宙灵妙难讲。

野鹤闲云

野鹤闲云，不在意利名。
风鼓清新，自由快于心。

岁月飞劲，故事演不停。
桑沧幻境，悲喜宜抛屏。

旷听鸟鸣，惬品我芳茗。

读书怡情，哦诗吐雅清。

奋志凌云，胸中存水云。
叩道爽清，正意充宇庭。

心襟爽然潇

心襟爽然潇，淡看碧野柳飘。
闲云飞逍遥，秋风吹击荡浩。

心事付谁晓？孤旅独行远道。
苍茫心观照，内蕴化为诗稿。

清听喜鹊叫，惬怀真是无二。
秋意多萧骚，东篱菊犹未俏。

安度此尘嚣，不为名利所扰。
诗书沉潜造，智慧一生寻找。

心志旷放潇潇

心志旷放潇潇，人生沐浴晴好。
情思秋来骚，新诗哦不了。

北风此际呼号，林野落叶飘飘。
散步徐行好，听得鸟啼叫。

红尘胡不娟好，世界是神所造。
太多奇与妙，何其精与巧。

人生百年遥逍，不为名利侵扰。
开怀我大笑，豁达天人道。

悠怀无恙

悠怀无恙，天阴岂有妨。
朔风号狂，木叶逝飞降。

清思扬长，人生奋志刚。
假日休闲，诗书吾清享。

振奋情肠，哦出我昂扬。
人生世上，应当怀理想。

名利痴狂，害人以无限。
清心奔放，叩道觅慧藏。

人生履浪

2022-10-4

人生履浪，心志何妨持平常。
共缘旅航，因果销涨岂寻常。

岁月畅想，人生勿为物欲障。
慧烛务掌，细辨前路之方向。

迷雾纵狂，太阳终会闪光芒。
风雨艰苍，正好磨炼鹰翅膀。

不可狂猖，谦和一生持心房。
向阳襟肠，远抛污浊与肮脏。

心志悠旷

2022-10-4

心志悠旷，裁取情思入诗唱。
岁月飞狂，雅洁清守我襟房。

人生安祥，不惹名利物欲障。
慧意心间，淡泊叩道也扬长。

秋风扫荡，漫地落叶诗意漾。
天阴无妨，清坐且听鸟讴唱。

舒展思想，振奋人生费平章。
桑沧无恙，展转艰苍吾昂扬。

第七十七卷《和乐集》

淡定人生场

2022-10-4

淡定人生场，不取张扬。
寂寞心地间，孤旅扬长。

岁月泻流畅，幻化无恙。
心志取安祥，履缘平常。

诗书镇日向，哦咏激昂。
苦痛务抛光，淡泊情肠。

斑苍复何妨，悠悠扬扬。
步履阴晴间，天涯矢闯。

红尘原无恙，幻化无疆。
人生百年放，正似瞬间。

韶华惜心间，切莫费浪。
不可稍颓唐，奋发向上。

真理力寻访，慧目圆张。
力抛机与奸，无机奔放。

正直吾昂扬，傲立强刚。
不卑复不亢，中庸襟房。

调节身心为上

2022-10-5

调节身心为上，勿为烦恼所伤。

人生步步是道场，努力迎难而上。

矢志克尽艰苍，奋展男儿顽强。
旷然一笑是爽朗，冲破红尘阻艰。

心志雅怀漫浪，孤旅挺进何妨。
太阳终会破雾障，世界漫天晴朗。

清听小鸟歌唱，秋风潇爽情肠。
晨起哦诗舒激昂，身心逍畅无恙。

心襟未许萧凉

2022-10-5

心襟未许萧凉，清展吾之闲旷。
人生最贵是思想，纵掠天苍地广。

此际秋风扫荡，落叶飘逝飞翔。
小鸟纵情唱，我意正悠扬。

忧患应许抛光，豁达清持情肠。
向阳是襟房，振襟放哦唱。

人生叩道贞刚，风雨艰苍何妨。
百年骋漫浪，未可稍放浪。

履度岁月空清

2022-10-5

履度岁月空清，寂寞时袭心襟。
奋志当凌云，穿越烟雾境。

天阴总赖风清，品茗爽雅之境。
耳际小鸟鸣，淡荡吾清平。

大千总属幻境，桑沧掩入烟云。
百年匆匆行，人生若梦境。

道德文章奉行，一生努力修心。
著书吾秉勤，雁过留身影。

悠听古琴

2022-10-5

悠听古琴，涤我烦心。
秋意爽净，商风清新。
散思旷运，哦诗空灵。
一曲奋兴，舒我心襟。

时雨洒然进行

2022-10-5

时雨洒然进行，快慰我的心襟。
秋展其意境，风吹叶飘行。

宿鸟啼鸣何清，灯下思想无垠。
哦诗吐心情，倩谁是知音？

人生共缘而行，历尽山水苍峻。
一笑还爽清，名利吾弃屏。

诗书雅自经营，享受月朗风清。
红尘是噪境，淡泊吾清心。

孤清意境

2022-10-5

孤清意境，谁安慰我心灵？
神恩无垠，导引进入康平。

秋风尽兴，秋雨不断飘行。
灯下舒情，哦诗倾诉心襟。

岁月飞俊，赐我斑苍霜鬓。
旷然心清，此生不计利名。

旷展心情，淡泊享受爽清。
孤旅挺进，叩道领略意境。

秋意风雨间

2022-10-6

秋意风雨间，感时余苍茫。
晨起鸟啼唱，爽然哦诗章。
激情似水淌，裁思发清响。
人生介意向，注入我思想。

秋意风雨间，不必嗟而怅。
世道叠桑沧，幻化任销涨。
处世吾安祥，名利徒欺妄。
叩道悠襟房，诗书耽而享。

旭日既初升

2022-10-18

旭日既初升，心志广盛。
东篱菊初芬，惬我心神。

岁月日进深，未可沉沦。
奋发我刚正，努力前骋。

感谢神之恩，导引灵程。
修心无止程，天国驰奔。

清听鸟啼纯，哦诗诚真。
商风吹阵阵，爽洁心身。

秋意高爽

2022-10-20

秋意高爽，心襟吾澹荡。
雀鸟啼唱，品茗心志芳。

红尘奔放，人在客旅间。
定定当当，微笑吾扬长。

名利弃放，正义吾清享。
叩道之间，领略风光靓。

岁月飞旷，不必计华霜。
处心安祥，共缘之销涨。

心志聊舒广长

2022-10-22

心志聊舒广长，听取鸟语悠扬。
红尘真攘攘，水云勿相忘。

清喜东篱菊芳，愉悦我之情肠。
人生贞志刚，不为名利狂。

修心岂肯退让，向上尽力飞翔。
高山越万幢，风光览于膛。

只是时光飞殇，老我渐渐霜涨。
一笑是澹荡，人生客旅间。

清怀雅兴

2022-10-29

清怀雅兴，哦诗舒清明。
菊绽鲜明，蓝天云飘行。

小鸟娇鸣，惬意品芳茗。
秋深意境，木叶逝飘零。

人生怀情，何必添伤心。
奋志凌云，努力去追寻。

山水清境，秀丽我心襟。
淡泊心灵，体道志分明。

云天澹荡

2022-10-29

云天澹荡，心志吾悠闲。
东篱菊芳，惬我之襟肠。

听取鸟唱，休闲吾雅康。
品茗意放，新诗从心唱。

林野斑黄，感时不愁怅。
兴致增长，旷望情思畅。

人生世间，勿为名利诳。
修心无限，叩道奋贞刚。

闲适无上

2022-10-29

闲适无上，心境吾安祥。
耳际鸟唱，秋风写意翔。

斜照辉煌，四围静无恙。
悠雅情肠，品茗吾意畅。

心志强刚，不畏惧艰苍。
男儿奔放，叩道天涯间。

努力向上，不为物欲狂。
贞定志向，诗书一生唱。

天气和晴

2022-11-4

天气和晴，落叶恣飘行。
喜鹊清鸣，黄花开正俊。

我自高兴，西风爽心灵。
哦出胸襟，正气纵凌云。

红尘苦辛，焕发我干劲。
诗书经营，抛去利与名。

岁月飞劲，不必嗟苍鬓。
一笑爽清，豁达真无垠。

心志圆明

2022-11-4

心志圆明，悟彻圆通境。
秋意经营，爽洁我心襟。

朝日光明，振奋我心灵。
身心清明，新诗从心吟。

大千旷运，故事演不停。
桑沧常寻，人生客旅行。

苍苍斑鬓，何必嗟于心。
努力前行，关山越苍峻。

悠悠心襟

2022-11-4

悠悠心襟，向谁道分明。
孤旅惊警，心志须和平。

立冬将临，牵牛犹清俊。
黄花开劲，点缀此安平。

笑意中心，悟彻世之情。
百年生命，真如电与影。

不必嗟吟，努力振心灵。
业绩创寻，男儿鼓干劲。

晚秋朗晴

2022-11-4

晚秋朗晴，云烟烂漫境。
和蔼身心，吟诗也清平。

不妄分心，沉潜诗书境。
陶冶性灵，男儿怀远情。

叩道进行，领略山水境。
悠悠心襟，放旷真无垠。

人生情景，正如云烟行。
共缘而进，清澈是心灵。

淡泊心襟

2022-11-4

淡泊心襟，岂计利与名。
质朴心灵，原也雅与清。

履历世境，一笑也爽清。
悠悠心灵，趋向水与云。

不计清贫，哦诗我舒情。
正直生平，挺然如松劲。

展眼烟凝，朗日正鲜明。
时光飞迅，韶华惜于心。

心志和平

2022-11-4

心志和平，享受神恩丰盈。
诗书经营，晨昏纵情哦吟。

秋深意境，黄花东篱开俊。
西风多情，爽我心意心灵。

一笑浮萦，豁达是余心襟。
悠悠此心，向谁吐出空灵。

体道均平，人生趋向圆明。
百年电影，著书记录心灵。

飘然心襟

2022-11-4

飘然心襟，人生逸意如云。
振奋心灵，努力万里驱行。

殷殷生平，正直一生坚挺。
不屈利名，洒脱潇然心境。

红尘艰辛，履尽风雨苍劲。
磨炼身心，如钢如铁坚劲。

灯下思盈，化为新诗哦吟。
舒出性灵，舒出一腔豪情。

三更无眠

2022-11-5

三更无眠，朗月正经行。
四野安静，秋深蛩不吟。

灯下思盈，人生奋志行。
穿山越岭，悠悠放歌吟。

半生清贫，无损于心襟。
努力振兴，叩道领意境。

男儿怀情，向谁诉胸襟。
孤旅挺进，不畏惧艰辛。

逸意飞扬

2022-11-6

逸意飞扬，辞秋吾无恙。
阳光和畅，喜鹊清鸣唱。

北风萧爽，落叶恣飞降。
和蔼心间，品茗意兴旷。

聊哦诗章，舒出我昂扬。
人生奔放，不为物欲障。

心怀理想，正意吾强刚。
不屈艰苍，努力万里疆。

朗日天晴

2022-11-6

朗日天晴，心中怀高兴。
休憩身心，听取鸟之鸣。

黄花清俊，西风吹正紧。
立冬明临，秋去无踪影。

落叶飘零，诗意弥心襟。
哦出心境，哦出气凌云。

心志空清，诗书吾浸淫。
叩道进行，风雨不止停。

流年飞狂

2022-11-6

流年飞狂，正意心地间。
心怀畅想，哦入诗之间。

云淡风狂，秋意正高爽。
斜日煦放，心地乐安祥。

鸟语娇唱，点缀安平况。
阖家安康，神恩真无上。

人生慨慷，努力奋向上。
诗书憩享，寻觅智慧粮。

落日晚照

2022-11-6

落日晚照，苍烟四野绕。
宿鸟啼叫，商风吹荡浩。

秋去渺渺，明日立冬到。
心志高蹈，诗书怡情抱。

旷然笑傲，东篱菊正俏。
写意风骚，烂漫何美妙。

人生奔跑，山水越逍遥。
展颜一笑，红尘胡不好。

夜幕初降

2022-11-6

夜幕初降，华灯点点放。
明月东上，风吹也奔放。

秋意萧爽，激情哦诗章。
远处歌唱，撩动我心房。

岁月安祥，处心以澹荡。
名利弃放，清心吾雅闲。

红尘攘攘，勿忘水云旷。
修心向上，人生恒贞刚。

立冬今到

2022-11-7

立冬今到，晨起五更甫毕了。
雀鸟鸣叫，喜悦我心窍。

灯下哦骚，舒出情志与怀抱。
人生晴好，风雨历艰饱。

开怀欲笑，正义情怀吾风标。
心志不老，正如黄花开笑傲。

岁月飞飙，五十七载逝去了。
豁达情抱，共缘而遇安适好。

冬日晴好

2022-11-7

冬日晴好，阳光写意洒照。
心境堪表，耳际小鸟啼叫。

落叶径飘，诗意弥满尘表。
小风骚骚，适意吾之情窍。

品茗意俏，新诗朗哦不了。
舒出情抱，舒出正意丰饶。

人生奋跑，行旅定当为好。
名利弃抛，心迹哦入诗稿。

洒脱心襟

2022-11-12

洒脱心襟，笑傲尘世吾清醒。
处变不惊，清贫无损我身心。

初冬来临，雷声连串时雨行。
休憩心灵，淡定安祥且品茗。

岁月飞行，老我斑苍一笑清。
豁达生平，不屈艰苍万里行。

黄花开俊，落叶漫野恣飘零。
诗意弥心，从容哦咏也多情。

心志平旷

2022-11-12

心志平旷，惬听冬雨唱。
林野斑黄，落叶逝飞降。

我自扬长，休憩真无恙。
小风来爽，快慰我襟房。

心志坦荡，共缘履奔放。
修心向上，不可稍颓唐。

振奋情肠，哦诗舒激昂。
人生理想，支撑我前闯。

心怀漫浪，放飞我襟肠。
不计艰苍，微笑且安祥。

履尽悲壮，心志仍阳光。
豪情心间，胸怀何宽广。

喜鹊欢鸣唱

2022-11-14

喜鹊欢鸣唱，鸟纵高翔。
朔风吹寒凉，木叶逝殇。

心志展清昂，新诗哦唱。
诗意弥襟房，激情嚣张。

红尘是无恙，运化桑沧。
弹指一挥间，华年飞旷。

骋志向遐方，不畏险艰。
胸襟持雅靓，质朴坦荡。

履尽世艰苍，心志疏狂。
正直人生场，名利弃放。

修心吾尽量，立身端方。
诗书晨昏唱，灵秀情肠。

牵牛犹开放，不畏寒凉。
黄花正绽芳，烂漫无双。

展眼向天望，苍云弥漾。
微笑淡浮上，豁达平康。

休闲无恙

2022-11-14

休闲无恙，初冬阳光正灿放。
雀鸟鸣唱，写意木叶飞而降。

心不嗟怅，奋志人生吾贞刚。
男儿豪旷，踏遍山水领清苍。

骋志顽强，不为名利俯首向。
叩道向上，客旅生涯微笑放。

红尘狂猖，众生争竞陷死伤。
清心雅靓，慧意明辨几微间。

心志舒旷

2022-11-14

心志舒旷，淡眼云烟飘荡。
和煦阳光，洒照和平寰壤。

品茗兴上，聊写新诗适肠。
心志平康，人生矢志向上。

情怀悠扬，不为物欲狂猖。
定志之向，是在诗书研讲。

百年奔放，五十七载瞬间。
理想心间，鼓舞我向前闯。

天际霭凝

2022-11-14

天际霭凝，心志吾和平。
读书尽兴，哦咏也多情。

初冬来临，田野萧瑟境。
落叶飘零，黄花开清俊。

岁月飞劲，老我以苍鬓。
雅意纷纭，不减是心情。

正意凌云，不蹈名利井。
澹泊心襟，飘逸映水云。

追求性灵，叩道恒进行。
勃勃身心，济世乐无垠。

四围安静，内叩是心灵。
撰诗空灵，诉出情分明。

心志聊表

2022-11-15

心志聊表，风雅且风骚。
绝不骄傲，谦和一生保。

红尘笑傲，客旅吾洒潇。
初冬来到，木叶恣飞飘。

人生不老，心怀容高蹈。
诗书冶造，修心奋前跑。

关山清好，风光历险要。
振襟朗啸，声震天涯渺。

雾霾弥空

2022-11-15

雾霾弥空，心志吾从容。
冬阳和慵，朔风清吹送。

洒脱襟胸，奋志正如虹。
秉持中庸，名利弃空空。

淡泊盈中，情怀与谁同？
孤旅奋勇，万里风雨冲。

红尘汹涌，百年真如梦。
德操垂永，叩道乐无穷。

早起四更

2022-11-16

早起四更，心志吾清芬。
读书轻声，怡情自慰问。

初冬时分，旷怀真无伦。
清贫不论，叩道奋刚贞。

清度红尘，正直以立身。
修心历程，努力往前奔。

感谢神恩，赐福何丰盛。
心灵安稳，阖家俱平顺。

芳怀清好

2022-11-16

芳怀清好，淡眼云烟渺。
雀鸟鸣叫，写意北风萧。

煦日洒照，品茗吾意道。
人生长跑，不为名利扰。

攀越险要，风光阅美妙。
开阔情抱，胸襟旷洒潇。

淡泊情窍，诗书朗哦了。
东篱菊俏，傲寒堪可表。

落叶谁扫？初冬已来到。
惆怅全抛，襟怀持笑傲。

红尘如飙，年轮飞渺渺。
展眼远瞧，天际苍烟绕。

东风浩旷

2022-11-18

东风浩旷，心志展苍茫。
天阴无妨，品茗情怀畅。

初冬萧苍，林野染斑黄。
黄花绽芳，姿态何娟爽。

第七十七卷《和乐集》

小鸟啼唱，点缀此安祥。
人生贞刚，读书叩道藏。

岁月飘荡，年华渐逝殇。
一笑澹荡，客旅也扬长。

苍云四野横

2022-11-18

苍云四野横，心志平论。
人生奋驰骋，客旅行程。

斑苍日渐盛，一笑和温。
闲雅意清芬，读书兴奋。

不忘是修身，内叩心身。
秉心以诚真，浩志乾坤。

清贫浑不论，物欲弃扔。
正意何刚贞，傲骨天撑。

第七十八卷《栖云集》

冬雨绵绵放

2022-11-19

冬雨绵绵放，闲雅心间。
心志展清昂，新诗哦唱。

落叶漫飘荡，诗意尘间。
爽风来悠扬，世宇安祥。

岁月是飞扬，不老襟房。
振志哦昂藏，男儿豪旷。

阖家俱平康，神恩无上。
颂赞理应当，灵程奋闯。

檐前雨响

2022-11-19

檐前雨响，东风吹浩荡。
冬日安祥，写诗舒情肠。

人生悠旷，不必计苍凉。
茁壮襟房，原也存理想。

向前向上，高远至无疆。
不事张扬，书海扬帆航。

斑苍无恙，一笑是澹荡。
诗意心间，哦咏晨昏间。

人生情长，履遇恶风浪。

定志之向，万里天涯间。

奋发贞刚，迎难吾径上。
豪勇顽强，清展男儿样。

流年更张，智慧日添涨。
共缘启航，展转桑沧间。

心志平旷，胸襟不起浪。
和蔼心间，清赏菊花黄。

木叶飘荡，诗意寰宇间。
清坐思想，能不哦奔放？

振襟昂扬，百年存漫浪。
用心寻访，正道在人间。

窗外雨唱

2022-11-19

窗外雨唱，宿鸟复鸣放。
浓霭弥漾，华灯灿点上。

体味休闲，阖家乐平康。
时光飞殇，寸阴惜心间。

奋发向上，振奋我情肠。
红尘狂狙，勿为物欲障。

百年时光，业绩矢志创。

寻觅灵粮，怡养心性芳。

夜黑华灯放

夜黑华灯放，心境安康。
聊展我思想，诉出奔放。

人生怀意向，天涯远方。
不屈世艰苍，果敢顽强。

不必怀愁怅，无机情肠。
正直人生场，道义弘扬。

正意晨昏间，不作张狂。
笑意微微放，雨正清唱。

放怀聊哦唱

放怀聊哦唱，一曲清畅。
冬夜不寒凉，有雨微降。

城市灯火旺，自在安祥。
清坐我思想，正意昂扬。

岁月添感想，如风鼓浪。
奋志我旅航，山水远方。

心志是无恙，百折矢闯。
男儿有豪壮，骋意强刚。

人生履历秋春

人生履历秋春，心志未可沉沦。
奋发以驰骋，尽力以修身。

清贫浑不相论，读书倾我精诚。
仰看白云纷，听取鸟鸣纯。

红尘浊浪滚滚，太多名利损人。
清心持雅芬，松风涤心身。

笑意旷展清纯，豁达清度年轮。
冬来心平正，东篱菊犹芬。

骋志人生

骋志人生，不畏惧艰深。
奋发刚正，名利不足论。

写意秋春，清度此红尘。
正意盈身，克已以修身。

奋不顾身，叩道领历程。
风雨嚣盛，努力万里程。

旷怀雅诚，君子之心身。
傲立挺身，如松之青春。

心志均平

心志均平，不为名利倾心。
奋志凌云，叩道鼓我干劲。

红尘艰辛，太多狼烟经行。
努力驱行，穿越关山峻岭。

冬日正阴，何妨听取鸟鸣。
冷风吹劲，漫地落叶堆径。

坎坷生平，悟得豁达心襟。
秉持良心，原也雅清圆明。

履历红尘

履历红尘，磨炼我之沉稳。
感谢神恩，导引灵程缤纷。

心志清芬，不为物欲污损。
向阳志骋，努力万里征程。

初冬时分，朔风清新爽神。
鸟语声声，点缀世宇气氛。

落叶飘纷，烂漫我之心身。
新诗哦成，呼出心志心神。

休憩身心

2022-11-20

休憩身心，淡定听鸟鸣。
初冬天阴，爽风吹清劲。

悠悠品茗，写诗适心灵。
持心安静，不妄逐利名。

高蹈心襟，趋向烟霞境。
山水空清，陶冶我性灵。

孤旅挺进，万里入烟云。
回首不惊，已越万重岭。

天气又放晴

2022-11-20

天气又放晴，斜照均平。
鸟语复殷殷，宛转多情。

白云漫飘行，落叶飘零。
周日休闲境，品茗怀情。

人生力驱行，不计艰辛。
时光若川行，一笑淡定。

振志以朗吟，舒出心灵。
正意盈心襟，抛弃利名。

蓝天白云

2022-11-21

蓝天白云，爽洁我之心襟。
旷风来迎，落叶诗意飘零。

小鸟娇鸣，打动我的身心。
哦诗空清，舒出豪气凌云。

心志分明，人生鼓勇前行。
不计艰辛，苦难磨炼心灵。

微笑浮萦，豁怀真是无垠。
诗书用劲，沉潜秋春奋兴。

潇潇木叶降

2022-11-21

潇潇木叶降，心兴广长，
心兴广长，初冬诗意弥宇间。

鸟语复奏唱，风来悠扬，
风来悠扬，田野斑斓色泽漾。

红尘任狂猖，心志安祥，
心志安祥，徐步共缘履平康。

岁月清无恙，骈志昂扬，
骈志昂扬，不为名利而缠障。

良心秉持纯正

2022-11-21

良心秉持纯正，未可失陷沉沦。
红尘浊浪是滚滚，不许损我心身。

笑傲浊世红尘，心怀雅洁清芬。
诗书以润身，修心在晨昏。

叩道奋不顾身，男儿挺直心身。
未许卑媚生，傲骨是铮铮。

岁月无比清芬，笑我斑苍生成。
豁达真无伦，济世奋刚贞。

三更冬雨滴沥间

2022-11-22

三更冬雨滴沥间，心志清无恙。
醒转哦诗体平康，一曲奏流畅。

岁月又值小雪访，时光惊叹间。
心迹犹然少年仿，努力奋张扬。

正意盈襟不张狂，修心力向上。
勤奋向学也昂扬，陶冶心性芳。

人生业绩矢志创，著书录思想。
闲雅心地也情长，向谁道细详？

檐前雨叮当

2022-11-22

檐前雨叮当，四更时间。
不眠展思想，一曲玄畅。

初冬不萧凉，清风正航。
心志舒广长，男儿贞刚。

不屈世尘网，奋发顽强。
如菊之傲霜，如松劲刚。

脱出名利网，冲向天壤。
云霄何无恙，振翅飞旷。

冬雨闲抛

2022-11-22

冬雨闲抛，激越撰诗稿。
冷风萧萧，木叶恣飞飘。

洒然意俏，东篱菊犹潇。
岁月逝飘，小雪今日到。

人生奔跑，轻装万里逍。
山水清好，涤我情怀抱。

客旅迢迢，险关径度了。
不回头瞧，风云盈心窍。

激情岁月逞嚣张

2022-11-22

激情岁月逞嚣张，心性依然温良。
清听冬雨之洒降，潇潇心志张扬。

流年更转添华霜，一笑自是澹荡。
不计名利吾安祥，诗书一生憩享。

展转尘世之桑沧，身心不受炙烫。
性天仍然持清凉，叩道奋展贞刚。

红尘气焰任万丈，淡眼缘销缘涨。
百度生死存漫浪，起承转合瞬间。

适意安祥

2022-11-22

适意安祥，雨声潇潇唱。
写意风扬，惬我之襟房。

心怀坦荡，无机颇扬长。
向阳情肠，修身力向上。

情思奔放，哦咏晨昏间。
不计艰苍，奋展男儿旷。

雅思良长，娟娟舒心芳。
流年狂猖，岁末添感想。

裁思情长

2022-11-22

裁思情长，清听鸟之唱。
细雨绵放，初冬木叶降。

我自慨慷，品茗情怀畅。
哦诗激昂，正意舒奔放。

人生安祥，履尽恶风浪。
淡定情肠，笑意从心放。

红尘唯艰，利锁与名缰。
慧目务张，脱出世之网。

冬雨敲响

2022-11-22

冬雨敲响，漫地落叶苍。
爽风悠扬，深吸精神畅。

黄花犹芳，时值小雪间。
野鸟鸣唱，点缀世安祥。

心兴悠旷，闲理我心簧。
人生气象，诗中可显彰。

正意昂扬，履尽世之艰。
不取狂猖，谦和一生倡。

早起天未亮
2022-11-24

早起天未亮，鸟语娟唱。
心志复平章，旷放无疆。

晨风清鼓荡，带来寒凉。
初冬境幽爽，惬我情肠。

人生志遐方，万里驱闯。
不畏惧艰苍，迎难敢上。

五十七载间，烟雨桑沧。
一笑体顽强，男儿豪放。

休闲无恙
2022-11-24

休闲无恙，喜鹊喳喳唱。
天喜晴朗，爽风吹清畅。

心志悠扬，纵情哦诗章。
品茗之间，惬怀真无上。

初冬正当，菊花犹然芳。
岁月飞狂，笑我星星霜。

骋志顽强，不上名利当。
万里疆场，展我男儿旷。

爽朗是我身心
2022-11-25

爽朗是我身心，览尽世事风云。
红尘是艰辛，奋志吾凌云。

此际初冬正临，木叶浪漫飘零。
心志怀镇定，不妄逐利名。

诗书一生倾心，哦咏晨昏多情。
清贫不要紧，清风涤性灵。

鼓舞情志前行，踏遍莽苍尽兴。
笑意且分明，澹荡烟雨境。

休憩身心
2022-11-25

休憩身心，淡眼尘世浮云。
读书怡情，胸襟清旷无垠。

人生多情，履尽太多伤心。
豁达心襟，早已不计利名。

高蹈雄心，享受烟霞之境。
爽风何清，涤我心志分明。

微笑雅清，男儿风标清俊。
傲骨堪凭，不损正意良心。

逸意心间
2022-11-25

逸意心间，心志不取苍茫。
奋发顽强，努力书海帆航。

红尘之间，履尽烟雾迷茫。
慧烛秉掌，不为名利遮障。

我自悠扬，身心无比清旷。
正义情肠，清澈原无机奸。

百年漫浪，哦诗舒出奔放。
傲岸贞刚，君子人格显彰。

展转桑沧之境
2022-11-25

展转桑沧之境，身心淡泊清平。
不计是利名，雅洁我清心。

悠悠此心灵明，叩道鼓足干劲。
正意颇鲜明，修身吾秉勤。

红尘客旅之行，一似梦中之境。
物欲务辞屏，内叩身与心。

秋春飞度何殷，我已星星霜鬓。
洒然一笑清，豁怀真无垠。

清思旷然生成

2022-11-25

清思旷然生成，人生纵情而论。
心志恒如春，物欲已弃扔。

清度浊世红尘，勿为名利损身。
清澈是心身，灵明若水纯。

努力前面旅程，风雨艰辛勿论。
爽然一笑生，男儿荷刚正。

诗书一生清骋，修身养怡雅芬。
时光若水奔，惜时铭心身。

心志吾宁静

2022-11-25

心志吾宁静，胸襟持光明。
穿越黑暗境，坦腹吾安平。

神恩大无垠，导引灵程进。
天使伴我行，彩虹心中映。

岁月风雨境，磨炼我刚劲。
男儿怀雄心，济世鼓干劲。

诗书雅哦吟，陶冶性灵明。
思想亘古境，瞻眺未来景。

南风兴旷

2022-11-25

南风兴旷，鸟语复鸣唱。
空灵心间，哦诗舒雅旷。

初冬正当，菊花犹芬芳。
适意情肠，惊讶时光殇。

不计斑苍，奋发男儿刚。
努力向上，修身岂有疆。

一生奔放，冲决羁锁缰。
自由无上，思想持放旷。

清意生成

2022-11-25

清意生成，感沛神之恩。
人生旅程，山水历清芬。

回思人生，风雨之历程。
血泪曾迸，神恩何广盛。

平安心生，享受福真正。
奋志灵程，胜过试探深。

讴呼真诚，心襟妙曼生。
天国永生，福乐何康盛。

心襟奔放

2022-11-25

心襟奔放，容我哦昂扬。
人生向上，努力振志向。

情怀雅靓，积淀是思想。
胸怀理想，意气何飞扬。

坎坷艰苍，于我是寻常。
岁月清享，化为额上霜。

红尘虚诞，勿为物欲障。
清心扬长，水云胸中漾。

天气又阴

2022-11-25

天气又阴，苍霭天际凝。
心怀雅清，淡泊是心情。

初冬之境，木叶飘飞行。
萧瑟之景，黄花开清俊。

红尘幻境，欺人是利名。
雅怀空清，正志入水云。

悠悠心襟，向谁诉分明？
孤旅奋行，领略关山情。

心志聊舒广长

心志聊舒广长，人生适意之间。
　清风来启航，鸟鸣宛转唱。

岁月无限清芳，流年泻去狂狷。
　初冬正无恙，木叶飘零放。

感慨从心增长，人生不取轻狂。
　正意哦诗章，一曲泻流畅。

百年匆匆瞬间，嗟叹无有用场。
　努力振志向，业绩力造创。

适意安祥

适意安祥，人生豁达无恙。
　正意心间，原也无机扬长。

清听鸟唱，享受风来浩荡。
　冬日霭苍，萧瑟自具气象。

旷怀奔放，哦咏新诗数章。
　舒出心向，舒出男儿豪放。

悠悠情肠，不减豪情万丈。
　困厄何妨，淡度缘销缘涨。

漫卷诗书狂

漫卷诗书狂，清展男儿气象。
　天阴无有妨，意气挥洒奔放。

鸟语复情长，市井生活平康。
　朔风吹爽畅，振奋吾之情肠。

努力奋向上，越过万水千嶂。
　不计较艰苍，爽然一笑清朗。

红尘原无恙，一任俗物扰攘。
　清心水云间，客旅生涯澹荡。

闲雅人生场

闲雅人生场，悠悠情长。
　人生怀意向，天涯遐方。

名利不必讲，徒属荒唐。
　定志水云乡，心志何旷。

清听鸟鸣唱，淡品茗芳。
　写诗读文章，时光流淌。

不计华发苍，心怀奔放。
　努力振志向，待时奏响。

流风此际鼓荡

流风此际鼓荡，心地闲雅无恙。
　初冬气象彰，老柳依然舣荡。

向阳是我襟房，正心诚意向上。
　不计是艰苍，矢志天涯遐方。

往事回味久长，烟雨锁住故往。
　不必耽愁怅，应向前方瞻望。

人生路途漫长，百年甘苦品尝。
　神恩总茁壮，导引我之慈航。

心灵心志增长

心灵心志增长，人生奔放向上。
　道德力推讲，正己正心肠。

只是世事艰苍，众生陷入迷茫。
　名利杀人狂，痴迷人心肠。

心怀天下何壮，克己修身贞刚。
　济世是理想，修心吾尽量。

此际初冬时光，天阴北风浩荡。
　木叶漫地殇，感伤我襟房。

红尘无比狂狷，太多机巧构陷。
无机之情肠，心怀水云乡。

洁净己之心肠，不许物欲遮障。
慧火映心间，眼目俱明亮。

踏遍莽苍无恙

踏遍莽苍无恙，蔼然一笑爽朗。
心志澹澹荡荡，中心坚持理想。

只是生涯悲壮，履尽坎坷艰苍。
依然一笑顽强，清展吾之贞刚。

不肯屈己媚上，男儿是有豪放。
努力叩道向上，正直一生阳刚。

一似山巅松长，顶住风雨狂狷。
傲骨无比强刚，撑住蓝天青苍。

向阳是吾襟房，不向名利投降。
终生清贫何妨，传世留有华章。

岁月侵袭不慌，定志果敢奔放。
揽镜华发苍苍，心襟恒持坦荡。

此际清听鸟唱

此际清听鸟唱，享受悠闲时光。
品茗惬我意向，读书意气洋洋。

只是流年更张，又值初冬时光。
林野尽显萧苍，阴霭笼罩尘间。

散淡是我襟房，人生刻意向上。
抛去名利肮脏，倾心田园清芳。

五十七载飞殇，赢得华发轻苍。
身心依然健康，叩道奋展顽强。

红尘不是故乡，客旅定定当当。
挥洒心志奔放，不留污迹秽脏。

眼目凝聚慧光，岂为物欲遮障。
定志无穷远方，真理一生寻访。

第七十九卷《天青集》

薄阴天气正当

2022-11-26

薄阴天气正当，暮色此际初访。
诉出闲情况，初冬不寒凉。

清爽北风吹放，扫荡林野萧苍。
城市人熙攘，热闹岂凡常。

心地无比奔放，不为物欲羁缰。
思想放无疆，理想恒茁壮。

只是心地情长，尘世履尽艰苍。
一笑仍爽朗，清怀贞无恙。

讴颂神恩广长，赐我心灵力量。
灵程奋闯荡，正意盈襟房。

宿鸟欢声鸣唱，打动余之心房。
人生快慰间，惊讶流年殇。

清夜难眠

2022-11-26

清夜难眠，灯下费沉吟。
红尘艰辛，苦了身心灵。

神恩无垠，赐下这康平。
回首心惊，履历重山峻。

瞻望前景，万里壮风云。

努力前行，览尽奇风景。

百年生命，幻化如电影。
努力修心，努力奋心灵。

灿然心襟

2022-11-26

灿然心襟，雅思纵纷纭。
红尘苦境，奋志当凌云。

履尽酸辛，血泪洒殷殷。
神恩丰盈，赐下平安境。

叩道刚劲，优游持心灵。
诗书哦吟，舒出意均平。

冬夜静宁，灯下理心情。
哦咏尽兴，心事诉谁听？

旷志清度红尘

2022-11-26

旷志清度红尘，不为名利竞争。
平正持心身，诗书哦晨昏。

清度浊世红尘，不惹世俗凡尘。
烟霞心中生，水云怡情芬。

茁壮是我心身，向阳叩道诚真。
风雨任纷纷，努力灵旅程。

617

五十七载逝奔，笑意依然清纯。
人生秉真诚，虚伪矢志扔。

鸟语吱喳唱

2022-11-27

鸟语吱喳唱，五更甫毕间。
天还没有亮，爽风吹和畅。

初冬晨微凉，早起我神旺。
提笔撰诗章，舒出情之向。

人生怀向往，大同是理想。
振志向遐方，饱览风光靓。

苦旅不嗟艰，奋志作导航。
神恩广无量，足够我清享。

人生闲雅无上

2022-11-27

人生闲雅无上，流年履历清旷。
爱好是诗章，哦咏晨昏间。

此际初冬寒凉，早起惬听鸟唱。
爽风是扬长，精神吾爽朗。

心志雅持安祥，名利合当弃放。
情共风同旷，万里恣飞扬。

人生未可狂猖，谦和守我情肠。
贞志天涯间，山水不为障。

适意人生安祥

2022-11-27

适意人生安祥，不为物欲遮障。
性光吾清亮，慧火映心间。

人生旷展扬长，容我漫步平康。
风雨履经狂，神恩赐奔放。

红尘不是故乡，肉体岂能久长。
定志矢向上，天国永安康。

努力灵程奋闯，胜过魔敌诡奸。
凯歌纵情唱，圣洁盈襟房。

清风拂我胸膛

2022-11-27

清风拂我胸膛，惬怀真是无上。
耳际鸟语唱，冬霭任苍苍。

心志聊发清狂，哦咏新诗昂扬。
人生不仓皇，定志水云间。

只是时光逝殇，年华冉冉老将。
豁怀应无恙，振志在遐方。

诗书人生平康，男儿纵展豪放。
不为名利诳，正心体道藏。

旷怀容我清骋

2022-11-27

旷怀容我清骋，人生应持雅正。
红尘浊浪滚滚，不许损我心身。

感谢天父鸿恩，赐下康平何盛。
生活享馨温，心灵颇安顿。

灵程不忘奋身，力胜魔敌凶狠。
奋志在乾坤，圣洁守心身。

努力前面旅程，风雨艰苍不论。
时光若水奔，惜缘铭心身。

清思旷发中肠

2022-11-27

清思旷发中肠，人生无比慨慷。
悠悠放歌唱，天久地又长。

人生雅怀向往，努力践行理想。
振意天涯间，风雨无法障。

中心坚持漫浪，履尽尘世艰苍。
一笑体顽强，男儿纵豪放。

卑媚应全抛光，傲岸展我贞刚。
客旅人世间，濯足泛沧浪。

人生百倍情长

2022-11-27

人生百倍情长，笑傲尘世桑沧。
红尘任攘攘，裁志水云间。

一生心怀漫浪，履尽坎坷艰苍。
铁志早成钢，傲骨撑天纲。

众生迷陷痴狂，困厄利锁名缰。
神恩赐广长，导引出迷茫。

灵程努力向上，修身雅洁清芳。
百年似瞬间，韶华勿费浪。

人生操守必讲

2022-11-27

人生操守必讲，拙正持在心间。
雅靓是情肠，清澈盈襟房。

红尘无比狂狷，太多迷雾阱陷。
慧目务睁亮，细辨正方向。

心灵此际安祥，享受清风浩荡。
木叶任飘荡，初冬霭任苍。

时光飞殇何妨，叩道贞定无恙。
悠悠放歌唱，声震林野间。

人生领略意境

2022-11-27

人生领略意境，艰苍困苦经行。
依然志凌云，依然奋刚劲。

一似苍松傲挺，一似山巅云行。
一似流水何清，一似老酒醇净。

岁月使人奋兴，笑我华发斑鬓。
少年之心性，浪漫吾多情。

时光永不止停，人生百年飞迅。
韶华珍如金，修心悟灵明。

人生挺直脊梁

2022-11-27

人生挺直脊梁，未可卑媚事上。
君子人格彰，男儿何豪放。

履尽冬夏炎凉，贞定仍持心肠。
向阳吾飞翔，光明心地间。

眼目慧光清亮，不入尘世罗网。
振意哦诗章，旷舒闲雅况。

只是人生难讲，因缘销涨非常。
圆融吾无恙，豁达秋春间。

人生振奋意向

2022-11-27

人生振奋意向，履历万水千嶂。
心怀真无恙，辽广是襟房。

清展吾之阳刚，穿越红尘熙攘。
田园清无恙，旷风涤心肠。

苦痛何必回放，前路更加远长。
神赐我力量，奋发男儿刚。

力战凶恶虎狼，世界是神所创。
正道恒盛昌，真理敷无疆。

适然是我情肠

2022-11-27

适然是我情肠，人生清展思想。
暮色笼罩间，灯火已点旺。

裁取心襟志向，哦出明媚襟房。
正直且阳刚，男儿纵豪放。

履尽烟雨艰苍，呵呵一笑澹荡。
神恩赐奔放，疗我中心创。

未来旷自瞻望，关山风云茁壮。
容我策马狂，快意心地间。

人生适意安祥

2022-11-27

人生适意安祥，不肯追风逐浪。
贞定心地间，叩道吾雅闲。

冬来天渐寒凉，夜晚灯下思想。
人生客旅间，天国是家邦。

信心百倍高涨，灵程容我闯荡。
神恩赐广长，导引正方向。

一任试探深艰，胜过魔敌缠绑。
灵魂清无恙，圣洁且高尚。

心志旷展雅清

2022-11-28

心志旷展雅清，人生脱出因循。
不妄逐利名，倾心水与云。

红尘无比艰辛，太多试炼险境。
处心以淡定，正意盈心襟。

晨起天犹未明，清心静听鸟鸣。
小风来多情，适我心与灵。

初冬天气爽清，天色犹然未明。
灯下理心情，一曲诉动听。

人生意志坚定

2022-11-29

人生意志坚定，淡泊是我身心。
前行奋殷殷，览尽奇风景。

红尘无比艰辛，跌倒重起何俊。
岁月飞苍劲，老我以斑鬓。

依然一笑爽清，雅洁旷持内心。
名利合抛屏，正义持心灵。

时值初冬清平，早起灯下思萦。
快慰盈心襟，神恩总丰盈。

早起既是五更

2022-11-29

早起既是五更，窗外冬雨纷纷。
精神颇健盛，哦诗适心身。

一生感谢神恩，导引人生旅程。
名利害人生，合当以弃扔。

要紧的是心身，绝不可以沉沦。
奋发我刚正，努力灵旅程。

胜过魔敌凶狠，力战显我精诚。
凯歌彻云层，天国家园奔。

心襟旷持雅量

2022-11-29

心襟旷持雅量，宇宙应都包藏。
振志天涯间，男儿纵豪放。

此际北风吹狂，冬日雨声唱响。
五更早起间，读诗哦华章。

舒出心弦浏亮，舒出我的阳刚。
舒出心志贞刚，舒出一生奔放。

心地百倍情长，悠悠放我歌唱。
人生天地间，正意作导航。

人生吾清骋

2022-11-29

人生吾清骋，山水履历雄浑。
心地闲雅生，放歌讴我青春。

斑苍一任生，心志仍持刚正。
冲决虎狼阵，还我天下安稳。

世界神创成，灵妙真是难论。
秉心持纯真，叩道用心体论。

意气纵生成，男儿厚重一生。
铁肩担乾坤，旷怀雅洁清芬。

清展我的身心

2022-11-29

清展我的身心，人生正义刚劲。
不为物欲牵引，淡定守我灵明。

叩道不辞殷勤，鼓足男儿干劲。
风雨艰苍常寻，呵呵一笑镇定。

世事嚣张难云，众生陷入无明。
应启心智奋进，脱出陷阱泥泞。

神恩自是无垠，赐下福分丰盈。
讴呼发出自心，灵程奋勇矢进。

创意人生无限

2022-11-29

创意人生无限，旷放男儿思想。
奋发脱出羁缰，清展才思奔放。

苦痛何必重讲，要在向前瞻望。
天涯虽在遐方，早已定志闯荡。

地球蛋丸相仿，八十亿人熙攘。
众生争竞狂猖，心灵难能安祥。

努力灵程向上，体道自是无疆。
人生客旅无恙，心灵心智解放。

诗书一生讲唱，悠悠哦出情肠。
窗外朔风号狂，冷寒袭击未央。

清坐展我思想，一曲舒出玄畅。
不为物欲所障，灵明挥洒扬长。

耳际听得鸟唱，心志无比平康。
天阴何所碍妨，性天清明敞亮。

文明去向何方？一生都在寻访。
坚持真理阳刚，力战奸邪污党。

清度正义人生

2022-11-30

清度正义人生，绝不可以沉沦。
奋志是刚贞，努力灵旅程。

感谢天父鸿恩，指引正路驰骋。
心灵持纯正，修心在晨昏。

胜过试探艰深，力战虎狼成阵。
身心得慰问，天国有永生。

百年秋春如瞬，寸阴切莫弃扔。
努力振心身，旷怀持雅正。

清思旷发哦中肠

2022-11-30

清思旷发哦中肠，人生坚持是理想。
贞志从来是阳刚，不屈磨难之成行。
履尽关山叠万幢，呵呵一笑心平康。
老来情怀真无恙，体认神恩是广长。

风儿高声歌唱

2022-11-30

风儿高声歌唱，寒流来自朔方。
早起心境无恙，从容新诗哦唱。

心襟无比雅闲，人生正义慨慷。
不屈困苦艰苍，心志始终阳刚。

绝不卑媚事上，男儿纵展豪旷。
清贫是无大妨，诗书润我襟房。

傲岸绝无狂猖，儒雅谦和气象。
贞定修身向上，叩道秋春之间。

旷怀清持雅正

2022-11-30

旷怀清持雅正，清度浊世凡尘。
人生绝不沉沦，擎举正义前骋。

神恩浩大难论，努力行走灵程。
胜过魔敌缤纷，清守中心拙正。

人生秉持雅诚，修心风雨晨昏。
冲决无明之阵，光明内映清芬。

人生百年旅程，物欲合当弃扔。
清贫心志雅芬，努力共缘驰奔。

处心清静

2022-11-30

处心清静，人生吾多情。
弃去利名，烟霞吾憩心。

奋志凌云，叩道领意境。
一任艰辛，努力去追寻。

雅怀灵明，烛照世隐情。
坦腹哦吟，舒出正意明。

悠悠心襟，向谁剖分明？
孤旅挺进，冲决艰苍境。

旷展男儿心襟

2022-12-1

旷展男儿心襟，身心坚贞坚定。
努力守护心灵，不许魔鬼插进。
纵展志向凌云，济世不忘于心。
履尽艰苍困贫，依然一笑轻盈。
淡定是我胸襟，不妄追逐利名。
高蹈我的雄心，诗书一生浸淫。
此际冬阳灿俊，朔风吹来冷清。
小鸟娇娇清鸣，安祥清心品茗。

嗜欲不可太盛

2022-12-1

嗜欲不可太盛，清心守我天真。
红尘浊浪滚滚，我心雅洁清芬。

人生不可沉沦，奋发男儿刚贞。
努力叩道奋骋，不畏山高水深。

笑意从心而生，豁达盈满心身。
诗书容我清骋，寻觅智慧奇珍。

百年飞迅人生，抛弃名利纯真。
努力回归天城，彼处才有永生。

清意人生

2022-12-1

清意人生，旷志雅生成。
悠度红尘，身心持清纯。

感沛神恩，导引我灵程。
名利弃扔，剩有意雅芬。

笑傲红尘，正直吾挺身。
力战妖氛，努力叩道诚。

澹泊心身，哦咏在晨昏。
天路历程，履历彼缤纷。

清展我的笑容

2022-12-1

清展我的笑容，人生淡泊清空。
斑苍不惧成翁，奋志展我刚雄。
岁月履度从容，华年逝去如风。
平生矢脱凡庸，正直挥洒中庸。

清展我的笑容，窗外歌声正送。
时节正届初冬，夜晚灯下思浓。
哦诗舒出情痛，心志平和沉雄。
人生努力前冲，万里风光恢弘。

雅知名利是空

2022-12-2

雅知名利是空，何不淡定从容。
清澈是襟胸，心志七彩虹。

不为物欲而疯，叩道鼓我奋勇。
努力往前冲，冲决雨与风。

红尘暗潮涌动，共缘销涨中庸。
正义奋刚洪，力胜魔敌凶。

人生不甘凡庸，诗书尽情哦讽。
修心秋春中，灵慧觅无穷。

人生履尽坎苍

2022-12-2

人生履尽坎苍，始终保有天良。
世事不过桑沧，百年飞度迅忙。
只是心须定当，勿为物欲失丧。
正义清持襟房，叩道清心雅靓。

人生履尽坎苍，心性依然温良。
君子沉厚贞刚，正直立身端方。

困厄一任其降，傲骨支撑天纲。
神恩总是奔放，心灵雅怀力量。

雅注清气入诗行

2022-12-3

雅注清气入诗行，人生正意昂扬。
不畏惧困苦艰苍，心怀光明太阳。

一任这尘世苦艰，男儿心志遐方。
悠悠我骋志闯荡，履历山水险苍。

心怀中始终无恙，总赖神恩奔放。
灵程我勇敢前闯，力战邪恶强梁。

岁月他淡荡清芳，流年醇酒相仿。
笑意我清展扬长，温和心地之间。

心灵旷放无疆

2022-12-3

心灵旷放无疆，不受名利羁缠。
红尘清度漫浪，一任苦雨凄苍。
人生笑傲无恙，正意清蕴心间。
叩道奋展贞刚，男儿是有豪放。

旷展心志贞刚

2022-12-3

旷展心志贞刚，不屈世之强梁。
男儿纵豪放，提刀井阳岗。

力斩世上虎狼，还我清平无恙。
神恩赐广长，灵程奋力量。

智慧从心增长，远抛无明机奸。
物欲是孽障，务必弃而放。

正义清持心间，大道普覆奔放。
万民乐安祥，神恩何茁壮。

努力向前向上，克尽世间艰苍。
胜过试探艰，心灯闪光芒。

坚持正直向上

2022-12-3

坚持正直向上，冲决世之罗网。

人生本无恙，清心映慧光。

勿为名利所障，定志山野田间。
清心何悠扬，涤我肺腑脏。

高远直至无疆，人生叩道矢闯。
圆明悟心间，觉性岂有限。

百年飞度瞬间，道德一生弘扬。
正义之襟房，坦然无污脏。

雅洁清度人生

2022-12-3

雅洁清度人生，风雨艰苍勿论。
红尘是滚滚，叩道奋刚贞。

感谢天父鸿恩，赐下幸福安稳。
灵程吾奋身，彩虹心中生。

抛弃无机暗昏，心地清澈清芬。
天良未可扔，正义吾力遵。

力战魔敌凶狠，世界是神创成。
灵妙无法论，大道覆乾坤。

旷怀正义情肠

2022-12-3

旷怀正义情肠，岂向邪恶投降。
心志展强刚，力战魔敌狂。

坚持正义立场，不畏风雨艰苍。
叩道吾雅闲，傲立若山岗。

不屈世之强梁，男儿何其贞刚。
一任试探艰，努力奋向上。

心志旷展昂扬，人生充满力量。
散发我心光，烛照前路长。

人生履尽艰苍

2022-12-3

人生履尽艰苍，旷怀岂是有限。
步履迈坚壮，风雨无法障。

心志无比雄壮，　一任试炼成行。
　跌倒依然上，　万里奋驱闯。

此心活泼难讲，　清心映出天良。
　君子儒雅间，　诗书一生唱。

红尘不是故乡，　肉体不能久长。
　不受欺与诳，　灵程奋力向。

人生骋志向上

2022-12-3

人生骋志向上，　胸襟辽阔宽广。
　不畏惧艰苍，　始终逞奔放。

履尽苦雨凄艰，　血泪潸潸而淌。
　神恩赐无限，　导引入平康。

天国我心仰望，　永生何其安祥。
　人世苦旅间，　矢沿正道航。

我心已经解放，　慧性充分释放。
　叩道入康庄，　灵性大发扬。

第八十卷《山居集》

适意是我人生
2022-12-3

适意是我人生，不为名利纷争。
清度浊世凡尘，清心雅洁芳芬。
鼓舞情志前骋，阅历山高水深。
笑意依然清纯，君子人格端正。

清展心灵力量
2022-12-3

清展心灵力量，人生正志何刚。
我心充满向往，正义普覆人间。
世事一任艰苍，心志始终晴朗。
吐出心襟万丈，哦诗清新有芳。

人生旷裁意向
2022-12-3

人生旷裁意向，我心何其温良。
力战邪恶之帮，不惧身负巨创。
神恩真是无量，起死回生豪放。
努力前路驱闯，天国家邦安祥。

心志旷持雅正
2022-12-3

心志旷持雅正，哦咏讴出真诚。
光明内蕴心身，目光正义清纯。
名利合当抛扔，清心养我纯正。
清贫无妨修身，男儿豪勇清芬。

人生骋志强刚
2022-12-3

人生骋志强刚，不畏惧世间风浪。
红尘气焰万丈，力避开阴阱暗陷。

心中豪情奔放，矢志向天涯闯荡。
斩尽世间豺狼，还世界清平康庄。

百年真不漫长，时光他如水逝淌。
华发不觉斑苍，爽然一笑吾澹荡。

冬夜清展思想，灯下我撰诗昂扬。
吐心灵慧豪放，知音者何处寻访。

心地无比情长
2022-12-4

心地无比情长，人生振奋意向。
努力前路驱闯，风雨艰苍何妨。
纵情我要高唱，神恩无比茁壮。
思此颂赞献上，灵程奋发向上。

人生贞定意向
2022-12-4

人生贞定意向，不为名利失丧。
清心内叩襟房，发见真正天良。
叩道一生奔放，男儿果敢顽强。
豪情天涯无羔，讴歌地久天长。

人生放怀讴唱

2022-12-4

人生放怀讴唱，一曲天久地长。
岁月绵绵扬长，故事演绎万章。
心志贞定贞刚，不随世风摆荡。
人间不是故乡，天国永恒安祥。

人生旷持雅正

2022-12-4

人生旷持雅正，灵程尽力驰骋。
中心感沛神恩，赐下丰美救恩。
努力秉持纯正，矢为理想奋争。
不屈俗世红尘，力胜试探艰深。

清度正义人生

2022-12-4

清度正义人生，男儿奋发刚贞。
清心雅洁清芬，抛去旧我新生。
努力前面路程，矢沿正道驰骋。
不畏风雨艰深，兼程鼓勇飞奔。

人生清源正本

2022-12-4

人生清源正本，必须内叩心身。
灵明悟彻真正，君子端方立身。
力战恶狼凶狠，豪情中心旷生。
灵程力行奋身，叩道闲雅清芬。

名利致人昏昏

2022-12-4

名利致人昏昏，何不卸下重沉。
万里行旅轻身，享受人生真正。
百年一瞬之奔，因缘切莫轻扔。
保守良心清纯，天国家园飞奔。

人生不计艰深

2022-12-4

人生不计艰深，清心守我心身。
淡泊清度红尘，清贫不必细论。
诗书清讽一生，君子和厚温润。
不屈世之嚣纷，正襟雅度秋春。

年年变换心境

2022-12-4

年年变换心境，不变的是心灵。
心志依然空清，不执尘世利名。

只是斑苍渐临，澹荡盈于心襟。
人生客旅之行，百年飞度何迅。

此际初冬又临，朔风呼号冷清。
黄花已经凋零，万物萧条野景。

天气又值浓阴，清坐室内思萦。
品茗聊适身心，悠悠心志和平。

天地阴晦之间

2022-12-4

天地阴晦之间，冬霭笼罩穹苍。
心地平和无恙，闲将新诗哦唱。
人生由来情长，履度苦旅深艰。
唯赖神恩茁壮，赐与平安雅康。

天地阴晦之间，流年更换何忙。
不觉渐染华霜，心志微感愁怅。
身心依然顽强，不屈世之罗网。
正义纵展奔放，男儿荷持贞刚。

约身凝重

2022-12-5

约身凝重，不为名利所动。
英武襟胸，容我旷意哦讽。

红尘汹涌，谁是真的英雄？
世事混蒙，谁是真的情种？

正立挺胸，原无卑媚盈中。
男儿豪勇，万里风雨任浓。

岁月从容，淡眼云烟袅空。
一笑和慵，不屈世俗凡庸。

人生雅意横纵

2022-12-5

人生雅意横纵，容我从心哦讽。
喜鹊正鸣颂，冷寒是朔风。

时节正届初冬，心境与谁相同？
　坦腹以哦诵，清心不平庸。

正意盈于襟胸，人生旷怀无穷。
　不为名利动，淡泊清贫中。

只是人生情浓，孤旅不忘奋勇。
　岁月瞻望中，不必计斑慵。

朗日喜此天晴
2022-12-5

朗日喜此天晴，蓝天清映白云。
　喜鹊喳喳鸣，欢快真无垠。

心志旷展殷殷，人生浩意凌云。
　身虽处清贫，诗书哦奋勤。

澹荡是我心灵，正义一生坚挺。
　守护是良心，湛湛朗而清。

努力长路驱行，万里踏破烟云。
　百年是生命，傲骨撑天青。

旷持心襟雅量
2022-12-5

旷持心襟雅量，人生正义何刚。
奋发追求理想，不为物欲失丧。
此际心志清昂，淡眼尘世桑沧。
爽然一笑安祥，时光一任逝殇。

清展正义襟胸
2022-12-5

清展正义襟胸，人生奋志刚洪。
　不随世俗风，不妄去行动。

情怀谁能读懂？正义清持襟中。
　力战邪恶凶，神恩赐恢弘。

不惧尘世雨风，不惧狼恶虎凶。
不惧山水险重，不惧忧虑愁浓。

叩道成竹在胸，男儿矢展刚猛。
灵程是有彩虹，七彩闪耀襟胸。

清度儒雅人生
2022-12-5

清度儒雅人生，不为名利纷争。
笑傲浊世红尘，叩道鼓勇前骋。
诗书哦诵晨昏，怡情山水意芬。
淡泊是我心身，流年如水驰奔。

不可贪恋红尘
2022-12-5

不可贪恋红尘，名利是假非真。
不可贪恋红尘，人生弃假归真。
放怀讴歌晨昏，感沛天父鸿恩。
努力奋行灵程，力胜魔敌凶狠。

人生清骋
2022-12-6

人生清骋，吾意旷怀雅芬。
　激情纵逞，向阳心志和温。

厚重一生，不为名利纷争。
　淡泊生辰，沉潜诗书缤纷。

岁月进深，不必回忆深深。
　未来奋身，叩道秉持精诚。

感谢神恩，矢沿正路驰骋。
　不屈世尘，力战虎狼凶狠。

清喜阳光洒照
2022-12-7

清喜阳光洒照，品茗意气何潇。
岁月逝去逍遥，人却接近苍老。
爽然展我一笑，红尘容我高蹈。
诗书惬我怀抱，清度岁月潇骚。

潇潇是我身心
2022-12-8

潇潇是我身心，天良于中清映。
　奋志展凌云，大道矢追寻。

男儿旷展殷殷，此生不为利名。
　笑意展清俊，旷雅真无垠。

此际仲冬正临，天阴雾霾笼境。

旷发我中情，新诗从心吟。

人生穿越苦境，神恩何其丰盈。
正意盈心襟，灵程努力进。

清度浊世红尘

2022-12-8

清度浊世红尘，心灵雅洁清芬。
人生是旅程，心志吾沉稳。

不为名利奋身，清心吾持雅正。
淡泊盈心身，叩道吾秉诚。

坚持正直一生，端方展我温存。
君子人格正，学养力修成。

岁月自具雅芬，老我斑苍何论。
一笑也真诚，修心无止程。

磊落光明

2022-12-9

磊落光明，心地吾雅清。
男儿爽劲，叩道奋进行。

悠悠心襟，向谁道分明。
坦腹哦吟，一腔是热情。

胸怀刚劲，儒雅矢前行。
关山风云，激荡吾心灵。

世事纷纭，吾心持静定。
不为利名，损我身心灵。

岁月空清，回首俱烟云。
未来展晴，风雨我兼行。

冬雨经行，室内我清吟。
男儿怀情，旷吐我心襟。

孤旅挺进，茁壮持身心。
多情哦吟，正意体分明。

斑苍之境，依然志凌云。
享受清贫，享受诗书境。

何必多云，人生客旅行。
应持静定，内叩身心灵。

灵程奋进，胜过诱惑凌。
天涯远景，召唤我前行。

冬雨萧萧

2022-12-9

冬雨萧萧，洒脱撰诗稿。
清风来潇，深吸是为妙。

旷怀雅俏，安祥盈心窍。
人生清好，风雨早经饱。

爽然一笑，正襟吾遥逍。
名利弃抛，清心最为要。

红尘高蹈，水云憩情抱。
听取鸟叫，清品绿茗好。

心境无比雅淡

2022-12-9

心境无比雅淡，人生履尽坷坎。
奋志作好汉，不畏惧困难。

红尘不缺浪漫，风雨任其嚣展。
磨炼心与胆，力战虎狼缠。

此际心怀雅安，神恩丰富丰赡。
努力把家还，天国终点站。

清心内叩妥善，正意盈襟旷展。
百年履艰难，铁骨撑天汉。

身若野鹤闲云

2022-12-9

身若野鹤闲云，心襟秉持雅清。
名利已抛屏，高蹈志凌云。

红尘清度安宁，物欲害人无垠。
正意盈心襟，化外憩水云。

红尘步步惊心，太多狼烟经行。
休憩我心灵，体道吾康平。

岁月雅度奋兴，君子人格何清。
爽怀豁无垠，灵程力挺进。

随缘履历秋春

2022-12-9

随缘履历秋春，人生奋志沉稳。
清度这红尘，身心秉纯真。

灵程叩道奋身，名利抛弃七分。
雅正持心身，心怀水云芬。

岁月风雨艰深，大化运行精准。
努力前旅程，冲决虎狼阵。

正值仲冬时分，浓霭笼罩乾坤。
室内思缤纷，哦诗吐真诚。

旷展心襟志向

2022-12-9

旷展心襟志向，岂为物欲遮障。
性天吾清凉，人生秉天良。

红尘无比狂猖，太多迷烟雾障。
心灯须清亮，前旅奋慨慷。

此际夜幕下降，冬夜清平安祥。
灯下我哦唱，心襟真无恙。

人生容我回放，感谢神恩奔放。
阖家享安康，颂赞理应当。

时雨旷然进行

2022-12-9

时雨旷然进行，灯下思绪何清。
人生领略意境，风雨艰苍经行。

伤痛吾已饱经，爽然一笑雅净。
人生客旅之行，挥洒心襟无垠。

难抑心中多情，一任霜染斑鬓。
浩志依然凌云，脚下步履稳劲。

不逐尘世利名，修心正襟哦吟。
快慰盈于心灵，神恩赐下丰盈。

雅思容我旷展

2022-12-9

雅思容我旷展，心襟舒出妙曼。
窗外冬雨溅溅，灯下心境妥安。
人生奋辟前站，何必回首细看。
努力振奋心胆，正直男儿傲岸。

冬日雨浓

2022-12-10

冬日雨浓，品茗意取和慵。
旷意哦讽，舒出我的清空。

大千运动，落叶飘飞从容。
幻化宇穹，人生客旅之中。

淡定心胸，岂为名利所动。
正义情浓，一生旷哦大风。

岁月飞匆，笑我华发斑重。
一笑从中，愿随飞鸟凌空。

宿鸟且自歌唱

2022-12-10

宿鸟且自歌唱，散步心性何芳。
华灯渐次点亮，呼吸清风快畅。

心志旷展清昂，闲雅是我情肠。
不为名利而狂，贞定叩道扬长。

履尽人生苦艰，爽然一笑何畅。
神恩赐下奔放，足够一生安享。

男儿纵展豪放，诗书憩我心房。
红尘只是暂享，永生是在天堂。

悠悠清度人生

2022-12-10

悠悠清度人生，旷怀无比雅正。
灵程叩道诚真，心得清雅清芬。

清度浊世红尘，身心不受污损。
奋发男儿刚贞，努力前面旅程。

山水自是雄浑，风雨一任嚣盛。

兼程努力驰骋，面容刚毅拙正。

冲决虎狼之阵，世界是神创成。
美妙难以细论，讴颂出自心身。

大道普覆乾坤，奸邪未许炽盛。
秉持正直心身，致力荣归天城。

百年生命迅奔，叹如只似一瞬。
韶华用心惜珍，修身秋春晨昏。

悠悠容我哦唱

2022-12-10

悠悠容我哦唱，舒出正意昂扬。
不惧天地苍凉，秉持火热襟房。

向阳清展情肠，奉献正义力量。
力战奸邪之帮，真理正道通畅。

灯下清展思想，冬夜心不寒凉。
努力驱向遐方，山水迈越远长。

红尘只是暂享，肉体不能久长。
奋发心灵力量，天国才是家邦。

清展我的意向

2022-12-10

清展我的意向，人生骋志向上。
此生苦旅饱尝，身心依然健康。

神恩总是茁壮，赐下平安吉祥。
灵程道路奋闯，力战虎豹豺狼。

修心岂是有限，努力振奋情肠。
未许黑暗遮障，光明心地之间。

微笑浮上面庞，人生未许狂猖。
坚持正义立场，君子一生端方。

芳怀原自清好

2022-12-11

芳怀原自清好，适然是我怀抱。
人生正义刚傲，不屈艰苍世道。
红尘容我逍遥，化外气象丰饶。

正襟朗哦潇骚，清风怡我心窍。

勿为名利所哄

2022-12-11

勿为名利所哄，清心展我笑容。
正义吾刚洪，风雨兼程冲。

岁月清度从容，雅旷是我心胸。
诗书容清讽，共缘履穷通。

百年飞逝匆匆，淡泊雅持中庸。
安乐吾和同，叩道悟圆通。

此生不甘凡庸，男儿果敢英勇。
大化在运动，业绩创无穷。

善加守护心灵

2022-12-11

善加守护心灵，不许豺狼插进。
神恩大无垠，导引灵程矢前进。

处心吾清平，此生不为利与名。
淡泊守初心，质朴心地映灵明。

红尘是险境，处处诱惑并陷阱。
心光务燃明，奋沿正路驱天庭。

正义吾刚劲，力战魔敌与魔兵。
心志吾康宁，圣灵安慰我身心。

心襟秉具真诚

2022-12-11

心襟秉具真诚，质朴是我人生。
奋志在红尘，名利不足论。

正值仲冬时分，天气阴沉寒冷。
旷展思绪纷，讴咏吐清芬。

岁月日渐进深，斑苍何须细论。
清风来慰问，爽洁我心身。

振志努力驰骋，物欲抛弃纷纷。
男儿奋刚正，浩意出宇尘。

旷志清度红尘

2022-12-11

旷志清度红尘，人生逍遥七分。
物欲不使盛，清心才雅芬。

我心秉持真诚，光明心地清纯。
悠悠哦心身，振志在乾坤。

百年飞迅此生，华年逝去勤奋。
心机未许生，拙正守灵魂。

清贫浑不足论，诗书慰我晨昏。
阖家俱安稳，神恩浩无伦。

嗟叹心中生

2022-12-11

嗟叹心中生，嚣嚣是此红尘。
努力奋刚贞，不为名利损身。

秉持我心灯，烛照前面路程。
风雨我兼程，山高水深不论。

奋志在乾坤，辞去红尘滚滚。
清心吾雅芬，叩道倾我精诚。

仲冬之时分，灯下清思生成。
哦诗适心身，意绪万千纷逞。

人生共缘而行

2022-12-13

人生共缘而行，洒脱是我身心。
此际喜鹊正清鸣，爽风其来何俊。

冬日清喜朗晴，新诗容我哦吟。
人生振奋是心灵，物欲务当辞屏。

高蹈余之雄心，恒向诗书用劲。
叩道领略其意境，一生努力修心。

岁月飞逝何劲，华发不减雄心。
君子待时以大鸣，未可衰减心襟。

整顿身心

2022-12-13

整顿身心，心志吾均平。
奋展雄英，万里以驱行。

关山峻岭，添我之豪情。
风雨苍劲，磨炼我心襟。

岁月进行，故事演不停。
秉持清心，正志体分明。

桑沧饱经，一笑吾淡定。
人生经行，最贵是良心。

清怀畅好

2022-12-13

清怀畅好，读书吾洒潇。
正志刚傲，不屈且不挠。

谦和力保，叩道吾逍遥。
展眼远瞧，天际苍烟飘。

清风来潇，仲冬正美好。
雀鸟鸣叫，惬我之怀抱。

红尘扰扰，心静是为要。
勿为名扰，勿为利所骚。

雅淡是我身心

2022-12-13

雅淡是我身心，此生不嗜利名。
悠悠放歌吟，心灵何爽清。

男儿旷志凌云，济世挥洒才情。
诗书晨昏吟，修养我身心。

此际心怀奋兴，品茗听取鸟鸣。
爽风来清新，怡我之心襟。

红尘清度怀情，风雨艰苍常寻。
淡泊享康宁，体道吾平静。

名利非我意向

2022-12-13

名利非我意向，矢将正义弘扬。
　世界是神创，大道普覆间。

仲冬天气晴朗，鸟语娟娟何畅。
　清坐品茗间，新诗从容唱。

享受休闲时光，不计老将来访。
　澹荡盈心房，力抛机与奸。

正义一生提倡，力战恶虎凶狼。
　灵程我奋闯，风光阅奇靓。

清持正直身心

2022-12-13

清持正直身心，人生向往光明。
红尘履尽艰辛，依然志取凌云。

努力修养身心，陶冶我之性灵。
岁月多么空清，年华冉冉逝行。

斑苍不复清俊，远辞少年倩影。
何必嗟叹于心，应能奋志远行。

仲冬已经来临，爽风吹来何清。
小鸟娟娟啼鸣，岁末感慨于心。

第八十一卷《扪云集》

洒脱身心

2022-12-13

洒脱身心，原不计较利名。
红尘惊警，雅度秋春清心。

仲冬正临，旷怀清持和平。
朔风尽兴，爽我心襟无垠。

神恩丰盈，赐下如此康宁。
讴颂从心，灵程叩道奋进。

岁月多情，斑苍任其来临。
淡定盈襟，沉潜诗书之境。

茁壮心襟

2022-12-13

茁壮心襟，岂肯俯首利名。
奋发刚劲，力战魔敌妖兵。

努力前行，山水多么清峻。
大好心襟，雅哦新诗舒情。

红尘艰辛，不可固守因循。
奋辟新境，文明进步无垠。

冬夜安宁，灯下思绪何清。
爽意盈襟，讴颂神恩丰盈。

东方彩霞生

2022-12-14

东方彩霞生，一轮红日生成。
清寒弥乾坤，早起精神振奋。

正意哦真诚，人生总持雅芬。
憩身于世尘，勿为名利奋身。

淡泊度秋春，心怀柔和谦正。
诗书尽意骋，哦咏舒出情真。

斑苍任生成，依然少年拙正。
努力向前奔，越过山高水深。

心志刚贞

2022-12-14

心志刚贞，岂屈鬼魅妖氛。
英武精神，人生不屈奋争。

旷雅心生，诗书人生清骋。
儒雅清芬，努力灵程驰奔。

奋不顾身，叩道用道精诚。
红尘滚滚，共缘坦然驱骋。

百年秋春，飞逝只似一瞬。
天国永生，才是家邦真正。

阳光书屋诗集

清好人生

2022-12-17

清好人生,履尽风雨艰深。
奋志刚贞,依然一笑馨芬。

浊世红尘,磨炼我志坚正。
不屈世尘,男儿旷怀纯真。

岁月进深,窗外朔风号申。
冷寒时分,总赖煦阳和温。

努力前程,追寻真理真正。
名利弃扔,清贫雅意心生。

情怀畅好

2022-12-17

情怀畅好,风烟吾经饱。
不取高傲,谦和盈心窍。

喜鹊鸣叫,朔风畅呼号。
朗日清照,读书意洒潇。

心兴高蹈,人生万里遥。
努力前道,不计风雨嚣。

倾心哦了,舒出雅意俏。
人生迢迢,应能持一笑。

人生情重

2022-12-17

人生情重,履尽烟雨苍浓。
英武襟胸,原不计较苦痛。

岁月如风,赐我斑鬓重浓。
一笑从容,人生淡定之中。

红尘汹涌,共彼大化运动。
和慵心胸,叩道秉持中庸。

抛开苦痛,听取朔风号动。
煦日晴空,更有喜鹊鸣风。

时值仲冬,冷寒继续加重。
品茗意动,读书写诗情浓。

百年空空,唯有业绩垂永。
共缘行动,平和心地淡讽。

秉心温良

2022-12-18

秉心温良,寂寞人生场。
天喜晴朗,雀鸟欢鸣唱。

心志清昂,能不讴诗章。
舒出情向,舒出意奔放。

岁月飞旷,何许笑斑苍。
率意之间,已越千关嶂。

红尘无恙,神恩总茁壮。
努力向上,振志天涯间。

灿然心襟

2022-12-18

灿然心襟,处变吾不惊。
心怀清俊,努力奋前行。

此生艰辛,磨难何纷纭。
神恩无垠,导引入康平。

旷怀高兴,冬日天朗晴。
悠悠品茗,读书适身心。

阖家康宁,神恩感丰盈。
颂出于心,灵程奋辟进。

人生容我清骋

2022-12-18

人生容我清骋,心志旷然生成。
哦诗舒出热诚,品茗意取清芬。

仲冬朗晴时分,小鸟娇鸣纷纷。
感谢天父鸿恩,阖家一年康顺。

努力前面旅程,矢为真理奋身。
鼓舞情志前骋,越过山高水深。

雅意中心生成,不为名利奋争。
诗书陶冶心身,濯足沧浪沉稳。

落日余残照

2022-12-18

落日余残照，苍烟清绕。
心志旷写照，洒脱尘嚣。

清寒不紧要，落叶飞飘。
守护我心窍，不为尘扰。

红尘容高蹈，水云情抱。
人生奋长跑，风光微妙。

正义持刚傲，力战魔妖。
攀越山险峭，胸襟美好。

天气晴朗

2022-12-19

天气晴朗，笑意运广长。
清听鸟唱，闲情堪可赏。

心兴悠扬，小风来送爽。
品茗意畅，读书洒落间。

人生慨慷，万里奋发闯。
正意轩昂，岂屈彼艰苍。

微笑安祥，神恩赐无限。
红尘暂享，天国是家邦。

振志人生场

2022-12-20

振志人生场，体道吾顽强。
人生策马放，风雨兼程闯。
履尽艰与苍，心怀一笑爽。
红尘原无恙，神恩敷广长。

振志人生场，老来发斑苍。
回思一生间，正如梦中仿。
努力向遐方，览取风光靓。
悠悠余哦唱，声震天地间。

清度是此红尘

2022-12-20

清度是此红尘，名利何足细论。
丰沛是神恩，努力走灵程。

此际仲冬时分，灯下清思生成。
阖家享安稳，颂赞出心身。

岁月飞驰迅奔，霜华渐渐生成。
淡泊盈心身，振志叩道诚。

人生努力驰骋，闯度关山成阵。
心志涵馨芬，决不可沉沦。

男儿奋发刚贞，不屈艰苍生辰。
力战虎狼纷，提刀勇无伦。

和平是此宇城，神恩浩大难论。
道德尽力遵，修心在晨昏。

人生勿失纯真

2022-12-21

人生勿失纯真，此是无价之珍。
正义奋刚贞，灵程吾力骋。

时值仲冬寒盛，朔风吹击成阵。
品茗意清芬，惬怀真无伦。

感谢天父鸿恩，赐下平安妥稳。
火热是心身，力战魔敌纷。

笑意从心而生，清度丰美人生。
时光若水奔，寸阴切须珍。

清喜天晴朗

2022-12-22

清喜天晴朗，冬至阳光放。
喜鹊欢鸣唱，朔风吹萧狂。
品茗意扬长，酌酒情洋洋。
从心讴诗章，一曲歌昂扬。

休憩身心

2022-12-23

休憩身心，享受阳光之鲜明。
冬日朗晴，朔风吹击是寒清。

且品芳茗，旷读诗书吾怡情。
阖家安宁，神恩颂赞出心灵。

岁月进行，爽怀逸志豁无垠。
振奋心灵，努力前驱关山峻。

小鸟娇鸣，声声打动我心襟。
写诗讴吟，舒出心境也空灵。

圣诞今临

2022-12-25

圣诞今临，心志吾平静。
天日朗晴，喜鹊以畅鸣。

悠悠品茗，休憩余雅兴。
阖家康平，神恩颂不停。

人生驱行，履历关山境。
心襟坦平，讴歌出心灵。

岁月均平，桑沧是常寻。
百年生命，灵程力挺进。

悠悠抒情

2022-12-25

悠悠抒情，舒出我的心灵。
爽风进行，冬日清喜朗晴。

淡泊心襟，此生不为利名。
叩道尽兴，历尽山水苍清。

红尘惊警，太多狼烟经行。
努力奋行，不畏山高水峻。

雅品芳茗，心兴自是无垠。
哦诗怡情，康平度日温馨。

斜日在望

2022-12-25

斜日在望，心志吾平康。
清听鸟唱，享受此休闲。

岁月奔放，又值圣诞间。
人生贞刚，修心力向上。

红尘狂荡，正是试炼场。
持心安祥，不为名利诳。

诗书无恙，是我生命粮。
骋志扬长，努力万里疆。

四围安静

2022-12-25

四围安静，哦诗以吐情。
人生镇定，履尽关山云。

灯下思萦，奋志当凌云。
克尽艰辛，心志怀清明。

红尘险境，诱惑并陷阱。
务持清心，遁向水与云。

努力前行，叩道领意境。
百年生命，灿烂真无垠。

天气不清平

2022-12-27

天气不清平，病疫肆行。
吁求苍天殷，救此万民。

人生奋前行，叩道挺进。
修心乐无垠，正直生平。

努力振心灵，力求上进。
神恩何丰盈，导引修行。

坦腹吾哦吟，雅思均平。
沐恩颂于心，灵程旷进。

喜鹊又清鸣

2022-12-27

喜鹊又清鸣，振奋人心。
雾霾笼野境，病疫横行。

清坐吾安宁，神恩无垠。
颂赞出于心，灵程奋行。

岁月是飞行，年关将近。
希望恒于心，瞻望前景。

诗书哦均平，淡泊品茗。
希冀海宇宁，万民康平。

历劫之身

2022-12-27

历劫之身，奋志吾刚贞。
感谢神恩，清度此红尘。

奋不顾身，叩道吾持正。
力战妖氛，体道在秋春。

诗书晨昏，哦咏适心身。
阖家平顺，丰沛是神恩。

努力灵程，天国家园奔。
冲决狼阵，凯歌彻云层。

日色无光

2022-12-27

日色无光，天地阴霾放。
病疫狂猖，万民沦苦伤。

吁求上苍，赐福以康强。
神恩广长，足够你我享。

心志安祥，切祷于心间。
振襟哦唱，舒出意贞刚。

人生疆场，努力奋向上。
万里遐方，寄托我理想。

闲情聊表

2022-12-27

闲情聊表，心志吾潇骚。
灯下思俏，哦诗怡怀抱。

人生晴好，神恩是笼罩。
颂祷声高，灵程努力跑。

关山险要，男儿显身腰。
旷然一笑，雅洁何娟好。

贞定情操，叩道吾逍遥。
阖家康好，感恩歌声高。

情怀悠扬

2022-12-27

情怀悠扬，新诗聊哦唱。
灯下思想，人生该怎样。

奋发顽强，骋志万里疆。
不为名狂，不为利所障。

心志安祥，叩道是志向。
努力向上，正己正心肠。

克尽艰苍，心怀彼阳光。
客旅之间，积德无止疆。

天地昏暗不明

2022-12-29

天地昏暗不明，瘟疫大流行。
万民陷入苦情，吁天祷于心。

神恩总是丰盈，导引我们心灵。
力胜魔敌兵，凯歌彻行云。

红尘并不太平，两军对垒何殷。
努力向前进，斩尽魔鬼群。

岁月旷自飞行，劫难何时止停？
守护吾心灵，圣洁且多情。

霾烟天地间

2022-12-30

霾烟天地间，日色无光。
叹息复良长，人祸狂猖。

切祷于心间，神赐安康。
奋发以向上，正直情肠。

小鸟不知怅，仍发歌唱。
万民遭祸殃，瘟疫扫荡。

岁月是飞畅，叩道奔放。
内叩心与肠，修心善良。

第八十一卷 《扪云集》

民生唯艰

民生唯艰，遭遇此祸殃。
瘟疫狂猖，霾烟天地间。

内叩心向，切祷吁上苍。
守护心房，守护吾善良。

慨当以慷，奋发人生场。
济世志刚，努力迎难上。

悠悠情肠，品茗守安祥。
神恩苗壮，赐福必康强。

品茗意畅

品茗意畅，腊八今正当。
天地昏茫，霾烟四野间。

守护心房，神恩赐苗壮。
正直昂扬，叩道贞志刚。

不畏艰苍，否极泰来扬。
努力向上，努力振意向。

世界狂猖，正邪搏击艰。
杀伐声响，魔敌必遁亡。

雅思容我清展

雅思容我清展，舒出人生浩瀚。
岁月是飞帆，努力克艰难。

神恩丰沛丰赡，导引灵程前站。
力胜魔敌缠，凯歌彻霄汉。

心志旷展妙曼，叩道不畏艰难。
正直且傲岸，质朴又雅然。

努力万里奋战，矢把天国家还。
修心路漫漫，吾不畏阻难。

夕照苍黄

夕照苍黄，世界沐恩光。
霾烟狂猖，笼罩此穹苍。

清坐安祥，内叩己心房。
修心尽量，努力奋向上。

叩道之间，穿越万千嶂。
不回头望，天涯是方向。

百年履艰，神恩赐广长。
微笑浮上，豁达盈襟肠。

无处可逃

无处可逃，雾霾四野笼罩。
心思怀焦，从心向天呼祷。

小鸟鸣叫，吱吱喳喳闹吵。
清坐思遥，恳求神恩临到。

天人大道，不可背离违傲。
敬天才好，人须克己傲骄。

努力前道，叩道奋履迢迢。
夕日残照，写诗舒我心窍。

昏霾天地间

昏霾天地间，空气污染太狂猖。
瘟疫大扫荡，众生陷入苦痛间。

岁末回首望，一年经历不平常。
应向前瞻望，切祷神恩赐丰穰。

人欲惹祸殃，物欲太盛为哪桩。
利夺又名抢，机关算尽徒称枉。

守护吾心房，正直善良未可丧。
努力灵程上，力战魔敌与妖魍。

人生切祷为上

2022-12-31

人生切祷为上，人生切祷为上。
神恩必然赐降，救度万民厄艰。

此际霾锁穹苍，瘟病横行狂猖。
圣徒从心唱，求神赐恩光。

两军对敌何艰，杀伐必然悲壮。
魔敌必销亡，凯歌彻云响。

从心舒出心芳，化为新诗哦唱。
明日元旦访，不久是春光。

心志不取狂猖

2022-12-31

心志不取狂猖，人生奋发力量。
辞旧迎新间，哦诗舒奔放。

岁月旷自飞翔，不必计较斑苍。
努力以向上，修心养德芳。

困厄不会久长，春来百花会放。
天气会晴朗，清风会来翔。

此际清坐安祥，品茗舒适意向。
激越未可减，提笔撰诗章。

容我朗哦诗章

2022-12-31

容我朗哦诗章，激情澎湃心间。
品茗意兴畅，慨然撰诗行。

舒出心中意向，舒出男儿豪放。
舒出我的清狂，舒出正义气象。

努力向前奋闯，越过高山重嶂。
风云无法障，秀色览心间。

秉持贞定情肠，叩道从容之间。
神恩总奔放，赐福何康强。

冷眼观此世象

2022-12-31

冷眼艰此世象，天地一片茫苍。
众生多失陷，厄难眉目间。

神必将恩赐降，选民得福何康。
灵程努力闯，天国是故邦。

迷霾四野笼障，病疫太多狂猖。
清坐我思想，为何会这样？

务必守护心房，正义善良勿减。
神必赐安康，天使伴你翔。

体道安康

2022-12-31

体道安康，神恩赐浩荡。
心不昏茫，淡定守襟房。

红尘之间，迷烟四野漾。
病疫獗猖，众生受灾殃。

切祷心间，神必赐安祥。
定志之向，是在叩道藏。

人生贞刚，不可忘理想。
努力向上，迎难吾径闯。

心灵我要歌唱

2022-12-31

心灵我要歌唱，神恩如此广长。
虽然试炼深艰，神必赐下安祥。
努力灵程奋上，胜过魔敌阻障。
天国就是方向，永生福乐无限。
务必守护心房，善良正义增长。
黑暗必然退藏，天日光辉明亮。
岁末回首长望，一路烟霭茫苍。
更向未来眺望，前路充满明光。

心灵心志昂扬

2022-12-31

心灵心志昂扬，我要放声高唱。
神恩充满心间，圣灵运行无恙。
正邪搏击艰苍，杀伐岂是寻常。

正义必然增长，　邪恶归于灭亡。
世界是有桑沧，　华年弹指瞬间。
努力守护心房，　神必赐与力量。
明日新年将访，　我心充满希望。
不畏试炼艰长，　未来洒满阳光。

心灵此际高涨
2022-12-31

心灵此际高涨，　斜照穿越霾障。
明日元旦将访，　未来向我开敞。
颂神出自心肠，　献上纯洁天良。
不畏试炼深艰，　心中怀有阳光。
切祷晨昏之间，　圣灵运行心间。
神恩何其宽广，　赐与选民力量。
穿越黑暗雾障，　迎接新的曙光。
文明必恒向上，　大浪淘沙必将。

文明去向何方
2022-12-31

文明去向何方？　引我深深思量。
天人大道无恙，　人守本份应当。
神恩丰沛无量，　人须敬拜上苍。
物欲不可膨胀，　质朴才享安祥。
旷怀济世理想，　冲决迷烟霾障。
风雨艰苍何妨，　我有铁骨顽强。
努力振奋情肠，　迈越山水雄壮。
悠悠放我歌唱，　声震天地之间。

第八十二卷《茗香集》

心志吾持安祥

2022-12-31

心志吾持安祥，人生奋发向上。
　夜晚华灯放，灯下吾思想。

五十七载瞬间，明日元旦又访。
　不必惊嗟怅，人生水流殇。

东西文明鼓荡，阴阳互补应当。
　合奏一曲唱，和谐天地间。

神恩无比广长，心灵雅怀力量。
　悠悠余哦唱，祝福天下康。

新年放笔

2023-1-1

一轮红日破霾障，挺出于东方。
天气虽复寒且凉，元旦今正当。

早起舒放我思想，世事费平章。
新年瞻望新气象，内心须刚强。

修心养德无止疆，努力矢向上。
文明进步永无疆，神必赐恩光。

切心祈祷向上苍，佑此万民康。
健步迈向新方向，奏出欢乐章。

旷怀正义情肠

2023-1-1

旷怀正义情肠，矢将真理弘扬。
　一任霾烟猖，天地会扫荡。

清喜元旦今访，新年充满希望。
　努力奋贞刚，努力展顽强。

男儿是有豪放，傲然挺立世间。
　不屈这艰苍，中心怀阳光。

笑意从心展放，豁达盈满心房。
　精神毕显彰，我是好儿郎。

流年转换迅忙

2023-1-1

流年转换迅忙，新年元旦又当。
　远处鞭炮响，内心怀希望。

人生合展扬长，共缘长自驱闯。
　勿为物欲丧，勿为名利忙。

内叩自己心肠，发见真理阳光。
　神恩赐茁壮，大道普覆间。

笑意从心浮上，哦诗激越昂扬。
　努力万里疆，天涯是方向。

心志平康

2023-1-1

心志平康，一杯绿茗香。
悠悠情肠，亘古入思想。

新年正当，雀鸟奋鸣唱。
休憩心肠，哦诗适意向。

未可耽闲，努力奋志向。
旷展顽强，前路万里疆。

红尘之间，大道覆广长。
持正心间，神必护汝航。

辞旧迎新

2023-1-1

辞旧迎新，克服困难矢前进。
柳暗花明，文明进步恒进行。

鸟语声声，远处鞭炮响阵阵。
焕发心身，鼓舞情志旷驰骋。

山高水深，览尽风光之奇胜。
胸襟平正，天人大道努力遵。

品茗意生，哦出新诗舒情诚。
激情时分，奋欲展翅入霄层。

空气污染太严重

2023-1-1

空气污染太严重，肺子疼痛，
肺子疼痛，人祸如此嗟于胸。

夜晚华灯又灿送，汽车如疯，
汽车如疯，物欲猖獗引惨痛。

扪心自省问穷通，神恩恢弘，
神恩恢弘，导引灵程通达中。

奋志叩道秉中庸，济世刚洪，
济世刚洪，男儿鼓勇待时动。

天际烟云漾

2023-1-2

天际烟云漾，小鸟啾啾鸣唱。
写意风儿翔，冬日喜此阳光。

身心体平康，沐浴神恩茁壮。
努力奋向上，人生怀情何长。

世界是神创，灵妙难以参详。
颂赞理应当，奋沿灵程闯荡。

克尽一切艰，心志始终阳光。
男儿纵豪放，果敢顽强无恙。

东风荡浩

2023-1-2

东风荡浩，浴后吾意洒潇。
雀鸟鸣叫，天际苍烟飘渺。

淡泊情窍，从容撰我诗稿。
休憩怀抱，养颐不可缺少。

力辟前道，男儿奋发扬飙。
越过险要，群山履历迢迢。

百年如飙，人生转眼苍老。
豁达才好，缘起缘灭逍遥。

振奋情肠

2023-1-2

振奋情肠，新年雅怀希望。
斜照金黄，听见喜鹊鸣唱。

心怀无恙，男儿荷有贞刚。
万里驱闯，还我天下平康。

正义心房，原不允许恶奸。
无机悠扬，诗书人生清昂。

岁月飞旷，星星斑霜何妨。
一笑澹荡，领受神恩无限。

落日清展残照

2023-1-2

落日清展残照，心兴容我高蹈。
诗书怡情抱，叩道乐逍遥。

二九时节寒峭，旷喜东风吹好。
野鸟欢鼓叫，清坐思绪飘。

人生不取高傲，谦和一生方好。
正义盈襟抱，万里奋志跑。

关山履历险要，风云揽入怀抱。
爽然余一笑，男儿是钢造。

日出胭脂红

2023-1-3

日出胭脂红，鸟语歌颂。
晨起兴冲冲，讴诗情浓。

心志不平庸，奋发刚雄。
努力万里冲，披荆勇猛。

红尘是汹汹，名利何功。
淡泊襟怀中，哦诗灵动。

一笑出于中，豁达襟胸。
人生正气浓，英武毅勇。

日出橙黄

2023-1-4

日出橙黄，天气冷寒之间。
雀鸟鸣唱，自得乐其所向。

心志清昂，哦出我的奔放。
人生向上，矢志克尽艰苍。

心怀阳光，黑暗焉能阻挡。
努力驱闯，越过山水无恙。

百年漫浪，因我心怀理想。
奋展顽强，济世心襟坦荡。

喜鹊欢鸣唱

2023-1-7

喜鹊欢鸣唱，哪知空气污脏。
霾烟复猖狂，新鲜空气何方？

人欲惹祸殃，只求经济增长。
天人反背间，环境质量下降。

努力奋向上，克除私欲必讲。
文明须掉向，进步进阶无限。

心志怀广长，唯有哦入诗间。
人生奋力量，矢沿正道而航。

休憩心襟

2023-1-9

休憩心襟，仰看云烟南行。
爽风吹行，撩动吾之心灵。

小鸟娇鸣，悠悠淡品芳茗。
读书怡情，写诗舒出高兴。

人生多情，笑我华发斑鬓。
客旅之境，心志向阳鲜明。

叩道贞定，此生坚持修心。
淡泊清平，笑看波浪经行。

蓝天白云

2023-1-10

蓝天白云，风中递鸟鸣。
我自品茗，悠悠心志宁。

漫天朗晴，三九寒不凌。
心怀高兴，新诗从心吟。

年关将近，迎年气氛殷。
勿负光阴，奋志以前行。

物欲当屏，保我心静宁。
叩道于心，领略新意境。

人生勿急躁

人生勿急躁，定当方好。
名利不紧要，弃之逍遥。

红尘胡不好，是神所造。
百年度洒潇，客旅迢迢。

努力奋前道，履历险要。
开怀余一笑，挺直身腰。

红尘容高蹈，山风涤窍。
田园陶情妙，友渔朋樵。

正义心襟（之一）

2023-1-15

正义心襟，原不贪慕利名。
雪霁天晴，品茗无比开心。

红尘惊警，太多狼烟陷阱。
慧目务明，努力前路辟进。

岁月进行，不计华发苍鬓。
男儿多情，未许物欲损心。

奋发刚劲，叩道用道用勤。
淡泊心灵，灵程万里挺进。

洒脱人生

2023-1-15

洒脱人生，不为名利竞争。
淡泊红尘，共缘销涨驰奔。

感谢神恩，赐与一年丰顺。
努力灵程，叩道奋不顾身。

听鸟啼纯，北风号寒阵阵。
赞此乾坤，雪洒干净十分。

朗日云纷，清意盈满心身。
正直人生，矢为真理奋身。

云天爽朗

2023-1-17

云天爽朗，峭寒一任放。
清听鸟唱，读书意洋洋。

品茗之间，一任时光淌。
流年狂猖，不必计华霜。

岁月澹荡，故事演千章。
不回头望，前方正远长。

名利弃放，修心悟良长。
努力向上，正意叩道藏。

喜鹊欢鸣叫

2023-1-18

喜鹊欢鸣叫，心地清好。
品茗吾怡抱，新诗哦了。

冷寒一任峭，天气晴好。
蓝天无云飘，青碧堪表。

洒脱是怀抱，正义风标。
努力奋长跑，履历迢迢。

红尘胡不好，神恩笼罩。
灵程叩道道，天国终标。

定定当当

2023-1-19

定定当当，迈步人生场。
不为名狂，不为利所障。

天喜阳光，雀鸟放歌唱。
好风吹爽，我心悠然旷。

春节即将，欢乐海内漾。
努力向上，男儿显豪强。

振志之间，千关未许障。
微笑浮上，豁达真无恙。

四九寒峭

2023-1-20

四九寒峭，旷意听啼鸟。
大寒今到，立春不久遥。

红尘险峭，太多名利扰。
清贫就好，水云怡情抱。

读书志高，声震入云霄。
涵养怀抱，共缘乐洒潇。

力辟前道，万里风云飘。
男儿刚豪，力战魔与妖。

东风畅好

2023-1-20

东风畅好，只是冷寒峭。
天气晴好，雀鸟欢鸣叫。

除夕明到，惊叹时光渺。
人生苍老，振志开怀笑。

情思不老，新诗朗哦了。
舒展情抱，读诗声高俏。

阖家康好，神恩是笼罩。
颂赞声高，努力奋前道。

朗日天晴

2023-1-20

朗日天晴，喜鹊以欢鸣。
冬风尽兴，吹拂也多情。

我自高兴，读书品芳茗。
悠悠心襟，原也持雅净。

不执利名，享受此清贫。
正义心襟，原不许机淫。

春节将近，心志振奋兴。
努力前行，关山矢挺进。

夕照舒光

2023-1-20

夕照舒光，心地悠然旷。
市井熙攘，迎年气氛忙。

风吹浩荡，深吸精神涨。
小鸟鸣唱，点缀此安祥。

神恩无上，铭感于心间。
颂出心膛，灵程努力闯。

未来瞻望，心志吾康强。
不折奋闯，关山越万幢。

朗日乾坤

2023-1-21

朗日乾坤，除夕今日正。
振奋精神，努力万里程。

红尘缤纷，名利害人生。
务持雅正，胸怀水云芬。

人生刚正，不屈艰旅程。
叩道奋身，胜过试探深。

有鸟鸣纷，惬我心与神。
读书意伸，品茗旷意生。

落日映残照

2023-1-21

落日映残照，心境清好。
除夕喜今到，心志洒潇。

红尘胡不好，是神创造。
努力灵程道，奋志扬飙。

力战魔敌妖，凯歌声飘。
惬意听啼鸟，吾意逍遥。

未来旷瞻眺，万里云飘。
男儿展刚豪，兼程奔跑。

人生志高

人生志高，迈越路迢迢。
春节今到，心情分外骚。

岁月逝飘，不必嗟年老。
努力前道，关山风云潇。

大好情抱，正襟哦逍遥。
天气寒峭，灯下思飘潇。

红尘娟好，乃是神所造。
力战魔妖，还我清平道。

心志年少

心志年少，春节今日喜临到。
鞭炮嚣嚣，时雨洒降也逍遥。

正气盈抱，男儿努力辟前道。
山高水遥，容我纵马且横刀。

力战魔妖，善恶争斗何凶暴。
神恩丰饶，魔敌败退归遁消。

浮上微笑，叩道心志吾洒潇。
我是男儿，万里征程旷扬飙。

心境和平

心境和平，雨后天正阴。
春节来临，雀鸟娇啼鸣。

阖家温馨，享受此康平。
神恩丰盈，导此灵程进。

努力驱行，关山越苍峻。
不可止停，前路万里云。

岁月多情，斑苍吾轻盈。
读书怡情，悠悠复品茗。

时光飞殇

时光飞殇，新年又开场。
心志清昂，努力奋向上。

修心有芳，正襟哦扬长。
风吹奔放，惬我意无限。

神恩广长，思此怀力量。
胜过凶奸，顺利归天堂。

红尘无恙，大道运无疆。
真理通畅，正义敷世间。

天阴无恙

天阴无恙，情志悠然旷。
风吹浩荡，爽我神情畅。

读书安祥，哦诗也激昂。
人生向往，理想恒苗壮。

不屈艰苍，努力奋向上。
力战恶奸，还我清平况。

红尘奔放，故事演万象。
奋志之向，是在至远方。

身处清贫

身处清贫，不减志凌云。
努力前行，万里览风云。

清听鸟鸣，享受茶温馨。
读书意兴，激越我心襟。

岁月飞行，又值新年景。
不计斑鬓，笑傲吾多情。

红尘艰辛，神恩真无垠。
灵程奋进，力胜魔鬼群。

不向罪恶投降

2023-1-24

不向罪恶投降，男儿矢展贞刚。
叩道吾顽强，傲骨撑天纲。

天气清喜晴朗，窗外北风号狂。
清思旷发扬，从容哦诗章。

心志雅怀安祥，新年充满向往。
神恩赐广长，努力奋向上。

修心修德无疆，不为名利奔忙。
清贫无大妨，架上书成行。

心志不平慵

2023-1-24

心志不平慵，弥满宇穹。
人生奋力冲，山水壮雄。

斜晖正灿送，寒风号冲。
清坐思于胸，新诗哦颂。

人生慨慷从，振志刚雄。
不畏惧成翁，力战奸凶。

男儿有豪勇，旷怀从容。
济世乐无穷，展我英勇。

斜晖朗照

2023-1-24

斜晖朗照，室内吾安好。
读书怡抱，激情撰诗稿。

冬寒正峭，立春不久辽。
心志清好，人生振志跑。

穿越险要，不惧人苍老。
爽然一笑，还我年之少。

人生扬飙，男儿奋刚傲。
不屈不挠，傲立若松峭。

灯下旷思生成

2023-1-24

灯下旷思生成，人生奋志而骋。
山水越纯正，我心秉真诚。

红尘浊浪滚滚，太多欺骗害人。
慧目务圆睁，细辨前路程。

不为名利奋争，矢为真理而生。
叩道意境深，心得是清芬。

笑意从心而生，豁达清度秋春。
正意哦心身，闲雅中心存。

正义心襟（之二）

2023-1-25

正义心襟，原不喜逢迎。
享受清贫，享受诗书境。

新春甫临，天日喜朗晴。
寒气正凌，室内享温馨。

岁月清平，神恩赐无垠。
灵程奋进，力战魔敌兵。

凯旋归营，天国努力进。
处世康宁，叩道矢前行。

情思不取张扬

2023-1-25

情思不取张扬，人生收敛心向。
内叩己襟房，发见有慧光。

冬寒正值狂猖，夜晚华灯闪亮。
清坐理心簧，哦出诗奔放。

人生闲雅之间，清贫无伤大妨。
骋志天涯间，岂为名利障。

红尘熙熙攘攘，太多利欲机陷。
一笑微微放，正见盈心房。

天气阴晴颇不定

2023-1-26

天气阴晴颇不定，寒气正殷，
寒气正殷，男儿旷展是身心。

清贫无妨我刚劲，努力驱行，
努力驱行，高山峻岭越苍劲。

正月初五喜来临，清听鸟鸣，
清听鸟鸣，品茗读书有意境。

阖家欢乐也安平，神恩无垠，
神恩无垠，叩道用道矢挺进。

挺直腰杆做人

2023-1-26

挺直腰杆做人，名利弃扔，
名利弃扔，正直盈满心身。

感谢天父鸿恩，导引灵程，
导引灵程，力战魔敌凶狠。

正邪搏击艰深，奋发刚贞，
奋发刚贞，务必收获全胜。

凯歌响彻云层，魔敌败遁，
魔敌败遁，圣徒讴咏欢腾。

闭门读书也安稳

2023-1-26

闭门读书也安稳，闲情堪称，
闲情堪称，清贫无妨志清纯。

正月初五今日正，鞭炮声声，
鞭炮声声，天气冷寒鸟啼纯。

努力前面灵旅程，叩道奋争，
叩道奋争，万里风云览清正。

笑意从心而浮生，豁达秋春，
豁达秋春，正意磅礴度人生。

第八十三卷《清远集》

谦和心襟（之一）

2023-1-26

谦和心襟，原也正义坚挺。
不守因循，不执虚伪之情。

努力奋进，穿越关山险境。
纵展雄英，男儿贞刚镇定。

清听鸟鸣，享受休暇之境。
读书怡情，阖家欢乐温馨。

神恩无垠，赐我身心康平。
笑意从心，雅怀豁达清宁。

挺然身心

2023-1-26

挺然身心，原不在意清贫。
正义刚劲，叩道努力前行。

岁月进行，斑苍不减奋兴。
振志讴吟，济世鼓足干劲。

诗书哦吟，舒出我之激情。
阖家康平，感谢神恩丰盈。

小鸟娇鸣，点缀世宇清平。
旷怀高兴，撰写新诗舒情。

人生雅具情调

2023-1-26

人生雅具情调，心志清好，
心志清好，努力万里扬飙。

新年初五今到，激情聊表，
激情聊表，奋意撰写诗稿。

红尘熙熙嚣嚣，众生闹吵，
众生闹吵，名利争竞不了。

旷持水云情抱，悠怀潇潇，
悠怀潇潇，读书品茗意俏。

清怀雅好

2023-1-26

清怀雅好，振襟哦逍遥。
天气寒峭，休闲适怀抱。

人生奋跑，关山越险要。
努力前道，提刀斩虎豹。

心志洒潇，不为名利扰。
乐叩大道，正义吾风标。

清贫就好，爽怀真无二。
神恩丰饶，导引灵程道。

浴后爽清

2023-1-26

浴后爽清，新诗旷哦吟。
阖家温馨，享受此康宁。

四九寒境，雀鸟雅奏鸣。
斜晖清映，心志吾和平。

岁月飞行，正月初五临。
心怀奋兴，努力展意境。

人生多情，不必伤脑筋。
共缘而行，坦腹享均平。

不羁心灵

2023-1-26

不羁心灵，原不叩求利名。
洒脱身心，振志旷展凌云。

人生多辛，苦难磨砺常寻。
纵展雄英，力克虎豹成群。

岁月飞俊，笑我华发斑鬓。
依然劲挺，依然笑傲风云。

红尘幻境，此生物欲弃屏。
叩道怀情，领受神恩无垠。

爽快身心

2023-1-26

爽快身心，原也浩志凌云。
矢志挺进，此生不为利名。

叩道尽兴，领略无限风情。
男儿雄英，正直傲岸不群。

英武心灵，冲决虎阵狼群。
提刀奋进，万里关山横行。

儒雅生平，诗书秋春哦吟。
微笑浮萦，不负百年光阴。

灯下哦吟

2023-1-26

灯下哦吟，情志吾分明。
初五今临，窗外鞭炮鸣。

情怀振兴，化为诗讴吟。
人生情景，依然少年心。

努力前行，不畏关山峻。
笑傲风云，心系天涯景。

岁月飘行，不必计斑鬓。
跨马挺进，男儿展雄英。

清思旷展吾哦唱

2023-1-26

清思旷展吾哦唱，舒出人生昂扬。
夜晚华灯正灿放，清展吾之思想。

人生正气冲天放，不屈利锁名缰。
由来清贫无大妨，书生意气轩昂。

红尘攘攘焰万丈，机关构造万状。
务必慧眼睁圆亮，辨明前进方向。

物欲正似彼雾障，昏蒙人心无限。
神恩一似彼阳光，温暖世界无疆。

激发中肠

2023-1-26

激发中肠，人生哦昂藏。
舒展思想，正气也盈腔。

平生安祥，不上名利当。
水云心房，原也无机奸。

叩心向上，养德无止疆。
百年飞殇，灵程回故邦。

道义力倡，真理矢寻访。
力战恶奸，努力奋贞刚。

心志昂扬

心志昂扬，人生挥洒奔放。
英武襟房，原也系意远疆。

不为名狂，不为利欲所障。
性天清凉，秉持正见天良。

红尘熙攘，众生争竞失陷。
务持慧肠，清心明辨细详。

三更无恙，醒转旷哦中肠。
一曲流畅，容我倾吐思想。

人生旷展志向

人生旷展志向，心地情长。
此际冷寒夜间，灯下思想。

奋展男儿贞刚，努力向上。
克尽万千险艰，矢志闯荡。

济世是我理想，心怀苗壮。
不为物欲失陷，正见心间。

诗书一生清享，清贫何妨。
新春抬头旷望，风云澹荡。

豪情万丈在我胸

豪情万丈在我胸，正气存于中。
努力实干奋力冲，矢志克奸雄。

新年开局志恢弘，神恩赐丰隆。
不计霜华渐浓重，天下谈笑中。

男儿怀情旷无穷，苗壮是心胸。
济世叩道也英勇，处世运圆通。

灯下哦诗舒沉雄，万里瞻望中。
冷寒袭击任重浓，春来正匆匆。

人生情重

人生情重，抛开彼苦痛。
清听鸟颂，寒气任严重。

阳光和慵，品茗意从容。
不妄行动，诗书浸润中。

红尘汹涌，神恩赐恢弘。
灵程奋冲，斩杀魔鬼凶。

微笑从中，豁达持襟胸。
正意心中，男儿是好种。

心志广长

心志广长，人生奋力量。
高山万幢，吾不畏其艰。

笑意清放，品茗意悠扬。
有鸟轻唱，惬我意无限。

寒气任狂，阖家温馨漾。
父母康强，神恩赐丰穰。

矢志向上，舒展我奔放。
正义襟房，阳光眉目间。

心志不取狂猖

心志不取狂猖，谦和贞定气象。
天日喜晴朗，峭寒一任放。

悠悠品茗之间，享受休闲清况。
人生不张扬，努力奋向上。

岁月递变迅狂，星星华发何妨。
男儿有豪强，不为名利障。

雅思清展扬长，哦出新诗奔放。
立春行即将，百花会吐芳。

人生雅具情肠

2023-1-27

人生雅具情肠，呼出热情奔放。
努力叩道间，山水越广长。

五九峭寒正当，天喜晴朗日光。
雀鸟也鸣唱，鞭炮也响亮。

旷展吾之意向，矢志万里疆场。
立马横刀间，斩杀豺与狼。

世界是神所创，灵妙难以言讲。
正义展昂扬，邪恶归遁亡。

享受清贫

2023-1-27

享受清贫，无妨正气凌云。
男儿雄英，力战恶虎狼群。

还我清平，是神创此宇庭。
大道康宁，普覆世界通行。

岁月均平，未许名利损心。
读书怡情，听风听鸟之鸣。

天日朗晴，寒气一任峭峻。
品茗怀情，哦咏新诗淡定。

淡定人生场

2023-1-27

淡定人生场，惬怀无恙。
不畏惧风浪，努力敢闯。

正义盈心房，无机情长。
诗书清骋间，山水放浪。

名利无意向，清真心肠。
叩道志遐方，天涯瞻望。

心怀不孟浪，儒雅澹荡。
最爱哦诗章，舒出昂扬。

天日晴朗

2023-1-27

天日晴朗，聊舒吾之意向。
心志安祥，不为名利倾向。

风来寒凉，爽意清听鸟唱。
撰写诗章，正气原也昂扬。

新春瞻望，未来风云茁壮。
男儿强刚，策马万里闯荡。

世界无恙，神恩赐福康强。
人生奔放，矢志叩道向上。

人生未可讨巧

2023-1-27

人生未可讨巧，拙正为要，
拙正为要，敬遵天人大道。

平生不骋机巧，无机心窍，
无机心窍，叩道安乐逍遥。

此生风雨经饱，微微一笑，
微微一笑，豁达盈满襟抱。

岁月逝飞洒潇，春将来了，
春将来了，心怀欢愉安好。

爽怀悠扬

2023-1-27

爽怀悠扬，人生骋志向。
山高水长，展我男儿壮。

斜照朗朗，寒风吹浩荡。
惬意心间，讴咏也尽量。

情志安祥，从容人生场。
正见心间，原不容机奸。

岁月流畅，演变此桑沧。
不回头望，应向前瞻望。

心志清好

2023-1-27

心志清好，阳光写意洒照。
寒气任峭，身心不为所扰。

闲情笑傲，水云是我情操。
正见心窍，不为名利动摇。

红尘遥遥，幻变万千奇妙。
百年逝飘，人生不惧苍老。

容我高蹈，诗书适我情抱。
安乐昏晓，雅度秋春潇骚。

夕照金黄

2023-1-27

夕照金黄，人生闲雅旷。
心地情长，悠悠以歌唱。

小鸟鸣放，惬我意奔放。
阖家安康，神恩领广长。

奋展力量，前途履辉煌。
克服险艰，心志怀阳光。

冬不久长，立春行即将。
寒气任猖，草野行将芳。

心志良好

2023-1-27

心志良好，不故作洒潇。
谦和情抱，人生正气饶。

风雨经饱，爽然开怀笑。
红尘笑傲，怡我意与窍。

晴和尘表，朔风寒正峭。
清思曼妙，化为诗句骚。

力辟前道，男儿志正豪。
不走险道，平和叩大道。

华灯灿放

2023-1-27

华灯灿放，心兴启无疆。
天气寒猖，室内暖洋洋。

逸意扬长，化为诗哦唱。
五九正当，立春数日间。

心志安康，神恩铭心房。
颂赞应当，灵程努力闯。

试探任艰，铁志早成钢。
潇然雅爽，走过山水间。

雀鸟清鸣唱

2023-1-28

雀鸟清鸣唱，红旭东上。
寒气冷峭间，立春行将。

岁月真旷畅，老我瞬间。
更应鼓热肠，努力向上。

不畏惧艰苍，心怀阳光。
骋志天涯间，果敢顽强。

澹荡盈心房，利名抛放。
正义吾强刚，力斩虎狼。

奋飞人生

2023-1-28

奋飞人生，秉持良心纯正。
不畏艰深，努力灵性旅程。

红尘滚滚，浊浪何其损人。
务持清正，远抛名利驰骋。

轻装上阵，斩杀魔鬼纷纷。
神恩丰盛，灵程妙丽缤纷。

修心历程，履历山高水深。
百度人生，矢志回归天城。

忍辱精进

2023-1-28

忍辱精进，不为名利分心。
享受清贫，享受诗书之境。

阳光清俊，听见鸟语娇鸣。
天气寒清，爽风其来尽兴。

读书怡情，悠悠且品芳茗。
阖家温馨，神恩颂之于心。

红尘多警，冲决狼烟而行。
奋志修心，渐趋圆融圆明。

云天净爽

2023-1-28

云天净爽，地冻天寒无恙。
雀鸟鸣唱，自得乐其所向。

我自昂扬，况复品茗情涨。
哦咏诗章，舒出情志无疆。

岁月飞翔，流年不必嗟怅。
奋书新章，未来正自广长。

人生安祥，不为名利妨障。
定志之向，是在叩求道藏。

适意人生

2023-1-28

适意人生，保守吾之纯真。
不妄纷争，名利合当弃扔。

身心秉诚，叩道履历缤纷。
风雨历程，磨炼我之刚正。

笑意心生，窗外阳光洒逞。
鸟语声声，打动吾之心身。

万里驱骋，天涯风光妙盛。
步步前奔，攀山越水兼程。

旷怀良好

2023-2-1

旷怀良好，心襟不缭草。
努力前道，关山越险要。

意气洒潇，清听彼啼鸟。
北风呼啸，寒气任凌峭。

阳光洒照，惬我之怀抱。
矢沿正道，不必去讨巧。

人生迢迢，岁月都娟好。
未来瞻眺，胸襟存美好。

人生情长

2023-2-2

人生情长，不畏世事深艰。
神亲导航，引领灵程向上。

心志清昂，努力旷展贞刚。
奋展顽强，一似老松生长。

红尘攘攘，太多邪恶奸党。
清贞心向，力战险风恶浪。

神恩无限，赐我心灵安祥。
天国故邦，矢志努力归向。

谦和心襟（之二）

2023-2-2

谦和心襟，原也正意分明。
不计利名，矢寻真理前行。

关山峻岭，爽我心志心灵。
大好风景，开阔吾之胸襟。

岁月进行，华发替换青鬓。
一笑多情，男儿旷展雄英。

力战魔兵，还我天下清平。
神恩无垠，赐下平安丰盈。

闲情堪表

2023-2-2

闲情堪表，旷怀不为名利扰。
正义情抱，岂可卑媚事权要。

红尘奋跑，领略风光之微妙。
不计苍老，开怀容我以大笑。

豁达心窍，向学骋志是高傲。
谦和尘表，叩道用道亦洒潇。

清听鸟叫，享受绿茗之香好。
风来爽抱，怡我心襟也无二。

旷意听啼鸟

2023-2-4

旷意听啼鸟，喜鹊欢叫。
立春今来到，意气风骚。

晴和此尘表，东风轻袅。
岁月均平妙，神恩笼罩。

努力步前道，山水迢迢。
不畏惧风暴，朗步前造。

品茗意洒潇，清撰诗稿。
阖家均康好，颂赞声高。

落日清骋晚照

2023-2-4

落日清骋晚照，红尘胡不娟好。
东风吹荡浩，立春今来到。

容我开怀大笑，人生客旅洒潇。
清贫正气饶，诗书哦昏晓。

小鸟清声朗叫，生活步步登高。
天涯风光好，努力奋前道。

人生不惧苍老，叩道履历险要。
淡定盈心窍，谦和是襟抱。

红尘履度安祥

2023-2-5

红尘履度安祥，吾已不惧风浪。
神恩赐广长，思此有力量。

昨日立春刚访，今日元霄喜当。
大雾漫天障，雀鸟欢鸣放。

清风吹来流畅，心怀无限畅想。
努力矢向上，努力奋贞刚。

心地怀有漫浪，不计苦旅深艰。
悠悠放哦唱，心境真无恙。

人生天地之间

2023-2-5

人生天地之间，勿为名利所障。
性天吾清凉，春来情勃放。

阳光穿透雾障，清风其来何畅。
正义吾昂扬，努力克艰苍。

岁月澹澹荡荡，世事桑桑沧沧。
中心怀畅想，理想恒苗壮。

流年多么奔放，小鸟衷心歌唱。
春来气昂藏，男儿胸心壮。

春寒犹然峭

2023-2-5

春寒犹然峭，清风适怀抱。
朝阳真正好，我心开怀笑。

清听鸟啼叫，品茗意何道。
朗怀哦不了，南山是风标。

雾气渐散消，端坐情思妙。
春来情发了，新诗哦风骚。

希冀盈心窍，神恩丰且饶。
灵程努力跑，关山越迢迢。

心襟聊舒广长

2023-2-5

心襟聊舒广长，人生奋发力量。
正义吾强刚，挥洒吾奔放。

春来喜鹊鸣唱，风儿吹来爽朗。
薄寒天地间，阳光破雾障。

阖家欢乐安祥，神恩感在心间。
努力奋向上，灵程万里疆。

不为名利奔忙，清心原也雅靓。
悟道晨昏间，诗书一生向。

人生扬长

2023-2-5

人生扬长，因我不计艰苍。
奋发向上，不为物欲所障。

春来人间，清听小鸟歌唱。
田野风畅，清新爽人无恙。

天喜晴朗，休憩清哦诗章。
情怀俊旷，天涯长自瞻望。

希冀心间，总因神恩广长。
灵程奔放，力战魔敌凶奸。

品味人生

2023-2-5

品味人生，应许意气生成。
不畏艰深，叩道履尽险程。

元霄今正，春来东风清逞。
喜鹊啼奋，旷我心襟温存。

岁月清芬，风雨容我兼程。
风光纯正，天涯召我前骋。

红尘滚滚，太多名利损人。
务持雅正，胸怀水云滩村。

第八十四卷《就鸥集》

体道人生

2023-2-5

体道人生，正义吾清芬。
奋不顾身，努力灵旅程。

春来意生，风递鸟鸣声。
阳光洒遑，惬怀真无伦。

阖家馨温，神恩享丰盛。
笑意心生，欢乐度晨昏。

秋春飞奔，斑苍日渐盛。
一笑和温，豁怀入诗申。

情怀吾雅靓

2023-2-5

情怀吾雅靓，呼出心地情长。
春来气志昂，哦诗热情显彰。

喜鹊欢鸣唱，田野清风舒旷。
天日喜晴朗，爽坐品茗何畅。

心胸持澹荡，无机雅洁堪讲。
叩道奋贞刚，原也不计艰苍。

笑我霜华苍，依然激情心间。
一似少年郎，万里天涯瞻望。

旷意中心生成

2023-2-5

旷意中心生成，人生从容而论。
春风正旷生，阳光洒和温。

小鸟尽情啼春，惬我心志十分。
哦诗舒真诚，品茗雅意遑。

红尘浊浪滚滚，太多斗争竞狠。
吾心秉纯正，胸怀水云芬。

诗书哦咏晨昏，一任秋春驰骋。
阖家享馨温，美好乐天伦。

旷怀悠扬

2023-2-5

旷怀悠扬，人生鼓勇上。
名利弃放，正义吾强刚。

不计艰苍，迎难努力闯。
风雨凄凉，显我男儿壮。

一笑爽朗，天终会晴朗。
冬去无彰，春天已来访。

惬怀无上，道义铁肩扛。
清贫何妨，诗书性命粮。

人生适然意向

2023-2-5

人生适然意向，名利抛光何妨。
清贫正气刚，大道矢弘扬。

春来清喜晴朗，东风尽情吹畅。
小鸟且啼唱，欢乐正未央。

陶情诗书之间，养性淡泊无恙。
红尘任狂猖，吾处以安祥。

岁月飞逝何狂，老我不觉之间。
一笑也澹荡，情志吾轩昂。

振奋身心

2023-2-6

振奋身心，努力奋志前行。
英武心襟，原也不屈利名。

岁月进行，又值初春之境。
时雨飘俊，清风惬我心灵。

力克艰境，男儿是有雄英。
矢志辟进，饱览山河胜境。

鼓我雄心，济世挥洒干劲。
物欲辞屏，诗书一生哦吟。

流年更张

2023-2-6

流年更张，正义心襟吾坦荡。
天阴无妨，惬喜东风旷吹扬。

喜鹊鸣唱，春来意气蓬勃放。
腊梅正香，康乃馨花开奔放。

笑意心间，人生正道慨而慷。
不屈奋闯，越过高山向远方。

心灵向上，修身岂可畏险艰。
克己贞刚，力战魔敌骋顽强。

淡定人生吾无恨

2023-2-6

淡定人生吾无恨，努力保守天真。

春来东风正旷骋，鸟语何其馨温。

岁月不断以进深，斑苍无妨加增。
红尘浊浪任滚滚，男儿豪勇诚正。

此际哦咏吾朗声，激情共风同奔。
品茗惬怀真无伦，正意盈襟十分。

努力前面灵旅程，力战魔敌凶狠。
正直清贫度人生，雅意从心生成。

人生正意分明

2023-2-6

人生正意分明，骋志万里驱行。
春来勃心襟，温柔吾怀情。

诗书纵情哦吟，叩道奋发进行。
名利已辞屏，清心最要紧。

淡定是余心灵，不畏尘世风云。
履尽险恶境，神恩赐丰盈。

努力灵程挺进，力战魔敌魔兵。
中心怀高兴，凯旋欢声盈。

旷度清雅人生

2023-2-6

旷度清雅人生，心灵气象生成。
不妄去纷争，清心吾雅芬。

淡泊清度秋春，新诗万章哦成。
一腔是热诚，正义且刚贞。

努力万里驱骋，风光阅历雄浑。
微笑从心生，悟道在晨昏。

时光既属初春，天阴无妨风骋。
野禽腾欢声，爽朗吾心神。

春意发扬

2023-2-6

春意发扬，人生吾取奔放。
灯下思想，激情盈满中肠。

胸怀理想，不为名利奔忙。

淡定之间，已越关山千幢。

红尘攘攘，不过机关暗陷。
努力向上，叩道力展贞刚。

人生世间，正如客旅相仿。
物欲污脏，应弃应抛应放。

岂为名利所动

2023-2-7

岂为名利所动，矢将真理扬弘。
正义在心胸，眼目辉光涌。

不计年将成翁，奋发吾之刚雄。
努力往前冲，关山征服中。

春来喜鹊鸣颂，清爽是此东风。
激情怀心中，高声哦大风。

男儿多情之种，济世乐展英勇。
力战魔敌凶，神恩敷无穷。

品茗惬怀生成

2023-2-7

品茗惬怀生成，人生奋发刚正。
努力前旅程，风雨何足论。

初春气象生成，东风吹得温存。
爽快盈心身，振奋吾精神。

五十八载征程，履尽坎坷艰深。
依然一笑纯，神恩赐丰盛。

岁月不停驰奔，桑沧幻化成阵。
百年似一瞬，韶华勿轻扔。

雅守吾之清贫

2023-2-7

雅守吾之清贫，人生奋志凌云。
春来振心情，诗书旷哦吟。

岁月飞递均平，狼烟吾已饱经。
一笑还爽清，总赖神恩盈。

瞻望未来情景，依然怀有激情。

努力去追寻，关山越险峻。

霜华替换青鬓，豪气依然充盈。
男儿提刀行，斩杀魔敌清。

清喜流风鼓畅

2023-2-8

清喜流风鼓畅，喜鹊高声鸣唱。
初春开意向，新芽逐渐长。

品茗意气张扬，新诗从心哦唱。
激情盈心间，君子人格彰。

绝无卑媚诡奸，人生正直昂扬。
努力万里疆，天涯是方向。

天阴无妨扬长，惬怀真是无限。
神恩感心间，叩道旷志刚。

时雨洒然进行

2023-2-11

时雨洒然进行，心志吾清平。
春来怀情奋兴，旷听雀鸟鸣。

悠悠且品芳茗，读书吾怡情。
此生不为利名，叩道矢前行。

红尘艰险之境，狼烟起不停。
总赖神恩丰盈，导引灵程进。

力战魔敌凶兵，凯旋归天庭。
努力修养身心，圣洁美无垠。

心志聊舒广长

2023-2-11

心志聊舒广长，听取喜鹊鸣唱。
春雨潇然降，清风来舒畅。

周末心情雅旷，品茗读书安祥。
人生怀情长，天涯长瞻望。

阖家清喜安康，神恩无比奔放。
努力奋向上，修心启无疆。

正志叩取道藏，和同三教必讲。

文明进无疆，灿烂且辉煌。

悠然心旷

2023-2-11

悠然心旷，人生正意昂扬。
春来情涨，新诗哦咏千章。

膏雨清降，风中喜鹊欢唱。
写意尘壤，新芽发生茁长。

欢盈心间，雅将神恩颂扬。
不折向上，力克艰险阻障。

红尘无恙，正义必当发扬。
邪恶退藏，还我天下明光。

人生履艰

2023-2-11

人生履艰，正义吾轩昂。
力战恶奸，神恩赐广长。

东风宣畅，春雨洒扬长。
野禽鼓唱，新芽初生长。

蔼意心间，欢乐度辰光。
万里疆场，展我男儿壮。

岁月舒昂，不必畏老苍。
一笑爽朗，共缘而旅航。

东风吹拂多情

2023-2-11

东风吹拂多情，爽意盈心，
爽意盈心，初春薄寒有意境。

品茗我自怡情，诗书哦吟，
诗书哦吟，舒出人生志凌云。

此生履尽艰辛，一笑从心，
一笑从心，豁怀旷达正无垠。

岁月奋然进行，桑沧幻并，
桑沧幻并，百年生命叩道勤。

清怀旷表

2023-2-11

清怀旷表，人生吾风骚。

绝不骄傲，谦和一生保。

风来怡窍，爽意真无二。
读书声高，激情入云霄。

春已来到，野禽鼓欢叫。
新芽堪表，节节以长高。

正意丰饶，人生乐洒潇。
名利弃抛，清贫不紧要。

红尘扰扰，清心最为要。
叩道逍遥，情味已心晓。

神恩丰饶，灵程力行好。
天国终标，永生何美妙。

人生况味吾清享

2023-2-11

人生况味吾清享，履尽艰苍，
履尽艰苍，依然身心挺坚朗。

清贫无妨志强刚，力战强梁，
力战强梁，坚信正道必康庄。

此生领受神恩广，灵程奋闯，
灵程奋闯，叩道风光正无限。

春来心志开轩昂，哦咏诗章，
哦咏诗章，激情倾泻若汪洋。

人生舒展志奔放

2023-2-11

人生舒展志奔放，意入青苍，
意入青苍，愿学飞鸟畅意翔。

岁月展转是凄凉，烟雨艰苍，
烟雨艰苍，困厄难阻我前闯。

红尘容我笑舒畅，神恩广长，
神恩广长，旷舒颂赞于襟房。

努力奋驱万里疆，风光妙靓，
风光妙靓，惬我情志真无限。

天阴沉

2023-2-11

天阴沉，新芽苗发于初春。
鸟啼纯，惬意东风旷吹逞。

情振奋，新诗哦咏舒真诚。
颂神恩，导此灵程美不胜。

辞青春，斑苍无妨志纯正。
叩道诚，济世努力在秋春。

哦晨昏，不计老来渐生成。
微笑生，豁达清度此年轮。

写意红尘

2023-2-11

写意红尘，东风旷清骋。
丰沛神恩，导引灵旅程。

春来情生，心志展青春。
舒出心身，一腔是刚贞。

叩道历程，履尽艰与深。
风光奇胜，美妙真无伦。

百度秋春，恣志拥书城。
吾是书生，哦咏度朝昏。

处世安祥

2023-2-11

处世安祥，名利无意向。
忍辱为上，清贫无所妨。

正义强刚，不屈于风浪。
男儿豪旷，鼓勇骋力上。

万里疆场，风光正悠扬。
跌倒再上，哦咏诗千章。

红尘攘攘，众生陷狂狷。
心襟须旷，觑破世真相。

春来扬长，野禽欢鼓唱。
东风奔放，草芽苗壮长。

坦腹哦唱，舒出我昂扬。
人生世间，客旅正相仿。

无机情肠，孤旅咽凄凉。
振襟向上，克己修心芳。

百年漫浪，世事回味长。
最贵思想，最贵是理想。

人生骋志遐方

2023-2-11

人生骋志遐方，吾不畏惧风浪。
冲决这凄凉，冲决这雾障。

心中怀有阳光，正义是我情肠。
努力舒奔放，努力以向上。

春来情志清涨，正如新芽模样。
男儿有豪放，仗剑天涯间。

天阴究有何妨，风雨一笑兼闯。
雄勇在心间，傲立颇坚壮。

约身向上

2023-2-11

约身向上，不畏困难险障。
红尘无恙，神恩赐下广长。

春来人间，生意蓬勃野壤。
喜鹊欢唱，自得乐其所向。

澹荡心房，原无机巧奸脏。
正直阳刚，如松挺立生长。

人生不长，百年匆似瞬间。
约身为上，务使德操增长。

惬怀无上

2023-2-11

惬怀无上，天阴天寒无所妨。
天伦乐享，阖家欢怡也无恙。

神恩广长，人生路上奋力量。
不畏艰苍，心志始终怀阳光。

天堂在上，努力修心启无疆。
正直情肠，力战恶凶与诡奸。

岁月舒昂，又值初春生意畅。
听鸟鸣唱，品茗读书意洋洋。

人生旷展志向

2023-2-11

人生旷展志向，不畏虎豹豺狼。
奋发之所向，万里之疆场。

岁月多么旷放，孟春万物生长。
鸟语啭情长，风吹何浩荡。

雨霁天日晴朗，心怀无比悠旷。
写诗读文章，快乐何奔放。

未可耽于安祥，人生策马快上。
天涯在遐方，鼓勇努力闯。

不入名利罗网

2023-2-11

不入名利罗网，人生骋志强刚。
奋发以向上，修心当尽量。

红尘熙熙攘攘，利夺名争肮脏。
应持清心肠，水云惬清赏。

诗书润我情肠，悟道良知显彰。
正义展昂扬，力胜凶与奸。

时值初春无恙，灯下清展思想。
人生不孟浪，努力奋贞刚。

遁世无闷

2023-2-11

遁世无闷，诗书陶冶情芬。
秉持真诚，叩道奋不顾身。

冲决雾阵，绕过暗礁丛生。
万里驰奔，天涯风光纯正。

感谢神恩，赐下平安丰盛。
努力灵程，努力养心修身。

正义乾坤，乃是神所创成。
真理显逞，罪恶归于消遁。

情志清畅

2023-2-11

情志清畅，人生振意向。
灯下哦唱，享受此休闲。

春来人间，夜晚薄寒凉。
思想无疆，倾注入诗行。

合展扬长，无物可遮挡。
叩道之向，万里天涯间。

内叩情肠，正直无机奸。
修心向上，灵明尽力彰。

人生正意向

2023-2-11

人生正意向，情思昂扬。
春来心鼓荡，志取遐方。

不为物欲障，清贫安享。
诗书性命粮，求取慧藏。

时光是飞殇，百年瞬间。
更应惜寸光，努力向上。

克己修心芳，正义奔放。
胜过试探艰，稳渡安航。

天国是故邦，何其安祥。
永生福无疆，难以想象。

天父亲导航，灵程平旷。
力胜魔敌挡，回归天堂。

风雨嚣行

2023-2-12

风雨嚣行，早上值寒清。
天犹未明，初春余振兴。

新诗哦吟，舒出我激情。
快慰于心，神恩感无垠。

仍具雄心，跨马欲横行。
天涯风景，召唤我前进。

斑苍之境，没有萧瑟情。
微笑清映，男儿怀刚劲。

男儿旷展心襟

2023-2-12

男儿旷展心襟，春来鼓足干劲。
风雨任嚣行，冷寒任严峻。

心中不灭激情，努力万里挺进。
穿越高山岭，跨过万水境。

岁月多么空清，演绎桑沧无垠。
人生百年境，匆匆一瞬景。

此生不计利名，济世焕发雄心。
诗书镇日吟，眉眼凝清劲。

人生旷怀清好

2023-2-12

人生旷怀清好，哦出我的逍遥。
风雨任嚣嚣，读书怡情抱。

春来冷寒犹峭，室内和暖美好。
阖家温馨绕，天伦乐心窍。

我欲开怀大笑，声入云天渺渺。
人生颇自豪，体道入微妙。

红尘徒自扰扰，名利害人丰饶。
清贫不紧要，志在水云飘。

红尘履尽险要

2023-2-12

红尘履尽险要，依然心志洒潇。
正直不骄傲，努力奋前道。

春来野禽鼓叫，风雨又值潇潇。
清思中心饶，哦咏适胸抱。

岁月飘逝逍遥，人生渐趋苍老。
淡定以微笑，体道正意饶。

大千是一幻泡，名利害人不了。
守定中心窍，叩道入玄妙。

人生奋志奔跑

2023-2-12

人生奋志奔跑，履历山水迢迢。
风光存美好，但须用心找。

岁月畅意逝飘，又值孟春来了。
风雨洒潇潇，冷寒袭尘表。

中心不取高傲，正襟哦咏逍遥。
舒出情玄妙，舒出气象豪。

红尘多有险要，攀山越岭遥遥。
天涯风光饶，努力去访造。

振襟哦出昂扬

2023-2-12

振襟哦出昂扬，舒出心地清芳。
君子人格彰，体道吾豪强。

春来情志清涨，欣赏野禽歌唱。
风雨任嚣猖，冷寒岂久长。

清风适我意向，快慰盈于襟房。
人生努力闯，关山越千幢。

名利是为孽障，应弃应抛应放。
正义吾奔放，坦荡无机奸。

风雨一任生成

2023-2-12

风雨一任生成，冷寒一任其盛。
清坐思深深，哦诗也馨芬。

一生感谢神恩，导我灵性旅程。
天国美不胜，努力求永生。

修心步履艰深，名利矢志弃扔。
清风来慰问，爽我心无伦。

时节既属孟春，迎春行将开盛。
新芽逐渐生，欢快我心神。

第八十五卷《红雨集》

人生裁志洒潇

2023-2-12

人生裁志洒潇，红尘胡不娟好。
风雨已经饱，爽然余一笑。

春风开我怀抱，春雨滋润芳草。
冷寒不紧要，百花将开俏。

此生履尽险要，情怀依然朗妙。
英武盈心窍，正襟讴逍遥。

努力奋辟前道，风光美妙丽好。
任起彼冰雹，风雨任嚣嚣。

人生旷雅多情

2023-2-12

人生旷雅多情，舒出我的开心。
春来怀奋兴，新诗从心吟。

小鸟娇娇啼鸣，风吹鼓足干劲。
爽然是心襟，听雨且品茗。

读书怡我心灵，恒将真理求寻。
正义盈胸襟，力抛彼无明。

领取人生意境，淡泊是我身心。
平和且安宁，共缘起与停。

时雨洒然潇潇

2023-2-12

时雨洒然潇潇，风适情抱，
小鸟鸣叫，春来怡我心窍。

红尘旷然美妙，是神所造，
正义丰饶，真理通达尘表。

人生思想迢迢，努力前道，
风雨兼造，清赏风光奇妙。

雅洁是余情窍，污脏力抛，
正直洒潇，不为名利所扰。

心志均平

2023-2-12

心志均平，雅将新诗哦吟。
春来心晴，旷怀惬听鸟鸣。

红尘妙境，新芽生长苗勤。
振奋身心，人生勿耽安宁。

力辟新境，未可守旧因循。
奋发前行，文明进步无垠。

风来清新，深吸爽我心灵。
况复品茗，悠悠袅起诗情。

春来蓬勃身心

2023-2-12

春来蓬勃身心，鼓舞情志前行。
　览尽奇风景，风雨兼程进。

不畏艰苍困境，男儿纵展雄英。
　抛弃利与名，清心叩道勤。

一生努力修心，振奋是我心灵。
　向上最要紧，未可守因循。

正见盈于心襟，写诗快慰无垠。
　知音何处寻？孤旅力挺进。

人生勿忘灵明

2023-2-12

人生勿忘灵明，正义是余身心。
　力战魔敌兵，凯旋归天庭。

红尘是有艰辛，唯赖神恩无垠。
　导引我前行，关山越苍峻。

笑意旷展从心，人生淡守清贫。
　诗书晨昏吟，陶冶真性灵。

窗外春雨潇劲，风儿呼喊多情。
　清思勃发境，新诗哦丰盈。

人生慨然前行

2023-2-12

人生慨然前行，风雨兼程而进。
　不畏惧艰辛，奋辟新意境。

岂可耽于利名，物欲损人心灵。
　正直一生劲，傲立若山青。

君子人格显明，力战魔敌妖兵。
　持正秉心灵，灵程努力进。

几微之间辨明，叩道趋入圆明。
　淡泊最要紧，躁进可不行。

春来惬听鸟鸣

2023-2-12

春来惬听鸟鸣，爽风拂我心襟。
　雨响颇空灵，闲雅品清茗。

岁月奋然进行，人却易染霜鬓。
　依然怀激情，依然具雄心。

天意深处难明，叩道努力前行。
　淡定持心灵，水云憩身心。

著书等身安宁，思想传承要紧。
　文明恒上进，力辟新意境。

呼出正义心身

2023-2-12

呼出正义心身，人生未可沉沦。
　感谢丰沛神恩，灵程美妙不胜。

鼓舞情志前骋，履历山高水深。
　嗟此滚滚红尘，太多利夺名争。

应持清心纯正，修养身心诚真。
　力胜无明之骋，慧意心中生根。

努力前面路程，万里风光清纯。
　领略山河雄浑，怡养我之精神。

人生奋发刚贞

2023-2-12

人生奋发刚贞，未可屈于重沉。
　天父赐下鸿恩，务当努力灵程。

春来增我精神，野禽鼓唱声声。
　风儿爽朗清骋，雨打如歌纯正。

清坐思想深深，舒出心灵雅诚。
　前旅不畏艰深，笑意旷从心生。

五十八载旅程，烟雨何其昌盛。
　神恩领略丰盛，平安盈满心身。

悠旷身心

2023-2-12

悠旷身心，呼出正气凌云。
人生秉勤，春来勃发心襟。

努力前行，关山穿越无垠。
领略风景，领略江山壮境。

不惧衰鬓，男儿纵展豪情。
英武心灵，原不在意清贫。

红尘险境，总赖神恩丰盈。
领受安平，领受妥善心境。

心灵心志安祥

2023-2-12

心灵心志安祥，神恩领受丰广。
向上尽力量，灵程努力闯。

春来心志清昂，清听鸟语风唱。
雨儿打得响，悠听享平康。

诗书之境安享，思想积淀丰穰。
文明向何方？引我旷思量。

奋发情志贞刚，迎难矢志闯荡。
阅历渐深广，素朴心地间。

雨打起清响

2023-2-12

雨打起清响，欢歌无限。
春来情味长，思想无疆。

情志展奔放，男儿贞刚。
不畏惧艰苍，万里驱闯。

名利合弃放，轻装昂扬。
风雨兼程闯，一笑潇荡。

地球蛋丸仿，太多机陷。
慧目细辨间，识破玄黄。

叩道吾向上，无机情肠。
正直颇端方，人格显彰。

君子不伪奸，傲立阳刚。
谦和心地间，原也扬长。

春来情思勃放

2023-2-12

春来情思勃放，体味暇闲时光。
休憩我襟肠，舒展余思想。

只是此心难量，蓬勃如草萋长。
脚踏实地间，未可耽梦想。

人生路上昂扬，克尽千难万艰。
正直且阳刚，男儿有豪放。

不为名利所障，慧目透视穹苍。
亘古入思想，历史烟云漾。

旷怀无限

2023-2-12

旷怀无限，哦咏新诗千章。
舒出昂扬，舒出正意奔放。

人生履艰，迎难一笑闯荡。
纵展阳刚，铁骨铮铮敢当。

春来扬长，惬听风吹雨唱。
小鸟鸣放，喜鹊欢声最靓。

清坐安祥，更将人生思量。
物欲抛放，正义矢当弘扬。

心灵务持雅正

2023-2-12

心灵务持雅正，人生最贵天真。
身心勿污损，清心才雅芬。

鼓舞情志前骋，履历山高水深。
领略风云阵，胸襟壮生成。

时节正值孟春，周日写诗兴奋。
窗外风雨生，室内思生成。

哦出身心纯真，哦出男儿刚贞。
哦出天地醇正，哦出精气精神。

流年雅度平康

2023-2-12

流年雅度平康，人生正意昂扬。
　不畏惧艰苍，迎着困难上。

春来意气发扬，呼吸清风快畅。
　心地多遐想，天涯恒瞻望。

诗书一生讲唱，清贫竟无大妨。
　要在正义刚，要在铮骨壮。

此际细雨洒降，心灵心志奔放。
　裁心撰诗章，舒出情悠旷。

心志雅持安祥

2023-2-12

心志雅持安祥，不为名利失陷。
红尘履尽艰苍，依然心怀阳光。

淡雅是余襟房，倾心诗书哦唱。
叩道奋余贞刚，不屈困难险障。

春风吹展奔放，膏雨滋润草长。
未可耽于休闲，贵在实干驱闯。

努力舒展心芳，一似松芽新长。
人格奋发向上，修心尽力尽量。

心胸应许更广

2023-2-12

心胸应许更广，天地尽都包藏。
　真理力寻访，不受欺与诳。

心志定定当当，迈越险关艰嶂。
　云烟入心间，胸怀何阔壮。

清听小鸟鸣唱，享受清风舒放。
　春来气昂藏，骋志向遐方。

不为名利疯狂，不为物欲遮障。
　性天何辽旷，大道明辨间。

小鸟倾心歌唱

2023-2-12

小鸟倾心歌唱，宛转何其扬长。
　清听余心芳，化为诗哦唱。

孟春美好无恙，田野新芽初长。
　生机蓬勃放，我心多欢畅。

人生雅怀向往，是在大同理想。
　宗教合一讲，正义敷强刚。

心灵奋发向上，克除私欲必讲。
　无机且坦荡，正直又昂扬。

人生履历艰辛

2023-2-12

人生履历艰辛，奋志岂是常寻。
　努力去追寻，天涯有美景。

内叩自己心灵，发见真光外映。
　大道力遵循，无机持心襟。

倾心哦诗奋勤，声入云霄何清。
　男儿有豪情，济世乐无垠。

世界是有阴晴，风雨雷暴常寻。
　神恩赐丰盈，灵程力前进。

心志永远年青

2023-2-12

心志永远年青，红尘履历惊心。
　狼烟吾饱经，血泪洒殷殷。

神恩赐下丰盈，起死回生何幸。
　奋发灵程行，天国标的明。

世界并不太平，善恶两军争竞。
　努力奋刚劲，斩杀魔敌兵。

凯歌响彻行云，圣徒讴咏尽兴。
　天下还清宁，正道敷均平。

人生雅秉诚真

2023-2-13

人和雅秉诚真，浩志旷然生成。
不妄启纷争，内叩心与身。

天气正然阴沉，朔风吹击正盛。
呼吸清风纯，精神大提振。

春来情志旷生，人生鼓勇前骋。
不畏惧艰深，冲决虎狼阵。

笑意淡然清生，豁度秋春缤纷。
正意盈心身，坚决不沉沦。

呼出正义心襟

2023-2-13

呼出正义心襟，人生洒脱前行。
履尽这烟云，踏遍苍山青。

旷怀真是无垠，人生努力秉勤。
叩道之意境，山水穷不尽。

红尘使余高兴，磨炼自我身心。
污秽矢扫清，圣洁何雅净。

灵程路上奋行，胜过试探艰凌。
天国有美景，用心去追寻。

天气寒峭

2023-2-13

天气寒峭，心情十分好。
春已来到，田野茁芳草。

骑车快跑，清吸清风妙。
努力前道，关山越迢迢。

人生晴好，悟道领玄妙。
力修情操，水云中心飘。

振襟朗啸，声入云天渺。
红尘微妙，切勿赴草草。

履历红尘

2023-2-13

履历红尘，春来情志开真诚。
叩道奋争，原也清具雅与芬。

世事浑论，只是桑沧幻成阵。
百年生辰，迅如弹指是一瞬。

努力前骋，矢寻真理济世诚。
烟雨纷纷，正好磨炼我刚正。

北风寒盛，室内和暖惬意生。
哦咏情芬，舒出正气盈乾坤。

适意清度人生

2023-2-13

适意清度人生，不为名利纷争。
淡泊度红尘，雅安中心生。

感谢天父鸿恩，导引心灵历程。
灵程美不胜，力克魔纷纷。

岁月多么清芬，卓浪任其生成。
努力前旅程，把舵稳又稳。

标的天国圣城，冲决困苦艰深。
一任试探盛，心志若钢纯。

人生适意安祥

2023-2-13

人生适意安祥，不惧苦风恶浪。
神恩赐下奔放，笑意从心展放。

五十八载一瞬，斑苍心志清纯。
努力灵性旅程，叩道矢志前骋。

内叩自己心身，明光内映充分。
天良发现真正，悟道雅洁清芬。

写意是此红尘，大千幻化缤纷。
名利彻底抛扔，心怀世界乾坤。

济世奋我刚正，力战魔敌凶狠。
还我山河清纯，宇宙是神创成。

灵妙心襟哦骋，舒出男儿热诚。
不畏前旅艰深，笑傲浊世红尘。

英武是我心身，儒雅清度秋春。
风雨晨昏不论，朗哦新诗兴奋。

此际春夜时分，灯下思想生成。
舒出心灵清纯，颂赞丰沛神恩。

正意哦出扬长

2023-2-14

正意哦出扬长，人生路上奋闯。
　三更之时间，不眠我思想。

春夜何其安祥，四围静悄无恙。
　人生不张扬，沉默实干壮。

心灯务必燃亮，烛照前路广长。
　穿越迷雾障，万里履奔放。

有时心地迷茫，切祷神赐恩光。
　指引正方向，灵程努力闯。

此生名利抛放，享受清贫之况。
　诗书镇日唱，怡悦我心房。

叩道履尽深艰，依然心襟茁壮。
　男儿铁骨刚，未可卑媚放。

努力向前向上，克己修心清芳。
　祛除私欲间，公义闪明光。

正义真理弘扬，力战鬼魅妖奸。
　杀伐何悲壮，凯歌彻云响。

旷怀雅正

2023-2-14

旷怀雅正，原无机巧生成。
拙朴心身，叩道奋力前骋。

山高水深，展我英雄纯正。
心志清芬，不屈不挠奋争。

名利弃扔，胸襟秉持诚贞。
温和晨昏，诗书朗哦秋春。

时值初春，早起一篇诗成。
展我风神，展我精气灵魂。

骋志人生

2023-2-14

骋志人生，吾不畏山水高深。
笑意清纯，任从他浊浪滚滚。

清度红尘，君子男儿人格正。
傲立乾坤，原也雅具精气神。

岁月进深，时节又值此孟春。
冷寒任盛，早起哦咏吐精诚。

感谢神恩，起死回生何丰盛。
美哉灵程，修心养性领清芬。

人生容我开口笑

2023-2-14

人生容我开口笑，春又来了，
春又来了，窗外冷寒任峻峭。

喜鹊欢声以鸣叫，声喧尘表，
声喧尘表，骋志读书怡情抱。

鼓志人生容笑傲，名利弃抛，
名利弃抛，君子固穷养贞操。

写意红尘生意饶，芳草苗了，
芳草苗了，一轮红旭东升妙。

襟怀清好

2023-2-14

襟怀清好，人生骋志远道。
山水迢迢，展我男儿风标。

春来怡抱，新诗哦出妙巧。
喜鹊鼓叫，冷风吹击潇潇。

茁生芳草，田野生机笼罩。
逸兴忒高，瞻望未来逍遥。

风雨经饱，炼得铁骨朗傲。
爽然一笑，红尘胡不娟好。

红尘履历吾淡定

2023-2-14

红尘履历吾淡定，无妨心志雄英。
履尽风雨阅阴晴，心志阳光纯净。

岁月递进是分明，此生不守因循。
矢志创新开新境，守旧必定不行。

文明进步无止停，努力叩道奋进。
修心修德养心灵，体会岂是常寻。

春来鸟雀喳鲜明，引我心中高兴。
新诗从心以哦吟，舒出悠悠心境。

人生履尽开心

2023-2-14

人生履尽开心，爽雅是余心灵。
春来惬听鸟鸣，朝日爽我胸襟。

悠品杯中绿茗，情思袅起无垠。
新诗振奋哦吟，舒出正意凌云。

远抛污脏利名，享受雅致清心。
红尘艰险之境，多有机关陷阱。

叩道趋于圆明，神恩浩荡丰盈。
矢沿正道旷进，览尽大千风景。

蓝天映着白云

2023-2-14

蓝天映着白云，爽朗吾心多情。
散步徐徐行，呼吸风清新。

白鸽自由飞行，孟春芳草绽青。
生机勃野境，我心快无垠。

红尘履尽艰辛，依然志取凌云。
不计利与名，叩道奋身心。

清度雅洁生平，诗书旷意哦吟。
舒出正气盈，舒出我刚劲。

人生履历多情

2023-2-14

人生履历多情，雅将自由追寻。
思想最要紧，珍贵胜黄金。

春来小鸟啼鸣，风吹白云悠行。
阳光洒清俊，我心怀高兴。

履度岁月空清，往事回首烟凝。
努力辟前境，努力向前行。

爽洁是余心灵，正直无机圆明。
坦荡哦均平，舒出气凌云。

人世难得开口笑

2023-2-15

人世难得开口笑，容我旷听啼鸟。
春风清畅何美好，阳光和蔼洒照。

清喜田野碧芳草，生机蓬勃不了。
心境心怀宜笑傲，勿为名利所扰。

淡泊心窍无机巧，人生征途迢迢。
千艰万难克服了，洒然清展一笑。

阖家康乐天伦妙，神恩何其丰饶。
灵程道上力奋跑，修心养德风标。

心志清好

2023-2-15

心志清好，人生不畏老。
奋志刚傲，春来情怀俏。

爽听鸟叫，东风吹荡浩。
写意尘嚣，生机勃发了。

红尘扰扰，清心最为要。
守好心窍，正直无机巧。

叩道洒潇，履历苍烟饱。
淡然一笑，红尘胡不好。

正意朗彻乾坤

2023-2-15

正意朗彻乾坤，春来生机勃盛。
东风清吹骋，鸟语何温存。

心怀雅洁无伦，读书品茗意生。
新诗哦真诚，倾吐我心身。

清度是我人生，履历关山成阵。
绝无卑媚生，傲骨何坚贞。

流年飞度迅奔，华发依旧清纯。
努力灵旅程，叩道吾沉稳。

笑意舒展真诚

2023-2-15

笑意舒展真诚，豁达是我人生。
红尘任滚滚，清雅度生辰。

春来鸟语何盛，东风吹拂芽生。
赞美这宇城，中心讴神恩。

灵程美妙不胜，力战魔敌凶狠。
浩气彻乾坤，男儿何刚贞。

平和是我心身，中庸中正谨遵。
不妄去纷争，雅致真无伦。

第八十六卷《友鹿集》

春来情志生成

2023-2-16

春来情志生成，惬听鸟语啼纯。
心志回复青春，呼吸清风爽神。

红尘浊浪滚滚，应许清心生成。
不惹名利心芬，雅洁叩道真诚。

迎春花初开盛，惬我情志十分。
天气朗晴云纷，品茗哦诗怡神。

笑容舒展真正，悟道豁度秋春。
不负清雅人生，著书应许等身。

谦和人生

2023-2-16

谦和人生，正气盈满乾坤。
不妄纷争，淡泊清度秋春。

哦唱声声，舒出男儿刚正。
岁月进深，难灭心中真诚。

叩道奋身，履历关山成阵。
笑傲红尘，不为名利倾身。

旷怀生成，春来心志雅芬。
清风怡神，况复品茗时分。

春气发扬

2023-2-16

春气发扬，振奋我情肠。
人生向上，努力舒奔放。

定定当当，步履何坚壮。
风雨艰苍，磨炼意志刚。

红尘狂荡，太多名利障。
慧目务张，识破彼机簧。

笑意浮上，人生不张狂。
谦正无恙，雅叩彼道藏。

步履坚正

2023-2-16

步履坚正，吾不畏惧艰深。
浊世红尘，磨炼我之刚贞。

岁月进深，斑苍依然精神。
一笑旷生，春来意气生成。

努力前程，万里风云驰骋。
关山成阵，饱览风光清纯。

吾是书生，不为名利而生。
淡泊心身，雅洁清新真诚。

672

心志雅正

2023-2-16

心志雅正，未许奸邪生成。
伪饰弃扔，君子秉心诚真。

感沛神恩，导引我之灵程。
心灵清芬，远抛物欲之损。

春来情生，浩意中心充分。
新诗哦成，舒出一腔热诚。

灯下思深，人生是一旅程。
天国永生，福份何其丰盛。

正襟哦扬长

2023-2-16

正襟哦扬长，春来气昂藏。
读诗声铿锵，哦咏情舒旷。
红尘任攘攘，水云中心漾。
清风吹浩荡，吾意何奔放。

正志人生

2023-2-16

正志人生，履尽浊浪滚滚。
秉持心身，正直无机清纯。

世事缤纷，演绎沧桑成阵。
务秉诚真，叩道用道雅芬。

不妄纷争，静默是我心身。
名利弃扔，剩有一腔刚正。

努力驰骋，履尽山水雄浑。
一笑清生，潇荡心志显呈。

心灵雅正

2023-2-16

心灵雅正，人生奋刚贞。
努力修身，叩道奋驰骋。

远际歌声，打动我心身。
清思生成，哦咏吐精诚。

春风吹骋，惬我意十分。

灯下思深，浩气充乾坤。

洒然意芬，心曲向谁逞？
孤旅奋争，努力灵旅程。

春来心境吾清好

2023-2-16

春来心境吾清好，胸襟勃发未了。
旷雅哦咏新诗妙，千章还嫌太少。

人生坚决不骄傲，谦和人格骚骚。
修身上进路迢迢，叩道一生风标。

夜值三更喜静悄，灯下清撰诗稿。
人生由来正气饶，颇具南山情调。

水云中心气象骚，男儿纵展刚豪。
不屈名利与虎豹，提刀力斩魔妖。

品茗雅芳

2023-2-16

品茗雅芳，情志俱增长。
逸兴之畅，哦咏诗千章。

心志清昂，春意入襟房。
旷怀发扬，我欲大声唱。

岁月有芳，故事演万章。
不回头望，往事何必讲。

未来旷望，关山风云壮。
男儿豪刚，努力以闯荡。

适意人生吾安祥

2023-2-16

适意人生吾安祥，晴朗心地间。
清心明慧叩道藏，心得缕缕芳。

半生体会何必讲，履尽烟雨苍。
唯赖神恩赐丰穰，导引入康庄。

努力前面之路向，矢沿正道闯。
力斩拦路之虎狼，长趋天涯间。

第八十六卷《友鹿集》

天国是我之故邦，永生福何康。
修心养德无止疆，灵性力增长。

雅致人生

2023-2-16

雅致人生，情志秉真诚。
注重修身，道义尽务遵。

滚滚红尘，故事演不胜。
桑沧幻成，名利害人生。

务持清正，胸怀水云芬。
如莲花纯，不惹秽与尘。

春来情生，万物均勃盛。
灯下思深，讴咏吐真诚。

人生旷志生成

2023-2-16

人生旷志生成，力战魔敌凶狠。
圣父亲自慰问，圣灵中保驰奔。

两军对垒成阵，杀伐激烈难论。
感谢天父鸿恩，圣徒攻入敌阵。

凯歌彻云生成，魔敌败退消遁。
圣徒建立圣城，美好真是无伦。

天国才有永生，福份何其丰盛。
圣洁才能上升，乘云直入天城。

行旅放歌唱

2023-2-17

行旅放歌唱，心襟不萧凉。
人生体道奔放，旷展我扬长。

浩志早成钢，男儿展豪放。
哦诗激越昂扬，一曲向天旷。

春意渐显彰，迎春喜绽放。
东风吹拂草长，喜鹊欢鸣唱。

心襟持澹荡，岂为名利狂。
清贫是无大妨，骋志天涯向。

旷怀优雅正无伦

2023-2-18

旷怀优雅正无伦，惬意从心生成。
天阴无妨意清正，春风正自吹骋。

品茗读书意清芬，雅将新诗哦成。
舒出人生之刚贞，从容心志安稳。

不为名利去折腾，淡定守我心身。
中心水云自缤纷，一笑岂含愚蠢。

野禽放歌讴真诚，田园碧草新生。
最喜迎春绽芳纯，金黄惬余心身。

心志和平

2023-2-18

心志和平，不入名利境。
雅享清贫，正气纵凌云。

红尘险境，狼烟起不停。
神恩丰盈，导引灵程进。

喜鹊清鸣，欢快我身心。
东风爽清，惬我之心灵。

休闲意静，不妄去分心。
阖家康宁，天伦乐无垠。

心志闲静

2023-2-18

心志闲静，无妨志凌云。
天阴之境，春禽讴不停。

读书怡情，淡雅品清茗。
舒展芳心，哦咏正多情。

人生前行，不畏惧风云。
茁壮身心，体道吾康平。

微笑清映，深嗅东风清。
薄寒意境，头脑持清醒。

万物属于虚空

2023-2-18

万物属于虚空，名利是为孽种。
不惧渐成翁，诗书从容诵。

淡泊盈于心胸，正意凌云若虹。
男儿非孬种，叩道奋刚雄。

前驱万里冲风，览尽关山奇雄。
壮阔我襟胸，哦诗呼大风。

岁月又值春风，田野青芳渐浓。
喜鹊旷鸣颂，百鸟和鸣中。

闲雅意境纵生成

2023-2-18

闲雅意境纵生成，惬意中心缤纷。
春来喜鹊欢鸣骋，爽我心襟十分。

天阴东风淡荡生，呼吸快我心身。
品茗读书享人生，名利合弃合扔。

岁月不断以进深，老我斑苍何论。
掌足中心之精诚，叩道鼓勇奋争。

快慰中心哦清芬，舒出气象刚正。
男儿绝无卑媚生，浩气充盈乾坤。

人生旷志开展

2023-2-18

人生旷志开展，舒出吾之浩瀚。
春来情意纵绽，惬听鸟之鸣喊。

岁月容我扬帆，力克千艰万难。
神恩丰沛丰赡，导引归回彼岸。

大千多么灿烂，生机勃发宇寰。
迎春率先开绽，喜鹊鸣声何欢。

读书写诗意展，正意盈襟妥善。
男儿人格妙曼，叩道用道雅安。

人生正意生成

2023-2-18

人生正意生成，清度优雅人生。
岁月多么清芬，春来生机显逞。

一生沐浴神恩，努力奋我灵程。
读书思考深深，朗哦声入云层。

东风欢快怡神，野禽鼓吹声声。
心志旷然生成，激情纵展十分。

人生岂久困顿，男儿傲岸刚贞。
冲决虎狼之阵，天涯奋志驰骋。

人生志取强刚

2023-2-18

人生志取强刚，旷展吾之顽强。
不畏惧艰苍，心志怀清朗。

春来气宇奔放，雅将新诗哦唱。
鸟语何欢畅，清风何扬长。

骋志天涯遐方，风雨兼程而闯。
览尽风光靓，一笑体澹荡。

百度秋春飞畅，斑苍无妨志壮。
男儿有阳刚，力斩虎与狼。

人生领略艰苍

2023-2-18

人生领略艰苍，依然浩志贞刚。
春来意发扬长，容我舒展奔放。

此际天阴风航，呼吸清风快畅。
清思浩发汪洋，新诗哦咏千章。

雅将志向哦唱，男儿心怀何壮。
矢将名利弃放，济世挥洒阳刚。

岁月绵绵漫长，演绎桑沧无恙。
体道心襟雄壮，圆融身心澹荡。

闲情旷展

闲情旷展，人生气宇冲霄汉。
春来情绽，蓬勃朝气何浩瀚。

清听鸟喊，享受东风之妙曼。
男儿好汉，不为名利折腰板。

骋志雅安，神恩领略何丰赡。
诗书观玩，哦咏舒怀适心胆。

灵程艰难，一任试探深开展。
正志妥善，辞减物欲与情澜。

心志不老

心志不老，春来情怀俏。
奋发高傲，旷欲纵扬飙。

岁月丰饶，情怀付谁瞧。
哦诗风标，南山之情操。

绝不骄傲，谦和是怀抱。
正意富饶，叩道乐洒潇。

情志骚骚，勃发入云霄。
坦荡逍遥，无机胸襟妙。

淡雅人生

淡雅人生，心志旷然生成。
叩道前骋，灵程奋不顾身。

春来意生，灯下清思缤纷。
四更时分，哦咏也自清芬。

舒出心身，舒出正意精诚。
舒出刚贞，舒出男儿风神。

感沛神恩，如此丰赡丰盛。
傲立乾坤，力战魔敌凶狠。

正意人生

正意人生，旷怀雅洁生成。
悟道秋春，读书体会深深。

奋行灵程，男儿一身刚贞。
试探任深，坚决不取沉沦。

清度红尘，名利矢志抛扔。
物欲损人，澹荡情志清芬。

著书等身，济世展我雄浑。
安祥心身，原也和暖如春。

情怀娟好

情怀娟好，人生莫赴草草。
旷展风标，正义原也刚傲。

不屈不挠，努力奋辟前道。
山水朗造，览尽奇胜逍遥。

我是男儿，岂为名利折腰。
清贫就好，诗书哦咏乐道。

春来怡抱，灯下清思骚骚。
四围静悄，抒写身心不了。

心志旷然生成

心志旷然生成，人生雅具诚真。
春来气发浩正，清风爽我心神。

小鸟娇鸣阵阵，喜鹊欢声何震。
读书意生成，品茗惬无伦。

红尘从容驰骋，不为名利分神。
淡定拥书城，清雅度秋春。

任起浊浪滚滚，我只清守纯真。
斑苍任清生，微笑秉清纯。

浩志清骋

2023-2-19

浩志清骋，脚踏实地为正。
努力前程，览尽大千奇胜。

叩道奋身，风雨裁志兼程。
微笑清生，人生豁度秋春。

时值初春，朝日和煦温存。
听鸟啼纯，享受暇闲真正。

悠悠情生，哦咏清吐诚真。
淡泊心身，一生秉具清纯。

休憩心身

2023-2-19

休憩心身，怡养我之精神。
书本弃扔，品茗何其清芬。

哦咏舒诚，吐出吾之清纯。
人生驰骋，也须适当休整。

旷怀无伦，豁达悟彻天人。
浊世红尘，只是暂时憩身。

天国永生，才是家邦真正。
努力灵程，叩道奋不顾身。

呼出我的心身

2023-2-19

呼出我的心身，人生秉具真诚。
虚伪抛扔，剩有一腔刚正。

春风尽意吹骋，鸟语何其馨温。
休憩时分，养足吾之精神。

周日惬意生成，品茗写诗爽神。
阖家馨温，乐享无上天伦。

一生感沛神恩，赐福美妙不胜。
奋行灵程，胜过试探艰深。

逸意生成

2023-2-19

逸意生成，人生雅怀诚真。
朝日清生，春风吹拂清纯。

鸟鸣纯正，惬我情意十分。
品茗爽神，撰诗舒我清芬。

努力驰骋，万里风雨征程。
山水雄浑，怡我心志精神。

岁月飞奔，心襟依然振奋。
澹荡心神，雅洁不惹污尘。

人生志取安祥

2023-2-19

人生志取安祥，何必镇日诗章。
应许休憩心肠，享受闲暇清况。
一杯绿茗清芳，几声鸟语宛唱。
纵展心地情长，天伦之乐无恙。

旷展心灵之纯真

2023-2-19

旷展心灵之纯真，人生奋发刚贞。
努力前面灵旅程，胜过试探艰深。

春来情志开真正，享受东风清纯。
惬意小鸟啼声声，袅起诗兴生成。

且品绿茗添精神，哦出心志缤纷。
质朴情思也雅正，展眼天际云层。

旷欲奋飞万里程，天涯风光雄浑。
男儿有种济乾坤，名利何足谈论。

谦和中正

2023-2-20

谦和中正，春来情思纷纷。
远际歌声，动我心志十分。

灯下思深，人生合当奋争。
名利弃扔，高蹈吾之心身。

红尘滚滚，太多魔敌缤纷。
务持清纯，胸怀水云雅芬。

感谢神恩，导引灵程上升。
脱离世尘，天国美好无伦。

雅洁情思纵生成

2023-2-20

雅洁情思纵生成，清度人生缤纷。
努力灵性之旅程，胜过试炼艰深。

百度秋春如飞骋，斑苍依旧清纯。
正义人生奋刚贞，力战魔敌凶狠。

修得心胸如兰芬，振志万里驰骋。
艰苍风雨不足论，心中阳光和温。

春来心襟振十分，欣快真是无伦。
读书写诗自慰问，和谐是我心身。

心志和平

2023-2-20

心志和平，任起思纷纭。
春来心境，如孔雀开屏。

潇潇心襟，原也秉灵明。
不忘修心，养德无止境。

奋志凌云，脚踏实地行。
览尽胜境，览尽奇风云。

红尘艰辛，人生非梦境。
挥洒雄心，业绩矢创寻。

身心持正

2023-2-21

身心持正，清度浊世红尘。
雅洁心身，原也不甘沉沦。

春来意振，哦咏新诗缤纷。
舒出诚真，舒出人生刚贞。

何处笛声，引我心襟悠生。
朝日正呈，芳草滋生纷纷。

鸟语啼纯，旷余心志十分。
品茗情生，展眼瞻望云层。

旷怀清展

2023-2-21

旷怀清展，人生正义吾傲岸。
不畏艰难，奋志人生作好汉。

心怀浪漫，履尽坎坷与艰难。
一笑雅安，清喜神恩赐丰赡。

努力前站，风雨无妨我志展。
力登彼岸，矢脱尘世之纠缠。

岁月扬帆，老我斑苍志浩瀚。
阖家平安，天伦之乐享当然。

远抛苦闷

2023-2-21

远抛苦闷，旷志人生哦真诚。
春来意振，鼓舞情志征艰难。

胸襟傲岸，岂屈名利与厄坎。
力作好汉，正直人生奋扬帆。

岁月翻澜，不尽桑沧尽意展。
幻化宇寰，唯赖神恩之丰赡。

雅怀浪漫，只是生平多艰难。
如松傲站，绝壁生长风采绽。

喜鹊喳鸣

2023-2-21

喜鹊喳鸣，动地以讴吟。
心怀振兴，悠品我芳茗。

天日喜晴，风吹微寒境。
初春情景，野草绽芳青。

岁月进行，不减我清劲。
奋志前行，万里览风云。

红尘艰辛，奋志当凌云。
不老身心，挥洒我才情。

守心诚正

2023-2-21

守心诚正，不为名利纷争。
淡泊秋春，守我中心精诚。

岁月进深，斑苍不必细论。
浩志浑成，努力前路驰骋。

山高水深，风光雅清雄浑。
惬我精神，哦诗舒情十分。

叩道晨昏，矢寻真理奋身。
读书声声，何妨声入云层。

人生骋志向上

2023-2-21

人生骋志向上，岂畏风雨艰苍。
笑意展清昂，人生不张狂。

正意哦入诗章，才情挥洒奔放。
坚持我理想，大同缔世间。

宗教和同必讲，文明恒是向上。
进步无止疆，思想当开朗。

济世贞志何刚，名利早已弃放。
展眼天涯望，无限好风光。

第八十七卷《兰风集》

浩志旷然生成
2023-2-21

浩志旷然生成，人生鼓勇而骋。
春来情志生，惬听鸟啼纯。

窗外旷呼风声，清坐室内安稳。
绿茗正芳纯，旷意入诗申。

舒出情思真正，人生纵横驰骋。
不畏山水阵，努力前旅程。

风雨不足细论，兼程万里驰奔。
一笑从心生，豪气盈乾坤。

雅正情操
2023-2-21

雅正情操，处世不取高傲。
淡定尘表，诗书哦咏洒潇。

春来清好，旷意听取啼鸟。
迎春开了，惬余意向美妙。

清思逍遥，人生征途迢迢。
贞志堪表，不为名利倾倒。

清贫就好，男儿正意刚饶。
胸襟才抱，原具南山情调。

不为名利倾倒
2023-2-21

不为名利倾倒，男儿是有刚豪。
春来情志潇潇，诗书哦咏骚骚。

田野碧绽芳草，鸟语何其娟妙。
舒出刚正情操，君子人格显造。

修身之旅迢迢，力胜试探艰饶。
无机心襟曼妙，正直谦和力保。

谦正身心
2023-2-21

谦正身心，豪气挺生豪情。
努力前行，穿越关山无垠。

岁月飞俊，笑我华发斑鬓。
不减激情，展眼天际苍青。

哦诗吐情，原也雅具清新。
俊骨傲挺，绝无卑媚情形。

春来奋兴，振志万里之境。
不计艰辛，访造天涯情景。

爽朗身心
2023-2-21

爽朗身心，哦歌彻行云。
春来心境，多彩真无垠。

情思分明，正义吾刚劲。
驱散乌云，阳光洒清俊。

胸怀豪情，济世乐无垠。
诗书哦吟，陶冶我性灵。

淡泊清心，舒出气凌云。
力斩魔兵，天下还清平。

红尘履历吾多辛

2023-2-21

红尘履历吾多辛，旷志分明，
旷志分明，人生骋志努力行。

此生履尽是艰辛，风雨经行，
风雨经行，兼程奋进笑意俊。

大千幻化桑沧频，悟道于心，
悟道于心，乐达天人也温馨。

半生逝去斑苍盈，爽意无垠，
爽意无垠，展转秋春正气凝。

春来焕发情抱

2023-2-21

春来焕发情抱，哦咏逍遥。
任从风雨艰饶，兼程奋跑。

天气多云风清，雅听鸟鸣。
品茗悠享意境，撰诗空清。

阖家安乐温馨，快我身心。
享受淡雅清贫，正义盈襟。

瞻望未来情景，茁壮风云。
务当努力前行，斩棘披荆。

定定当当

2023-2-21

定定当当，步我人生场。
心志旷放，不畏惧风浪。

豪情心间，哦咏舒昂藏。
正义情肠，原无机与奸。

春来人间，乐听啼鸟唱。
风鼓奔放，清吸有微芳。

草野绽芳，生机天地间。
激情发扬，欲飞万里疆。

人生雅怀清旷

2023-2-21

人生雅怀清旷，心志吾很阳光。
春来骋意向，哦诗舒旷朗。

展转不尽桑沧，爽然一笑清畅。
人生客旅间，健康第一桩。

勿为名利所诳，定志叩求道藏。
性天持清凉，不许物欲妨。

灯下清展思想，哦出正意奔放。
情思舒扬长，婉转入诗章。

闲情释放

2023-2-21

闲情释放，讴咏诗千章。
字里行间，一颗心跳荡。

本色当行，正直心地间。
抛弃机奸，娴雅真无羡。

春来人间，和气盈寰壤。
生成遐想，哦诗舒激昂。

岁月艰苍，唯赖神恩壮。
导引慈航，天国是标向。

旷然心志雅芬

2023-2-21

旷然心志雅芬，吾不计较痛疼。
春来心气盛，努力前旅程。

呵呵一笑纯真，男儿持有刚贞。
力战魔敌狠，凯旋归天城。

岁月不断进深，斑苍远辞青春。
不老心志骋，山水越雄浑。

灯下思想生成，清怀向谁细论。
孤旅奋驰骋，哦唱声又声。

人生情爽

2023-2-22

人生情爽，春风正吹畅。
早起寒凉，哦诗声铿锵。

心志悠旷，从容人生场。
爱读诗章，激发我情肠。

人生向往，时刻铭心房。
振志昂扬，风雨兼程闯。

大力弘扬，正道敷人间。
大同理想，灿烂何辉煌。

叩道贞刚，人生力向上。
不计苍凉，不计试炼艰。

襟怀爽朗，无机持心肠。
高远无疆，纵展我思想。

践履为上，实干显豪强。
业绩矢创，挥洒我奔放。

人生不长，时光如飙狂。
春韶正当，不必计斑苍。

流风吹展多情

2023-2-22

流风吹展多情，心志雅洁芳清。
散步吾徐行，春意入心襟。

微有薄寒意境，朝旭升起正明。
鸟语啭空清，爽我意无垠。

人生情志鲜明，此生不计利名。
叩道余怀情，振志万里行。

天涯是有美景，努力奋志追寻。
笑意何雅俊，空灵持身心。

振志人生

2023-2-22

振志人生，雅意纵生成。
春来和温，东风尽意骋。

欣赏朝暾，一使余兴奋。
鸟语温存，诗意中心存。

哦出心身，哦出我刚正。
哦出真诚，哦出气机纯。

人生奋骋，名利弃而扔。
轻装上阵，笑傲这红尘。

天上浮白云

2023-2-22

天上浮白云，春意爽清。
东风吹尽兴，袅起心情。

哦歌吾多情，气宇凌云。
春来怀奋兴，旷志无垠。

岁月是空清，桑沧常寻。
幻化无止境，悲喜心襟。

正志人生行，不图利名。
高蹈吾雄心，松风惬襟。

爽洁情肠

2023-2-22

爽洁情肠，春来哦咏气昂藏。
舒出感想，一腔正气盈寰壤。

不取狂猖，谦和人生吾澹荡。
心志清芳，乐叩大道享安康。

灯下思想，激情满怀入诗唱。
踏实安祥，步履坚正天涯间。

斑苍何妨，胸中理想恒苗壮。
若松生长，迎风冒雨傲骨刚。

惬意清度红尘

2023-2-27

惬意清度红尘，履历风雨缤纷。
不计艰苍心疼，努力万里驱骋。

初春天晴时分，哦诗从心生成。
清听小鸟啼纯，爽风吹来意芬。

岁月不断进深，斑苍不减清纯。
体道步履坚正，不畏试炼纷逞。

雅洁是我心身，振志朗度秋春。
诗书慰我晨昏，心灵心志温存。

春来爽我心襟

2023-2-28

春来爽我心襟，惬听鸟鸣，
惬听鸟鸣，东风写意展意境。

煦日朗照正明，淡定品茗，
淡定品茗，不惹名利余开心。

红尘多有艰辛，苦难困境，
苦难困境，总赖神恩赐丰盈。

前驱万里风云，览尽奇境，
览尽奇境，微笑爽雅也多情。

体道人生

2023-2-28

体道人生，吾不计艰苍生成。
清度红尘，旷展我男儿刚正。

春来兴奋，哦诗纵展我热忱。
展眼云层，有鸟高飞振精神。

东风慰问，多情人生品茗芬。
读书怡神，爽雅情怀真无伦。

乐享天伦，父母健康喜不胜。
讴颂神恩，赐福丰赡且丰盛。

心怀中雅志生成

2023-2-28

心怀中雅志生成，艰苍不论，
风雨不论，努力兼程吾驰骋。

此际旷雅是精神，东风怡神，
鸟语欢腾，初春迎春奋开盛。

惬意哦诗也雅芬，舒出精诚，
描写人生，著书等身自慰问。

散思旷发入诗申，呼出兴奋，
呼出热忱，人生坚决不沉沦。

流年光阴飞劲

2023-3-2

流年光阴飞劲，又值孟春情景。
迎春绽若金，喜鹊旷高鸣。

煦日洒照均平，品茗惬余心襟。
读书享意境，新诗从心吟。

平生履尽酸辛，依然志取凌云。
奋发男儿俊，风雨兼程行。

爽风吹来何清，振奋吾之心灵。
人生悠悠境，淡泊享康平。

历劫红尘

2023-3-2

历劫红尘，心志雅秉清纯。
鸟语娇纯，振奋余之精神。

春来馨芬，喜彼迎春开盛。
东风爽神，新诗旷意哦成。

岁月进深，斑苍无妨奋身。
风云任盛，坚决步履前程。

世事浑论，众生多陷愚蠢。
叩道雅正，矢寻真理十分。

雅度人生

2023-3-2

雅度人生，抛却名利情志芬。
听鸟鸣纯，享受春风惬心神。

红尘滚滚，太多名利害煞人。
务持清正，中心勿忘水云芬。

淡度秋春，读书哦诗在晨昏。
奋发刚贞，力战奸邪与恶蠹。

阳光洒逞，和蔼身心品茗芬。
谈吐和温，君子人格早生成。

人生福分有定

2023-3-2

人生福分有定，何必过份追寻。
心志应贞静，名利合辞屏。

叩道趋入圆明，悟彻世界纷纭。
通达享安平，开心秋春境。

岁月飞行何俊，笑我华发斑鬓。
爽雅盈心襟，旷达天人境。

感沛神恩丰盈，赐下幸福安宁。
阖家享温馨，天伦乐无垠。

骋志阳光

2023-3-2

骋志阳光，人生力搏艰苍。
历劫尘壤，浩志早已成钢。

挥洒阳刚，力战吃人豺狼。
男儿豪放，何妨血洒成行。

神恩丰穰，赐下安平吉祥。
灵程奋闯，胜过试探深艰。

一笑爽朗，春已来到人间。
正气奔放，迎春绽放金黄。

人生雅怀意向

2023-3-2

人生雅怀意向，呼出心地晴朗。
春来气昂藏，振志向遐方。

力战恶虎凶狼，世界是神所创。
正义通寰壤，罪恶必灭光。

男儿气宇轩昂，抛弃名利何妨。
叩道入深艰，艰苦不辞让。

岁月进深无恙，斑苍依旧向上。
旷怀真奔放，哦诗舒激昂。

闲情聊表

2023-3-3

闲情聊表，心志吾清好。
听鸟鸣叫，春寒犹料峭。

品茗意潇，诵诗声韵高。
澹荡尘嚣，名利未许扰。

洒脱逍遥，物欲吾已抛。
清贫就好，正气奋刚傲。

淡然微笑，豁达度昏朝。
爽雅情窍，撰诗怡怀抱。

心志吾澹荡

2023-3-3

心志吾澹荡，人生不猖狂。
振志天涯向，风雨无法障。

春来情怀旷，惬意听鸟唱。
东风犹寒凉，爽雅哦诗章。

舒出意昂藏，人生万里疆。
不为物欲障，性天吾清凉。

红尘任嚣猖，吾只守定当。
正意心地间，共缘履安祥。

人生向上

2023-3-3

人生向上，难免遭遇艰苍。
力展奔放，如松绝壁生长。

心志清昂，诗书一生研访。
名利弃放，剩有水云情肠。

窗外鸟唱，孟春东风舒畅。
柳未鹅黄，迎春旷意绽放。

雅享悠闲，品茗情志增长。
裁意诗章，一曲倾泻流畅。

清怀雅爽

2023-3-3

清怀雅爽，悠悠放哦唱。
春风吹畅，惬我意无限。

有鸟啼唱，有花正开放。
心志昂扬，韶光勿费浪。

努力向上，不为物欲障。
定志之向，万里无止疆。

和蔼尘壤，悠度吾安祥。
神恩广长，幸福赐无限。

芳春美好

2023-3-4

芳春美好，惬意听啼鸟。
东风清袅，远际歌声嘹。

读书怡抱，情志舒不了。
哦出怀抱，旷展正气饶。

休闲雅骚，品茗意兴高。
阖家康好，神恩领受饱。

红尘安好，风雨早经饱。
微微一笑，奋发奔前道。

心志旷展无限

2023-3-4

心志旷展无限，春来情意张扬。
雅听鸟之唱，享受风清爽。

柳芽初初舒芳，煦日祥和寰壤。
乐意享休闲，雅将诗哦唱。

人生情意扬长，况听春禽鸣放。
诗意袅心间，展眼天无限。

思想应放无疆，冲决俗世罗网。
振志万里疆，风雨不必讲。

人生勿计艰苍

2023-3-4

人生勿计艰苍，舒展吾之奔放。
鸟语娟芳，鸟语娟芳，
周末雅享休闲。

情志舒出坦荡，人生是无机奸。
正意昂扬，正意昂扬，
心怀世宇何壮。

清喜阳光煦放，爱赏柳烟笼黄。
品茗无恙，品茗无恙，
振奋吾之情肠。

人生悠悠扬扬，不为名利遮障。
性天清凉，性天清凉，
安贫乐道和祥。

休憩心襟

2023-3-4

休憩心襟，放旷吾之闲情。
人生镇定，此生不畏雷霆。

红尘艰辛，风雨只是常寻。
奋展雄英，坚决抛弃利名。

叩道之境，领略心怀雅静。
世事浮云，关注身心魂灵。

努力前行，饱览大千风景。
傲骨刚劲，原也持正坚定。

适意人生安祥

2023-3-4

适意人生安祥，此生不惧风浪。
名利浮云相仿，应弃应抛应放。

春日野禽鼓唱，爽朗余之心房。
小风其来悠扬，读书写诗何畅。

人生淡淡荡荡，正如清风模样。
百年客旅之间，雅将道德研访。

修身未有止疆，克己矢志向上。
春来烂漫情肠，旷欲向天飞翔。

人生雅具风神

2023-3-4

人生雅具风神，心志不老青春。
春来奋刚正，努力灵旅程。

小鸟惬意啼春，风儿爽快奔放。
清坐理心肠，哦吐我思想。

此生风云饱享，斑苍英武不减。
男儿奋意向，万里长驱闯。

心襟雅怀安祥，尘世风浪平常。
淡定心地间，乐叩彼道藏。

襟怀洒潇

2023-3-4

襟怀洒潇，清持冰雪情操。
人生遥道，叩道用道风标。

清听啼鸟，春风适余怀抱。
柳烟清飘，煦日和祥洒照。

心怀雅骚，舒出情思倩巧。
朗意哦了，新诗从心构造。

岁月逝飘，孟春不嗟衰老。
振志扬飙，青春心志云霄。

情怀畅好

2023-3-4

情怀畅好，此生履尽艰苍饱。
雅然一笑，豁达清持是怀抱。

绝不骄傲，谦正情操学兰草。
修身迢迢，努力奋发迈前道。

芳春美妙，耳际不断响啼鸟。
清风袅袅，更有歌声响飘渺。

红尘险道，名利扰人务弃了。
正义襟抱，轻装万里享逍遥。

矢沿正道前进

2023-3-4

矢沿正道前进，未许物欲损心。
岁月喜值春境，野禽欢歌多情。

坦腹容我哦吟，舒出正气刚劲。
男儿应展雄英，不为名利争竞。

清贫并无大紧，贵在奋发心灵。
叩道努力挺进，山水风光无垠。

穿越迷雾之境，心中阳光朗明。
乐叩天人之境，大道普覆宇庭。

豪勇心地间

2023-3-4

豪勇心地间，人生振志慨慷。
悠享风清旷，惬听喜鹊奏唱。

嬉春无恙，品茗雅怀舒爽。
读书意旷，新诗倾出情肠。

人生安祥，不惹名利孽障。
体道向上，修心晨昏之间。

红尘狂荡，只是幻化之象。
灵程奋闯，求取永生灵粮。

正志人生场

2023-3-4

正志人生场，心地安祥。
和蔼心地间，无机扬长。

野禽旷鼓唱，春风悠扬。
煦日和暖放，和平尘壤。

人生奋志向，是在遐方。
不畏惧风浪，扬帆远航。

艰苍不必讲，定志贞刚。
男儿雄勇间，天涯驱闯。

闲雅情怀舒奔放

2023-3-4

闲雅情怀舒奔放，春来情长，
春来情长，喜迎红旭东方上。

世界乃是神所创，不可思量，
不可思量，灵妙真是无法讲。

人生骋志矢向上，不计艰苍，
不计艰苍，努力舒展贞气象。

神恩赐下是丰穰，顺利启航，
顺利启航，天国才是永生场。

处世平心吾安祥，正意心间，
正意心间，修心养德无止疆。

力战奸邪与恶党，良善情肠，
良善情肠，坚信正道必通畅。

第八十八卷《红豆集》

逸意人生
2023-3-4

逸意人生，惬度此红尘。
春来情振，哦诗激越声又声。

东风清纯，啼鸟唤成阵。
暮烟初生，旷怀雅洁正无伦。

岁月清芬，演绎故事放层层。
百度秋春，正意盈襟叩道诚。

不妄纷争，静心定意养德芬。
名利弃扔，骚雅意气展纵横。

心志我很青春
2023-3-4

心志我很青春，一任斑苍生成。
春来意兴奋，旷怀真无伦。

时近惊蛰时分，晴日暮烟生成。
灯下哦诗成，舒出心与身。

人生容我驰骋，万里风云成阵。
风雨未足论，勇敢以前奔。

淡泊是我心身，雅洁不惹埃尘。
清风怡我神，啼鸟惬意芬。

贞定情操
2023-3-5

贞定情操，春来勃发潇潇。
新诗哦了，舒出风神微妙。

人生晴好，履尽山水迢迢。
朗然一笑，旷展英武襟抱。

红尘美妙，矢将真理寻找。
淡泊心窍，原具雅洁风骚。

乐听鸟叫，东风写意渺渺。
和蔼尘表，正襟安度昏朝。

读书怡抱
2023-3-5

读书怡抱，情思不取纤巧。
拙正为要，拙正为要，
　　春来旷听啼鸟。

风儿潇潇，柳烟淡淡笼罩。
村野美妙，村野美妙，
　　和乐气象堪表。

人生奋跑，关山履尽险要。
情志清好，情志清好，
　　风雨兼程朗造。

叩道洒潇，书生意气丰饶。
正襟朗啸，正襟朗啸，
哦咏秋春昏朝。

振意秋春

2023-3-11

振意秋春，人生朗度红尘。
不屈奋争，力战魔敌凶狠。

红尘滚滚，演绎故事何盛。
秉持心灯，努力前面旅程。

岁月进深，笑我华发清生。
一笑爽神，心志仍很青春。

神恩丰盛，赐下平安妥稳。
灵性旅程，风光妙丽不胜。

春意氤氲之间

2023-3-11

春意氤氲之间，野草茁生成长。
柳烟正飘荡，绿水又清涨。

心志如草萋芳，茁壮展我雄刚。
努力奋向上，不为物欲障。

红尘不是故乡，人生客旅之间。
灵魂净无恙，天国是故邦。

努力回归天堂，圣洁才能前往。
胜过魔敌挡，凯歌彻云间。

雅将闲情释放

2023-3-11

雅将闲情释放，哦诗呼出扬长。
人生清骋奔放，展我正义情肠。

此生履尽艰苍，依然一笑爽朗。
神恩如此丰穰，赐下平安平康。

清贫岂有大妨，诗书性命之粮。
晨昏纵情哦唱，讴咏地久天长。

芳春如此无恙，灯下清展思想。

夜风吹来爽肠，温馨盈满襟房。

世事用心衡量

2023-3-12

世事用心衡量，幻变不过桑沧。
清持正义情肠，向上力展奔放。

红尘之路险艰，太多机巧诡陷。
慧目务须擦亮，辨明前进方向。

人生百年不长，修心努力向上。
韶华切勿费浪，矢将真理寻访。

春又来到人间，窗外喜鹊鸣唱。
清坐整理心簧，哦诗呼出欢畅。

处心平正

2023-3-12

处心平正，清度岁月缤纷。
道义敬遵，矢为真理奋身。

感沛神恩，导引我之人生。
奋行灵程，胜过试探艰深。

红尘滚滚，磨炼我之刚正。
天国永生，何其美好妙胜。

圣洁心身，修身努力晨昏。
名利弃扔，诗书旷意清骋。

清度浊世红尘

2023-3-12

清度浊世红尘，雅洁是我心身。
人生奋志刚正，努力前面旅程。

春色明媚清芬，柳烟鹅黄碧嫩。
风吹递来鸟声，打动余之心身。

品茗惬意时分，诗书容我清骋。
欢愉阖家馨温，感谢不尽神恩。

正直冬夏秋春，坚决不取沉沦。
努力灵性旅程，矢向天国飞奔。

心志旷然清好

2023-3-12

心志旷然清好，春来怡我情抱。
惬意听鸟叫，田野碧色饶。

休闲何其美好，品茗读书意道。
清风适襟窍，爽雅真无二。

煦日清新洒照，生活多么美好。
神恩赐丰饶，前履步步高。

不为名利倾倒，正直身心为要。
清贫不紧要，贵在奋心窍。

心志雅然诚真

2023-3-12

心志雅然诚真，人生奋志而骋。
山水履历雄浑，爽朗襟抱十分。

此际仲春时分，晴和煦日朗逞。
耳际鸟语娇芬，田野柳烟飘胜。

雅洁是我心身，圣洁尽力循遵。
奋发叩取灵程，力战魔敌凶狠。

叩道奋不顾身，慧智努力寻遵。
物欲不能过盛，诗书陶心清芬。

心志吾取安祥

2023-3-12

心志吾取安祥，不为名利起浪。
静定内叩襟房，发见明光慧亮。

人生骋志昂扬，叩道奋发向上。
名利合当弃放，正义一生强刚。

岁月清展澹荡，五十八载瞬间。
行旅咽尽桑沧，爽然一笑奔放。

仲春美好无恙，一片鸟语碧放。
风儿多么爽朗，快慰余之心肠。

傲骨自有嶙峋

2023-3-12

傲骨自有嶙峋，人生奋展雄英。
春来开心境，冷寒不要紧。

奋发心志殷殷，关山履尽风云。
风雨涤心襟，爽洁真无垠。

今日天气朗晴，斜照和煦温情。
小鸟啼空清，爽风吹多情。

清坐整理心襟，写诗舒发感情。
正义奋凌云，男儿鼓干劲。

心志聊舒广长

2023-3-12

心志聊舒广长，人生奋展力量。
春来意轩昂，哦诗亦奔放。

仲春美好安祥，鸟语伴以花芳。
柳烟多澹荡，陶醉我心房。

胸中充满理想，正意何其茁壮。
不惧风与浪，骋志万里疆。

岁月飞逝迅狂，人生转眼斑苍。
一笑是爽朗，心志怀贞刚。

东风流旷

2023-3-12

东风流旷，满耳啼鸟唱。
煦日温让，惬怀真无上。

未可耽闲，人生奋志向。
努力向上，修心真无恙。

克尽艰苍，心怀红太阳。
无明抛光，正意盈心房。

叩道之间，履尽关千幢。
不回头望，天涯是方向。

人生安享

2023-3-12

人生安享，心志吾茁壮。
履尽艰苍，万里长驱闯。

红尘无恙，世界是神创。
正义情肠，力战凶与奸。

春来人间，蓬勃骋气象。
万物生长，鸟语又花芳。

振奋襟房，努力奋向上。
无机心间，叩道不辞让。

放旷闲情

2023-3-12

放旷闲情，悠悠听鸟鸣。
周日心情，温和真无垠。

风儿爽清，愉悦我心情。
写诗适情，原也颇雅清。

大千生境，碧野柳烟凝。
斜照鲜明，欢快余胸襟。

奋展心灵，前履风与云。
艰险克尽，天涯风光俊。

人生情思渺渺

2023-3-12

人生情思渺渺，况逢春好，
况逢春好，东风吹拂响啼鸟。

散坐思发逍遥，哦诗美妙，
哦诗美妙，舒发情感正义饶。

坚决不取骄傲，谦和力保，
谦和力保，学思并取叩道潇。

正义是余情抱，力战魔妖，
力战魔妖，凯归天国享美好。

悠旷心地间

2023-3-12

悠旷心地间，情思昂扬。
品茗惬意向，哦诗奔放。

清享暇时光，整理心房。
发见彼真光，圣洁明亮。

灵程奋志向，万里驱闯。
天国是标向，永生何旷。

行旅不计艰，烟霞放浪。
正义持襟房，无机扬长。

节俭为上

2023-3-12

节俭为上，人生骋志奔放。
物欲弃放，清贫澹荡安享。

诗书哦唱，陶冶余之心房。
温和襟肠，原也不含机奸。

明媚人间，仲春美好无上。
乐意心间，和蔼心志温让。

人格力讲，修心贞志诚刚。
漫漫路上，风雨无法阻挡。

旷怀无恙

2023-3-12

旷怀无恙，适意吾安祥。
清听鸟唱，读书声奔放。

心志清昂，春来意舒放。
婉转情肠，原也持温让。

柳烟飘荡，喜悦我心房。
碧野无恙，生机蓬勃畅。

人生向上，坚持是理想。
道德力倡，正道是康庄。

第八十八卷 《红豆集》

春日晴好

2023-3-12

春日晴好，斜晖煦朗照。
鸟语娇妙，惬我情怀抱。

苍烟野绕，柳烟澹荡飘。
迎春仍俏，海棠初打苞。

心襟美好，正义盈怀抱。
努力前道，万里风光饶。

不行险道，物欲弃而抛。
无机心窍，叩道乐逍遥。

朔风萧狂

2023-3-15

朔风萧狂，心志取定当。
春仲正当，鸟语兼花芳。

正志昂扬，哦咏吾诗章。
一曲流畅，舒出意奔放。

人生坎艰，烟云入心间。
微笑浮上，豁达原无恙。

落花堪伤，何必嗟与怅。
共缘飞翔，心襟持坦荡。

花放正浓

2023-3-16

花放正浓，时值春之仲。
好鸟鸣颂，引我情思动。

人生情钟，履尽烟雨浓。
一笑从中，澹荡盈襟胸。

岁月从容，坦腹以讴咏。
霜华惜重，少年无影踪。

努力前冲，关山风光雄。
涤意松风，爽我心无穷。

端正身心意向

2023-3-16

端正身心意向，力抛无明机奸。
正意情肠，体道吾阳刚。

岁月飞迅奔忙，笑我华发斑苍。
一笑爽朗，人生振意向。

桃花开绽正芳，娇媚自是无限。
春仲之间，喜鹊奏高唱。

心襟无比安祥，履尽恶风巨浪。
淡定扬长，舒展余思想。

春寒犹峭

2023-3-17

春寒犹峭，著意撰诗稿。
一曲骚骚，舒出我情抱。

耳际鸟叫，天阴朔风萧。
清思逍遥，品茗也安好。

人生迢迢，关山朗度了。
风雨曾嚣，身心曾跌倒。

神恩笼罩，赐我安平饶。
浮上微笑，振志往前跑。

惬怀无限

2023-3-17

惬怀无限，情思舒展奔放。
正义襟房，努力骋志向上。

人生贞刚，不屈恶风巨浪。
英武顽强，正如老松生长。

红尘之间，此地不是故乡。
灵程奋闯，天国永久家邦。

岁月飞翔，老我斑苍何妨。
正意张扬，力战魔敌凶奸。

人生情长

2023-3-17

人生情长，春来旷雅听鸟唱。
碧柳舒芳，东风吹来何爽畅。

意取休闲，一杯绿茗也清香。
天伦乐享，父母健康欢无上。

清贫何妨，男儿贵在志刚强。
叩道向上，克己修身也昂扬。

岁月清享，五十八载一瞬间。
未来瞻望，步履正道乐康庄。

雅思闲旷

2023-3-17

雅思闲旷，惬意听鸟唱。
东风微凉，爽洁我情肠。

天阴无妨，品茗意悠扬。
一曲哦唱，情思共风旷。

人生奔放，不为物欲障。
诗书清享，陶冶心灵芳。

淡淡荡荡，无机于心间。
正直昂扬，万里奋驱闯。

正意人生

2023-3-18

正意人生，清思旷然生成。
远离青春，依然心志清纯。

清度红尘，雅洁是我人生。
笑意纯真，温和心志缤纷。

诗意秋春，朗哦朝暮晨昏。
振意乾坤，旷怀共风同骋。

时值仲春，窗外鸟啼何盛。
精神振奋，展眼田野青芬。

雅思闲旷

2023-3-18

雅思闲旷，适然盈满情肠。
耳际鸟唱，欣看鸽群飞翔。

履尽风浪，而今迎来安祥。
神恩广长，思此激动心间。

风吹何畅，海棠含苞待放。
桃花绽芳，笑脸迎人相向。

春仲喜当，惜乎时光飞殇。
春分将访，惊讶嗟叹无限。

谦和心襟

2023-3-18

谦和心襟，原也正意凌云。
春来心境，正如东风袅行。

旷展雄英，不为名利分心。
爽雅心灵，叩道领略清平。

岁月多情，笑我华发斑鬓。
依然坚挺，依然正意凌云。

红尘艰辛，应可减却闲心。
诗书清领，悟道原也空清。

大千幻境，人生共缘而行。
百年生命，应如风过爽清。

雅思旷运，舒出吾之心襟。
洒脱心灵，犹如闲云之行。

坦腹哦吟，君子人格分明。
内叩身心，远抛浊世凡情。

漫舞情志入诗行

2023-3-18

漫舞情志入诗行，挥洒吾之奔放。
春来清听啼鸟唱，喜爱东风奔放。

斑苍不减志清昂，努力骋志向上。
不畏清贫不畏艰，男儿豪勇心间。

岁月侵蚀不衰减，依然激情满腔。
少年心志依然刚，诗书哦咏清狂。

正意人生奋驱闯，万里迎风何爽。
笑意浮上我面庞，和蔼人格堪讲。

品茗惬意生

2023-3-18

品茗惬意生，耳际鸟语成阵。
爽怀正无伦，雅将新诗哦成。

红尘旷意骋，履历山高水深。
回首烟云纷，未许愁怅生成。

岁月奋进深，清喜仲春生成。
桃红柳碧芬，裁意诗章哦成。

人生客旅身，清持洁净心身。
灵程奋驰奔，求取天国永生。

心志清好

2023-3-18

心志清好，人生奋发远道。
春来情抱，旷欲开怀大笑。

爽听鸟叫，欣赏桃花红俏。
海棠打苞，娇媚自是美妙。

休闲意骚，诗书旷意哦了。
培植情操，原也雅意酝陶。

展眼远瞧，田园碧意丰饶。
柳烟清飘，荡人心魄动摇。

花开妍好

2023-3-19

花开妍好，欣听鸟鸣春朝。
畅意情抱，新诗朗哦潇潇。

展我风骚，人生名利弃抛。
不行险道，坚持正义风标。

人生晴好，世事吾已经饱。
淡然一笑，雅洁身心爽俏。

春仲美好，东风写意洒潇。
心志逍遥，品茗放旷意饶。

天意深处谁人晓

2023-3-19

天意深处谁人晓，唯凭灵心寻找。
叩道清展吾逍遥，体道无限风标。

远际鞭炮又鸣叫，红尘太多热闹。
清心远离此尘嚣，不为名利所扰。

淡泊叩求彼大道，风风雨雨经饱。
爽然雅洁展一笑，人生客旅逍遥。

振襟哦唱吾风骚，君子人格缔造。
岁月侵鬓心不老，旷怀无比美妙。

豁达情怀真无恙

2023-3-19

豁达情怀真无恙，细嗅清风芳香。
耳际啼鸟鸣奔放，旷雅盈余心房。

淡淡定定放讴唱，一曲清新扬长。
不执名利吾何刚，澹荡是余情肠。

时值春仲风光靓，桃红柳碧妙样。
清坐思想正无疆，人生正意襟间。

阖家康好天伦享，清贫原无大妨。
展眼天际青烟漾，世界妙丽无上。

红尘清骋

2023-3-19

红尘清骋，儒雅是余人生。
春仲时分，欣听鹊噪纯真。

东风阵阵，旷余心襟十分。
田野碧芬，柳烟摇摆何胜。

品茗意生，新诗从心哦成。
平正心身，不许名利侵损。

淡雅心生，讴颂神恩丰盛。
奋行灵程，叩道倾我精诚。

人生振意向上

2023-3-19

人生振意向上，未许物欲成障。
清贫有何大妨，正意盈满心房。

春来纵情歌唱，天地多么妙靓。
世界是神造创，灵妙无法想象。

体道一生慨慷，修心未许退让。
坚持正义立场，力战魔敌奸党。

岁月清度安祥，内心不起风浪。
哦歌晨昏之间，秋春飞泻奔放。

人生适意安祥

2023-3-19

人生适意安祥，吾已履尽风浪。
而今心志平康，讴颂神恩广长。

春已来到人间，世界明媚清芳。
桃红柳绿无恙，鸟语何其欢畅。

中心不起感伤，和平盈满心房。
清度岁月流畅，不必计较斑苍。

振襟放我歌唱，一曲天人奔放。
风来撩我襟房，愉悦真是无限。

第八十九卷《晴野集》

履历人生

2023-3-19

履历人生，心志旷雅诚真。
感谢神恩，导引吾之心身。

春来振奋，灯下清思生成。
哦出清芬，哦出精气灵魂。

斑苍惜生，应许豁达人生。
未来奋骋，履历山高水深。

叩道秉诚，不计风雨艰深。
一笑和温，正意盈襟纯真。

贞定情操

2023-3-19

贞定情操，原不随俗世飘摇。
淡泊昏朝，诗书哦咏也清好。

红尘微妙，素朴情怀无机巧。
正意盈窍，身心向阳奋前道。

未可稍傲，谦和心襟一生保。
人格修造，吐出心志如兰骚。

春来宜抱，和平世界多美好。
灯下思遥，万里征程旷扬飙。

适意人生吾安好

2023-3-19

适意人生吾安好，雅将名利弃抛。
淡泊身心合高蹈，不为物欲牵扰。

养得身心若兰骚，君子人格高傲。
岂向魔敌现卑渺，正直如松风标。

春仲灯下思洒潇，哦诗吐辞遥迢。
舒出心襟原美好，绝无邪意机巧。

清度秋春吾朗啸，声震林野渺渺。
不屈尘世之嚣嚣，坦平心怀雅骚。

释然心襟

2023-3-19

释然心襟，世事履历空清。
正意凌云，力战魔敌仇兵。

神恩丰盈，导引灵程奋进。
冲击魔营，杀伐声震宇庭。

凯旋归营，天国标的心明。
永生之境，先须圣洁身心。

修心无垠，人生振志上进。
物欲弃屏，高蹈水云清境。

日落西山逞晚照

2023-3-19

日落西山逞晚照，心境洒然奇妙。
春仲真宜人情抱，东风吹来清好。

岁月侵人不言老，奋志依然刚傲。
不屈磨难并仇妖，努力灵程扬飙。

此际清坐舒心窍，正意原也丰饶。
一腔热情何美好，济世尽力奋跑。

履历关山多美妙，心情心志洒潇。
览尽风光之奇巧，朗我身心无二。

逸意人生

2023-3-20

逸意人生，旷怀清持雅正。
春风吹骋，惊叹节近春分。

心志清芬，哦诗吐出和温。
雅思缤纷，奋欲向天飞腾。

烟雨秋春，不计斑苍渐盛。
一笑温存，情思袅袅生成。

红尘滚滚，演绎太多艰深。
傲骨刚贞，原不计较痛疼。

人生安祥

2023-3-20

人生安祥，为因履尽风浪。
淡定情肠，原不存有机奸。

春来心旷，欣听鸟之鸣唱。
风吹何芳，花开无比娇靓。

心怀广长，人生奋展力量。
思想无疆，冲破陈见阻挡。

努力向上，修心养德奔放。
晨昏之间，纵情哦咏诗章。

时节既届春分

2023-3-21

时节既届春分，天气惜乎阴沉。
吾之心志和温，耳际喜鹊啼纯。

感沛神之鸿恩，导引人生旅程。
抛弃名利轻身，叩道奋我刚贞。

春来心情振奋，欣赏桃红柳芬。
哦诗舒出心身，旷雅原本无伦。

阖家温馨安稳，品茗惬意十分。
颂神讴咏精诚，努力奋行灵程。

人生畅意向

2023-3-21

人生畅意向，欣听喜鹊鸣唱。
春分正当，愉悦岂有限。

心志展清昂，雅将新诗哦唱。
字里行间，激越心跳荡。

红尘是无恙，神恩领略广长。
灵程奋闯，不计烟雨艰。

心怀奔放，清展吾之思想。
贞志何刚，冲决阻与障。

喜鹊旷鸣

2023-3-22

喜鹊旷鸣，春雨正经行。
爽风何清，愉悦吾身心。

悠柔心境，哦诗适雅情。
人生奋进，中心盈豪情。

落花堪惊，时光正飞迅。
惜时铭襟，努力万里行。

不为利名，折损我心灵。
傲骨刚劲，如松之劲挺。

履历人生

2023-3-22

履历人生，不计失意纷纷。
旷志清骋，穿越烟雨艰深。

心志清芬，清度冬夏秋春。
一笑和温，君子人格显逞。

红尘滚滚，何必计较痛疼。
豪勇人生，力战魔敌凶狠。

灵程缤纷，丰沛是彼神恩。
天国永生，幸福无法细论。

不为名利倾倒

2023-3-22

不为名利倾倒，人生奋志刚傲。
窗外春雨潇潇，清听喜鹊鸣叫。

爽朗是余襟抱，不为名利倾倒。
清贫并无紧要，坚持正义风标。

力战魔敌仇妖，凯歌声震云霄。
圣洁内心洒潇，修心养德遥逍。

仲春何其美好，东风清吹奇妙。
爽我身心无二，哦诗轩昂清表。

心志旷然生成

2023-3-22

心志旷然生成，窗外鸟语啼纯。
细雨洒纷纷，东风吹阵阵。

赞此写意宇城，仲春美好不胜。
桃花笑意盛，海棠妙丽逞。

鼓舞情志前骋，山水履历高深。
一笑爽心神，正意盈心身。

人生浑然而论，幻化真是无伦。
共缘清驰奔，澹荡度秋春。

雅守吾之清贫

2023-3-22

雅守吾之清贫，人生正意凌云。
心志春来殷殷，惬听喜鹊欢鸣。

岁月侵我双鬓，依然奋鼓干劲。
努力长途驱行，不计旅程艰辛。

笑意清展空清，爽怀难以言云。
呼出正义心襟，力战奸恶无明。

济世挥洒心灵，一生努力修心。
书生意气空灵，清度秋春安平。

人生正义情肠

2023-3-22

人生正义情肠，力战邪恶凶奸。
顺利启归航，天国是标向。

窗外春雨洒降，清风吹来流畅。
品茗惬意向，哦诗亦扬长。

人生不取清狂，奋发男儿贞刚。
心怀水云乡，尘世是暂享。

努力灵程奋闯，胜过试探深艰。
神恩赐广长，思此颂心间。

正义盈襟

2023-3-22

正义盈襟，原不屈于利名。
雅享清贫，诗书润我肺心。

春来奋兴，清听窗外鸟鸣。
风来何清，细雨洒降均平。

心怀刚劲，穿越风雨矢行。
名利抛屏，高蹈余之心襟。

志取凌云，济世奋我干劲。
待时而鸣，正直一生怀情。

善加守护心灵

2023-3-22

善加守护心灵，神恩如此丰盈。
努力向前进，关山越无垠。

春来振奋心襟，欣赏碧柳轻盈。
小鸟娇娇鸣，写意东风清。

读书旷怀雅兴，哦诗舒出激情。
心襟似流云，无执共缘行。

人生坦腹镇定，不畏风雨雷霆。
胸襟怀清平，雅思岂有尽。

柳眼青青

2023-3-22

柳眼青青，爽吾之心襟。
风雨经行，悠然持心境。

清听鸟鸣，品茗享意境。
休闲身心，体道吾康平。

奋志前行，不畏风雨凌。
嚣嚣尘境，磨炼吾心灵。

正意凌云，远辞利与名。
悠享清贫，诗书晨昏吟。

心地情长

2023-3-22

心地情长，人生奋发向上。
雅听鸟唱，春来勃发心房。

红尘攘攘，勿忘水云之乡。
性天清凉，不受利炙名烫。

百度安祥，世事识破机簧。
慧目擦亮，明辨前进方向。

修心向上，克己是有荣光。
叩道贞刚，灵程奋发闯荡。

身心不老

2023-3-22

身心不老，人生奋志年少。
春来鸟叫，勃发身心不老。

红尘笑傲，不为名利倾倒。
身心看好，清贫并无紧要。

诗书怡抱，哦出吾之清好。
正意丰饶，努力扬帆远道。

岁月飘渺，笑我华发萧骚。
淡然一笑，青春心志刚傲。

心怀澹荡

2023-3-22

心怀澹荡，正直人生场。
不卑不亢，和柔心地间。

春雨既降，喜鹊复鸣唱。
风来清旷，心志展扬长。

和蔼心间，共缘去旅航。
坦坦荡荡，力抛机与奸。

修身向上，振奋是情肠。
诗书雅享，哦出我慨慷。

处世安祥，履尽恶风浪。
一笑淡荡，神恩是广长。

思想无疆，天地多宽广。
寻觅灵粮，努力万里疆。

人生奔放，不羁情志间。
清平安享，风云入心间。

宇宙无限，灵妙无法讲。
慧智寻访，心灯燃明亮。

正邪之间，搏击何艰苍。
血战玄黄，历史览无恙。

前旅任艰，骋志奋刚强。
心襟温让，人格作保障。

克己有芳，养德岂有疆。
振志向上，无明抛弃间。

名利有妨，看淡方为上。
风雨兼闯，豪情天涯间。

杨柳依依摇风

2023-3-22

杨柳依依摇风，春雨清洒濛濛。
袅起心地情浓，哦诗舒出清空。

人生奋志行动，名利抛弃空空。
爽怀清澈灵动，叩道成竹在胸。

清展吾之英勇，力战魔敌恶凶。
神恩赐下恢弘，凯歌响彻云空。

微笑浮上面容，百度秋春若梦。
追求永生心中，圣洁才能成功。

细雨洒洒潇潇

2023-3-22

细雨洒洒潇潇，吾之心志清好。
清坐思从容，哦诗谁感动。

人生独立之中，咽尽风雨凄猛。
神恩何隆重，平安心地中。

奋行灵程勇猛，胜过试探重浓。
心志七彩虹，眼目辉光涌。

追求圣洁心胸，抛弃无明污重。
大力以行动，旷雅若飙风。

悠悠是我人生

2023-3-23

悠悠是我人生，清度浊世红尘。
春来感发心身，哦歌舒出真诚。

窗外喜鹊啼纯，北风呼啸阵阵。
清坐室内安稳，品茗雅思纵横。

奋发吾之刚正，不畏风雨昌盛。
男儿傲立乾坤，叩道清度秋春。

心怀向谁倾逞，孤旅挺进时分。
努力前面旅程，灵程奋不顾身。

桃红柳媚真无限

2023-3-23

桃红柳媚真无限，仲春景色堪赏。
最喜百鸟啭明靓，惬余心襟意向。

岁月逝飞真无恙，笑我霜华增长。
依然心志持强刚，不屈尘世风浪。

天阴朔风鼓奔放，碧柳迎风摆荡。
雅思裁取入诗章，一曲原也清畅。

百年生死嗟茫茫，人生雅怀希望。
灵程叩道奋贞刚，修心养德无疆。

柳碧堪惊

2023-3-23

柳碧堪惊，随风摇摆多风情。
心旷无垠，欣然哦诗适心灵。

淡淡定定，吾已履尽彼风云。
桑沧无垠，体道人生享安宁。

清听鸟鸣，惬我身心是均平。
仲春美景，田野芳碧茂生境。

桃红媚心，海棠开放何妍俊。
欢意心襟，讴咏新诗奋殷勤。

和蔼心地无恙

2023-3-23

和蔼心地无恙，中心不起波浪。
神恩赐下广长，足够你我安享。

人生履尽风浪，而今心襟澹荡。
抛去名利孽障，清贫无有大妨。

浩志早已成钢，力战虎豹强梁。
男儿贞志刚强，旷怀真是无限。

耳际传来鸟唱，春风呼啸奔放。
情思共风而扬，世界装在心间。

振志人生

振志人生，不畏风雨艰深。
滚滚红尘，磨炼吾之心身。

岁月进深，不计斑苍生成。
意取沉稳，努力奋行灵程。

修心雅正，叩道清展风神。
平和心身，享受神恩丰盛。

笑意清生，芳美正值仲春。
鸟语花芬，柳烟惊心动魂。

爽然情思正澹荡

爽然情思正澹荡，哦出中心昂扬。
人生履尽彼艰苍，心怀一笑爽朗。

清度红尘吾雅闲，不为名利奔忙。
清贫生活吾清享，诗书纵情哦唱。

春来情志开浩荡，风吹递来鸟唱。
逸意情怀真无恙，旷雅心志无双。

阖家健好神恩壮，思此颂赞献上。
努力灵程叩道藏，坚决不取退让。

情思雅好

情思雅好，呼出吾之风骚。
人生情抱，春来勃勃开了。

岁月逍遥，履尽阴晴风标。
不行险道，坚守正直情操。

鸟语何妙，柳烟清展飘飘。
碧了芳草，红了海棠与桃。

开怀大笑，人生胡不清好。
神恩丰饶，努力灵程扬飙。

人生情志清骋

人生情志清骋，履历山水纯正。
耳际鸟语啼纯，东风爽我心神。

岁月不断进深，何必思虑斑盛。
清喜节届仲春，壮志清展勃胜。

澹荡品茗情生，哦诗吐出真诚。
人生客旅行程，轻装才能胜任。

万里风云壮盛，心志清守纯真。
笑意从心而生，领受丰沛神恩。

雅将心灯燃亮

雅将心灯燃亮，烛照前路远长。
春来情志高涨，激情哦咏诗行。

窗外喜鹊欢唱，东风多么爽朗。
岁月清展奔放，不必计较斑苍。

心地豁达无恙，颂赞神恩无疆。
灵程矢当奋闯，胜过试探险艰。

心怀秉持安祥，人生得志不狂。
清真是我心肠，努力骋志向上。

心志爽雅多情

心志爽雅多情，人生履尽阴晴。
明媚盈满心襟，笑意清新朗俊。

斑苍华发充盈，和蔼是余心灵。
奋志万里驱行，风雨艰苍挺进。

春仲欢快身心，田野芳菲妙境。
禽鸟欢歌尽兴，品茗心怀雅清。

人生不计清贫，诗书旷志高吟。
男儿秉持雄心，济世乐展才情。

心志菲菲芳芳

2023-3-23

心志菲菲芳芳，清听喜鹊鸣唱。
欢快吾之心肠，新诗舒出奔放。

春日明媚襟房，赞此寰宇妙靓。
颂赞神恩广长，赐我心灵力量。

旷展志向强刚，力战魔敌凶魑。
正义盈满心间，眼目凝聚慧光。

天国唯一方向，我要努力前闯。
圣洁自已心房，修心养德无疆。

旷怀悠扬

2023-3-23

旷怀悠扬，旷怀无比悠扬。
春来情长，春来无比情长。

小鸟鸣唱，自在欢奏安祥。
世界乐邦，神恩充满其间。

宇宙神创，灵妙自是难讲。
圣洁情肠，才能叩道向上。

人格必讲，努力修心培养。
淡淡荡荡，中心无机扬长。

骚雅是余心襟

2023-3-23

骚雅是余心襟，矢将真理追寻。
心志奋发殷殷，叩道领略风云。

清听小鸟娇鸣，仲春怡我心灵。
哦诗舒出热情，君子人格鲜明。

向阳我要奋进，此生不图利名。
物欲扰人心境，清心雅怀水云。

斑苍此时情景，揽镜笑意温馨。
豁达是余胸心，旷志天涯驱行。

冲决陈思旧想

2023-3-23

冲决陈思旧想，清展思想奔放。
文明进无疆，心志恒向上。

春来心志张扬，新诗连踵讴唱。
舒出正气昂，舒出热心肠。

一生诗书研讲，心得哦入诗间。
骋志天涯向，风雨兼程闯。

笑意空清雅靓，斑苍不减心壮。
努力奋贞刚，旷怀正无恙。

清展思想力量

2023-3-23

清展思想力量，人生正义强刚。
男儿纵豪放，傲立天地间。

岁月舒展奔放，演绎不尽桑沧。
人生百年间，短似一瞬间。

韶华切莫费浪，春仲美好无恙。
田野鸟欢唱，园圃花妍芳。

坚持正义立场，不向名利投降。
清贫无大妨，诗书性命粮。

阅历红尘

2023-3-23

阅历红尘，我心秉持雅纯。
清度世尘，努力灵性旅程。

感谢神恩，何其丰美丰盛。
起死回生，导引进入圣城。

岁月清芬，桑沧任其成阵。
秉心诚正，叩道安度秋春。

风雨曾盛，跌倒血流纷纷。
神亲慰问，赐我平安福分。

雅守吾之清贫

2023-3-23

雅守吾之清贫，中心淡泊安宁。
春来勃发心襟，颂赞神恩丰盈。

努力灵程驱行，风雨并不要紧。
胜过魔敌鬼兵，标的天国心明。

心灯燃亮均平，照亮黑夜暗境。
圣洁清持内心，修心养德不停。

欢快是我心灵，赞美神恩尽情。
人生客旅之行，不必计较利名。

摧伏魔军

2023-3-23

摧伏魔军，正义吾凌云。
讴出歌吟，颂赞神恩临。

春仲情景，花红柳碧青。
喜鹊高鸣，欢悦余心灵。

岁月进行，不必计斑鬓。
爽然前行，阅历风与云。

淡淡定定，体道吾刚劲。
致力修心，正意充心襟。

人生悠展心旷

2023-3-23

人生悠展心旷，春来勃发情肠。
暮烟此际清涨，野禽不停歌唱。

风来何其爽朗，田园美妙风光。
中心嗟叹赞赏，讴颂神恩无量。

理想充满心间，万里奋志闯荡。
利锁名缰弃光，清心优雅扬长。

心志雅怀奔放，诗书倾心研讲。
哦出正义心房，原也清新雅靓。

第九十卷《快心集》

菜花正黄
2023-3-24

菜花正黄，柳烟复飘荡。
田园菲芳，春仲惬意向。

野禽鼓唱，欢愉我襟房。
新诗哦唱，舒出志昂扬。

人生向上，不为名利障。
红尘狂猖，清心贞志向。

笑意浮上，灵程吾奋闯。
不计艰苍，心怀恒晴朗。

天气阴晴颇不定
2023-3-24

天气阴晴颇不定，我心却持朗晴。
悠悠清品此芳茗，写诗旷怀雅情。

岁月喜值仲春景，欢快吾之身心。
田野芳美生机盈，野禽欢唱声俊。

一曲从心放讴吟，君子人格显明。
不执尘世之利名，淡守吾之清贫。

诗书晨昏吾哦吟，男儿是怀远情。
天涯风光唤我行，穿越关山峻岭。

挺立人生
2023-3-25

挺立人生，傲骨嶙峋坚贞。
虎狼成阵，提刀振济乾坤。

春来情生，早起惬听鸟声。
爽风清纯，旷余意向十分。

感谢神恩，导引灵性旅程。
壮志生成，男儿不屈奋争。

力归天城，永生幸福难论。
处世时分，圣洁自已心身。

喜鹊大鸣
2023-3-25

喜鹊大鸣，何其快慰心襟。
薄寒意境，仲春晨起奋兴。

情怀朗俊，人生纵展豪英。
不屈魔兵，提刀敢于斩尽。

心志空清，人生怀有雅情。
从心哦吟，舒出正意凌云。

岁月进行，何许计较斑鬓。
依然劲挺，依然激情胸盈。

心怀雅意与激情

2023-3-25

心怀雅意与激情，人生奋志前行。
穿越山水也无垠，爽然是余心襟。

此际心志怀坦平，人生豁达心灵。
叩道乐天正气凝，力战魔敌妖兵。

春来勃勃奋心境，夜深灯下思盈。
岁月清度吾均平，不入名利罗阱。

瞻望未来鼓胸心，振志天涯旷进。
览尽天下奇风景，不负吾之生平。

爽风进行

2023-3-25

爽风进行，天气喜朗晴。
喜鹊大鸣，欢快吾身心。

奋发心灵，人生振志行。
不为利名，折损腰与襟。

坦腹哦吟，君子人格明。
一点心情，旷雅真无垠。

体道均平，远怀天涯景。
努力修心，养德力上进。

人生咽尽凄凉

2023-3-25

人生咽尽凄凉，而今心志旷朗。
悟道岂寻常，豁达盈襟房。

岁月经历艰苍，心怀光明太阳。
神恩赐广长，思此颂赞放。

修道修心向上，人生克己安祥。
物欲是孽障，务弃务下放。

一点心灯明亮，烛照前方远长。
人生怀理想，男儿持贞刚。

心灯务燃明亮

2023-3-25

心灯务燃明亮，勿为物欲所障。
慧目须擦亮，明辨前路向。

心志此际清昂，春来勃发情肠。
骋志天涯间，风光览明靓。

红尘熙熙攘攘，太多机巧构陷。
穿越重雾障，慧眼睁圆亮。

神恩敷赐广长，欢愉盈于心肠。
人生振志向，济世挥慨慷。

衷心赞美人生

2023-3-26

衷心赞美人生，讴颂神恩广盛。
岁月如此清芬，春日怡我心神。

清度浊世红尘，不为名利损身。
奋我中心精诚，力战魔敌凶狠。

世界是神创成，灵妙难以细论。
秉持中心精诚，颂神秋春晨昏。

阖家欢乐安稳，享受幸福人生。
努力前面灵程，奋归天国圣城。

坦平心襟

2023-3-26

坦平心襟，春晨惬听喜鹊鸣。
天值朗晴，好风吹拂也动情。

喜悦身心，丰沛神恩感不尽。
放我歌吟，舒出正义之心灵。

岁月进行，斑苍依持少年心。
心志鲜明，济世不忘于胸襟。

物欲辞屏，高蹈身心入白云。
诗书沉浸，寻觅真知养心襟。

第九十卷 《快心集》

春来欢快心襟

春来欢快心襟，惬意听取鸟鸣。
写意东风何清，哦咏新诗激情。

向阳是余心襟，远抛黑暗无明。
正义一生奋进，不为名利倾心。

坦荡是余心襟，正直平生刚劲。
叩道领取意境，修心秋春殷殷。

阖家康好无垠，讴颂神恩丰盈。
努力灵程奋进，天国标的心铭。

人生悟尽穷通

人生悟尽穷通，养德修心中庸。
正义吾刚洪，沐雨往前冲。

生平养得凝重，君子人格和慵。
诗书晨昏诵，裁心哦无穷。

春色明媚心胸，最喜桃红鹊颂。
喜悦盈襟中，坦怀以讴咏。

岁月清度从容，百年并非如梦。
业绩可垂永，著书传道浓。

人生雅怀清好

人生雅怀清好，春来勃发潇骚。
清听喜鹊噪，爽意东风妙。

欣赏桃花开了，清听鸟语啼娇。
清怀哦不了，诗中诉分晓。

平生览尽奇妙，心志和平为好。
逍遥情志饶，万里奋扬飙。

诗书一生微妙，正直是余情抱。
清思共风飘，潇荡真无二。

岁月如此妖娆

岁月如此妖娆，引我勃发襟抱。
春来情意清好，新诗朗声哦了。

东风适余心窍，喜鹊鸣声何妙。
振意天际远瞧，但见鸟飞云霄。

红尘胡不美好，百年飞度洒潇。
人生正意丰饶，叩道用道风标。

向阳是余情操，矢沿正道扬飙。
不为名利倾倒，雅怀正直刚傲。

清和心襟

清和心襟，雅放我歌吟。
一曲均平，正义且清新。

春来高兴，畅听鸟清鸣。
东风舒情，袅起诗人心。

人生经行，不计是利名。
高蹈余心，惬意在水云。

回思生平，履尽狼烟境。
而今坦平，讴颂神恩盈。

履尽风雨缤纷（之一）

履尽风雨缤纷，领受丰沛神恩。
一笑澹荡清生，人生雅秉情诚。

春来振奋精神，惬听鸟语温存。
东风爽我心神，努力前路驰奔。

岁月奋飞迅骋，老我斑苍勿论。
人生秉持精诚，叩道奋不顾身。

展转桑沧之阵，身心履尽苦疼。
感谢神亲慰问，导引平安灵程。

履尽风雨缤纷 （之二）

2023-3-27

履尽风雨缤纷，心志旷雅清芬。
中心感沛神恩，幸福盈心安稳。

春来心志清振，哦诗热情显逞。
舒出吾之刚正，努力前面旅程。

一生努力修身，养得心襟雅纯。
君子人格丰盛，正直澹荡秋春。

此际灯下思深，人生感慨生成。
时光如水之骋，寸阴务须惜珍。

性命双修方为好

2023-3-27

性命双修方为好，人生洒脱情抱。
春来容我开怀笑，振襟朗哦潇潇。

岁月清度吾逍遥，不执名利风标。
正义人生奋刚傲，不屈艰难困扰。

不惧人生渐苍老，豁怀真是无二。
人生奋发以扬飙，万里征程清妙。

红尘太多机与巧，合当全部扔掉。
清怀水云之飘渺，身心共风同骚。

霜华一任清涨

2023-3-27

霜华一任清涨，春来气宇轩昂。
振意哦诗行，章章舒奔放。

天黑华灯点上，灯下清展思想。
人生正气昂，冲决关山障。

五十八载瞬间，笑我斑苍华霜。
心志少年仿，情思共风畅。

笑意从心而上，得意未可狂狷。
修身不辞艰，苦难磨意刚。

心志不取清高

2023-3-27

心志不取清高，人生踏实为要。
春来洒脱心窍，享受清风荡浩。

红尘既是清好，人生客旅洒潇。
勿为名利倾倒，振志万里逍遥。

拙正是余情抱，清贫有何紧要。
诗书哦出风骚，君子人格修造。

阖家享受康好，神恩赐下丰饶。
颂赞声放朗高，讴呼倾出心窍。

切记拙正为要

2023-3-28

切记拙正为要，不可过于讨巧。
正义奋刚傲，诗书润襟抱。

春来开怀大笑，红尘胡不娟好。
神恩赐丰饶，灵程乐洒潇。

力战魔敌仇妖，杀伐声震云霄。
凯歌彻云飘，圣徒奋前道。

圣洁心灵美好，修心养德朗造。
天国是终标，永生何美妙。

桃花绯红

2023-3-28

桃花绯红，如霞堪讴颂。
清风飘送，喜鹊旷鸣颂。

中心歌颂，春光妙无穷。
心志轻松，努力往前冲。

名利弃空，不为物欲动。
淡泊襟胸，正义且灵动。

叩道从容，步履迈坚重。
霞彩心中，眼目辉光涌。

春来蓬勃心襟

2023-3-28

春来蓬勃心襟，惬意听鸟鸣。
旷雅哦诗清新，舒出志凌云。

不为名利动心，清守吾穷贫。
诗书陶冶性灵，叩道领意境。

岁月多么空清，往事何必寻。
正义盈余肺心，风雨兼程行。

平生履尽艰辛，一笑且轻盈。
唯赖神恩丰俊，导引入康平。

雅适心地间

2023-3-28

雅适心地间，清听音乐流畅。
洗涤我心房，人生情绪舒旷。

春来情志昂，身心体道平康。
享受这悠扬，胸襟淡淡荡荡。

努力向前闯，风光览阅无恙。
风雨任深艰，兼程奋发敢上。

心怀具漫浪，情思共风同畅。
新诗哦无疆，愉悦从心舒放。

风怀清好

2023-3-28

风怀清好，振意撰诗稿。
多情鸟叫，写意东风袅。

仲春美妙，菜花怡情抱。
桃花含笑，海棠色相饶。

展颜微笑，豁达盈怀抱。
人生奋跑，万里征程潇。

不取高傲，谦正也雅骚。
灵程扬飙，叩道乐逍遥。

旷怀正义情肠

2023-4-2

旷怀正义情肠，人生努力向上。
不计较艰苍，迎难而径闯。

早起心境悠扬，清展吾之思想。
岁月侵鬓霜，一笑原澹荡。

春意蓬勃田间，晨朝薄有微凉。
红霞东方涨，风吹何浩荡。

心境晴朗

2023-4-7

心境晴朗，悠悠以哦唱。
菜花金黄，田园美无恙。

耳际鸟唱，晚春风清爽。
卵青天壤，惬我情无限。

心怀畅想，人生弃羁缰。
正意昂扬，男儿荷阳刚。

情志轩旷，天涯长瞻望。
努力驱闯，不为物欲障。

赞美神恩广长

2023-4-7

赞美神恩广长，讴出思想奔放。
人生闲雅旷，衷心哦诗章。

正值晚春无恙，天晴鸟歌欢唱。
风来何和爽，品茗情志畅。

清喜阖家平康，父母健康神旺。
颂神心地间，领受此安祥。

努力灵程向上，克尽试探深艰。
天国是故邦，永生福无限。

浩意旷然生成

2023-4-7

浩意旷然生成，鼓舞情志前骋。
不畏山高水深，奋展男儿雄浑。

人生是一旅程，最宜轻装驰奔。
风雨一任艰深，男儿纵展刚贞。

一路风光清纯，惬我心志十分。
清贫浑不论，修心无止程。

春日鸟语啼纯，和风爽我心神。
花开真无伦，柳摆何清芬。

努力加强修养

2023-4-10

努力加强修养，人生奋志向上。
不畏惧艰苍，心怀恒晴朗。

清听鸟之歌唱，享受风之雅爽。
悠悠品茗间，哦诗吾扬长。

不为物欲所障，性天吾持清凉。
灵程万里疆，风雨兼程闯。

暮春美好无恙，惊叹时光流殇。
体道奋贞刚，旷志天涯向。

雅怀清旷

2023-4-10

雅怀清旷，清听喜鹊鸣唱。
风来悠扬，暮春美好无恙。

红尘深艰，演绎不尽桑沧。
一笑澹荡，正直人生疆场。

岁月飞翔，不必计较斑苍。
浩志仍刚，穿越风雨前闯。

天气晴朗，情怀自是舒昂。
展眼长望，天际青霭浮漾。

正意心襟

2023-4-14

正意心襟，何妨棱角鲜明。
圆融心灵，悟彻世事常寻。

努力追寻，真理大道遵行。
力胜魔兵，凯歌响彻行云。

暮春妙境，东风吹展多情。
鸟语动听，惬余心志无垠。

红尘艰辛，苦难履尽酸境。
神恩丰盈，导引进入康平。

勿失本真之心

2023-4-15

勿失本真之心，人生秉具雅清。
依然志凌青云，不惧旅途艰辛。

暮春妙丽之境，斜晖朗照清新。
好风吹拂多情，野禽旷自高鸣。

展转桑沧之境，壮怀高远无垠。
脚踏实地去行，边走边唱怡情。

阖家安享康平，神恩感在心襟。
努力灵程奋进，诗书慰我身心。

清志聊舒展

2023-4-15

清志聊舒展，人生不畏难。
坎坷不必谈，吾是男子汉。
风雨兼程赶，壮怀颇好看。
微笑以清展，振襟哦浩然。

我心自由烂漫

2023-4-18

我心自由烂漫，胸中星斗灿烂。
矢志作好汉，努力往前赶。

晨起雀鸟鸣溅，东风吹来和安。
岁月奋起澜，暮春心嗟叹。

人生奋志霄汉，更须踏实以干。
风雨任嚣展，兼程奔前站。

名利于我何干，中心雅怀浪漫。
清听喜鹊喊，振奋吾心坎。

洒脱人生无尘

2023-4-19

洒脱人生无尘，心地秉持纯真。

红尘浊浪滚滚，唯赖神恩丰盛。

灯下思放深深，哦咏吐出心身。
岁月日渐进深，斑苍旷志清骋。

不为名利奋身，淡泊雅度秋春。
感沛丰赠神恩，阖家康好安稳。

努力前面旅程，山高水深不论。
奋发男儿刚贞，微笑乐享天伦。

心志不老

2023-4-19

心志不老，共彼东风袅。
木香开俏，暮春真美好。

我自微笑，豁怀真无二。
清贫就好，诗书怡情抱。

人生奋跑，领略关山峭。
风雨任嚣，男儿奋刚傲。

情思闲抛，哦诗亦良好。
远际歌饶，惬我情飘飘。

温和心襟

2023-4-20

温和心襟，原也气宇凌云。
真的豪英，并不在乎困贫。

奋发前行，山水旷我胸心。
微笑浮萦，豁怀爽清无垠。

暮春怀情，落红何必嗟惊。
心志开屏，灿烂原也雅俊。

红尘惊心，唯赖神恩丰盈。
叩道进行，应须步步为营。

不老是我心身

2023-4-20

不老是我心身，奋志仍很青春。
感沛神之恩，导引我人生。

时节既值暮春，谷雨今日届正。
天阴鸟啼纯，东风尽意骋。

雅持淡泊心身，不为名利奋争。
诗书吾精诚，叩道万里程。

岁月惊心十分，桑沧弹指生成。
努力灵旅程，胜过试炼深。

心志不取广深

2023-4-20

心志不取广深，人生雅怀纯真。
向上吾力争，奋志在红尘。

名利害人太深，清心遁出世尘。
叩道奋心身，笑意以生成。

暮春芳菲清生，田野生机茂盛。
鸟语何振奋，心意裁诗成。

人生是一旅程，标的唯在天城。
持心务纯正，污秽可不成。

人生渺渺

2023-4-20

人生渺渺，踏遍天涯草。
芳情清好，振志讴逍遥。

心怀谦妙，哦出我情抱。
人生奋跑，切莫赴草草。

红尘笑傲，物欲未许扰。
清心力保，水云中心骚。

清听鸟叫，享受风清袅。
神恩笼罩，阖家享康好。

红尘履历吾多情

2023-4-20

红尘履历吾多情，欢快盈满肺心。
一生领受神恩劲，雅安是余心灵。

谷雨不觉今已临，清风怡我心境。
爽怀雅听鸟清吟，展眼田园画境。

人生奋志当殷殷，不可贪恋利名。
高蹈余心入水云，享受村野风情。

诗书人生悠悠行，览尽大千风景。
一笑爽清且雅净，心志向何人云。

振志人生

2023-4-20

振志人生，绝无颓唐半分。
心志裁成，讴歌妙美暮春。

人生驰骋，履尽山高水深。
旷怀清正，未许名利扰纷。

平正心身，悟彻世事十分。
淡泊秋春，体道雅安和温。

红尘滚滚，大化运行精准。
丰沛神恩，赐我丰盛人生。

心志雅持清好

2023-4-20

心志雅持清好，人生得意不傲。
春来惬听啼鸟叫，心怀美妙。

中庸之道甚好，世界运化神妙。
感沛神恩之丰饶，平安暮朝。

此生履尽险要，五湖归来须早。
物欲名利不紧要，清贫便好。

振志人生洒潇，展眼天际烟渺。
愿学飞鸟入云霄，自在逍遥。

第九十一卷《飞霞集》

妙悟人生

2023-4-21

妙悟人生，心志持平正。
不妄纷争，惬意度红尘。

窗外风声，清坐吾安稳。
品茗时分，旷雅真无伦。

残春今正，木香喜开盛。
柳舞青春，摇摆倩十分。

阖家欢声，乐享此天伦。
感谢神恩，丰美且丰盛。

人生不妄纷争

2023-4-22

人生不妄纷争，清心憩度红尘。
百年如电驰奔，转眼桑沧生成。

此际正值暮春，欣听风声阵阵。
膏雨洒降纷纷，哦诗吐我雅芬。

人生奋志刚正，行旅淡泊心身。
不为名利奋身，倾心诗书怡神。

坐拥缤纷书城，心襟欢快十分。
清度冬夏秋春，不计霜华生成。

人生务秉雅正。

2023-4-22

人生务秉雅正，清心此际生成。
窗外春雨洒逞，室内品茗意芬。

时光飞逝何盛，笑我华发生成。
一笑坦腹和温，君子人格显逞。

不计名利心芬，叩道履历险程。
胜过试炼艰深，心怀朗妙无伦。

红尘浊浪滚滚，机巧陷阱纵横。
秉心既是清纯，领受丰沛神恩。

努力灵性旅程，修心养性晨昏。
诗书惬我心身，朗哦何其爽神。

时节已属暮春，傍晚细雨洒逞。
春风旷来慰问，体道悟彻人生。

人生挥洒志向

2023-4-22

人生挥洒志向，履历万水千嶂。
一笑依然爽朗，心志心怀无恙。

春来心志清昂，正如奔马相仿。
努力骋志向上，不为名利遮障。

五十八载瞬间，华发点染斑苍。
爽然一笑雅旷，人生豁达情肠。

恣意诗书之间，寻觅真理灵粮。
感沛神恩奔放，矢沿正路旅航。

振志人生疆场

2023-4-23

振志人生疆场，心志雅持安祥。
不为名利疯狂，倾心诗书无恙。

坦腹容我哦唱，舒出心地情长。
鸟飞自由天壤，喜鹊放声高唱。

世界美丽奔放，万类自由生长。
神恩无比广长，导引文明进向。

时光飞逝如殇，未可耽于安祥。
努力向前向上，修身旷展贞刚。

心灵心志缤纷

2023-4-23

心灵心志缤纷，人生雅意纵横。
努力叩道旅程，不计山高水深。

感谢天父鸿恩，赐下平安丰盛。
勿为名利奋争，修心进步无伦。

时节既履暮春，万物生长旺盛。
花开花落纷纷，野禽鼓唱声声。

岁月不断进深，老我斑苍何论。
呵呵一笑和温，客旅行程安稳。

闲适人生吾无恙

2023-4-23

闲适人生吾无恙，心志觉情长。
窗外细雨清洒降，听见喜鹊唱。

勃发情志哦诗章，舒出我情肠。
振奋情志向前闯，万里无止疆。

清度红尘怀漫浪，不为物欲障。
心怀光明且晴朗，叩道吾昂扬。

远抛苦闷无愁怅，心地吾安祥。
世界人生容思想，力抛机与奸。

人生百倍强刚

2023-4-23

人生百倍强刚，悠悠情怀爽朗。
春风吹来清旷，心地无比情长。

清听鸟啭奔放，享受休暇时光。
内叩自己心肠，哦诗热情显彰。

一生真理寻访，思想旷放无疆。
冲决陈思旧想，自由奋飞扬长。

展转尘世艰苍，心怀光明太阳。
沐浴神恩无量，矢志天堂奋向。

人生雅放意向

2023-4-23

人生雅放意向，哦咏舒出千章。
履尽尘世艰苍，心志光明晴朗。

悠悠是我情肠，振志未可稍忘。
晨昏纵情哦唱，歌颂神恩广长。

昂扬是我心房，不屈世之桑沧。
奋展心灵力量，努力奔向天堂。

文明进步无疆，世界是神所创。
衷心讴咏尽量，天人大道奔放。

微风吹来和畅

2023-4-23

微风吹来和畅，凉爽惬人意肠。
春禽恣意鼓唱，雨后田园葱昌。

心志万丈勃放，向往天涯遐方。
不为物欲所障，性命双修昂扬。

人生悠悠哦唱，情志雅怀爽朗。
思想清展力量，烛照前方远长。

岁月履尽苍凉，依然振奋情肠。
努力风雨兼闯，览尽万千风光。

雨后空气鲜芳

雨后空气鲜芳，鸟儿自由飞翔。
休憩心地情肠，哦诗适我心向。

舒出情志阳光，冲决无明遮障。
真理大道敷畅，沐浴神恩无量。

清坐品茗雅芳，胸心充满雅量。
名利吾已弃放，诗书一生憩享。

微笑浮上面庞，豁怀清持思想。
修身养性人间，标的天堂遐方。

人生雅享安祥

人生雅享安祥，世事吾已饱尝。
一生积淀思想，努力追寻灵粮。

此际暮春之间，天阴朔风吹狂。
清坐思放千章，呼出正义情肠。

不向名利投降，物欲合当弃放。
清贞是我心房，胸襟充满阳光。

人生追寻理想，穿越风雨艰苍。
微笑从心浮上，清雅是余襟肠。

呼吸清风快畅

呼吸清风快畅，人生享受休闲。
散步徐行无恙，雨后野景茂昌。

思想化为力量，支撑我往前闯。
一任风雨凄凉，雨雪加上风霜。

微笑清浮面庞，神恩丰茂无疆。
爽怀真是无限，百年雅度安康。

悠悠放我歌唱，讴歌地久天长。
正道恒久康庄，阴邪败退消亡。

人生旷展意向

人生旷展意向，穿越风雨深艰。
不灭中心理想，奋志仍很昂扬。

坦荡是余襟房，正直无机奔放。
清怀自具雅靓，迈步大道康庄。

中心充满力量，领受神恩茁壮。
邪恶必败尽光，世界沐浴清芳。

正志诗书之间，纵情哦唱旷朗。
明媚是我心房，岁月添我荣光。

开拓进取无限

开拓进取无限，未可守旧颓唐。
人生旷展志向，应许高远无疆。

脚踏实地去闯，诗书润我情肠。
心怀光明太阳，努力晨昏之间。

修身应当尽量，克己奋发向上。
前路任从险艰，定志如磐之壮。

雅思舒发感想，人生客旅昂扬。
边走边唱豪放，沐浴春风扬长。

人生返朴归真

人生返朴归真，心志保持青春。
一生坚持纯真，正直清度秋春。

神恩何其丰盛，矢沿正路驰奔。
名利合当弃扔，心怀光明雅芬。

不必回忆青春，一任霜华生成。
清怀思想铮铮，不屈矢志奋争。

虚怀若谷秋春，哦诗冬夏秋春。
人生行旅历程，积淀思想深沉。

春服既成

2023-4-23

春服既成，心志自是清芬。
一任风声，呼啸并且狂奔。

人生旅程，迈步务须沉稳。
名利弃扔，身心坚贞刚正。

浊世红尘，磨炼吾之心身。
身心秉诚，叩道乐达天人。

力弃愚蠢，寻觅智慧雅芬。
戒定生成，识见自然清纯。

心志不取苍苍

2023-4-24

心志不取苍苍，中心充满向往。
人生骋志向上，不畏千关万艰。

红尘熙熙攘攘，太多名利争抢。
吾心总持澹荡，豁达盈满清肠。

男儿合展雄壮，名利抛弃何妨。
叩道攀取险嶂，一览万山形状。

人生不计老苍，雄心百倍顽强。
春来信心高涨，旷欲奋飞远疆。

心志雅洁清芬

2023-4-24

心志雅洁清芬，不随俗世沉沦。
清度浊浪滚滚，秉持诚真心身。

努力灵性旅程，性命双修为本。
人生是一旅程，洒脱盈满心身。

诗书旷意清骋，哦唱纵展心身。
岁月添我沉稳，避开暗石礁阵。

高瞻远瞩是真，踏实风雨历程。
追寻天国真正，幸福在于永生。

人生福分有定

2023-4-24

人生福分有定，何必过分追寻。
努力修身养性，福分自然来临。

暮春惬意风景，桐花开得清俊。
振奋情志前行，关山穿越无垠。

人生是一旅行，轻装才能挺进。
德操努力积并，正直一生要紧。

无机是我心襟，雅意哦入诗境。
微笑浮上爽清，君子人格显明。

强盗装些正经

2023-4-25

强盗装些正经，硬往脸上贴金。
机关算盘用尽，缘尽福分都清。

览尽世事烟云，中心怀有雅清。
叩道时刻进行，正意真知力寻。

岁月芬芳难云，人生惜缘秉勤。
正气盈满肺心，中心怀有光明。

暮春妙丽情景，百鸟尽都和鸣。
东风吹来爽心，哦诗舒出激情。

世事一任缤纷

2023-4-26

世事一任缤纷，吾只淡守雅诚。
朴素之心身，叩道力求真。

春来明媚心身，欣赏柳碧花芬。
小鸟歌唱声声，惬怀真是无伦。

淡荡是余心身，不为名利奋争。
诗书之海清骋，闭户著书等身。

旷放余之心身，矢向天涯驰骋。
风雨磨炼刚正，铁骨纵展铮铮。

第九十一卷 《飞霞集》

人生雅秉希望

2023-4-26

人生雅秉希望，舒出我的情肠。
旷展贞刚气象，努力万里驱闯。

心志雅怀安祥，物欲未许成障。
性天清新爽亮，洞穿世界真相。

春来放我歌唱，人生正气昂扬。
力抛无明机奸，一生努力修养。

居世并不久长，德操珍贵无上。
人格力求奔放，匡世英武显彰。

爽风如此清畅

2023-4-26

爽风如此清畅，惬意盈于心间。
人生努力向上，不为困厄所障。

神恩自是广长，足够一生清享。
名利是为孽障，害人岂是有限。

傲立自是强刚，如同苍松生长。
不畏严寒风霜，纵展贞刚气象。

男儿一生豪放，正直挺起脊梁。
虽处困贫无妨，叩道万里驱闯。

听鸟啼唱

2023-4-26

听鸟啼唱，享受心地安祥。
风吹狂猖，悠悠品茗意畅。

暮春无恙，老柳迎春摆荡。
木香开芳，洁白引余欣赏。

心怀悠扬，定志是在遐方。
奋志以闯，笑傲风雨凄狂。

人生雅享，神恩赐下广长。
正义情肠，力战邪恶机奸。

人生骋志遐方

2023-4-26

人生骋志遐方，清展思想力量。
振意既是昂扬，岂畏风雨艰苍。

一笑依然雅爽，红尘清度无恙。
跌倒爬起再闯，无惧困厄艰障。

感沛神恩无量，思此有泪流淌。
人生正志奔放，济世是我理想。

傲骨由来强刚，不屈鬼魅妖魍。
向往大同之邦，公理公义通畅。

人生傲立强刚

2023-4-26

人生傲立强刚，不屈鬼魅强梁。
世界乃是神创，不许鬼魔嚣张。

心怀充满力量，矢将正义弘扬。
修身养性雅娴，叩道明慧心间。

努力向前向上，高远直至无疆。
标的天国方向，力胜妖邪奸魍。

凯歌响彻云间，圣徒喜气洋洋。
讴歌神恩奔放，新天新地造创。

心灵心志安祥

2023-4-26

心灵心志安祥，人生不惧风浪。
苦难吾已饱尝，始终心怀阳光。

沐浴神恩广长，思想清展力量。
胜过试探艰苍，力战虎豹豺狼。

前路充满明光，圣灵导引方向。
矢沿正道航向，风雨兼程驱闯。

雅思清展良长，男儿是有豪放。
果敢并且顽强，正直傲岸强刚。

人生雅怀意向

2023-4-26

人生雅怀意向，舒出心地情长。
悠悠行旅艰苍，唯赖神恩奔放。

心志应许定当，行旅不必匆忙。
欣赏沿途风光，放我中心歌唱。

坦腹享受安祥，心地充满明光。
天地辽阔无限，心胸应许宽广。

春日小鸟鸣唱，阳光多么清朗。
清思旷发昂藏，哦咏激情成章。

早起值四更

2023-4-27

早起值四更，蛙语声声。
喜悦我心身，哦诗舒伸。

时节值暮春，温和十分。
人生奋驰骋，心怀刚正。

处世以平稳，名利弃扔。
高蹈水云芬，叩道求真。

瞻望未来程，风光雅纯。
努力灵旅程，尽力修身。

夜风清新

2023-4-27

夜风清新，传来蛙鼓之鸣。
振奋心襟，哦诗以舒雅情。

心怀旷境，人生不计利名。
努力驱行，览尽关山风景。

红尘惊警，悟道时时用心。
淡泊胸心，雅洁清怀白云。

岁月经行，磨炼吾心刚劲。
一笑何清，人生正义心灵。

昨夜蛙鼓清敲

2023-4-27

昨夜蛙鼓清敲，写意风骚。
振奋余之心窍，哦诗适抱。

晨起凉风潇潇，喜鹊鸣叫。
读书清展情抱，怡然雅好。

岁月递变丰饶，暮春将了。
桐花开放美妙，槐花飘飘。

讴歌天地神妙，皆是神造。
努力灵程奔跑，修身朗造。

人生振奋情肠

2023-4-27

人生振奋情肠，悠悠放我歌唱。
东风吹来凉爽，听见野禽鼓唱。

爽朗盈满心房，正见发出思想。
化为新诗哦唱，激情旷展奔放。

人生怀有理想，努力万里闯荡。
不计风雨凄苍，微笑浮现脸庞。

心怀无比安祥，领受神恩广长。
颂赞理所应当，奉献正义力量。

人生怀有向往

2023-4-27

人生怀有向往，是在天涯遐方。
鼓志努力闯荡，不畏折断翅膀。

男儿旷持贞刚，清展思想力量。
冲决无明机奸，一似光明太阳。

时代如潮逐浪，文明进步无疆。
努力奋发向上，克己修身昂扬。

坚持正见心间，远抛幽暗肮脏。
心志怀有清芳，如同苍兰之香。

人生骋志向上
2023-4-27

人生骋志向上，风雨磨炼翅膀。
行旅悠悠歌唱，坚贞清展志向。

心灵心襟无量，世界中心包藏。
践履中心理想，不畏艰厄困障。

纵展心中豪放，傲立何其雄壮。
力抛卑弱心间，振志天涯遐方。

脚踏实地去闯，历尽幽暗山涧。
攀上绝顶旷望，心怀豁然开朗。

谦和心襟
2023-4-27

谦和心襟，正义吾分明。
努力追寻，辟出新意境。

心志殷殷，诗书晨昏吟。
舒出心襟，舒出吾刚劲。

男儿豪英，不计彼利名。
奋发雄俊，万里长驱行。

鼓舞干劲，恒心持坚定。
风雨阴晴，只是属常寻。

心怀清好
2023-4-27

心怀清好，振意吾高蹈。
白云心飘，悠悠人生道。

坎苍经饱，微微展一笑。
人生高傲，名利抛弃了。

叩道洒潇，正襟哦逍遥。
风雨飘摇，磨炼志清妙。

雅意风骚，心襟颇堪瞧。
窗外鸟叫，惬我意丰饶。

一夜蛙鸣悠扬
2023-4-27

一夜蛙鸣悠扬，晨起犹在鼓唱。
岁月递变非常，五十八载瞬间。

笑我华发斑苍，心怀依然爽朗。
奋发进取强刚，万里风云入掌。

高蹈心襟志向，水云涵于襟房。
正见支撑理想，思想旷放无疆。

地球蛋丸相仿，何须利逐名抢。
应许定定当当，步履人生安祥。

激情岁月入平章
2023-4-27

激情岁月入平章，人生雅怀理想。
春暮惬听啼鸟唱，享受生活平康。

远际歌声又响亮，激动我之情肠。
爽风其来何悠扬，朗哦新诗成章。

履尽岁月之苍凉，所赖神恩奔放。
救死扶伤恩何壮，思此颂赞献上。

奋发情志努力闯，不计山高水长。
灵程直达彼天堂，永生幸福无疆。

勿忘汝之灵明
2023-4-27

勿忘汝之灵明，人生追求上进。
百年奋志航行，标的天国心明。

此际心怀雅清，哦诗舒出激情。
人生力展刚劲，不惧试探艰辛。

前路阳光灿境，天使伴我前行。
中心明光充盈，欢歌声震入云。

晨起蛙鼓鸟鸣
2023-4-28

晨起蛙鼓鸟鸣，东风多情，
心地恬静，哦诗以舒雅情。

岁月奋飞殷勤，老我苍鬓，
一笑爽净，人生快慰心灵。

此生神恩丰盈，灵程奋进，
叩道进行，不计风雨阴晴。

阖家享受康平，欢快心襟，
衷心讴吟，人生振志前行。

抒发心中感想

2023-4-28

抒发心中感想，人生顺理成章。
共缘漫去旅航，览尽大千风光。

此生饱经风霜，依然心怀俊朗。
沐浴神恩奔放，不屈尘世艰苍。

心怀光明太阳，矢志不移向上。
和柔心地之间，叩道旷展顽强。

暮春天气爽朗，晨起东风舒畅。
耳际蛙鸣鸟唱，激越心志清昂。

心志体道安祥

2023-4-28

心志体道安祥，不为物欲起浪。
乐天知命之间，雅度秋春澹荡。

初夏又将来访，惊叹时光飞殇。
野禽欢声鼓唱，东风其来悠扬。

暮春百草俱芳，老柳氄氄摆荡。
野外蛙鼓响亮，喜鹊欢歌奏唱。

心灵矢志向上，叩道一生奔放。
履尽岁月桑沧，不减情怀俊朗。

第九十二卷《活水集》

心志旷意裁成

2023-4-28

心志旷意裁成，人生奋发刚贞。
红尘浊浪滚滚，大浪淘沙是真。

秉持纯正心身，傲立如松之贞。
迎战风雨艰盛，不屈不挠生存。

世界虎狼成阵，唯赖神恩丰盛。
圣徒提刀力骋，杀伐豺狼精准。

大道普覆乾坤，正义浩然生成。
心地焕发刚正，君子人格清芬。

蓝天青碧正无伦

2023-4-30

蓝天青碧正无伦，心志奋刚正。
东风清来爽心神，哦诗声又声。

暮春心志颇振奋，努力往前骋。
越过山高水又深，风光阅清纯。

斑苍不减我风神，傲立在乾坤。
男儿不为名利生，叩道奋晨昏。

清度秋春不沉沦，诗书沉潜深。
修身养德无止程，旷怀岂有伦。

春光渐老

2023-4-30

春光渐老，情思吾雅骚。
月季开俏，爽风吹荡浩。

清听鸟叫，品茗意潇骚。
天气晴好，蓝天碧堪瞧。

不取高傲，人生奋前道。
乐叩大道，振志也洒潇。

红尘逍遥，诗书容深造。
哦诗美好，谁解其中妙。

闲情释放

2023-4-30

闲情释放，爽朗哦诗章。
春风浩旷，惬意品茗间。

蓝天广长，雀鸟畅飞翔。
岁月清享，不为名利狂。

情志安祥，和蔼心地间。
悠思旷放，共风同扬长。

人生疆场，正意持心间。
挥洒强刚，叩取道之藏。

凯风既兴

2023-4-30

凯风既兴，天气喜朗晴。
雀鸟欢鸣，暮春灿风景。

心怀朗俊，不计利与名。
诗书哦吟，修养身与心。

展眼天青，有絮飞轻盈。
思想无垠，旷雅入诗鸣。

人生怀情，风雨饱经行。
振襟挺进，万里领风情。

云天清爽

2023-5-7

云天清爽，朔风以吹狂。
雀鸟鸣唱，朱夏不觉间。

逸意心间，品茗惬情肠。
休憩襟房，享受此安祥。

时光飞殇，不计华发苍。
一笑澹荡，人生奋志闯。

山高万丈，容我攀与闯。
世界广长，清展吾思想。

定定当当

2023-5-7

定定当当，步我人生场。
烟雨沧浪，视之为等闲。

心志清昂，努力奋向上。
克尽艰苍，心怀持晴朗。

神赐安祥，微笑从心放。
正意心间，叩道也悠扬。

初夏正当，清风来爽朗。
心地平旷，诗书润情肠。

阅历人生

2023-5-7

阅历人生，感慨吾深沉。

世事红尘，是幻非为真。

努力驰骋，山水越丰盛。
爽我心神，振意讴心身。

秉持清诚，叩道领神恩。
旷驱灵程，胜过试炼深。

红尘滚滚，清怀吾雅芬。
名利弃扔，轻装万里程。

惬意红尘

2023-5-7

惬意红尘，人生正志刚贞。
笑意温存，君子人格显逞。

清听鸟声，享受爽风阵阵。
一杯茗芬，淡雅是吾心神。

清度世尘，履尽浊浪滚滚。
物欲弃扔，高蹈吾之心身。

心怀平正，览尽风云奇胜。
叩道历程，归于淡雅清纯。

人生量力而行

2023-5-7

人生量力而行，正意心中鲜明。
向阳奋我心襟，鼓舞情志前行。

一生心志殷殷，努力万里驱行。
览取关山风景，胸怀爽雅清平。

振志匡世力行，诗书怡我心襟。
困难苦障浮云，人生共缘挺进。

晨昏奋我身心，慎独不忘于心。
修身致力秉勤，豁怀正是无垠。

心灵旷持雅正

2023-5-7

心灵旷持雅正，人生奋志驰骋。
一生感沛神恩，赐下平安丰盛。

初夏鸟语花芬，爽风怡我心神。

天上流云缤纷，品茗爽心无伦。

哦出吾之心身，人生奋志前骋。
不为名利奋身，悟道叩取天人。

淡定情志雅芬，清贫无妨行程。
展眼天际情生，旷欲展翅飞腾。

散思闲旷

2023-5-7

散思闲旷，悠悠持心向。
风吹浩荡，天上流云荡。

初夏无恙，爽朗天地间。
惬听鸟唱，惬品茗之香。

流年狂猖，何许计老苍。
意志顽强，挺然奋遐方。

风雨艰苍，磨炼铁骨刚。
澹荡襟房，远抛机与奸。

适意人生吾安祥

2023-5-7

适意人生吾安祥，哦歌清展昂藏。
不畏风雨之艰狂，定志天涯遐方。

五十八载一瞬间，回首何许惊肠。
宇宙亘古运无恙，天人大道叩访。

贞洁清持我情肠，不求名利荣昌。
诗书是为性命粮，晨昏纵展哦唱。

窗外风鼓何浩荡，鸟语亦自奔放。
休闲内叩襟与肠，无机原也扬长。

雅淡是我人生

2023-5-7

雅淡是我人生，心志清展清芬。
一生感沛神恩，导引灵性旅程。

物欲从来迷人，慧目务须圆睁。
穿越雾障之阵，前面阳光清逞。

力战奸恶奋身，正义傲立乾坤。

不为名利俯身，甘守清贫秋春。

著书何妨等身，思想倾出真诚。
男儿努力晨昏，领受丰沛神恩。

人生宜有雅量

2023-5-7

人生宜有雅量，心灵尽量宽广。
勿为物欲所障，性光发出清亮。

此际清听鸟唱，心灵和平安祥。
窗外阳光闪亮，流云纷飞漫浪。

初夏清喜凉爽，周日散淡盈身。
悠悠品茗清芬，享受幸福真正。

天伦之乐和温，持心平正晨昏。
旷歌天地缤纷，万类自由竞生。

善加守护心灵

2023-5-7

善加守护心灵，正气力求充盈。
人生挥洒干劲，叩道修养身心。

向上奋志殷殷，何许计较利名。
身心力求淡定，悟彻世界分明。

雅思旷运多情，哦诗舒出热情。
男儿恒怀远景，风雨兼程奋行。

清心微笑浮萦，神恩领受丰盈。
灵程鼓足干劲，标的天国心明。

朝日舒光

2023-5-9

朝日舒光，云天多净爽。
雀鸟欢唱，小风来吹翔。

初夏无恙，野景堪欣赏。
万类荣昌，老柳毵毵荡。

哦诗情涨，激越讴嘹亮。
振奋情肠，万里长驱闯。

我自昂扬，不屈关千幢。

定志奔放，矢克彼险艰。

悲悯持在心间

2023-5-9

悲悯持在心间，人生正义昂扬。
努力奋发向上，清展贞刚气象。

此际心志清昂，激情如水之涨。
耳际鸟语奔放，东风其来安祥。

云天澹荡净爽，和暖是此尘壤。
初暑妙丽风光，园圃月季开芳。

情思袅袅悠扬，向往天涯遐方。
男儿清怀贞刚，矢志万里闯荡。

人生意取贞刚

2023-5-9

人生意取贞刚，不屈不挠成长。
无惧风雨凄苍，如松如竹顽强。

一生心怀漫浪，彩虹映在心膛。
世界恒存希望，真神全力主掌。

定志灵程闯荡，力战魔敌妖魍。
胜利凯歌纵唱，圣洁盈满中肠。

努力加强修养，力抛无明机奸。
清展思想奔放，济世著书昂扬。

人生加强修心

2023-5-9

人生加强修心，晨昏均须警醒。
正意雅持心灵，努力奋向上进。

心志雅怀殷殷，一生追求光明。
叩道领取意境，步履坚贞坚定。

男儿是怀雄心，不肯困于安宁。
抛弃名利清心，智慧一生力寻。

岁月侵我双鬓，一笑依然雅清。
孤旅不屈挺进，沿途风光何峻。

坚持人格不倒

2023-5-9

坚持人格不倒，人生如松之傲。
风雨之中挺峭，生长不屈不挠。

此生绝不骄傲，谦和一生力保。
清展正义情操，力战魔敌仇妖。

孟夏已经来到，东风爽雅清好。
天上白云流飘，喜鹊曼声欢叫。

心志如花开妙，豁达清持怀抱。
微笑清和美好，万里长驱迅跑。

人生如松之挺

2023-5-9

人生如松之挺，力战风雨艰辛。
微笑从心而映，坚贞心志贞定。

岁月赐下丰盈，积淀思想无垠。
正义盈满肺心，真理一生追寻。

挥洒吾之才情，济世奋发干劲。
诗书润我心襟，展眼鸟掠天青。

男儿是怀雄心，不为琐细利名。
叩道一生坚定，妙悟诗中体明。

心志旷展奔放

2023-5-9

心志旷展奔放，不为利锁名缰。
思想开阔无疆，恒将正义弘扬。

力战妖魔奸魍，挥洒吾之阳刚。
男儿心襟开放，大千尽都包藏。

红尘熙熙攘攘，太多利夺名抢。
应怀水云襟房，澹怀清持雅靓。

修身修心尽量，物欲弃屏应当。
内叩心襟观想，慧意朗映眼间。

调节心襟意向

2023-5-9

调节心襟意向，守护中庸情肠。

人生奋志之向，　是在天涯远方。

不为名利奔忙，　力寻智慧灵粮。
修养尽量加强，　向学晨昏不让。

豁怀清持雅量，　清贫有何大妨。
架上诗书成行，　诵读朗放歌唱。

窗外洒满阳光，　天气清和晴朗。
野禽欢歌鼓唱，　爽风吹拂心房。

向神献上颂扬，　创造世界妙靓。
宇宙广大无限，　人生荷恩奔放。

天国唯一标向，　永生芳美难讲。
努力修心向上，　胜过试探艰苍。

冲决名利阻挡，　性光发出清亮。
烛照前路远长，　前路洒满阳光。

胸怀彩虹辉煌，　眼目尽都清亮。
力抛无明机奸，　步履正路昂扬。

情怀爽朗

2023-5-9

情怀爽朗，　哦诗放铿锵。
天上云翔，　野间流风旷。

品茗兴上，　激越撰诗行。
舒出意向，　舒出我中肠。

人生向往，　时刻未曾忘。
红尘狂猖，　坚贞持志向。

岁月扬长，　故事演万章。
不急不忙，　步我人生场。

人生未许颓唐

2023-5-9

人生未许颓唐，　努力振奋情肠。
生处天地之间，　心胸应许宽广。

心志由来清昂，　已脱利锁名缰。
思想旷放无疆，　自由奋飞天壤。

人生百年匆忙，　应许定定当当。
叩道清展志向，　努力骋志向上。

淡泊是我情肠，　无机心胸奔放。
正义人生疆场，　力战邪恶机奸。

悠悠怀有意向

2023-5-9

悠悠怀有意向，　是在公理通畅。
正意清持心间，　力战奸恶邪帮。

孟夏天气晴朗，　流云漫自飞翔。
好风吹来奔放，　鸟语愉悦情肠。

品茗惬怀雅旷，　读书兴致清昂。
世界美好无恙，　感沛神恩无疆。

红尘不是故乡，　灵性务须增长。
天国才是故邦，　永生福乐无限。

心志雅怀力量

2023-5-9

心志雅怀力量，　人生不畏艰苍。
奋发男儿慨慷，　力战恶鬼豺狼。

笑意清展广长，　奋发男儿贞刚。
风雨只是寻常，　困厄难阻前闯。

思想旷展无量，　自由心地安祥。
领受神恩丰穰，　颂赞出于心房。

无机是我情肠，　正义一生推广。
世界是神所创，　岂许魔鬼猖狂。

旷展心灵力量

2023-5-9

旷展心灵力量，　人生志取远长。
穿越迷雾狂猖，　慧烛始终秉掌。

一笑从心舒放，　无机心地扬长。
一生积淀思想，　冲决黑暗遮障。

神恩无比广长，　赐与心灵奔放。
努力灵程向上，　不为物欲所挡。

慧目务须明亮，识破诡计诈奸。
真理散发光芒，心灵温和安祥。

闲雅身心

2023-5-10

闲雅身心，原也志取凌云。
奋展干劲，脚踏实地去行。

五更情景，早起撰诗空灵。
风来清新，爽我心志无垠。

孟夏已临，时光如飞之迅。
惜时铭心，努力振奋胸襟。

不畏艰辛，男儿万里挺进。
抛去利名，轻装微笑浮萦。

不为名利所扰

2023-5-10

不为名利所扰，坚持真理正道。
心志心怀逍遥，奋发人生扬飙。

今日五更起早，听见蛙鸣鼓噪。
村鸡遥远啼晓，路上车行狂啸。

世界存在玄妙，乃是真神所造。
人生务行正道，修心养德洒潇。

岁月侵人不了，霜华有何不好。
智慧人生风标，不行歧路险道。

一切孽由心造

2023-5-10

一切孽由心造，努力修心朗造。
矢沿正道奔跑，履尽关山险要。

心志绝不骄傲，谦正是我情操。
岁月朗度逍遥，名利坚决弃抛。

此际晨鸟鸣叫，五更天还未晓。
早起精神颇好，写诗舒发不了。

大千多么美妙，人生无限美好。
努力灵程驱跑，力战仇敌魔妖。

旷展心灵志向

2023-5-10

旷展心灵志向，悠悠我要歌唱。
世界乃是神创，文明进步无疆。

人生心志清昂，努力叩取道藏。
向上进步无恙，修心晨昏之间。

五更早起悠扬，耳际鸟语蛙唱。
清风其来何爽，灯下写诗奔放。

和平是此尘壤，万类自由竞长。
心中恒存希望，大同是余理想。

心志未可狂猖

2023-5-10

心志未可狂猖，谦和贞定情肠。
雅听雀鸟鸣唱，清风拂动心房。

修心养德尽量，物欲抛弃应当。
清正一生雅闲，叩道领取奔放。

红尘憩度无恙，人生客旅之间。
灵程奋志闯荡，不畏山高水长。

力战魔敌邪魍，无视仇恨目光。
神恩无比茁壮，导引正路前航。

弹指华年逝殇

2023-5-10

弹指华年逝殇，玄发化为斑苍。
何须耽于过往，纵志万里驱闯。

心志无比清昂，思想散发辉光。
冲决无明之障，前路充满阳光。

心灵心志向上，力克困厄险障。
微笑浮现面庞，豁怀岂是有限。

神恩无比广长，足够我们清享。
人生充满希望，矢沿正道启航。

清展思想力量

2023-5-10

清展思想力量，抒发自我情肠。

人生恒怀希望，一生努力闯荡。

此生履尽险艰，唯赖神恩茁壮。
救死扶伤无恙，感沛泪盈面庞。

努力振奋情肠，天涯就是方向。
前方风光清靓，边走边歌边唱。

胸襟怀有理想，眼目闪射清光。
力战无明邪奸，正义挥洒奔放。

寄身天地间

2023-5-10

寄身天地间，雅思闲旷。
思想无止疆，畅意飞翔。

清听啼鸟唱，我意悠扬。
远野蛙鼓放，点缀恰当。

和风来送爽，天还没亮。
五更之时间，早起三光。

人生振情肠，怀有理想。
不为物欲障，定志遐方。

思想积淀间，时光飞殇。
渐已霜华苍，一笑爽朗。

孟夏美无恙，万类荣昌。
讴歌此尘壤，神恩奔放。

努力以向上，克尽艰创。
心灵怀阳光，振意讴唱。

阖家享安康，坦平心房。
神恩颂无限，正道康庄。

心志谦和平正

2023-5-10

心志谦和平正，奋发展我刚贞。
人生努力驰骋，不惧山高水深。

啼鸟鸣唱何纯，清风又来慰问。
孟夏清和温存，五更蛙鼓犹逞。

远村偶啼鸡声，路上渐有行人。
早起哦诗舒伸，清展精气灵魂。

岁月日渐进深，华发素朴清纯。
心灵依然纯真，不染浊世凡尘。

心志中庸

2023-5-10

心志中庸，处世运以圆融。
淡处穷通，名利弃之空空。

心怀平慵，不为物欲感动。
叩道之中，领略风光浑雄。

鸟语啼送，惬意是此晨风。
蛙鼓从容，点缀和平宇穹。

感发于中，哦诗舒出情浓。
正意刚洪，叩道成竹在胸。

中正为心

2023-5-10

中正为心，人生享此和平。
苦雨饱经，心灵心志爽清。

岁月进行，演绎桑沧常寻。
人生情景，应许达观于心。

孟夏已临，清听蛙鼓鸟鸣。
五更情景，晨风爽我心襟。

坦腹哦吟，舒出男儿刚劲。
振奋身心，前路万里驱行。

正直身心

2023-5-10

正直身心，原不屈于因循。
开拓创新，文明无有止境。

心志殷殷，向学领取意境。
晨昏哦吟，讴颂神恩无垠。

心怀奋兴，人生朗步前行。
风雨阴晴，于我只是常寻。

鸟语何俊，清听爽我身心。
风来何清，惬我心意心灵。

第九十三卷《成务集》

爽风清来惬意境
2023-5-11

爽风清来惬意境，焕发吾之身心。
耳际鸟语娇娇鸣，云天澹荡多情。

孟夏振奋吾心灵，哦歌舒出心襟。
人生不图利与名，努力修身养性。

正意容我旷凌云，力战魔敌妖群。
圣徒讴呼奋心灵，斩杀仇敌务尽。

神恩赐下恒丰盈，导引进入安平。
前方风光妙无垠，新天新地光明。

约身自重
2023-5-11

约身自重，叩道吾刚雄。
努力前冲，不计风雨浓。

清听鸟颂，心志持雅空。
名利抛送，高蹈吾从容。

岁月如风，赐我斑鬓浓。
一笑从中，豁怀是无穷。

饱经雨风，磨炼意勇猛。
灿烂心胸，原也怀彩虹。

神恩无量
2023-5-11

神恩无量，颂赞心地间。

灵程奋闯，风光历悠扬。

岁月帆扬，玄发渐斑苍。
淡淡荡荡，无机持襟房。

坎坷艰苍，付之一笑间。
人生向上，冲决彼困障。

慧目清亮，穿透浓雾障。
胸怀阳光，济世奋贞刚。

坚持人格不倒
2023-5-11

坚持人格不倒，人生奋志刚傲。
此际惬听鸟儿叫，爽雅襟抱。

红尘任其扰扰，吾只清守静悄。
诗书人生自洒潇，清贫就好。

力战魔敌仇妖，圣洁心灵堪表。
心志活泼且洒潇，叩道逍遥。

修身养德迢迢，克己私欲朗造。
谦和情抱水云飘，爽净昏朝。

人生勿散淡
2023-5-11

人生勿散淡，旷展正气入霄汉。
鸟语啼绵蛮，爽风其来也清淡。

品茗写诗玩，舒出男儿气浩瀚。
叩道履艰难，迎风沐雨奋前站。

我是好儿男，抛弃名利持果敢。
诗书晨昏翻，力寻真理何傲岸。

心志存浪漫，向往天国之彼岸。
客旅人生展，清怀爽洁且雅淡。

男儿是有阳刚

2023-5-11

男儿是有阳刚，骋志万里之疆。
冲决千困万障，意志如铁似钢。

一生意取清昂，奋寻真理阳光。
穿越幽暗雾障，眼目慧光闪亮。

时光一如飞殇，人生百年不长。
努力奋骋志向，胸襟清怀理想。

不为物欲俘障，定志天涯之间。
灵程叩道向上，标的天国雅邦。

物欲未可膨胀

2023-5-11

物欲未可膨胀，守定中心清肠。
人生奋志之向，正直无机昂扬。

力战魔敌妖魁，圣洁盈满中肠。
修身养性无疆，正见明慧清爽。

红尘熙熙攘攘，太多欺骗诡奸。
冲决无明之障，胸襟充满阳光。

心怀坦坦荡荡，白云清漾襟房。
爽风拂我眉间，微笑浮现面庞。

人生难免失望

2023-5-11

人生难免失望，清心才能扬长。
不为物欲所障，旷飞自由天壤。

心志雅取安祥，名利抛弃尽量。
正意天涯之间，步履果敢坚壮。

不计岁月艰苍，胸襟坚贞强刚。

男儿纵展豪放，叩道领取灵粮。

此际旷哦诗章，舒出吾之情长。
鸟语宛转奔放，清风爽洁情肠。

心志聊表

2023-5-12

心志聊表，人生振意骚骚。
喜鹊鸣叫，孟夏天气晴好。

闲适情抱，品茗惬怀雅俏。
人生奋跑，越过山水迢迢。

红尘胡闹，太多物欲牵扰。
名利弃抛，剩有胸心高蹈。

旷怀无二，清度秋春昏晓。
乐叩大道，修心养德风标。

闲适人生

2023-5-12

闲适人生，振志讴咏真诚。
岁月进深，叩道容我清骋。

鸟语阵阵，东风吹来爽神。
休憩心身，品茗雅意纵横。

大千红尘，幻化无比精准。
清度世尘，人生奋志刚贞。

冲决魔阵，光明是我心身。
天国永生，福乐安稳真正。

人生沉稳为上

2023-5-12

人生沉稳为上，行旅不须匆忙。
应许定定当当，沿路风光清赏。

红尘是有浊浪，清度赖神导航。
迈越万水千艰，标的天国家邦。

岁月丰富非常，演绎不尽桑沧。
人生百年之间，迅若狂飙相仿。

叩道不畏苦艰，胜过试炼昂扬。
圣洁清持襟房，男儿纵展豪放。

适意是我人生

2023-5-12

适意是我人生，情志秉持纯真。
红尘浊浪滚滚，未许心襟污损。

淡泊清度秋春，诗书恣意清骋。
飘逸心襟安稳，不为名利奋争。

感沛天父鸿恩，导引人生旅程。
力战魔敌凶狠，凯歌响彻云层。

窗外鸟语何盛，爽我心意十分。
哦诗舒出诚正，清度人生雅芬。

洁身自好

2023-5-12

洁身自好，污泥浊水矢志抛。
不取高傲，叩道豁达吾逍遥。

暮烟轻绕，灯下清思生曼妙。
人生晴好，因我清怀朗无二

岁月逝飘，不觉孟夏来到了。
斑苍情抱，觑破天人之大道。

安祥洒潇，惬听窗外之啼鸟。
东风怡抱，爽凉世界何美好。

正义心襟

2023-5-13

正义心襟，力战魔敌妖兵。
爽雅心灵，奋发刚贞多情。

暑风清新，传来鸟语空灵。
散思旷运，哦咏新诗尽兴。

人生前行，不计风雨艰辛。
傲骨劲挺，原也似松之峻。

男儿挺进，矢向天涯奋行。
风光灿俊，惬我心意心灵。

人生适意安祥

2023-5-13

人生适意安祥，中心不起波浪。
名利抛弃无妨，正襟哦唱旷放。

散淡是我情肠，名利未许侵诳。
心志由来清昂，挥洒正义力量。

力战妖魔鬼魍，神恩无比浩荡。
矢沿正确方向，标的天国启航。

人生并不久长，时光务须珍享。
努力加强修养，情操淡雅清芳。

努力加强修养

2023-5-13

努力加强修养，人生奋志向上。
清怀正义情肠，不向名利投降。

清贫未有大妨，叩道力展贞刚。
世事任起风浪，稳度信步安祥。

红尘熙熙攘攘，不许物欲成障。
清心挥洒强刚，奋发男儿豪放。

初暑风光悠扬，楝花正自开芳。
周末淡淡荡荡，享受天伦安祥。

人生远抛机奸

2023-5-13

人生远抛机奸，清展正义情肠。
雅怀刚贞理想，天涯矢志驱闯。

向上是我情肠，诗书惬意安享。
修身养性之间，不计华发斑苍。

岁月清展澹荡，人生客旅无恙。
不为名利欺诳，正意傲立强刚。

正邪搏击艰苍，男儿果敢顽强。
神恩赐下奔放，前履正道康庄。

雅怀清新澹荡

2023-5-13

雅怀清新澹荡，中心正气何刚。
风雨之中闯荡，微笑浮上面庞。

得意却不狂狷，谦和是我情肠。
努力修心向上，克除私欲污脏。

真理一生寻访，力战恶虎强梁。

世界是神所创，大道普覆人间。

奉献正义力量，圣洁清持襟房。
眼目清贞闪亮，矢沿正道驱闯。

雅清是我襟房
2023-5-13

雅清是我襟房，不容浊气生长。
人生奋发志向，是在叩道向上。

不计红尘艰苍，心怀光明太阳。
沐浴神恩奔放，胜过试炼苦艰。

灵程不唯安祥，多有魔敌阻挡。
圣徒挥舞刀枪，两军鏖战艰苍。

胜利凯歌欢唱，魔敌败退消亡。
天国乃是故邦，永生幸福无限。

不可自作聪明
2023-5-13

不可自作聪明，守拙是我身心。
努力追求灵明，力抛幽暗无明。

此际振奋心襟，旷雅哦咏多情。
男儿怀有豪英，奋发刚劲前行。

万里风光清俊，风雨艰苍常寻。
不计坎坷艰辛，矢向天涯挺进。

心中标的须明，叩道清展干劲。
灵程鼓志以行，圣洁盈满胸心。

心灵心志安祥
2023-5-13

心灵心志安祥，人生履尽风浪。
情怀不起狂狷，谦和贞定无恙。

电扇摇风凉爽，惬意孟夏之间。
夕烟初初清涨，哦诗舒发昂扬。

人生恒怀向往，不为名利奔忙。
定志叩取道藏，悠悠放歌情畅。

此心活泼难讲，正意天涯闯荡。
岁月清度扬长，理想激越慨慷。

人生刚毅前行
2023-5-13

人生刚毅前行，不计风雨艰辛。
努力灵程奋进，旷展英武豪俊。

孟夏妙丽情景，爽风吹来清新。
黄昏清听鸟鸣，悠度岁月空清。

矢志抛弃利名，人生步履贞定。
真理一生找寻，正意充盈心灵。

哦歌舒出多情，男儿是怀雄英。
诗书沉潜尽兴，旷意天涯挺进。

我心雅秉清纯
2023-5-13

我心雅秉清纯，人生奋志刚正。
不屈风雨历程，笑傲俗世红尘。

坦腹哦咏真诚，孤旅不畏艰深。
神恩无比丰盛，心灵丰沛无伦。

心灵雅怀纯真，少年心志依逞。
不老是我心身，努力天涯驰骋。

风吹其来清纯，鸟语欢快十分。
孟夏野景怡人，心怀爽净欢生。

心怀俊朗
2023-5-13

心怀俊朗，迎难吾径闯。
胸襟何旷，大千俱包藏。

力战豺狼，不屈彼强梁。
正义心房，浩意云霄间。

情志澹荡，悠然是意向。
清贫何妨，叩道矢向上。

红尘熙攘，名利合弃放。
高蹈情肠，趋向水云乡。

蓝天吹着白云
2023-5-13

蓝天吹着白云，东风吹来何清。
爽意盈满心灵，哦咏新诗多情。

心志奋发殷殷，诗书一生用劲。
正义是余心灵，力战虎豹成群。

岁月递变飞迅，桑沧演化常寻。
只是人易苍鬓，爽然一笑空灵。

暮烟轻起浮萦，鸟语宛转清俊。
市井闹嚷难云，清坐思放无垠。

人生履尽阴晴

2023-5-13

人生履尽阴晴，心地充满光明。
努力奋志追寻，矢为真理挺进。

此生不为利名，努力修心养性。
正义充满心灵，力战魔敌鬼兵。

标的天国心明，灵程奋发前行。
不计风雨艰辛，胜过试探艰凌。

人生努力追寻

2023-5-13

人生努力追寻，不须计较利名。
享受心地雅清，蓬勃是我胸襟。

时值孟夏之境，爽雅是余心灵。
休憩颐养身心，微笑舒展空清。

阖家康乐欢盈，神恩感沛心襟。
知足常乐安宁，诗书晨昏哦吟。

鸟语旷展娇俊，东风舒发爽清。
心怀雅淡无垠，讴歌天人奋兴。

心灵心志广长

2023-5-13

心灵心志广长，人生充满力量。
理想支撑我闯，无惧风雨艰苍。

人生未许孟浪，贞定盈满情肠。
道义一生力倡，修身养性雅闲。

名利徒为欺诳，害人真是无限。
清心哦歌奔放，讴颂神恩无量。

正意心地之间，不屈尘世凄凉。
神恩赐下丰穰，灵程奋进无疆。

人生旷志红尘

2023-5-13

人生旷志红尘，心灵雅洁清贞。
惬听小鸟啼纯，东风吹来爽神。

时间正值黄昏，写诗舒发真诚。
心灵心志平正，耳际鸟语娇纯。

努力秋春晨昏，矢为真理奋身。
不屈世俗红尘，追求雅洁清芬。

名利害人何深，沉溺是为愚蠢。
应能觑破世尘，胸怀水云清纯。

野虫振响

2023-5-14

野虫振响，蛙鼓复嘹亮。
三更时间，夜风吹清旷。

心志广长，悠悠撰诗行。
一曲激昂，舒出我情长。

人生贞刚，努力骋志向。
山水辽广，展我男儿壮。

不计艰苍，情怀都晴朗。
傲立强刚，如松之生长。

人生惬意红尘

2023-5-14

人生惬意红尘，心灵心志缤纷。
穿越苦难历程，心怀光明清纯。

一生感沛神恩，导引灵程雅芬。
努力修养心身，胜过诱惑之盛。

暑夜不眠时分，悠听虫吟蛙震。
路上车行噪人，淡定写诗怡神。

爽风吹来阵阵，凉快吾之心身。
天籁如此宜人，清听蛙鼓虫震。

第九十三卷《成务集》

心志明朗

2023-5-14

心志明朗，人生矢向上。
不计艰苍，奋发以闯荡。

不回头望，前路风云壮。
男儿贞刚，万里入指掌。

岁月奔放，不必计老苍。
积德广长，修身当尽量。

物欲弃放，清贫吾安享。
寻觅灵粮，智慧心腹间。

人生振奋意向

2023-5-14

人生振奋意向，旷雅是余情肠。
不为困厄所障，始终定志遐方。

此生充满理想，不为名利奔忙。
行旅定定当当，欣赏沿途风光。

人生百年不长，应许抓紧时间。
修身养性尽量，污秽努力抛光。

振志天涯远方，风雨无法阻障。
一路边走边唱，活出晴朗无恙。

畅志人生疆场

2023-5-14

畅志人生疆场，不为名利奔忙。
定志叩取道藏，修心尽力向上。

只是此生艰苍，苦痛时袭心间。
切祷叩求上苍，神必赐与力量。

努力灵程驱闯，力战魔敌强梁。
胜利必然在望，穿越烟雨雾障。

红尘熙熙攘攘，太多巧构关嶂。
男儿纵展豪放，长驱直指天堂。

世界茫茫苍苍

2023-5-14

世界茫茫苍苍，人生正道桑沧。
笑傲尘世风浪，定志如磐之壮。

不必计较过往，未来充满阳光。
神恩无比丰壮，导引人生正向。

清夜蛙鸣虫唱，不眠容我思想。
孟夏清爽无恙，旷风吹来悠扬。

一笑浮上面庞，人生豁怀昂扬。
振志天涯遐方，果敢并且顽强。

弹指华年逝殇

2023-5-14

弹指华年逝殇，人生笑对桑沧。
百年不须匆忙，定志享受安祥。

此际心境温让，享受风来爽畅。
中夜蛙鼓何响，野虫放声吟唱。

孟夏妙丽时光，四更不眠长想。
人生未可孟浪，不可忘记理想。

正意清持襟房，男儿志取远方。
名利徒为欺诳，物欲惹人丧亡。

叩道一生雅闲，心灵心志奔放。
努力加强修养，寻觅智慧灵粮。

岁月积淀广长，斑苍不减清狂。
依然少年相仿，蓬勃并且苗壮。

楝花开放

2023-5-14

楝花开放，孟夏不觉间。
人生情长，悠悠放歌唱。

地久天长，人生怀理想。
正道恒昌，叩道吾雅闲。

烟雨曾艰，血泪以流淌。
神恩奔放，导引我慈航。

向前向上，高远至天堂。
灵程奋闯，心志享安祥。

心志雅守安康

2023-5-14

心志雅守安康，人生淡泊情肠。

惬意水云之乡，优游尘世无恙。

何许计较艰苍，世界幻化无恙。
桑沧任其叠涨，吾只雅守清肠。

春去夏来安祥，清夜不眠长想。
人生天地之间，最贵德操思想。

感沛神恩广长，导引人生正向。
永生福乐无疆，我要努力驱闯。

人生秉具雅旷
2023-5-14

人生秉具雅旷，洞穿世界真相。
一生努力闯荡，寻觅智慧灵粮。

履尽困苦艰苍，心志始终阳光。
穿越黑暗雾障，前路豁然开朗。

感受神恩广长，思想蓬勃奔放。
不为名利所诳，叩道一生贞刚。

此心绝不放浪，坚正晨昏之间。
内省加强修养，情志淡泊雅芳。

驱除杂念私心
2023-5-14

驱除杂念私心，公义铭于心襟。
　奋志以远行，穿山又越岭。

野境虫儿清鸣，蛙鼓敲击爽清。
　四更之意境，爽风吹多情。

不眠人儿清醒，淡眼世界风云。
　振志行殷殷，风雨不止停。

红尘一任艰辛，标的天国心明。
　力战魔之兵，凯歌彻行云。

人生雅秉情操
2023-5-14

人生雅秉情操，奋志自是高傲。
谦和心襟力保，正义一生风标。

四更虫吟清巧，蛙鸣响亮风骚。
风来浩荡爽抱，写诗意发不了。

车行路上噪噪，心志平静安好。
不为尘世所扰，闭门著书玄妙。

素朴是我情操，一生努力奋跑。
不为名利屈腰，男儿豪勇扬飙。

杨柳摇风
2023-5-14

杨柳摇风，田园一片青葱。
孟夏情浓，哦诗舒出清空。

人生奋冲，万里风云入胸。
名利何功，应能弃之空空。

爽雅心胸，正意原也丰隆。
卑弱抛空，剩有英武襟胸。

风雨任猛，男儿兼程矢冲。
笑傲之中，华年逝去匆匆。

气宇如虹，七彩闪于心胸。
身心灵动，哦咏情怀妙用。

男儿情钟，济世奋发行动。
淡定之中，叩道趋入圆通。

人生豪气干云
2023-5-14

人生豪气干云，雅洁盈于胸心。
　振志以前行，穿越关山云。

心志由来殷殷，不为名利动心。
　高蹈吾身心，叩道鼓干劲。

此生莽苍难云，苦难血泪饱经。
　神恩赐丰盈，导引入康平。

壮怀天涯远景，步履坚贞坚定。
　风雨中挺进，微笑面容清。

第九十四卷《崇高集》

激越情肠

2023-5-14

激越情肠，骋志吾奔放。
清听鸟唱，享受风清旷。

孟夏无恙，天上流云荡。
粉蝶飞翔，意态何洋洋。

天喜晴朗，惜乎初燥亢。
电扇风凉，品茗惬怀壮。

情思昂扬，哦咏舒中肠。
一曲流畅，应能遏云翔。

胸襟雅具气象

2023-5-14

胸襟雅具气象，世界尽都包藏。
正义吾昂扬，仗剑天涯间。

心怀原也清靓，不为名利颠狂。
性天吾清凉，慧意盈襟房。

悠怀周日无恙，写诗畅发中肠。
无机之心房，正直持扬长。

窗外小鸟吟唱，东风递来凉爽。
有絮轻飞扬，月季开正芳。

人生秉具善良

2023-5-14

人生秉具善良，穿越万水千艰。
率意吾很昂扬，边走边歌边唱。

一生履尽艰苍，心怀依然奔放。
唯赖神恩广长，赐与心灵力量。

斑苍不减清狂，振意哦咏诗章。
舒出万千感想，清新并且浏亮。

清度红尘安祥，名利合当弃放。
天地多么宽广，尽够你我徜徉。

中庸中和中正

2023-5-14

中庸中和中正，人生雅守纯真。
不为名利奋争，淡淡清度秋春。

此际孟夏时分，鸟语花香缤纷。
惬怀精彩十分，哦诗旷舒真诚。

红尘浊浪滚滚，太多机奸生成。
心灵务持雅芬，遁向水云清纯。

正意原也刚贞，不屈苦难旅程。
放歌声入云层，男儿豪勇纯正。

情怀清好

2023-5-14

情怀清好，紫燕飞旋绕。
有絮飘飘，有鸟啼娇巧。

哦诗声高，遏住云之飘。
红尘扰扰，清心最为要。

风来荡浩，孟夏风光饶。
老柳摆腰，姿态何美好。

岁月逝飘，何许计苍老。
心志年少，旷怀奋刚傲。

情思迸发中肠

2023-5-14

情思迸发中肠，化为泉涌奔放。
人生志向昂扬，笑对风雨艰苍。

履尽坎坷苍凉，不必耽于过往。
未来无限广长，神恩足够我享。

窗外鸟语啼唱，风儿递来凉爽。
清喜天气晴朗，阳光炽热奔放。

心怀光明太阳，前驱慧烛秉掌。
战胜黑暗机奸，清舒无机情肠。

人生力戒惰性

2023-5-14

人生力戒惰性，奋发刚健才行。
努力开辟新境，振志万里挺进。

红尘是有艰辛，合当奋志凌云。
脚踏实地去行，履尽关山风云。

鸟语惬我心境，新诗哦咏多情。
人生须怀远景，不可耽恃利名。

正直是余身心，清朗目光辉映。
努力向前驱行，风雨兼程而进。

清怀纯正

2023-5-14

清怀纯正，不容污浊生成。
远辞青春，壮怀依然刚贞。

岁月进深，不必嗟叹惊震。
惬听鸟声，享受清风温存。

云飞纷纷，孟夏情景宜人。
阳光煦逼，品茗哦诗清芬。

神恩丰盛，思此颂赞生成。
灵程奋身，力战魔敌凶狠。

烈日燥燥

2023-5-14

烈日燥燥，心襟旷持美好。
惬听鸟叫，电扇写意风摇。

身心逍遥，因将名利弃抛。
叩道雅骚，征途风光美妙。

人生不老，斑苍合展刚傲。
正直挺腰，男儿纵展英豪。

清风怡抱，孟夏风光俊俏。
田园茂饶，大千生意堪表。

心灵既很雅旷

2023-5-14

心灵既很雅旷，人生振奋情肠。
清坐听取鸟唱，哦诗舒发感想。

斜晖朗照无恙，暖风吹来爽畅。
清坐思放千章，激情如泻汪洋。

阖家享受平康，清贫有何大妨。
正义心襟奔放，人生永往前闯。

不为名利失陷，清真是我情肠。
豁怀微笑浮漾，正意盈满心房。

逸意旷然生成

2023-5-14

逸意旷然生成，人生纵情而论。
清听鸟语啼纯，享受暇闲真正。

不为名利奋身，清平是我心身。
叩道力展刚正，灵程奋勇前骋。

斜照朗然辉盛，火风吹袭阵阵。
清坐思放层层，哦咏长吐精诚。

守护心灵纯真，污秽未许生成。
慧意眼目蕴深，努力万里征程。

雅旷红尘

2023-5-15

雅旷红尘，何许计艰深。
暑风清骋，朝旭东方生。

鸟语啼纯，蓝天青无伦。
惬意清晨，哦诗也怡神。

人生进深，心志不沉沦。
名利害人，弃之合抛扔。

叩道刚正，内省心与身。
岁月清芬，丰沛是神恩。

人生百炼成钢

2023-5-15

人生百炼成钢，心灵充满力量。
努力奋发向上，旷飞天壤无疆。

正意由来昂扬，不屈困难重障。
力战魔敌妖魍，灵程奋发闯荡。

叩道是余志向，秋春清度安祥。
领受神恩奔放，惬意晨昏哦唱。

此际初暑时光，朝日闪射光芒。
清听鸟语欢畅，享受东风清旷。

笑意从心而放，人生得意不狂。
谦正是余情肠，努力万里疆场。

不为名利奔忙，定志诗书之间。
纵情展我哦唱，声入云天广长。

坚持正义立场

2023-5-15

坚持正义立场，人生领略艰苍。
不屈困难厄障，挺然如松之刚。

岁月运行奔放，演绎不尽桑沧。
人生共风同畅，坚贞是余志向。

只是人生不长，百年弹指飞殇。
务须抓紧时间，努力叩道向上。

世事徒然混莽，何不清守安祥。
共缘漫去旅航，应许定定当当。

人生持雅旷

2023-5-15

人生持雅旷，心志吾奔放。
不为物欲障，骋志向遐方。

山水越广长，风光览无恙。
定志天涯间，男儿展豪旷。

身心体平康，正直人生场。
名利合弃放，清心入松岗。

世界本无恙，神妙无法讲。
智慧力寻访，诗书晨昏唱。

不随俗世浮沉

2023-5-15

不随俗世浮沉，人生秉持雅正。
暑风吹阵阵，清听鸟啼纯。

此际朝日初生，蓝天无有云层。
写诗精神振，哦咏也清芬。

人生务秉刚贞，叩道尽力驰骋。
山水旷成阵，放歌声又声。

心怀意念清纯，光明眼目纯正。
一笑也雅温，人格毕显逞。

一切唯心造

2023-5-15

一切唯心造，此语至玄妙。
清心叩道要，正直第一条。

清听鸟鸣叫，风来何荡浩。
晨朝精神好，天晴正气饶。

初暑风光好，月季开娇妙。
品茗吾意骚，写诗舒不了。

阖家俱康好，神恩赐丰饶。
清度岁月道，灵程奋志跑。

榴花灿红

2023-5-23

榴花灿红，暑风清吹送。
雀鸟鸣空，和气盈寰中。

身心从容，旷沐此清风。
哦诗清空，舒出气如虹。

七彩心胸，质朴持灵动。
名利弃送，高蹈水云中。

大化运动，百年真如梦。
一笑从中，豁意原无穷。

人生贵悟道

2023-5-23

人生贵悟道，践行最重要。
修心第一条，无机持心窍。

未可稍骄傲，谦和须力保。
正义奋刚傲，力战魔敌妖。

暑日阳光骄，蓝天白云飘。
东风吹荡浩，清坐思迢迢。

努力奋前道，关山越逍遥。
风雨未可挠，振襟以朗啸。

心志共谁论

2023-5-23

心志共谁论，孤旅独驰骋。
履历山水阵，爽洁盈心身。

心襟持雅芬，清度此红尘。
浊浪任滚滚，微笑也和温。

叩道奋刚贞，胸怀何雅正。
艰苍不足论，力骋风雨程。

鸟语何娇芬，风吹何兴奋。
惬怀真无伦，哦诗舒温存。

适意人生安祥

2023-5-23

适意人生安祥，中心不起波浪。
清心振意向，长驱至远方。

心志由来清昂，力战魔敌妖魍。
杀伐任艰深，神恩总丰盛。

凯歌响彻云层，圣洁清持心身。
尘世客旅程，天国有永生。

努力前面灵程，修身养性清芬。
旷意入诗申，淡泊度秋春。

心志聊舒广长

2023-5-23

心志聊舒广长，人生振奋情肠。
中心怀思想，努力天涯间。

一生履尽艰苍，心志依然阳光。
冲决浓雾障，前面豁然爽。

淡定是我中肠，不为名利狂猖。
清贫何所妨，磨炼意志刚。

神恩何其奔放，思此颂赞献上。
踏遍关山嶂，风光吾清享。

第九十四卷《崇高集》

阳光书屋诗集

世事类若流云

2023-5-23

世事类若流云，幻化无垠，
转眼空清，悟透穷通吾淡定。

心志依然殷殷，奋发刚劲，
冲天干劲，力向诗书山上行。

寻觅真理奋勤，冲决雾境，
心怀朗俊，展眼远天鸟飞行。

岁月流变何迅，老我苍鬓，
一笑雅清，人生共缘以悠行。

天阴风畅

2023-5-24

天阴风畅，雀鸟以鸣唱。
月季绽芳，引我惬怀放。

正意贞刚，人生不轻狂。
纵马疆场，力战豺与狼。

心志安祥，神恩领广长。
努力向上，修心以尽量。

人生世间，物欲是烟障。
慧目擦亮，辨明正方向。

人生领受命运

2023-5-24

人生领受命运，努力辟出新境。
修心是要紧，奋发吾刚劲。

纵展吾之豪英，人生奋志凌云。
冲决险路径，山水历雄峻。

红尘步步惊心，唯赖神恩丰盈。
赐下这安平，讴颂出心襟。

此际暑风爽清，天阴野鸟欢鸣。
清坐理心灵，写诗以适情。

人生雅持清好

2023-5-24

人生雅持清好，旷怀吾很雅骚。
水云盈襟抱，名利矢志抛。

淡定一生风标，不为物欲倾倒。
诗书奋刚傲，谦和努力保。

叩道领略迢迢，一路风光大好。
力战魔敌妖，凯歌彻云飘。

圣洁心中微妙，眼目慧光闪耀。
天国是终标，努力以奔跑。

喜悦心襟

2023-5-24

喜悦心襟，人生浩志凌云。
神恩丰盈，生活雅享安平。

此际心静，享受风之爽清。
天阴鸟鸣，惬意中心康宁。

微笑浮萦，人生吾持淡定。
世事烟云，应能共缘雅行。

名利虚境，何不弃之空清。
正义心灵，悟道趋入圆明。

清听小鸟鸣唱

2023-5-24

清听小鸟鸣唱，点缀世宇安祥。
神恩赐广长，颂赞心地间。

人生心志清昂，履尽万水千嶂。
一笑持安祥，豁怀原无恙。

不为名利猖狂，清贫原无大妨。
正义之心房，广大是无疆。

努力灵程奋闯，不怕试炼深艰。
魔敌必败亡，胜利归故邦。

正义是余人生

2023-5-24

正义是余人生，清心雅度红尘。
此际清听鸟啼纯，享受风来纯正。

一生领受神恩，力战魔敌凶狠。
胜利凯歌彻云层，圣洁心灵芳贞。

清度百年人生，一任浊浪滚滚。
磨炼意志获沉稳，前履风雨历程。

天阴爽意盈宇城，写诗舒出心身。
男儿豪勇纵横骋，不为名利而生。

善加守护心灵

2023-5-25

善加守护心灵，力战魔兵，
力战魔兵，胜利凯歌彻行云。

落日辉光灿映，心地朗晴，
心地朗晴，努力灵程以奋进。

岁月爽雅空清，奋志凌云，
奋志凌云，男儿豪勇旷无垠。

觉性悟彻圆明，正义力秉，
正义力秉，善良必胜恶之阴。

雅爽人生

2023-5-25

雅爽人生，正义奋刚贞。
心志清芬，努力走灵程。

冲决魔氛，圣洁持心身。
神恩丰盛，灵粮美不胜。

两军对阵，魔兵骋凶狠。
天使现身，斩杀魔纷纷。

凯归天城，圣徒获永生。
妙丽灵魂，讴颂神之恩。

人生惬意之间

2023-5-25

人生惬意之间，履尽山水险艰。
展我男儿志昂，边走边唱嘹亮。

五十八载瞬间，心襟无比悠扬。
颂赞神恩广长，智慧日日增长。

努力灵程闯荡，克尽魔敌诡奸。
胜利凯歌纵唱，圣洁心灵芬芳。

大队行进羔羊，步履彩云向上。
彩虹就在心间，眼光清澈明亮。

情怀舒朗

2023-5-26

情怀舒朗，惬意听鸟唱。
小风悠旷，读书意洋洋。

我自慨慷，人生振意向。
正义情肠，矢抛机与奸。

红尘攘攘，水云不可忘。
淡定安祥，名利无意向。

处世平康，任起桑与沧。
一笑澹荡，神恩领广长。

芳美人生

2023-5-26

芳美人生，仰荷丰沛神恩。
奋行灵程，力胜魔敌凶狠。

初暑时分，惬听鸟语声声。
风来慰问，爽我心志十分。

品茗意盛，哦诗舒出清芬。
人生旅程，不畏风雨艰深。

淡度红尘，不为名利奋身。
叩道雅诚，清秉善良心身。

人生力求厚道

人生力求厚道，未可过于纤巧。
拙正是为要，善良须力保。

履尽红尘迢迢，山水丰美清妙。
淡然展一笑，雅思入诗稿。

鸟语何其娇娇，风来何其清好。
适然是情抱，况复品茗潇。

奋展正义刚傲，人生努力前跑。
天涯风光饶，矢志去寻找。

心志雅爽

心志雅爽，惬听啼鸟唱。
不畏艰苍，奋发以向上。

人生世间，勿为物欲障。
善良情肠，修心骋贞刚。

应取安祥，共缘旷飞翔。
微笑淡放，豁怀真无恙。

小风来访，天气闷热间。
清坐思想，品茗畅意向。

正义心间，未可卑弱放。
天涯遐方，努力以驱闯。

感慨心间，向谁谈并唱？
孤旅昂扬，男儿振意向。

世事狂狙，太多机与奸。
慧目务亮，细辨前路向。

坦坦荡荡，无机之襟房。
修身尽量，人格天葆奖。

名利捐放，诗书倾意向。
晨昏哦唱，声震入云间。

华年逝殇，不必计老苍。

逸兴清狂，骚雅入华章。

舒发感想，耳际鸟歌唱。
粉蝶飞翔，妙丽无法讲。

初暑时光，万物竞生长。
展眼长望，胸襟正苗壮。

心灵心志增长

心灵心志增长，冲决困障艰苍。
此际风清旷，惬雅盈襟房。

写诗舒出昂扬，人生纵马疆场。
矢展贞刚顽强，眼目凝聚慧光。

不为物欲所障，标的天国安祥。
努力奋发向上，战胜魔敌阻挡。

圣洁清持心肠，红尘不是故乡。
人生悠悠扬扬，天使伴我驱闯。

入世未可太深

入世未可太深，清心雅度红尘。
心灵心志清芬，诗书哦咏声声。

霾烟笼罩乾坤，天阴又复阴沉。
小风旷来慰问，写诗舒发心身。

鸟语依然温存，初暑风光清纯。
品茗聊以怡神，澹荡悠度人生。

抛弃苦痛十分，一生唯赖神恩。
努力奋行灵程，叩道履历艰深。

未可耽于利名

未可耽于利名，心志奋展殷殷。
人生无比艰辛，仰赖神恩丰盈。

努力灵程挺进，大队羔羊奋行。
胜过魔鬼凶兵，凯歌响彻流云。

努力守护心灵，智慧增长无垠。
前方标的心明，天国永生福境。

世事徒属浮云，物欲遮蔽性灵。
务使阳光透进，眼目辉光清映。

叩道领略意境，山高水远常寻。
边走边唱尽兴，讴颂神之恩情。

人生百年飞迅，时光务须抓紧。
努力飞向天庭，脚下彩虹辉映。

心志清朗

2023-5-28

心志清朗，淡眼云烟旷。
喜鹊欢唱，暑风吹安祥。

清坐欢畅，绿茗添意向。
裁意诗章，呼出我昂扬。

人生世上，苦闷时相访。
豁怀应敞，万事共缘放。

展眼天广，胸襟应辽壮。
叩道向上，才是正方向。

独立襟雄

2023-5-28

独立襟雄，人生莫忘凝重。
清听鸟颂，享受风之灵动。

红尘汹涌，太多恶浪巨风。
沉稳心胸，领受神恩恢弘。

纵展心胸，不为物欲所动。
宁静之中，发见慧光内涌。

大化运动，内蕴谁人真懂？
谦正心胸，向学奋展刚雄。

第九十五卷《致远集》

清度人生
2023-5-28

清度人生，履历忧患成阵。
不畏艰深，奋志展我刚正。

暮烟生成，风中鸟语温存。
灯下思深，哦诗聊适心身。

坎坷生辰，领受神恩丰盛。
奋行灵程，风光大好清纯。

回顾人生，只似烟云之逞。
唯有永生，天国福分真正。

人生旷志前行
2023-5-28

人生旷志前行，苦痛时袭心襟。
向天切祷殷勤，神必赐下康平。

岁月桑沧经营，人渐衰老斑鬓。
唯赖神恩丰盈，导引灵程挺进。

克尽魔敌成群，杀伐何其惊心。
努力守护心灵，正义必胜邪阴。

天国无限美景，我要努力追寻。
圣洁自己心灵，才能承受福境。

人生畅意无限
2023-5-28

人生畅意无限，清持豁达情肠。
时光如梭逝殇，务须振奋昂扬。

努力骋志向上，不为名利阻挡。
物欲尽量克减，正义盈满心房。

魔敌无限诡奸，凶恶胜过豺狼。
圣徒奋起刀枪，斩杀仇敌尽光。

圣洁自己襟肠，眼目慧光闪亮。
大队奋行羔羊，标的天国远航。

独立襟雄
2023-5-28

独立襟雄，英武哦大风。
初暑情浓，讴歌这宇穹。

暮烟正浓，宿鸟惬鸣颂。
远来旷风，怡我心与胸。

思发灵动，哦出心意浓。
人生奋勇，灵程努力冲。

力战魔凶，神赐我英勇。
凯歌云中，圣徒收全功。

素雅情肠

2023-5-28

素雅情肠，孟夏舒展奔放。
清听鸟唱，忧患务必抛光。

正义情肠，力战恶虎凶狼。
世界神创，大道普覆人间。

阖家安康，讴颂神恩广长。
诗书哦唱，舒出正气昂扬。

人生疆场，男儿豪勇慷慷。
搏击艰苍，邪恶必然败亡。

清度浊世红尘

2023-5-28

清度浊世红尘，心志雅怀纯真。
岁月不断进深，笑我斑苍生成。

心灵雅怀纯正，未许污浊生成。
修身养性秋春，放歌讴咏晨昏。

弹指华年逝损，何必嗟叹伤神。
灵程通往永生，天国福分何盛。

振奋自我精神，努力灵程奋骋。
冲决试探艰深，天使伴我全程。

心志仍很青春

2023-5-28

心志仍很青春，情思共风同骋。
抛开苦痛十分，神赐平安真正。

暝色渐渐生成，鸟语娇啭清纯。
灯下新诗撰成，吐出自我心身。

人生尽力驰骋，标的天国启程。
胜过魔敌凶狼，凯归圣美天城。

神恩何其丰盛，安慰我之灵魂。
讴咏舒出真诚，感沛丰美灵恩。

人生不惧苍老

2023-5-30

人生不惧苍老，心志坚贞年少。
奋展吾之逍遥，奋发吾之刚傲。

天阴阴云笼罩，小风其来骚骚。
品茗我意雅俏，新诗哦唱声飘。

不为名利所扰，清心最为重要。
诗书沁润怀抱，君子人格修造。

清听小鸟鸣叫，写意红尘潇潇。
人生合展情抱，叩道身心风标。

惬怀岂是有限

2023-5-30

惬怀岂是有限，初暑烂漫情肠。
清听野禽鼓唱，享受心之安祥。

力叩大道奔放，风雨艰苍何妨。
男儿身心平康，万里风云入掌。

向学志取昂扬，晨昏纵情哦唱。
讴咏神恩广长，心灵充满力量。

前驱万里疆场，力战虎豹豺狼。
还我山河清朗，万民沐浴阳光。

贪婪之徒竞进

2023-5-30

贪婪之徒竞进，鼓噪成群，
鼓噪成群，嗡嗡一似彼苍蝇。

雅洁清持本心，遁向水云，
遁向水云，胸中清享风之清。

浊世吾持淡定，名利抛尽，
名利抛尽，高蹈身心任清贫。

爽雅是余心灵，修身上进，
修身上进，叩道领取彼意境。

适意是我人生

2023-5-30

适意是我人生，旷怀清持雅纯。
初暑心志兴奋，哦咏倾吐精诚。

窗外鸟语声震，爽风其来温存。
天阴牵牛开芬，振兴余之精神。

人生努力驰骋，山高水深不论。
内叩自我灵魂，修身晨昏清芬。

人生秉持沉稳，不为名利纷争。
淡泊守护心身，豁怀微笑清逞。

坦坦荡荡人生

2023-5-30

坦坦荡荡人生，心志持有刚贞。
名利矢志不争，雅守清贫安分。

淡定清度红尘，叩道奋不顾身。
冲决魔雾妖氛，神恩敷布真正。

旷怀何其清芬，向学哦唱声声。
耳际鸟语清纯，惬我意向十分。

展转尘世安稳，沐浴丰沛神恩。
天伦之乐和温，颂赞涌出心身。

激昂人生

2023-5-30

激昂人生，履历患难纷纷。
平正心身，感谢丰沛神恩。

体道刚贞，不屈世之艰深。
奋发沉稳，历炼任其加增。

天国永生，福乐是为真正。
身处红尘，只是客旅之身。

守护灵魂，不可稍使污损。
心意清芬，哦咏呼出精诚。

清风适意向

2023-5-30

清风适意向，园圃牵牛开放。
朗读好文章，心怀惬意无限。

身心正清朗，颂赞神恩无限。
赐下这安康，力向天国飞翔。

不为物欲障，享受清贫何妨。
正义舒昂扬，男儿体道奔放。

世事有艰苍，神恩却更广长。
努力以向上，力战魔敌妖魉。

喜鹊喳喳鸣放

2023-5-30

喜鹊喳喳鸣放，喜悦余之心房。
天气闷热间，小风来送爽。

此际我旷思想，父母之恩山壮。
报恩理应当，孝敬第一桩。

人生处世不长，百年一似瞬间。
共缘以旅航，正义心地间。

努力加强修养，儒雅并且强刚。
叩道奋向上，克尽万千艰。

旷怀无限

2023-5-30

旷怀无限，为因名利尽弃放。
清贫安享，诗书人生也悠扬。

红尘狂猖，世界因病走炎凉。
病因细访，原在人心之污脏。

正义力倡，哲学宗教吾研访。
心得心间，哦诗舒出意昂扬。

努力向上，物欲害人必裁减。
安祥情肠，体道秋春正气昂。

修心之路漫长

2023-5-30

修心之路漫长，难免跌跌撞撞。
唯赖神恩广长，起死回生奔放。

人生履尽艰苍，心志依然阳光。
中心天国仰望，圣洁情肠安享。

力胜诱惑欺诳，素朴是我心房。
正见心中坚壮，胜过鬼魅强梁。

灵程努力飞翔，天使伴我向上。
百年人生瞬间，时光切勿费浪。

缘起缘灭吾看淡

2023-5-30

缘起缘灭吾看淡，胸心雅怀浪漫。
任从尘世起患难，神恩丰富丰赠。

天国乃是终点站，永生福分非凡。
圣洁灵魂才靠岸，享受恒久雅安。

努力修心奋胸胆，力战魔敌纠缠。
胜利凯歌彻云翻，圣徒讴呼颂赞。

身处尘世勿惊颤，神赐丰美平安。
魔敌败退光明展，心中阳光妙曼。

朝气人生

2023-5-30

朝气人生，勃勃心襟颇振奋。
哦咏晨昏，穿越暗雾心志骋。

阳光何盛，神恩丰沛无法论。
圣洁心身，努力奋志走灵程。

尽力修身，私欲祛除公义生。
正义人生，力战魔敌之凶狠。

滚滚红尘，人生客旅不必论。
天国永生，圣洁灵魂终得胜。

人生雅怀希望

2023-5-30

人生雅怀希望，为因神恩奔放。
讴颂心地间，努力奋前闯。

时有苦闷心间，切祷叩求上苍。
恩典必赐降，甘霖之相仿。

圣父就是阳光，宇宙乃是神创。
人生天地间，福泽是神赏。

圣灵充沛心间，污秽务必扫光。
叩道奋向上，风光履悠扬。

淡泊心志吾平康

2023-5-30

淡泊心志吾平康，蓬勃向上。
蓬勃向上，道德正义力提倡。

不为物欲身心妨，清怀悠扬，
清怀悠扬，天人大道叩无恙。

人生履尽是艰苍，一笑雅爽，
一笑雅爽，享受神恩是无限。

壮怀激烈展眼望，天际云彰，
天际云彰，旷意破云入溟沧。

善加守护心灵

2023-5-30

善加守护心灵，勿使物欲浸淫。
正义是余心襟，力战魔敌鬼兵。

此际天气正阴，却有小风旷行。
鸟语声震何俊，惬余心意心灵。

人生奋志殷殷，努力真理追寻。
天人大道探寻，心得缕缕芳清。

矢志叩道奋进，神恩赐下丰劲。
百年生命朗晴，中心阳光鲜明。

微笑从中

2023-5-30

微笑从中，人生吾从容。
淡定之中，豁怀原无穷。

暮烟凝重，啼鸟鸣声洪。
小风清送，写诗适心胸。

岁月如风，坎坷付讽颂。
一曲中庸，一曲激情涌。

人生履风，往事入烟浓。
不须心痛，坦腹且前冲。

世事悟彻穷通

2023-5-30

世事悟彻穷通，人生雅持凝重。
不妄去行动，守护吾心胸。

惬听鸟之鸣颂，享受风之灵动。
诗意中心涌，化为歌讴咏。

人生情怀所钟，百年未许成空。
万里奋志冲，业绩创恢弘。

名利究有何功？只是害人狂疯。
淡定盈襟胸，爽雅晨昏中。

穿透历史烟云

2023-5-31

穿透历史烟云，男儿奋然挺进。
力战虎豹成群，心地持有朗晴。

神恩丰沛丰盈，导引灵程奋进。
魔鬼败退遁尽，圣徒大队前行。

天国永生何俊，圣洁才能承领。
努力加强修心，污秽务必抛清。

岁月使人奋兴，百年飞度何迅。
珍惜韶华寸阴，努力增长灵明。

正义情肠

2023-5-31

正义情肠，力抛无明机奸。
清朗胸膛，雅存阳光明亮。

岁月增长，人生畅怀感想。
神恩广长，赐与心灵力量。

胸襟澹荡，智慧求取无量。
食用灵粮，心胸充满明光。

矢志前闯，克尽非凡艰苍。
一笑爽朗，男儿正意昂扬。

爽怀无恙

2023-5-31

爽怀无恙，清听鸟啼唱。
天阴何妨，胸襟正无量。

人生坦荡，履尽彼坎苍。
正义情肠，荷负神恩壮。

魔敌败亡，圣徒领平康。
叩道贞刚，风光领无限。

向前向上，高远至无疆。
天国家邦，永生可安享。

人生安祥

2023-5-31

人生安祥，谙尽闲情况。
品茗意畅，新诗朗哦间。

鸟娇啼唱，风来鼓悠扬。
初暑之间，惬怀真无量。

神恩奔放，赐我以安康。
理想茁壮，力战魔敌帮。

红尘旷放，正邪搏击艰。
恶必败光，天地敷明光。

心志清好

2023-5-31

心志清好，人生莫付草草。
正襟洒潇，矢志万里征讨。

清听鸟叫，享受风之清好。
意气逍遥，神恩一生笼罩。

力战魔妖，凯歌彻云声飘。
圣洁力保，修心之路迢迢。

云烟轻绕，澹怀持有雅骚。
淡浮微笑，爽意盈满襟抱。

宿鸟清鸣唱

2023-5-31

宿鸟清鸣唱，风来送爽。
忧愁应抛光，奋发昂扬。

人生往前闯，标的天堂。
尘世是暂享，百年飞殇。

勿为名利诳，慧意增长。
努力矢向上，求取灵粮。

神恩赐无限，足够我享。
颂赞出心间，讴呼奔放。

冲决苦闷愁怅

2023-6-1

冲决苦闷愁怅，矢将正义弘扬。
力战魔敌妖魈，旷飞奋向天堂。

老已冉冉来访，务须抓紧时间。
努力修心向上，德操尽量加强。

岁月侵人张扬，笑我华发飘苍。
未许意气衰减，更须振奋情肠。

前驱万里遐方，风光无比清靓。
定志风雨兼闯，不畏山水险艰。

心不妄动

2023-6-1

心不妄动，人生吾从容。
名利弃空，高蹈吾襟胸。

云天鸟颂，惬意来清风。
爽怀灵动，哦咏也轻松。

坎坷回送，履尽桑沧浓。
一笑从中，神恩领恢弘。

正义情浓，力战魔敌凶。
凯歌声动，灵程步彩虹。

君子人格修成

2023-6-2

君子人格修成，心志雅淡清芬。
清度此人生，正意奋刚贞。

红尘浊浪滚滚，未许机奸生成。
端方以立身，名利合抛扔。

岁月旷自进深，笑我华发清生。
一笑还馨温，正直已生根。

展眼云天昏昏，人生奋发驰骋。
山水越旷正，不必计艰深。

浑厚心地间

2023-6-3

浑厚心地间，正义昂扬。
力战恶与奸，骋志向上。

无机之情肠，原也雅闲。
向学奋志向，沉潜无恙。

云天正清朗，听见鸟唱。
好风来悠扬，惬意襟房。

振襟哦昂扬，人生奔放。
坦腹享安祥，共缘驱闯。

岁月何迅狂，老我斑苍。
精力有衰减，情却澹荡。

天人大道访，用心细详。
俯察仰观间，眼明心亮。

正道必恒昌，罪恶消亡。
历史演桑沧，岂是寻常。

感慨心地间，沉默为上。
阴阳有销涨，运化安祥。

心灵心志雅芬

2023-6-3

心灵心志雅芬，人生旷意生成。
清度秋春不沉沦，奋志刚贞。

鸟语何其馨温，风来何其爽神。
青天幻化彼云层，清坐安稳。

雅思旷放层层，哦诗舒出心身。
男儿慨慷兼沉稳，努力前程。

微笑安度人生，风雨之中兼程。
名利何功合弃扔，诗书怡神。

履历艰苍何论，阴晴任其幻生。
鼓舞情志放歌声，神恩丰盛。

岁月日渐进深，华发飘飞惜生。
韶华务须珍十分，豪勇晨昏。

芳年飞渺

2023-6-3

芳年飞渺，青春何处找。
不须追悼，心志犹年少。

苍烟轻绕，风中鸟鸣叫。
苦闷应抛，心怀水云道。

桑沧正道，骋志吾洒潇。
刚正心窍，力战魔敌妖。

努力奔跑，天国是终标。

不行险道，正直一生傲。

灿放心襟

2023-6-3

灿放心襟，人生吾多情。
苦闷抛清，惬意风之俊。

舒发心灵，正义吾刚劲。
晨昏殷殷，诗书哦清俊。

回思生平，忧患吾饱经。
力战魔兵，血泪洒均平。

奋我干劲，灵程奋发行。
神恩丰盈，仇敌必克清。

忧患人生

2023-6-3

忧患人生，雅持信仰诚真。
奋不顾身，努力叩道刚正。

嗟此世尘，太多妖魔纵横。
守护纯真，守护心灵十分。

魔敌凶狠，如狼似虎摆阵。
圣洁心身，圣徒奋力相争。

天父临阵，魔敌败退纷纷。
凯歌声震，新天新地生成。

清展思想力量

2023-6-3

清展思想力量，人生正气昂扬。
冲决苦闷愁怅，奋飞自由天壤。

消灭魔敌妖魍，还我清平寰壤。
新天新地造创，圣徒讴歌声扬。

世界乃是神创，奇妙无法细详。
圣灵运行其间，圣徒乐享安祥。

努力圣洁心肠，眼目慧光闪亮。
标的天国正向，旷飞灵性奔放。

勿使压抑过深

2023-6-3

勿使压抑过深，舒出吾之真诚。
人生正气刚贞，努力奋走灵程。

胜过魔敌凶狠，两军对垒艰深。
天使带领掠阵，克尽鬼魅全胜。

圣徒衷心讴盛，新天新地创成。
努力圣洁灵魂，欢天喜地生成。

坎坷不必回论，未来光明前程。
文明进步昌盛，永无止疆飞腾。

爽怀无限

2023-6-3

爽怀无限，耳际灌得啼鸟唱。
苦闷抛光，中心感沛神恩壮。

讴颂心间，灵程天使伴我航。
制胜无疆，魔敌败退归消亡。

正邪之间，善恶搏击何艰苍。
天地玄黄，正必胜邪凯歌扬。

圣父葆奖，天国永生福盛昌。
努力向上，修心养德无极限。

悠然心襟

2023-6-3

悠然心襟，挺生正意分明。
力战魔兵，凯旋归回天庭。

努力修心，圣洁乃是要领。
私欲克尽，公义大道通行。

悟彻世情，心志雅芬均平。
历史烟云，难掩血战情景。

神恩无垠，导引进入安宁。
创化新境，文明进步何俊。

第九十六卷《鼓舞集》

闲情聊表

2023-6-4

闲情聊表，适意撰诗稿。
晨起鸟叫，清风吹骚骚。

爽雅情抱，正义吾刚傲。
努力奋跑，关山越迢迢。

人生大好，因领神恩饶。
不惧险要，力胜魔敌妖。

凯歌声飘，圣徒行远道。
灵程富饶，天国是终标。

寂寞人生场

2023-6-7

寂寞人生场，心志悠扬。
仲暑听鸟唱，享受平康。

人生奋志向，万水千疆。
不必回首望，未来广长。

勿忘水云乡，胸襟宜旷。
名利徒为障，化外安祥。

坦腹以哦唱，声震穹苍。
岁月任飞翔，霜华任涨。

风雨人生

2023-6-7

风雨人生，冲决忧患阵。
叩道刚贞，奋不顾自身。

世事纭纷，淡泊守心身。
红尘滚滚，清心持雅正。

笑意清芬，努力奋前程。
山高水深，展我英武骋。

仲暑时分，天阴闻鸟声。
品茗意芬，哦诗也怡神。

心须静定

2023-6-7

心须静定，勿为外缘所侵。
身处尘境，浮躁绝不可行。

岁月进行，斑苍侵染双鬓。
依然多情，依然心志纯净。

叩道前行，领略大千风景。
试炼任凌，吾只坚守初心。

雅正心灵，奋向天国前进。
灵程艰辛，总赖神恩丰盈。

世事幻象

世事幻象，心志切勿迷茫。
内叩情肠，心以静定为上。

物欲弃放，终身清贫何妨。
正义奔放，修心养德向上。

五更鸡唱，田野蛙语鼓放。
鸟语温良，风来爽我意向。

人生贞刚，叩道妙悟无疆。
骋志遐方，步履稳健强壮。

振志人生

振志人生，原也雅洁缤纷。
心灵勿损，正义清度秋春。

早起五更，天上月光清骋。
远野蛙声，偶有村鸡啼申。

满耳鸟声，惬我心意十分。
风来阵阵，爽怀真是无伦。

岁月进深，又值仲夏时分。
内叩心身，未可散乱分神。

平淡人生

平淡人生，领略风雨阵阵。
努力驰骋，山高水深勿论。

悟彻时分，感沛神恩丰盛。
导引灵程，胜过试探缤纷。

秉持纯真，叩道奋不顾身。
冲决雾城，前路光明平顺。

稳定心身，圣灵入驻真正。
天国永生，才有福分永恒。

勿为名利所伤

勿为名利所伤，淡泊清持情肠。
窗外鸟语喧唱，五更爽风正扬。

荒鸡远野唤唱，蛙鼓点缀恰当。
生活和平温良，莫忘修心向上。

试探一任其放，吾只清守心肠。
万事徒为幻象，事过境迁难访。

神恩何其广长，赐我心灵力量。
努力灵程闯荡，一路浩歌奔放。

约心守正

约心守正，人生奋前骋。
冲决魔阵，身心不沉沦。

情志缤纷，向学吾沉稳。
哦唱晨昏，清度秋与春。

生处红尘，努力奋刚贞。
天国永生，福乐何丰盛。

清思生成，吐出我精诚。
灯下思深，哦咏意纷逞。

天气任其燥燥

天气任其燥燥，心志静定为要。
天真力守保，正义奋刚傲。

红尘履尽迢迢，开怀依然大笑。
苦痛应全抛，清心叩道妙。

澹荡盈满心窍，人生奋志驱跑。
名利不紧要，正直勿弃掉。

步履光明大道，风雨兼程洒潇。
风光领大好，哦诗怡情抱。

心志清骋

2023-6-9

心志清骋，走过风雨晨昏。
雅度秋春，秉持灵性清芬。

不妄纷争，淡泊守我心身。
痴妄抛扔，求取慧意生成。

仲暑炎盛，火风袭击阵阵。
清坐沉稳，哦诗舒出精诚。

岁月迅奋，人生努力前程。
物欲勿盛，清心雅意温存。

旷怀雅正

2023-6-9

旷怀雅正，逸意从心生成。
鸟语清芬，惬我意向十分。

炎意正盛，暑热笼罩乾坤。
清思生成，撰诗雅意纵横。

斜晖朗逞，鸟飞振羽迅奋。
阖家安稳，感谢神恩丰盛。

努力驱骋，灵程风光雄浑。
不畏艰深，山高水远不论。

德基未可消减

2023-6-9

德基未可消减，努力修心向上。
人生正气昂扬，胜过魔敌妖魍。

豪情充满心肠，神恩无比丰穰。
笑意清展广长，灵程奋发慨慷。

履尽尘世艰苍，依然心怀阳光。
胜过试探深艰，终有坦平安康。

心灵心志安祥，叩道用道向上。
努力向前驱闯，领略风光无限。

仲暑振奋情肠

2023-6-9

仲暑振奋情肠，惬听野禽鸣唱。
此际精神爽朗，新诗哦歌奔放。

清思旷展扬长，品茗添我意向。
心襟情怀无限，展眼向天长望。

履尽人生苦艰，心怀豁然开朗。
唯赖神恩丰穰，导引平安旅航。

标的天国方向，努力灵程闯荡。
岁月悠悠漫长，边走边歌边唱。

适然情志安祥

2023-6-9

适然情志安祥，为因名利弃放。
振襟纵情哦唱，讴颂神恩广长。

心怀充满明光，注目前路正向。
叩道鼓勇前闯，胜过魔敌阻障。

性天清凉无恙，不为名利狂猖。
清真是我意向，和柔盈满情肠。

人生坦坦荡荡，无机胸襟清朗。
天父就是阳光，导引进入平康。

铮铮人生

2023-6-9

铮铮人生，未许卑媚生成。
爽雅心身，努力风雨兼程。

夜值三更，醒转灯下思深。
孤旅奋骋，唯赖神恩丰盛。

笑傲乾坤，男儿意若松贞。
挺直秋春，勃勃生机旺盛。

仲暑时分，惊讶时光飞骋。
淡定清芬，秉持正直灵魂。

红尘履历多辛

2023-6-9

红尘履历多辛，行旅未可止停。
奋志依然殷殷，力战虎豹狼群。

领受神恩丰盈，正直身心坚挺。
冲决魔阵雾境，前路终有光明。

人生抛弃无明，趋入圆明之境。
修心振奋心灵，逆境笑意相迎。

坚贞是我心襟，叩道奋志凌云。
仰瞻天国美景，努力长途挺进。

心志清好

2023-6-9

心志清好，流年莫赴草草。
时光若飙，赐我斑苍衰老。

依然笑傲，如松坚贞挺峭。
心境不老，奋发万里远道。

情怀洒潇，人生镇定长跑。
风雨任飘，无妨兼程逍遥。

岁月逝跑，关山朗度洒潇。
五湖归早，心志撰入诗稿。

心志不取苍苍

2023-6-10

心志不取苍苍，人生奋发向上。
爽意盈满心间，男儿不屈强梁。

鼓志万里驱闯，览尽关山胜况。
五湖归来清朗，雅哦新诗万章。

不计人生苦艰，奋发挺直脊梁。
中正情思悠扬，和平清度安祥。

一任风雨狂猖，奋展男儿豪强。
心襟无比旷放，胸怀世界遐方。

雅秉心中善良

2023-6-10

雅秉心中善良，人生奋志向上。
不畏惧艰苍，不畏惧风浪。

时值仲暑时间，炎风吹击狂猖。
电扇摇风凉，休憩我情肠。

哦出中心悲怅，舒出吾之心房。
世事任坎艰，神恩总丰穰。

微笑浮现面庞，豁怀应取无恙。
振志向遐方，万里足下闯。

振志人生

2023-6-10

振志人生，心灵吾雅芬。
感谢神恩，导引我人生。

抛开悲怅，愉悦入心间。
世事无常，共缘去旅航。

修心向上，物欲不许妨。
清心雅闲，正直人生场。

中心有光，眼目都明亮。
万里驱闯，不怕迷雾障。

心志旷然清骋

2023-6-10

心志旷然清骋，履历山水清芬。
清度这世尘，浪漫未许损。

坎坷艰苍人生，磨炼心胆生成。
冲决虎狼阵，杀伐任艰深。

天父恩典何盛，导引我之灵程。
叩道奋刚贞，心襟展雄浑。

魔敌一任凶狠，天使护我全程。
天国有永生，福乐真无伦。

旷怀悠扬

2023-6-11

旷怀悠扬，人生矢志向上。
穿越艰苍，迎难吾径以闯。

淡泊情肠，平生不事张扬。
沉默之间，哦诗舒出奔放。

红尘狂猖，众生陷入迷茫。
金钱至上，致使灵性失丧。

神恩广长，救死扶伤何壮。
私欲须减，内心才现明光。

心襟雅持平静

2023-6-11

心襟雅持平静，浮躁可不行。
内叩自己身心，悟彻彼圆明。

红尘风雨之境，太多磨炼凌。
名利抛之宜清，性光才显明。

早起五更风清，听见鸟之鸣。
人生振奋心灵，努力奋前行。

雅思旷发无垠，苦痛须祛尽。
神恩总是丰盈，灵程力挺进。

心志雅持骚骚

2023-6-11

心志雅持骚骚，苦痛尽量抛掉。
向神敞心切祷，恩典必然来到。

人生未可骄傲，谦和正襟洒潇。
灵程努力奋跑，克尽魔敌阻挠。

百年飞迅如飙，笑我华发飘飘。
心灵心志不老，依然旷展笑傲。

阖家清喜康饶，神恩何其美好。
惜时铭于心窍，早起三光清妙。

爽意心襟

2023-6-11

爽意心襟，清听鸟之鸣。
心志殷殷，灵程力奋行。

岁月进行，又值仲夏境。
惜时如金，叩道不止停。

生如行云，浪漫盈心襟。
正直心灵，不入名利阱。

雅享清贫，正气浩凌云。
诗书哦吟，洒脱且清明。

节欲为上

2023-6-11

节欲为上，私心未可膨胀。
正意何刚，力战魔敌妖魍。

红尘攘攘，太多欺骗机奸。
慧意心间，矢抛无明向上。

克尽艰苍，中心怀有阳光。
神恩丰穰，导引进入平康。

不屈魔帮，正邪搏击何艰。
凯歌声响，圣徒欢腾奔放。

爽风惬意向

2023-6-11

爽风惬意向，舒出吾之扬长。
早起哦诗章，心地无机贞刚。

人生是艰苍，苦难磨炼饱尝。
神恩赐茁壮，情怀无比雅康。

放我之歌唱，讴颂神恩广长。
冲决魔阻挡，灵性挥洒慨慷。

仲夏不觉间，时光飞逝真狂。
微笑心地间，步履前程清昂。

人生简朴为上

2023-6-11

人生简朴为上，清持素雅情肠。
力抛无明机奸，力战邪恶之帮。

窗外鸟语雅靓，五更清风何畅。
灯下身心开敞，哦诗舒出昂扬。

只是人生情长，难免遭遇艰苍。
唯赖神恩奔放，救死扶伤何壮。

感慨凝聚心房，化为新诗讴唱。
人生努力向上，力求茁壮成长。

人生向上

2023-6-11

人生向上，难免遭遇阻艰。
神恩何壮，导引灵程奔放。

岁月飞翔，人易衰老斑苍。
心灵茁壮，不计华发飘扬。

清听鸟唱，享受风之和畅。
抒发感想，哦咏新诗万章。

大千平康，仲暑生机盛旺。
讴颂心间，前履万里康庄。

顺从自然之道

2023-6-11

顺从自然之道，人生分外妖娆。
苦痛苦恼全抛，清心雅致风标。

叩道心得条条，哦入诗中清好。
人生奋志扬飙，力战魔敌仇妖。

不惧年近苍老，心怀始终笑傲。
天国就是终标，永生何其美好。

修身步履迢迢，风雨兼程奔跑。
雅洁中心富饶，正直一生刚傲。

素朴心窍

2023-6-11

素朴心窍，旷雅原具风骚。
不计苍老，心志依然俊俏。

呼出情抱，人生正意刚傲。
力克魔妖，天地乃是神造。

世界清好，神恩何其美妙。
灵程奋跑，风光领略微妙。

清展微笑，豁怀雅致洒潇。
名利弃抛，诗书一生潜造。

清思生成

2023-6-11

清思生成，原也雅具纯真。
叩道精诚，容我奋不顾身。

岁月进深，孤旅挺直心身。
风云飞骋，努力万里征程。

耳际鸟声，惬我心意十分。
旷风清生，爽我情志振奋。

时值五更，仲暑爽我意神。
灯下哦申，呼出正义心声。

心襟茁壮

2023-6-11

心襟茁壮，人生正意昂扬。
力闯关障，豪情激越心间。

爽风吹畅，惬我情思无限。
暑日风光，云烟清显漫浪。

红尘之间，容我舒展思想。
旷怀奔放，注目万里远疆。

履尽艰苍，依然一笑豪爽。
坦腹安祥，哦咏新诗潆荡。

人生难免困顿

2023-6-11

人生难免困顿，依然坚守纯真。
岁月飞逝狂奔，淡眼桑沧生成。
尘世清度安稳，洒脱是我心身。
不屈困难千层，奋志勃勃刚贞。

铁骨刚正

2023-6-13

铁骨刚正，未许卑媚生成。
爽雅心身，原也浩志云层。

坎坷人生，何必回望深沉。
万里征程，前瞻我意茁盛。

笑我此生，依然坚持诚真。
叩道奋身，傲立滚滚红尘。

吐辞和温，君子人格显逞。
窗外鸟声，惬我情怀十分。

心志莫躁

2023-6-13

心志莫躁，静定是为要。
暑天炎燥，清心须力保。

牵牛开俏，旷风吹来妙。
诗书怡抱，洒脱在尘表。

红尘险要，太多名利扰。
雅持心窍，淡泊听鸣鸟。

品茗意潇，哦诗胡不好。
舒出情抱，舒出意气饶。

爽意情肠

2023-6-14

爽意情肠，惬听鸟之鸣唱。
风来劲畅，暑意顿时消减。

人生疆场，奋展正义襟房。
修身向上，不计风雨艰苍。

微笑浮上，容我淡定扬长。

旷怀雅靓，无机正直奔放。

蓝天云翔，流变妙丽景象。
品茗悠扬，撰诗舒出温良。

勿为名利所扰

2023-6-15

勿为名利所扰，清心为要，
清心为要，男儿雅持怀抱。

暑来电扇风摇，旷听鸟叫，
旷听鸟叫，一杯绿茗风骚。

莫妄动用心窍，正义高傲，
正义高傲，叩道一路洒潇。

岁月如飞逝跑，斑苍任饶，
斑苍任饶，依然坚持正道。

清度滚滚红尘

2023-6-15

清度滚滚红尘，心志旷然生成。
爽风清来阵阵，啼鸟打动心身。

蓝天白云纷纷，美妙画廓真正。
清坐品茗心芬，雅将新诗哦成。

履经风浪沉稳，避过礁丛层层。
扬帆万里征程，胸怀旷雅清诚。

时值仲暑炎生，切莫躁动心身。
安静是我灵魂，努力灵程奋争。

鼓勇人生

2023-6-15

鼓勇人生，万里容我驱骋。
不计艰深，不计苦难成阵。

惬听鸟声，爽风怡我心身。
清思生成，哦咏舒出清芬。

时光惜珍，百年如水之奔。
努力灵程，力胜魔敌凶狠。

呼出心身，呼出吾之灵魂。
呼出刚贞，呼出男儿热诚。

有蝉鸣唱

2023-6-15

有蝉鸣唱，心襟为之旷。
好风悠扬，惬我情无限。

暑意狂狷，心胸须定当。
切勿躁狂，努力守安祥。

从心哦唱，人生正气昂。
不屈艰苍，挺立颇苗壮。

红尘攘攘，只是幻之相。
性天清凉，求取慧之藏。

心志沉静为上

2023-6-15

心志沉静为上，奋发吾之昂扬。
此际暝烟清涨，晚风吹来爽畅。

灯下旷展思想，人生正意奔放。
履尽尘世艰苍，淡然一笑雅爽。

心境无比温良，前驱万里疆场。
百炼已成好钢，不屈不挠顽强。

力斩魔敌妖魈，还我天下平康。
神恩无比广长，赐我心灵力量。

热情人生

2023-6-15

热情人生，振志讴咏秋春。
朝暮晨昏，浸淫诗书沉稳。

此际暑盛，灯下清坐思深。
人生驰骋，不畏山高水奋。

心怀刚贞，叩道勇展精诚。
抛开污尘，洒扫心地清纯。

努力修身，男儿天下纵横。
神恩丰盛，导引灵性旅程。

第九十七卷《贞明集》

心志不取消沉

2023-6-16

心志不取消沉，暑来振奋精神。
子夜之时分，灯下思深深。

人生奋志前骋，不畏风雨深沉。
神恩总丰盛，天使伴全程。

灵程奋力抗争，冲决阻障妖氛。
光明之心身，讴颂神之恩。

微笑此际清生，豁怀正是无伦。
百年是飞骋，淡定度晨昏。

畅意心襟

2023-6-16

畅意心襟，体悟此和平。
雀鸟清鸣，爽风吹多情。

人生振兴，不可贪利名。
高蹈心灵，沉潜诗书境。

志展凌云，万里以挺进。
关山风景，怡我之身心。

好自高兴，新诗纵哦吟。
村鸡远吟，点缀此升平。

旷雅情肠

2023-6-16

旷雅情肠，原也无机流畅。
早起三光，一片鸟语啼唱。

风来爽朗，惬意哦取诗章。
人生张扬，正气应展慨慷。

万里远疆，定志奋发以闯。
男儿豪壮，心胆骋出刚强。

傲立苗壮，心志恒取向上。
克尽艰苍，心怀始终阳光。

舒展吾之闲情

2023-6-16

舒展吾之闲情，爽风吹展正清。
喜鹊高声啼鸣，百鸟欢歌何俊。

心境旷展多情，人生吾颇劲挺。
此生不图利名，水云涵于胸襟。

履尽沧浪心平，微笑淡雅清新。
斑苍心怀依俊，向往天涯风景。

我要努力追寻，叩道一生奋进。
真理正道显明，普覆天下宇庭。

豁怀无恙

2023-6-16

豁怀无恙，欣赏鸟飞翔。
村鸡啼唱，振奋余情肠。

天喜晴朗，爽风来舒畅。
百鸟鸣放，惬余之心房。

心怀安祥，因我有理想。
正气茁壮，不惧彼艰苍。

努力闯荡，矢志以向上。
冲决阻挡，奔向万里疆。

布谷清鸣

2023-6-17

布谷清鸣，打动我身心。
早起风清，百鸟亦和吟。

五更情景，天色初初明。
仲暑风情，烂漫我心灵。

人生挺进，览尽大千景。
微笑浮萦，爽雅持心境。

红尘艰辛，不必多言云。
努力前行，风雨不止停。

适然人生

2023-6-17

适然人生，领受风雨艰深。
感沛神恩，赐下和平安稳。

早起五更，清听鸟之吟声。
爽风怡神，哦咏新诗温存。

振奋精神，人生鼓勇前骋。
虎狼成阵，提刀斩杀奋争。

努力生存，努力奋行灵程。
叩道历程，原也丰沛无伦。

施展吾之灵动

2023-6-17

施展吾之灵动，洒脱一如清风。
此际清听鸟颂，五更清来爽风。

笑我年渐成翁，依然奋斗之中。
不为名利而动，叩道秉持中庸。

鼓舞情志前冲，万里展我刚雄。
力战魔敌狠凶，胜利凯歌哦颂。

神恩如此之丰，导引灵程直冲。
天国妙丽无穷，圣洁美好恒永。

清风爽朗

2023-6-17

清风爽朗，天阴正凉爽。
快意情肠，欣听群鸟唱。

心志安祥，和蔼吐辞章。
一曲奔放，舒出意扬长。

阖家安康，岁月雅清享。
神恩广长，心灵有力量。

振志向上，岂畏彼艰苍。
一笑朗爽，人生正气昂。

矢沿正道前进

2023-6-17

矢沿正道前进，人生浩意分明。
不为名利分心，清心雅享宁静。

旷听喜鹊之鸣，享受风之爽清。
心灵欢快无垠，颂赞神恩丰盈。

人生奋发上进，修身克己私情。
正义盈于心襟，眼目明亮多情。

此生履尽艰辛，依然心怀光明。
向往天涯风景，叩道努力追寻。

鹊语多情

鹊语多情，振奋余之心灵。
仲暑情景，欣听布谷清鸣。

雅享康平，快慰是我心灵。
坦腹哦吟，正气舒出无垠。

人生多情，难免遭遇伤心。
神恩丰盈，导引进入安宁。

奋发前行，朗度关山雄峻。
一笑开心，豁达盈满心襟。

不计坎坷艰苍

不计坎坷艰苍，奋发吾之昂扬。
此际东风正畅，野禽欢声鼓唱。

舒出气象雅闲，舒出吾之贞刚。
舒出人生奔放，舒出豪情万丈。

人生雅怀向往，理想支撑我闯。
履度关山万幢，依然一笑朗爽。

脚踏实地去闯，高远直至无疆。
济世是余志向，克己修身有芳。

心志适然清好

心志适然清好，欣听喜鹊鸣叫。
爽意清风怡抱，新诗撰写美妙。

仲暑清喜不燥，天阴凉爽正好。
周末暇闲不躁，品茗适然情窍。

人生正意丰饶，奋向遐方叩道。
风雨任其嚣嚣，男儿豪情盈抱。

岁月赐下安好，额上霜华渐老。
意志坚贞不老，奋行万里险道。

旷雅是余心灵

旷雅是余心灵，岁月无比多情。
人生奋志前行，豁达清持胸襟。

窗外喜鹊清鸣，天阴爽风正清。
品茗意取奋兴，裁心新诗哦吟。

此生履尽烟云，依然一笑爽清。
不为名利动心，甘心雅守清贫。

诗书一生用劲，风骚是我内心。
展眼天阴霭凝，百感袭击心襟。

芳年清好

芳年清好，惬意听啼鸟。
小酌颇妙，激情撰诗稿。

红尘扰扰，清心最为要。
雅意风骚，旷欲朗声啸。

忧患经饱，神恩赐美妙。
奋叩大道，灵程努力跑。

关山险要，风光是美好。
胸襟壮辽，济世奋昏朝。

心志骚骚

心志骚骚，人生振意听啼鸟。
喜鹊鸣叫，喳喳写意也洒潇。

物欲弃抛，清贫秋春免不掉。
撰写诗稿，舒出心襟晴且好。

人生奋跑，标的天国何美好。
魔敌挡道，两军对垒杀伐饶。

凯歌朗造，圣徒唯赖神恩饶。
魔敌败了，清平世界颂声高。

心志贵沉静

2023-6-17

心志贵沉静，浮躁未可行。
雅持吾清平，诗书朗哦吟。

胸襟奋殷殷，叩道乐无垠。
所遇艰险境，神引入安宁。

奋发以上进，修心矢前行。
风雨一任凌，正志微笑萦。

岁月飞逝迅，霜华替青鬓。
洒脱持心灵，逍遥讴空灵。

雨夜蛙唱

2023-6-17

雨夜蛙唱，情兴为之旷。
风来清爽，惬意心地间。

三更之间，不眠吾思想。
人生向上，力克彼艰苍。

红尘无恙，乃是神所创。
天人之间，道义叩无疆。

岁月清翔，人生易老苍。
仍怀向往，仍怀贞志刚。

心襟雅持清芬

2023-6-17

心襟雅持清芬，人生绝不沉沦。
奋展吾之刚贞，努力叩道旅程。

窗外雨响清纯，远野一片蛙声。
三更不眠时分，心志仍很振奋。

感沛天父鸿恩，导引吾之灵程。
奋进努力进争，冲决试探艰深。

心灵力求纯正，污秽尽力弃扔。
天国才有永生，圣洁才能进城。

振志人生

2023-6-17

振志人生，履历平淡诚真。
叩道历程，山高水险不论。

嗟此世尘，太多物欲纷争。
众生沉沦，堕落黑暗渊深。

天父鸿恩，导引进入平正。
名利弃扔，灵程吾持轻身。

万里征程，风光美妙丰盛。
叩求永生，圣洁自己灵魂。

激荡生尘

2023-6-17

激荡生尘，淡守平静清芬。
不妄纷争，雅哦诗章纯真。

窗外雨声，伴以一片蛙声。
爽风阵阵，惬我心志灵魂。

时值三更，不眠思想深深。
振志人生，努力步我灵程。

叩道历程，履尽烟雨缤纷。
一笑清生，唯赖神恩丰盛。

人生意沉稳

2023-6-17

人生意沉稳，清度浊世红尘。
奋发志刚贞，努力灵性旅程。

杀伐起声声，正邪两军对阵。
天父亲临阵，魔敌败退消遁。

凯歌彻云层，大队羔羊欢腾。
彩虹脚下生，旷向天国飞升。

此际正三更，暑夜一片蛙声。
新诗纵哦成，雨中爽风怡神。

畅意人生听鸟唱

2023-6-19

畅意人生听鸟唱，享受心之悠闲。
激情时分哦诗章，旷欲向天飞翔。

风雨之中蛙鸣放，点缀世宇安祥。
何处又起鞭炮响，世界原有嚣猖。

品茗情志起无恙，心怀无比扬长。
岁月逝飞不怅惘，任从霜华清涨。

红尘大千自由壮，仲暑万类竞长。
心灵心志展茁壮，努力灵程闯荡。

爽风清来开意境

2023-6-19

爽风清来开意境，中心清持雅净。
不为名利妄操心，胸襟一片朗晴。

耳际听得蛙鼓鸣，喜鹊欢歌尽兴。
细雨轻洒也清心，田野一片葱青。

清度岁月吾怀情，哦诗吐出心灵。
人生唯赖神恩劲，赐下福分安宁。

阖家康好心怀俊，颂赞神恩丰盈。
雅享岁月之温馨，天伦之乐无垠。

旷放正义情肠

2023-6-19

旷放正义情肠，清展思想力量。
正志吾何刚，傲立正茁壮。

展开歌喉哦唱，声震万里云间。
风雨不凄惶，灵程努力闯。

关山履度万幢，风光入我心肠。
胸襟何辽壮，男儿纵豪强。

鸟语骚骚响亮，蛙鸣远野清靓。
心志俱增长，激越赋慨慷。

旷怀优雅放哦唱

2023-6-19

旷怀优雅放哦唱，声入穹苍，
声入穹苍，雨止蛙鸟鼓欢畅。

仲暑欣此清风扬，心襟辽旷，
心襟辽旷，淡眼觑此尘世苍。

天人大道力寻访，不计险艰，
不计险艰，胜过试炼雄心壮。

趋老年华志清昂，无机情肠，
无机情肠，正直人生万里疆。

雅旷心间

2023-6-19

雅旷心间，舒出正意昂扬。
人生情长，不惧风雨艰苍。

欣听鸟唱，享受雨日清闲。
蛙复鼓放，惬我意向情肠。

履尽坎艰，豁怀依然雅爽。
奋志之向，恒是万里远疆。

步履雄壮，百炼吾已成钢。
意志刚强，力战虎豹豺狼。

急雨抛昂扬

2023-6-19

急雨抛昂扬，清风舒旷。
鸟语宛转放，惬意情肠。

纵展吾思想，正意无疆。
力战彼强梁，任血洒淌。

世界是神创，正义恒昌。
天国是家邦，灵程向上。

不计此艰苍，振志奔放。
魔敌必败亡，大同寰壤。

逸意生成

2023-6-19

逸意生成，人生纵情论。
时雨洒纷，雀鸟旷啼纯。

绝不沉沦，人生奋刚正。
傲立乾坤，力战虎狼阵。

丰沛神恩，导引我灵程。
叩道清骋，心志秉雅诚。

东风吹盛，惬意真无伦。
写诗怡神，正义充宇城。

清展正义之力量

2023-6-19

清展正义之力量，人生奋发向上。
不畏此尘世艰苍，努力骋志奔放。

身心持清新雅靓，叩道用道昂扬。
神恩赐无限广长，赐我幸福安康。

努力沿灵程闯荡，力战魔敌诡奸。
斩杀尽害人豺狼，还我清平寰壤。

微笑浮现上面庞，人生得意不狂。
男儿持清真意向，奋志万里疆场。

心志万不可躁

2023-6-19

心志万不可躁，静定为要，
静定为要，谦虚谨慎戒傲。

暑夜清听蛙噪，小风清袅，
小风清袅，灯下思展骚骚。

人生振志驱跑，旷怀洒潇，
旷怀洒潇，切记名利须抛。

清心奋叩大道，正义风标，
正义风标，男儿一生朗造。

清度正义人生

2023-6-19

清度正义人生，不惧忧患成阵。
奋志展刚贞，叩道吾沉稳。

心志不可沉沦，努力向上提振。
风雨任艰深，万里旷驰骋。

五十八载生辰，而今悟透人生。
共缘吾奋争，朝夕读书声。

时光飞逝如奔，华年如梦消损。
不必嗟深沉，珍惜铭心身。

人生雅行正道

2023-6-19

人生雅行正道，桑沧经饱，
桑沧经饱，爽然灿颜一笑。

此际清听蛙叫，风来清好，
风来清好，不眠写诗不了。

此生绝不骄傲，谦正情操，
谦正情操，朗怀无限风骚。

斑苍不惧衰老，情志犹少，
情志犹少，济世奋发扬飙。

心志清骋

2023-6-19

心志清骋，舒出人生刚正。
蛙鼓声声，爽我胸襟十分。

时近三更，仲暑之夜清纯。
雅风旷逞，惬怀正是无伦。

清度红尘，心灵不受污损。
力修心身，男儿妙鼓精诚。

浊浪滚滚，众生太多沉沦。
努力前骋，饱览风光奇胜。

第九十七卷《贞明集》

悠悠心志清生

2023-6-19

悠悠心志清生，雅度浊世红尘。
不妄去纷争，静心吾意澄。

路上狂起车声，远野蛙鸣阵阵。
灯下吾思深，倾心哦诗成。

秉烛前行志振，穿越幽暗之阵。
光明之心身，神恩赐丰盛。

不嗟苦旅艰深，标的天国精准。
百年飞迅奔，缘字费思审。

振襟哦唱

2023-6-19

振襟哦唱，舒出心志清昂。
蛙鼓悠扬，爽我情怀无限。

履尽艰苍，依然心怀阳光。
不屈恶狼，提刀斩杀尽光。

人生昂扬，因我怀有理想。
大同之邦，努力践履之间。

岁月奔放，演绎大千世相。
正意何刚，男儿傲立雄壮。

闲适无恙

2023-6-19

闲适无恙，心志舒展广长。
不忘理想，内心充满真光。

向前向上，高远直至无疆。
人生世上，不为名利痴狂。

贞定情肠，哦歌舒出奔放。
宇宙无限，容我旷放思想。

风递蛙唱，写意是此尘壤。
仲夏夜间，灯下不眠长想。

早起五更听蛙鸣

2023-6-20

早起五更听蛙鸣，风又多情，
鸟啭清新，读书挥洒吾心情。

明日又值夏至临，时光飞迅，
笑我苍鬓，少年遁入彼烟影。

身心奋发仍刚劲，努力前行，
穿山越岭，览尽风光妙无垠。

遭际风雹与雷霆，神恩丰盈，
善加导引，而今安享康与平。

绝不出卖心灵

2023-6-20

绝不出卖心灵，心志旷守雅清。
五更蛙鸟鼓鸣，爽风其来何俊。

岁月漫自进行，桑沧幻无止境。
男儿一笑多情，鼓舞心志前行。

华年飘洒奋迅，不觉华发侵鬓。
听取村鸡啼鸣，更应鼓足干劲。

名利抛弃才行，轻装万里挺进。
冲决风雨艰辛，男儿纵展豪情。

适然是我心襟

2023-6-20

适然是我心襟，人生意志坚定。
努力弃去利名，修身养德无垠。

悠悠荒鸡啼鸣，伴以蛙鼓鸟吟。
仲夏饶有风情，五更天还未明。

天人大道叩寻，何妨翻山越岭。
心得自是殷殷，哦入新诗尽兴。

爽快是我心灵，人生振志前行。
风风雨雨常寻，正直一生刚劲。

鸟语宛转惬意向

2023-6-20

鸟语宛转惬意向，仲暑无恙，
仲暑无恙，读书写诗意洋洋。

五更复有鸡啼唱，蛙鼓悠扬，
蛙鼓悠扬，清风吹来也舒畅。

得意未可稍狂狷，谦贞意向，
谦贞意向，叩道用道不慌忙。

此生履尽是炎凉，一笑清爽，
一笑清爽，从心颂赞神恩壮。

逸意旷然生成

2023-6-20

逸意旷然生成，人生不妄纷争。
　听取鸟鸣纯，开心是真正。

时间正值五更，远野蛙鼓清芬。
　鸡鸣复听闻，爽风来怡神。

清心雅度秋春，不畏风雨嚣逞。
　心志持温存，眼目慧光生。

努力叩道奋身，力寻真理十分。
　傲立于乾坤，如松之刚正。

安度尘嚣

2023-6-20

　安度尘嚣，心境吾清好。
　情志不老，容我开口笑。

　听取鸟叫，听取鸡鸣骚。
　听取蛙噪，听取风之啸。

　人生大好，神恩总丰饶。
　洒脱情抱，无机吾逍遥。

　风雨经饱，五湖归来早。
　写诗不了，南山寄情窍。

第九十八卷《无咎集》

又闻布谷清鸣

2023-6-20

又闻布谷清鸣，喜悦余之身心。
　五更鸟欢吟，村鸡讴声劲。

远野蛙鼓堪听，点缀世宇清平。
　早起怀意兴，新诗雅哦吟。

舒出人生奋兴，舒出吾之心灵。
　舒出正气凌，舒出优雅情。

旷怀自是无垠，理想导我前行。
　脚踏实地行，风雨不止停。

人生意发空清

2023-6-20

人生意发空清，享受心之宁静。
　听取鸟之鸣，风来惬心灵。

写诗舒发感情，一腔正气充盈。
　力战魔敌群，神恩赐丰盈。

努力奋向前进，克尽险阻艰辛。
　圣洁持心灵，天使伴我行。

岁月侵我双鬓，依然心怀多情。
　少年之心境，不老是心灵。

善加守护心灵

2023-6-20

善加守护心灵，闲时听取鸟鸣。
　风吹何其清新，爽我心志无垠。

天阴凉爽当境，悠悠品吾芳茗。
　难抑心中高兴，雅将新诗哦吟。

舒出中心激情，舒出男儿豪俊。
　舒出正义刚劲，舒出浪漫心襟。

展转尘世阴晴，远抛胸襟伤心。
　叩道领取意境，渐趋妙悟圆明。

旷意人生吾多情

2023-6-21

旷意人生吾多情，天喜朗晴，
喜鹊大鸣，爽风清来惬心灵。

今日夏至正来临，茂盛野景，
天上流云，美丽世宇妙无垠。

天人大道力叩请，振奋心灵，
万里驱行，不为名利而分心。

履尽关山之苍峻，一笑雅清，
壮志凌云，男儿慨慷力挺进。

端午今日到

2023-6-22

端午今日到，爽意听取啼鸟。
暖风吹正潇，电扇运转微妙。

休憩我怀抱，品茗意取雅骚。
天气正晴好，天上白云流飘。

红尘堪写照，万物生机盛茂。
清心吾力保，不为外缘侵扰。

淡泊盈心窍，清度人生遥道。
名利不紧要，清贫生活就好。

洒脱于心

2023-6-22

洒脱于心，人生振志前行。
关山风景，惬我心志心灵。

胸襟朗晴，看淡尘世利名。
不妄动心，清守吾之雅净。

世事惊心，太多狼烟经行。
高蹈心灵，遁向水云之境。

暑意正凌，品茗听取鸟鸣。
旷风何劲，快慰吾之心灵。

火风袭击未央

2023-6-22

火风袭击未央，心志未可躁狂。
应能清心安祥，闲雅听取鸟唱。
一杯绿茗清芳，袅起诗兴悠扬。
新诗从容哦唱，舒出气象贞刚。

燥热尘表

2023-6-22

燥热尘表，流年撰入诗稿。
端午今到，闲雅盈满襟抱。

向阳情操，正直一生刚傲。
不屈不挠，矢沿正道奋跑。

红尘险要，太多名利骚扰。

清心为要，守护心灵不倒。

诗书怡抱，旷怀真是无二。
蓝天云飘，百鸟欢鸣富饶。

凯风既兴

2023-6-22

凯风既兴，暑意弥襟。
燥热尘境，端午今临。
野鸟鼓鸣，惬余身心。
心志安宁，悠悠品茗。

凯风既兴，欣此白云。
休闲身心，读书怡情。
淡泊心襟，微笑浮萦。
振奋心灵，慨慷以行。

旷雅人生

2023-6-23

旷雅人生，清度写意红尘。
奋不顾身，叩道力行灵程。

百鸟啼纷，燥热笼此乾坤。
清坐安稳，电扇转运平正。

休闲心身，假日哦咏诚真。
舒出清芬，舒出意志刚正。

感沛神恩，导此灵程妙胜。
风光清纯，惬我心志灵魂。

振奋情肠

2023-6-23

振奋情肠，人生旷展哦唱。
喜鹊鸣放，激越吾之心房。

淡淡荡荡，中心何所包藏？
无机扬长，名利弃之应当。

红尘炎猖，仲暑燥热非常。
清思奔放，意取闲雅安祥。

人生向上，克除私欲必讲。
质朴之间，公理正义显扬。

雅思良长
2023-6-23

雅思良长，人生奋展志向。
烟雨艰苍，磨炼意志强刚。

坚贞理想，支撑我往前闯。
世事平章，不过幻变炎凉。

履尽桑沧，依然一笑澹荡。
少年情肠，任从斑苍清涨。

恒向前闯，穿越关山万幢。
心怀悠扬，淡赏风光清靓。

心志不取清狂
2023-6-23

心志不取清狂，人生向上，
奋发昂扬，履尽关山清苍。

雅然一笑安祥，听取鸟唱，
享受风扬，品茗消此炎狷。

振奋余之情肠，力展奔放，
旷哦诗章，贞怀原也澹荡。

人生不计苦艰，心怀理想，
意志强刚，风雨兼程驱闯。

暮色黄昏
2023-6-23

暮色黄昏，暖风来阵阵。
雀鸟啼纯，市井喧嚷声。

清思旷骋，哦出我心身。
步履人生，迈越关千层。

叩道诚真，我自奋十分。
正义力遵，修心在晨昏。

何许心疼？斑苍任生成。
力保纯真，力保我刚正。

雅旷心间
2023-6-23

雅旷心间，情志舒展良长。
振奋情肠，人生努力向上。

不畏艰苍，心志恒怀阳光。
烟雨凄凉，磨炼吾意顽强。

力抛机奸，正义盈满中肠。
向前驱闯，冲决雾霾烟障。

笑意展放，温和是我襟房。
万里疆场，奋发男儿豪放。

天气炎燥
2023-6-23

天气炎燥，心以静定为要。
戒骄戒躁，向学努力潜造。

暮烟又绕，清听喜鹊鸣叫。
电扇风骚，播送爽风逍遥。

写诗不了，舒出吾之怀抱。
人生晴好，为领神恩丰饶。

展眼远瞧，青野妙丽美好。
适余情抱，不由浮上微笑。

爽雅心灵
2023-6-23

爽雅心灵，惬意听取鸟鸣。
振奋心襟，雅将新诗哦吟。

情抱殷殷，人生向往光明。
叩道之境，领略山水雄峻。

时光飞迅，五十八载烟云。
仲夏情景，心志依然多情。

努力前行，好奇盈满肺心。
读书怡情，探寻真理不停。

落日橙红

2023-6-23

落日橙红，燥热笼宇穹。
电扇摇风，宿鸟欢鸣颂。

雅持中庸，人生奋前冲。
名利何功？未许扰心胸。

微笑浮动，豁怀原无穷。
质朴清空，哦诗亦灵动。

岁月如风，感慨于心中。
多言何功？实干方为雄。

适然情肠

2023-6-23

适然情肠，悠悠听取鸟唱。
暮色苍茫，爽风热情奔放。

华灯点上，路上车行疯狂。
世事平章，不过弹指桑沧。

心志安祥，人生不慌不忙。
步履艰苍，心志阳光清朗。

感发襟房，化为新诗哦唱。
向谁言讲？孤旅挺进昂扬。

履历人生场

2023-6-24

履历人生场，意兴昂扬。
清风拂襟房，诗意心间。

耳际啼鸟唱，仲暑无恙。
清思旷张扬，化为诗章。

生辰履坎艰，奋志贞刚。
神恩赐无限，导引慈航。

一曲从心唱，舒出奔放。
正意天地间，努力闯荡。

爽风清畅

2023-6-24

爽风清畅，快慰吾之心房。
暑意虽猖，清心自可乘凉。

岁月舒狂，老我斑苍何妨。
一笑澹荡，人生客旅之间。

雅思良长，舒出吾之思想。
振意向上，克尽万千险艰。

人生世间，勿为名利所障。
清贫何妨，要在正义强刚。

旷然心襟

2023-6-24

旷然心襟，人生正意而行。
天喜朗晴，野禽欢声鼓鸣。

爽风空清，怡我心志心灵。
雅洁身心，读书快慰无垠。

坎坷生平，磨得刚正身心。
不屈艰辛，努力奋发上进。

世界虚境，幻化桑沧无垠。
应持清心，内叩自己魂灵。

心地怀情

2023-6-24

心地怀情，雅将新诗哦吟。
人生振兴，不畏困难挺进。

清听鸟鸣，享受风之爽劲。
仲暑情景，休闲读书心静。

世界燥境，害人多是利名。
雅淡盈心，不为物欲移情。

淡泊之境，修养自我身心。
水云化境，最契余之心灵。

红尘之境多艰

2023-6-24

红尘之境多艰，余之心兮慨慷。
暑来意气张扬，新诗脱口成章。

舒出意志豪放，舒出吾之强刚。
舒出人生贞刚，舒出心地情长。

鸟语何其娇靓，清风其来何爽。
绿茗何其清芳，心境何其悠扬。

身心淡淡荡荡，无机是我情肠。
不畏困难千障，努力奋飞向上。

善加保守心灵

2023-6-24

善加保守心灵，不为外缘所侵。
暑意一任其凌，清喜爽风怡情。

苦难吾已饱经，依然奋志凌云。
神恩无限丰盈，导引灵程挺进。

履度关山风云，心地何其雅清。
欢歌岁月多情，人生依然劲挺。

瞻望未来情景，任使风雨嚣行。
坚信终有朗晴，雨后彩虹清映。

心志旷展雅骚

2023-6-24

心志旷展雅骚，人生闲适情抱。
天上白云流飘，东风吹来畅好。
赞此写意尘嚣，万类生机茂饶。
我意洒脱清妙，哦诗抒写不了。

心志旷展雅骚，人生奋志驱跑。
标的明于心窍，不为物欲倾倒。
岁月逝去遥道，霜华不惧苍老。
雄心勃勃堪表，振志天涯朗造。

爽雅心襟

2023-6-24

爽雅心襟，人生志取凌云。
坎坷艰辛，磨得意志刚劲。

清听鸟鸣，喜鹊朗声多情。
东风爽心，惬意袭起无垠。

哦出均平，哦出我的奋兴。
哦出心灵，哦出吾之柔情。

仲暑情景，天上白云流行。
阖家康宁，感谢神恩丰盈。

履历人生

2023-6-24

履历人生，心志旷雅真诚。
白云流纷，惬我胸襟灵魂。

振奋精神，人生努力驰骋。
风雨艰深，磨炼意志刚正。

何许心疼，世事抛开不论。
孤旅奋骋，力战虎狼成阵。

神恩丰盛，赐下平安福分。
感沛心生，讴呼颂赞诚真。

爽风进行

2023-6-24

爽风进行，怡我心襟无垠。
欢快心灵，哦咏新诗尽兴。

心志开屏，耳际灌满鸟鸣。
阖家康宁，天伦之乐何俊。

情思旷运，呼出正义心襟。
坎坷生平，何必回思重映。

瞻望前景，茁壮是此风云。
努力前行，穿越万千山岭。

心志不取猖狂

2023-6-24

心志不取猖狂，秉持良知向上。
人生振奋情肠，不畏苦旅深艰。

旷展吾之思想，冲决重重罗网。
宇宙无限广长，容我纵展想象。

正志支撑理想，前驱努力闯荡。
不计风雨嚣猖，男儿豪放无疆。

此际清风吹畅，鸟语何其娇爽。
清坐哦放诗章，情志悠然旷放。

心襟雅正

2023-6-24

心襟雅正，履历此红尘。
不妄纷争，淡泊度秋春。

岁月进深，依然奋刚正。
斑苍任生，坚决不沉沦。

旷怀雅纯，叩道在晨昏。
持心诚真，伪饰力抛扔。

心志清芬，处子之心身。
尽力驰骋，万里履征程。

畅意是此浮生

2023-6-24

畅意是此浮生，快慰从心而生。
人生奋志驰骋，山水履历成阵。

一生感沛神恩，起死回生丰盛。
矢沿正路飞奔，力战魔敌凶狠。

五十八载历程，霜华清映生成。
笑意从心而生，豁达是我灵魂。

标的天国精准，旷雅心志温存。
君子人格修成，淡泊清度秋春。

旷怀悠扬

2023-6-24

旷怀悠扬，心志持清朗。
斜照辉煌，白云流无恙。

情怀奔放，讴咏是诗章。
激越情肠，力戒是骄狂。

贞定心房，万里履险艰。
力战虎狼，还我清平壤。

世界神创，正义覆无恙。
不屈强梁，傲立颇劲刚。

爽风清劲

2023-6-24

爽风清劲，流年无比清新。
岁月饱经，悠悠心志旷吟。

此际心静，听取风之啸鸣。
爽意心襟，哦咏新诗多情。

仲暑情景，力戒躁狂争竞。
平正心灵，雅持温和心襟。

人生前行，何许计较利名。
雅享清贫，修成正义身心。

俭朴为上

2023-6-25

俭朴为上，大道运行至简。
妙悟良长，奢靡绝不可涨。

贞定志向，是向遐方恒闯。
内叩情肠，德操努力加强。

五更无恙，时雨清新洒降。
爽风来旷，惬意中心增长。

婉转情长，化为新诗讴唱。
人生昂扬，不为困障所妨。

人生向上

2023-6-25

人生向上，履尽是彼艰苍。
心志阳刚，依然鼓勇前闯。

坦然哦唱，舒出正意顽强。
男儿豪放，无妨情思婉扬。

仲暑时间，五更早起悠扬。
滴沥雨响，远处传来鸡唱。

东风怡肠，惬我心襟无限。
情怀雅爽，哦诗聊展扬长。

雅度红尘

2023-6-25

雅度红尘，不为名利纷争。
清意人生，秉持正直心身。

旷怀清芬，叩道奋发刚正。
不畏艰深，矢志努力驰骋。

时雨洒逞，清风惬我意神。
时值五更，早起爽雅十分。

清听雨声，悠扬是此尘氛。
振奋精神，未来容我奋争。

东风旷意清骋

2023-6-25

东风旷意清骋，哦歌吾之人生。
闲时听取鸟声，享受岁月清芬。

抛开苦痛阵阵，豁怀应取十分。
人生共缘驰骋，不为名利纷争。

远辞是我青春，霜华渐渐生成。
依然一笑和温，刚正盈满心身。

红尘浊浪滚滚，清心不取沉沦。
振意万里长奔，天涯风光清纯。

不畏尘世艰苍

2023-6-25

不畏尘世艰苍，心志始终阳光。
人生振志讴唱，歌颂神恩广长。

心怀充满力量，灵程奋发闯荡。
魔敌妄图阻挡，只是归于消亡。

身心明媚无恙，中心情思张扬。
五十八载瞬间，感慨心中增长。

时雨清新洒降，爽我意向情肠。
销此仲暑炎狷，天地一片清凉。

惬意红尘

2023-6-25

惬意红尘，履历风雨真正。
奋不顾身，叩道奋走灵程。

曾经心疼，曾经血洒纷纷。
丰沛神恩，导引进入平顺。

岁月进深，时间飞逝如瞬。
不老心身，依然一身刚正。

霜华任生，一笑爽然清芬。
振志人生，原是客旅行程。

天国永生，是我家邦永恒。
圣洁心身，力抛无明污损。

天使导程，灵程妙丽十分。
步履平正，矢沿正道驰骋。

无处可逃

2023-6-25

无处可逃，人生陷此尘嚣。
正义力保，修心向上迢迢。

叩道洒潇，灵程奋行逍遥。
魔敌挡道，杀伐喊声何高。

未可稍傲，谦和一生方好。
向学潜造，不计斑苍渐老。

向阳情操，心怀世界入抱。
济世刚傲，待时而鸣飞高。

安度尘嚣

2023-6-25

安度尘嚣，红尘容我高蹈。
名利弃抛，清心正义洒潇。

人生晴好，履尽风雨险道。
爽然情抱，豁怀真是堪表。

清风入抱，爽我情志清好。
远野蛙叫，更有时雨洒抛。

五更起早，情思无限曼妙。
村鸡啼叫，点缀世宇安好。

岁月清芬

2023-6-25

岁月清芬，雅度流年认真。
不妄纷争，清怀正义刚贞。

时有心疼，痛楚来袭心身。
时有沉闷，人生怀此忧深。

感沛神恩，领我奋行灵程。
爽我心神，妙曼清度秋春。

此际雨声，此际清听蛙声。
清风阵阵，怡我心志精神。

清思旷展

2023-6-25

清思旷展，雅度人生浪漫。
何必鸣喊，应许沉默实干。

雨打溅溅，风中传来蛙喊。
爽我心胆，新诗哦唱非凡。

履尽坎坷，依然振奋前瞻。
未来开展，步履坚正迎难。

人生扬帆，万里风云妙曼。
风光饱览，心怀无限妥善。

第九十九卷《扬眉集》

享受雨后凉爽

2023-6-25

享受雨后凉爽，快乐暇闲时光。
清听鸟语鸣放，书本抛开不望。

品茗惬我意向，纵情新诗哦唱。
心志悠悠扬扬，无机体道奔放。

一切顺理成章，共缘坦腹安祥。
任起风雨风浪，切祷神恩赐降。

心灵心志阳光，明媚盈满心房。
振志我要闯荡，寻觅天涯风光。

旷意清风

2023-6-25

旷意清风，愉悦吾之心胸。
纵情哦颂，心中正义何浓。

刚正心胸，此际和柔轻松。
哦歌从容，吐出吾之清空。

岁月哦讽，桑沧华年逝送。
神恩丰隆，赐下安平美丰。

努力前冲，万里沐浴雨风。
人生情浓，悠悠放怀歌颂。

清度正义人生

2023-6-25

清度正义人生，旷雅中心生成。
窗外鸟语声声，心地和柔安稳。

清平岁月丰盛，我要奋行灵程。
修身上进奋争，不为物欲献身。

霜华笑我生成，心志平和纯正。
君子人格和温，诗书一生潜沉。

放怀讴歌真诚，热情显彰十分。
人生是一旅程，韶光切勿轻扔。

清度人生

2023-6-25

清度人生，清度我的人生。
岁月进深，不必计较痛疼。

请听鸟声，享受清风阵阵。
请品茗芬，请读诗书真诚。

人生力骋，履尽山高水深。
奋我心身，矢为真理献身。

奋不顾身，叩道心志沉稳。
心得清芬，化为新诗显逞。

心襟切勿狂躁

2023-6-25

心襟切勿狂躁，万事看开为好。
名利并不重要，贵在清守心窍。

向阳是我情操，正义一生刚傲。
力战魔敌仇妖，矢沿灵程奋跑。

关山履尽险要，五湖归来清好。
脸上展开微笑，豁达清盈情抱。

世界真正美好，乃是真神所造。
一生力叩大道，妙悟心得丰饶。

流云飞渡汹涌

2023-6-25

流云飞渡汹涌，吾意雅持从容。
淡泊心志清空，新诗哦咏灵动。

雨后百鸟鸣颂，爽风其来怡胸。
清坐思展无穷，雅洁盈满襟中。

人生须往前冲，未可耽于平庸。
男儿多情之种，天涯矢志寻踪。

欢歌旷展心中，思绪如潮涌动。
不计华年逝送，依然青春奋勇。

清思旷然生成

2023-6-25

清思旷然生成，清度雅洁人生。
真理正义力遵，行旅不计艰深。

苦难碾过年轮，唯赖神恩丰盛。
赐下平安福分，享受心灵平正。

向神献上诚恳，歌颂丰美神恩。
灵程美妙不胜，风光领悟深沉。

清持诚贞心身，叩道雅度一生。
天国家邦真正，永生何其安稳。

清思人生

2023-6-26

清思人生，清思我的人生。
山高水深，情怀依持雅正。

早起四更，远野蛙鼓声声。
夜蝉清震，爽我心志十分。

悠来风骋，灯下哦诗清芬。
叩道精诚，前驱奋不顾身。

旷展心身，原也雅好刚贞。
清度秋春，心怀爽洁无伦。

心志不必怅惘

2023-6-26

心志不必怅惘，请听雨之歌唱。
好风来吹翔，爽意盈襟房。

鸟语何其欢畅，惬我意向情肠。
清坐品茗间，读书意洋洋。

激情袭起无恙，人生振志慨慷。
万里任险艰，努力去闯荡。

心怀无比安祥，理想中心茁壮。
奋发矢向上，修身无止疆。

时雨下降

2023-6-26

时雨下降，风吹和畅。
爽我情肠，逸意扬长。

清听鸟唱，哦写诗章。
思想奔放，正意昂扬。

苦难饱尝，贞志强刚。
笑意浮上，矢向前闯。

展转艰苍，心怀理想。
眼目有光，慧烛秉掌。

雅听鸟声

2023-6-26

雅听鸟声，享受暇闲真正。
内叩心身，追求真理刚贞。

雨打响声，爽风吹来阵阵。
更有鸟声，惬我心志灵魂。

平正安稳，人生共缘而骋。
不妄纷争，名利合当弃扔。

滚滚红尘，磨炼吾之刚正。
奋发征程，山高水险不论。

洒脱心芬，新诗哦咏纷纷。
振奋精神，不畏灵程艰深。

白云流飘

2023-6-27

白云流飘，听得蝉鸣叫。
热风来嚣，仲暑炎气饶。

我自逍遥，品茗惬怀抱。
电扇风摇，清凉我心窍。

人生志高，青山踏遍了。
爽然一笑，红尘胡不好。

霜华初老，振襟吾长啸。
青春辞掉，赢得是才藻。

中心多情

2023-6-27

中心多情，雅将新诗哦吟。
云天清新，烂漫欣此白云。

心志爽情，哦出气宇凌云。
人生振兴，不屈关山风云。

展转阴晴，心怀依然朗俊。
任起艰辛，男儿意志坚定。

向前矢行，向往天涯风景。
百年飞迅，韶华珍惜于心。

淡荡生成

2023-6-27

淡荡生成，惬意清度晨昏。
读书怡神，加强修养心身。

人生奋骋，吾不畏惧艰深。
岁月进深，何许计较痛疼。

微笑清生，豁怀真是无伦。
振意平生，朗哦新诗清芬。

绝不沉沦，男儿一生刚贞。
度此世尘，力向天国飞奔。

履历红尘

2023-6-27

履历红尘，何许计较艰深。
旷怀清正，奋向天涯驰骋。

清度人生，爽雅是我心身。
努力修身，向上振志飞腾。

名利抛扔，清贫吾颇安稳。
诗书晨昏，朗放哦读之声。

阖家馨芬，感沛无尽神恩。
奋行灵程，叩道体悟良深。

夜蛙正噪

2023-6-28

夜蛙正噪，点缀此暑夜清好。
林蝉偶叫，小风来宜适情抱。

四更起早，读书写诗意何骚。
时光如飙，五十八载如梦渺。

霜华堪表，人生振志往前跑。
万里洒潇，为因名利均弃了。

红尘险要，太多陷阱并干扰。
叩道迢迢，清心正意领玄妙。

阳光书屋诗集

776

心志旷展多情

2023-6-28

心志旷展多情，人生履尽酸辛。
君子独立大鸣，吾欲唤醒人心。

此际晨鸡初鸣，四更蛙鼓蝉吟。
早起振奋身心，新诗哦吟均平。

路上华灯正明，清夜小风清心。
偶有车声噪鸣，点缀世宇安平。

人生努力前行，履度关山苍峻。
微笑清浮爽净，豁怀无比朗晴。

红尘浊浪滚滚

2023-6-28

红尘浊浪滚滚，心志雅持纯真。
何必去纷争，淡泊度秋春。

叩道奋我诚贞，一生努力灵程。
胜过试探深，振志济乾坤。

只是苦旅艰深，身心饱历痛疼。
所赖唯神恩，赐下何丰盛。

力战魔敌凶狠，圣徒尽力奋争。
凯歌彻云层，讴颂吐真诚。

振意人生风骚

2023-6-28

振意人生风骚，清度岁月洒潇。
听取夜蝉噪，蛙鼓均平敲。

晨鸡又复鸣叫，车行却正狂躁。
暑夜犹燥燥，清心须力保。

淡泊盈满心窍，此地风光正好。
叩道乐逍遥，清贫何足道。

迈越重山险峭，心志洒然奇妙。
天涯风光饶，矢志去寻找。

初进五更

2023-6-28

初进五更，听见鸟鸣声。
路上华灯，远野啼鸡震。

清坐安稳，思放万里程。
振志人生，努力天涯奔。

有蝉噪声，蛙鼓唤深沉。
小风清生，爽意真无伦。

情思清骋，哦咏吐诚真。
坎坷人生，神恩领丰盛。

爽风清劲

2023-6-28

爽风清劲，欣此天上流云。
振志前行，不计风雨凄境。

心怀坦平，豁达盈满肺心。
情志和平，雅思旷运无垠。

人生情境，只是幻象之映。
天国安宁，永生努力追寻。

共缘而行，顺逆只是环境。
不妄动心，清守正义魂灵。

人生旷放意向

2023-6-28

人生旷放意向，何计烟雨艰苍。
爽朗是我情肠，壮怀天下无恙。

一生志取清昂，所遇不过桑沧。
识破世界幻象，叩求真理盈仓。

此生履尽凄凉，依然一笑旷放。
世界是神造创，矢沿正道远航。

天国唯一标向，尘世抛在后方。
不为名利狂猖，清持正意奔放。

鸟语鼓畅

2023-6-28

鸟语鼓畅，天气闷热间。
早起悠扬，从容哦诗章。

仲暑无恙，只是霾烟障。
难言难讲，污染是祸殃。

人生向上，难免多阻艰。
力展奔放，骋志如铁钢。

红尘狂荡，名利是羁缰。
合当弃放，旷飞天涯间。

流变无穷

2023-6-29

流变无穷，人生行迹匆匆。
淡定之中，览尽关山奇雄。

浴后临风，快慰我心无穷。
雀鸟鸣颂，有蝉噪噪汹涌。

红尘之中，未许名利骋凶。
心怀彩虹，矢沿灵程直冲。

暑意正浓，清思容我从容。
写诗情纵，舒出正义刚洪。

调适心襟意向

2023-6-29

调适心襟意向，人生未许孟浪。
舒出吾之情肠，原也雅具贞刚。

清听蝉之鸣唱，享受风之快爽。
鸟语宛转情长，袅起诗意无限。

展转尘世桑沧，依然心怀晴朗。
努力矢向前闯，关山履度万幢。

神恩无比广长，我心充满力量。
力战魔敌妖魍，标的天国故邦。

旷怀悠扬

2023-6-29

旷怀悠扬，爽意听取鸟唱。
有蝉噪响，有风吹来快畅。

舒出情长，舒出我之奔放。
舒出贞刚，舒出男儿柔肠。

正义心间，不屈魔敌妖魍。
努力向上，修身养性雅娴。

坎坷艰苍，磨炼吾之意刚。
微笑展放，人生豁怀无恙。

矢沿正道而行

2023-6-30

矢沿正道而行，人生不惧艰辛。
此际旷听蝉鸣，享受电扇风清。

岁月使人奋兴，不老是我身心。
斑苍依然多情，英武盈满心襟。

红尘幻化之境，不必计较阴晴。
奋志纵展凌云，履度关山险峻。

阖家享受康宁，神恩颂赞于心。
灵程努力挺进，标的天国心明。

休憩吾之心灵

2023-6-30

休憩吾之心灵，此际旷风正清。
小鸟娇娇啼鸣，爽凉世界清平。

人生不妄动心，不必妄求利名。
应能雅持清心，听取蝉之唤吟。

五十八载惊心，履尽尘世烟云。
而今回首惊醒，人生是一梦境。

向前奋进无垠，天涯风光灿俊。
努力挥洒干劲，攀越关山险峻。

人生舒发意向

2023-6-30

人生舒发意向，心地感悟良长。
云天烂漫无恙，蝉鸣伴取鸟唱。

爽风其来悠扬，惬我心襟意向。
品茗情怀旷放，写诗激情张扬。

心灵心志安祥，不必妄起风浪。
物欲合当弃放，坚贞清持理想。

高远直至无疆，男儿慷慷奔放。
履尽尘世险艰，依然爽笑清扬。

清听鸟唱

2023-7-1

清听鸟唱，享受心之安祥。
白云流漾，风吹暑意消减。

周末休闲，品茗惬余意向。
市场闲逛，买回黄瓜心爽。

红尘无恙，任起炎凉桑沧。
百年飞狂，应许定定当当。

有蝉嘶唱，噪噪似无止疆。
展眼旷望，青野茂昌鸟翔。

飘逸灵动心间

2023-7-1

飘逸灵动心间，呼出正义昂扬。
力战虎豹豺狼，灵程奋我慷慷。

神恩无比广长，心灵充满力量。
努力叩道贞刚，修心养德无疆。

柔和是我情肠，清听喜鹊鸣放。
爽风其来悠扬，林野振声嘶唱。

白云流变漫浪，天气清喜晴朗。
享受休闲时光，阖家温馨平康。

悟道人生

2023-7-1

悟道人生，心志秉持纯真。
向上奋争，胜过试探艰深。

岁月飞奔，不老是我心身。
斑苍任生，努力灵性旅程。

大千红尘，幻化桑沧成阵。
清度人生，力抛无明愚蠢。

心怀雅芬，耳际喜鹊啼纯。
清风阵阵，惬我意向十分。

清展正义心襟

2023-7-1

清展正义心襟，人生奋志凌云。
此生履尽艰辛，不屈是我身心。

岁月使人奋兴，前驱万里风云。
男儿豪勇多情，力战魔敌凶兵。

雅思此际旷运，讴出余之心灵。
一生神恩亲领，欢呼出于心襟。

前路充满光明，冲决迷雾矢进。
灵歌欢唱尽兴，愉悦盈于胸心。

悠悠听取蝉鸣

2023-7-1

悠悠听取蝉鸣，享受风之爽清。
天上流变白云，烂漫余之身心。

仲暑妙丽情景，心志应取均平。
一任环境燥劲，雅享淡定心情。

红尘是有艰辛，神恩却更丰盈。
导引灵程奋进，胜过魔敌妖兵。

男儿纵展豪情，万丈是我雄心。
此生不图利名，高蹈余之心襟。

阅历人生

2023-7-1

阅历人生，心志旷雅诚真。
清度世尘，不为名利纷争。

淡泊心身，内叩灵魂真正。
努力修身，向上奋进永恒。

灵程奋骋，冲决拦阻之阵。
天国永生，才是归属安稳。

岁月飞奔，仲暑一任炎盛。
清静心身，雅享性天纯正。

笑意舒展广长

2023-7-1

笑意舒展广长，人生奋发力量。
胸襟雅具气象，不为名利疯狂。

清贫无有大妨，要在奋志强刚。
清展心灵力量，努力修身向上。

魔敌诡计险奸，引人堕落丧亡。
真神赐与力量，指引灵程正向。

不计前旅艰苍，力战魔敌妖魈。
胜利终必在望，荣归天国故邦。

舒出正义心胆

2023-7-1

舒出正义心胆，人生正直傲岸。
不必计较艰难，努力荣归彼岸。

灵程道路非凡，魔敌拼命阻拦。
圣徒高声呐喊，杀伐悲壮开展。

天父亲临督看，天使伴我征战。
凯歌彻云而展，胜利号角烂漫。

努力奋辟前站，彩虹脚下开展。
天国家园妙曼，永生何其妥安。

人生畅意时分

2023-7-1

人生畅意时分，新诗哦咏真诚。
清听蝉鸣纯真，欣赏白云流纷。

爽风其来阵阵，爽我心意十分。
写诗舒发心身，豁怀真是无伦。

享受天伦馨温，清喜父母康盛。
感谢天父鸿恩，赐下平安福分。

努力灵程奋争，胜过魔敌妖氛。
顺利荣归故城，标的天国永生。

蓝天白云

2023-7-1

蓝天白云，蝉鸣亦动听。
鸟啭清新，爽意风来临。

休憩身心，仲暑炎正凌。
快慰心襟，瓜果怡心情。

时光飞迅，整顿吾身心。
修身上进，放荡不可行。

"戒"字用心，人生正心灵。
旷怀雅俊，男儿奋志行。

适然是我情肠

2023-7-1

适然是我情肠，人生骋志向上。
不畏彼艰苍，心志怀阳光。

暑蝉噪噪奏唱，鸟语躲在林间。
阳光灿无恙，爽风惬情肠。

白云悠悠飘荡，世界美妙无限。
神恩敷广长，微笑心地间。

前履无限康庄，灵程之路漫长。
胜过魔敌挡，胜过试探艰。

天气燥亢

2023-7-1

天气燥亢，心志雅持定当。
未许匆忙，步履人生昂扬。

何必心伤，人生履尽凄凉。
一笑朗爽，豁怀清取无恙。

鸟鼓奔放，蝉噪嘶嘶奏响。
云飞澹荡，爽意清风来扬。

周末休闲，清心享受清凉。
岁月飞旷，韶华珍惜心间。

人生淡淡定定

2023-7-1

人生淡淡定定，心志旷雅如云。
斜照正辉映，鸟语复蝉鸣。

写意暑风何清，蓝天清幻白云。
心地怀多情，雅将诗哦吟。

舒出心中高兴，舒出我的激情。
舒出烂漫心襟，舒出正义心灵。

展转桑沧何云，淡泊复持镇定。
一任起苍云，一任风雨劲。

才进五更

2023-7-2

才进五更，便闻鸟语声。
鸡鸣声震，蝉噪犹偶闻。

仲暑时分，凌晨风吹骋。
不眠之身，清心享安稳。

人生奋争，朝夕持振奋。
名利弃扔，雅洁盈心身。

大化精准，努力以修身。
绝不沉沦，上进无止程。

第一百卷《光明集》

休闲真是无恙

2023-7-2

休闲真是无恙，耳际听得鸟唱。
心怀持俊朗，新诗连踵放。

时正五更之间，远野村鸡啼唱。
小风来送爽，暑蝉噪噪放。

心志清爽无恙，雅喜阖家平康。
神恩领广长，颂出心地间。

前驱万里康庄，灵程奋发向上。
克尽千重艰，微笑眉眼间。

天气阴晴颇不定

2023-7-2

天气阴晴颇不定，喜鹊喳喳大鸣。
清听林蝉之奏吟，风来爽我心襟。

周日休憩身与心，淡泊盈满肺心。
雅品绿茗香口嚙，并且振奋心襟。

岁月飞度狂且迅，霜华生成清映。
依然不减少年心，男儿鼓勇前行。

鸟语娇啭是多情，引我身心奋兴。
旷欲展翅去飞行，天涯风光灿俊。

清度流年时光

2023-7-2

清度流年时光，不为名利狂猖。
贞定是我气象，读书慰吾情肠。

闲时听取鸟唱，清风拂我心房。
惬意哦成诗章，原也清新雅靓。

奋志万里疆场，男儿纵展豪放。
不屈世之艰苍，心怀晴朗无恙。

百年飞逝迅狂，务须珍惜韶光。
不为名利狂猖，边走边歌边唱。

人生未可躁动

2023-7-2

人生未可躁动，雅守宁静心胸。
林野暑蝉鸣颂，惬意旷来东风。

舒展吾之灵动，写诗快慰心胸。
人生正意刚洪，力战魔敌仇凶。

岁月逝去从容，心怀雅持凝重。
不为名利所动，坚贞如竹如松。

红尘幻化汹涌，无妨吾之情浓。
男儿纵情歌咏，柔情原也盈胸。

未可消沉

2023-7-3

未可消沉，人生奋志骋。
韶华惜珍，寸阴金不胜。

窗外蝉声，朗放读书声。
品茗意芬，身心体振奋。

红尘滚滚，绝不可沉沦。
向上飞腾，灵程展刚正。

笑意清生，神恩是丰盛。
平安心生，阖家享安稳。

闲适人生

2023-7-3

闲适人生，不惹名利是真。
读书晨昏，朗哦声入云层。

何许心疼，豁怀正是无伦。
清贫秋春，正意叩道诚真。

淡度世尘，努力守好心身。
物欲害人，雅持情操芳纯。

展眼云层，雨后蝉噪声声。
哦诗怡神，舒出正义刚贞。

心地情长

2023-7-4

心地情长，婉婉舒出意向。
人生向上，不必计较险艰。

清听蝉唱，清品绿茗芳香。
清展思想，清哦新诗奔放。

旷风吹畅，惬我心襟无限。
鸟啭悠扬，仲暑清喜爽凉。

红尘狂荡，身心未许受妨。
平静心间，祥和雅清澹荡。

我心秉持雅正

2023-7-4

我心秉持雅正，灵程旷志驰骋。
不畏山高水深，奋发男儿刚贞。

此际蝉噪清闻，爽风其来阵阵。
仲暑不受炙损，性天清凉平正。

努力前面路程，风雨闯荡兼程。
微笑从心而生，天父恩典何盛。

人生是一旅程，标的天国精准。
圣洁自己心身，修心养德晨昏。

奋志人生疆场

2023-7-4

奋志人生疆场，我心无比慨慷。
履尽坎坷艰苍，心志始终阳光。

步履大道康庄，天使伴我启航。
胜过魔敌阻挡，冲决试探深艰。

人生情志增长，霜华一任其苍。
少年心志贞刚，旷怀无限奔放。

耳际灌满蝉唱，清风其来悠扬。
天阴未有所妨，正好享受清凉。

心灵心志生成

2023-7-4

心灵心志生成，旷雅是余心身。
人生奋志刚正，矢沿正道驰奔。

洒脱是我人生，不计名利轻身。
万里容我奋身，标的天涯清芬。

履尽山水雄深，饱受风雨嚣骋。
丰沛唯是神恩，导引灵性旅程。

叩道持心纯正，努力修养心身。
无机正直清纯，坦荡冬夏秋春。

第一百卷 《光明集》

人生裁意诗章

2023-7-4

人生裁意诗章，哦咏舒出奔放。
不必回首张望，万里前程奋闯。

山水履历广长，心胸豁然开朗。
风雨无妨情肠，澹荡微笑清扬。

中心充满力量，向上清展贞刚。
红尘一任狂狷，坚守正义心房。

清听暑蝉鸣唱，享受爽风清旷。
悠悠舒展襟肠，讴咏地久天长。

心襟曼妙

2023-7-4

心襟曼妙，人生骋志洒潇。
诗书逍遥，著书等身方好。

笃学昏朝，哦歌舒发清妙。
耳际蝉噪，点缀暑仲恰好。

奋志刚傲，不屈强梁魔妖。
灵程奋跑，履尽关山险要。

振襟朗啸，声震林野尘表。
有鸟飞逍，惬我心襟无二。

旷意心襟

2023-7-5

旷意心襟，享受风之清。
蓝天白云，蝉噪无止境。

仲暑情景，休闲吾雅清。
读书怡情，哦咏吐均平。

物欲辞屏，高蹈吾身心。
奋志凌云，真理矢追寻。

中心高兴，天伦乐无垠。
神恩丰盈，颂赞出心灵。

红尘履度吾逍遥

2023-7-5

红尘履度吾逍遥，豁达是余情窍。
暑仲清听蝉之噪，清风怡余怀抱。

开怀何妨吾大笑，清度尘世颇好。
一生领受神恩饶，灵程奋志迅跑。

履尽坎苍何必道，此际心怀正俏。
乐天知命吾洒潇，读书哦诗清妙。

天气朗晴鸟飞高，林野青茂美好。
愿学飞鸟入云霄，万里云天访造。

人生烟雨任艰

2023-7-5

人生烟雨任艰，心志不取迷茫。
奋志之所向，努力叩道藏。

此生履尽苦艰，依然一笑爽朗。
振意无极限，人生纵马狂。

不为名利所障，性天我自清凉。
修心晨昏间，怡养吾心房。

展眼漫天晴朗，鸟鸣蝉噪悠扬。
爽风吹奔放，惬意真无上。

裁意诗章

2023-7-5

裁意诗章，呼出吾之昂扬。
炎暑正彰，热风递来蝉唱。

我自清凉，电扇摇风澹荡。
惬怀无恙，菊花茗饮爽畅。

人生情长，走过风雨艰苍。
不持躁狂，心地雅守安祥。

名利辞放，君子固穷有方。
叩道向上，怡养吾之心房。

贞定情操

贞定情操，清度尘世吾逍遥。
乐叩大道，正意心襟奋迅跑。

关山险要，五湖归来情志好。
展颜一笑，人生客旅应洒潇。

众生胡闹，争名夺利竞噪噪。
吾持清妙，胸怀水云不稍躁。

神恩丰饶，思此颂赞声放高。
天国终标，永生福乐何玄妙。

心志和平

心志和平，清听蝉之鸣。
天上白云，飘入我心襟。

仲暑将尽，明日小暑临。
时光飞迅，韶华珍于心。

体道心宁，物欲当辞屏。
高蹈清贫，高蹈诗书境。

君子固贫，豁达盈心灵。
晨昏哦吟，微笑且浮萦。

雅将道义宣扬

雅将道义宣扬，力抛无明机奸。
正义吾昂扬，努力骋意向。

此际白云飘荡，蝉噪鸟鸣悠扬。
清坐哦诗章，正意体澹荡。

人生恒怀向往，是在大同之邦。
思想贵无疆，真理力寻访。

不为世欲欺诳，名利害人无限。
体道吾平康，悠悠撰诗行。

阖家乐康

今天是农历五月十九，喜值父亲八十七岁生日，余与父亲生日正值农历同日，阖家欢乐之余，喜赋诗一首，敬祝父母健康长寿身心茁壮，寿比南山，因短语以记因由，不复赘言云尔。

阖家乐康，感谢神恩赐丰穰。
年寿康强，清喜父母健在堂。

人生向上，修心养德宜无疆。
南山茁壮，祝福父母万年康。

岁月奔放，体道心平意澹荡。
持正昂扬，力抛无明与机奸。

万里奋闯，年高依然心刚强。
颐养心房，珍惜韶华飞迅忙。

清雅是余人生

清雅是余人生，诗书纵横秋春。
哦出我刚贞，舒出吾情芬。

感受天父鸿恩，导引我们人生。
身心力持正，污秽矢扫扔。

清心旷意哦骋，耳际响彻蝉声。
心志颇振奋，万里容飞奔。

五十八载人生，赢得斑苍清生。
情志奋刚贞，乐天叩道诚。

心志何其雅芬

心志何其雅芬，人生不计痛疼。
烟雨任其盛，努力灵旅程。

红尘浊浪滚滚，太多欺骗艰深。
慧目务圆睁，细辨前路程。

鸟语吐其馨芬，蝉鸣林野清震。
清坐理心身，哦诗快十分。

岁月不断进深，惊叹时光飞骋。
豁达度秋春，名利不足论。

心不妄动

2023-7-6

心不妄动，正义人生吾从容。
细雨斜风，仲暑惬意岂有穷。

红尘汹涌，名利害人骋其凶。
淡定心胸，化外气象领松风。

清坐思涌，化为新诗吾讴咏。
鸟语灵动，引我诗情盈满胸。

人生行动，万里冲破雨与风。
神恩恢弘，赐下甘霖及时送。

赞此宇穹，大化运行精确中。
年近成翁，悟彻世事是缘动。

裁心中庸，物欲辞屏清襟胸。
坎坷回送，未来瞻望情盈中。

流年容我清骋

2023-7-6

流年容我清骋，浩志如钢之纯。
旷怀持雅正，坚决不沉沦。

走过坎坷年轮，心胸依持诚贞。
叩道奋心身，神恩美不胜。

窗外细雨清逞，长风吹击成阵。
销此暑意盛，爽意盈乾坤。

阖家清享安稳，身心清持平正。
无上是天伦，康乐度秋春。

人生未可猖狂

2023-7-6

人生未可猖狂，谦正是余情肠。
遍野草木芳，欣然听鸟唱。

此时雨已止降，凉爽世界惬肠。
新诗从心放，正气心地间。

不计华发斑苍，万里征程奋闯。
力斩虎与狼，还我清平壤。

努力向前向上，修心养德清芳。
两军对垒间，未可稍退让。

逆水行舟何壮，男儿奋发慷慷。
胜过魔敌强，胜过试探艰。

心襟欢然哦唱，歌颂神恩广长。
圣徒尽力量，灵程奋发闯。

标的天国安祥，前路奶蜜流淌。
苦难暂时间，胜利终在望。

高远直至无疆，灵程道路远长。
圣洁心地间，养德无极限。

旷意人生

2023-7-6

旷意人生，心志容我生成。
天气热闷，电扇播风沉稳。

鹊噪阵阵，东风写意爽神。
田野青盛，如同画廊之骋。

清坐安稳，写诗舒发心身。
秉心雅诚，叩道尽力奋争。

客旅人生，心境应持十分。
名利弃扔，笑意从心而生。

世事履历空清

2023-7-6

世事履历空清，人生雅享均平。
奋志合凌云，踏实以前行。

穿越高山峻岭，穿越困障厄境。
神恩赐无垠，赐下安与平。

人生矢志挺进，不畏困难险境。
豪气弥宇庭，正意若松劲。

清思旷雅如云，哦诗舒发激情。
快慰人生境，豁怀体道俊。

情思雅淡

2023-7-6

情思雅淡，无妨人生浩瀚。
暑来舒展，哦出吾之妙曼。

人生开展，不计斑苍已缠。
奋志前站，标的天国雅安。

神恩丰赡，思此献上颂赞。
力克魔缠，灵程乘风扬帆。

我是好汉，不为名利绑缠。
履尽坷坎，依然一笑灿烂。

人生旷展身心

2023-7-6

人生旷展身心，惬听喜鹊清鸣。
爽风吹多情，蝉噪亦动听。

休闲体道均平，雨后空气鲜新。
雅洁持心灵，奋展吾干劲。

仲暑行将销尽，小暑明日来临。
时光如此迅，不由人震惊。

努力挥洒心襟，男儿是怀远情。
天下有不平，矢志去扫清。

潇潇洒洒身心

2023-7-6

潇潇洒洒身心，人生奋志前行。
未可久滞停，万里览风云。

旷怀清持雅净，叩道领取意境。
不图利与名，诗书吾用劲。

哦出吾之空灵，哦出吾之均平。
哦出刚贞劲，哦出气如云。

天上变幻流云，世事是缘推进。
中庸持心襟，和蔼晨昏境。

寂寞人生场

2023-7-7

寂寞人生场，骋尽昂扬。
人生正志向，万里驱闯。

不嗟行旅艰，神恩何壮。
百度秋春放，客旅扬长。

名利合弃放，于心有妨。
轻身我何刚，旷意疆场。

红尘是攘攘，太多阱陷。
礁石力避间，稳舵履航。

人生秉持良心

2023-7-7

人生秉持良心，努力追求灵明。
不为名利动心，秉守雅清心境。

窗外林蝉嘶鸣，天上流变白云。
小风其来怡心，小暑天气朗晴。

胸中存有水云，爽凉是我心襟。
不为名利动心，君子固守清贫。

岁月使人奋兴，步履览尽风云。
历尽艰险困境，领受神恩丰盈。

人生雅秉情肠

2023-7-7

人生雅秉情肠，努力修心向上。
奋志合展贞刚，风雨一任凄狂。

五十八载瞬间，笑我星星华霜。
心志依然劲刚，不屈虎豹豺狼。

世界存在思想，真理一生寻访。
努力叩求道藏，济世心襟安祥。

鸟语蝉噪响亮，风来何其清爽。
正值小暑来访，情思共风悠扬。

第一百卷《光明集》

人生情怀知多少

2023-7-7

人生情怀知多少，暑来从容撰诗稿。
清怀颇洒潇，爽意听啼鸟。

身心未可稍骄傲，君子谦和尽力保。
山水越险要，五湖风光饶。

岁月侵人霜华老，红尘容我展笑傲。
不为名利扰，胸襟水云飘。

一生乐叩彼大道，正义心襟吾逍遥。
红尘胡不好，前路灿且妙。

谦和心襟

2023-7-7

谦和心襟，原也正意凌云。
嗓嗓尘境，须持和平身心。

岁月进行，矢志抛弃利名。
风雨艰辛，磨炼意志坚定。

向学殷殷，晨昏捧书哦吟。
正义心灵，力抛虚伪之情。

蝉噪无垠，心怀雅持安宁。
风来怡心，新诗撰出雅情。

心襟未可衰老

2023-7-7

心襟未可衰老，振志奋我刚傲。
爽风怡情抱，新诗哦不了。

人生雅持风骚，万里长途驱跑。
履尽彼险要，爽然展一笑。

青春心志风标，济世挥洒才调。
诗书沉潜造，正义奋刚傲。

清贫有何紧要，思想积累迢迢。
天际苍烟饶，愿学鸟飞潇。

洒脱如风

2023-7-7

洒脱如风，哦诗谁感动？
孤旅从容，暑来振心胸。

秉持中庸，思想积淀中。
正意情浓，旷欲哦大风。

蝉声正洪，爽风旷来送。
白云袅空，惬意岂有穷。

人生情钟，咽尽凄凉风。
世事空空，澹荡共缘动。

冲怀无恙

2023-7-7

冲怀无恙，惬意听取鸟唱。
蝉噪无疆，品茗爽我情肠。

心志雅闲，名利抛弃合当。
水云情肠，向学矢叩道藏。

真理力访，万水千山何妨。
风雨凄怆，魔炼我意强刚。

不屈强梁，世界是神所创。
大道通畅，罪恶必归消亡。

云飞澹荡

2023-7-7

云飞澹荡，人生苦旅不嗟艰。
情怀何旷，风递蝉唱吾悠扬。

斜晖正朗，清坐内叩我情肠。
逸致升上，一曲新诗从容放。

鸟语娇唱，点缀世宇颇安祥。
滚滚热浪，袭击市井正未央。

叫卖声唱，红尘热闹岂有限。
性天清凉，胸襟怀有水云乡。

人生振意向

2023-7-7

人生振意向，雅展情肠。
呼出我奔放，呼出力量。

温和心地间，情思雅旷。
耳际蝉鸣唱，风鼓热浪。

思想展无疆，振志向上。
不屈世艰苍，男儿豪放。

不为名利障，性天清爽。
内叩我情肠，坦坦荡荡。

清心为上

2023-7-7

清心为上，不为物欲所障。
性天清凉，爽意叩取道藏。

人生苦艰，吾不在意苍凉。
走过桑沧，一笑依然爽朗。

身心无恙，神恩领取广长。
笑意展放，前驱万里无疆。

暑意任猖，雅听蝉之交响。
清坐安祥，心怀无比平康。